KIDNER Classic Commantary

PSALMS

[BOOK I - II]

1 - 72

Psalms 1-72 **in the Kidner Classic Commentary series**

KIDNER Classic Commantary

시편주석

[BOOK Ⅰ-Ⅱ]
1-72편

데렉 키드너 지음 | 김경태 옮김

다산글방

추천의 말

영국의 저명한 구약학자이자 캠브리지 '틴데일 하우스'의 학장을 역임한 데렉 키드너(Derek Kidner)가 쓴 두 권의 시편 주석(상권, 하권)은 그의 여러 주석들 중에서 최고로 손꼽힐 뿐만 아니라 모든 시편 주석들 중에서 단연 최고의 권위로 인정받는다. 특히 이 주석은 그 구성에 있어서 먼저 숲을 보는 문맥적 분석을, 그리고 단락 구분을 통한 중요 단어와 구절을 해석하는 나무를 보는 주석적 접근을 취한다. 그리하여 단순한 묵상의 차원이 아닌 세밀히 쳐놓은 촘촘한 그물을 통해 각 시편에서 밝혀야 할 깊고 신령한 메시지들을 잡아낸다. 그러면서도 본문의 핵심과 그 의미를 짧고 명확하게 기술해 내고, 아울러 적실성 있는 관주를 제공하는 탁월함은 특히 본문의 주제 발견과 적용을 중요시하는 설교자의 서재에 큰 도움을 준다.

키드너는 시편의 구속사적인 처리와 관련해서도 날카로운 감각을 보여준다. 예를 들면, 다윗의 고난을 다루는 시편들에 나타나는 '주의 종'(시 69:17, 시 86:2, 4, 16)을 해석할 때도 이 "표현이 두 개의 다윗 시편(18, 36)의 표제에 나타나지만, 시편에서는 특색이 있는 제목이" 아니고 이 표현이 함축하는 것은 "무고한 고통자"와 관련이 있는데 이 고통자는 바로 앞으로 오실 예수의 초상화로 해석한다. 키드너의 주석이 보여주는 이러한 감각은 구속사적인 관념이 부실한 과거 및 역사비평적인 주석서들에 대한 하나의 보완이 될 수 있을 것이다.

그뿐만 아니라, 키드너는 성경 전체적인 관점을 고려하는 '성경신학적인 관점'을 사용한다. 예를 들면, 시편 2편에 나타난 '하나님의 진노'와 '메시아의 철장'을 단순히 그 시대에서만 찾지 않고 그 궁극적인 실체를 로마서에서, 데살로니가전서에서 그리고 계시록에서 확인해 간다. 모든 독자의 질문에 답변하는 주석서는 없지만, 키드너는 친절하게도 일반 사람들이 보지 못하는 보다 큰 관점에서 질문들을 찾아서 질문하고 그 질문들에 답변해 준다. 그럼으로써 시편을 보다 풍성하게 연구하고자 하는 이들에게 유익을 준다.

캠브리지 왕립음악대에서 음악을 전공한 배경 때문인지 키드너의 주석은 또한 히브리 시가 가진 문예성을 존중함으로써 본문이 독자에게 주고자 하는 예상치 못한 반전의 즐거움을 만끽하게 배려한다. 이러한 예 중의 하나는 시편에 빈번하게 등장하는 '대조'를 통한 극적인 반전의 문학성이다. 이러한 특성은 특히 시련이나 역경, 또는 불평을 소재로 한 시편들에서 잘 드러나는데, 예를 들면 시편 13편에서 대적들에 의해 지속되는 압박 속에서 '나'를 바라보았던 '나'와 하나님의 언약적 사랑을 바라보는 '나'의 대조를 통해서 승리의 '확신'을 드러내고(상권, 92쪽) 그럼으로써 반전의 즐거움을 만끽하게 하는 부분 등이다.

영어가 모국어가 아닌 독자들이 가질 수 있는 키드너의 시편 주석의 단점 중 하나는 그의 시처럼 쓰여진 영어식 표현과 고급 문장들로 말미암는 어려움이다. 그러나 이러한 제약이 이번에 김경태 목사의 수고를 통해 많이 가볍게 되었다. 그리하여 이 진품 주석을 통해 모든 성경 연구자들과 설교자들이 더 깊고 풍성한 하나님의 메시지를 접하게 될 것을 바라보며 적극 추천한다.

2020년 8월

이정복(브니엘신학교 교수)

편집자 서문

인사는 이미 출판된 틴데일 구약성서 논평에서 그리고 무엇보다도, 데렉 키드너 목사에 의한 이 시리즈에 처음으로 등장한 잠언에서 올려 드린 바 있습니다. 그는 시편 두 권을 쓰도록 우리를 초대했는데, 그중 이것이 첫 번째입니다.

하나님의 백성은 항상 예배에서 다양한 종류의 찬송가와 노래를 사용하는 것이 특징이므로 시편은 오늘날에도 구약 성경 연구와 관련하여 중추적인 역할로 남아 있습니다.

이 책은 성경 신학, 역사 및 언어에 대하여 전문적으로 교육을 받지 않은 성경 연구생들에게도 각 책에 대한 편리한 최신 해설을 제공하기 위한 이 연속 기획물의 목표를 지속하고 있습니다. 주된 강조점은 주해에 관한 것이지만, 본문을 이해하는 데 필수적인 주요 비판적인 질문들도 간과하지 않았습니다. 시편과 같은 일부 책의 길이와 다양성은 할당된 페이지 수 이내에서 철저한 처리를 불가능케 하지만, 설교자나 신학생 모두에게 헌신적인 생각을 자극하기에는 충분합니다.

신성한 영감과, 본질적인 신뢰성 및 성스러운 글의 실질적인 관련성에 대해 모든 사람들이 믿음으로 하나가 되는 동안, 개별 저자는 자유롭게 자신을 공헌했습니다. 이 책을 다룸에 있어서 구약성경만큼 다양한 주제나 형태 및 스타일은 구체적인 방식의 통일성이 부과되지 않았습니다.

주석에서 경제성을 고려하여 데렉 키드너 목사는 이 책에서 개정된 표준 버전(RSV)을 주로 참조하였으며, 그리고 독자는 일반적으로 이것을 손에 쥐고 있다고 가정합니다. 많은 주석과 번역들이 M. Dahood 교수가 그의 시편(앵커바이블)에서 제공되어지는 것처럼 히브리 문헌에 대한 해석을 우가리트 문헌에 크게 기대고 있습니다. 하지만 이에 대한 이해에는 여전히 논쟁의 여지가 있습니다. 데렉 키드너 목사는 이 부정적인 접근방식에 대해 일반적인 독자에게 부담을 주지 않기 위해 특정 시점에서만 이 새로운 접근 방식을 언급합니다. 구약의 의미와 메시지에 대한 관심은 계속 줄어들지 않았으므로 이 시리즈가 하나님의 계시와 이 기록들에서 보이는 그의 뜻과 방법에 대한 체계적인 연구를 더욱 발전시키길 희망합니다.

이 책들이 오늘날 많은 사람들이 하나님의 말씀을 이해하고 응답하는 데 도움을 줄 수 있기를 바라며 이것이 저자들과 더불어 편집자와 출판인들의 기도입니다.

– D J Wiseman

약어표

CHIEF ABBREVIATIONS

Anderson	The Book of Psalms by A. A. Anderson (New Century Bible, Oliphants), 1972.
ANET	Ancient Near Eastern Texts by J. B. Pritchard, 21955.
av	English Authorized Version (King James), 1611.
BASOR	Bulletin of the American Schools of Oriental Research.
BDB	Hebrew-English Lexicon of the Old Testament by F. Brown, S. R. Driverand C. A. Briggs, 1907.
BH	Biblia Hebraica edited by R. Kittel and P. Kahle, 71951.
Bib.	Biblica.
Briggs	Psalms by C. A. and E. G. Briggs; (International Critical Commentary, T. & T. Clark), 1906-07.
Childs	Memory and Tradition in Israel by B. S. Childs (SBT 37, SCM Press), 1962.
Dahood	Psalms by M. J. Dahood; (Anchor Bible, Doubleday), 1966-70.
Delitzsch	Psalms by F. Delitzsch, 41883.
Eaton	Psalms by J. H. Eaton (Torch Bible Commentaries, SCM Press), 1967.
ET	Expository Times.
ev	English versions.
Gelineau	The Psalms: A New Translation arranged for singing to the psalmody of Joseph Gelineau (Fontana), 1963.
G-K	Hebrew Grammar by W. Gesenius, edited by E. Kautzsch and A. E. Cowley, 21910.
HTR	Harvard Theological Review.
HUCA	Hebrew Union College Annual.
jb	Jerusalem Bible, 1966.
JBL	Journal of Biblical Literature.
JSS	Journal of Semitic Studies.

JTS	Journal of Theological Studies.
K-B.	Lexicon in Veteris Testamenti Libros by L. Koehler and W. Baumgartner, 1953.
Keet	A Study of the Psalms of Ascents by C. C. Keet (Mitre), 1969.
Kirkpatrick	Psalms by A. F. Kirkpatrick (Cambridge Bible for Schools and Colleges, CUP), 1891-1901.
Kissane	Psalms by E. J. Kissane (Browne and Nolan), 1953-54.
lxx	The Septuagint (pre-Christian Greek version cf the Old Testament).
mg.	margin.
Mowinckel	The Psalms in Israel's Worship by S. Mowinckel; (Blackwell), 1962.
mt	Massoretic Text.
NBC	The New Bible Commentary Revised edited by D. Guthrie, J. A. Motyer, A. M. Stibbs and D. J. Wiseman (IVP), 1970.
NBD	The New Bible Dictionary edited by J. D. Douglas et al. (IVP), 1962.
neb	The New English Bible, 1970.
OTS	Oudtestamentische Studiën.
pbv	Prayer Book Version, 1662.
Perowne	The Psalms by J. S. Perowne (G. Bell), 1864.
rp	The Revised Psalter (SPCK), 1964.
rsv	American Revised Standard Version, 1952.
rv	English Revised Version, 1881.
SBT	Studies in Biblical Theology (SCM Press).
Syr.	The Peshitta (Syriac version of the Old Testament).
Targ.	The Targum (Aramaic version of the Old Testament).
TB	Tyndale Bulletin.
tev	Today's English Version: the Psalms, 1970.
TRP	The Text of the Revised Psalter. Notes by D. W. Thomas (SPCK), 1963.
VT	Vetus Testamentum.
Vulg.	The Vulgate (Jerome's Latin version of the Bible).
Weiser	Psalms by A. Weiser (Old Testament Library, SCM Press), 1962.
ZAW	Zeitschrift für die alttestamentliche Wissenschaft.

차례

차례

차례

제2권 [BOOK II]
시편 42편 - 시편 72편

개요

가. 히브리 시

구약 성경은 반복적으로 시를 파생시킵니다. 심지어 그것의 서술조차도 여기저기서 몇 가지 또는 더 긴 운문으로 기억에 남을만한 요점을 제시합니다.(예, 현대 버전에서 창2:2-4 참조). 그 예언은 주로 이 형태를 취합니다. 시편은 성경에서 시가서의 본체이며, 욥과 잠언과 함께 사실을 표시하기 위해 마소라 학자들(Massoretes)에 의한 독특한 억양의 체계가 주어졌지만, 그 자신은 시로 둘러싸여 있으며 오래되고 대중적인 시적 전통에 뿌리를 두고 있습니다. 그 형태의 유연성으로 인해 히브리 시는 널리 퍼져 사용되었습니다. 속담에 나오는 말, 수수께끼, 연설가의 호소, 기도, 감사 및 단지 몇 가지 종류의 웅변만 언급해도 거의 힘들이지 않고 모든 리듬에 빠져들 수 있었습니다. 리듬의 길이는 일정하게 나누어지지 않았고, 또는 음절의 강약의 배열도 미리 정해져 있지 않았습니다. 짧은 문장이나 구절 안에서 3-4개의 강조가 들리면 거의 같은 길이의 응답 줄을 맞이합니다. 더 가벼운 음절은 더 강한 음절 속에 배치되어 일정한 수가 없었고, 한 줄에서 강한 박자의 총 수도 그 자체가 하나의 시(詩) 안에 어느 정도의 자유에 따라 달라질 수 있는 자발성을 위한 여유와 공간이 있었습니다. 우리의 말이 히브리어와 대략 일치할 때, 이러한 리듬에 대한 힌트는 번역에서도 때때로 느낄 수 있습니다. 후자에는 때때로 두 가지 스트레스(강조)나 네 가지 이상의 줄이 있지만 가장 일반적인 리듬은 3대3이며, 예를 들어 시편 26:2(RSV)의 경우입니다.

> 여호와여 나를 살피시고 시험하사
> 내 마음과 내 뜻을 시험(단련)하소서

이것에 대한 다음 시편인 시27편은 대부분 3:2 리듬이며, 다시 한 번 번역에서 그 흔적을 남겼습니다. 예로 1 절에서

여호와는 나의 빛이요 나의 구원이시니
내가 누구를 두려워하리요

3대2의 이 패턴은 종종 애가('쿤' קִינָה lament)라고 불리는데 왜냐하면, 추락의 경험은 비탄(애가서)과 조롱의 노래(사14:12ff)를 위해 가장 선호하는 척도가 되었기 때문입니다. 그러나 이 결말은 시편 27편이 온전히 보여 주듯이 기쁨과 자신감을 동등하게 표현할 수 있었습니다. 한 줄의 구절 안에서 발견되는 유연성은 더 큰 단위로 확장됩니다. 시편 92:9에서와 같이 우리가 '쿠플레'(또는 올버라이트의 용어로, 바이콜론)로 부르는 것은 때때로 삼중 항 또는 삼중 콜론의 더 높은 절정에 도달 할 수 있기 때문입니다.

여호와여 주의 원수들은 패망하리이다
정녕 주의 원수들은 패망하리니
죄악을 행하는 자들은 다 흩어지리이다

마찬가지로 시 전체에서 같은 길이의 연을 찾거나 또는 명확한 정의의 스탠자(연)를 찾는 것은 규칙이라기보다는 예외적(이례적)입니다. 가끔씩, 시편 42-43편에서와 같이 후렴이 복잡한 디자인을 만들어내는 경우도 있으며, 때로는 아크로스틱의 고유한 틀을 만들어내는 경우도 있습니다.(가장 정교한 시편 119편). 그러나 대부분의 생각의 움직임은 가장 무난한 패턴을 자유롭게 형성합니다. 그러나 이 시의 기본 특징은 외형이나 리듬이 아니라 하나의 사상을 다른 사상과 일치 시키거나 반향 시키는 방법이었습니다. 이것은 18세기의 Robert Lowth 주교(主教)가 도입한 용어인 'thought-rhyme'로 묘사되는 경우가 많으며, '병행주의'로 더 자주 묘사되었습니다. 그것은 시편103:10과 같이 2행시(두 줄이 같은 의미)의 형태로 한 번에 알아볼 수 있습니다.

우리의 죄를 따라 우리를 처벌하지는 아니하시며
우리의 죄악을 따라 우리에게 그대로 갚지는 아니하셨으니

이러한 형태의 병행 처리에서 제2행(또는 두 번째 구절)은 단순히 1행을 강화하여 내용을 풍

성하게 하고 전체 효과는 넓어지고 인상적이게 합니다. 동의어 상호간의 뉘앙스의 차이는 지나치게 억눌러서는 안 됩니다. 그들은 경쟁이 아닌 이중 구도에 있습니다. 예를 들어 시편 8:4의 '사람'과 '사람의 아들' 또는 63:1의 '나의 영혼'과 '나의 살'은 대조적인 것이 아니라 짝을 이룹니다. 그러나 동의어만으로도 지루할 수 있으며 형식에는 많은 변형이 있습니다. 예를 들어 시93:3 또는 위에서 인용한 시92:9의 '절정의 병행론'은 두 번째 물결처럼 두 번째 줄이 첫 번째 물결보다 높게 솟아오르게 하는 강력한 효과를 보여주는데, 아마도 제3의 물결에 의해 차례대로 추월될 것입니다. 서로 다른 다양한 방식으로, 어울림 줄의 규칙성을 수정할 수 있는데 예를 들어, 145:18에서와 같이 두 번째 줄은 첫 번째 줄의 단일 특징에서 확대됩니다.

> 여호와께서는 자기에게 간구하는 모든 자
> 곧 진실하게 간구하는 모든 자에게 가까이 하시는도다

또는 다른 방법은 반향이 아니라 시63:8과 같이 보완 또는 대응적인 요소일 수 있습니다.

> 나의 영혼이 주를 가까이 따르니
> 주의 오른손이 나를 붙드시거니와

이 마지막의 예(例)는 Lowth의 두 번째 범주인 '대조 병행론'과 공통점이 있습니다. 이것은 더 이상 말할 나위 없이 잠10장의 말씀에서 우리에게 가장 친숙하게 주어진 것이며, 교훈적인 시편(예, 시37:21)들의 가장 특징입니다.

> 악인은 꾸고 갚지 아니하나
> 의인은 은혜를 베풀고 주는도다 - 시37:21

Lowth는 동의어와 반의어의 두 등식에 '합성 또는 건설적인 병행 처리'라는 세 번째 등식을 추가했습니다. 그는 여기서 '문장은 단순히 건축의 형태로 서로에게 대답하는 것'이라고 말합니다. 그는 이 범주에 처음 두 그룹을 제외한 모든 것을 이 범주에 할당 했으며, 이 과정에

서 다양한 현대적 지수(대부분의 경우 하나 또는 두 개의 하위 카테고리를 추가합니다.)가 따르게 합니다. 그러나 그 중에서 Lowth의 가장 두드러진 사례는 사실상 '동의어 병렬주의'로 분류되어질 것입니다.(예, 시19:7ff, 시63:11a) 나머지는 '병렬주의'라는 용어를 버리고 단지 2행시의 경우 두 번째 줄에서 사상과 (그에 따른) 어법이 뒤를 향하지 않고 직진하는 경우에서 2행 또는 서로 다른 이종(異種)의 혼합에 대해서만 말하는 것이 더 좋을 것입니다.

마지막 요점도 강조할 가치가 있는데, 이것도 Lowth의 관찰 중 하나였습니다. 이런 유형의 시가 번역 과정에서 다른 시보다 더 적게 훼손되는 것은 놀라운 사실입니다. 많은 문헌에서 시의 호소는 주로 관련 언어의 적절한 동사와 상호연계 및 운율의 미묘함에서 그 효과를 상실하는 경향이 있습니다. 어떤 Lieder(가곡) 연주회의 프로그램 노트는 그 요점을 입증하기에 충분합니다. 그러나 시편들의 시는 거의 모든 토양에 이식 되어도 살아남는 리듬과 이미지의 단순성을 가지고 있습니다. 무엇보다도 그 병행은 소리가 아닌 감각적이라는 사실로 인해 힘이나 아름다움의 손실이 거의 없이 주요 효과를 재현할 수 있게 해줍니다. 그것은 '온 땅이여 그의 이름의 영광을 노래하라' 고 초청되는 하나님의 섭리에 잘 들어맞습니다.

나. 시편의 구조

대부분의 현대 버전은 시1편, 42편, 73편, 90편, 107편에서 시작되는 5편의 책으로 시편의 구분을 표시합니다. 이것의 기초는 시편 자체가 각각 지니는 송영의 그룹에서 찾을 수 있습니다. 기원전 3-2세기(BC330-200년경)에 번역된 「칠십인 역」(LXX로 약칭)은 이러한 유적을 목격하고 있으며, 책 Ⅳ권의 결론은 역대기(대상16:35ff)에서 인용합니다. 이 외에도 컬렉션의 구성 요소와 성장 단계에 대한 다른 지침이 있는데, 가장 눈에 띄는 것 중 하나는 책 II권의 마지막 장에서 '이새의 아들 다윗의 기도가 끝나니라' 하는 것입니다. (72:20) 이것은 바로 이 시점 이후에 다윗의 18개의 시를 더 발견케 되는 이유와 그 이전에 다른 저자들에 의해 열 두 시편이 발견되는지에 대한 의문을 제기합니다. 가장 가능성이 높은 대답은 한 번 여기에 자급식 편집이 끝났고, 이 시편집들은 나중에 그들 자신이 선택한 자료를 추가했다는 것입니다. 그러나 단위 자체(1-72편)에는 그것을 구성하는 두 권의 책이 처음에 서로 독립적으로 사용되었다는 징후가 있습니다. 예를 들어, 제 II권(53-70편)에 나오는 두 시편은 책 I 권에 있는 자료와 거의 똑같습니다. 또한 책 II권에서 **'엘로힘'**(하나님)이라는 용어가 **'야훼'**(주)라는 이름을 대체합니다. 한 그룹이 '하나님'에 대해 말하는 경향이 있는 우리 자신의 집단에서 선호하는 것과 기피하는 것에 필적하는 종교 관습적 언어의 차이입니다. 또 다른 것은 '주'(Lord)입니다, 한 세대는 예배에서 '주'를 사용하고 다른 세대는 '당신'을 사용합니다. 찬송가의 표현이 다른 기독교 그룹의 요구에 맞게 수집하는 것마다 조금씩 다른 것처럼, 시편의 표현도 그렇게 되어서 결국 수집된 작은 흔적이 남은 것 같습니다. '모든 이스라엘'의 사용과 신성한 이름의 서로 다른 용례는 73-83편에서는 **'엘로힘'**이 우세한 경향이 있지만, **'야훼'**는 책 III권의 나머지, 즉 84-89편에서 더 우세한 경향이 있습니다. 그 후, 책 IV와 V에서 야훼는 거의 변함없이 사용됩니다. 의심할 여지없이 이러한 차이점 중 일부는 저자의 개인적 취향을 반영합니다. 그러나 다른 사람들은 기존 시편을 사용자의 언어에 맞게 편집한 것 같습니다. 그 예로 책 II권의 42-49편에 나오는 '성전의 노래하는 자'의 그룹이 동일하게 등장하는 책 III권의 시편 84f.와 87f에서는 **'엘로힘'**에 대한 책 II권의 선호도가 사라지고 없습니다.

우리가 언급한 '재료 블록'들은 시편의 역사를 조금 더 엿볼 수 있게 해줍니다. 제 2권은 유전적으로 성전 관리의 사명을 받은 고라의 아들들에게 귀속된 시편(42-49)으로 시작됩니다. 우리가 본 것처럼, 제 3권에는 그들의 시편이 4개 더 포함되어 있지만, 다른 성전 봉사자로써 음악 창시자인 아삽(73-83)의 시편 앞에 옵니다. 이 두 뮤지션들은 각각 특별한 자료를 가지고 있었습니다. 그러나 다윗, 아삽, 고라(책 V권의 세 편의 다윗의 시를 포함하여)에게서 수집된 시편 가운데 '인도자'('귀하'가 올바른 번역인 경우)로 표시된 55개의 (합창단)시편이 있습니다. 이것은 어떤 단계에서 성전 음악의 전체 감독으로써 자신이 편집하고, 완전한 Psalter의 선구자 또는 그것으로부터 전문화된 선택권을 가졌음을 암시합니다.

IV장과 V장에는 저자가 아닌 주제나 용도로 연결된 다른 집단이 있습니다. 이것은 전 세계의 왕으로서의 주님인 시93-100편입니다. 시113-118은 유월절 밤에 부른 '이집트 할렐'('칭찬')이고, 시120-134편은 'Great Hallel'(시120-136편)의 일부인 '성전에 올라가는 노래'(즉, 순례자의 노래)이며, 시146-150편은 할렐루야로 시작하고 그리고 끝나도록 구성된 마지막 할렐 시이고, 또한 다윗의 두 전집의 시편(108-110편, 138-145편)이 있습니다.

마지막으로, 시1편에서 수집이 시작된 책 1권은 대부분의 시편과 달리 제목이나 저자의 이름이 없습니다. 등장하는 시편의 그림에는 질서와 비공식 배열이 혼합되어 있으며, 최종 양식의 모든 세부 사항을 설명하려고 시도하지만 실패합니다. 다윗의 시 전편의 절반까지는 대부분 증거를 연대순으로 발전했으며, 책 5권이 폐막을 향해가는 부분에서는 포로에 대한 명확한 암시가 있습니다.(시137) 그러나 다윗은 다음 시편에 다시 나타나며(시138), 이와는 대조적으로 예루살렘의 함락은 시편 74편까지 거슬러 올라가 애도되고 있습니다. 신학적 또는 문화적 사고의 진행은 쉽게 설명할 수 없습니다. 거기에는 이 시대의 사고 구조를 반영하려는 경향에 대한 이론에 부족함은 없었지만, 모든 시편의 위치에서 논리적인 필요성을 발견하려는 어떤 체계도 그것을 지지하는 자의 민감성에 더 많은 빛을 던져 줄 것입니다. (예를 들어, Nyssa의 Gregory는 5권의 책에서 도덕적 완전성에 이르는 5단계를 보았습니다. 아티나시우스(Athanasius)가 성전에 올라가는 열다섯 편의 시편(Ascent of Psalms of Ascent)을 해석한 것처럼, 다소 다른 맥락이긴 하지만 델리취는 150편에 걸쳐 한 시편에서 다음 시편을 연결하는 일련의 도식을 발견했습니다.) 그것은 아마도 획일적인 대칭과 모든 것을 아우르는 계획이 펼쳐지는 궁전보다는 조화롭고 다양한 스타일로 수세기에 걸쳐 건축되고 완성된 대성당의 구조와 비교할 때 가장 좋을 것입니다.

다. 시편에 대한 현대 연구의 일부 경향

구약성서 중 최근 몇 년 동안 시편만큼 학자들에게 매혹적인 부분은 거의 없었습니다. 벨하우젠 이후, 예언자들의 가르침과 군주제의 몰락이 결합되어 개인의 신심이 새로운 두각을 나타냈을 때, 시편은 이스라엘의 사후 성숙의 산물이라는 비판적인 의견이 일치되는 듯 했습니다. 1922년 말까지만 해도 존 스키너는 어떤 의미에서는 예레미야를 '시편저자들 중 으뜸'이라고 말할 수 있었는데, 그것은 그의 불문율적인 예언이 그를 신과 씨름하게 하고 그 과정에서 개인적인 교제의 영역을 발견한 까닭입니다.

선지자의 권면과 비난은 직분과 함께 사라졌습니다. 머지않아 사람보다 신에게 다가가는 새로운 종류의 음성이 들릴 것이며, '새로운 영적 유형'인 구약의 성도가 시편의 시인들과 함께 시야에 들어오게 될 것입니다.

그러나 시편 연구에 대한 새로운 접근방식이 1904년까지 궁켈(H. Gunkel)에 의해 개척되었는데, 그것은 다른 학자들이 초심을 뛰어넘는 시편의 증명과 기능을 재평가하도록 강요하는 것이었습니다. 궁켈의 방법은 첫째로 시편의 살아있는 맥락을 찾아내어 성서와 현대문화의 다른 곳에서 찾아볼 수 있는 노래와 시를 들여다보고, 둘째로 그 내용을 내용보다는 형식에 따라 분류하는 것으로서, Linnaeus(궁켈 자신이 사용한 '린네의 식물 분리법'을 통한 비유)의 방식에 기초한 것입니다. 여기서 나타난 점 중 하나는 구약성서에서 시편외의 나머지 부분에서 발견되는 여러 가지 상황들에서 비롯된 찬송, 애가, 감사, 기도, 그리고 궁중행사를 위한 조각들이 시편기자의 주요 형식의 자료들과 매우 유사하다는 점이었습니다.

궁켈은 예배에 속하는 이 시는 예배 그 자체만큼이나 오래되었고, 민족사극, 정의, 율법, 기타 모든 민족생활의 보물과 같은 시기에 솟아났다고 결론 지었으며, 그러므로 (스키너 Skinner 의 사례로 돌아가기 위해) 예레미야는 개인적 애원의 시편의 시조가 되기는커녕 지금까지 이미 잘 확립된 형태를 취하고 개발시키고 있었다는 것입니다.

이 모든 것에도 불구하고, 궁켈은 여전히 시편 속의 대부분 자료들이 사후적인 것이라고 생각했는데, 옛 의식에 의해 만들어진 관용구는 종교가 '성년'이 되었음에도 비록 성장은 멈추었지만 여전히 쓰이고 있다고 생각했습니다. 왜냐하면 이 유명한 은유는 본회퍼의 것이 되기 한 세대 이전의 그의 것이었기 때문입니다. 그것은 마치 새 영적인 물질에 낡은 문화 패턴의 도장을 남기는 종교적 습관의 보수주의 성향입니다. 그래서 사신들은 왕을 섬기기 위해 고안된 언어를 사용하거나, 그들이 질병의 공격으로 인한 고통과 치료법을 속죄를 채우는 의식쯤으로 여겼습니다.

Mowinckel은 자신의 단행본 논문인 'Psalmen-studien, I-VI (1921-24)'에서, 아마 그들이 형성했던 의식에서 시편을 분리하려는 인위적인 시도를 거부함으로써, 이 줄의 연구를 참된 결론에 더 가깝게 가져간 사람입니다. 그는 Gunkel이 자신의 시대의 편견을 종교에 대항하여 공유했기 때문에 그가 열어 놓은 길을 반쯤 멈췄다고 지적했습니다. 우리는 시편이 암시하는 것을 받아 들여야 하며, 주로 '성전의 실제 예배를 위해 구성된 실제 경배 시편'으로 볼 뿐만 아니라 고대 이스라엘과 유대인의 숭배와 그 많은 상황과 행동들이 가능한 한 완전하고 생생한 그림을 형성하도록 시편과 전례는 서로를 비추어야합니다.

이 접근법의 놀라운 결과 중 하나는 시편을 새롭게 한 것입니다. 그들의 황금시대는 이제 다윗 자신에게 한두 가지 이상을 돌리기에는 너무 지나칠지라도 지금은 왕정이 되기 위해 붙들려있습니다. 그러나 더욱 주목할 만한 것은, 시편 자체가 지닌 다른 동양의 숭배자들로부터 증거를 뒷받침하는 그 '힌트'에서 나온 규칙 (모빙켈이 일방적이고 단편적인 것으로 간주한) 자료로부터 그다지 많이 구성되지는 않았지만, 이스라엘의 숭배에 관한 새로운 그림이 등장한 것입니다. 이에 따라 여러 학자들은 시편의 주요 원천으로 각기 다른 절기를 구분했습니다. 모빙켈 자신도 이스라엘의 족장들이 해마다 성막에 모여 하나님의 현현과 왕의 즉위를 기념하는 초막절의 정교한 의식이 시편에서 40편이 넘게 드려지고 있는 향연으로 보았습니다. 여기서는 가나안과 바빌론 신화의 전투와 같이 바다와 그 괴물들(시89:9f)에 대한 의식 전쟁으로 창조의 드라마가 제정되었습니다. 그 과정에서 법궤가 상징한 그분의 임재는 시온 산으로 행렬로 올라 가셔서 도전하는 것으로 인정해야하며(시24:7ff), 마침내 '주님이 왕이 되셨다!' 라는 외침으로 갈채를 받았습니다.(시93:1) 그는 왕으로서 이스라엘과 다윗의 집과의 언약을 확인하고 율법을 지키라고 권고했으며,(시81:8ff,시95:8ff.) '마루둑'(Marduk)처럼 다가오는 내년의 운명을 고치듯이, 그 분은 의로 세상을 심판(시96:13) 하실 것입니다. 다시 말해서 그는 올바른 길에 사건을 세우고 열국에 그들의 운명을 할당할 것입니다.

이 모든 활동은 Mowinckel의 견해로는 먼 미래가 아닌 현재와 관련된 것이었습니다. 매년 이 위대한 날, 곧 주님의 날은 다가올 해를 대비하여 모든 것을 회복할 시기로 여겨질 것입니다. 그러나 성취되지 않은 이러한 희망은 점차 미래의 시대로 투영될 것인데, 그래서 바로 이 축제에서 이스라엘의 종말론이 탄생했습니다.

Mowinckel에 대한 반응은 자신의 방향으로 그를 능가하기를 열망하거나, 그의 입장에 많은 부분을 의심하거나 수정하는 신중한 평가 사이에서 예측 가능할 만큼 충분히 다양했습니다. 그러나 전체적으로 그는 상당한 지지를 얻었습니다. 모든 평론가들은 그와 함께 생각해야 합니다. 주어진 시편에 대한 첫 번째 질문이 그룹을 배치하는 Gunkel의 질문이라면, 두 번째는 Mowinckel의 것으로 즉, 이 시편 그룹은 어느 경건한 때에 속해 있었으며, 그 때 회중은 어떤 경험을 했거나 느꼈습니까? 하는 것입니다.

새로운 방법에 대한 다소 과장된 반응은 신화 및 의식 학교로 알려진(1933년 S.H. Hooke가 편집한 심포지엄 제목에서) 영국의 학자들 그룹과 특히 고대 근동의 공통적인 문화 패턴에서 비롯한 아이디어를 부지런히 추구하게 된 Engnell과 Widengren 및 많은 스칸디나비아인들로부터 나왔습니다. 바벨론의 '아키투 축제'나 가나안 사람들의 '다산 의식' 또한 시편에서 그것의 존재가 그들을 배반으로 이끌지 못했습니다.

모빙켈의 야훼가 여부스 족속의 문화인 가장 높은 '엘리욘'을 물려받았다는 제안에 만족하지 않는 일부 학자들은, 그가 '아나돗'과 해마다 결혼을 하고, 그리고 '탐무즈'처럼 죽음과 부활을 축하하는 것으로 그 역할은 왕의 몫이라고 확신하였습니다. 이것은 스칸디나비아인 Widengren과 Hvidberg의 견해만이 아니었습니다. T. H. 로빈슨은 다음과 같은 말로 그것(사실처럼 태연하게)을 표현했습니다. "신은 결혼 후 신성한 오두막에서 첫날밤을 보내고 죽음으로서 이것은 계승되었다. 애도의 기간이 지나면 그는 다시 살아났고, 자신의 배우자와 함께 성전에서 집으로 인도 되었으며, 해가 바뀌어 축제 시즌이 돌아올 때까지 그는 통치할 수 있다."

야훼를 살아 계신 하나님으로 강하게 인식한 다른 학자들은, 야훼 자신이 아니라 자신의 양자로서 역할극을 하는 왕의 행위로 보았고, 갈등과 승리의 이중순서의 문화적(종교 제례) 드라마로 재구성했습니다. 먼저 창조주가 우주의 대적을 진압한 후, 그의 왕권을 선포하고 지구를 새롭게 하는 것으로, 다윗은 이 땅의 왕들과 죽음의 권세와 싸우고 있었고, 그곳에서 그는 굴욕을 당하고 휩싸였지만(시18:4f) 때가 이르러 아슬아슬하게 구출됩니다.

이러한 접근방식의 매력적인 특징은 시가 기독교의 예절로 단장되는 것에서 해방되었다는 점입니다. 종교적 전쟁의 드라마를 묘사하기 위해, 행렬과 경의의 외침은 최소한 시편이 어떤 색깔로 활기를 찾는지 발견하는 것으로, 흥분이 암시하듯 박수를 치고, 슬퍼하고 춤을 추며 엎드리는 것입니다. 예를 들어, 새해 절기의 상상력 있는 재구성에서 한 작가는 점차 꺼져가는 횃불의 묘사로, 왕이 왕복을 벗고, 그리고 어둠이 시작되면서 왕은 대적의 발아래에 엎드려 있습니다. 그는 시89편의 말씀으로 여호와께 부르짖습니다.

"오! 여호와여 언제까지이니이까? 스스로 영원히 숨기시리이까? 주는 주의 종들이 받은 비방을 기억하소서"... 마침내, 인내가 거의 참을 수 없을 정도가 되었을 때 야훼는 그의 백성을 구하기 위해 오셨습니다. 그는 빛과 생명의 최고의 원천인 태양을 상징하는 새벽이자 승리입니다. 그것은 우리의 마음을 사로잡으며 기억에 남습니다. 심지어 이런 식으로 일어났는지 우리가 어떻게 알 수 있지?라는 질문이 제기 되더라도 말입니다. 우리는 다시 이 이야기로 돌아갈 것입니다. 그러나 우리는 이 문화의 극적 개념의 두 번째 매력에 주목할 수 있습니다. 그것은 관련이 없거나 임의적인 것처럼 보일 수 있는 구약의 특정 주제들을 모았습니다. 우선, 그것은 왕과 고통 받는 종 사이의 큰 간극을 연결했습니다. 두 사람의 공간이 의미심장하게 한 사람 속으로 통하는 것을 보는 한 가지 방법입니다.

다른 한편으로는, 하나님과 그 백성 사이에서 독특한 중재자인 '신성한' 왕을(이 시각에서) 나타내는 것은 그가 화신이자 대표자로서 메시아 예언에 대한 맥락을 만드는 것입니다. 만일 왕의 즉위식(기름부음)이 그를 하나님과 사람과 관련하여 완수해야 할 중요한 역할을 가진 별개의 사람으로 만들 경우, 지고한 메시아의 지위는 메시아의 전임자들에게는 너무 웅장하기는 했지만, 자신들에게는 그다지 폭력적이지 않은 것처럼 보여서 부당한 것으로 여길 것입니다. 그러나 이 신성불가침의 왕권 개념은 위태롭고 여러 지역에서 공격을 받고 있습니다. 그것이 비교 인류학의 설득 없이 성서적 증거로만 성경학자들에게 그 자체를 제안했을지는 의심스러운 부분입니다. 이것은 C.R.North가 모빙켈의 '예언 의식의 중심에서 바깥쪽으로 일하는 방식 대신에, 원시적이고 일반적인 엄웰트의 넓은 원으로부터 안쪽으로 일하는 방식'을 비판했을 때 암시했던 것처럼, 가장 의심스런 출처입니다. 그리고 이 특정 영역에서는 왕위 계승이나 예배의 일반적인 근동 양식에 대한 생각조차 여러 학자들이 지적한 바와 같이 증거에 의해 모순됩니다.

성서적 자료 자체만으로도 왕의 두 가지 측면이 나타나는데, 성스러운 왕권 이론이 너무 쉽게 해결되는 그들 사이에는 어떤 긴장이 있습니다. 한편으로 다양한 왕실 시편(특히 시2, 45,110)이 하나님의 '아들'(2:7) 또는 심지어 신의 화신(45:6)처럼 겉보기에 신의 지위를 부여하는 왕을 위한 언어를 사용합니다. 그리고 그의 이야기는 주님의 기름부음을 받는 것처럼 성스러운 것입니다. 그가 제사장으로 의식을 주도할 때도 있었습니다.(삼하6:12ff, 왕상8장 참조) 반면에, 연례 축제에서 왕의 전투와 구출에 대한 설명은 찾아볼 수 없는데, 이는 축제에서 많은 부분이 그의 백성들의 복지가 걸려 있었다고 알려집니다. M. Noth가 지적했듯이 이스라엘에서는 왕권이 현장에 늦게 도착하여 충실한 사람들 사이에 혼합된 감정을 불러일으켰다는 점이 중요합니다. 위에서 언급한 제사장으로서 알려진 왕의 활동은 아주 특별한(예외적인) 경우에 속했습니다. 그는 이 영역에 대한 일반적인 권리로 가정한 것에 대하여 경고를 받았습니다.(삼상13:8ff, 대하26:18).

우리는 이 역설에 대한 신약의 취급을 따를 수밖에 없는데, 그것은 어느 한 쪽을 얕잡아 보는 것이 아니라(예를 들어 텍스트를 수정하거나 번역을 완화시키는 것) 예수 그리스도 안에서 받으려고 했던 유일한 해결책으로 우리를 밀어 넣는 것입니다. 여러 구절이 이런 식으로 그것을 취급합니다. 하나는 우리 주께서 억압 받으신 시110편의 역설인 '다윗의 주'와, '다윗의 자손'이고, 다른 하나는 베드로가 시16편과 같은 신탁을 사용하여 다윗이 자신이 차지하고 있는 무덤과 하늘의 보좌를 대조하는 것입니다.(행2:25-28) 또 다른 하나는 히브리서 1장의 시편에서 나오는 일련의 증언으로, 성탄절에 대한 서간처럼 많은 사람들에게 친숙한, '너는 내 아들이라'와 '너의 왕좌는 영원하리라'고 모든 가치를 부여하는 것입니다. 여기에는 분명히 이 오라클에 대한 솔직한 초 자연주의적인 관점이 포함됩니다. 그러나 그것이 성령께서 모든 계시의 중심 주제에 대한 예언을 고취시키는 것으로 보는 것이 왜 부적절한 생각이 되어야만 하는 것인지 알 수 없습니다.

우리는 모빙켈(Mowinckel)의 더 극단적인 추종자를 보게 되는데 어떤 면에서 그들은 모빙켈보다 훨씬 앞서는 것입니다. 그들 중에는 그와 전적으로 동의하지 않거나 일부 특정부분에만 동의하지 않는 사람들이 있습니다. 그 중 후자의 예로 R.de.Vaux가 있습니다. 그는 신년의 절기(구약 시대에)가 있었는가?의 질문에 '아니오'라고 단호하게 부정하고, '야훼의 즉위식이 있었느냐?' 하는 질문에도 단호히 '아니오' 라고 대답합니다. 그는 야훼의 왕권과 초막절 사이에는 아무런 관련이 없다는 진지한 반대 의견을 가진 사람들에 동의합니다.(다만 한 가지만 예외, 슥14:16) 그는 그 장 전체가 야훼의 재림에 관한 것이기 때문에 우연한 일로 치부합니다. 시편 93:1에서 '야훼, 말라크'라는 외침은 단순히 '주님은 왕이시다'라는 충성스러운 찬사일 뿐이지 그것은 즉위식의 공식적인 선언이 아니라고 말합니다. 그것을 포함하는 시편은 야훼의 통치를 찬양하는 시편이며, 그의 즉위에 대한 발표가 아니라고 보는 것입니다. 모빙켈(Mowinckel)에게 원래 동일한 절기의 날을 의미했던 '주님의 날'에 관해서, De Vaux는 폰 라드와 같이 전쟁은 '신의 왕권'이 아닌 '전쟁의 상황'이기 때문에 구약에서 '주님의 날'의 변하지 않는 맥락에서 '전쟁의 날'로 보는 사람들에 동의합니다.

주석가들 중 일부는 하나의 축제를 두드러진 영향력으로 취급하는 모빙켈의 모범을 따랐지만 다른 방식으로 식별했습니다. H.-J. 크라우스는 시온과 다윗의 집의 선택을 축하하는 절기는 주장하지만(유배 이후까지) 야훼에 대한 즉위식은 부정합니다. A. Weiser는 언약의 절기를 거의 전체 시편의 못자리로 간주합니다. 와이저의 견해는 모빙켈에 의해 광범위하게 지지를 받지만 와이저 자신은 오히려 이에 동의하지 않습니다. 와이저는 '역사'와 '법'을 언약 갱신의 두 기둥으로 간주하기 때문입니다. 그러나 와이저(Weiser)가 알다시피, 모든 구원의 계획이 축제 주중에 제정되었으므로, 그와 모빙켈(Mowinckel) 사이에는 필연적으로 많은 공통적인 근거가 있습니다. 그러나 이러한 일치나 불일치보다 더 중요한 것은 그것은 시편에 대한 문화적 이해와 결부된 현실화의 개념입니다.

이 컬트 드라마는 보조 교사로서의 도움 이상의 의미를 지닙니다. 그것은 제정된 사건들을 현재로 이르게 했습니다. 마술에 의해 지배되는 종교에서는 이것이 선악 간에 자동적으로 힘을 발휘하는 것을 암시했을 것이지만, 구약성서에서의 종교는 예배자와 하나님과 그의 행동을 대면하는 즉각적인 신앙의 반응을 불러일으켰습니다. 종교적으로 다시 살아난 출애굽과 시나이는 과거에 더 이상 묻히지 않고 문화적으로 살아났습니다. 그들은 신자들에게 자신의 구원과 하나님의 현현을 엿볼 수 있는 존재가 되게 하였습니다. '나는 성소에서 그를 보았습니다.' 하나님은 '나와 제사로 언약한'(시50:5) 사람들로써 단지 그들의 조상뿐만 아니라 현재의 회중을 언급하고 있습니다. 그리고 즉위식(와이저는 바벨론의 배경을 가정(假定)하고 이것을 받아들인다.)에서 '주님이 왕이 되셨다'는 그의 외침이 아우르는 것은, 과거 전체와 마지막 때의 왕국의 완성을 포괄하는 것입니다.

그러나 후대에 숭배자들이 출애굽의 구원을 어떤 의미에서 경험되었는지를 묻는 순간, 단번에 그 사건의 결말과 마주하게 될 것입니다. 그것은 오직 유추(사람이 현재의 곤경을 이집트에서 이스라엘의 곤경에 상당하는 것으로 볼 수 있을 때)에 의해서 또는 연속성에 의해서만 다시 경험할 수 있었으며, 홍해에서 그 과정을 시작한 구원의 상속자라는 점에서만 다시 경험할 수 있습니다. 그러나 이러한 정신적 번역 행위는 문화적 사건의 본질을 함축하고 있는 묵시적인 직접성을 파괴합니다. 이처럼 다소 완곡한 의미에서만 이스라엘 숭배에서 '실제화'에 대해 말하는 것이 적절해 보입니다. 그럼에도 불구하고, 신은 죽은 자의 신이 아니라 산 자의 신이라는 사실과 그의 행위는 '동적 특성'(Brevard S. Childs가 말한 것처럼)을 가지고 있다는 사실을 강조하는데 중요한 역할을 했습니다. 이것은 모세가 광야에서 40년 후 새로운 세대에게 '이 언약은 여호와께서 우리 조상들과 세운 것이 아니라 오늘 여기 살아있는 우리 곧 우리와 세우신 것이라'(신5:3)고 아람어로 직접적으로 한 말입니다. 그러나 광야에서의 환경은 너무 문자주의로 받아들이지 않도록 경고해야 합니다. 그것은 계속되는 언약과 살아 계신 하나님과 신세대가 대면하는 한 가지 방법이었습니다. 그러나 그것만이 유일한 방법은 아니었습니다. 같은 점은 과거와 현재를 망원경으로 관찰하는 것이 아니라 그것들을 단단히 분리함으로써 만들어질 수 있습니다. 이것은 같은 일련의 사건을 다루는 시95편의 방법으로 사건을 동일하게 설정하는 것입니다. 이 구절의 '오늘'은 '맛사에서의 날'로, '현 상황'은 '광야'와 대조되며, '현 세대'는 '하나님을 시험'하는 것으로 서로 반하여 읽는 것입니다. 그래서 내가 보기에 이스라엘의 절기는 '엑스 오페레 오페라토(Ex opere operato)' 즉, 사효적(事效的)이며 시간을 말살하거나 과거의 힘을 회복하는 수단이 아니었습니다. 그것은 "네가 애굽 땅에서 나온 날을 기억할 것이니라" "너는 애굽에서 종 되었던 것을 기억하고 이 규례를 지켜 행할지니라"(신16:3,12) 그리고 "이는 내가 이스라엘 자손을 애굽 땅에서 인도하여 내던 때에 초막에 거주하게 한 줄을 너희 대대로 알게 함이니라 나는 너희의 하나님 여호와이니라"(레23:43) 이것은 신비로운 경험이 아니라 의식적이고 이성적인 반응의 언어입니다. 그리고 만약 우리가 이것을 언어의 사고라고 생각해야 한다면, 그것은 반복할 수 없는 첫 번째 사건 후에 유월절을 지키기로 한 변형된 형태에 의해 이루어집니다. 그러므로 이 절기는 틀림없이 과거의 사건을 현재에 효과적으로 만들 수 있는 수단이 아니라 기념식입니다. 그 특징은 이집트에서 유월절의 가장 중요한 부분이었습니다. 그 절기의 폐지는 '다 이루었다'는 외침만큼이나 웅변적입니다.

구약성서의 문화 행사에 대한 설명은 비교 종교의 발견과 매우 현저하게 다를 수 있다는 것을 충분히 보여준다고 합니다. 그리고 이것은 그 점을 해결하기 위한 성서적 언급이 없을 때 해석을 통제하는 것이 어렵다는 것을 강조합니다. 생생한 말의 표현과 문화적인 행동을 어떻게 구별할 수 있습니까?

그것은 바빌론이나 우가릿에서나 그 말이 문화적으로 행해졌는지를 물어봄으로써 드러날 수 있는데 그들의 신은 많고, 눈에 보이고, 성적이고, 굶주리며, 마법에 걸리기 쉽고, 징조들에 의해 드러나기 때문입니다. 사람들은 그들의 언어를 빌릴 수도 있지만, 그것은 상전벽해의 변화를 겪을 것입니다. 이스라엘 자손은 '하나님의 얼굴을 보는 것'에 눈이 필요없고, 그와 상의하기 위해서 점괘를 볼 필요도 없을 것입니다. 다시 말하지만, 그 사이비 숭배는 얼마나 형식적이었을까? 거기에는 개인의 슬픔도 야훼의 문화적인 죽음에서 비롯된 각본이었다는 그러한 엥넬(Engnell)의 대답과는 큰 차이가 있습니다. 예를 들어 Westermann의 답변은 시편의 기본 요소는 '문화적 환경의 고립이 아니라 선택한 사람들의 언제 어디서나 빛을 발산하는 삶이 핵심이었다'는 것입니다.

이들 극단의 다양한 입장은 다소 자의적인 전제에서 논의되는 경향이 있습니다. 쉬에레니(Szörényi)의 외적 및 내적 징후 목록(D. J.A.Clines의 시편 연구35에 대한 귀중한 설문에서 요약됨)에서조차 시를 종교적인 것과 비종교적인 것을 구분하는 일련의 기준을 찾기란 드물며, 이 냉정하고 합리적인 목록조차도 시편 제목이 제시한 증거를 거부합니다.

이 시점에서 우리는 현대의 견해와 본문 자체의 간증 사이에서 거의 정면충돌에 직면하게 됩니다. 제목은 그 본문의 일부이며, 히브리어 성경에서 첫 절로 나타나거나, 어느 곳에서나 그 일부로 나타나는 현상이 발생합니다. 이 칭호들 중 다수는 숭배에서 시편의 기능을 명백히 증거 합니다. '감사 제물을 위한 시편'(100), '고난을 받는 사람의 기도'(102) '안식일을 위한 노래'(92) 등등. 또 다른 자료들은 아삽과 고라의 자손들인 레위지파 가수들에 의해 돌려진 것으로 암시됩니다.

그러나 시편 전체의 거의 절반을 차지하는 73편의 시에는 '다윗의 시'라는 공식이 소개되어 있습니다. 이 중 14개는 그의 박해 시절의 이력과 관련이 있습니다. 그러므로 그 시들의 액면은 성소나 숭배 드라마가 아닌 전장이나 동굴에서 나오는 시편입니다. 그러나 음악적 방향과 '인도자를 따라'(이 용어는 일반적으로 번역됨)에 대한 암시가 이 시편들이 예배에 사용하기 위해 수집되었고, 필요한 경우에 적합하다는 것을 보여줍니다. 이것은 대부분의 현대 학자들이 묘사한 것과는 반대 방향(즉, 삶에서 예배를)입니다.

그것은 본질적으로 그것의 정반대일 가능성이 낮으며, 설득력 있는 이유 없이 거부됩니다. 예를 들어, 궁켈은 '종교를 위해 구성된 시편은 전적으로 경건한 시인이 자신의 용도로 만든 것보다 더 오래되었다'는 종교의 역사를 일반화합니다. 그는 개신교 찬송가에서 '합창(성가대)'이 '신령한 노래'보다 더 오래 되었다고 덧붙입니다. 모빙켈은 논란의 여지가 많지 않지만 궁켈과 같이 대부분 일반화에 의존합니다. 예를 들어, 시편과 다윗시대 사이의 불일치의 예로, 그는 초기 군주제에서 동물 희생과 부와 권력에 대한 승인 태도를 지적합니다.

예를 들어, 시편과 다윗 시대 사이의 불일치의 예로서, 그는 초기 군주국에서의 인정받는 태도로서 동물의 희생과 부와 권력(아마도 삼상15:22에서 사무엘이 사울에게 한 유명한 질책, 그리고 다윗이 가난과 박해를 알고 있었다는 사실)에 대해 지적합니다. 자세한 내용은 6.b와 7을 참조하십시오.

시편의 '작은 글씨'에 큰 중요성을 부여할 필요가 없어 보일 수도 있습니다. 그러나 우리 데이터의 일부를 듣지도 않은 채 무시하는 언동과는 별도로, 삶에서 나온 것으로 알려진 어떤 문서도 표준적인 유형의 필요를 충족시키기 위해 위임된 문서와는 다른 영향을 끼친다는 사실이 남아 있습니다. 만일 우리가 다윗처럼 예외적이고 혹독한 시련을 받고 있는 한 사람의 심중을 공유하고자 한다면, 우리는 더 가난해질 것입니다. 만일 우리가 그의 작품을 익명으로 취급하려고 고집한다면 그의 파란만장한 삶과 분리될 것입니다.

라. 메시아 대망(사상)

기독교는 전통적인 유대교와 시편의 많은 구절들이 '메시아닉'이라는 확신, 즉 그리스도의 예언 또는 예표에 대한 확신을 공유합니다. 여기서 우리는 먼저 이런 방식으로 신약에 의해 해석된 구절의 내용을 살펴본 다음 시편의 인용된 부분을 넘어 '메시아닉' 자료의 범위까지 살펴볼 것입니다. 먼저 메시아 희망의 내용. 신약 성경이 이와 관련하여 인용한 약 15개의 시편에 우리 자신을 밀어 넣으면, 우리는 장차 오실 이의 다음과 같은 측면을 발견할 수 있습니다.

1) 기름부음 받은 왕

시편 기자는 그 속에서 그렇게나 크게 역할을 행할 왕의 모습을 소개하는 데 거의 시간을 허비하지 않습니다. 시편 2편과 같이 그것은 그에게 지역 왕권의 한계를 훨씬 못 미치는 용어로 그를 제시합니다. 그 시(詩)는 새로운 왕을 위한 정기적인 즉위식 노래로써 충분히 잘 사용될 것입니다. 그 때 그 언어는 다윗의 겸손한 제국을 마치 세계처럼 취급하면서, 그 언어가 법적인 수사(修辭)로 해석 될 것입니다. 그러나 여기에는 수사(미사여구) 이상의 것이 있습니다. 이 시는 다윗 왕이 하늘의 왕좌에 계신 하나님을 대신하여 군림한다는 사실적 논리를 이끌어냅니다.(시2:4) 그러므로 땅의 가장 완전한(환상적인) 부분은 그의 권리이며, 실제로 그의 것이 될 것입니다. 여호와께 기름 부음을 받고 그의 아들이라는 이중 칭호의 완전한 무게가 부여됩니다. 이 중에서 두 번째는 별도로 말할 것입니다. 한편 그 중 첫 번째는 헬라어로 음역된 '크리스토스'와 아람어 형식으로 음역된 '메시아'(מָשִׁיחַ)가 있습니다.

기름부음으로 성스러운 지위에 성별된 사람에게는 거룩함이 감싸고 있을 뿐만 아니라(그러므로 그에게 폭력을 가하는 것은 신성모독이다), 그의 직무에 권한을 부여하신 것입니다.(시89:20ff) 이러한 외적 의식은 성령의 선물에 의해 완성되고 최상의 상태에 이르게 되는 것입니다. 사울의 부르심(삼상10:1,6)과 다윗의 부르심(삼상16:13)도 이와 같이 하였습니다. 이것이 예수님이 자신의 신분을 밝힌 사61:1ff에 기술된 인물의 올바른 용례라면, 여호와의 부르심이 되는 것이며, 기름부음은 제사장들과 왕들 모두와, 그리고 적어도 한 번은 예언자(왕상19:16)에게 시작되는 의식이었습니다.
그러므로 왕은 지도자 이상이었습니다. 비록 일부 사상의 학파들이 자신을 땅과 하늘 사이의 국가적 중재자인 것처럼 신성함을 과장하였음에도 불구하고, 그의 백성의 운명은 그와 결속되어 있었고, 그에게서 본 신의 영광은 사실로 남아 있습니다. 다윗의 기량은 그의 직무만큼이나 그에게 '이스라엘의 등불'이라는 칭호를 얻게 했을지도 모릅니다. 그러나 그의 뚜렷하지 않은 후계자는 여전히 우리의 콧구멍의 숨결과 '여호와께서 기름 부으신 자'(애4:20)였으며, 왕은 '우리의 방패'(84: 89:18)로서 시편 속에서 두 번 기도합니다. 신성한 경의에 대해서는, 시110편에서 신과 공존하는 것을, 시2편에서의 자식들의 신분으로서, 그리고 우리가 아래에 논하는 시45편에서는 머리 자체십니다, 우리는 하나님의 명예와 관련하여 강요되어서는 안 되는 용어로서 이해하고 있을지도 모릅니다.(신약성서가 그렇게 해야 한다고 주장할 때까지는). 그러나 완전히 부적절하지는 않았습니다. 한편 실제 왕들의 고통스러운 부족함은 다가올 공동체에게 사람들의 시선을 높이는데 도움이 되었습니다. '탈굼'이 시편72:1에 덧붙여진 것은 이것의 한 예에 지나지 않는데, 여기서 왕은 '메시아 왕'이 되십니다.

2) '내 아들'

이것은 신약성서에서 많이 인용된 시2:7의 언어입니다. 우리가 구약성서 안에 들어서면 그것을 향해 가는 길에 두 개의 위대한 명소를 발견합니다. 그것은 '이스라엘은 내 아들 내 장자라'(출 4:22, RV)는 말씀과 그리고 다윗의 왕좌의 상속자에 관한 약속에서 '나는 그에게 아버지가 되고 그는 내게 아들이 되리니'(삼하 7:14)라는 선언입니다. 이 서약은 처음에 솔로몬에게 언급되었음은 그 나머지 문장과 그 뒤의 구절이 명백하기 때문입니다. 그러나 그것은 끝없는 왕조의 약속과 결합되어 있습니다. 그래서 새로운 재위 때마다 왕의 즉위식은 이 유산에 정식으로 들어갔을(시2:7과 같은 '법령'을 제시했을 가능성이 있다.)때 그의 백성의 자식의 신분과 세상에서 하나님의 장자로서의 지위에 대한 최고의 표현(신28:1과 함께 시89:27)이 되었던 것입니다.
그러나 시2편은 그에게 온 땅을 바치고, 주님과 그분의 기름부음을 받은 자는 아버지와 아들과 같은 이름 이상으로 결합하는 것 같습니다. 이것은 다윗의 평범한 아들이 아니며, 이 언어는 단순히 Hofstil(궁정문체)이 아니라는 인상을 시110편에 의해 확인되는데, 여기서 우리 주님이 지적하신 대로 다윗 자신은 하나님의 오른편을 배경으로 하여 그의 군주인 한 분께 경의를 표하고 있습니다. 히1:13은 '내가 어떤 천사에게 내 우편에 앉아있으라 하셨느냐?' 라고 질문하심으로써 더 큰 대조를 그립니다. F.F.Bruce는 이에 대해 가장 존경받는 천사는 가브리엘처럼 '신의 존전에 설 수 있는 특권을 가진 자들' 이라고 적절히 언급하지만, 그들 중 누구도 우편에 있는 독특한 영광의 자리에 앉으라고 초청받은 적이 없다(눅1:19)고 말합니다. 다시 한 번, 아들처럼 왕을 칭하면서, 구약성서는 아직 개발되지 않은 주제를 소개했는데, 이것은 당면한 그 맥락에 적절하지만 그 함축적인 것이 완전히 펼쳐지면서 그것을 완전히 능가하게 됩니다.

신약성경에서는 하나님의 유일무이한 아들이 아버지와 함께 영원한 동반자로 밝혀지며, 성육신하신 아들의 부활에 대한 시2:7의 '오늘' 을 언급하는데, 그때 면류관을 쓰신 왕처럼 그가 '능력으로 하나님의 아들' 로 지정되었습니다.(롬1:4, 행13:33)

3) '하나님'

시45:6의 명백한 번역을 회피함으로써 RSV와 NEB는 왕에게 '하나님이여 주의 보좌는 영원 하며'(AV, RV, cf. JB)라고 말하는 텍스트의 영향력을 약화 시켰습니다.

심지어 기독교 이전의 LXX조차도 이것의 힘을 회복시키려는 시도를 하지 않았고, 그 광대한 함축은 히1:8에서 의심할 여지없이 놓이게 되는데, 이것은 천사와 아들에게 말하는 이런 식으로 대조를 이루고 있습니다. 그것은 아마도 시편 중에서 가장 대담한 메시아닉 선언일 것입니다. 그러나 그것(신탁)은 혼자가 아닙니다. 히브리서의 같은 장은 그리스도에 대한 언급을 두 가지 다른 말에서 찾아냅니다. 그 중 하나는 시97:7('모든 신들-또는 천사들-이 그의 앞에 엎드려 절한다.')입니다. 여기서 맥락은 '하나님의 현현' 입니다. 히1:6의 언급은 신이 지상에 모습을 드러낼 때 그의 아들 안에서 그렇게 한다는 것을 암시합니다. 두 번째 언급은 시102:25-27에 관한 것이며, 히1:10-12에서 그가 '주님' 에게 권리를 부여하는 이로써 그에게는 '영원' 이 주어졌고, 그리고 우주를 창조한 하나님 같으신 분으로 소개됩니다. LXX의 시102:23f의 음성은 화자가 참된 하나님 자신이라는 추론을 뒷받침합니다. 그러므로 시편의 매우 놀라운 주해를 생각하면 너무나 눈부신 사실이 틀림없음은 그리스도가 오실 때까지 진리의 모든 영광에 신자들의 눈을 길들이는 것입니다. 만약 우리가 이러한 대담한 해석을 하나의 깨달음의 편향으로 간주해야 한다면, 우리는 이 목록에 포로가 되어 있는 '높은산'에 대한 신의 등정에 대한 묘사가 그리스도의 승귀(승천)가 실현되는 것으로 보는 엡4:8-11에 대하여 시68:18의 설명을 추가할 수도 있습니다. 신약성서는 다시 한 번 구약의 숨은 빛을 드러냅니다.

4) '주의 종'

이것은 다윗이 고난을 겪을 때 사용하는 경향이 있고(시69:17, 시86:2,4,16), '주의 종'이라는 표현이 두 개의 다윗 시편(18,36)의 표제에 나타나지만, 시편에서는 특색이 있는 제목이 아닙니다. 우리는 여기서 무고한 고통자의 역할에 대한 편리한 가늠자로 사용하는데, 그것은 시편 안에서 예수께서 자신으로 알려진 초상화에 강하게 채색하는 것입니다.

시편에 대한 우리 주님의 언급의 대부분은 실제로 그 안에 있는 이 요소에 관한 것입니다. 참으로 비극적인 시69편은 신약 전체의 그리스도에 대한 인용과 암시의 가장 큰 채석장입니다. 그의 십자가와 열정을 해석하기 위해 6-7개의 다른 구와 구절이 그려져 있습니다. 이 시편으로부터 그리고 그것의 동반자(특히 시22,35,40,41,109,118)인 복음서, 사도행전, 서신 서에서 자신의 개혁적 열심(시69:9a)과 문제들을 강조하기 위해 가장 설득력 있는 말을 찾습니다. 고의적인 자기희생(시40:6-8)과, 고립의 경험(시69:8)과, 배신과 증오와 거부(시41:9,69:4,35:19, 118:22), 그리고 비난의 고통(시69:9b)과 조롱(시22:7f,69:21)과, 벗기기(시22:18)와 그리고 못질(시22:16), 그들은 이 많은 것들을 예언이 성취된 것으로서 명시적으로 취급합니다. 실제로 베드로는 시편 16장에서 인용하여 '그는 선지자라' '미리 본 고로 그리스도의 부활을 말하되' 라고 말합니다.(행2:30f). 행1:16-20 및 롬11:9f에서 사도들은 또한 유다의 운명(시109:8, 참조,69:25)과 믿지 않는 이스라엘(시69:22f)에 대한 예측을 보여줍니다. 예수께서는 십자가에서 시편의 가장 어두운 시간과 마지막 호흡에 대한 말씀을 찾았습니다. (시22:1, 31:5)

마. 복수를 위한 부르짖음

시편에서 겸손한 예배 자가 불같이 저주하는 사람으로의 갑작스러운 전환은 '모든 성경이 영감으로 기록되었고 유익한 것'이라고 확신하는 그리스도인에게는 당혹스러운 문제를 일으킵니다. 그리스도인들에겐 자신을 저주하는 사람들을 축복해야 하는 것이 당연하기 때문입니다. 이 문제에 대한 우리의 접근 방식은 이러한 폭발의 어조(분위기)를 살펴보기 전에 그 실체에 주의를 기울여야 하고, 최종적으로 그 분노가 우리에게 직접적으로 어떤 관련이 있는지 논하기 전에, 신약에서 이러한 분노는 어떻게 해석되고 인용되는지에 주의를 기울여야 합니다.

1) 그들의 실체

우리는 이것을 공의가 시행되고 정의가 입증되도록 간구하는 탄원으로 요약할 수 있습니다. 이것은 신약이 우호적으로 지지하는 관심사로 이를테면, 불의한 재판관의 비유에서 과부의 인내심으로 (원한을)'풀어 주다'(Vindicate)는 단어를 반복하며 이야기할(단지 부수적인 것일 수도 있지만) 뿐만 아니라, 적용에서도 되풀이하고 있습니다.

> 하물며 하나님께서 그 밤낮 부르짖는 택하신 자들의 원한을 풀어 주지(Vindicate) 아니하시겠느냐… 속히 그 원한을 풀어 주시리라 – 눅18:1-8

이 말은 한 사람의 명예를 깨끗이 하는 것보다 더 강한 심판을 의미한다고 이해되어야 하며, 그것의 일차적인 연관성은 보복입니다.
분명히 복음은 우리가 강조해야 할 바와 같이 우리의 관심사를 근본적으로 바꾸어 놓지만, 부분적으로는 십자가에 의해 새롭게 창조된 상황을 소개하고, 부분적으로는 이전 단계에서 보이지 않았던 것 곧 다가올 삶이 무엇인지를 명확히 밝혀서 바꾸어 놓습니다. 이 문제에 대해 시편 필자들과 완전히 조화를 이루려면 복음을 전해야 한다는 의식(동료죄인에 대한 우리의 태도에 영향을 미침)과 최종적인 잘못에 대한 최종적인 권리로서의 우리의 확신(현재에 대한 태도에 영향을 미침)을 중단해야 합니다. 이러한 확신이 없으면 정의가 승리하는 것과 악인이 부서지는 것을 보고 냉소만 남을 것입니다. 이 저자들은 냉소적이지 않았습니다. 사실, 그들의 상황에 우리가 맞추는 것보다 복음에 그들의 귀를 기울이도록 하는 것이 더 나을 것입니다. 왜냐하면, 우리는 그들의 질문에 설득력을 느낄 때까지 그 응답을 실제로 들을 수 없기 때문입니다.

나는 다른 곳에서 그들의 수석 대변인이 되어, 다윗의 역사가 그의 정의에 대한 열정이 그저 복수심에 대한 명분이 아니라 진심이라는 것을 충분히 증명한다고 주장해왔습니다. 시므이는 말할 것도 없고, 사울과 압살롬에 대한 그의 태도에서 그가 증명했던 것처럼, 개인적인 공격을 받음에 대한 관대함이 아니라 공의를 위한 그의 열정이 진실하다는 것을 충분히 증명할 수 있는 사람은 거의 없습니다. 그리고 잔인하고 사악한 행동에 대해 더 깊이 분노하지 않을 통치자도 없습니다. 심지어 그의 대의명분을 선호하는 것처럼 보일 때조차도 그러합니다. 그가 하나님께 구한 것은 불의의 희생자가 이스라엘의 왕인 다윗 그 자신에게 기대할 수 있는 평결과 중재 그 이상도, 그 이하도 아니었습니다. 그가 하나님께 왕권에 대한 그의 이상을 더 심각하게 받아들일수록(그의 '마지막 말'에서 인용), 하나님을 경외하며 사람을 정의로 통치하는 그에게 악에 대한 혐오를 저평가한다고 그를 중상한다는 것은 생각할 수 없는 일입니다.

2) 그들의 어조

이 부르짖음의 어조와 정신은 구슬픔에서부터 맹렬하기까지 다양하며, 때때로 증오심은 증오심으로, 잔인함은 잔인함과 만납니다. (동해보복법)

> 그에게 인애를 베풀 자가 없게 하시며 그의 고아에게 은혜 베풀 자도 없게 하시며 – 시109:12
>
> 멸망할 딸 바빌론아~ 네 어린 것들을 바위에 메어치는 자는 복이 있으리라– 시137:8f

그것은 그들이 탄원한 사건이 증오를 불러일으킬 만큼의 고통을 받았던 것에 의한 정당한 지적입니다. 그 행위들은 누구에게도 얽매이지 않았습니다. 그 행위들은 사랑(을 베풂)에 대한 응답이고(109:4) 어리석음에 대한(137) 잔인한 반응이었습니다. 그들을 용서할 수 없다고 말하는 것은 그 사실만큼이나 부적절합니다. 그것은 진노라고 말할 필요가 있습니다. (passion 수난, 진노, 열정, 열망, 감사)

여기서 우리는, 독설에는 문자 그대로 그가 의도하는 형벌이나 저주 자체를 기술하는 것보다 화자의 분노를 표현하기 위해 공포감을 더 많이 쌓을 수 있는 고유의 수사법이 있다는 것을 알아차려야 합니다. 이것은 예레미야가 어머니의 임신 중에 죽어서 대신 아버지에게 그의 탄생을 축하할 일이 없었더라면 하고 탄식하는 사람(자신)에 대하여 상세한 말로 저주하는 것에서 아주 분명하게 볼 수 있습니다. 그런 터무니없는 말들은 무책임한 비판을 퍼트리지만, 그런 표현은 사라져야 한다고 생각하는 것은 잘못입니다. 그것은 이 같은 종류의 문맥을 묘사하는 영역에서 과장법처럼, 신중한 문자주의는 전할 수 없는 생생한 의사소통의 기능을 가집니다. 이것은 우리에게 문제의 핵심에 가까워지게 하는데, 그것은 시편이 성경에서 각각의 책이 서로 다른 역할을 하는 가운데 그만의 특별한 역할을 수행하는 것입니다. 즉, 단순히 우리를 다루기보다는 우리를 만지고 마음에 불을 붙이는 것입니다. 우리가 판단하는 자리에 앉도록 유혹받는(정죄하기 쉬운) 구절들은 '자포자기'하는 절망감을 양산하여 우리로 놀라게 하고 충격적인 비명을 지르게 합니다. 이것은 좀 더 간접적인 방식의 계시이지만, 대부분의 다른 형태들보다는 친밀합니다. 그것이 없다면 우린 덜 당황할 수 있겠지만, 신실한 신자를 파멸시킬 수 있는 잔인함이 가득한 이 세상의 어두운 곳들에 대한 개념이 여전히 부족할 것입니다.

예레미야와의 비교는 아마도 그의 부르짖음이 우리에게 공허한 상태로 제시되지 않는다는 사실을 받아들이기 위해 더 밀어붙이는 것일 수 있습니다. 그의 삶의 맥락에서 보면, 그들은 예레미야의 소명에 임하기 위한 투쟁의 단계로 드러나고, 그 투쟁은 그를 심화시키고 우리를 깨우치게 합니다. 보다 분명하게, 그에 대한 하나님의 응답에는 격려와 책망이 교묘히 섞여 있으며 그것은 욥에게서도 마찬가지입니다.

> 무지한 말로 생각을 어둡게 하는 자가 누구냐...너희가 나를 가리켜 말한 것이 내 종 욥의 말 같이 옳지 못함이니라 – 욥 38:2, 42:7

'지식이 없는 단어들'로 조언을 어둡게 했지만'… 요컨대, 하나님께서는 욥을 위로하는 자들의 실패와는 다르게, 말과 사람과 상황 전체의 메시지를 보십니다. 하나님은 쉽게 흔들리지 않으시며, 더 정확하게 우리처럼 다른 것들에 쉽게 흔들리지 않는바, 하나님은 마음을 살피시고, 우리의 모든 고통에 함께 시달리는 까닭입니다.

예레미야와 욥은 그들의 질문과 응답을 말씀 그 자체의 표면과 깊이로써 그대로 우리에게 영감을 주기 위한 계시의 한 부분으로써 취하도록 가르칩니다. 그러나 우리는 자기의 생각을 고집하지 않도록 주의해야합니다. 예를 들어 예레미야의 조급함은 렘12:5에서 책망을 받았지만, 우리의 의심할 여지가 없이 인과응보를 위한 기도의 본질은 인정받습니다.(렘11:20-23, 12:7ff) 그와 비슷하게 성경의 많은 부분이 시편을 지지하고 승인하는 것에서 가끔 우리를 놀라게 하는데, 이것은 다음 문장으로 이어 집니다.

3) 신약의 인용

우리의 주님께서 사역을 시작하실 때에 '우리 하나님의 보복의 날'(사61:1f, 눅4:18-20)이라는 구절 앞에서 읽던 성경을 덮으심으로 '하나님의 보복의 날'이라는 부분을 눈에 띄게 생략하셨습니다. 이것은 악을 선으로 갚으라는 그의 가르침과 함께 본다면 심판의 전체 개념을 폐하는 것처럼 보일 수 있지만, 이 문제가 그리 간단하지 않다는 것이 곧 분명해집니다. 예수께서는 구원으로 오셨지만, 바로 그러한 접근방식 자체가 오히려 심판을 더 가깝게 한다는 것입니다. '악한 소작인'의 비유가 가져온 결말에서 밝혀졌듯이 주인의 아들이 그들과 대면할 때 치명적인 결정이 일어납니다. 천국을 맛보았던 갈릴리의 작은 마을들은, 이제 소돔보다 더 깊은 지옥에 직면하게 되었습니다.

이 역설은 저주의 시편과 관련이 있습니다. 시편의 저자들은 하나님의 심판을 간구하며 심판을 서둘러 주실 것을 요구합니다. 대조적으로 복음은 구원을 향한 하나님의 열망을 보여주지만, 심판의 총체적인 새로운 깊이와 방대함을 보여줍니다. 이제 그들은 자신들의 죄에 대하여 변명할 여지가 없습니다.

이 주제에 관한 시편의 인용문과 반향에서 신약 성경은 때론 그 근원보다 덜 심각하게 말하고 때로는 더욱 혹독하게 말하지만, 결코 개인적인 악의로 말하지는 않습니다. 이 부분은 마지막 장에서 다시 다룰 것입니다. 한편 우리는 시 2편에서 두드러진 하나님의 진노와 메시아의 철장이 계시록에서 두드러진다는 점에 주목할 수 있습니다. 그분의 진노의 날'(

시110:5)은 롬2:5에서 그 반향을 발견하고, 하나님을 '알지 아니하는' 이들(시79:6)에게 임하는 분노는 살전1:8에서 확인되었습니다. 그러나 죄는 단순한 무지가 아니라 하나님을 인정하기를 거부하는 것으로 명확하게 보입니다.

때때로 신약은 시편에서 징벌이 임박한 시점에 인용을 멈추지만, 이는 일반적으로 교리에 대한 의구심 때문이 아니라 연관성 때문입니다. 예를 들어 요10:34에서 "내가 너희를 신이라 하였노라"라는 구절에서 요점은 충분히 언급되었습니다. '그럼에도 불구하고 너희는 사람처럼 죽으며'(시82:7)와 같은 인용구를 완성한다고 해서 얻을 것은 없습니다. 벧전3:12에서 시34:16의 절반만 인용하는 것도 마찬가지입니다. 또, 롬3:19에서 "이는 모든 입을 막고"라는 구절은 이전 장에서 열거된 사람에 대한 경우를 결론지음으로 바울은 말을 줄이고 있습니다. 시63:11 뒤에 숨어있는 징벌은 여기에서 필요하지 않습니다. 반면 요13:18에서는 침묵이 중요합니다. 여기서 주님은 '내 떡을 먹는 자'에 대해 시41:9의 '나를 대적하여 그의 발꿈치를 들었다'를 인용하셨지만, 다윗이 기도했던 것처럼 하지 않으시고, 오히려 그에게 반응할 기회를 주셨습니다. 예수님은 복수보다 더 나은 것을 제공하신 것입니다.

동시에 신약에서 시편보다 '더 아픈 형벌'이 드러나는데, 간단히 말하자면 인간의 운명 전모가 눈에 보이기 때문입니다. 이것은 시6:8과 마7:23을 비교한 것에서 확실히 알 수 있습니다. "불법을 행하는 자들아 내게서 떠나라"라는 말이 다윗의 구조의 외침에서 그리스도가 선포하는 사형 선고로 바뀝니다. 원칙은 동일합니다. 진실과 거짓말은 함께 할 수 없습니다. '바깥은' 거짓을 사랑하고 실천하는 모든 사람들입니다. 그러나 다윗에 의해 쫓겨난 것과 그리스도에 의해 바깥으로 쫓겨나는 것은 완전히 다른 것입니다. 예수님은 이들을 복음에서 거의 모든 비유의 절정이기도 한 최후의 배격이라는 곳으로 내쫓으십니다.

그러므로 신약은 심판의 역할을 줄이는 것에서 멀어지고, 사적인 보복의 영역으로부터 그것을 제하는 동시에 그 비중은 증가시킵니다. 이것은 시69편과 109편에서 시편의 가장 맹렬한 두 번의 폭발을 인용함으로써 잘 설명되어집니다. 그들 각각은 예언으로 취급되며, 꺾이지 않는 완고함(뉘우치지 않음)에 대한 하나님의 선고로 받아들여집니다. 베드로는 슬프나 의심의 여지가 없는 멸망에 대한 우리 주님의 언급으로 (가룟)유다에 대한 언급으로 시69:25와 시109:8을 인용합니다. 바울도 이스라엘이 시69:22의 운명을 물려받는 것을 보았을 때 이스라엘에게 비슷한 애정을 느꼈습니다. "그들의 밥상이 올무가 되리라… 눈은 어두워지고…그들의 등은 항상 굽게 하옵소서"(롬11:9) 그러나 바울은 그가 바라는 대로 그들이 정말 회개한다면 '영원히'라는 구절은 철회할 수 있는 것으로 여깁니다. 따라서 우리는 이 저주에 대해 추가적인 통찰력을 얻습니다. 모든 불가해한 표현에 대해서는 선지자의 예언들과 마찬가지로 조건부로 간주되어야 한다는 것입니다. 저주의 구절들의 효력은 완고한 사람들을 위한 것이었습니다. 회개할 때 그런 구절들은 '무의미한 저주'가 될 것이며, 잠26:2은 우리에게 '이루어지지 않을 것'을 보증하고 있습니다.

4) 그들의 현재와의 관련성

이 질문에 앞서 우리는 신약의 두 가지 요소를 간략히 고려해야 합니다. 첫 번째는 이미 첫 번째 문단에서 이미 언급한 하나님의 택하신 자들의 원한을 풀어 달라는 탄원입니다. 이 간청은 누가복음 18:7에서 주님께서 받아들이셨고, 계6:10의 순교자들이 부르짖는 간청입니다. "땅에 거하는 자들을 심판하여 우리 피를 갚아 주지 아니하시기를 어느 때까지 하시려 하나이까?" 두 경우 모두 아벨의 무고한 피의 소리가 하나님께 호소하는 것처럼 무고한 피의 울부짖음이라 볼 수 있습니다.

실제로 스데반의 모범은 그 후계자들을 위해(스데반의 주인이 그를 위해 하셨던 것처럼) 이전의 분개하던 항의의 오래된 전통을 종식시켰기 때문에 이것이 순교자들의 의도적인 기도라고 말할 수는 없습니다.(참조, 대하24:22; 렘18:23). 그러나 사울의 경우와 마찬가지로 스데반의 적들에 대한 기도는 그들의 회개를 통해서만 응답 될 수 있었습니다. 그렇지 않으면 하늘 앞에서도 이 피가 여전히 그들의 머리에 있을 것입니다. 비록 '아벨의 피보다 더 낫게(은혜롭게) 말하는 뿌린 피'(히12:24)로써 '그리스도의 속죄의 피' 임에도 그것을 악용하는 사람들에게는 꼼짝달싹할 수 없는 유죄의 증거가 됩니다.

두 번째 요소는 신약에서 때때로 저주를 받는 것과 같습니다. 주님께서도 열매 맺지 않은 이스라엘(막11:14; 12:9)과 불충실한 교회(계시 2f.)에 대해 그가 심판을 선포하시고 행하심으로 그의 길을 인도하셨습니다. 사도시대에 아나니아와 삽비라의 운명이 실제로 이뤄지지 않았더라면, 엘루마의 눈이 잠시 멀게 된 것과, 고린도의 죄인이 사탄에게 넘겨진 것도 이루어지지 않았을 것입니다.(고전5:5). 구리 세공업자 알렉산더의 미래는 시편62:12의 측면에서 딤후4:14절에 나와 있습니다.(그러나 16절의 기도에 주목하십시오.) 이 모든 경우에 공통적인 것은 왕국이나 죄인의 복지에 대한 관심들입니다.(알렉산더를 포함하여, 그들에겐 아직 회개의 희망이 있었을 수도 있다. 딤전 1:20) 이러한 심판을 구하는 사람들의 개인적인 관심은 그들이 시편에 있는 것처럼 현저해 보이지 않습니다. 이런 기도나 심판에 대한 선포(신탁)가 희귀한 것이나 쓴 맛의 부재는 새로운 일이 일어났다는 증거로 충분하지만, 신약에서 그들의 존재는 구약과의 연속성을 확인시켜줍니다.

그러므로 우리는 하나님의 경륜에서 '땅에 떨어진 무고한 피'의 호소를 더욱 분명히 하는 역할을 하는 시편 필자들을 포기하거나 무시할 수 없다는 결론을 내립니다. 그러나 단순히 그들이 서있는 땅을 점유하는 것은 허락되지 않습니다. 우리 시대와 그들의 시대, 그리고 우리의 소명과 그들의 소명 사이에는 십자가가 있다. 우리는 화목제로 부름 받았으며, 이것은 기쁜 소식(복음)의 날입니다.

그리스도인이 이 울부짖음을 복수를 위해 자신의 것으로 사용할 수 있는가?라는 질문에 대한 대답은 단언컨대 '아니요'입니다. 그리스도인은 예레미야의 저주나 욥의 항의를 그대로 따라 해서는 안 됩니다. 그는 물론 이런 울부짖음을 하나님의 심판에 대한 확언과 진정한 원수인 '악을 행하는 자들'에 대한 비난으로 해석할 수 있습니다. '그리스도의 십자가의 원수로 살거나' 자신을 우리의 적으로 삼는 혈과 육을 가진 사람들에 관해서는, 우리는 그들을 대적하는 기도가 아니라 그들을 위해 기도해야 합니다. 그들을 사단의 권세에서 하나님께로 돌이키도록, 악을 선으로 갚기 위해, 그리고 그들의 길을 선택하지 않도록 말입니다. '아직 구원받지 못한 도움이 필요한 사람들은 사랑을 받고 구원되어야 하며, 우리를 다치게 한 사람들도 용서받아야 합니다. 그러나 사람을 추종하거나 또는 추종자들을 양성하려는 그들은(여기서 시편과 신약성경은 한 목소리로 말한다) 그들의 나라와 배후에 있는 세력과 같이 여기고 완전히 거부해야 합니다.

시편에 있는 이 구절들이 악의 깊은 곳과 악에 대한 당연한 징벌들, 그리고 악의 무기를 빌릴 수 있는 위험에 눈뜨게 하면 그것은 그들의 일을 수행한 것입니다. 그 구절들이 이 주제에 대한 결론이 아니라고 말하는 것은 비난이 아닙니다. 먼저 이뤄져야 할 일들이 있다는 것입니다. 그 일들과 마지막 말씀은 그리스도의 것이며 우리는 그 상속자들입니다.

바. 제목 및 기술 용어

1) 그들의 진위와 유물

시편의 일부를 제외한 거의 모든 시편의 머리 부분에서 대부분의 판본은 작은 글씨로 재현된 노트가 있으며, 이는 히브리어 성경의 정식 텍스트의 일부이며('마소라'에 의해 추가된 여백 노트와는 달리) 구절의 번호 매기기에 포함됩니다. 그러므로 제목을 가진 대부분의 시편에서는 히브리어 본문의 구절이 우리의 단계와 다릅니다. 신약은 이 제목들을 성서로 취급 할뿐만 아니라, 주님의 모범에 따라 그 일부를 구성하는 저작의 메모 중 하나 이상에 대해 논쟁을 할 준비가 되어 있습니다.(막12:35-37; 행2:29ff,34ff, 13:35-37) 우리는 그들의 인증을 위해 이 이상을 볼 필요가 없습니다. 그러나 이에 대한 비판 중 일부는 아래 섹션 b에서 논의 될 것입니다.

고대와 관련하여 그들이 사용하는 용어에서 두 가지 주요한 사실이 나타납니다. 첫째, 그들은 편집자로 자신의 의견('다윗이 그의 아들 압살롬을 피할 때에 지은 시' 시3편)에 대해 제 3의 사람을 이용하는 사설이라는 것입니다. 따라서 시편 그 자체보다 늦습니다. 그러나 둘째, 그들은 Psalter를 그리스어로 번역한 기원전 2세기 또는 3세기의 유대인들에게는 그들의 기술적인 용어가 이미 대부분 무의미해질 만큼 충분히 오래 되었다는 사실입니다. 그러나 그것은 몇 세기 동안 기록될 수 있었지만 대부분의 구약 성경이 만들어지고 있던 시기였습니다. 유사한 시가 시편외의(삼하22:1-시18편 제목, 사38:9,21f, 합3:1,19b) 정경 안에서 일어납니다. 이러한 사례의 두 번째와 세 번째는 또한 특정 시편의 머리 부분에서 발견된 일부 자료가 실제로 제목보다는 음표로 결론을 내릴 수 없는지에 대한 의문을 제기합니다. 이에 대해서는 나중에 '전례(예전)노트 (Liturgical Notes)'(아래, c.3)에서 설명합니다.

2) 저자의 메모

다윗 시편의 거의 절반에 해당하는 73편의 시에는 다윗에게서('레 다비드')라는 메모가 있습니다. 따라서 이 컬렉션 전체를 단순히 '다윗의 글'(히4:7, RV)이라고 부르는 경향이 있었습니다. 전치사 '레'는 다양한 의미를 지니고 있지만(인도자를 '따라' 또는 '의':RSV, JB, 그리고 AV의 시72, 127편의 제목인 '솔로몬을 위한 시편') 이러한 유사한 맥락에서 그것이 유전적 의미를 지니고 있으며, 저자를 대신하는 것임에 의심의 여지가 없습니다. 이것은 시 18편의 확장된 제목에서 분명해 지는데, 이 제목은 '누가 주님께 이 노래의 말로 전하였는지를...그가 이르되'라고 말합니다.(여기서는 시 자체를 따릅니다.) 그것은 신약성경에서도 분명한데, 베드로는 '오늘까지 그 묘가 우리 중에 있도다'(행:29)라고 이 구절에서 역사 중의 다윗을 보게 합니다. 구약은 다윗의 다른 시를 보존하고 그를 이스라엘의 감미로운 시편 필자(삼상23:1)이며, 악기 발명자(암6:5)로 알고 있습니다.

그의 이름이 새겨진 시편 저자는 여러 가지 이유로 권위에 도전을 받아왔습니다. 가장 일반적인 비판적 견해는 다윗이 실제로 시인이었을지 모르지만, 우리는 그가 쓴 시편들 중 어느 것이 그가 쓴 것인지 구별할 수 없다는 것입니다. 일부 초기 비평가들은 그가 사울에 대한 탄식이나 시18편(삼상22장)의 저자라면 어떤 시는 그의 천재성에 어울리지 않는다고 판단하면서 미학적인 이유로 문제를 해결하려 했습니다. 다른 이들은 신학적 기준을 적용했습니다.(그의 시대에 시139편을 상상할 수 있었는가?) 또는 정신적 기준(그런 믿음과 사랑을 할 수 있는 거친 전사가 있었을까?), 또는 역사(다윗조차도 그렇게 폭넓은 경험의 범위를 가지고 있었을까? -그리고 아직 지어지지 않은 성전에 대한 암시는?), 또는 언어학(시139편이 유다 사람에겐 너무 많은 아람어인가?), 또는 텍스트(LXX이 시93-99를 귀속하고, MT의 속성과 더불어 다윗에게 7편의 다른 시편들을 귀속시키는 것은 지나친 편집의 자유를 가리키는 것인가?)에 대한 암시는 무엇인가?

이러한 반대들 중 일부는 자의적이고 단순합니다. 비록 몇몇 분리된 질문들이 풀리지 않은 채로 남아있지만, 일반적으로 부정적인 것을 증명하는 일에 적합한 것은 없습니다. 그러나 궁켈-모빙켈 전통의 시편에 대한 현대적 연구는 대체로 이러한 세부 사항들을 개인적이거나 역사적 배경이 아닌 컬트(종교)적인 환경에서 시편을 보자는 주장으로 우회했습니다.(이것에 대해서는, 위의 제 3항을 참조하십시오.) 주어진 시편이 어떤 상황을 충족시키기 위해 작곡되었는지를 물음으로써, 이 사상의 학파는 모빙켈로 답하는 경향이 있으며, '레 다비드'의 시는 다윗 왕이 사용하기 위해 작성한 것입니다.

그 시대의 '다윗'은, 그가 시편 기자로써의 '내가'와 대부분에서 말하는 이스라엘의 화신이자 대표자로서 그의 자격으로 볼 때의 '나'입니다. 이러한 견해에 대해 시편 편집자들은 다윗을 저자로 보고, 결과적으로 시편 일부를 소개하는 전기(傳記) 노트를 덧붙인 것은 오해한 것입니다. 이 질문에 대해서는 아래 제 7항을 참조하십시오.

솔로몬

시 72 편과 127편. 주석을 참조하십시오.

고라의 아들들

12편의 시편(42-49, 84f, 87f)은 반역한 지도자의 후손인 이 레위 자파 가문에 귀속되어 있는데, 그가 반란으로 죽었을 때 그의 자손들은 우리의 큰 이익을 위해 남겨졌습니다.(민 26:10f). 이 가족의 한 부분은 성전 문지기 및 보호자(대상9:17ff; 참조, 시84:10?)가 되었고, 또 다른 부분은 **헤만**에 의해 성전 합창단의 가수와 음악가들이 설립되었는데, 그의 동료 레위 후손인 **아삽**과 **여두둔**(또는 예단)이 그 부족의 다른 두 종족으로부터 합창단을 지휘하였습니다.(대상6:31,33,39,44)

아삽

또 다른 12편의 시편은 다음과 같이 귀속되어 있습니다. (시50, 73-83) 아삽과 그의 동료들과의 관계는 위의 단락을 참조하십시오. 그리고 대상16:5, 대하29:30도 참조하세요.
표제의 제목에서, 그의 이름은 분명히 몇몇 경우에서 그의 합창단을 상징하는데, 왜냐하면 시74와 79와 같은 비탄함은 다윗의 현실에서 본 적이 없는 재난을 이야기하기 때문입니다.

에스라 사람 **헤만** (시88편)

헤만은 '**고라**의 아들들'로 알려진 합창단의 창시자로써(위 참조) 그의 지혜(왕상4:31)로 유명했습니다. 에스라인은 분명히 유다의 종족인 세라의 아들들과 맞먹습니다. 헤만은 레위 사람인데, 에브라임 사람과의 연결고리도 있었습니다.(대상6:33, 참조, 삼상1:1) 만약 대상2:6의 **헤만**이 고라 후손의 창시자와 정확히 동일시된다면, 이러한 연결은 아마도 입양으로 인한 결과로 볼 수 있습니다. 삿17:7참조., 이 때 그는 레위 사람의 후손으로 소속되게 됩니다.

에스라 사람 **에단** (시89편)

에단은 아마 세 팀의 성가대 중 하나를 세운 여두둔과 동일 인물일 것입니다.(참조, 대상 15:19, 대하5:12). **에단**(Ethan)은 **헤만**(Heman)과 더불어 동일한 유다지파로 지혜로 명성을 얻었습니다.(위 Heman 참조). 시39,62,77 편에는 제목에 **여두둔**이라는 이름이 있습니다. 이 중 첫 번째에 대한 의견을 참조하십시오.

모세(시 90편)
이렇게 명기된 이 시편의 저자를 받아들이는 해설자는 거의 없지만, 이를 지지하여 지적할 수 있는 특이하고 장엄한 자질을 부정하는 사람은 거의 없습니다. 오경의 '**모세**' 저작권에 대항하여 **모빙켈**은 주로 시편의 관점에서 주장하는데, 그는 근본 환경과 정복에 열중하는 젊은이들로부터 지나치게 개인주의적이고 나무나 야망이 없음을 발견합니다. 또 어떤 이들은 개막 구절에서 오랜 국사의 징조를 진단하고, 인간의 삶을 풀에 비유하고, 이미 처벌이 충분히 오래 지속되었다는 탄원 속에서 이사야 40장의 기분을 느끼게 됩니다.
마지막 논쟁은 양면성을 지니는데, 시편도 예언과 마찬가지로 예언에 영향을 미칠 수 있었기 때문입니다. 시편은 주로 하나님 앞에서 인류에 관한 것이기 때문에 긴 기억은 단순히 이스라엘의 것이 아니라 사람의 기억입니다. 긍정적인 지표로서, 시편에는 창세기 초기의 뚜렷한 메아리가 있다는 것이 다양한 의견의 해설자들에 의해 지적되어 왔습니다.
창조와 몰락, 그리고 구약성서에서 흔히 볼 수 있는 주제가 아닌 구약성서의 장수에 대한 명백한 암시, 또한 그것은 모세의 노래와 축복에 친밀감을 가지고 있습니다.(신32-33장)
그리고 황무지에서의 불운한 세대가 처한 환경에 매우 적절한 비통한 기분이 있습니다.
시편들의 개인주의조차도 신명기에 상대적인 것을 가지고 있는데, 그 곳에서 모세에게는 그 자신이 직접 그 땅에 들어가지 못하지만 국가가 그 땅에 들어갈 것이라는 것은 그의 작은 위로가 되었습니다.(신3:23ff)

3) 기술 용어

이것들에 대한 끝없는 설명은 우리의 불확실성을 고백합니다. 더 자세한 내용은 더 큰 주석을 참조하십시오.

(1) 감탄사
셀라(Selah)

이것은 71회(그리고 합3장에서 3번) 발생하며, 주로 책 I-III권에 있습니다. 아마도 이것은 막간(LXX) 또는 음악 반주의 변화를 나타내는 신호일 것입니다. 그것은 대체로 sll이란 뿌리 에서 나온 것으로 생각되며(시68:4), 즉 악기나 음성을 들어 올리는 것으로 생각되지만, 아마도 아람어 동사 '구부리는 것'에 해당하는 slh를 대안적으로 제시하며 허리를 숙여 인사하다를 제시합니다. 다른 가능성은 '영원히'를 뜻하는 히브리어 '네사'를 나타내는 것이다.(탈굼).(그러나 때로는 관련성이 의심스러운 경우도 있음) 또는 셀라의 자음은 '목소리 변화' 또는 '처음부터 반복'을 나타내는 기교적 요소일 수 있습니다. 첫 번째 해석이 아마도 가장 좋은 것으로 남아 있을 것입니다.

힉가욘(Higgaion)

시9:16(히17장)에서 이 단어는 셀라에 별첨한 형태로 따르고 있으나, 시19:14와 시92:3의 문장('내 마음의 묵상', '멜로디') 내에서도 발견됩니다. 관련 동사는 보통 '중얼 거리다'와' 묵상하다'를 의미합니다.(시2:1 참조) 따라서 음악적 방향에서 더 조용한 악기를 나타낼 수 있습니다. 그러나 Eerdmans는 (그가 재해석한 시92:3에도 불구하고) 기악(器樂)을 지칭하는 것이 아니라, 악기를 수반하거나 수반하지 않는 성경의 낭독회를 지칭한다고 주장합니다. 그의 해석은 어떤 맥락에서 어려움을 야기하며, 명상이나 조용한 음악에 대한 생각을 유지하는 것이 좋을 것 같습니다.

(2) 분류

시와 노래

시('미즈몰')와 노래('쉬르')는 우리에게 완전히 구별되지는 않지만, 전자는 아마도 이름에서 악기 반주에 맞춰 졌다는 것을 암시합니다.

L. Delekat는 집회서44:5를 인용하여 시가 특정한 경우를 위해 고안된 작곡의 곡인 반면, 노래는 좀 더 일반적으로 알려지고 부르는 곡으로서(이 단어는 종교적인 노래뿐만 아니라 세속적인 노래로도 사용할 수 있다.) 악기가 반드시 수반되는 것은 아닙니다. 이중 제목은 다윗이나 아삽의 시라는 형태의 지시되는 때에 나타나며, 그 인기에 의해 사실상 제도화된 시를 나타낼 것입니다.

* 시 : 동사 어근 '자마르'에서 유래된 '음악을 만들다' '찬양을 부르다'는 의미.

* 노래(쉬르) : 시의 음악적 특성을 강조하는 시편, 성전에 올라가는 노래, 결혼노래

식가욘(Shiggaion) (시:1-6, 복수(문법), 합3:1('시기오놋')

이은 동사 '실수하다' 또는 '방황하다'에서 파생된 것으로 보이지만, 이 시편 중 어느 것도 참회하지 않습니다. **커크 패트릭**(Kirkpatrick)은 이것을 시적 형식에 적용했는데, 그것은 야성적이고 낭만적이었기 때문입니다. Eerdmans는 감정의 감동을 나타내는 아랍어와 아시리아 동사에 주목합니다.

믹담(Miktam) (시16편, 시56-60편, 모두 다윗의 믹담)

'믹담'은 또 다른 모호한 제목입니다. AVmg의 '황금시편'은 **'케템'**(금)이라는 명사로 너무 위태하게 연결되어 있습니다. 아마도 이보다 더 건강하게 추정되는 동사는 아카디아인들의 '카타무'에서 파생한 '덮다' 의미일 것입니다. **모빙켈**은 이것으로부터 '속죄하다'를 이끌어 냅니다. 그러나 이 시편들은 죄악보다는 불안을 염려하는 것입니다. Eerdmans는 몇몇 제목에서 명명된 위험들을 볼 때, '덮음'은 비밀한 입술의 위험이며, 따라서 제목이 '묵상 기도'로 번역되어야 한다는 매력적인 제안을 합니다. 이들 중 어느 경우에도 다윗은 평소와 같은 방법으로 기도를 암송할 수는 없었을 것입니다.

마스길(Maskil) (시13편, 주로 시 제II-III권).

'마스길'은 현명하거나 신중하거나, 성공이나 기술을 가지기 위한 동사의 분사입니다. LXX은 그것을 '깨닫는 시편'이라고 번역합니다. 지혜를 전하기 위한 명확한 언급이 있지만(시32:8, 78:1), 이 그룹 중 '가르치기'는 많지 않으며 반대로 주어지지 않은 제목(시1,37편 등)에 대한 명백한 후보자들이 있습니다. 동사의 다른 감각으로부터 '효능있는 시편'과 '길한 시편'이라는 의미가 제시되었습니다. 전자는 기업에 대한 도움을 확보하기 위한 의식의 일부로 암시했고, 후자는 그것이 훌륭한 글의 예시이거나 정교한 음악과 일치했습니다. 다시 한 번 언급하지만, 우리는 아직 정확한 답을 모릅니다.

'마스길'은 '성공하다'는 의미의 동사 어근 **'싸칼(sakal)'**을 의미하는데, 어떤 신학자는 이것을 '효능있는 시편'으로 번역합니다. 이 동사는 히필형에서 '이해하다' '현명하게 대처하다' '통찰력있게 행동하다'는 의미가 되며, 따라서 헬라어 번역본은 '이해의 시편'으로 칭합니다.

기도(A Prayer) (시17,86,90,102,142, 5편) (찬양으로서 145편)

이것의 복수는 시편 전체의 제목으로 사용됩니다. 시72:20 주석 참조.

* 기도('테필라') - 직접적으로 하나님을 대상으로 하는 시

* 간구('레하즈키르') - '기억하다'의 어근 자카르에서 유래,

* 기념제물을 위해(NRSV), 간구(NIV), 그를 기념하기 위해(NLT)

(3) 전례 노트(예배일지)

그러한 메모와 지시사항의 독립적인 사례는 시편의 밖인 합3:19b에서 찾을 수 있습니다. 이 경우 시편을 따르기 때문에 시편에서도 이와 동등한 자료가 원래 똑같이 수행되었을 수 있으며, 분류 제목('시와 노래' 등)과는 별개로 저자의 이름과 세부적인 설명 사항에 대해서는 전례가 이전 시편을 다시 언급한다는 주장이 제기되어 왔습니다. 가능한 지원 사례는 아래의 '백합에 따라'와 '멀리 떨어진 조용한 비둘기'를 참조하고, 시30편과 88편에 대한 소개와 시48:14에 대한 각주까지 참조합니다. 그러나 이것들에 대해서는 아래의 'The Hind of the Dawn'을 참조하시고, 시148:14를 참조하십시오. 전반적으로, 그러한 편집상의 잘못에 대한 증거는 너무나 결정적이어서 표제의 일반적인 배치를 뒤엎을 수는 없습니다. 그러나 예외적으로, 한 편의 시편이 원래 합3:19의 방식으로 주석을 했었다면, 아마도 그것은 편집 습관의 힘으로 다음 시편에 결합되었을지도 모른다고 가정하는데 무리가 없어 보입니다.

이 자료의 의미를 되짚어 보면, 가장 일반적인 견해는 모호한 구절 중 일부는 사용되어지는(RV, RSV, JB) 곡의 이름이나 음악의 종류로, 그것은 시작에서 또는 가장 친숙한 노래의 특징적인 단어로 식별됩니다. 이것은 의심스러울 정도로 현대적이고 서구적으로 들릴 수 있으며, 단지 잠정적인 의견일 뿐이다. 그러나 우리는 기원전 4세기에 플라톤처럼 서로 이름이 붙여지고 뚜렷하게 구별되는 멜로디를 발견한다. 그 멜로디는 시편에서 언급되는 악기-멜로디를 증식시키는-(오보에와 플루트- '할릴', '우갑')에서 비롯됩니다. 우리는 또한 구약성서에서 대중적인 노래에 대한 많은 암시들을 발견할 수 있는데, 시편 머리글자로 쓴 포도원의 부호(아래의 '멸하지 마소서' 참조) 같은 것입니다. 그리고 히브리 시편과 그리스 연가를 부르는 방법 사이의 가치는 알렉산드리아의 클레멘스(대략 200년, AD)에 의한 비교에서 나타납니다. 그러나 때때로 이 구절들은 주제나 시편 사용의 어떤 면에 대한 힌트로 보

일 수 있습니다. '에 따라'로 번역된 전치사는 '~에 대하여' '그 위에(게다가) 등을 의미하기도 하는 까닭입니다. 각각은 각자의 증거에 따라 취해져야 할 것입니다.

인도자를 따라 (시55, 합3:19b)

합창단장('라무나샤')을 따라는 시55편과, 합3:19b에도 첨부된 음표입니다. 히브리어의 어근은 탁월하다는 뜻이고, 그 다음은 감독한다는 뜻입니다. 어느 누구에게나 합리적인 이 익숙한 번역은 합창단장을 위해 별도의 출처와 합창단에서 뽑은 시편들을 편집했다는 것을 암시합니다. 어쩌면 특별한 경우를 위해, 완전한 시편을 만들기 위한 단계일 수도 있습니다.

그러나 고대 버전은 '더 이상' (칠십인 역, '끝까지') 또는 '승리'(제롬), '칭찬'(탈굼)을 히브리어와 연결하여 여러 가지 다른 방식으로 번역하였습니다. 그리고 현대적인 제안이 부족하지 않습니다. **모빙켈**은 '하나님을 자비롭게 하는 시편'이라는 생각에 도달합니다. **델레캣**은 원래 응답이었던 **'라네샤'** 즉, '항상'이었을 수도 있다고 제안합니다. 시의 끝부분을 표시하지만(아멘이나 할렐루야처럼), 후에 다윗이나 아삽 등으로 확인된 시편을 쓴 '뛰어난 사람'을 가리키는 것으로 잘못 해석되었습니다. Eerdmans는 이 단어는 리드미컬한 음악으로 이 일을 지휘하고, 그 기술이 법궤의 행렬을 보조를 맞추기 위해 동원된 노동자의 감독을 의미한다고 주장합니다.

쉬미니트(Sheminith)에 따라 (시6과 12편)

이것은 대상15:21에서 '알라못(Alamoth)에 따라'(시46:15, 20:20)의 동반어다. 예루살렘으로 궤를 가지고 온 것을 묘사하는 역대기의 구절에는 '알람못에 따라 하프를 연주하라'는 레위 사람 8명과 '쉬미니트에 따라 악단을 이끌라'는 6명이 나온다. '알라못'은 '소녀'를 의미하고, '쉬미니트'는 '8번째'를 의미합니다. 비록 후자가 우리에게 매우 수수께끼 같은 존재지만(제8의 현을 의미할까? 8번째이자 가장 큰 의식적 행위라는 의미일까?), 대다수의 의견은 알라못이 고음 범위를 의미하고, 따라서 '쉬미니트'는 테너나 저음인 '베이스'라는 뜻입니다. 그러나 피타고라스의 전통적 간격인 옥타브에 의해 음정이 계산되었다는 증거는 없습니다.

깃딧(Gittith)에 따라 (시 8, 81, 84)

이 여성 형용사가 유래된 가드(Gath)는 와인(포도즙 틀)을 의미하며 블레셋 도시의 이름이기도합니다. 그러므로 세 가지 주요 추측은 이것이 포도주(초막절 축제와 일치) 또는 깃딧의 집에서 예루살렘으로 법궤의 이동(삼상6:11) 또는 악기(또는 곡조)와 관련된 용어로 가드에서 이름을 따온 것일 수 있다.)

뭇랍벤(Muth-labben)에 따라 (시 9)

'뭇랍벤'은 '아들을 위해 (또는 아들의) 죽음에 임하다'를 의미합니다. 그러나 **벤 아셀**(Ben Asher-유대성서 주석자) 주석과 모든 고대 버전은 하이픈으로 표시된 단어(48:14의 마지막 두 단어와 동일)를 하나의 단어로 읽습니다. LXX는 '아들의 비밀'을 의미합니다. 아퀼라(Aquila)는 그것을 '아들의 젊음'으로 만들었습니다. 많은 사람들은 우리가 여기에서 '알라못'(Alamoth)을 따라…'로 읽어야 한다고 제안했습니다. Delekat은 **'라벤'**('아들을 위해')을 '**라빈**'(인식하기 위해)으로 철회함으로써 '명백한 고음과 함께'라는 문구로 번역하여, '소년의 음성 3배에 달하는 크기'로 부르라는 의미를 부여합니다.

새벽의 후손에 따라 (시22)

이것은 선율 명(이름)일 수 있지만 주제를 엿볼 수 있는 것으로 더 잘 설명되며,(Eerdmans가 제안한대로 LXX에 동의함) '새벽의 도움으로' 번역했습니다. '아얄렛'(ayyelet-가려진, RSV) 이라는 단어는 희귀한 단어로 '도우소서'(시22:19)와 매우 유사하며, 그것이 실제로 여성 형태가 아니라면 그 단어와 일치하도록 발성될 수 있습니다.(시 88:4) 그래서 제목은 시편의 마지막 구절을 밝혀줄 전달에 주의를 기울입니다.

백합에 따라 (시45, 69)

수산에둣을 따라 (시60 'al-sosannim')

백합에 따른 간증 (시80 소산님 에둣에 맞춘 노래)

두 개의 명사인 백합(시60편)과 간증은 이 제목들을 서로 연결합니다. 곡명으로 백합에 대한 암시는 결혼식 시편인 시45편을 적절하게 연결할 것입니다. 예, 솔로몬의 노래(시2:1) 그러나 이 시편의 나머지 부분은 어둡습니다. LXX는 이 단어를 '백합'이 아니라 '변경하는 사람' (sessonim)으로 발언했으며, Delekat은 기본적으로 이에 동의하여 '상황을 더 악화시키는 사람'으로 해석합니다. (시45편에 그는 시44편을 다시 언급하기 위해 그것을 취한다.) 히브리어 자음은 이것을 4가지 중 3가지 경우에 허용하지만, 시60편은 단수와 함께 그것을 의심하게 합니다. 그럼에도 불구하고 Delekat의 제안은 제목을 주제와 관련시키는데 가장 거리가 먼 것입니다. LXX의 간접적인 지원으로 사건이 강화됩니다.
간증(edût)은 시편 60편에서 6-8절의 하나님의 응답하는 오라클을 언급할 수 있습니다. 그러나 올브라이트는 이 단어가 종종 언약의 동의어로 사용되며, 이 두 시편은 그들이 확인하거나 간청하는 것과 관련하여 이 약속 된 관계의 많은 부분을 차지한다고 지적했습니다. 시 80편에서 '아삽의' 라는 단어는 시편과 연결하는 것을 선호합니다.

마할랏(Mahalath) (시53, 88)
이것은 곡의 이름이거나 악기(Mowinckel)일 수 있으며, 여성의 적절한 이름으로 두 번 나옵니다.(창28:9, 대하 11:18) 그것은 또한 시88편에 맞는 질병에 대한 단어와 거의 동일하지만 배교에 대한 심판으로 보내진 전염병이 아니라면 거의 해당되지 않습니다. 시편 88편은 '겸손하거나 괴롭히다' 는 의미의 '르안놋' 을 추가합니다.

'멀리 있는 조용한 비둘기' 에 따라 (시56)
RSV는 이것을 선율의 이름(tune-name)으로 사용합니다. 그러나 이전 시편에서 비둘기와 먼 거리(시55:6f)에 대한 암시는 우연의 일치가 될 수 없으며, '표제' 에서 그러한 머리글이 후기(後記)로 읽혀 져야하는지에 대한 의문을 제기합니다. 실제로, 이것은 잘 알려진 노래의 구절로 곡을 식별하는 사례이며, 따라서 시편 56편을 시55편의 곡조에 맞춰 노래하는 흐름입니다. 더하여진 질병을 나타내는 용어 '테레핀' (terlebinths)을 LXX에서는 '엘림' 으로 읽지만 MT에서는 '침묵' ('엘렘')으로 발음합니다. LXX 의 읽기를 받아들이는 모빙켈은 희생양의 특징과 문둥병의 정화를 결합하는 의식으로 비둘기의 희생을 추측합니다. 그러나 그러한 의식을 추정할 확실한 근거는 없습니다.

멸하지 마소서 (시57-59, 75).
이것은 곡조 표시일 수도 있습니다.(참조 사65:8) 이 구절이 통속적인 말(아마도 빈티지 노래의 날치기)로 식별되어 하나님으로부터 안심시키는 말이 되기 위해 빌려 왔습니다. 그러나 사울에 대한 다윗의 지시와 '죽이지 말라' (삼상26:9), 그리고 다시 말해, 다윗이 지적한대로 모세의 기도는 '주의 백성을 멸하지 마소서' (신9:26)입니다. 후자는 사65:8의 생각과 이 시(詩)들에서 발견된 궁극적인 신뢰의 노트와 함께 울릴 것입니다.

올라가는 노래 (시120-134)

'미쉬나'는 15개의 단계가 '여자의 뜰'에서부터 시작되어 '이스라엘의 뜰'로 이어 졌다고 기록되었다. 그러나 C.C. Keet이 지적했듯이, 그들이 노래한 것은 이 시편이 있었다는 기록은 없지만, 이것이 가능하고 종종 주장되고 있다. 제목에 대한 가장 가능성 있는 언급은 예루살렘까지의 순례 또는 '주의 언덕'으로 행렬이 올라가는 것에 관한 것입니다. (참조, 사 30:29).

사. 제목에서 다윗의 에피소드

총 14편의 시편에는 다윗의 경력에 있어서의 사건들과 그들을 연결시키는 표제가 실려 있습니다. 논평은 그들이 관련된 시편에 대한 이러한 맥락의 몇 가지 의미를 탐구합니다. 그러나 여기서 우리는 그 연관성이 진짜인지 아니면 인위적인 것인지에 대해 선행 질문을 해야 합니다. 이러한 전기(傳記) 노트에서 느껴졌던 어려움들은 자세한 사실만큼이나 일반적이라는 것에 있습니다. 일반적으로, 우리는 세련된 예술 작품을 이해하기 어렵다는 것을 발견하게 되는데, 예를 들자면 시34편과 같은 아크로스틱에서 어떻게 생사의 비상사태가 발생할 수 있는지 또는 우리가 잘 알려진 그러한 시의 사상이 상황 자체보다 더 멀리 떨어져 있다는 것에 주목할 필요가 있는 것입니다. 이 두 가지 점에서 물론 우리가 평범한 재능의 산물을 다루지 않고, 나아가 신성한 영감의 산물을 다루고 있다고 대답하는 것으로 충분할 수도 있습니다. 그러나 신은 기적을 불필요하게 증식하지 않기 때문에, 진실은 그것이 시(詩)의 핵심이었고, 위기로부터 다윗에게 찾아 온 것이며, 그 사건을 숙고하면서 다시 살아나고 나중에 발전하게 되었다는 것입니다.

시51편의 마지막 두 구절에서와 같이 다윗의 경험이 이스라엘 자신의 것으로 받아들여지고 그들의 기도나 찬양이 응답으로써 그에게 접목되기 시작했을 때, 더 나은 성장점을 가끔 볼 수 있습니다. 이는 시편의 후속 사용자에게 교훈이라는 목적을 제공합니다.

특정한 반대에 눈을 돌리면, 이것들은 대부분 우리가 이미 논의했던 다윗의 개인 저작을 거절하는 것과 결부됩니다.(위의 바.2)항 참조) 그러나 그 전기노트 자체에 대한 오랜 비판도 있습니다.

오래된 비판적 접근법의 예로는 S.R.드라이버의 'Introduction to the Literature of the Old Testament'(7th 증보판, 페이지,376f.)가 있습니다. 이 작가의 논평은 대체로 주관적입니다. 예를 들어, 그는 시34편이 다윗이 가드의 왕으로부터 도망친 경우로서는 명백히 부적합하다고 생각합니다. 이것에 대한 또 다른 관점은 주석을 보십시오. 그러나 접근법의 약점은 단지 '그 상황에서, 이것은 자신이 구성한 시가 아니다' 고 말하는 것뿐이라는 것입니다. 이에 대해(만약 이것이 S.R.드라이버의 이의에 대한 공정한 추정이라면) 독자가 '정확하게도, 이것은 시편이 살아 있는 이유다' 라고 대답한 것을 비난할 수 없습니다. 드라이버가 거의 자의적이지 않은 것은 시52편의 제목을 다루는 것입니다. 여기서 드라이버는 도엑이 시편이 나타내는 '부(富)와 권세(權勢)의 사람으로서 의인의 박해자' 가 될 수 있게 허용하지 않을 것입니다. 그는 신뢰할 수도 없을뿐더러 (시34편의)끝에는 다윗의 평온함도 없습니다. 여기서 다시 주석은 세부사항의 일부를 명확히 하고, 다윗의 신념을 상세히 설명할 것입니다. 한편 우리는 (사울)왕의 목자장이고, 제사장들의 마을을 소탕함으로써 환심을 얻으려 했던 도엑의 초상화(드라이버의 주장대로)가 잘못 전달되지 않았다는 것을 지적할 수 있습니다. 그렇더라도 시편은 개인을 넘어 그가 대표하는 삶의 방식을 바라봅니다. 드라이버의 추가 사례는 마찬가지로 결정적이지 못합니다. 다른 곳에서 그는 시11편과 압살롬의 반역 사이의 연관성을 주의 깊게 반박합니다. 그 연관성은 시편이나 제목에 언급되거나 암시되지 않는 것을 발견하는 그 문제를 확인하는 데 겪는 독자의 어려움입니다.

보다 최근의 학자들 사이에서, 모빙켈(Mowinckel)은 역사적 노트를 전통적인 '미드래쉬(midrash)' 의 결과로 습득한 범례의 형성으로 치부합니다. 즉 세부사항이 연결되지 않은 비역사적이고 추측에 불과한 외설적인 결과에 근거한 전설을 학습한 것입니다. 그러나 그가 뒷받침하는 사례는 놀라울 정도로 불충분하며, 대부분 노골적인 주장과 의심스러운 주해로 구성되어 있습니다. 예를 들자면, 그는 단호하게 시18편은 제목이 암시하는 '평생의 전쟁' 이 아니라 '하나의 위대한 전투' 에 관심이 있다고 주장합니다. 그는 이것에 대한 증거를 제공하지 않습니다. 다시 한 번, 그는 18:50b를 (영원토록 대신에) '명백히' 로 읽으며, 문제의 왕은 다윗이 아니라 그의 후손 중 하나라고 말하며, 다윗에 대한 핵심적 약속으로서 영원한 왕조(삼하7:16)의 실패라고 주해하거나 또는 시18:50의 동사는 시기의 참조가 불분명한 분사라는 문법적 사실로서 말합니다. 도엑(Doeg)의 경우, Mowinckel은 심지어 시52편의 표제에서 '다윗이 도엑이 사울에게 왔다는 소식을 들었을 때' 대신에 '도엑이 사울에게 이르러' 라는 것을 트집 잡기도 합니다. 그는 또한 시편 필자의 '기만적인 말들' 에 대한 불만과 도엑의 '객관적인 진실' 이 서로 일치하지 않는다고 보았는데, 그것은 도엑이 자신의 정보를 자발적으로 제공한데서 피해를 입는 맥락에 주목하면서 즉, 침묵으로 다윗을 피신시킨 사람들은 다윗이 반역자였다는 사울의 분노가 무시(삼상22:8f.) 당하는 것으로 보는 것입니다.

모빙켈이 이 시편에 대하여 제기되는 어떤 유일한 어려움은 하나님의 집에 대한 언급입니다. 이에 대해서는 시편5:7을 참조하십시오.

완전히 사려 깊은 접근 방식이 BS Childs에 의해 채택되었습니다. 그는 Mowinckel이 허용하는 것보다 제목과 시 사이의 연관성이 훨씬 더 실질적이고 가치가 있음을 보여 줍니다. 비록 그는 이러한 편집 노트를 '아주 늦은 사후 현상' 이라는 이유를 제시하지만 실제 역사적인 전통보다는 성서에 대하여 학문적이고 독실한 연구의 산물입니다. 만일 그렇다면, 그것은 '미드래쉬'(연구)이지만, 그 용어가 후기 유대교에서 의미하게 된 성경의 공상적인 조작은 아닙니다. 그것은 '성경적 전통 그 자체의 일부로서, 그렇게 심각하게 받아들여야한다는 것입니다.

차일즈는 그의 작업의 가설로 취급하는 자료의 기원에 대한 그의 결론에 대해 높은 확률을 주장하지 않습니다. 그는 그것이 특정한 문제들을 해결하지 못한 채 남겨둔다고 지적합니다. 그러나 그의 글은 서술노트가 시편의 내용과 이성적인 관계를 가지고 있다는 것을 해석으로 보여줌으로써 그것들을 진정한 역사적 전통으로 받아들이는 것에 대한 주된 거부감을 배제할 수 있는 부작용을 가지고 있습니다.

현재 작가에게는 후자가 더 간단한 가설처럼 보이는데. 특히 모든 정보 항목이 본문에서 추론될 수 있는 것은 아니기 때문입니다. 예를 들어 시7편에서 알려지지 않은 '베냐민 사람 구시' 라는 인물을 소개할 때, 시편 자체와 함께 전해지는 세부 사항이 아닌 한 설명할 이유는 없어 보입니다.

그러나 이러한 주석이 어떻게 생겼는지에 대한 직접적인 지식이 없기 때문에 일부는 경전과 경전을 비교한 산물인지, 또 다른 것은 역사적 기록의 산물인지에 대한 것은 아마도 공개적인 의문점으로 남아있을 것입니다. 중요한 것은 그들의 진실이며, 의심할 만한 정당한 이유가 없으며, 그들이 소개한 시편에 비친 불빛에서 우연히 확인되는 것임을 발견합니다.

<표 1. 시편의 권별 유형과 통계>

찬양 Praise	8	29	33	46	47	48	65	66	67	68	76	81	84	87	92	41
	93	95	96	97	98	99	100	103	104	105	106	108	111	113	114	
	115	135	136	138	140	145	146	147	148	149	150					
탄원 Lament	3	4	5	6	7	9	10	12	13	14	17	22	25	26	27	59
	28	31	35	36	38	39	41	42	43	44	51	52	53	54	55	
	56	57	58	59	60	61	64	69	70	71	74	77	79	80	82	
	83	85	86	88	92	94	102	109	137	139	140	141	142	143		
찬송 Hymn	15	24	120	121	122	123	124	125	126	127	128	129	130	131	132	17
	133	134														
지혜 Wisdom	1	19	37	49	50	73	78	112	119							9
감사 Thanks	30	32	34	40	75	107	116	118								8
확신 Truth	11	16	23	62	63	91										6
제왕 Royal	2	18	20	21	45	72	89	101	110	144						10

<표 2. 시편의 저자들(다윗 외)>

저자	시편	합계	비고
모세	90	1	
솔로몬	27,127	2	
아삽	50,73-83	12	대상6:31-47,15:16-22,대하29:30)
헤만	88	1	왕상4:31,대상6:31-48
에단(여두둔)	89	1	왕상4:31,대상15:19
	39,62,72	3	대상16:38-41,25:1-6,대하5:12
고라의 자손	42,43,49,84,85,87,88	7	대상9:19,31-32,대하20:19

<표 3. 시편의 분류>

	찬양	탄원	찬송	지혜	감사	확신	제왕	비고
1권	3	22	2	3	4	3	4	1-41
2권	7	18		2		2	2	42-72
3권	4	9		2	1		1	73-89
4권	12	3				1	1	90-106
5권	15	7	15	2	3		2	107-150
합계	**41**	**59**	**17**	**9**	**8**	**6**	**10**	**150편**

시편 제1권

[BOOK I]

1편~41편

두 갈래의 길(1:1-6)

제1편

1 복 있는 사람은 악인들의 꾀를 따르지 아니하며 죄인들의 길에 서지 아니하며 오만한
자들의 자리에 앉지 아니하고
2 오직 여호와의 율법을 즐거워하여 그의 율법을 주야로 묵상하는도다
3 그는 시냇가에 심은 나무가 철을 따라 열매를 맺으며 그 잎사귀가 마르지 아니함 같으
니 그가 하는 모든 일이 다 형통하리로다
4 악인들은 그렇지 아니함이여 오직 바람에 나는 겨와 같도다
5 그러므로 악인들은 심판을 견디지 못하며 죄인들이 의인들의 모임에 들지 못하리로다
6 무릇 의인들의 길은 여호와께서 인정하시나 악인들의 길은 망하리로다

1 The Way of the Righteous and the Wicked

1 Blessed is the man who walks not in the counsel of the wicked, nor stands in the
way of sinners, nor sits in the seat of scoffers;
2 but his delight is in the law of the Lord, and on his law he meditates day and night.
3 He is like a tree planted by streams of water that yields its fruit in its season, and its
leaf does not wither. In all that he does, he prospers.
4 The wicked are not so, but are like chaff that the wind drives away.
5 Therefore the wicked will not stand in the judgment, nor sinners in the congregation
of the righteous;
6 for the Lord knows the way of the righteous, but the way of the wicked will perish.

A. 문맥분석

이 시편은 시편 전체에 대한 소개로 특별히 구성되었다. 물론 그것은 신실한 문지기로 여기에 서서 의인의 회중에 있을 자들과 예배하기 위해 합당한 자들을 선택하게 된다.
시편의 음색과 주제는 지혜의 글들, 특히 잠언을 생각나게 하는데, 그것이 지혜로운 것은 율법(2)에 뿌리를 두고 있기 때문이며, 본 시편에 가장 가까운 평행을 선지자 중 한 사람(예레미야)에게서 찾을 수 있다.[1)]

시1편이 강조하는 점은 율법에 대한 순종이며, 악한자는 당연히 문학적 성소에 더 이상 들어가지 못한다는 메시지가 독자로 하여금 자신을 둘 가운데 하나에 속하도록 강요를 받고 있는 셈이다. 이것은 언약을 즐거워하며 준행하는 자와 멸시하여 소홀히 여기는 악한 자를 구별한다. 시는 전체 3연으로 구성되어 있는데, 의인에게는 축복이 악인에게는 대조되는 운명을, 그리고 마지막 연에서는 최종적으로 엇갈린 운명을 나타낸다.
복은 구약에서 이 땅(Earth)에서의 성공, 번영, 생산, 장수를 상징했고, 그것을 하나님께서 주실 때 '내가 복을 내리고'로 번역되었으며 이를 축복(바라크)으로 이해하였는데, 이것은 엄밀히 명사가 아닌 동사다. 하지만 무릎을 꿇는 것을 의미하는 '바라크'는 '에세르' 상태에서 창조된 사람이 타락함으로써 거기로부터 회복을 위한 종속적인 단어로 둘은 서로 엄연히 다르다. 여기서 '복이 있는'으로 번역된 '에세르(אַשְׁרֵי)'는 이미 그 복을 받은 상태를 의미하는 명사다. 그것은 하나님을 신뢰하는(시2:12, 34:8) 자, 그의 말씀(잠16:20)과 그의 길(시128:1) 안에 있는 자다. 여호와를 경외하는 것이 복을 받는 비결이다.(시115:2) 구약에서 하나님의 축복은 오실 메시아를 대망하는 자에게 내리시는 선물이었다. 이것은 인간의 필요를 채움이란 관점에서 참 복을 설명하기 위한 그림 언어로 사용되었다. 하지만 명사 '에세르'는 이 땅에서(Earth) 복이 아니라 그 땅(Land)을 소유한 자를 지칭하는 참된 복, 지복을 의미하는 하나님의 나라와 직관된 메시아닉 언어다.

- 허망한 사람과 같이 앉지 아니하였사오니 간사한 자와 동행하지도 아니하리이다
  – 시26:4
- 그의 주인이 여호와께서 그와 함께 하심을 보며 또 여호와께서 그의 범사에 형통하게 하심을 보았더라 – 창39:3

---

1) 렘17:5-8

- 여호와께서 온전한 자의 날을 아시나니 그들의 기업은 영원하리로다 – 시37:18
- 사악한 자의 길에 들어가지 말며 악인의 길로 다니지 말지어다 – 잠4:14
- 여호와는 선하시며 환난 날에 산성이시라 그는 자기에게 피하는 자들을 아시느니라 – 나1:7

B. 주석

1. 생명의 길(1-3)

복 있는 사람은(1)

축복을 받는 것보다 더 좋은 것이 있다면 그것은 '행복한' 또는 '복있는~' 사람의 상태로, 왕상10:8에 나오는 시바 여왕의 탄성('복됨')이 그런 것이고, 이 같은 표현은 시편에서도 26회나 사용된다. 산상 설교에서는 헬라어로 해당 단어를 반복적으로 사용하여 더 급진적으로 설명되고 있음을 볼 수 있다. 본문에서 '꾀'(생각)와, '길'과, '자리'는 '생각'하고, '행동'하고, '속하는 영역'으로 선택이 만들어지고 수행되는 것을 지적한다. 걷기부터 자리에 앉기까지의 점진적인 변화의 과정에서 많은 동사들이 등장하는[2] 것은 여행이 잘못된 방향으로 시작된 결과다. 여행이 시작부터 잘못된 방향으로 진행되었기 때문에 걷기에서 앉기까지 느려지는 명백한 과정은 도덕적인 면을 자세히 그리고 있다. 악인의 꾀를 받아들이고 즉 미혹에 마음을 여는 순간, 그 길은 정당화되고, 가장 치명적인 태도를 취하는 일련의 세 단계는 이 세상과의 일치를 상징한다. 악인의 꾀는 하나님의 은혜를 조롱하는 것으로 죄인 중 가장 수치스러운 것은 아닐지라도 회개에서 가장 멀리 떨어져 있는 상태라 할 수 있다.

악인의 집에는 여호와의 저주가 있거니와 의인의 집에는 복이 있느니라 진실로 그는 거만한 자를 비웃으시며 겸손한 자에게 은혜를 베푸시나니 – 잠 3:33-34

---

2) 하라크(walk), 아마드(stand), 야샤브(sit)

오직 여호와의 율법을 즐거워하여 그의 율법을 주야로 묵상하는도다(2)

세 가지의 네거티브는 무엇이 옳은 길이며 최상의 선택인지를 역설한다. 이는 에덴동산에서 인간에게 선택의 기회가 주어졌다는 사실을 회상케 한다. 마음은 미혹으로부터 자신을 방어할 첫 번째 요새였으며 온 인류의 열쇠였다. 그러므로 '주의 율법'은 악인의 꾀의 반대편에 있는 유일한 해답이라는 것이다. 시편은 이 한 가지의 주제 곧 '사람의 생각이 그의 삶을 결정 짓는 것' 임을 알려주는 것을 기뻐한다는 것이다.[3]
이것은 다음 시편에서도 적절히 조명하고 있다. 2:1b에서 '음모'는 여기서 '꾀하다'와 같은 의미로 번역된 반면 매우 다른 생각들로부터 파생된 결과로 거기에서는 '꾸미다'로 번역되었다. 악인의 길은 헛된 일이다. 여호수아를 통해 울려 퍼지는 인간의 순종에 대한 하나님의 명령은 숨겨져 있는 어떤 가치 있는 일의 성취에 대한 작정의 비밀이다. 그러나 의인이 꿈꾸는 일이 진정으로 실현되는 길은 여호수아의 명령처럼 하나님의 율법을 묵상하고 지켜 행하는 것이다. 이것은 번영을 설명하기보다 삶의 방향이나 지혜를 의미한다. 즉 마음의 귓가에 언제나 율법의 낭랑한 소리가 있을 때 유혹에 대하여 자신의 마음이 철옹성과 같은 요새가 될 수 있다는 의미다.

> 이 율법 책을 네 입에서 떠나지 말게 하며 주야로 그것을 묵상하여 – 수1:8

그는 시냇가에...나무가 철을 따라 열매를 맺으며 그 잎사귀가 마르지 아니함 같으니(3)

이 매력적인 장면은 4절을 이 시의 중심으로 만드는데, 이보다 더 정교한 구절은 렘17:5-8이다. 이러한 사람은 시냇가에 심겨진 나무와 같다고 묘사한다. 그 열매는 계절에 적합한 제품의 특성에 맞는 조용한 성장을 뜻한다. 나무는 단순히 물을 한 장소에서 다른 장소로 옮기는 수로일 뿐만 아니라 종류와 시절에[4] 따라 적합한 새롭고 즐거운 것을 생산해 내기 위해 그것을 흡수하는 살아있는 유기체라는 것이다.
잎사귀가 마르지 않도록 약속된 보장은 계절의 리듬으로부터의 자유가 아니라 가뭄의 치명적인 피해로부터의 자유다.(렘17:8b)

교리적으로 예수를 믿기만 하면 저절로 거듭나고 새로운 피조물로 완성 된다는 의미가 아니다. 살아 있는 믿

---

3) 수1:8

4) 때가 이르면

음은 언제나 역동적이며 순종으로 자신의 마음을 말씀에 의존하여 기경함으로써 그 때를 따라 맺히는 열매다. 시편은 성도의 견인조차도 신자의 의지가 선행될 때 하나님의 의지가 역사되는 것임을 말한다.(시55:21)

'그 행사가 다 형통하리로다.'(3)

형통은 번영자체를 의미하는 것이 아니라 하나님께서 함께 하심을 뜻한다. 번영이란 언제나 결과가 포지티브적인 것이지만 형통은 하나님의 주권적 의지가 섭리되는 것이라서 얼마든지 은휘된 네거티브로 계시 될 수도 있다.[5] 결국 '복 있는 사람'이란 의인의 길을 걷는 사람이고, 시냇가에 심겨진 사람인즉 주야로 율법을 묵상한 결과로 그 열매를 먹고 사는 자이다.

2. 운명적인 길(4-5)

악인은 그렇지 아니함이여 오직 바람에 나는 겨와 같도다(4)

4절의 직유문자는 예레미야의 과일나무와 사막의 떨기나무의 대조(렘17:6)를 훨씬 뛰어넘는 심판과 같다. 그리고 그 사람이 보는 것과 느끼는 것(렘17:6a, 8b)보다 어떤 사람인가를 더 노골적으로 강조한다. 따라서 '겨'에 대한 아낌없는 결론은, 그러한 환경에서 근본이 없고 중심이 없는 것(삿9:4, AV)과 쓸모없는 것으로, 이는 곡식만을 남겨두고 타작한 옥수수를 껍질과 지푸라기 파편을 던져 날려버리는 모습이다.

다른 시편에서는 의인보다는 악인이 번성하고 있는 사람(시37:35f)으로 보일 수도 있다고 지적할 것이다. 그러나 '그날에 밝히 드러날 것'은 짚으로 세운 작품만큼이나 확실하게 지푸라기의 사람은 밝혀질 것이다.(고전3:12f) 다음 구절은 이것을 내다본다.

> 세상 끝에는 이러하리라 천사들이 와서 의인 중에서 악인을 갈라내어 풀무 불에 던져 넣으리니 거기서 울며 이를 갈리라 – 마13:49-50

그러므로 악인들은 심판을 견디지 못하며(5)

그 끝에는 제멋대로인 것이 하나도 없다. 이 구절의 줄어들지 않는 대조를 주목하라. 시작

---

5) 창9:2,23

에서 '그러므로'는 이 사람들이(4) 선택한 결과는 냉혹하게 버려지는 것을 뜻한다. 재판관 앞에서 그들은 우리의 비슷한 구절에 설 자리가 없을 것이며, 그의 백성들 사이에서도 설 자리가 없을 것이다. 붕괴와 추방이라는 이 두 가지 측면의 심판에 대해서는 사2:10-21에서 다시 거대한 힘으로 묘사된다.

쭉정이가 키질에 견디지 못하고 훌훌 날아올라 알곡으로부터 분리되는 것처럼, 하나님은 죄인이 의인의 회중에 들어오는 것을 결코 용납하지 않으신다. 그렇다면 악인은 하나님의 은혜를 멸시하는 불신자를 말하는 것일까? 이 불신자는 교회 밖의 사람인가 교회 안의 사람인가?

> 믿지 아니하는 자는 독생자의 이름을 믿지 아니하므로 이미 심판을 받은 것이니라 – 요3:18

3. 갈림길(6)

무릇 의인의 길은 여호와께서 인정하시나 악인의 길은 망하리로다(6)

'인정하신다'는 것(139:1-6에서와 같이)은, '소개되어지는' 것 이상으로 시31:7에서와 같이, 주의를 기울이는 것을 포함한다. 그리고 자신의 소유로 동일시한다는 것이다.(잠3:6). 소멸한다는 것은 여러 가지 의미로 쓰인다. 여기서는 길이나 진로가 헛되이 되거나 망하는 것을 예로 들 수 있다. 또 달리 말하자면, 희망이나 계획의 좌절(시112:10, 잠11:7), 길 잃은 양과 같은 생명(시119:176), 그리고 슬픔에 빠진 사람과 업적(시2:11, 9:6) 등이 될 수 있다.

악인에게 제3의 길이란 없다. 그것으로 영원히 끝나버리는 것이다. 이에 반하여 하나님의 인정하심 곧 의인을 아시고 돌보심에 대하여 확신한 다윗의 기도는 고난 가운데 있는 현대의 모든 그리스도인들에게 소망의 동기를 이렇게 제시한다.

> 여호와를 바라는 너희들아 강하고 담대하라 – 시31:24

여호와의 기름 부음을 받은 자(2:1-12)

제2편

1 어찌하여 이방 나라들이 분노하며 민족들이 헛된 일을 꾸미는가
2 세상의 군왕들이 나서며 관원들이 서로 꾀하여 여호와와 그의 기름 부음 받은 자를 대
적하며
3 우리가 그들의 맨 것을 끊고 그의 결박을 벗어 버리자 하는도다
4 하늘에 계신 이가 웃으심이여 주께서 그들을 비웃으시리로다
5 그 때에 분을 발하며 진노하사 그들을 놀라게 하여 이르시기를
6 내가 나의 왕을 내 거룩한 산 시온에 세웠다 하시리로다
7 내가 여호와의 명령을 전하노라 여호와께서 내게 이르시되 너는 내 아들이라 오늘 내
가 너를 낳았도다
8 내게 구하라 내가 이방 나라를 네 유업으로 주리니 네 소유가 땅 끝까지 이르리로다
9 네가 철장으로 그들을 깨뜨림이여 질그릇 같이 부수리라 하시도다
10 그런즉 군왕들아 너희는 지혜를 얻으며 세상의 재판관들아 너희는 교훈을 받을지어다
11 여호와를 경외함으로 섬기고 떨며 즐거워할지어다
12 그의 아들에게 입맞추라 그렇지 아니하면 진노하심으로 너희가 길에서 망하리니 그
의 진노가 급하심이라 여호와께 피하는 모든 사람은 다 복이 있도다

2 The Reign of the Lord's Anointed

1 Why do the nations rage and the peoples plot in vain?
2 The kings of the earth set themselves, and the rulers take counsel together, against
the Lord and against his Anointed, saying,
3 "Let us burst their bonds apart and cast away their cords from us."
4 He who sits in the heavens laughs; the Lord holds them in derision.

5 Then he will speak to them in his wrath, and terrify them in his fury, saying,

6 "As for me, I have set my King on Zion, my holy hill."

7 I will tell of the decree: The Lord said to me, "You are my Son; today I have begotten you.

8 Ask of me, and I will make the nations your heritage, and the ends of the earth your possession.

9 You shall break them with a rod of iron and dash them in pieces like a potter's vessel."

10 Now therefore, O kings, be wise; be warned, O rulers of the earth.

11 Serve the Lord with fear, and rejoice with trembling.

12 Kiss the Son, lest he be angry, and you perish in the way, for his wrath is quickly kindled. Blessed are all who take refuge in him.

A. 문맥분석

비록 수취인은 없으나, 이 시편은 행4:25에서 다윗의 것으로 간주되고, 행13:33에서는 다윗의 두 번째 시편이라고 밝히고 있다. 그것은 신약성경에서 많이 인용되고 있는데, 이는 유대인들이 하나님의 기름부음 받은 자에 대한 높은 기대와 보편적인 왕국에 대한 비전을 함께 지향하고 있었음을 드러낸다. 유대교의 메시아 대망은 보편왕국의(Earth) 영광스런 회복과 번영에 대한 기대였다. 그리스도의 왕국 즉 새 하늘과 새 땅(Land)이 아니었다.

본 시편은 하나님의 주권과 그가 세운 왕에게 주신 언약을 인하여 불꽃처럼 강렬한 기쁨이 부각되고 있는데, 대관식의 시편으로써 여기에는 삼하 10장을 배경으로 하고 있다. 본 시편의 7-9절은 그 당시의 정황들을 떠올리기에 충분하다고 본다.

- 그러나 주께서 그를 비웃으시리니 그의 날이 다가옴을 보심이로다 – 시37:13
- 여호와여 주께서 그들을 비웃으시며 모든 나라들을 조롱하시리이다 – 시59:8
- 또 주의 종 우리 조상 다윗의 입을 통하여 성령으로 말씀하시기를 어찌하여 열방이 분노

하며 족속들이 허사를 경영하였는고 – 행4:25

- 곧 하나님이 예수를 일으키사 우리 자녀들에게 이 약속을 이루게 하셨다 함이라 시편 둘째 편에 기록한 바와 같이 너는 내 아들이라 오늘 너를 낳았다 하셨고 – 행13-33
- 하나님께서 어느 때에 천사 중 누구에게 너는 내 아들이라 오늘 내가 너를 낳았다 하셨으며 또 다시 나는 그에게 아버지가 되고 그는 내게 아들이 되리라 하셨느냐 – 히1:5

B. 주석적 접근

시편 1편이 개인적인 적용이라면 2편은 그 적용이 열방을 향하여 확장되는 형태를 취한다. 여호와와 그의 기름 부음을 받은 왕을 대적하는 주변의 반역적인 족속들의 반대에도 불구하고 왕의 즉위를 축하 하는 시로, 반역적인 계획을 포기하고 철장으로 반역을 다스리기 위해 하나님께서 세운 아들의 권위에 복종하라고 한다.

1. 왕을 대적하는 왕들(1-3)

시편 기자는 곧장 주제 속으로 몰입시킴에 있어서 감각 없는 자처럼 어떻게 하나님의 법과 그 법을 제정하신 이를 거역할 수 있는지 놀라워하며 독자들을 초기질문으로 이끌어 간다. 여기서 이스라엘을 대적하는 이방의 모습은 하나님의 '쉬운 멍에'와 '연민의 끈'을 오히려 맹목적인 저항으로 일관하는 모습 속에서 초대교회에 있었던 사건을 모형론으로 연결하는 듯하다. 행4:25-28에 기록된 갈보리 지역이 헤롯과 빌라도라는 이방 민족에 의한 저항이 역사적으로 재현되고 있는 것이다. 즉 이방과 민족이 이스라엘과 연합하여 여호와의 기름부음 받은 자 그리스도를 대적하는 것이다.[6)]
다윗이 암몬에 보낸 사신들의 수염을 잘라 왕을 능멸한 것처럼 주를 멸시하는 일이 재현되고 있는데, 신약은 하나님의 구속력에 의하여 사람의 분노하고 대적하는 행위가 심판되어

---

6) 행4:25-28, 고전2:8

지는 것을 보여 준다. 주를 멸시함은 필연적으로 지혜를 어리석게 하는 일이며[7] 거만함이 다스림을 받는 필연적 심판으로 귀결된다.[8] 은혜와 자비에 대하여 오히려 화를 내고 멸시하는 대적행위는 마땅한 심판의 초래를 내러티브 하고 있다.

2. 하나님의 비웃음(4-6)

신약성경은 구원에 이용된 인간의 분노를 보여준다(위의 주석 참조). 그러나 여기서처럼 심판을 당하기도 한다. 주님의 비웃음(4)은 본질적으로 현자의 교란(고전1:20)과 오만한 자에 대한 하늘의 승리(골2:15, 계11:18,18:20)에서 다시 거기에 나타난다. 그러나 비웃음은 오만 그 자체일 뿐이지 그것이 끝나기 전에 겪게 될 고통은 아니라는 것이 아주 명백하다.

내가 나의 왕을 내 거룩한 산 시온에 세웠다 하시리로다(6)

이 구절은 7절과 함께 중심절로서 1-5절에서 기다렸던 응답으로 8-12절까지 자세히 설명된다. 여기서 '내'가 강조되고 있는데 가장 잘 번역된 것은 시작에서 '내가 나의 ~을 세웠다'는 것이다. 이 선포는 3절에서 여호와와 그에게 기름 부음을 받은 자를 대적하는 자들에게 폭탄과 같은 선언이다. 왜냐하면, 삼하 7:13에서 말씀하시기를 "그는 내 이름을 위하여 집을 건축할 것이요 나는 그의 나라 왕위를 영원히 견고하게 하리라"고 언약하셨기 때문이다.

3. 하나님의 법령 선포(7-9)

~너는 내 아들이라 오늘 내가 너를 낳았도다(7)

이 약속은 삼하7:14절로 이어진다.

> 나는 그에게 아버지가 되고 그는 내게 아들이 되리니 그가 만일 죄를 범하면 내가 사람의 매와 인생의 채찍으로 징계하려니와

---

7) 고전1:20

8) 골2:25/ 계11:8, 18:20

여기서의 말은 예언자에 의해 신탁으로 쓰이거나 대관식의 의례에서 왕('내가 말하리라'~)이 낭독한 것일 수도 있는데, 그 말이 암시하듯이 오늘날 새로운 군주가 정식으로 직위를 상속하는 것을 기념하기 위해서였다. 행13:33과(참조. 롬1:4) 이 부활의 발표와의 연결은 그러한 배경에 두 배나 의미가 있다. 어느 지상의 왕에게나 이런 형태의 연설은 가장 가벼운 해석만 할 수 있지만, 신약성경은 바로 그 천사를 배제한 그 완전한 가치를 우리에게 부여하여 오직 한 명의 후보만을 소유하게 한다.(히1:5) 그리스도의 세례와 변화를 받을 때에, 아버지께서는 이 구절과 이사야에게서 이끌어 낸 말로, 그를 아들과 종 둘 다를 선포하셨다.(마3:17, 17:5. 벧후1:17) 이 부분은 인간 왕의 죄를 다스리는 하나님의 방식으로서 곧 이사야서에 예언된 말씀이 그리스도의 고난으로 승화되고 있음을 신약 시대에 와서야 비로소 알게 되었다.

내게 구하라 내가 이방 나라를 네 유업으로 주리니 네 소유가 땅 끝까지 이르리로다(8)

이 구절은 그의 제자들에게 부활을 통하여 새로운 왕으로 인정되신 주께서 날카롭게 이 약속을 확인하신 것으로 나라와 땅의 끝을 강조하셨다. 신약성서는 다음 구절의 사용으로 그 몫이 확인되어 교회로 힘이 돌아올 때마다 선교 사업을 계속 전개해 왔다.

네가 철장으로 그들을 깨뜨림이여 질그릇 같이 부수리라 하시도다(9)

본 절의 명령은 신약교회에도 지속적으로 제시되고 있는 사명이다. 계시록에서 세 번씩이나 반복적으로 인용되고 있는데 한 번은 그리스도인의 승리를[9] 나머지 두 번은[10] 주님의 승리를 위해 언급하고 있다. 반면, 70인 역에서는 첫 번째 동사인 깨뜨림'break'을 양을 치는 '규칙'(양치기, 양의 치리)으로 읽는다. 이것은 좀 더 광범위한 약속의 영역을 제공하는데, 첫 장면에서 '철장'이라는 미래적인 예정을 보이고, 두 번째로 구제불능의 상태(렘19:10f)나 국면에 이르러 최종적인 심판이 이어질 것을 나타내는 것이다.[11]

열방을 그리스도에게 복종시킴에 있어서 그리스도인에게 주어진 사명은 고후10:3에서 나타남과 같이 정죄나 비방이 아니라 사탄의 견고한 진을 무너뜨리는 하나님의 능력(복음)

---

9) 계2:27

10) 계12:5, 19:15

11) 계19:15 그의 입에서 예리한 검이 나오니 그것으로 만국을 치겠고 그들을 철장으로

에 의지하는 것이라 말한다. 시편에서 그 매는 양 무리로부터 병든 양을 분류하는 기능을 가지고 있었다.(레27:32, 겔20:37) 그리고 습격 자에 대한 무기(시23:4)였다. 그래서 그것은 정부의 상징이 되었고, 예를 들어 '홀' 로 번역했다.(창49:10) 그리고 두 번째 줄에서 예견된 파괴보다는 왕성한 맥락에서 이 건설적인 역할에 더 적합해 보인다.

4. 왕들의 소환(10-12)

그 아들에 입맞추라(12)

앞에서 말한 것을 볼 때 폐막의 갑작스런 변화는 서두의 열방과 군왕들에게 유일한 희망이 제시되는데, 이것이 바로 복종이다. 그러나 그것은 최후통첩이라기보다는 초청장이며, 그 은혜의 종결은 최후 심판 때까지 유효하다.

그런즉 군왕들아 너희는 지혜를 얻으며
세상의 재판관들아 너희는 교훈을 받을지어다(10)

'지혜를 얻으며' 와 **'교훈을 받으라'** 는 지혜의 글에서 가장 선호하는 말이다. 이 가장 왕성한 시편에서 그들의 존재는 우리에게 이러한 문학적 범주를 너무 경직시키지 않도록 상기시켜 주어야 한다. 성경은 권위와 진리 또는 지혜와 순종 사이를 복종이라는 단호한 쐐기를 박지 않는다. 왜냐하면 오직 주님의 길만이 의(義)인 까닭이다.

> 누가 지혜가 있어 이런 일을 깨달으며 누가 총명이 있어 이런 일을 알겠느냐 여호와의 도는 정직하니 의인이라야 그 도에 행하리라 그러나 죄인은 그 도에 거쳐 넘어지리라 - 호14:9

여호와를 경외함으로 섬기고 떨며 즐거워할지어다(11)
그의 아들에게 입맞추라 그렇지 아니하면~ 너희가 길에서 망하리니 ~
여호와께 피하는 모든 사람은 다 복이 있도다(12)

구절 안에 나뉘어 존재하는 히브리어의 네 마디는 일찍이 번역가들에게 문제가 되었지만, 일반적인 감각은 분명한데, 이것은 야훼와 그의 기름부음을 받은 이에게 경애의 입맞춤으로 복종하라는 외침이라는 것이다. **'떨며 즐거워할지어다'**(AV, RV, LXX, Vulgate)는 그렇게 위대한 왕을 섬기는 면전에서 놀라면서도 꽤 적절한 감정 혼합을 떠올린다.(합3:16, 18) 그러나 '즐거워할지어다'의 히브리어 동사 '길'(גיל)은 '살아있다'는 뜻일 수 있다는 Dahood의 제안은 본문을 바꾸지 않고도 보다 쉬운 번역('두려워하며 살다')을 제공한다. 이와는 대조적으로, '그의 발에 입맞추라'(RSV, JB)는 여기 있는 히브리어로 '즐거워하라'와 '아들'(?)을 뜻하는 용어가 '그의 발 위에'(on-his-feet)라는 한 단어가 흩어진 조각으로 불안정한 추측에 바탕을 두고 있다, 그리고 NEB mg는 '전능하신 이에게 입맞추라'는 전능자(rab)의 단어를 아들(bar) 같이 거꾸로 철자되었다고 가정한다.

신약의 저자들은 다윗의 더 위대한 아들인 예수 그리스도에게서 성취된 시편의 더 깊은 중요성을 인식했다. 예수님은 여호와의 기름 부음을 받은 메시아이자 다윗의 언약의 자손으로, 이는 그가 그리스도로 불릴 때마다 선언된 역할이다.

그가 세례 받으실 때에, 그리고 변화 산에서 하늘로부터 하나님의 음성이 나서 "너는 내 사랑하는 아들이라 내가 너를 기뻐하노라" 선언하심으로 본 시2:7은 메시아닉이다. 바울은 예수님이 하나님의 기름부음 받은 자가 그의 아들이라는 약속을 궁극적으로 성취되었다는 증언에서[12] 이 구절을(시2:7) 인용했다.

결론적으로 복 있는 자의 길을 너희가 들었으니 교훈을 받아 여호와를 경외하고 섬기며 떨며 즐거워하라. 속박은 두려움과 공포가 아니라 '돌보심과 평안'이라는 것을 의심할 여지가 없다는 것이다. 그러므로 그 아들에게 입맞추되 그를 떠나서는 결코 피난처가 없다는 것이다.

---

12) 행13:33

어둠의 시간[압살롬의 반역](3:1-8)

제3편 다윗이 그 아들 압살롬을 피할때 지은 시

1 여호와여 나의 대적이 어찌 그리 많은지요 일어나 나를 치는 자가 많으니이다

2 많은사람이 나를 대적하여 말하기를 그는 하나님께 구원을 받지 못한다 하나이다(셀라)

3 여호와여 주는 나의 방패시요 나의 영광이시요 나의 머리를 드시는 자이시니이다

4 내가 나의 목소리로 여호와께 부르짖으니 그의 성산에서 응답하시는도다(셀라)

5 내가 누워 자고 깨었으니 여호와께서 나를 붙드심이로다

6 천만인이 나를 에워싸 진 친다 하여도 나는 두려워하지 아니하리이다

7 여호와여 일어나소서 나의 하나님이여 나를 구원하소서 주께서 나의 모든 원수의 뺨을 치시며 악인의 이를 꺾으셨나이다

8 구원은 여호와께 있사오니 주의 복을 주의 백성에게 내리소서 (셀라)

Save Me, O My God

3 A Psalm of David, when he fled from Absalom his son.

1 O Lord, how many are my foes! Many are rising against me;

2 many are saying of my soul, "There is no salvation for him in God." Selah

3 But you, O Lord, are a shield about me, my glory, and the lifter of my head.

4 I cried aloud to the Lord, and he answered me from his holy hill. Selah

5 I lay down and slept; I woke again, for the Lord sustained me.

6 I will not be afraid of many thousands of people who have set themselves against me all around.

7 Arise, O Lord! Save me, O my God! For you strike all my enemies on the cheek; you break the teeth of the wicked.

8 Salvation belongs to the Lord; your blessing be on your people! Selah

A. 문맥분석

이것은 제목을 붙인 첫 번째 시편이며, 그에 따라 역사적인 에피소드와 연결되는 14개의 시편(시3, 7, 18, 30, 34, 52, 56, 57, 59, 60, 63, 142)중 하나로, 모두 다윗의 생애에 걸쳐 있다. 압살롬으로부터의 피난은 삼하15:13ff에 기록되어 있다.

제목이 왕의 개인적 슬픔을 상기시키는 반면('내 아들', 삼하18:33), 시편 자체는 그를 압박하고 있는 더 큰 의문들, 즉 불성실의 물결(1,6절, 삼하15:13)로서, 신이 그에게서 떠났다는 소문(2절, 삼하15:26), 그리고 그의 불안정한 상태(8)를 드러낸다.

그러나 이것은 또한 보통의 신자들에게 저녁 시편인데, 고난이 올 때에 다윗과 동일한 상황은 아닐지라도 비슷한 상황에서 자신의 주변에 아무도 없다는 절망감을 느끼는 모든 이에게 모범을 제시한다.

- 여호와여 내가 무죄하므로 손을 씻고 주의 제단에 두루 다니며 – 시26:6
- 무리들은 나를 향하여 입을 크게 벌리며 나를 모욕하여 뺨을 치며 함께 모여 나를 대적하는구나 – 욥16:10
- 내가 나의 왕을 내 거룩한 산 시온에 세웠다 하시리로다 – 시2:6
- 내가 사망의 음침한 골짜기로 다닐지라도 해를 두려워하지 않을 것은 주께서 나와 함께 하심이라 주의 지팡이와 막대기가 나를 안위하시나이다 – 시23:4
- 제사 드릴 때에 압살롬이 사람을 보내 다윗의 모사 길로 사람 아히도벨을 그의 성읍 길로에서 청하여 온지라 반역하는 일이 커가매 압살롬에게로 돌아오는 백성이 많아지니라 –삼하15:12–

B. 주석

1. 적개심(1-2)

'나의 대적이 어찌 그리 많은지요'(1)

자신이 소수가 되어 마음이 위축되는 것 자체가 그 사람이 겪는 일종의 시험이다. 더구나 자신의 주변에 대적들이 많아진다는 것은 자신을 급격히 위축 시킬 수 있다.(2)
다윗의 경우가 그러했다. 자신이 뭇 백성의 지지를 받다가 소수의 입장에 처해졌을 때 느끼는 박탈감이나 상실감으로 신경이 쓰일 텐데 대적들의 수가 점점 많아진다는 사실은 다윗을 더욱 주눅 들게 했을 것이다. 그리고 2b의 추격을 비난하는 것은 주로 하나님보다 다윗을 반대하는 것이다(삼하16:8) 그것은 집으로 돌아가는 길을 의미한다. 그러나 다윗은 양심의 가책을 느꼈고, 다음 절에서 알 수 있듯이 충심으로 하나님의 자비에 자신을 던짐으로 유익을 얻었다. '셀라'에 대해서는 개요를 참조하라.

'그는 하나님께 구원을 받지 못한다 하나이다.'(2)

그럼에도 불구하고 성경은 다윗의 반대자들의 비난이 거세질 때(삼하16:8 시므이의 저항) 그가 취한 행동을 주목케 한다. 오히려 그는 자신을 향한 비난을 자신의 유익으로 삼아 평강으로 돌아가는 출입구로 삼았다. 그는 양심을 겸손히 하고 하나님의 자비심에 자신을 철저히 의탁하기 시작한다.[13] 이는 그의 믿음의 신실함을 잘 드러내는 단면이다.

(인간의 적개심은 태초에 주어진 본성이 아니라 타락 후 하나님께서 심으신 것이다. 창3:15)

2. 하나님의 보호와 지지(3-4)

여호와여 주는 나의 방패시요 나의 영광이시요 나의 머리를 드시는 분이십니다.(3)
내가 나의 목소리로 여호와께 부르짖으니 그의 성산에서 응답하시는도다.(4)

---

13) 삼하16:18

3절의 용어는 점점 더 긍정적이 되어가고 있는데, 이것은 안심하는 것에서 부푼 자신감으로 나아가는 것이다. **'나의**(방패)' 에 대해서는 강한 전치사를 사용하므로, NEB는 '나를 덮는' 이다. **'나의 영광'** 은 심사숙고하는 표현이다. 그것은 그러한 주인을 섬기는 영광을 나타낸다. 아마도 그가 전하려는 광채(예, 시34:5, 고후3:13,18)는 항상 일시적이고 변덕스러운 지구적인 존중과는 확실히 비교가 불가한 것이다. **'나의 머리를 드시는'** 것은 NEB가 '내 머리를 높이 들어라' 에 의해 잘 전달되고 있는데, 이는 삼하15:30의 '울며…', '맨발로 머리를 가리고' 의 허탈(또한 애원)한 그림으로 찬란함과 대조적이다.

'하나님의 성산'(4)은 하나님께서 다윗(2:6ff의 모든 약속과 함께)을 왕으로 세우고 그의 궤를 설치한 장소로서 그의 지상의 왕좌[14)]와 그의 언약의 상징으로서 중첩적인 관련이 있다.

즉 이는 하나님께서 시온 산에 세운 것은 압살롬이 아니라 다윗이라고 그가 울며 기도했을 때 응답하셨다는 의미다. 이와 동일한 모습이 신약교회에서도 나타나고 있다.[15)]

3. 마음의 평화(5-6)

다윗의 기도에 응답하신 하나님을 인해 그의 마음에는 신뢰와 확신에 찬 평화가 찾아 왔다.

내가 누워 자고 깨었으니 여호와께서 나를 붙드심이라(5)

다윗의 현실은 여전히 대적들에 의해 전면 포위된 최악의 상태에 직면해 있지만, 그럼에도 평안히 잠들고 깨어났으니 이는 하나님께서 그를 돌보시는 결과라는 신앙고백이다.

천만인이 나를 에워싸 진 친다 하여도 나는 두려워하지 아니하리라(6)

6절의 표현은 낙담했던 마음에 찾아온 응답과 신뢰가 기개 넘치는 모습으로 반전된 상태를 보여 준다. 하나님께서 나와 함께 하시니 내가 무엇을 두려워하리오.

성도의 신앙은 위기를 통해 더욱 견고해 진다. 위기는 환난을 통해 하나님이 우리와 함께 계심을 확증케 하는 은혜의 수단임에도, 위기 뒤편에 계시는 하나님을 신뢰하기보다는 눈에 보이는 상황에 질식되는 경우가 많다. 위기를 만나는 순간 하나님께 이 문제를 가져가는 사

---

14) 삼하6:2

15) 행4:23, 히12:22

람은 체험적인 은혜를 경험케 되지만 무릎 꿇지 않는 사람은 뒤로 물러나거나 침체되기 마련이다. 고백적 신앙은 아름답지만 체험적 신앙을 통해 굳건해지고 확증될 필요가 있다. 그렇지 않으면 영적침체에 빠지기 쉬운 것이다. 그러므로 위기는 기회의 변장된 축복이다. (성령의 역사로 거듭난 후에도 성령세례에 대한 권면은 교회의 이러한 유익을 위해서다)

4. 승리와 축복(7-8)

일어나소서~ 구원하소서~(7)

구원은 여호와께 있사오니 주의 복을 주의 백성에게 내리소서(8)

왕위를 계승(계22:5)하는 것으로 불리는 다윗에게 피난은 만족스럽지 않다. 승리보다 못한 것에 안주하는 것은 사실상 퇴위나 다름없을 것이다. 따라서 7절의 용어들은 타협하지 않는 다. 8절은 그 뒤에 숨겨진 기본적인 겸손함을 증명하는데, 그 겸손은 주님의 개입 없이는 해결책이나 성공이 없다는 것, 즉 가질 가치가 없다는 것을 인식한다.(8b) "우리는 하나님께서 허락하지 않는 승리를 바라지 않는다." 그리하여 시편은 앞의 모든 구절의 '나'와 '내'를 뛰어넘어, 당신의 백성('나의 백성'이 아닌)을 바라보며, 건강과 결실이 생존을 넘어서는 승리로서 하나님의 축복이 이르기를 간구하는 것으로 시의 끝을 맺는다. 이것이 없다면, 재결합한 사람들조차도 삶의 숨결이 부족할 것이다. 그것으로, 그들은 세상을 축복할 수 있다.

구원은 여호와께 있사오니 주의 복을 주의 백성에게 내리소서(셀라)[16](8)

16) '셀라'는 시의 운율의 강조를 위해 이 부분은 크게 읽으라는 뜻이다.

평화여 거기 머물라!(4:1-8)

제4편 다윗의 시, 인도자를 따라 현악에 맞춘 노래

1 내 의의 하나님이여 내가 부를 때에 응답하소서 곤란 중에 나를 너그럽게 하셨사오니
내게 은혜를 베푸사 나의 기도를 들으소서
2 인생들아 어느 때까지 나의 영광을 바꾸어 욕되게 하며 헛된 일을 좋아하고 거짓을 구
하려는가(셀라)
3 여호와께서 자기를 위하여 경건한 자를 택하신 줄 너희가 알지어다 내가 그를 부를 때
에 여호와께서 들으시리로다
4 너희는 떨며 범죄하지 말지어다 자리에 누워 심중에 말하고 잠잠할지어다(셀라)
5 의의 제사를 드리고 여호와를 의지할지어다
6 여러 사람의 말이 우리에게 선을 보일 자 누구뇨 하오니 여호와여 주의 얼굴을 들어 우
리에게 비추소서
7 주께서 내 마음에 두신 기쁨은 그들의 곡식과 새 포도주가 풍성할 때보다 더하니이다
8 내가 평안히 눕고 자기도 하리니 나를 안전히 살게 하시는 이는 오직 여호와이시니이다

Answer Me When I Call

4 To the choirmaster: with stringed instruments. A Psalm of David.

1 Answer me when I call, O God of my righteousness! You have given me relief when
I was in distress. Be gracious to me and hear my prayer!
2 O men, how long shall my honor be turned into shame? How long will you love vain
words and seek after lies? Selah
3 But know that the Lord has set apart the godly for himself; the Lord hears when I
call to him.
4 Be angry, and do not sin; ponder in your own hearts on your beds, and be silent. Selah

5 Offer right sacrifices, and put your trust in the Lord.
6 There are many who say, "Who will show us some good? Lift up the light of your face upon us, O Lord!"
7 You have put more joy in my heart than they have when their grain and wine abound.
8 In peace I will both lie down and sleep; for you alone, O Lord, make me dwell in safety.

A. 문맥분석

본 시편은 장르별 구분에서 처음으로 등장하는 저녁기도 형식의 노래('미즈몰')다. 성경에는 현악기에 맞춘 '느기노트'라고 표제에 기록해 놓았다. 일반적으로 '저녁'은 시편의 주된 주제가 아니지만 평안을 지향하는 모든 사람들의 관점에서는 주요한 하나의 주제가 된다. 밤의 접근은 현재의 고난이나 지나간 잘못에 착념토록 미혹한다. 그러나 다윗은 오히려 자신의 믿음을 견고히 함으로서 밤의 원인을 제공하는 당사자들에게 믿음의 창조주를 의뢰하고 자신처럼 행동하기를 요구하고 있다.
시편 3편의 압살롬의 반역이 본 시편에까지 배경이 되고 있는데, 대적들의 반역을 통해 겪은 굴욕(2절a)이나 거짓과 기만(2절b)에 대하여 분노하기도 하고(4절), 우울함(6절)도 겪는다. 그러나 본 시편이 주는 교훈은 얼마든지 이러한 상황을 맞이할 수 있으니 믿음의 삶에 저녁이 찾아올 때 모든 그리스도인들은 오히려 하나님을 더욱 경배하는 계기로 삼아야 한다는 것이다.

B. 주석

1. 올바른 기도

'(하)차르'(צר)는 고난이나 곤경, 고충을 당하다는 의미의 히브리어다. 이것은 구석에 밀려

꼼짝도 못하는 상태를 강조한다. NEB는 '엄청난 힘에 의해 짓눌려 꿈쩍도 못하고 꽉 끼어져 있는 상태'로 설명한다.

누군가 이런 상태에 놓이면 대부분의 경우는 자신을 현실에 갇힘 당하게 한다. 그러나 성경은 하나님을 바라보라고 한다. 믿음의 열조들이 환난을 당할 때마다 취한 행동은 하나님께 기도하는 것이었고 그 때마다 지키시고 인도하신 하나님의 은혜를 경험했다.[17] 이 같이 생생한 역사적 기록은 역사의 주관자 되시는 하나님의 선하심과 인도하심을 모든 시대의 모든 그리스도인들에게 구원의 소망과 확신을 주시기 위함이다.

'내 의의 하나님이여'(1)

시편 기자의 이러한 표현은 바로 그 역사성의 하나님을 찾고 구하고 있다. 이러한 근거를 바탕으로 기도하는 자가 올바른 기도자이다. 어떠한 상황일지라도 하나님이 개입하시면 문제는 해결된다. 기도자의 영혼과 상황은 언제나 기대 이상을 초월하는 결과로 채움 받게 된다.

2. 변심에 대한 응답(2-3)

'인생들아 어느 때까지'(2)

기자는 변절자로 돌아선 백성들에게 각성하라고 촉구하지만 그에게 닥친 문제의 근원적 해결은 사람에게 있는 것이 아니라 하나님께 있다는 것을 알고 있다.

신자들의 삶에서 경험케 되는 갈등의 당사자는 이웃이지만 신자는 범사에 하나님을 기억해야 한다. **'어느 때까지'**는[18] 시편의 기도에서 빈번하게 등장하는 어휘다. 고난당하는 자의 관점에서 도무지 종착점이 보이지를 않는 현실에 대하여 더 이상은 안 된다고 불쌍히 여기시기를 호소하는 것이다.

2절의 전 후반 문장에 등장하는 영광과 욕되게 함과 허사와 궤휼은 서로를 비추며 저자의 권위가 중상과 모략으로 멸시 당하고 있음을 느끼게 한다. 허사와 궤휼은 우상을 구하는 것을 뜻하며 이는 저자를 향하여 하나님의 언약이 파기되었다는 대적들의 중상모략을 지

---

17) 창48:15

18) 6:3/13:1-2/35:17/62:3/74:10/79:5/80:4/89:46/90:13/94:3/119:84

적하는 것이다. 소위 불신자들이 그리스도인의 고난을 빗대어 하나님은 없다고 조롱하는 것과 같다. 이는 복음을 대적하는 세상 앞에서 모든 그리스도인들도 만나게 되는 현상들이다.[19]

'여호와께서 자기를 위하여 경건한 자를 택하신 줄 너희가 알지어다.'(3)

NEB는 이 부분을 '하나님께서 내게 놀라운 사랑을 보이셨다'는 70인 역의 기쁨만 인용하지만 히브리어 성경은 이외에도 선택을 '이미 주어진 근거를 따라 그러한 상황이 전개되는 친교'의 의미를 지닌다고 번역한다.(RSV)

이는 범사에 하나님께서 그의 택하신 자들의 기도를 들으신다는 의미이고, 범사를 하나님의 예정에 근거한 섭리로 인정하는 것으로서, 비난과 낙담의 상처를 입은 성도들을 회복시키는 가장 적절한 응답인 것이다. 사도 바울은 그리스도인에게 주어지는 고난은 의와 평강을 이루는 은혜의 수단이라고 말한다.

3. 뜨거운 머리에 대한 응답(4-5)

'너희는 떨며 범죄하지 말지어다. 자리에 누워 심중에 말하고 잠잠할지어다.'(4)

기자는 대적들에게 하나님을 두려워하라고 경고하며 스스로 돌아보라고 말한다. 2절에서 나타난 것처럼 어떤 충직한 사람의 지나친 동요는 많은 사람들을 충동하기가 쉽다.[20]

화가 난 상태를 '전율' '떨림'으로 번역하는데, 약1:19은 말하기와 성내기를 더디 하라고 교훈한다. 또한 바울은 엡4:26에서는 분노하더라도 죄를 범하지 말라 경고한다. 행동하기 전에 생각하고, 해가 지기 전에 '화'를 제하라고 명령하고 있다.

'심중에 말하고'는 '생각하기'에 대한 히브리적인 표현이다. 이렇게 하는 것이 '하나님께의의 제사를 드리는 것'이라고 말한다.(5)

---

19) 말1:6, 갈4:16

20) 눅9:54 야고보와 요한의 사마리아인의 불순종에 대한 적개심.

4. 상심에 대한 응답(6-7)

'여러 사람이 우리에게 선을 보일 자가 누구냐 하오니'(6)

저자 주변의 인물들의 각 그룹은 그의 고통을 가중시키는 존재로 등장하지만, 3:2에서 이들은 다윗을 따르는 자나 신하들임을 알 수 있는데, 하나님에 대하여 패배주의 의식을 갖고 있다. 이런 패배주의는 6절이 끝나기도 전에 다윗의 기도 속에 점령당한다. 기도하지 않는 자는 패배주의자다. 고난이 길어질 때 무엇을 먹을까 무엇을 입을까 염려하게 된다. 이때의 선은 내용적으로 곡식과 포도주로 비유된 육체의 필요를 뜻한다.[21)]

주님은 말씀하시기를 이러한 우리의 필요를 이미 아신다고 하셨다. 그러니 이방인들처럼 먹고 마시는 것을 구하지 말고 하나님의 나라와 그 의를 구하라고 하신 것이다.(마6:32-33)

'주의 얼굴을 들어 우리에게 비추소서'(6)

어떤 번역본에서는 이것을 다윗을 따르는 무리들이 하나님의 도우심이 사라졌다고 불평하는 것으로 주석한다. 그러나 NIV나 민6:24-26에서 발견 되듯이 본 구절은 제사장의 축복으로 이해하는 것이 옳아 보인다. 다윗이 간절히 하나님을 찾았을 때 7절에서 두 가지의 응답이 주어진다.

'주께서 내 마음에 두신 기쁨은'(7)

고난 가운데 있는 다윗에게 주어진 응답은 내적 기쁨과 외적 기쁨이었다. 모든 상심과 회의가 정상의 자리로 회복되도록 끊임없이 솟구쳐 오르는 내면의 기쁨과 다윗의 환경이 즐거움으로 반전되는 외적 기쁨을 하나님으로부터 받은 것이다. 하나님의 응답이 마음과 상황의 반전이 없는 일은 있을 수 없다. 때로는 응답에 시차가 있더라도 반드시 두 종류의 반전이 함께 주어지는 것이다. 신자는 이를 바라보며 모든 상황에 믿음으로 감사하고 즐거워하는 것이다.[22)]

---

21) 삼하16:1 므비보셋의 종 시바가 피난길의 다윗의 일행에 두 나귀 떼에 떡과 포도주를 갖고 옴
22) 살전5:16-18

5. 다시 찾은 평안(8)

'네가 평안히 눕고 자기도 하리니 나를 안전히 살게 하시는 이는 오직 여호와이시나이다.'(8)

'눕고 자다' 라는 두 동사는 통상적으로 '함께' 라는 의미를 지니며, '동시성' 을 강조한다. 잠자리에 들기는 하였는데 불안한 마음에 뒤척이다 지쳐서 잠드는 모습이 아니라 하나님을 신뢰하는 마음에 주신 하나님의 평강을 인하여 누웠다가 즉시 잠이 드는 상태를 묘사하고 있다.

시편의 결론과 같은 단어의 하나인 '믿음'(신뢰와 확신)의 어원을 NEB에서는 '두려워하지 않음'[23]으로 나타낸다. 결국 신자가 하나님을 믿음으로 얻는 '평안' 은 안전함이란 상태보다 더 좋은 위치에 있는 것이다.

본 시편은 겟세마네 동산에서 주님의 묵상과 기도와 그것을 통하여 취한 평안을 함축하고 있다.

---

23) 잠 1:33

흐린 새벽(5:1-12)

제5편 다윗의 시, 인도자를 따라 관악에 맞춘 노래

1 여호와여 나의 말에 귀를 기울이사 나의 심정을 헤아려 주소서
2 나의 왕, 나의 하나님이여 내가 부르짖는 소리를 들으소서 내가 주께 기도하나이다
3 여호와여 아침에 주께서 나의 소리를 들으시리니 아침에 내가 주께 기도하고 바라리
이다
4 주는 죄악을 기뻐하는 신이 아니시니 악이 주와 함께 머물지 못하며
5 오만한 자들이 주의 목전에 서지 못하리이다 주는 모든 행악자를 미워하시며
6 거짓말하는 자들을 멸망시키시리이다 여호와께서는 피 흘리기를 즐기는 자와 속이
는 자를 싫어하시나이다
7 오직 나는 주의 풍성한 사랑을 힘입어 주의 집에 들어가 주를 경외함으로 성전을 향하
여 예배하리이다
8 여호와여 나의 원수들로 말미암아 주의 의로 나를 인도하시고 주의 길을 내 목전에 곧
게 하소서
9 그들의 입에 신실함이 없고 그들의 심중이 심히 악하며 그들의 목구멍은 열린 무덤 같
고 그들의 혀로는 아첨하나이다
10 하나님이여 그들을 정죄하사 자기 꾀에 빠지게 하시고 그 많은 허물로 말미암아 그들
을 쫓아내소서 그들이 주를 배역함이니이다
11 그러나 주께 피하는 모든 사람은 다 기뻐하며 주의 보호로 말미암아 영원히 기뻐 외치
고 주의 이름을 사랑하는 자들은 주를 즐거워하리이다
12 여호와여 주는 의인에게 복을 주시고 방패로 함 같이 은혜로 그를 호위하시리이다

Lead Me in Your Righteousness

5 To the choirmaster: for the flutes. A Psalm of David.

1 Give ear to my words, O Lord; consider my groaning.

2 Give attention to the sound of my cry, my King and my God, for to you do I pray.

3 O Lord, in the morning you hear my voice; in the morning I prepare a sacrifice for you and watch.

4 For you are not a God who delights in wickedness; evil may not dwell with you.

5 The boastful shall not stand before your eyes; you hate all evildoers.

6 You destroy those who speak lies; the Lord abhors the bloodthirsty and deceitful man.

7 But I, through the abundance of your steadfast love, will enter your house. I will bow down toward your holy temple in the fear of you.

8 Lead me, O Lord, in your righteousness because of my enemies; make your way straight before me.

9 For there is no truth in their mouth; their inmost self is destruction; their throat is an open grave; they flatter with their tongue.

10 Make them bear their guilt, O God; let them fall by their own counsels; because of the abundance of their transgressions cast them out, for they have rebelled against you.

11 But let all who take refuge in you rejoice; let them ever sing for joy, and spread your protection over them, that those who love your name may exult in you.

12 For you bless the righteous, O Lord; you cover him with favor as with a shield.

A. 문맥분석

본 시편은 제4편에 이어 관악기에 맞춰 부르는 '노힐로트'로 장르상 노래('미즈몰')에 속하지만 4편이 저녁기도인 반면 5편은 아침기도다.

다윗의 시편에서 거의 빠지지 않고 등장하는 그의 대적들의 존재는 본 시편에서는 그의 프로파간다(6,9절) 안에 용해되어 나타난다. 이 아침시편은 전체 5연으로 구성되어 있는데 세 개의 연은 하나님의 존전을 향하고 나머지 두 연은 대적의 비난에 할애한다, 그러나 전체 문맥의 핵심은 '나의 왕 나의 하나님'(2절)속에 있는 기자의 부르짖음에 있다.

B. 주석

1.아침을 기다림(1-3)

여호와여 나의 말에 귀를 기울이사 나의 심경을 헤아려주소서(1)

RSV에서는 본 절을 '신음하는 것' 으로 번역하고 있는데 시39:3에서는 '읊조림'(내가 떠들썩하게)으로 번역되었고 '나의 내면의 생각' 또는 '내 호흡' 으로 번역되기도 한다.

나의 왕, 나의 하나님이여 내가 부르짖는 소리를 들으소서 내가 주께 기도하나이다(2)

간단히 들리는 자기 소통에서 **'나의 왕 나의 하나님'**께 도움을 얻기 위해 울부짖음으로(2절) 승화되어가는 이 훈련된 기도는 분명하고도 기대가 넘치고 있는데, 이는 반복을 통해 잘 다듬어진 기도를 연상케 한다.

'나의 왕 나의 하나님'에서 반복되는 '나의'는 소유격인 의미보다는 '언약'의 당사자로서 언약관계에 기초하여 드리는 견고한 기도이며 '왕'이라는 단어는 다윗 자신의 왕권을 정당화 시키려하거나 자기 목적을 위해 투쟁하려는 사람이 아니라 하나님의 권위 아래에 있다는 것을 인정하는 표현이다. 본 절에서 얻는 교훈 중 하나는 신자가 하나님께 간구할 때 언약에 근거한 것이 되어야 함을 엿볼 수 있다.[24)]

~아침에 내가 주께 기도하고 바라리이다(3)

'기도하고'로 번역된 부분은 NIV에서 '희생을 준비하고'로 되어 있는데, 이것은 전체 문맥

---

24) 요14:6 나로 말미암지 않고는.....

상에 맞도록 한 번역자의 가정일뿐이고 히브리어 성경에는 없는 말이다. 그러나 히브리어에서 나타나는 어원을 보면 희생이란, 잔치나 제사에서 어떤 것을 차려 놓거나[25] 드러난 죄과로[26] 인해 하나님께 간구할 목적에 있었다. 결국 이것은 자신을 준비하는 것 곧 제단을 쌓고 번제물을 배열하는 제사장의 태도를 상징한다.(레1:6f)

아침에 대한 반복적인 묘사는 '내가 너와 만날 곳'[27]에서 드려지는 매일의 희생물을 암시하고 있다. 다윗은 자신의 기도가 하나님 앞에서 오는 모든 약속과 속죄에 대한 확신을 표현하기 위해[28] 그러한 상황에 놓여 있는 것처럼 보인다.

'바라리이다' 다윗의 기대에 찬 태도는 하나님의 예언적 묵시에 대한 성취를 첫 번째 응답으로 여기고 바라는 것을 나타낸다.[29] 장막에서의 만남처럼 하나님은 거기서 들으실 뿐만 아니라 말씀하실 것이기 때문이다.

2. 오른편의 챔피온(4-6)

악이 주와 함께 머물지 못하며(4)
오만한 자가 주의 목전에 서지 못하리이다(5)
주는 모든 행악자를 미워하시며… 속이는 자를 싫어하시나이다(6)

그 기도는 이제 정의를 위한 간청 같이 구체화 된다. 4절(NEB가 잘 번역함)의 가벼운 부정에서 5b,6절에서 하나님의 진노로 표현이 증강되고 있음을 주목하라. 만약 그가 엄격한 도덕적 조사를 받는다면 다윗이 돌이킬 수 없는 심판의 진실성은 부당한 공격을 받는 그의 도피처다. 이것은 시편 143:2에서 공공연히 나타나는데, 여기서 원고인 다윗은(현 시편에서와 같이) 그의 경우 대신에 하나님이 그의 인격을 시험하신다면, 그는 돌이킬 수 없다는 것을 인정하기 위해 잠시 멈춘다.

이것은 시편의 기자들이 자신의 무죄항변에서 당연한 것으로 받아들여진다. 이를테면, 그들은 민사소송 법정의 반론 자처럼, 적과 마주보고 옳다는 것을 알고 있다. 그리고 하나

---

25) 시23:5
26) 시50:21
27) 출29:42
28) 시141:2
29) 사21:6-8, 미7:7, 합2:1

님과 그의 율법에 관한 일반적인 관계에서 그들의 양심은 완벽하다. 예를 들어, 시19:12, 32:1-5, 130:3 등의 관점에서 그들의 주장을 억누르는 것은 (신약의 관점에서) 요일3:4ff와 같은 구절을 요일1:8ff에 모순되게 누르는 것과 같을 것이다.

(비록 그들의 대적들은 시민 법정에서 이의를 제기할 것이지만, 시편의 기자들은 하나님과 그의 율법 앞에서 자신의 마음을 완전하도록 언제나 최선을 다하는 사람들이라는 의미다. 이는 신약에서 모든 기도의 모범 속에 자신을 돌아보는 회개의 기도가 위치하는 이유이며, 우리의 간구가 하나님 앞에 효력이 있는 것은 오직 하나님 우편의 승리자 우리 구주 예수 그리스도의 의로 말미암았다는 것을 의미한다.)

3. 순례자 정신(7-8)

주의 집에 들어가 주를 경외함으로 성전을 향하여 경배하리이다.(7)

'**주의 집에 들어가**'는 이 말의 중요성은 4b에서 '악이 하나님과 함께 유할 수 없다'는 것(NEB)에 의해 날카로워진다. 이것은 왜 반드시 '위대한 사랑'을 통해서만 들어갈 수 있는지를 설명한다.(NEB) 그것은 또한 '**성전을 향하여**'라는 표현이 내포하듯이, 다윗이 '나를 인도하사 그의 계신 곳을 보게 하시리라'[30]는 기도는 그가 망명 중일 수 있음을 뜻한다. 그렇지만 이후 '**성전을 향하여**'란 어구는 왕상8:29을 근거로 기도 시(詩)에 인용되었다. 법궤를 단지 장막 안에 보관한 채(삼하7:2) 다윗의 입에서 집과 성전이라고 하는 말은 놀라울 따름이다. 이는 시편 제목에서 '다윗의(레 다비드)'가 특수한 의미로 사용되는 용어(개요, 바. 21p 참조), 또는 Perowne가 주장하는 바와 같이 신의 거처에 대한 전통적 명칭으로, 실로[31]의 날로부터 하나님께서 거주하며 사시는 전통적인 뜻으로 인식되어졌거나 또는 '다윗의 장막'이란 이 표현은 후대에 예배 인도자들에 의해 널리 적용되었을 가능성을 나타낼 수 있다. 두 번째 제안이 가장 설득력 있어 보인다. 시27:4 참조

여호와여 나의 원수들로 말미암아 주의 의로 나를 인도하시고
주의 길을 내 목전에서 곧게 하소서 (8)

나의 적들을 위해 선택된 단어는 아마도 그들의 경계심(NEB, 그러나 27:11 참조)을 강조할

---

30) 삼하15:25
31) 삼상1:7.9

것이다. 그러나 '나의' 위험에 대한 대답은 두 가지 '주님의~'에 있는데, 그것은 자신의 것보다 더 높은 기준과 확실한 목표를 솔직하게 수용하는 것이다.(잠3:6,4:25 사42:16)

시편 기자는 삶의 여정으로서의 길이라는 은유를 통해 하나님께 의의 길을 걸을 수 있도록 간구한다. '나의 원수들'은 시27:11에서와 같이 그들을 경계하라는 의미일수도 있지만 나의 위기에 대한 응답의 관점에서 보면 자신의 의지를 버리고 더 높은 차원의 표준을 받아들이라는 것이다.

내가 찾는 왕국은
하나님이야, 그러니 길을 떠나자.
그건 바로 그 사람이 되는거지
그렇지 않으면 나는 반드시 다른 길을 걷게 될 거야.

모든 그리스도인들이 걸어야 하는 주님의 길은, 자기를 부인하는 길이요 제 십자가를 날마다 지고 따르는 길이다. 주의 증인들은 언제나 이 길을 걸음으로 대적들에게 옳은 길을 제시해야 한다.

4. 만연하는 거짓(9-10)

그들의 입에 신실함이 없고, 그들의 심중이 심히 악하며
그들의 목구멍은 열린 무덤 같고 그들의 혀로는 아첨하나이다.(9)

여기서 6절의 피 흘리기를 즐기는 자와 속이는 자가 반복적으로 등장한다. 그러한 사람들의 입에서 나오는 모든 자원들이 합쳐서 은을 입힌 토기와 같은[32] 마음들이 디자인 되는 것이다. 그러한 방법은 에덴에서 뱀과 같이 간계로 아첨하고 음해하는 것들이다.
탑승자를 기다리는 열린 무덤은 효과적인 방법으로 전사자를 삼키듯 렘5:16의 내용에서 사용된 잔인한 방식을 시사한다. 더불어 롬3:13에서 지적하고 있듯이 무덤은 자기 부패로 인한 책임을 의미한다.

하나님이여 저희를 정죄하사 자기 꾀에 빠지게 하시고
그 많은 허물로 인하여 저희를 쫓아 내소서 저희가 주를 배역함이니이다(10)

---

32) 잠26:23

기자의 탄원에서 드러나는 죄들은 한마디로 시34:21에서 나타나는 '의'와는 반대적인 행위들이다. 저희를 쫓아 내라는 탄원은 언약을 깨트린 결과로서 '강제로 쫓아내다'는 의미의 동사 '나다'(נדח)를 사용하고 있다. 이는 땅에서 추방될 때 사용한 단어로[33] 반란을 언약의 땅에서 추방하는 배경으로 요청된다. 이 구절에서 악에 대한 심판의 세 가지는 '정죄'와 '삼킴을 당함'과 '추방'되는 것으로 나타나는데 이것은 첫 번째로, 악은 진리에 취약하고 하나님의 지시에 복종할 수밖에 없는 것과 두 번째로 다윗의 기도에 의해 그들의 모략이 드러나고 수포로 돌아가는 것과[34] (아히도벨의 사건) 세 번째, 이것은 기름 부음 받은 사람을 배신한 것이 아니라 그를 세우신 하나님을 배역한 것이라는 시각의 탄원이다.

5. 확실한 피난처(11-12)

오직 주에게 피하는 자는 다 기뻐하며 ... 영영히 기뻐 외치며
...주는 의인에게 복을 주시고 방패로 함 같이 은혜로 저를 호위하시리이다

본 구절은 회개하는 자의 복을 설명하고 있다.

피난처나 방패라는 단어의 사용이 위험 자체가 사라진 것이 아님을 의미하지만, 시편 기자는 이제 그의 외로운 투쟁에서 놓여난다, 그는 더 이상 적들에게 둘러싸여 자신을 위하여 기도하지 않고, 그와 함께 찬양에 동참할 수 있는 공동체 전체를 의식한다. 복이란 개념과 대비되는 히브리어의 마지막 단어 '그를 호위하시리니'('타아테렌' תַּעְטְרֶנּוּ)('그를 둘러싸다' AV, RV)는 단지 삼상23:26에 있는 한 사건으로, 거기서 다윗의 대적들이 그들을 '에워싸다'('아티르' עטר 둘러싸이다.)로 묘사되고 있는데, 그를 호위('아타르')하시는 하나님의 보살핌에 의해 조용히 몸을 비껴가는 것을 발견할 수 있다.

이것은 대적으로부터 하나님의 자비로운 보살핌이 언제나 그를 지키시고 있음을 보여준다.

> '주는 내 방패시요 영광이시며 내 머리를 드시는 이시나이다. 할렐루야'

---

33) 느1:9, 렘8:3, 24:9, 습3:19
34) 삼상23:26

기도와 눈물(6:1-10)

제6편 다윗의 시, 인도자를 따라 현악 여덟째 줄에 맞춘 노래

1 여호와여 주의 분으로 나를 견책하지 마옵시며 주의 진노로 나를 징계하지 마옵소서

2 여호와여 내가 수척하였사오니 긍휼히 여기소서 여호와여 내 뼈가 떨리오니 나를 고치소서

3 나의 영혼도 심히 떨리나이다 여호와여 어느 때까지니이까

4 여호와여 돌아와 나의 영혼을 건지시며 주의 인자하심을 인하여 나를 구원하소서

5 사망 중에서는 주를 기억함이 없사오니 음부에서 주께 감사할 자 누구리이까

6 내가 탄식함으로 곤핍하여 밤마다 눈물로 내 침상을 띄우며 내 요를 적시나이다

7 내 눈이 근심을 인하여 쇠하며 내 모든 대적을 인하여 어두웠나이다

8 행악하는 너희는 다 나를 떠나라 여호와께서 내 곡성을 들으셨도다

9 여호와께서 내 간구를 들으셨음이여 여호와께서 내 기도를 받으시리로다

10 내 모든 원수가 부끄러움을 당하고 심히 떪이여 홀연히 부끄러워 물러가리로다

O Lord, Deliver My Life

6 To the choirmaster: with stringed instruments; according to The Sheminith. A Psalm of David.

1 O Lord, rebuke me not in your anger, nor discipline me in your wrath.

2 Be gracious to me, O Lord, for I am languishing; heal me, O Lord, for my bones are troubled.

3 My soul also is greatly troubled. But you, O Lord-how long?

4 Turn, O Lord, deliver my life; save me for the sake of your steadfast love.

5 For in death there is no remembrance of you; in Sheol who will give you praise?

6 I am weary with my moaning; every night I flood my bed with tears; I drench my
couch with my weeping.
7 My eye wastes away because of grief; it grows weak because of all my foes.
8 Depart from me, all you workers of evil, for the Lord has heard the sound of my
weeping.
9 The Lord has heard my plea; the Lord accepts my prayer.
10 All my enemies shall be ashamed and greatly troubled; they shall turn back and be
put to shame in a moment.

A. 문맥분석

시편에는 전체 7개의 '참회의 기도'(시6, 32, 38, 51, 69, 130, 143)가 등장하는데 시편 6편은 그 첫 번째 시편이다. 깊은 고뇌와 경각심으로 떨고 있는 한 사람의 기도가 전반부를 가득 채운다. 그러다가 그 후반부인 6절부터 고통은 사라지고 기자의 울음과 탄식은 믿음의 선포로 승화되는 반전을 나타낸다. 기도와 눈물은 헛된 것이 아니었다. 본 시편의 근원적인 배경과 상관없이(시편3편을 배경으로 봄) 독자들로 하여금 기도할 마음이 없는 사람들조차도 승리의 시각을 갖게 해준다.

본 시편도 4, 5편에 이어 등장하는 장르상의 노래다. 표제에는 '인도자를 따라 여덟째 줄에 맞춘 노래'라고 소개되는데, '여덟째 줄'은 팔현금 즉 하프로 추정하며 이 형식의 노래를 '쉬미니트'라 한다.

B. 주석

1. 주여 돌아와 주십시오!(1-5)

'주의 분노로... 주의 진노로'(1)

1절에서는 분노와 진노가 반복하여 강조되고 있다.

이것은 렘10:23과 같이 일반적인 교훈이나 교정을 위한 것이 아니며, 잠3:11과 같이 지혜라는 주제에 대한 탄원시도 아니다. 다윗의 양심은 불안에 떨고 있으며 2절과 4절에서 전해지고 있는 그의 마음은, 자신이 마땅히 받아야할 징계를 완화시키기 위해 하나님의 순전한 은총이나 언약적인 사랑 및 하나님의 은혜에 호소해야만 했다. 그는 하나님의 실망을 체감하면서 몸이 아프고 영혼이 흔들리며('바할':놀라서)[35] 그리고 그는 심지어 목숨까지도 두려워했다.

구원을 바라는 다윗의 기도에는 두 가지의 근거를 지닌 듯하다. 첫째는 하나님의 거듭되는 '헤세드'이고, 또 하나는 '스올'에서는 감사를 드릴 수 없다는 것이다.

'내 뼈가 흔들리고...내 영혼도 심히 떨리오니'(2)

뼈와 영혼은 단순히 물질과 비물질의 영역을 대조시키는 것이 아니라 인간 전체를 상징한다. 뼈와 영혼은 유사하게 전인격적 즐거움을 표하는[36] 용도로 사용되었다. 히브리인들이 뼈에 대한 지니는 감각은 출24:10이나 겔24:2(곧) 그것 (자체)다.

"어느 때까지니이까'(3)

'언제까지.....하리이까?' 라는 이 표현은 시편 곳곳에서 인용되고 있는데[37] 시37편에서와 같이 '심판의 때' 라는 시간적 의미와 시119:67에서 사람에게 '성취의 때' 라는 의미로 사용되지만 둘 다 '성숙' 이라는 공통적 개념을 갖고 있다.

'사망 중에는 기억함이 없사오니'(5)

기억을 찬양(개인적인 경배)과 비교할 때 회상이 정신적 관점에서는 더 좋을 수 있다. 그것은 하나님의 놀라운 주권적 경륜을(은혜의 섭리) 회상함으로서 깨닫고 경배의 행위로 나아가게 되기 때문이다.[38]

---

35) 창45:3, 삿20:41 '바할' : 놀라다. 무서워하다. 당황하다.
36) 시35:9-10
37) 시13:1, 시74:9
38) 시71:15, 사63:7/ 욥7:7-10

"스올(음부)에서 감사할 자 누구이리까'(5)

'스올'은 여러 가지 방법으로 묘사될 수 있는데 주로 거대한 음침한 동굴[39], 사망의 문[40], 족한 줄 모르고 넓게 벌린 짐승의 입[41] 등으로 표현 된다. 이것은 명확한 언어가 아닌 추상적인 언어다. 사람의 경배를 침묵시켜버리는 죽음의 비극을 강조하기위해 성경 곳곳에서[42] 묘사되고 있는데 그를 사망케 함으로 모든 도모를 깨트리는 것이다.[43] 결국 그를 하나님과 사람에게서 끊어버리고[44] 그를 끝장나게 한다.[45] 이러한 것들이 기자의 마음에서 우는 소리이며, 삶은 너무나 짧고 죽음은 무의미하며 결정적이다.[46] 기자는 죽음의 저편에 있는 하나님의 주권을 부인할 수는 없다. 그 앞에는 '스올'이 열려있고 그는 거기에 서있다. 만일 하나님께서 노아를 생각하사 하늘의 창문과 땅의 샘들을 닫지 아니하셨다면, 그리고 라헬을 기억하지 아니하셨더라면 그들이 어찌되었을 것인가? 이처럼 기자를 기억치 아니하신다면 자신의 구원의 중재는 거기서 끝나버린다는 것이다.

이 문제는 우리기 잘 자각하지 못하는 그러나 모든 그리스도인에게도 열려 있는 하나님의 놀라운 은혜이다. 죽음은 모든 이에게 동일하게 열려있다. 비록 사14:13과 겔32:18-24에서와 같이 폭군들에 의해 죽음이 위임된 경우도 있지만 말이다. 그러나 드문 경우의 일이지만 시편에서는 '스올'에서의 구원을 묘사하는 부활사상이나 엘리야나 에녹 같은 변화를 상징하는 기록이 나타나며[47] 구약성경의 두 곳에서는[48] 이 사상이 명확하게 용해되어 나타난다.

---

39) 겔32:18-32
40) 시9;13, 107:18, 마16:18(음부)
41) 사5;14, 욘2:2, 합2:5
42) 시30:9, 88:10 이후, 115:17 /사38:18 이후
43) 시146:5
44) 시88:5, 전2:16
45) 시39:13
46) 시39:12, 49:7, 요9:4, 히9:27
47) 시;16:10, 17:15, 49:15, 73:24 사14:13, 겔32:18-21
48) 사26:19, 단12:1-3

2. 나의 눈물(6-7)

우울증이나 과도한 피로는 자기방어력이나 좋은 교훈도 무기력하게하며 기도할 의지조차 사라지게 한다. 다윗을 분노케 했던 적들은 이제 그를 정신적인 공황상태로 뭉개려 한다. 그러한 다윗의 처지는 자력으로 벗어나기란 불가능하고 하나님의 변화라는 극단적인 역사만 남았다. 이는 인간이 미력한 힘이 조금이라도 남아 있으면 지푸라기라도 붙잡으려 하는 딱한 존재가 아닌지 돌아보게 한다. 평소 같으면 다윗을 충동시켰을 적들(7)은 이제 그의 기세를 꺾을 뿐이다. 그를 구하려는 것이 있다면 그것은 그의 노력에 의한 것은 아무것도 없다는 것을 깨닫는 것이다. 하나님이 바꾸려고 하는 극한은 바로 그런 것이다.

3. 주께서 들으셨다.(8-10)

마7:23에서 주께서 **'내게서 떠나가라'** 고 심판의 말씀을 인용하신 것은 본 절에서 다윗처럼 왕으로써 선포하신 것이다. 이는 그가 자기의 대적 자들에게 원치 않는 고통을 받는 사람이 아니다. 그는 시101편의 주권자처럼 왕의 명령에 거역하는 자를 심판하는 주권자로써 회복에 대한 확신으로 자신의 대적을 향해 떠나라고 명한다. 그는 승리를 확신하고 선포하고 있지만 아직 응답된 것이 아니라 주께서 들으신 것은 이미 응답된 것으로 여긴다는 증거다. 호소력이 넘치는 시편들에서 발견되는 저자들의 자신감은 거의가 하나님으로부터 오는 응답의 결과였다. 이 후의 실제적인 응답은 청원과 찬송 사이의 예식이나 신탁이 진행되는 과정 또는 이 시편이 만들어지는 과정에서 나타날 수도 있다. 시편에서 나타나는 응답은 고통스런 상황들이 강조하는 주제가 돌발적[49]이거나 지속적[50]이거나 동일하다는 특징을 지닌다.

이 시편은 질병과 박해로 고난당하는 자들에게 모범이 되는 기도다. 죄에 대한 분명한 고백은 없지만 기자는 자신이 겪고 있는 현재의 고통은 하나님의 진노의 결과로 보기에 자신

49) 시3, 7편
50) 시4-6편

이 죄를 범했다는 것을 내포하고 있는지도 모른다.

특히 이 시편은 예수님이 겟세마네 동산에서 경험한 감정의 유형을 상징하고 있다.[51]

예수님은 "**매우 고민하여 죽게 되었으니**"라는 인성적 고백을 통하여 진노의 잔을 자신에게서 옮겨 달라고 기도하셨다. 주님은 궁극적으로 성부의 의지에 복종하는데, 성부 하나님은 은혜를 구하는 아들의 간구를 들으셨고(시6:9) 대적들은 결국 부끄러움을 당하게 된다.(6:10)

---

51) 마26:36-46

정의를 구하는 통곡(7:1-17)

제7편 다윗의 식가욘, 베냐민인 구시의 말에 따라 여호와께 드린 노래

1 여호와 내 하나님이여 주께 피하오니 나를 쫓는 모든 자에게서 나를 구하여 건지소서
2 건져낼 자 없으면 저희가 사자 같이 나를 찢고 뜯을까 하나이다
3 여호와 내 하나님이여 내가 이것을 행하였거나 내 손에 죄악이 있거나
4 화친한 자를 악으로 갚았거나 내 대적에게 무고히 빼앗았거든
5 원수로 나의 영혼을 쫓아 잡아 내 생명을 땅에 짓밟고 내 영광을 진토에 떨어뜨리게 하소서(셀라)
6 여호와여 진노로 일어나사 내 대적들의 노를 막으시며 나를 위하여 깨소서 주께서 심판을 명하셨나이다
7 민족들의 집회로 주를 두르게 하시고 그 위 높은 자리에 돌아오소서
8 여호와께서 만민에게 심판을 행하시오니 여호와여 나의 의와 내게 있는 성실함을 따라 나를 판단하소서
9 악인의 악을 끊고 의인을 세우소서 의로우신 하나님이 사람의 심장을 감찰하시나이다
10 나의 방패는 마음이 정직한 자를 구원하시는 하나님께 있도다
11 하나님은 의로우신 재판장이심이여 매일 분노하시는 하나님이시로다
12 사람이 회개치 아니하면 저가 그 칼을 갈으심이여 그 활을 이미 당기어 예비하셨도다
13 죽일 기계를 또한 예비하심이여 그 만든 살은 화전이로다
14 악인이 죄악을 해산함이여 잔해를 잉태하여 궤휼을 낳았도다
15 저가 웅덩이를 파 만듦이여 제가 만든 함정에 빠졌도다
16 그 잔해는 자기 머리로 돌아오고 그 포학은 자기 정수리에 내리리로다
17 내가 여호와의 의를 따라 감사함이여 지극히 높으신 여호와의 이름을 찬양하리로다

In You Do I Take Refuge

7 A Shiggaion of David, which he sang to the Lord concerning the words of Cush, a Benjaminite.

1 O Lord my God, in you do I take refuge; save me from all my pursuers and deliver me,

2 lest like a lion they tear my soul apart, rending it in pieces, with none to deliver.

3 O Lord my God, if I have done this, if there is wrong in my hands,

4 if I have repaid my friend with evil or plundered my enemy without cause,

5 let the enemy pursue my soul and overtake it, and let him trample my life to the ground and lay my glory in the dust. Selah

6 Arise, O Lord, in your anger; lift yourself up against the fury of my enemies; awake for me; you have appointed a judgment.

7 Let the assembly of the peoples be gathered about you; over it return on high.

8 The Lord judges the peoples; judge me, O Lord, according to my righteousness and
according to the integrity that is in me. 9 Oh, let the evil of the wicked come to an
end, and may you establish the righteous- you who test the minds and hearts, O
righteous God!

10 My shield is with God, who saves the upright in heart.

11 God is a righteous judge, and a God who feels indignation every day.

12 If a man does not repent, God will whet his sword; he has bent and readied his bow;

13 he has prepared for him his deadly weapons, making his arrows fiery shafts.

14 Behold, the wicked man conceives evil and is pregnant with mischief and gives birth to lies.

15 He makes a pit, digging it out, and falls into the hole that he has made.

16 His mischief returns upon his own head, and on his own skull his violence descends.

17 I will give to the Lord the thanks due to his righteousness, and I will sing praise to the name of the Lord, the Most High.

A. 문맥분석

정의란 구원을 뜻할 수 있는데, 하나님께서 압박을 시도하실 때 두 가지의 일치점이 발견된다. 그것은 배반당하여 비참에 처해진 사람의 강렬한 개인적 간구로 시작하여, 하나님께서 세상의 모든 악을 징벌하시고 다스리시는 심판자라는 확신에 이르게 되는 것이다.

회개를 수반하는 대부분의 애가와는 달리 여기서 시편 기자는 자신이 대적의 손에 당하는 것이 억울함을 하나님께서 알아주실 거라는 확신과 함께 자신의 무죄를 선언한다. 그리고 대적이 돌이키지 않으면 쫓겨날 것이라 확신한다.

표제

Shiggaion(식가욘)은 개요를 참조하라. 구스에 대해서는 알려진 것이 없으나, 압살롬의 반란으로 사울의 부족인 베냐민에게 다윗의 원수가 있다는 것이 드러났다.(삼하16:5ff, 20:1ff.) 제목이 다윗의 피신을 암시하는 시편 목록은 시 3편의 첫 번째 주석을 참조하라.

- 공의대로 소송하는 자도 없고 진리대로 판결하는 자도 없으며 허망한 것을 의뢰하며 거짓을 말하며 잔해를 잉태하여 죄악을 생산하며 – 사59:4 (선지자가 백성들의 죄를 규탄)
- 욕심이 잉태한즉 죄를 낳고 죄가 장성한즉 사망을 낳느니라 – 약1:15
- 그들은 악한 생각을 배고 불의를 낳으며 마음에 궤휼을 예비한다 하였느니라 – 욥15:35
- 내 시대가 주의 손에 있사오니 내 원수와 핍박하는 자의 손에서 나를 건지소서 – 시31:15
- 여호와 나의 하나님이여 주의 공의대로 나를 판단하사 저희로 나를 인하여 기뻐하지 못하게 하소서 – 시35:24

B. 주석적 접근

1. 사로잡힌 자

주께 피하오니(1-2)

다윗의 안전한 생존과 구원은 여전히 기도의 문제였지만(1b), 하나님께서 이미 피난처가 되시므로(1a)(히브리어 미완료 시제 참조) 그는 하나님 안에 거하는 것이었다. 즉 그는 결과와 무관하게 하나님의 뜻과 손에 자신을 맡기고 평강을 누릴 수 있었다.[52]

2. 무죄 선언(3-5)

5절에서 최고조로 쏟아 내고 있는 중상모략과 관련한 3-5절에서의 조항들이 사실이라면 이는 어떠한 종교적 탄압이나 박해보다 더 큰 상처를 만들어 낼 것이다. 욥기 31장에서 나타나는 욥의 항변과 같이 다윗은 그가 당하고 있는 명예훼손에 대하여 항변하고 있다. 이는 본문의 배경이 되는 삼하15:1-6에서 읽을 수 있다.

압살롬은 왕의 도움을 구한 시민들 사이의 소외감을 조장함으로서 개인적인 야망을 더욱 발전시켜 나갔다. 그는 다윗이 근본적인 왕의 책무를 무시하고 있다는 인상을 시민들에게 심어주면서 현재의 왕이 자신의 의무에서 벗어났다는 인식을 부각시켜 여러 지파들과 시민들 사이에 정치적인 불만을 고조시키는 분위기를 조성하는 데 성공한다.

화친한 자를 악으로 갚았거나(4)

여기서 친구란 동맹한 자 또는 결연, 제휴, 동역자 등을 의미한다. 다윗은 삼상24:11의 내러티브에서 나타나듯이 하나님을 경외하는 자신의 도덕적 신념에 반하는 주장에 대하여 항변한다. (출23:4이하, 레19:17이하, 잠25:21)

---

52) 시119:165

3. 의로운 재판관(6-11)

여호와의 진노로 일어나사....주께서 심판을 명하셨나이다(6)

여기서 다윗의 항변이 입증하려는 것은 개인적인 관점을 초월하여 우주적인 의를 배경으로 하고 있음을 시사한다. 단순한 인식이 아닌 '정해진 심판'에 대한 신념이었다.[53)]

민족들의 집회로 주를 두르게 하시고 높은 자리에 돌아오소서(7)

이 구절은 "모든 열방이 주께 돌아와 주를 경배하게 하시고 그곳에 임하셔서 영광을 받아 주소서"라는 의미가 아니다. 이 청원은 심판을 의미하는 서곡이고 그 높은 곳에서 만인의 의를 판단하시기를 구하는 것이다. 이 부분은 구약에서 자주 나타나는 하나님의 심판 주로써의 숭엄함을 나타내는 여러 구절들 중의 하나다.[54)] 다만 신약에서는 십자가와 보좌에 대하여 주께서 심판자로 돌아오시기 까지[55)] 7a와 7b의 부분이 서로 순서와 목적이 바뀌어 찬양되고 있다.[56)]

(저녁이 되고 아침이 되니 / 아침이 되고 저녁이 되니 -에누마 엘리쉬: 무에서 유의 창조-엑스 니할로, 이전의 세계-세상의 아무 것도 이름 지어지지 않은 상태-해가 필요 없는 영원한 안식, 이겨야 하는 전쟁과 이미 승리한 전쟁의 대조)

나의 의와 나의 성실함을 따라(8-11)

'나의 의(義)'는 절대적인 것이 될 수 없다. 다만 이 표현은 3절(시5:4-5의 비난처럼)의 비난에 대한 대답으로 읽어야 한다. 오히려 다윗에게 굶주림과 갈증은 더 확장된 의의 승리를 불러왔다. 그 생각은 하나님이 이 문제에 미온적이지 않음을 인하여 9-11절에서 지배적으로 드러나고 있다. 결국 매일 분노하시는 하나님은 의로우신 재판장이심을 입증하며 대적자들의 죄가 결코 간과되지 않을 것이란 위로를 얻게 한다.

여호와 나의 하나님이여 주의 공의대로 나를 판단하사 저희로 나를 인하여 기뻐하지 못하

---

53) 행17:31 이는 정하신 사람으로 천하를 공의로 심판할 날을 작정하시고
54) 사2:2-4
55) 마25:31 이후
56) 요12:32 내가 땅에서 들리면 모든 사람을 내게로 이끌겠노라 하시니

게 하소서. 저희로 그 마음에 이르기를 아하 소원 성취하였다 하지 못하게 하시며 우리가 저를 삼켰다 하지 못하게 하소서. 나의 해를 기뻐하는 자들로 부끄러워 낭패하게 하시며 나를 향하여 자긍하는 자로 수치와 욕을 당케 하소서. 나의 의를 즐거워하는 자로 기꺼이 부르고 즐겁게 하시며 그 종의 형통을 기뻐하시는 여호와는 광대하시다 하는 말을 저희로 항상 하게 하소서. 나의 혀가 주의 의를 말하며 종일토록 주를 찬송하리이다. – 시35:24-28

4. 죄가 끝나면

사람이 회개하지 아니하면(12)

12a의 이 조항은 인간이 회개하지 않을 때 하나님이 단지 지연하는 것처럼 보이지만(6) 무엇으로 기다리고 있는지(칼을 갈며, 당긴 활을 준비)를 드러낸다. 회개의 필요가 얼마나 절박한지 이제 하나님의 진노(12, 13)와 악의 내재적 생식력과 허망함(15f)이라는 세 가지 응징의 결집선이 이것을 잘 암시하고 있다.

이들 중 첫 번째로 성경이 강조하는 것은 심판의 개인적인 측면으로서, 죄인은 순전히 자연적인 과정의 익명성이 아니라 살아 계신 하나님과 직접 대면해야 한다[57]는 점이다.(여기서 하나님은 가공할 전사로 그려짐.)

악을 잉태한 죄인의 두 번째 그림(14)은 못된 나무나 악한 곳간(눅6:43-45)에 대한 우리 주님의 말씀과 같이 경직된 논리를 가지고 있다. 그 은유 자체는 약1:15에서 욕망의 성장 사이클인 욕심-죄-사망을 위해 사용된다.

심판의 세 번째 형태는, 즉 그의 재앙이 자신의 보금자리로 돌아간다는 심판은 물질적 영역에서는 고르지 않게 작동하지만, 영혼의 영역에서는 피할 수가 없고, 타인에게 준 고통의 대가(요일2:11)는 더 혹독하게 돌아온다는 것이다.(16)

그의 형제를 미워하는 자는 어두운 가운데 있고 또 어두운 가운데 행하며 갈 곳을 알지 못하나니 이는 어두움이 그의 눈을 멀게 하였음이니라 – 요일2:11

못된 열매 맺는 좋은 나무가 없고 또 좋은 열매 맺는 못된 나무가 없느니라 – 눅6:43-45

---

57) 히10:31, 계6:16

욕심이 잉태한즉 죄를 낳고 죄가 장성한즉 사망을 낳느니라 – 약1:15

5. 감사의 찬양

지존하신 여호와의 이름을 찬양하라(17)

탄원이라는 주제가 감사로 끝나고 있다. '지존하신' 이란 단어 **'엘리욘**(Most High)' 은 시편 이외에서는 드물게 발견되는데 이 용어는 아브라함이 멜기세덱과의 대화에서 처음 사용되었다.[58] 아브라함은 이곳에서의 다윗처럼 오직 주님께만 이 단어를 사용했다.

죄인들을 오래 참으시며 회개를 촉구하시되 반드시 공의로 심판하시는 하나님은 그에게 피하는 자에게 영원히 찬송을 받으시므로 본 송영은 이 시편의 마지막 단어로서 가장 적절하다 할 것이다.

지존하신 여호와의 이름을 찬양하라.

58) 창14:18이하

하나님의 영광(8:1-9)

제8편 다윗의 시, 인도자를 따라 깃딧에 맞춘 노래

1 여호와 우리 주여 주의 이름이 온 땅에 어찌 그리 아름다운지요 주의 영광을 하늘 위에
두셨나이다
2 주의 대적을 인하여 어린 아이와 젖먹이의 입으로 말미암아 권능을 세우심이여 이는
원수와 보수자로 잠잠케 하려 하심이니이다
3 주의 손가락으로 만드신 주의 하늘과 주의 베풀어 두신 달과 별들을 내가 보오니
4 사람이 무엇이관대 주께서 저를 생각하시며 인자가 무엇이관대 주께서 저를 권고하
시나이까
5 저를 하나님보다 조금 못하게 하시고 영화와 존귀로 관을 씌우셨나이다
6 주의 손으로 만드신 것을 다스리게 하시고 만물을 그 발 아래 두셨으니
7 곧 모든 우양과 들짐승이며
8 공중의 새와 바다의 어족과 해로에 다니는 것이니이다
9 여호와 우리 주여 주의 이름이 온 땅에 어찌 그리 아름다운지요

How Majestic Is Your Name

8 To the choirmaster: according to The Gittith. A Psalm of David.

1 O Lord, our Lord, how majestic is your name in all the earth! You have set your
glory above the heavens.
2 Out of the mouth of babies and infants, you have established strength because of
your foes, to still the enemy and the avenger.
3 When I look at your heavens, the work of your fingers, the moon and the stars,
which you have set in place,
4 what is man that you are mindful of him, and the son of man that you care for him?

5 Yet you have made him a little lower than the heavenly beings and crowned him with glory and honor.

6 You have given him dominion over the works of your hands; you have put all things under his feet,

7 all sheep and oxen, and also the beasts of the field,

8 the birds of the heavens, and the fish of the sea, whatever passes along the paths of the seas.

9 O Lord, our Lord, how majestic is your name in all the earth!

A. 문맥분석

본 시편은 찬양 詩로 분류된 시편들 중에서 처음으로 등장하는 시편이다. 창조주의 영광을 나타내는 본 시편은 왜 우리가 하나님을 찬양해야만 하는지 그리고 하나님의 영광과 은혜를 경배해야만 하는지, 그는 누구시며 무엇을 행하셨으며 우리와 우리의 세계를 그에게 일치 시킬 때, 말로 형용할 수없는 기쁨과 경외심으로 찬양할 수밖에 없는지를 보여주는 탁월한 본보기로서의 시편이다. 그것은 강하고 약한 자(2), 장엄하게 펼쳐져 보이는 세상과 보이지 않고 깨닫지 못하는 영역(3-5)과 모든 만물과 생명체들이 각자의 영역에서 인간의 상상을 초월하는 하나님의 길을 비쳐주고 있기 때문이다. 또한 이 모든 것의 시종이 하나님께 있다는 기자의 총체적 진술은 본 시편의 주제를 '당신의 이름이 어찌 그리 뛰어나신지요!' 하고 경탄의 고백을 하게 한다. 이 시편은 우리로 하여금 묵상의 범주를 하늘 위에서 시작하여(1절) 처음으로 돌아가 신약성경이 지정한 끝부분까지 이어지게 한다.(6절)
구약성경에서 '사람은 무엇인가?' 는 세 차례의 질문[59]에 대하여 본 시편이 인도하는 곳은 그리스도의 성육신과 죽음과 영원한 통치로 모든 것을 충족시키는 신약성경이다.

- 여호와는 모든 나라보다 높으시며 그의 영광은 하늘보다 높으시도다. – 시113:4
- 그 날에 너희가 또 말하기를 여호와께 감사하라 그의 이름을 부르며 그의 행하심을 만국

59) 시8:4/ 시144:3/ 욥7:17 (참조, 시39편, 욥25:6, 히2:6)

중에 선포하며 그의 이름이 높다 하라 – 사12:4

- 하나님이여 주는 하늘 위에 높이 들리시며 주의 영광이 온 세계 위에 높아지기를 원하나이다 – 시57:5
- 여호와여 신 중에 주와 같은 자가 누구니이까 주와 같이 거룩함으로 영광스러우며 찬송할 만한 위엄이 있으며 기이한 일을 행하는 자가 누구니이까 – 출15:11
- 예수께 말하되 그들이 하는 말을 듣느냐 예수께서 이르시되 그렇다 어린 아기와 젖먹이들의 입에서 나오는 찬미를 온전하게 하셨나이다 함을 너희가 읽어 본 일이 없느냐 하시고 – 마21:16
- 만물을 그 발 아래에 복종하게 하셨느니라 하였으니 만물로 그에게 복종하게 하셨은즉 복종하지 않은 것이 하나도 없어야 하겠으나 지금 우리가 만물이 아직 그에게 복종하고 있는 것을 보지 못하고 – 히2:8

B. 주석

1. 그의 영광의 찬미(1-2)

주의 이름이 온 땅에 어찌 그리 아름다운지요(1)
~어린 아이와 젖먹이의 입으로 말미암아 권능을 세우심이여(2)

이 경배는 그 모든 경건함에 있어서 열렬하고 친밀하다. 그 영광이 땅에 가득 찬 하나님은 우리 주님이시다. 우리는 그와 언약을 맺고 있다. 그를 향한 찬미는 높은 곳에서 외쳐졌지만, 요람과 어린 아이에게까지 받아들여질 수 있을 만큼 울려 퍼졌다. 그것은 시편 전체를 함축한 주제다. RSV와 JB는 두 구절을 함께 진행함으로써 이 역설을 해결한다.(마21:16에서 우리 주님이 인용하신 본 구절에 대한 LXX과 히브리 성경의 구두점에는 차이가 있다.) 만약 1절이 '하늘 위에서 영광을 외치는 것'으로 끝나도록 허락한다면(완전히 정지하는 것에 주목한다.) 그때 전체 구절은 세라핌(Seraphim)의 웅장한 성가(사6:3)와 유사성을 나타내는데, 이 세라핌(천사)의 서로 창화하는 외침이 성전을 뒤흔들고 있다. 그래서 2절의 놀라운 대조가 적절한 영향을 준다.

> 서로 불러 이르되 거룩하다 거룩하다 거룩하다
> 만군의 여호와여 그의 영광이 온 땅에 충만하도다 – 사6:3

모든 땅과 하늘이 1절에서 하나님의 영광을 선포하는 가운데, 대적들의 일어남은, 하나님께서 '세상에서 약한 것'으로서 미성숙한 존재들을 만나게 하는 도전을 제시받는다.
그러나 종려주일(마21:15f)이 보여주려고 했던 것처럼, 주님의 사랑을 신뢰할 때 우러나는 자유로운 고백은 비방자와 그들의 무기인 의심과 중상모략에 대한 파괴적인 대답이었다.

> 예수께서 성전에 들어 가사 성전 안에서 매매하는 모든 사람들을 내쫓으시며 돈 바꾸는 사람들의 상과 비둘기파는 사람들의 의자를 둘러엎으시고 그들에게 이르시되 기록된바 내 집은 기도하는 집이라 일컬음을 받으리라 하였거늘 너희는 강도의 소굴을 만드는도다 하시니라
> 맹인과 저는 자들이 성전에서 예수께 나아오매 고쳐주시니 대제사장들과 서기관들이 예수께서 하시는 이상한 일과 또 성전에서 소리 질러 호산나 다윗의 자손이여 하는 어린이들을 보고 노하여 예수께 말하되 그들이 하는 말을 듣느냐
> 예수께서 이르시되 그렇다 어린 아기와 젖먹이들의 입에서 나오는 찬미를 온전하게 하셨나이다 함을 너희가 읽어 본 일이 없느냐 하시고 – 마21:12-16

2. 사람이 무엇입니까?(3-8)

주의 하늘과 주의 베풀어 두신 달과 별들을 내가 보오니(3) 사람이 무엇이관대~(4)
별에서 바다 창조물에 이르기까지 나열된 모든 것들 중에서 오직 인간만이 의심 속에서도 이 광경을 바라보며 이러한 질문을 던질 수 있는 통찰력을 가진다. 그러므로 그것은 이미 그 대답을 지적하고 있다. 또한 인간은 창조주를 인정할 뿐만 아니라 그와 대화할 수 있는 이와 같은 환경에서 그의 것과 그것을 말하도록 배웠다. 하나님은 사40:26ff에서 그의 명령된 하늘에 대한 올바른 추론은 하늘이 하나님으로부터 동떨어진 것이 아니라 세밀히 살피심을 보여주고 있으며, 사45:18, 51:16에서는 무의미한 빈 우주를 계획하지 않고 가족을 위한 보금자리를 계획했다는 것을 덧붙이고 있다.

> 너희는 눈을 높이 들어 누가 이 모든 것을 창조하였나 보라.

> 주께서는 수효대로 만상을 이끌어 내시고 그들의 모든 이름을 부르시나니
> 그의 권세가 크고 그의 능력이 강하므로 하나도 빠짐이 없느니라 – 사40:26

하나님의 관점에서의 우주의 질서적인 창조라는 이 정의는 멀리 떨어진 상태가 아닌 아주 면밀한 관찰을 말하는 것으로 사45:18과 51:16에 잘 묘사되고 있다.

> 대저 여호와께서 이같이 말씀하시되 하늘을 창조하신 이 그는 하나님이시니 그가 땅을 지으시고 그것을 만드셨으며 그것을 견고하게 하시되 혼돈하게 창조하지 아니하시고 사람이 거주하게 그것을 지으셨으니 나는 여호와라 나 외에 다른 이가 없느니라 – 사45:13
> 내가 내 말을 네 입에 두고 내 손 그늘로 너를 덮었나니 이는 내가 하늘을 펴며 땅의 기초를 정하며 시온에게 이르기를 너는 내 백성이라 말하기 위함이니라 – 사51:16

다윗의 질문(사람이 무엇이관대)은 많은 뉘앙스를 내포하고 있다. 시144:3f에서는 반란군의 오만함을 조롱하고, 욥7:17에서는 고통 받는 자의 환난의 유예를 간청하고, 욥5:6에서는 인간의 죄악에 몸서리를 친다.(거기서는 인간의 한계와 관련된 질문을 하였다.) 그러나 여기서 그것은 비관적인 기색이란 없다. 오직 하나님의 배려하심과 돌보심에 경탄할 뿐이다. 이 두 가지 감탄사는 뒤따라오는 네 가지(5f)에 내포된 신의 은총을 강조하는데, 이는 모두 하나님이 주신 것이기 때문이다(시9:19 참조).
'하나님의 기억'은 언제나 기억의 대상을 향한 그의 움직임을 의미하기 때문에 '**자비를 베푸심**'이라는 의도적인 연결점을 가지며 대상에 대한 지대한 관심을 함의한다.[60] 그리고 '돌보심'도 마찬가지로 그의 행동과 그의 관심사를 내포하고 있다. 렘23:2에서는 이 '돌봄'에 대한 두 가지의 반대 의미가 제시된다.(흩으며 몰아내고)

> 그러므로 이스라엘의 하나님 여호와께서 내 백성을 기르는 목자에게 이와 같이 말씀하시니라. 너희가 내 양 떼를 흩으며 그것을 몰아내고 돌보지 아니하였도다. 보라 내가 너희의 악행 때문에 너희에게 보응하리라 여호와의 말씀이니라. – 렘23:2 (감찰하시는 하나님)

---

60) 창1:2 운행하시니라: 라하프–비상하다. 배회하다(지구운행, 자연계, 신탁정치, 성막, 교회, 새 생명, 새사람에 대하여 끊임없이 역사하심)

저를 하나님(NIV: 천사the heavenly beings)보다 조금 못하게 하시고(5)

주의 손으로 만드신 것을 다스리게 하시고 만물을 그 발 아래 두셨으니(6)

히브리어의 가장 명백한 의미(RV, RSV에서와 같이)에서 5절은 창세기 1:26에서 언급된 하나님의 모습을 암시하고 있으며, 이는 우리의 6~8절의 기초가 된다. 그러나 LXX는 그 보다 희귀하고 일반적인 의미에서 '엘로힘'을 초자연적인 존재(삼상28:13, 시82:1,6f)를 의미하는 것으로 받아들이고 히2:7,9는 그 번역에 따른다. (하지만 여기서는 '하나님'으로 번역하는 것이 자연스럽다.) '조금'은 때때로 히브리어와 그리스어로 '잠시 동안'을 의미할 수 있는데, 이는 아마도 서간에서 암시된 감각일 것이다. 신약성경은 이 구절의 참신한 면을 열어준다. 약3:7f는 인간은 자기 자신 이외에는 모든 것을 길들일 수 있다고 지적하고, 반면에 히2:8은 이 시편의 이중 주석에서 모든 것이 인간에게 '당하지 않은' 아직이나 우리의 선견자는 이미 '영예와 명예로 가득 차 있다'' 고 상기시킨다. 바울은 고전15:27에서 마지막 적의 함락과 모든 위임된 권력을 아버지께 넘겨줄 때까지 여전히 더 앞을 내다보고 있다. 언제나 그렇듯이 그리스도의 도래는 구약성경이 가리키는 지평선 위의 전경을 드러냈다. 신약성서 작가들은 그것으로부터 완전한 의미의 깊이를 얻기 위해서 이 자료(시110:1과 출3:6에서 우리 주님이 가졌던 것처럼)에 대해 충분한 신뢰를 가지고 있었다.

구약에 나타난 '엘로힘'

(1) 참 하나님 : 인간에게 계시된 모든 신적 활동의 주체. 이 한분 외에 어떤 신도 존재할 수 없다.(사41:4, 42:8, 43:10)

(2) 창조주 (사45:18)

(3) 주권자 (창24:3, 24:9, 신4:9, 10:17)

(4) 심판자 (시50:6, 58:11, 75:7)

(5) 구원자 (시18:46, 신8:15, 렘20:24)

(6) 아브라함, 이삭, 야곱의 하나님 (출3:6)

천사(말라크/엥겔로스)

(1) 인간 엥겔로스

* 좋은 소식을 전하는 자(삼상6:21)

* 어떤 목적을 위해 파송되는 자(민20:14, 삿7:24, 삼상19:11, 왕하6:32)

* 하나님의 공적인 대표자로서의 선지자 (대하36:15-16, 학1:13)

다윗: 하나님의 천사, 사자

* 삼상29:9(결백) *삼하14:17(지혜) *삼하19:27(자비에 대한 기대)

(2) 초자연적 엥겔로스

하늘의 존재, 여호와 궁전의 일원, 하나님을 섬기며 찬양하는 존재(욥1:6, 시148:2)

* 메시지 전달(슥1:9,11, 2:2-5), * 노래(창24:40), * 백성보호(출23:20), * 구원 (창19:15),

* 보호(시91:11), * 심판집행(삼하24:7, 욥33:22, 시78:49)

(3) 여호와의 사자(천사)

* 이스라엘을 대적하는 천사(삼하24:16)

* 심판수행(왕하19:35, 시35:5-6), * 네 조상의 하나님(출3:6), * 발람의 길을 막음(민22:22)

* 기드온에게 나타나심(삿6:11-14), * 마노아와 그의 아내에게(삿13장), *오르난 타작마당의 다윗에게, 파괴하는 천사를 그치게 하고 갓 선지자에게 나타나심(대상21:15,18,27)

이상의 천사는 여호와의 실재적 현현이요 이스라엘을 위한 하나님의 의인화된 도우심이다.(출14;19, 민22:22, 삿6:11-24, 왕하1;30이하)

통상적으로 이 언급이 인간과 관계없을 때는 '여호와'라는 말이 사용되며, 인간이 그를 목격하는 곳에서는 '여호와의 천사'로 묘사된다. 이 표현은 여호와의 초월성을 나타내며 그의 거룩하심은 이스라엘을 멸할 수밖에 없으므로 그의 사자만이 인간과 동행할 수 있기 때문이다. 그러므로 그의 사자만이 인간을 위하여 중보하는 사역을 수행한다.(슥1:12, 3:1-5)

그는 기능면에서 성육신하시기 전의 그리스도와 동일시 된다. - 출처: 바이블렉스

모든 피조물 중에 인간만이 하나님의 형상을 따라 창조되었다. 이는 인간에서만 드러나는 공유적인 속성들에서 입증되는 것이고 비공유적인 속성들에서 제한적이란 의미에서 '보다 못하다'로 표현된 것이다. 비교급의 '보다 조금 못한'으로 번역된 'little lower than'은 히브리어와 헬라어에서 '잠시 동안 못한'으로 볼 수 있는데, 이는 서신서에서 암시되고 있는 의미이기도 하다.(현재 개역 개정은 '잠시 동안'으로 번역되고 있음)

공유적 속성: 거룩, 의, 선하심, 사랑, 지혜, 오래참으심.

비공유적 특성: 스스로 계시고(자존, 독립), 불변하시며, 완전하심, 영원하시며, 모든 것을 아시고(전지), 모든 것에 능력이 있으시며(전능), 어디에나 계시며 함께 하신다.(무소부재)

즉 다른 피조물보다 인간은 하나님을 반영하고 대변하는 것이다. 그러므로 기자는 하나님이 인간에게 영화와 존귀로 관을 씌우셨다고 찬미한다. 신약은 이 구절의 새로운 지평을 열고 있는데, 마지막 아담으로 오신 예수님은 잠시 동안 하나님보다 조금 못하게 되었다고 말한다. 약3:7이하와 히2:8에서 만물이 아직 그에게 복종하고 있지는 않지만 이미 존귀와 영광의 관을 씌우셨다고 말하고 있음에 대하여 바울은 고전 15장 27이하에서 부활하신 그리스도의 승리에 대한 분명한 이해를 더하고 있다. 그리스도께서 모든 대적들의 통치와 권세와 능력을 멸하고 아버지 하나님께 바치시는 그 재림의 때가 만물이 온전히 복종할 때이며 이는 신약의 기자들로 하여금 시110:1의 말씀이나 출3:6에 의해 그리스도의 오심은 구약이 가리키고 있는 지평선 전체를 보여주는 것이라고 충분한 확신을 가질 수 있었다.

> 여호와께서 내 주에게 말씀하시기를 내가 네 원수들로 네 발판이 되게 하기 까지 너는 내 오른쪽에 앉아 있으라 하셨도다. - 시110:1
>
> 나는 네 조상의 하나님이니 아브라함의 하나님, 이삭의 하나님, 야곱의 하나님이니라 - 출3:6

3. 그의 영광을 찬양(9)

여호와 우리 주여 주의 이름이 온 땅에 어찌 그리 아름다운지요(9)

그 답례로 후렴구는 싱그러운 깨달음으로 노래될 것이다. 그것은 또한 신과 그의 은총에 관하여 주요한 강조점을 새롭게 한다. 사람이 자연을 지배하는 것은, 비록 멋지기는 하지만, 종과 숭배자로서 부름을 받고 그 이름(즉, 그의 영광과 선하심: 출33:18f)을 가진 자녀들에게만 알려진 것이다. 여호와 우리 주여 주의 이름이 온 땅에 어찌 그리 아름다운지요!

> 모세가 이르되 원하건데 주의 영광을 내게 보이소서. - 출33:18

하나님-심판자와 왕(9:1-20)

제9편 다윗의 시, 인도자를 따라 뭇랍벤에 맞춘 노래

1 내가 전심으로 여호와께 감사하오며 주의 모든 기이한 일들을 전하리이다
2 내가 주를 기뻐하고 즐거워하며 지존하신 주의 이름을 찬송하리니
3 내 원수들이 물러갈 때에 주 앞에서 넘어져 망함이니이다
4 주께서 나의 의와 송사를 변호하셨으며 보좌에 앉으사 의롭게 심판하셨나이다
5 이방 나라들을 책망하시고 악인을 멸하시며 그들의 이름을 영원히 지우셨나이다
6 원수가 끊어져 영원히 멸망하였사오니 주께서 무너뜨린 성읍들을 기억할 수 없나이다
7 여호와께서 영원히 앉으심이여 심판을 위하여 보좌를 준비하셨도다
8 공의로 세계를 심판하심이여 정직으로 만민에게 판결을 내리시리로다
9 여호와는 압제를 당하는 자의 요새이시요 환난 때의 요새이시로다
10 여호와여 주의 이름을 아는 자는 주를 의지하오리니 이는 주를 찾는 자들을 버리지 아
니하심이니이다
11 너희는 시온에 계신 여호와를 찬송하며 그의 행사를 백성 중에 선포할지어다
12 피 흘림을 심문하시는 이가 그들을 기억하심이여 가난한 자의 부르짖음을 잊지 아니
하시도다
13 여호와여 내게 은혜를 베푸소서 나를 사망의 문에서 일으키시는 주여 나를 미워하는
자에게서 받는 나의 고통을 보소서
14 그리하시면 내가 주의 찬송을 다 전할 것이요 딸 시온의 문에서 주의 구원을 기뻐하리
이다
15 이방 나라들은 자기가 판 웅덩이에 빠짐이여 자기가 숨긴 그물에 자기 발이 걸렸도다
16 여호와께서 자기를 알게 하사 심판을 행하셨음이여 악인은 자기가 손으로 행한 일에
스스로 얽혔도다 (힉가욘, 셀라)
17 악인들이 스올로 돌아감이여 하나님을 잊어버린 모든 이방 나라들이 그리하리로다

18 궁핍한 자가 항상 잊어버림을 당하지 아니함이여 가난한 자들이 영원히 실망하지 아니하리로다

19 여호와여 일어나사 인생으로 승리를 얻지 못하게 하시며 이방 나라들이 주 앞에서 심판을 받게 하소서

20 여호와여 그들을 두렵게 하시며 이방 나라들이 자기는 인생일 뿐인 줄 알게 하소서(셀라)

I Will Recount Your Wonderful Deeds

9 To the choirmaster: according to Muth-labben. A Psalm of David.

1 I will give thanks to the Lord with my whole heart; I will recount all of your wonderful deeds.

2 I will be glad and exult in you; I will sing praise to your name, O Most High.

3 When my enemies turn back, they stumble and perish before your presence.

4 For you have maintained my just cause; you have sat on the throne, giving righteous judgment.

5 You have rebuked the nations; you have made the wicked perish; you have blotted out their name forever and ever.

6 The enemy came to an end in everlasting ruins; their cities you rooted out; the very memory of them has perished.

7 But the Lord sits enthroned forever; he has established his throne for justice,

8 and he judges the world with righteousness; he judges the peoples with uprightness.

9 The Lord is a stronghold for the oppressed, a stronghold in times of trouble.

10 And those who know your name put their trust in you, for you, O Lord, have not forsaken those who seek you.

11 Sing praises to the Lord, who sits enthroned in Zion! Tell among the peoples his deeds!

12 For he who avenges blood is mindful of them; he does not forget the cry of the

afflicted.

13 Be gracious to me, O Lord! See my affliction from those who hate me, O you who lift
me up from the gates of death,
14 that I may recount all your praises, that in the gates of the daughter of Zion I may
rejoice in your salvation.
15 The nations have sunk in the pit that they made; in the net that they hid, their own
foot has been caught.
16 The Lord has made himself known; he has executed judgment; the wicked are
snared in the work of their own hands. Higgaion. Selah
17 The wicked shall return to Sheol, all the nations that forget God.
18 For the needy shall not always be forgotten, and the hope of the poor shall not
perish forever.
19 Arise, O Lord! Let not man prevail; let the nations be judged before you!
20 Put them in fear, O Lord! Let the nations know that they are but men! Selah

A. 문맥분석

이 지점부터(시9편) 시148편까지 70인 역과 (라틴)벌 게이트(Vulgate)의 번호가 다르다. 벌 게이트를 따르는 로마 가톨릭은 9편과 10편을 하나의 시로 간주하고 개혁주의는(개신교) 히브리인(70인 역)의 계산법을 따른다. 시10편의 표제가 없는 이유가 원래 하나의 詩였다는 것을 입증하는데, 시9편에서 시작하여 시10편에서 결론 짓는 분절 방식의 아크로스틱 詩의 형태로 본다. 시편 9편은 히브리어 알파벳의 첫 부분인 알레프에서 카프까지의 문자를 제시하고, 시10편은 라메드에서 타브까지 나열된다. 시10:1에서 분위기가 달라지지만 실제는 타락한 세계에 대한 쌍둥이 같은 현실과 관련하여 상호 보완적인 관점에서 써진 두 개의 시편이 편집되어진 것으로 본다. 즉 악인의 끊어짐과(9:20,10:18) 하나님의 확실한 승리를 노래하고 있다.

이 시편에서 다윗은 악한 열방을 심판하시는 하나님의 의로우심 때문에 그리고 고통당하는 자가 의지할 수 있는 참되고 영원한 재판장 되신 하나님을 인하여 주를 찬양한다. 그러므로 그는 자신의 고통을 감찰하시어 그것을 제하여 주시고 더욱 하나님을 찬양할 수 있게 해달라고 기도한다.

이 시편은 과거 하나님의 승리를 찬양하면서 동시에 하나님께 새로운 위협에 맞서 '일어나소서'라고 간구한다.(9:19,10:12) **'하나님이 시온에 계시다'**는 9:11의 말씀에 근거할 때 성전은 솔로몬의 시대에 세워진 것이므로 다윗의 저작을 의심할 수도 있다. 그러나 다윗이 성전 건축을 기대했고, 실제로 아라우나의 타작마당을 사서 후에 성전이 세워질 그 곳에 제단을 세웠다.61) 다윗은 성전건축 준비에 상당한 시간을 보냈기에 '하나님이 시온에 계시다'는 이러한 표현은 얼마든지 가능했다.

* 아크로스틱(acrostic) : 시118편이나 애가처럼 각 행의 첫 글자나 첫 음절을 히브리어 알파벳 순서를 따라 시작하거나 전체를 사용하여 글쓰기 하는 형식의 시.

- 나는 오직 주의 사랑을 의지하였사오니 나의 마음은 주의 구원을 기뻐하리이다 – 시13:5
- 하나님을 잊어버리는 자의 길은 다 이와 같고 저속한 자의 희망은 무너지리니 – 욥8:13
- 그가 땅을 심판하러 임하실 것임이로다 그가 의로 세계를 판단하시며 공평으로 그의 백성을 심판하시리로다 – 시98:9
- 네가 흙으로 돌아갈 때까지 얼굴에 땀을 흘려야 먹을 것을 먹으리니 네가 그것에서 취함을 입었음이라 너는 흙이니 흙으로 돌아갈 것이니라 하시니라 – 창3:9
- 내가 내 손을 애굽 위에 펴서 이스라엘 자손을 그 땅에서 인도하여 낼 때에야 애굽 사람이 나를 여호와인 줄 알리라 하시매 – 출7:5
- 사람들이 세상에 임할 일을 생각하고 무서워하므로 기절하리니 이는 하늘의 권능들이 흔들리겠음이라 – 눅21:26

---

61) 대상21:18이후

B. 주석

1. 승리 후의 비전(1-12)

본 시편은 하나님을 전적인 통치에 대하여 두 번에 걸친 믿음의 절정을 이룬다. 첫 번째 부분은(1-12절) 긍정적인 측면에서 큰 구원에 대한 성찰의 열매이고, 두 번째 부분은(13-20) 고통에서 비롯된 기도가 될 것이다.

1) 감사하오며....기이한 일들을 전하리이다(1-2)

시편 기자는 감사의 중요 부분으로 하나님의 기이한 일들을 설명한다, 즉 어떻게 하나님이 자신의 삶의 상황에 개입하셨고, 그것을 좋게 변화시켰는지를 설명한다. 결과적으로 시편 기자는 기쁨을 경험하고 감동하여 하나님의 이름을 찬양하기에 이른다. '기이한 일'은 시편에서 자주 나오는 독특한 히브리어 단어로 특히 구속적인 기적(시106:7,22) 또는 그보다는 덜하지만 일상에서 경험하는(시71:17) 그리고 성경 속에서 발견하는 숨겨진 영광(시119:18)에 관한 것들을 의미한다.

2) 왕국은 너의 것이다(3-8)

약자가 성공과 권세를 자랑하는 측면에서 다윗은 하나님을 자신의 구원자로 보고 정의의 노래를 부른다(4). 이것보다, 그의 생각은 자신의 이야기(나의 적들 3f)에서 그것이 예시하고 있는 것, 즉 신의 총체적인 승리(5f)와 정의의 통치, 전 세계적으로 넓고 영원함(7f)으로 앞서간다. 5f의 과거시제는 구약성서의 특징인 '예언적 성취'로, 그들은 다가올 사건을 마치 이미 일어난 것처럼 묘사하기 때문에, 그들의 성취는 확실하고 전망은 매우 명확하다. 그러나 7f-8절에 있는 시제는 미래나 현재 모두를 나타낼 수 있으며, 둘 다 적절하다.

3) 약함의 전사(9-12)

기자는 9절과 10절에서 3-6절에서 말한 구원의 근거로 영원한 재판장이며 그에게 피하는 약한(압제 당하는)자의 요새라고 선언하는데, 기자의 이러한 표현 방법은 도식화하고(예언) 그 그림대로 문자화시키는(성취) 방식이다. 이러한 확신은 하나님께 피하여 도움을 구할 때마다 실망시킨 적 없으신 하나님을 경험하는 까닭이다.(10b)

9절과 10절은 처음에는 그림으로 나중에는 문자적으로 같은 일을 놓는 두 가지 방식이며, 둘 다 권면의 형식으로 **'여호와는 요새이시요~ 주의 이름을 아는 자'** 로 묘사된다. **'환난의 때'** 는 이곳 9절과 10:1에서만 있는 이례적인 표현인데, 시9편과 10편을 연결하는 고리 역할을 한다. 12절의 피 흘림(복수)이나 13b절의 '미워하는 자' 는 폭군이라는 동일한 단어를 사용하여 부정하는 의미를 지니는바, 이러한 자의 행실은 자신의 머리에 하나님의 보응이 되돌아가게 되어 있다.[62] 여기서 기자는 자신을 약자로 이방 나라를 강자로(하나님을 잊어버린 악인) 대비시킨다.

2. 역경속의 비전(13-20)

이제 시편은 개인의 간청에서 자신감 넘치는 예언적 기도로 진행되다가 행동을 요청하는 담대한 호소에 이르는 두 번째 기도의 절정을 향해 나아가고 있다.

1) 한 사람의 처지(13-14)

이것은 고난의 첫 번째 힌트다. 그러므로 다윗은 애초부터 하나님께 마음을 고착시킨 것으로 보인다. 그는 자신의 과거와 미래와 현재의 영광에 대하여 단호하게 의지하였다. 그의 고통에 대한 가장 좋은 해독제일 뿐만 아니라 자기 염려에 대한 진정한 처방이었다. 따라서 그의 기도 속에는 찬양이 지속되고 있다. 시온의 문에 있는 그를 결코 사망의 문이 가둘 수 없다.

2) 세상을 위한 정의(15-18)

15절 이하의 과거시제는 다윗이 이미 목도한 승리(3절)를 언급하는데 이것은 17절에서의 최종승리를 미리 내다보는 것이라 할 수도 있겠지만 이것은 5절의 내용에 대한 예언적인 성취로 볼 수 있다. 사악한 자들에게 선고된 문장의 뉘앙스는 그 자리에서 떠나지 않으면 '

62) 창9:5 신18:19 대하24:22 겔33:6

스올'에 들어갈 것이라는 것이다. 죽음은 하나님을 잊어버린 자들의 종착지요 자신들이 행한 결과다.(17) 반면 심령이 가난한 자들은 하나님께 잊어버림이 되지 않음은 하나님께서 곤경에 처한 자기 백성들의 편에 계시기 때문이다.(18)

3) 여호와여 일어나사 사람을 그의 자리에 넣으소서!(19-20)

마지막 두 개의 구절은 인간의 허약함을 지적하고 있다. "너는 흙이니 흙으로 돌아갈 것이니라"(창3:19) 하나님을 떠난 사람은 티끌이나 먼지와 같은 존재일 뿐이다.

> 주께서 죄악을 책망하사 사람을 징계하실 때에 그 영화를 좀먹음 같이 소멸하게 하시니 참으로 인생이란 모두 헛될 뿐이니이다. – 시39:11

오, 주여 일어나소서(10:1-18)

제10편

1 여호와여 어찌하여 멀리 서시며 어찌하여 환난 때에 숨으시나이까
2 악한 자가 교만하여 가련한 자를 심히 압박하오니 그들이 자기가 베푼 꾀에 빠지게 하
소서
3 악인은 그의 마음의 욕심을 자랑하며 탐욕을 부리는 자는 여호와를 배반하여 멸시하
나이다
4 악인은 그의 교만한 얼굴로 말하기를 여호와께서 이를 감찰하지 아니하신다 하며 그
의 모든 사상에 하나님이 없다 하나이다
5 그의 길은 언제든지 견고하고 주의 심판은 높아서 그에게 미치지 못하오니 그는 그의
모든 대적들을 멸시하며
6 그의 마음에 이르기를 나는 흔들리지 아니하며 대대로 환난을 당하지 아니하리라 하
나이다
7 그의 입에는 저주와 거짓과 포악이 충만하며 그의 혀 밑에는 잔해와 죄악이 있나이다
8 그가 마을 구석진 곳에 앉으며 그 은밀한 곳에서 무죄한 자를 죽이며 그의 눈은 가련한
자를 엿보나이다
9 사자가 자기의 굴에 엎드림 같이 그가 은밀한 곳에 엎드려 가련한 자를 잡으려고 기다
리며 자기 그물을 끌어당겨 가련한 자를 잡나이다
10 그가 구푸려 엎드리니 그의 포악으로 말미암아 가련한 자들이 넘어지나이다
11 그가 그의 마음에 이르기를 하나님이 잊으셨고 그의 얼굴을 가리셨으니 영원히 보지
아니하시리라 하나이다
12 여호와여 일어나옵소서 하나님이여 손을 드옵소서 가난한 자들을 잊지 마옵소서
13 어찌하여 악인이 하나님을 멸시하여 그의 마음에 이르기를 주는 감찰하지 아니하리
라 하나이까

14 주께서는 보셨나이다 주는 재앙과 원한을 감찰하시고 주의 손으로 갚으려 하시오니
외로운 자가 주를 의지하나이다 주는 벌써부터 고아를 도우시는 이시니이다
15 악인의 팔을 꺾으소서 악한 자의 악을 더 이상 찾아낼 수 없을 때까지 찾으소서
16 여호와께서는 영원무궁하도록 왕이시니 이방 나라들이 주의 땅에서 멸망하였나이다
17 여호와여 주는 겸손한 자의 소원을 들으셨사오니 그들의 마음을 준비하시며 귀를 기
울여 들으시고
18 고아와 압제 당하는 자를 위하여 심판하사 세상에 속한 자가 다시는 위협하지 못하게
하시리이다

Why Do You Hide Yourself?

10 Why, O Lord, do you stand far away?

1 Why do you hide yourself in times of trouble?
2 In arrogance the wicked hotly pursue the poor; let them be caught in the schemes
that they have devised.
3 For the wicked boasts of the desires of his soul, and the one greedy for gain curses
and renounces the Lord.
4 In the pride of his face the wicked does not seek him; all his thoughts are, "There is
no God."
5 His ways prosper at all times; your judgments are on high, out of his sight; as for all
his foes, he puffs at them.
6 He says in his heart, "I shall not be moved; throughout all generations I shall not
meet adversity."
7 His mouth is filled with cursing and deceit and oppression; under his tongue are
mischief and iniquity.
8 He sits in ambush in the villages; in hiding places he murders the innocent. His
eyes stealthily watch for the helpless;
9 he lurks in ambush like a lion in his thicket; he lurks that he may seize the poor; he

seizes the poor when he draws him into his net.

10 The helpless are crushed, sink down, and fall by his might.

11 He says in his heart, "God has forgotten, he has hidden his face, he will never see it."

12 Arise, O Lord; O God, lift up your hand; forget not the afflicted.

13 Why does the wicked renounce God and say in his heart, "You will not call to account"?

14 But you do see, for you note mischief and vexation, that you may take it into your hands; to you the helpless commits himself; you have been the helper of the fatherless.

15 Break the arm of the wicked and evildoer; call his wickedness to account till you find none.

16 The Lord is king forever and ever; the nations perish from his land.

17 O Lord, you hear the desire of the afflicted; you will strengthen their heart; you will incline your ear

18 to do justice to the fatherless and the oppressed, so that man who is of the earth may strike terror no more

A. 문맥분석

앞서 말한 바와 같이 9편과 10편은 서로 연결된다. 9편이 열방의 왕이시오 저에게 피하는 자를 위해 싸우시는 전사요 악한 자를 심판하시는 심판자이신 하나님에 의한 심판의 도래가 중심이었다면 본 시편은 부정이 만연한 현 시대성이 들춰지고 있다.

시 9편이 하나님을 떠나있는 강한 자로서 이방 나라와 저들에 의해 공격당하는 약자 이스라엘을 통해 열방을 대조하고 있다면, 본 시편은 한 개인을 중심으로 핍박하는 악인의 공격에 무참히 유린당하는 가련한 자를 가까이서 보여주고 있는 셈이다.

이 시편은 고통당하는 자에 대한 도움을 지체하지 말아 달라고 하나님께 간구하는 기도이다. 기자는 불경건한 악인을 무서운 힘과 약자를 숨어 기다리는 폭군으로 묘사한다. 그래서 하나님이 일어나서 악인을 꺾으시고 압제당하는 자의 원수를 갚아 달라고 간청하고 있다.

- 피 흘림을 심문하시는 이가 그들을 기억하심이여 가난한 자의 부르짖음을 잊지 아니하시도다. – 시9:12
- 그는 그 움킨 것을 찢으려 하는 사자 같으며 은밀한 곳에 엎드린 젊은 사자 같으니이다 – 시17:12
- 그들이 나의 생명을 해하려고 엎드려 기다리고 강한 자들이 모여 나를 치려하오니 여호와여 이는 나의 잘못으로 말미암음이 아니요 나의 죄로 말미암음도 아니로소이다 – 시59:3
- 그가 얼마나 자기를 영화롭게 하였으며 사치하였든지 그만큼 고통과 애통함으로 갚아주라 그가 마음에 말하기를 나는 여왕으로 앉은 자요 과부가 아니라 결단코 애통함을 당하지 아니하리라 하니 – 계18:7

B. 주석

1. 폭군에 대한 묘사(1-11)

이 불경건한 악인(폭군)의 오만함은 약자의 권리를 침해하고 그를 공격하여 죽임으로서 신성을 모독하기까지 이른다. 본 시편의 기자는 불만이 많아 보이는데 이는 폭군의 신성모독적인 행위(3b)와 사회적 불안의 기초적 행위에 대한 저자의 반복적인 진술을(4,6,11,13절) 통해 드러난다. 그래서 그는 9편의 '감사'와 달리 '어찌하여'라고 반문하면서 탄원을 시작하고 있다.

하나님을 부인하는 폭군의 '하나님은 없다'는 사상은 상투적이다.(4절) 그들의 심중의 언어가 언제나 하나님을 인식하고 있기 때문이다.(11,13절) 덧붙이자면 4절의 생각이 2절에서와 같이 이미 '계획'된 것에서 비롯하였기에 하나님을 부인하는 그들의 사상은 고의적인 행위의 언어다. 이들은 아무것도 확신하지 못하면서 그저 습관적으로 처신하는 무신론자와 다름없다. 이러한 인본주의는 자신의 생각만 고집하여 자기의 욕망을 숭배하기에(3a, 시44:8a) 따라서 무방비 상태에 있는 약자를 자신을 위한 당연한 먹이(2a, 8-10절) 쯤으로 여긴다. 그의 주요한 무기중 하나인 '혀'는 7절의 긴 목록으로 나열된 협박과 혼란의 다양한 기법으로 제시되고 있다. (저주, 거짓, 포악-고리대금업자 출22:25, 레25:36)

결국 그의 혀 밑에 있는 잔해와 죄악이 재난의 원인이 될 것이다. 그럼에도 그들은 약육강식을 당연한 이치로 여긴다. 그는 자신의 강포로 인해 약자가 넘어짐에도 하나님의 간섭이 없자 하나님은 관여하지 않는다고 판단한다.

희생자들의 애처로운 상태는 '가련한 자'라는 의미의 히브리어 '**헬레(르)카**('חֵלְכָה)로 표현되었는데(8,9,14절) 여기서만 사용되었다.(반면, 2절의 가련한 자는 '비천한, 억압 받음'을 의미하는 '**아니**'(עָנִי)가 사용되었다.

두 단어의 용법적 차이- '아니'는 구약에서 77회가 사용된 반면 '**헬르카**'는 이곳에서만 3회 언급될 뿐이다. 따라서 '아니'는 보편적인 의미에서 비교 대상적 어휘로 가난한 자를 뜻하는 반면 '**헬르카**'는 포악한 자의 먹이가 된 상태나 형편에 처하게 된 제한적 대상으로서의 '가련한 자'란 의미의 어휘다. 또 12절에서 '가난한 자'로 번역된 '**아나우**'는 '**아니**'에서 파생되었고 고난의 목적인 경건한 자의 도덕적, 영적 상태를 강조한다. (즉 고난의 의도적인 결과인 겸손을 의미한다.)

한편 본 시편의 정황적 묘사는 하나님은 멀리 계시고(1) 폭군은 신나게 행동하는 모습이다.(5) 본 시편이 주는 교훈은 문제의 근원과 부패의 존재를 직시하게 하는 것이지만 부패한 세상에 익숙하게 되어 세상과 짝패가 되는 거짓 평안을 대적하는 것에 있다.

2. 희생자의 기도(일어나옵소서) (12-18)

이 기도는 끊이지 않고 지속되는 믿음을 주목해야 할 것이다.

'어찌하여'(12-14)

1절에 이어 반복되는 '어찌하여'는 여전히 응답이 없다는 의미다. 그래서 여호와여 '**일어나소서**(12절)'라고 하나님을 부르게 된다. 이 간구는 의인을 위한 전사로서의 하나님이 위기에 개입해 달라는 것이다. 그러나 이러한 곤경은 직면할 수 있지만 결코 혼자서 당하는 것이 아니다. 주께서 그 상황을 보고 계시기에(14절) 일어나시고, 손을 드시며, 기억하시는 (문자적으로 버리지 않으심) 연속된 행동은 더욱 개별적인 친밀감을 상승시키고 있음을 시사한다. 그래서 실로 14절은 신앙의 지표로 삼을 만한 말씀으로 우리를 인도한다.

> 네 길을 여호와께 맡기라 그를 의지하면 그가 이루시고 – 시37:5
>
> 여호와 앞에 잠잠하고 참고 기다리라 자기 길이 형통하며 악한 꾀를 이루는 자 때문에 불평하지 말지어다. 진실로 악을 행하는 자들은 끊어질 것이나 여호와를 소망하는 자들은 땅을 차지하리로다. – 시37:7,9

3. 악인의 팔을 꺾으소서(15-18)

팔을 꺾는다는 것은 잔인한 소리가 아니라 악인의 힘을 깨트린다는 표현이다. 그의 악함을 찾는 것은 악의 마지막 흔적조차 찾을 수 없을 때까지 찾아낸다는 것이다.
양 시편에서(9,10편) 공통적으로 중요한 이 히브리어 단어는 **'다라쉬'**(דרש)다.
시9:12에서는 심문하다(보응하다)는 뜻으로 번역되었고, 10:13에서는 감찰하다로 번역되었다. 기도가 다시 긍정적으로 전환되면서 언급된 주제들이 모인다. 16절은 시9편에서와 같이 기도가 열방을 향하여 열린다. 여호와께서 겸손한 자의 소원을 들으시고 변호하심으로, 세상에서 인간에 불과한 악인이 더 이상 약자들(고아와 압제 당하는 자)을 위협하지 못하게 하시도록 동일한 보호를 간구하며 끝맺는다.
그럼에도 불구하고 의의 날은 아직 시간적인 거리가 있다. 한 가지 분명한 사실은 반드시 지체되지 않는다는 것이며 그러므로, 약자들은 마음을 강하게 해야 한다. 성경은 기도의 응답에 대하여 사도 바울이 가치 있게 받아 들였던 한 모범적 태도를 만나게 해준다.

> 이것이 내게서 떠나가게 하기 위하여 내가 세 번 주께 간구하였더니 나에게 이르시기를
> 내 은혜가 네게 족하도다 이는 내 능력이 약한 데서 온전하여짐이라 하신지라
> 그러므로 도리어 크게 기뻐함으로 나의 여러 약한 것들에 대하여 자랑하리니
> 이는 그리스도의 능력이 내게 머물게 하려 함이라
> 그러므로 내가 그리스도를 위하여 약한 것들과 능욕과 궁핍과 박해와 곤고를 기뻐하노니
> 이는 내가 약한 그 때에 강함이라 – 고후12:8-10

공포와 평안(11:1-7)

제11편 다윗의 시, 인도자를 따라 부르는 노래

1 내가 여호와께 피하였거늘 너희가 내 영혼에게 새 같이 네 산으로 도망하라 함은 어찌 함인가

2 악인이 활을 당기고 화살을 시위에 먹임이여 마음이 바른 자를 어두운 데서 쏘려 하는도다

3 터가 무너지면 의인이 무엇을 하랴

4 여호와께서는 그의 성전에 계시고 여호와의 보좌는 하늘에 있음이여 그의 눈이 인생을 통촉하시고 그의 안목이 그들을 감찰하시도다

5 여호와는 의인을 감찰하시고 악인과 폭력을 좋아하는 자를 마음에 미워하시도다

6 악인에게 그물을 던지시리니 불과 유황과 태우는 바람이 그들의 잔의 소득이 되리로다

7 여호와는 의로우사 의로운 일을 좋아하시나니 정직한 자는 그의 얼굴을 뵈오리로다

The Lord Is in His Holy Temple

11 To the choirmaster. Of David.

1 In the Lord I take refuge; how can you say to my soul, "Flee like a bird to your mountain,

2 for behold, the wicked bend the bow; they have fitted their arrow to the string to shoot in the dark at the upright in heart;

3 if the foundations are destroyed, what can the righteous do?"

4 The Lord is in his holy temple; the Lord's throne is in heaven; his eyes see, his eyelids test the children of man.

5 The Lord tests the righteous, but his soul hates the wicked and the one who loves violence.

6 Let him rain coals on the wicked; fire and sulfur and a scorching wind shall be the portion of their cup.
7 For the Lord is righteous; he loves righteous deeds; the upright shall behold his face.

A. 문맥분석

이것은 위기에 처했을 때 바로 나오는 시편이다. 그것은 의기를 소침하게 만드는 일종의 충고에 대한 활기찬 반박으로 시작되고, 사건의 실제 규모와 패턴, 그리고 안전보다 더 귀중하게 여겨질 만한 것이 무엇인지 계속해서 보여 준다.

본 시편의 장르는 두 개의 표제로 된(다윗의 시, 인도자를 따라 부르는) '노래'이고 詩의 유형은 확신이다. 그럼에도 지혜의 용어와 개념이 사용되고 있으며 '정직한 자'('야자르'), '의인의 길'과 '악인의 길'을 비교하는 구조를 취하고 있다. 시편에서 인도자를 따라 부르는 '노래'는 총 50편 이상의 표제로 나오며 성소에서 예배를 책임지는 자에게 맡겨졌다는 것으로 이해한다. 대상16:7에는 다윗의 노래는 아삽에게 건네졌다고 기록되어 있다.

이 시편의 역사적 배경은 알려지지 않았다. 분명한 것은 다윗이 생명이 위험에 처해 절망의 바다에 빠진 상태라는 것이다. '위험으로부터 도망쳐라'는 유혹이 하나님에 대한 그의 확신에 대한 도전으로 등장한다. 그럼에도 본 시편은 인생의 가장 큰 위험에 직면했을 때 안전보다 더 중요한 것이 무엇인지를 교훈하고 있다.

- 그들은 알지도 못하고 깨닫지도 못하여 흑암 중에 왕래하니 땅의 모든 터가 흔들리도다 – 시82:5
- 여호와께서 이와 같이 말씀하시되 하늘은 나의 보좌요 땅은 나의 발판이니 너희가 나를 위하여 무슨 집을 지으랴 내가 안식할 처소가 어디랴 – 사66:1
- 오직 여호와는 그 성전에 계시니 온 땅은 그 앞에서 잠잠할지니라 하시니라 – 합2:20
- 나는 너희에게 이르노니 도무지 맹세하지 말지니 하늘로도 하지 말라 이는 하나님의 보좌임이요 – 마5:34

B. 주석적 접근

1. 절망의 외침(1-3)

본문은 '숨어 있으라'는 간절한 소리가 다윗의 귓가에 들리는 가운데 시편 기자는 **'내가 여호와께 피하였거늘'**이라고 선언하며 시작된다. 그의 조언자들의 처음 피난처는 거짓된 것이나 그렇지만 그의 피난처는 참된 것이었다. 그 조언은 마16:22(행21:12)에서 베드로가 주님께 간청한 것처럼 잘 전달되었다. 비록 그것이 결국 불성실한(느6:10-13, 눅13:31f) 것이 되고 말테지만. 확실히 설득력이 있는 것은 2절의 암살자(혹은 비방자?)에 대한 방어책이 거의 없기 때문이다. 3절의 주장은 분분하지만, 어느 쪽으로든 받아들여지는 것은, 지배적인 무정부상태에서는 아무것도 시도할 가치가 없다는 것을 의미하든지, 아니면 다윗이 그의 백성의 주춧(사19:10,13))이 된다는 것을 의미하든 간에, 어떤 희생을 치르더라도 그의 생명을 구해야 한다는 것이다.

> 베드로가 예수를 붙들고 항변하여 이르되 주여 그리 마옵소서 이 일이 결코 주께 미치지 아니하리이다. – 마16:22
>
> 우리가 그 말을 듣고 그 곳 사람들과 더불어 바울에게 예루살렘으로 올라가지 말라 권하니 – 행21:12
>
> 이 후에 므헤다벨의 손자 들라야의 아들 스마야가 두문불출하기로 내가 그 집에 가니 그가 이르기를 그들이 너를 죽이러 올 터이니 우리가 하나님의 전으로 가서 외소 안에 머물고 그 문을 닫자 저들이 반드시 밤에 와서 너를 죽이리라하기로 내가 이르기를 나 같은 자가 어찌 도망하며 나 같은 몸이면 누가 외소에 들어가서 생명을 보존하겠느냐 나는 들어가지 않겠노라 하고 깨달은 즉 그는 하나님께서 보내신 바가 아니라 도비야와 산발랏에게 뇌물을 받고 내게 이런 예언을 함이라 – 느6:10-13
>
> 곧 그 때에 어떤 바리새인들이 나아와서 이르되 나가서 여기를 떠나소서 헤롯이 당신을 죽이고자 하나이다 – 눅13:31

~내가 여호와께 피하였거늘(1)

다윗의 고백은 위기를 만난 인간이 선택할 수 있는 다양한 은신처 중의 하나를 말하는 것이 아니다. 그의 고백은 인생의 안식처는 오직 여호와 밖에는 없다는 것이요, 환난 날의 요새요 피할 바위며 산성으로서 유일한 피난처인 여호와의 품이라는 신앙고백이다.

> 내가 산을 향하여 눈을 들리라 나의 도움이 어디서 올까
> 나의 도움은 천지를 지으신 여호와에게서로다 – 시121:1-2

터가 무너지면 의인이 무엇을 하랴(3)

1절 이후의 다윗의 인용이 어디까지인가는 분명하지 않다. NEB는 2절에서 인용문을 닫지만 RSV는 3절에서 인용문을 닫기 때문이다. 3절의 선언이 다윗인지 보좌관들의 말인지에 따라 다소 다른 주석이 가능하겠지만 여호와에 대한 확신으로 이어지는 4절의 문맥상 3절은 인용절이 아닌 독립절로서 다윗의 선언으로 본 NEB가 적절해 보인다. 어떤 경우든지 그들은 깊이 나아간다. 응답을 위해 다윗은 이 사건을 무색하게 하는 거대한 현실을 올려다 볼 것이다. 즉 3절은 의인이 믿음으로 살지 않으면 무슨 의미가 있겠느냐는 권면으로 해석되어야 한다.

2. 망각된 차원(4-7)

1-3절에서 집중되고 있는 장면은 여기서 강조되고 반복되는 주 여호와의 이름에 의해 작아진다. 왕은 요동치 않고 견고히 서있는 도시(교회)의 터다.

> 이는 그가 하나님이 계획하시고 지으실 터가 있는 성을 바랐음이라 – 히11:10

그러므로 3절의 질문은 7절에서와 같이 절망을 할 것이 아니라 확신을 요구하고 있다.

> 그러나 여호와가 이르노라 스룹바벨아 스스로 굳세게 할지어다 여호사닥의 아들 대제사장 여호수아야 스스로 굳세게 할지어다 여호와의 말이니라 이 땅 모든 백성아 스스로 굳세게 일할지어다 내가 너희와 함께 하노라 만군의 여호와의 말이니라 너희가 애굽에서 나올 때에 내가 너희와 언약한 말과 나의 영이 계속하여 너희 가운데에 머물러 있나니 너희는 두

> 려워하지 말지어다 만군의 여호와가 이같이 말하노라 조금 있으면 내가 하늘과 땅과 바다와 육지를 진동시킬 것이요 또한 모든 나라를 진동시킬 것이며 모든 나라의 보배가 이르리니 내가 이 성전에 영광이 충만하게 하리라 만군의 여호와의 말이니라 – 학2:4-7

교회는 천상의 기쁨을 위하여 지상의 환난이라는 과정을 통과해야 한다. 우리 하나님은 소멸하는 불(정결케 하는 사랑의 불)이시기 때문이다. 교회 공동체는 진동치 않는 나라에 속해 있다. 모든 사람들 중에 오직 성도들만 진동치 못할 나라를 받았다.[63)]

1) 성전(4-5)

본 절에서 성전은 솔로몬의 성전과 같은 지상의 건물이 아니다.(시18:6, 9)
나중에 위기의 때에 하박국 선지자는 4절의 **"여호와께서는 그의 성전에 계시고"**라는 말씀을 인용하여 **'온 땅을 침묵하게 하라'**는 권고로서 타락한 유대 백성들로 경외심을 갖도록 촉구하는 데 사용하였다.(학2:20)
4절과 5절에서 반복되는 '감찰하심'은 6절의 심판 이전부터 이것이 주님의 것임을 알 수 있다. 그의 침묵하심은 무관심이 아니라 오래 참으심이며 주님의 인내는 의로운 것이며 사악한 자들에게 그들이 저지른 악에 대하여 회개의 기회를 주고 있는 것이다.

2) 불과 유황(6)

불과 유황은 창19:24의 묵시에서 소돔을 전복 시키는 수단이었다. 따라서 이 구절이 지시하는 바는 성경이 소돔을 갑작스럽게 임하는 최후심판을 끊임없이 상기시키도록 한 것을 주목하게 하는 것이다.[64)]

3) 여호와는 의로우사(7)

여호와로 시작하여 여호와로 끝나는 본 시편의 특징은 '주님의 의'에 근거하여 3절의 두려움과 좌절에 대하여 답변하는 것으로 끝난다. 여호와의 義의 본성은 그가 누구를, 왜 사랑

---

63) 히12:28-29 그러므로 우리가 흔들리지 않는 나라를 받았은즉 은혜를 받자 이로 말미암아 경건함과 두려움으로 하나님을 기쁘시게 섬길지니 우리 하나님은 소멸하는 불이심이라
64) 눅17:28-32, 벧후 2:6-9

하는지? 그의 속성과 작정에 서로 반하지 않음을 보여 준다.(7절) 그리고 본 시편의 첫 구절에서 신자의 안전이 어디에 있는지를 보여 준다면 마지막 구절은 신자의 마음이 어디에 있어야 하는지를 보여 준다.

'피난처'로서의 신은 지나치게 자기중심적 동기로부터 추구될 수 있지만, 얼굴을 주목하는 것은 오직 여호와의 사랑에만 관심을 두고자 하는 것으로, 저자가 올바른 목표에 의존되고 있음을 시사한다.

* 얼굴(face,파님, פָּנֶה)

얼굴을 숨기다: 혐오감(시13:1, 사53:3), 얼굴을 돌리다: 거부한다.(시132:10)

얼굴을 드시다(비추시다): 평강(구원)을 받는다. 하나님의 얼굴(창16:13, 출24:9, 신4:12, 삿6:22) 하나님의 얼굴을 뵙다, 예배를 위해 성소를 찾아가다.(출23:15,출34:20,신31:11,시42:2,사1:12)

쉽게 말하는 잔인한 사람들(12:1-8)

제12편 다윗의 시, 인도자를 따라 여덟째 줄에 맞춘 노래

1 여호와여 도우소서 경건한 자가 끊어지며 충실한 자들이 인생 중에 없어지나이다
2 그들이 이웃에게 각기 거짓을 말함이여 아첨하는 입술과 두 마음으로 말하는도다
3 여호와께서 모든 아첨하는 입술과 자랑하는 혀를 끊으시리니
4 그들이 말하기를 우리의 혀가 이기리라 우리 입술은 우리 것이니 우리를 주관할 자 누구리요 함이로다
5 여호와의 말씀에 가련한 자들의 눌림과 궁핍한 자들의 탄식으로 말미암아 내가 이제 일어나 그를 그가 원하는 안전한 지대에 두리라 하시도다
6 여호와의 말씀은 순결함이여 흙 도가니에 일곱 번 단련한 은 같도다
7 여호와여 그들을 지키사 이 세대로부터 영원까지 보존하시리이다
8 비열함이 인생 중에 높임을 받는 때에 악인들이 곳곳에서 날뛰는도다

The Faithful Have Vanished

12 To the choirmaster: according to The Sheminith. A Psalm of David.

1 Save, O Lord, for the godly one is gone; for the faithful have vanished from among the children of man.
2 Everyone utters lies to his neighbor; with flattering lips and a double heart they speak.
3 May the Lord cut off all flattering lips,the tongue that makes great boasts,
4 those who say, "With our tongue we will prevail, our lips are with us; who is master over us?"
5 "Because the poor are plundered, because the needy groan, I will now arise," says the Lord; "I will place him in the safety for which he longs."
6 The words of the Lord are pure words, like silver refined in a furnace on the ground,

purified seven times.

7 You, O Lord, will keep them; you will guard us from this generation forever.

8 On every side the wicked prowl, as vileness is exalted among the children of man.

A. 문맥분석

이 시편에서 사용되는 단어나 용법을 보면 시11편의 1-3에 묘사된 부르짖음의 분위기가 확장되는 느낌이 든다. 상황이 위협으로 가득하기 때문이다. 詩의 패턴은 기도- 약속-기도의 구조를 갖는데 기자는 기도 속에서 안전을 확신하지만 고통의 상황은 여전히 지속되고 있다.

- 의인이 죽을지라도 마음에 두는 자가 없고 진실한 이들이 거두어 감을 당할지라도 깨닫는 자가 없도다 의인들은 악한 자들 앞에서 불리어가도다 – 사57:1
- 그들의 입에 신실함이 없고 그들의 심중이 심히 악하며 그들의 목구멍은 열린 무덤 같고 그들의 혀로는 아첨하나이다 – 시5:9
- 두 마음을 품어 모든 일에 정함이 없는 자로다 – 약1:8
- 하나님이여 일어나사 세상을 심판하소서 모든 나라가 주의 소유이기 때문이니이다 – 시82:8

B. 주석

1. 선동의 힘(1-4)

시편이 펼쳐지듯이 하나님의 사람인 저자가 눈을 들어 자신의 주위를 살펴보니 경건한 자들은 사라지고 홀로 남겨진 듯하다. 그러나 다윗은 다수의 선택을 따라 행동하는 사람이 아니라 하나님의 언약을 확신하는 신실한 자리에 서 있으면서 하나님의 도움을 구한다.

충실한 자들이 인생 중에 없어지니(1)

'아만'('에문' אמון)은 확실하게 하다, 지지하다, 충실하다, 믿다, 신실하다, 신뢰하다.

(신약에서 신실함보다는 군신간의 관계어로 충실함이 더 나은 번역이다.)

말함이여(2)

2절에서 거짓말을 하고 아첨하고 두 마음으로 하는 공허한 말은 3절 하반절로 귀결된다.(끊으시리니) 말은 청중을 조작하는 것이 아니라 대화하는 것이며, 거짓말은 엄밀히 말하면 '공허함'인데, 진정성이 없고 무책임하여 모든 사람의 영적관계의 가치를 낮추고 부식시킨다.

> 너는 네 하나님 여호와의 이름을 망령되게 부르지 말라 여호와는 그의 이름을 망령되게 부르는 자를 죄 없다 하지 아니하리라 – 출20:7

8절을 보라. 아첨하는 말은 문자적으로 '**매끄러운**'이다. 아첨하는 말이 주는 즐거움과 그것에 중독된 이스라엘의 결국을 역사가 보여주고 있다.(사30:10, 요5:44)
그들이 선견자들에게 이르기를 선견하지 말라 선지자들에게 이르기를 우리에게 바른 것을 보이지 말라 우리에게 부드러운 말을 하라 거짓된 것을 보이라

> 너희는 바른 길을 버리며 첩경에서 돌이키라 이스라엘의 거룩하신 이를 우리 앞에서 떠나시게 하라 하는도다 – 사30:10
>
> 그가 이 나라를 무너뜨리시되 토기장이가 그릇을 깨뜨림 같이 아낌이 없이 부수시리니 그 조각 중에서, 아궁이에서 불을 붙이거나 물웅덩이에서 물을 뜰 것도 얻지 못하리라 – 사30:14

두 마음은 문자적으로 '마음과 마음'이라 두 가지의 생각을 따라 두 말을 하게 되는 이치이다. 사기꾼은 자기 진정성과는 상관이 없이 그저 타인을 자신의 희생물로 여길 뿐이다.

2. 아첨하는 입술과 자랑하는 혀(3-4)

성경은 말의 힘을 결코 작게 보지 않는다.

> 이와 같이 혀도 작은 지체로되 큰 것을 자랑하도다 보라 얼마나 작은 불이 얼마나 많은 나무를 태우는가 – 약3:5

약3:5의 말씀은 3절 하반절의 말씀을 염두에 두고 침묵해야 하는 이유를 말씀하시는 것이다. 구약성경은 에덴의 뱀에게서 시작된 '말'에서부터 '큰 날'을 예언한 선지자의 말에[65] 이르기까지 이 '말'이라는 무기가 지니는 힘을 조명해주고 있다.
신약성경 벧후2장과 계13장에서도 동일한 주제를 다루고 있는데 종말론적으로 짐승의 동역 자가 거짓선생(선지자)인 것에는 이의가 없다.(계20:10)

3. 진리의 반격(5-6)

가련한 자들의 눌림과 궁핍한 자들의 탄식으로 말미암아 내가 이제 일어나(5)

본 시편은 시60, 81, 95과 같이 주님의 신탁에 대한 응답을 포함하고 있는 시편들 중에서 첫 번째 시편이다. 우리는 단지 그 응답이 어떻게 왔는지 추측만 할 뿐이다. 예언은 종종 선지자가 성전에서 기도하다가 받은 하나님의 응답이 그들을 통해 선포되었을 것으로 추정한다. 그러나 본 절의 예언은 시편기자에게 주어지는 응답으로 상상하는 것이 더 쉬워 보인다. 확실히 최종의 다윗언약은(삼하23:1-4, 5-7) 현재 시편의 말씀과 같이 하나님의 신탁과 그에 대한 반응으로서 개인적인 신앙을 나타내고 있다.
'그가 원하는 안전한 지대에서'(5) '원하는'으로 번역된 히브리어는 매우 간결하다.('**푸아흐**': 숨쉬다. 내뿜다. 불다) '애타게 원하는(long)'으로 표현된 '푸아흐'는 문자적으로 퍼프나(puff: 주름을 넣어 부풀린 직물) 부푼 속옷을 나타낸다.(바람을 불어 넣은)
그것은 겔21:31에서 적대감을 의미한다.(시인이 하나님의 보호막 안에–여호와 입김의 영역– 있는 상태를 묘사)

여호와의 말씀은 순결함이여(6)

여호와의 말씀은 약속 곧 언약을 뜻한다.(6) 문자적으로 '말하는 것'은 방금 전한 하나님의

---

65) 단7:20,25

약속뿐만 아니라(5) 1-4절에 있는 사람들의 완전히 다른 말들을 정의하는 일반적인 용어이다. 그러나 거짓과 아첨하는 공허한 말과는 달리 하나님의 말씀은 이것들에 대한 폭탄과 같은 진리가 선포되고 있다. 그 말씀의 순결함은 흙 도가니에 일곱 번 단련한 은으로 묘사되는데 흙 도가니는 점토로 만든 용광로를 뜻한다.
하지만 '앵커바이블'의 저자인 M.J,Dahood는 흙에 있는 전치사 '레'(ﬥ)가 지니는 'from'의 의미를 볼 때 그 도가니가 이 땅의 물질이 아님을 의미한다고 주장한다.

4. 계속되는 전쟁(7-8)

이 세대로부터 영원까지 보존하시리이다(7)

세대('도르'. GENERATION)
구약에서는 족장들의 긴 수명을 근거로 한 세대를 100년으로 잡았다.
1)통상적으로 땅에서 비롯되어 다시 거기로 돌아가기 인간 생애의 순환기간,
2)한 인간의 잉태와 출생에서부터 그 후손의 잉태와 출생까지가 하나의 도르다.
3)한 집단으로서 당대의 사람들,
4)도덕적이거나 영적인 성격에 의해 구별된 인간의 분류
본 절에서의 '세대'는 4)번의 경우를 의미한다.

비열함이 인생 중에 높임을 받는 때에 악인들이 곳곳에서 날뛰는 도다.(8)

마지막 구절은 본 시편의 핵심 주제와 밀접하게 관련되어 있다. 비열함에는 두 가지 의미를 내포하는데 값싼 것과(렘15:19 무가치 한 것-귀중한 것) 몹시 부끄러운 것이다.(잠23:20,신21:20) 반면 방탕하고 경박한 사람들의(삿9:4) 가치관은 속이 훤히 보이는 악인들에게는 매력적이어서 이 가치를 지향하고 또 그것을 스스로를 과시하는 도구로 삼으려 한다. 거짓으로 무장한 이 세상 악인들의 말과 하나님의 순결한 진리의 말씀 상호간의 전쟁은 부작용을 초래하는 것이 아니라 서로 적의를 갖는 것이다. 기자의 애가는 비열함이 가득한 세상의 가치관에 어우러진 악인들의 혀를 끊으시고 하나님의 영원하고 주권적인 보호를 향한 자기 확신으로 마무리 된다.

적막감(13:1-6)

제13편 다윗의 시, 인도자를 따라 부르는 노래

1 여호와여 어느 때까지니이까 나를 영원히 잊으시나이까 주의 얼굴을 나에게서 어느
때까지 숨기시겠나이까
2 나의 영혼이 번민하고 종일토록 마음에 근심하기를 어느 때까지 하오며 내 원수가 나
를 치며 자랑하기를 어느 때까지 하리이까
3 여호와 내 하나님이여 나를 생각하사 응답하시고 나의 눈을 밝히소서 두렵건대 내가
사망의 잠을 잘까 하오며
4 두렵건대 나의 원수가 이르기를 내가 그를 이겼다 할까 하오며 내가 흔들릴 때에 나의
대적들이 기뻐할까 하나이다
5 나는 오직 주의 사랑을 의지하였사오니 나의 마음은 주의 구원을 기뻐하리이다
6 내가 여호와를 찬송하리니 이는 주께서 내게 은덕을 베푸심이로다

13 To the choirmaster. A Psalm of David.

1 How long, O Lord? Will you forget me forever? How long will you hide your face
from me?
2 How long must I take counsel in my soul and have sorrow in my heart all the day?
How long shall my enemy be exalted over me?
3 Consider and answer me, O Lord my God; light up my eyes, lest I sleep the sleep of
death,
4 lest my enemy say, "I have prevailed over him," lest my foes rejoice because I am
shaken.
5 But I have trusted in your steadfast love; my heart shall rejoice in your salvation.
6 I will sing to the Lord, because he has dealt bountifully with me.

A. 문맥분석

세 쌍으로 짝 지워진 각 구절의 말씀은, 깊은 곳으로부터 자신감과 희망이란 유리한 지점까지 올라가고 있다. 경로가 기도(3절-4절)라면 지속하는 에너지는 믿음(5절)이다. 정상에서의 만남(5)은 환희를 예견하고 있으며 하나님의 은혜를 끊임없이 회상(6)하게 한다.

네 번씩이나 반복되는 "언제까지"는 동행구절(1-2절)에서 기자와 대적들 사이에 발생하는 고통에 대하여 하나님의 개입의 시기를 저울질하게 한다.

이 시편은 고통당하는 자의 부르짖음을 기록하고 있어서 여러 시편들과 조화를 이루고 있는데, 비록 구원이 즉시에 일어난 것은 아니지만 확신을 가지고 여호와의 신실한 사랑에 의지한다.

- 여호와여 언제까지니이까 스스로 영원히 숨기시리이까 주의 노가 언제까지 불붙듯 하시겠나이까 – 시89:46
- 주께서 어찌하여 얼굴을 가리시고 나를 주의 원수로 여기시나이까 – 욥13:24
- 여호와여 어느 때까지니이까 영원히 노하시리이까 주의 질투가 불붙듯 하시리이까 – 시79:5
- 주께서 어찌하여 우리를 영원히 잊으시오며 우리를 이같이 오래 버리시나이까 – 애5:20

B. 주석

1. 여호와여 어느 때까지니이까(1-2)

의심할 여지없이 '잊어버리심'과 '외면하심'은 실질적인 도움이 사라졌다는 뜻이다.(구약에서 하나님의 '기억하심'이나 '주목하심'은 지속되지 않고 있음을 사사하지만 그러나 이것은 행하심의 서곡으로 묘사된다.) 그러나 다윗이 끊임없이 하나님의 얼굴을 구하는 모습에서 하나님의 외면하심은 다윗에겐 개인적인 상처가 되었다는 것을 짐작할 수 있다.[66]

우정에 금이 간 것 같은 이런 유사한 감정은 욥29:11,30:20과 시22:1하반 절에서도 은휘

66) 시11:7, 17:15. 27:4,834:5

되어 나타나고 있음이 발견된다.

'어느 때까지 하오며'

두 번째로 다윗의 내면은 쉬지 못하고 있음을 발견하는데, 2절 상반절의 '번민'은 RSV에서는 '고통'으로 번역하였다. 그것은 낙담에서 비롯된 아픔보다는 번뇌라 할 수 있다.
세 번째 요소는 개인적인 굴욕뿐만 아니라 왕권에 대한 위협과(4b) 하나님의 공의에 대한 도전에 대한 대적들의 압도적인 지배력이다. 압살롬의 반역에 대한 다윗의 행동은 비록 완벽하지는 않았더라도 개인적인 아량과 왕으로서의 책임감, 신탁에 대한 신뢰(삼하 15-19장)의 요소를 두루 갖추고 있었다.

2. 간청(3-4)

나의 눈을 밝히소서(3)

3절이 의미하는 바는 질병이 원인인지, 다윗의 두려움에 의한 썰물(기력 감퇴)의 영향인지 간에, 이 두 구절이 보여주는 것은 그의 세계의 두 기둥이 무엇인가였다. 하나님을 떠나서는 지탱할 수 없는 삶과 대적을 인하여 흔들리는 사람은(4b) 상상할 수도 없는 것이었다. 하나님과 대적에 대한 이러한 분명한 인식은 다윗의 모든 시편의 특징이며, 그것은 긍정적이든 부정적이든 그의 최고의 시대의 원동력이었다.

3.확신(5-6)

5절은 '나'(나는, 나의 마음은)를 강조하고 있고, 부족하지 않고 변함없는 사랑이 강조되고 있다. '나'는 대적들에 의해 지속되는 압박과 하나님의 언약 중에서 선택을 요구 받지만 그는 이 약속의 사랑에 자신을 맡기고 자신의 신념을 의지하지 않는다. 즉 여기서 강조되는 '나'는 나를 주장하는 주체가 아니라 그 '사랑'에 종속된 '나'이다.
마지막으로 다윗이 여호와를 찬양하는 것은 하나님이 베풀어 주신 '은덕'을 인함이라고 했다. 여기서 '은덕'은 자신의 모든 요구를 들어주셨다는 의미가 아니라 그가 인도 받은 온갖 방법들을 뒤돌아 볼 때 찬양할 수밖에 없었다는 뜻이다. (히12:11)

독사의 자식들(14:1-7)

제14편 다윗의 시, 인도자를 따라 부르는 노래

1 어리석은 자는 그의 마음에 이르기를 하나님이 없다 하는도다 그들은 부패하고 그 행실이 가증하니 선을 행하는 자가 없도다

2 여호와께서 하늘에서 인생을 굽어살피사 지각이 있어 하나님을 찾는 자가 있는가 보려 하신즉

3 다 치우쳐 함께 더러운 자가 되고 선을 행하는 자가 없으니 하나도 없도다

4 죄악을 행하는 자는 다 무지하냐 그들이 떡 먹듯이 내 백성을 먹으면서 여호와를 부르지 아니하는도다

5 그러나 거기서 그들은 두려워하고 두려워하였으니 하나님이 의인의 세대에 계심이로다

6 너희가 가난한 자의 계획을 부끄럽게 하나 오직 여호와는 그의 피난처가 되시도다

7 이스라엘의 구원이 시온에서 나오기를 원하도다 여호와께서 그의 백성을 포로된 곳에서 돌이키실 때에 야곱이 즐거워하고 이스라엘이 기뻐하리로다

The Fool Says, There Is No God

14 To the choirmaster. Of David.

1 The fool says in his heart, "There is no God." They are corrupt, they do abominable deeds; there is none who does good.

2 The Lord looks down from heaven on the children of man, to see if there are any who understand, who seek after God.

3 They have all turned aside; together they have become corrupt; there is none who does good, not even one.

4 Have they no knowledge, all the evildoers who eat up my people as they eat bread

and do not call upon the Lord?

5 There they are in great terror, for God is with the generation of the righteous.

6 You would shame the plans of the poor, but the Lord is his refuge.

7 Oh, that salvation for Israel would come out of Zion! When the Lord restores the
fortunes of his people, let Jacob rejoice, let Israel be glad.

A. 문맥분석

본 시편은 땅에 악한 사람들이 만연해 있다는 사실을 슬퍼하는 애가다. 여기서 직 간접적으로 하나님이 없다고 하는 악인들에 두 가지의 특징이 드러나는데 하나님의 율법을 외면하고(1-3절) 자신의 백성을 억압하는 것이다.(4-5절)
그것을 하나님께서 내려다보시는 장면에서 시편이 들추어내는 것은 악인들의 무모한 어리석음(1절,2절,4절)이다. 그러나 마지막 구절은 박해를 받은 이스라엘이 구원을 확신하는 가운데 기다리는 지상 경기장으로 무대가 바뀐다.
특히 본 시편은 시53편과 거의 같으나 두 시편간의 실제적인 차이는 5절 하반 절에서 '하나님'을 '주'로 대체한 것과 이하의 간략한 차이 뿐이다. 5b, 6절 주석 참조.
악인의 징치와 의인의 구원을 확신하는 애가 형식의 시를 노래로 사용한 본 시편은, 하나님이 있다는 사실을 부인하고 악을 행하는 어리석은 자(나발, 삼상25장)에 대하여 말한다.

- 기록된바 의인은 없나니 하나도 없으며 – 롬3:10
- 깨닫는 자도 없고 하나님을 찾는 자도 없고 – 롬3:11
- 악인은 그의 교만한 얼굴로 말하기를 여호와께서 이를 감찰하지 아니하신다 하며 그의 모든 사상에 하나님이 없다 하나이다 – 시10:4
- 여호와께서 사람의 죄악이 세상에 가득함과 그의 마음으로 생각하는 모든 계획이 항상 악할 뿐임을 보시고 – 창6:5

B. 주석

1. 하나님은 없다.(1)

무신론자에 대한 결론은 롬1:22에 나온다. 스스로 지혜 있다 하는 자(하나님은 없다)는 어리석다고 하셨는데, 하나님을 알 만한 것이 그들 속에 보인 것과(19절) 그럼에도 하나님을 알려고 하지 않는 것(29절)에 의하여 연속적으로 입증되고 있다.
이 시편에서 어리석음을 뜻하는 히브리어 '나발'은 완전히 비뚤어진 성품에 적용시키며, 삼상25:25에 등장하는 나발의 공격적인 우울증 성향이 암시되고 있다. 성경에서 '하나님은 없다'라는 역설은 오도된 죄의식보다 무책임한 도전을 지적한다.

1) 시10:4의 문맥에서 그것은 도덕적인 제재에 대한 도발로 규정한다.
2) 욥기21:7-15에서는 권위에 대한 조바심을 나타낸다.
3) 로마서1:18에서는 지적(知的)이고 도덕적인 자멸을 불러온다.

> 하나님의 진노가 불의로 진리를 막는 사람들의
> 모든 경건하지 않음과 불의에 대하여 하늘로부터 나타나나니

이 구절에는 시10:4, 욥21:7-15, 롬1:18의 이러한 요소들이 모두 포함되어 있다. 앞서 1절 하반 절에 자신의 부패한 태도가(창6:12) 하나님과 사람 앞에 어떻게 나타나는지를 보여주고 있다. 가증한 것은 거칠고 공격적인 태도(나발의 성품)를 나타내는 말이다.

잠언의 바보(어리석은 자, 거만한 자)

- '케실(khesil)' : 미련한 자(잠12:23,13:16)-악을 더 좋아하는 자(잠10:23,13:19)
  하나님을 거부하는 자(시14:1), 회개를 거부하는 자(잠14:12),
  동일한 어리석음이 반복되는 것(잠26:11, 27:20)
- '에윌(ewil)' : 지혜를 경멸하고 훈계를 멸시 하는 자(잠1:7, 1:22)
- '나발(nabal)' : 3회 인용. (우울증과 공격적 방어기재)

2. 평가 받는 인생(2-3)

여호와께서 하늘에서 인생을 굽어살피사...(2)

히브리어 '**샤카프**'는 높은 곳에서 내려다보다는 뜻이다. 이 두 구절의 요점은 앞서 1절의 거만한 유물론자는 비록 극단적이긴 하지만 대체로 일반적인 인간의 한 사례라는 것이다. 모든 사람이 나발형의 공격적인 바보가 아니지만 현명하게 행동하는 사람은 아무도 없다. 모든 죄는 아마도 하나님보다 더 잘 알고 있다는 방탕함과 선보다 악을 더 사랑하는 부패를 내포하고 있기 때문에 이것은 지나친 말이 아니다. 여호와께서 인류를 조사하여 부패한 것을 발견하신다는 시각에서 홍수를 연상케 하지만, 롬3:10-12는 이 상태가 보편적으로 계속해서 반복되는 것임을 분명히 하고 있다.

다 치우쳐 함께 더러운 자가 되고(3)

'**수르**'(סור)는 벗어나다. 떠나는 행위를 나타내는 단순동사다. 악에서 떠남: 지혜, 하나님을 떠남(돌이키는 의미를 지님, '슈브'). 로마서 3장12절은 이 상태가 보편적이고 우주적인 현상이라고 정의 한다.

3. 커다란 오산(4-6)

그들이 떡 먹듯이 내 백성을 먹으면서(4) (잠30:14, 합3:14)

1-2절에서 강조하고 있는 악의 어리석음은 '분별의 실패'(4절)와 '예측의 실패'(5절)를 보여준다. 4절의 무심한 착취자와 세속주의에 대한 동물적인 안주는, 잠30:20에서 자행되는 습관적으로 죄를 짓는 자를 나타낸다. 이것은 1절의 표현보다 더 무감각한 상태를 나타낸다. 이는 마치 20세기의 사람을 이르는 말과 같다.

앞으로 다가올 두려움에 대한 사실(두려움 같은 것은 존재하지 않는다고 말한다. 시53:5)은 사2:19와 계6:15을 더 살펴보라. 결국 '끝 날'에 그 모습은 기쁨으로 또는 두려움으로 우리 모두의 각인에게 돌아올 것이고, 말로 표현할 수 없는 영광을 받거나 수욕을 당할 것인데 이는 결코 돌이킬 수 없는 것이다.(AD70 예루살렘 멸망은 예표적인 사건)

하나님이 의인의 세대에 계심이로다(5b, 6)

세대('도르'. דּוֹר, GENERATION) 시12편 주석 참조.

여기까지는 시53편과 똑같다. 하지만 여기서부터 갈라지는데 그 차이는 다음 표와 같다.

<표4. 시14편과 53편의 차이>

4:5b 및 6절	53:5b. c절
하나님이 의인의 세대에 계심이로다	하나님이 흩으심이라
너희가 가난한 자의 계획을 부끄럽게 하나	하나님이 그들을 버리셨으므로 네가 그들에게 수치를 당함(요15:19)
하나님은 그의 피난처가 되시도다	하나님은 그들을 물리치신다.

이 두 시편간의 유사성과 비 유사성은 시53편에서의 국가적인 위기와 관련하여 의도적으로 가감한 차이로 볼 수 있다. 이러한 두 구절의 차이는 이러한 관점에서 분리가 필요했던 것으로 보인다.

4. 큰 날의 도래(7)

여호와께서 시온의 백성을 포로된 곳에서 돌이키실 때에 야곱이 즐거워하고(7)

더 오래된 번역들은 여기서 이스라엘의 포로 귀환을 일컫는 것으로 말했는데, 그것은 이 구절을 다윗의 시에서 뒤늦게 보충한 것으로 만들게 할 것이다. 그러나 현재 렌더링은 일반적으로 보다 포괄적인 행운(또는 잘됨)을 회복시키기 위한 것으로 지지 받는다. 그리스도인에게 로마서8:19-25의 가르침은 피조물 자체가 그러한 자유를 열망한다는 맥락에서 기도하라는 것이다. 시126편의 시작에는 그러한 기쁨을 미리 맛보는 것을 발견할 수 있다.

여기서 유대교는 시온을 단지 역사적이고 물리적인 것으로 제한하여 읽었지만, 이것은 민족적 이스라엘이 아닌 언약성취를 위해 택하고 남기신 백성에 대한 포괄적인 렌더링(상징)으로 읽는다. 모든 이스라엘이 다윗언약의 성취로서 메시아를 대망했지만 내용은 서로 달랐다. 일반적으로 시온은 메시아 왕국이지만 유대주의는 보편적 왕국의 회복과 번영을 기대했던 까닭에 그 기대를 충족시키지 않는 예수님을 배척하고 말았다.

바울은 메시아 왕국에 들어갈 구원의 순서를 로마서 11장에서 이렇게 기록하고 있다.

1) 이스라엘의 남은 자(1-12) - 메시아 초림.

2) 이방인(13-24) - 이방인의 때(천년왕국, 교회시대).

3) 이스라엘(25-36) - 재림 직전에 있을 일.

하나님의 마음을 가진 사람(15:1-5)

제15편 다윗의 시

1 여호와여 주의 장막에 머무를 자 누구오며 주의 성산에 사는 자 누구오니이까

2 정직하게 행하며 공의를 실천하며 그의 마음에 진실을 말하며

3 그의 혀로 남을 허물하지 아니하고 그의 이웃에게 악을 행하지 아니하며 그의 이웃을 비방하지 아니하며

4 그의 눈은 망령된 자를 멸시하며 여호와를 두려워하는 자들을 존대하며 그의 마음에 서원한 것은 해로울지라도 변하지 아니하며

5 이자를 받으려고 돈을 꾸어 주지 아니하며 뇌물을 받고 무죄한 자를 해하지 아니하는 자이니 이런 일을 행하는 자는 영원히 흔들리지 아니하리이다

Who Shall Dwell on Your Holy Hill?

15 A Psalm of David.

1 O Lord, who shall sojourn in your tent? Who shall dwell on your holy hill?

2 He who walks blamelessly and does what is right and speaks truth in his heart;

3 who does not slander with his tongue and does no evil to his neighbor, nor takes up a reproach against his friend;

4 in whose eyes a vile person is despised, but who honors those who fear the Lord; who swears to his own hurt and does not change;

5 who does not put out his money at interest and does not take a bribe against the innocent. He who does these things shall never be moved.

A. 문맥분석

여기서 전개되는 질문과 답변의 형식은 예배 자는 성소에 들어갈 조건을 묻고 성직자는 그 조건을 답하는 .고대사의 특정 성소에서 일어난 일을 모델로 하고 있다. 질문자의 예상된 응답은 의식이나 규례의 목록이었지만(출19:10-15,삼상21:4이하) 여기서 주님의 응답은 놀랍게도 자신의 마음을 살피라는 것이었다. 이것은 시24:3-6, 사33:14-17에서 재차 언급되지만 이 시편에서 말하는 바는 일반적으로 지복에 이르는 가장 밀접한 방법은 순결한 마음이라는 것이다.(복과 지복의 차이)

- 여호와의 산에 오를 자가 누구며 그의 거룩한 곳에 설 자가 누구인가 곧 손이 깨끗하며 마음이 청결하며 뜻을 허탄한 데에 두지 아니하며 거짓 맹세하지 아니하는 자로다 – 시24:3–4
- 너희가 행할 일은 이러하니라 너희는 이웃과 더불어 진리를 말하며 너희 성문에서 진실하고 화평한 재판을 베풀고 – 슥8:16
- 그런즉 거짓을 버리고 각각 그 이웃과 더불어 참된 것을 말하라 이는 우리가 서로 지체가 됨이라 – 엡4:25
- 네가 만일 너와 함께 한 내 백성 중에서 가난한 자에게 돈을 꾸어 주면 너는 그에게 채권자 같이 하지 말며 이자를 받지 말 것이며 –출22:25

B. 주석

1. 사람의 주인이신 하나님

성막이란 단어는 두 세계를 떠올리게 하는데, 주의 장막에 머물고 성산에서 산다는 구절에 의해 강조되고 있는 예배와 희생이다.(출29:42) 시편은 숭배자를 간절한 숙박으로, 순례자들은 귀향으로 보며, 종종 두 개념을 함께 섞는다. 그러나 누가 머물 수 있는가? 하는 질문은 지극히 개인적이며, 악은 하나님의 손님이 될 수 없다는(시5:4) 것을 말하고 있다.

머무를 자 누구오며 사는 자 누구오니까(1)

'머무를 자'('구르' גור)-혈족이 아닌 사람들 사이에서 살다. 머무르다.

이스라엘은 종종 기근으로 인하여 약속의 땅 밖에서 보호 받는 시민으로 살았다. 그들은 순례자요 이방인으로 묘사되었는데 이는 그들이 자신들을 죄악된 세상의 구성원으로 여기지 않았다는 뜻이다. 따라서 '나그네'(순례자) 의식은 단지 정체성 이상의 의미로서 죄와의 분리 곧 거룩함을 추구하는 삶을 의미한다.

> 외모로 보시지 않고 각 사람의 행위대로 심판하시는 이를 너희가 아버지라 부른즉 너희가 나그네로 있을 때를 두려움으로 지내라 -벧전1:17

* '샤칸'(שכן)과 '야사브'(머물다, 거주하다)
  1) 샤칸 -하나님이 성소나 백성 중에 잠시 동안이나 장기적 또는 영구적으로 거하심에 대한 친근함과 근접을 함의하는 수평적 개념.(헬라어, 메노 - '내가 아버지 안에 아버지가 내 안에' - 요14:10)
  2) 야사브 -하늘에 계신 자가 웃으심이여, 주는 영원히 계시고~
  위엄과 왕권, 즉 고위(高位)의 수직적 개념

2. 하나님의 손님인 사람(2-5)

여기서는 1절에서 제시된 질문에 답을 하고 있는데 자세히 말하지는 않는다. 이를테면 시24편이나 이사야 33장, 팔복이나 고전13장만큼 뚜렷하게 드러나지 않는다. 이 사람은 그저 정직(온전)한 사람이다. 우리는 시1편이 문학적 성소의 문지기 역할을 한다는 사실을 배웠다. 그 문지기는 악인과 죄인들은 의인들의 회중에 들지 못한다고(1:5)고 분명히 선포하고 있었다. 마찬가지로 1절의 질문에 대한 대답은 오직 의롭고 정직한 자들만 가능하다는 것이다.

1) 그의 성격: 정직하게 행하며(tamim) (2절)

정직함을 뜻하는 히브리어 **'타밈'**은 비난이나 부정적인 것이 전혀 없이 완전한, 흠 없는, 온전한, 전심의, 정상적인 소리(사운드) 등을 의미한다. 구약에서 90회 정도가 인용되었다. 특히 제물에 관해 흠 없는 동물들을 가리키는 데 사용되었다.(출12:5,29:1, 레1:3,3:1,4:23)
이는 흠도 점도 없는 어린양 그리스도의 모형이기 때문에(벧전1:19) 하나님께 열납(悅納)될 수 있도록 완전한 것이어야 했다.

> 만일 누구든지 서원한 것을 갚으려 하든지 자의로 예물을 드리려 하여 소나 양으로 화목제물을 여호와께 드리는 자는 기쁘게 받으심이 되도록 아무 흠이 없는 온전한 것으로 할지니 너희는 눈 먼 것이나 상한 것이나 지체에 베임을 당한 것이나 종기 있는 것이나 습진 있는 것이나 비루먹은 것을 여호와께 드리지 말며 이런 것들은 제단 위에 화제물로 여호와께 드리지 말라 – 레22:21-22

아브라함도 이스라엘도 정직하라('타밈')는 명령을 받았다.(창17:1, 신18:13) 인간에게 있어서 완전한 것은 여호와의 행동과(신32:4,삼하22:31) 여호와의 법이다.(시19:7)

> 그는 반석이시니 그가 하신 일이 완전하고 그의 모든 길이 정의롭고 진실하고 거짓이 없으신 하나님이시니 공의로우시고 바르시도다 – 신32:4

2) 그의 성격: 공의(체데크 צֶדֶק)를 실천하며(2절)

두 번째 용어인 '공의'는 구약의 도덕의 근본이다. 체데크는 원래 '곧음'을 의미하는 단어였다. 예컨대 막대나 측정하는 자가 카논(정경)으로 정착된 것과 같은 개념의 어원을 지닌다. 그러므로 체데크의 표준은 하나님의 성품과 뜻이다. 하나님의 공의는 이스라엘이 범죄시에 그들을 대적의 손에 넘기시기도 했으며 이는 이스라엘의 악이 결코 정당화 될 수 없음을 말하는 것이고, 언약을 기억하고 준행하여 회복시키는 방향으로 역사하셨다.

> 여호와께서는 그 모든 행위에 의로우시며 그 모든 일에 은혜로우시도다 –시145:17

공의는 윤리, 법률, 언약의 세 가지 측면에서 인격적 양상들로 나타난다. 하나님의 '칭의'는 이 세 가지 요건을 모두 충족시킨 것이다.

2-1) 윤리적 측면

인간은 상호간의 존중과 섬김의 행위로서 하나님의 말씀에서 제시된 표준과 일치를 마땅히 드러내어야 할 의무를 지닌다. 친구를 위하여 자신의 목숨을 버리신 그리스도의 자기희생은 자기 백성의 대속을 위한 대가 지불이라는 하나님의 절대적 윤리를 바탕으로 한다. 모든 사람은 그 행위가 성령의 법에 의해 지배를

받는 새로운 인격자들이 되어야 한다. 네 이웃을 네 몸과 같이 사랑하라. 선한 사마리아인

2-2) 법률적 측면

하나님의 법 아래에 있는 모든 사람은 가난하든지 부유하든지 구분 없이 동등하게 적용된다. 그러나 재판관은 사람의 범죄의 유무를 인간의 법이 아닌 하나님의 법과 관련하여 판단해야 한다.(창38:6 사람의 법규를 위반했으나 하나님 앞에서 무죄한 경우가 있다. 유다와 다말 사이의 법률은 상대적인 의의 관점에서 볼 때 다말은 정당한 권리였으나 유다는 그렇지 못했다. 그러나 다말의 행위가 전적으로 옳다고 하는 것은 아니다) 즉 소송 중에 있는 한 개인에게 법률적으로 의롭다는 것은 무죄하다는 뜻이다.(창30:33 야곱과 라반 사이의 계약)

하나님의 '미쉬파트'는 주권적이나 무흠하고 따라서 그 작정하심과 칭의는 절대적이다.

2-3) 언약적 측면

그 언약은 전 국가적으로 이스라엘이 하나님께 복종할 의무를 요구하며, 이것은 그의 백성이 가야할 길이다.(시1:1-6, 신6:25) 하나님이 이 언약에 근거하여 이스라엘을 보호하기 위하여 고통에서 건지시며(시3:1), 대적을 진멸하는 모든 행위가 의롭다.(시37:6, 렘11:20,사45:21) 야베스, 구원은 여호와께 있사오니

3) 그의 말: 그의 마음에 진실을 말하며(절제하는 입) (3절)

네 이웃에 대하여 거짓 증거하지 말라 – 출20:16[67]

진실을 말하며(2절), 진리(에메트)는 아멘, '이쉬 에메트'는 그의 행위가 진리의 규범에 지배를 받는 사람이라는 뜻이다. 헬라어 '알리데이아'는 추상적 이론적 대비 불변성 신실함.

3-1) 허물하지 아니하고

'허물하다'의 히브리어 **'라갈'**은 염탐하다는 뜻을 가지고 있는데 이는 이웃의 약점을 의도적으로 살피고 퍼트리는 것을 의미한다.(레19:16) 친구는 '다른 사람'이 아니라 '가까운 자'들에 대한 추상적인 개념으로 보는 것이 공정하다.

---

67) 잠6:19, 9:7, 10:18, 11:13, 16:28, 18:3, 20:19, 25:8-10, 26:20, 30:10

3-2) 악을 행하지 아니하며

악('라')은 선('토브') 또는 평화의 반대말이다.

(3-2-1) 악은 하나님의 보시기에 용납할 수 없는 상태나 행동으로 정의된다.

그가 여호야김의 모든 행위를 본받아 여호와 보시기에 악을 행한지라 – 렘52:2

너희가 말로 여호와를 괴롭게 하고도 이르기를 우리가 어떻게 여호와를 괴롭혀 드렸나이까 하는도다 이는 너희가 말하기를 모든 악을 행하는 자는 여호와의 눈에 좋게 보이며 그에게 기쁨이 된다 하며 또 말하기를 정의의 하나님이 어디 계시냐 함이니라 – 말2:17

그들이 평강을 얻은 후에 다시 주 앞에서 악을 행하므로 주께서 그들을 원수들의 손에 버려 두사 원수들에게 지배를 당하게 하시다가 그들이 돌이켜 주께 부르짖으매 주께서 하늘에서 들으시고 여러 번 주의 긍휼로 건져내시고 – 느9:28

(3-2-2) 악은 육체적이나 정신적 '환난'을 말한다.

나는 평안도 짓고 환난('라')도 창조하나니 – 사45:7

(3-2-3) 말이나 행동 또는 부적절한 희생제물을 드림으로 사람에 대한 비윤리적 비도덕적인 행위의 일체를 의미한다.

여호와께서 그를 병상에서 붙드시고 그가 누워 있을 때마다 그의 병을 고쳐 주시나이다 – 시41:3

그들은 능욕하며 악하게 말하며 높은 데서 거만하게 말하며 – 시73:8

이는 나의 대적들이 곧 내 영혼을 대적하여 악담하는 자들이 여호와께 받는 보응이니이다 – 시109:20

그들이 침상에서 죄를 꾀하며 악을 꾸미고 날이 밝으면 그 손에 힘이 있으므로 그것을 행하는 자는 화 있을진저 – 미2:1

두 손으로 악을 부지런히 행하는도다 그 지도자와 재판관은 뇌물을 구하며 권세자는 자기 마음의 욕심을 말하며 그들이 서로 결합하니 – 미7:3

만군의 여호와가 이르노라 너희가 눈 먼 희생제물을 바치는 것이 어찌 악하지 아니하며 저는 것, 병든 것을 드리는 것이 어찌 악하지 아니하냐 이제 그것을 너희 총독에게 드려 보라 그가 너를 기뻐하겠으며 너를 받아 주겠느냐 – 말1:8

(3-2-4) 악은 내적인 상태를 나타내는 추상명사로 쓰인다.(사악함)[68]

하나님의 부르심에 거부하는 것도 악이다.(느9:35) 이는 악한 행위에 복종하는 결과를 낳기 때문이다.

이 백성이 듣지 아니하였고 므낫세의 꾐을 받고 악을 행한 것이 여호와께서 이스라엘 자손 앞에서 멸하신 여러 민족보다 더 심하였더라 – 왕하21:9

유다와 예루살렘 주민이 므낫세의 꾀임을 받고 악을 행한 것이 여호와께서 이스라엘 자손 앞에서 멸하신 모든 나라보다 더욱 심하였더라 – 대하33:9

대저 그 발은 악으로 달려가며 피를 흘리는데 빠름이니라 – 잠1:16

너희 조상들을 본받지 말라 옛적 선지자들이 그들에게 외쳐 이르되 만군의 여호와께서 이같이 말씀하시기를 너희가 악한 길, 악한 행위를 떠나서 돌아오라 하셨다 하나 그들이 듣지 아니하고 내게 귀를 기울이지 아니하였느니라 여호와의 말이니라 – 슥1:4

삶의 방식이 '라'(악함)로 특정 지워지는 사람은 만일 그가 계속하여 '라'에 머물러 있을 때 그의 미래는 침울하다. 악한 사람을 그대로 내버려두면 그는 소생할 기회가 없다. 그러나 악인의 심판자가 되시는 하나님은 또한 악인에게 그 길을 바꾸라고 요구하신다. 그것은 인간 편에서 철저한 행동이어야 한다.[69]

"악을 버리고 선을 행하며 화평을 찾아 따를지어다."

하나님은 인간이 '라-'(לֹא)로부터 돌이킬 때 구원하는 사건이 나타날 것이라 약속하셨다.[70] 이 약속에 의하면 이러한 구원은 삶의 실제적인 경험이라는 확신이 수반된다.[71] 결국 이것은 사람으로 하여금 헌신으로 이끌게 된다.(야곱- 자기중심에서 하나님

68) 시7:9, 잠12:21

69) 시34:14, 37:27, 잠3:7, 암5:14-15, 슥1:14

70) 욥5:19, 시121:7, 잠19:23

71) 시10:6, 시23:4

중심으로-이스라엘)

내가 전심으로 주를 찾았사오니 주의 계명에서 떠나지 말게 하소서 – 시119:10

우리가 당신을 우리 하나님 여호와께 보냄은 그의 목소리가 우리에게 좋든지 좋지 않든지를 막론하고 순종하려 함이라 우리가 우리 하나님 여호와의 목소리를 순종하면 우리에게 복이 있으리이다 하니라 – 렘42:6

'라'를 멀리하고[72] '라'를 미워하라.[73]

우상으로 하나님을 진노케 하지 말라.(렘25:7)

3-3) 비방하지 아니하며

3절 마지막의 비방('헤르파' 2781)은 불필요한 것을 긁어모으거나 불신앙을 집어 삼킨다는 의미에서 물건이나 사람에 대하여 치욕이나 불명예를 안겨주는 상태를 말한다. 그것은 흉을 보는 것에서 시작되어 악을 행하고(하나님의 사랑에서 떠남) '~하더라'는 중상으로 인격살인에 이르게 되는 점진적인 죄의 성장에 가깝다.

(이웃의 처지를 폄훼하다가 인격적인 비난으로 확대된다.)

미움은 다툼을 일으켜도 사랑은 모든 허물을 가리느니라 – 잠10:12

4) 그의 충성(4절)

이 사람은 자신을 타인과 비교하는 것이 아니라 자신의 서약에 충실하다. 우리는 언제나 '가겠습니다' 하고 가지 않는다. 4절은 창14:17-24로 인도하는데 아브라함이 두 왕에게 자신의 약속을 지키는 장면은 이 말씀의 요점을 잘 드러낸다.

5) 그의 존경할만한 거래방식(4c, 5절)

5b의 명료한 부분과는 달리 첫 두 구절(4c,5a)은 다른 장에 의해 해석되어져야 한다. 마지

---

72) 잠6:24, 사56:2, 렘7:6

73) 시97:10, 잠8:13, 암5:15

막 절의 '흔들리지 않는 것'(5C)은 시편 전체와 15장을 관통하는 요소다. 4c의 서원 곧 무모한 약속의 요점은 그 손해가 타인이 아니라 자신에게 있다는 것이다.(물론 입다와 헤롯의 경우는 제외)

그렇다 해도 잠6:1-5은 서원에 대하여 잘못을 깨달았을 때(후회할 때) 이를 취소하기 위해 굴욕적인 자세를 통해서라도 상대방에게 양해를 구할 수 있다고 가르친다. 약속이 취소가 되지는 않더라도 이러한 중간과정은 서원 당사자가 상대에게 저돌적일 만큼의 강력한 요청이 수납자로 하여금 최상의 선택을 받아 낼 수가 있기 때문이다. 고후1:15-23은 이러한 본보기다.

바울은 고린도교회를 재차 방문하기로 약속하였지만 복음의 일로 약속을 지키지 못하게 되자 고린도 교인들에게 편지를 썼다.

이자를 받는 일(5a)은 성경에서 정죄하고 있다. 보편적인 것은 아니지만(신23:20, 마25:27) 민 23:19과 레25:35-38에서는 곤경에 처한 형제에게 곡식과 돈을 꾸어주되 이자를 받을 목적으로 행하는 것을 금하고 있다. 이 시편에서 불쌍한 형제와 낯선 사람과의 차이는 없다.

6) 확신에 찬 그의 위치(5c)

발상을 뛰어넘어 **"누가 주의 장막에 거할 것인가?"**라는 1절의 질문은 '들어가기를 허락 받기보다 거주하는 것'에 있다. 본 시편이 묘사하는 그 사람의 특징은 사람 안에 창조한 그 무엇이며, 그가 누구인지를 찾아 발견하는 것이 아니라는 점이다.

시편에서 종종 대적에 의하여 불안정한 상태를 나타내는 '흔들리다'는 하나님을 신뢰함으로써 그분에게 붙어 있음으로 안정한 상태로 고정된다.(시16:8, 46:5, 62:2)

본 시편의 가장 의미심장한 결론은 들어가 머무르고 거할 자는 어떠한 상황이나 조건하에서도 **'결코 흔들리지 않는다'**는 것이다.

내 모든 기쁨(16:1-11)

제16편 다윗의 믹담

1 하나님이여 나를 지켜 주소서 내가 주께 피하나이다
2 내가 여호와께 아뢰되 주는 나의 주님이시오니 주 밖에는 나의 복이 없다 하였나이다
3 땅에 있는 성도들은 존귀한 자들이니 나의 모든 즐거움이 그들에게 있도다
4 다른 신에게 예물을 드리는 자는 괴로움이 더할 것이라 나는 그들이 드리는 피의 전제
를 드리지 아니하며 내 입술로 그 이름도 부르지 아니하리로다
5 여호와는 나의 산업과 나의 잔의 소득이시니 나의 분깃을 지키시나이다
6 내게 줄로 재어 준 구역은 아름다운 곳에 있음이여 나의 기업이 실로 아름답도다
7 나를 훈계하신 여호와를 송축할지라 밤마다 내 양심이 나를 교훈하도다
8 내가 여호와를 항상 내 앞에 모심이여 그가 나의 오른쪽에 계시므로 내가 흔들리지 아
니하리로다
9 이러므로 나의 마음이 기쁘고 나의 영도 즐거워하며 내 육체도 안전히 살리니
10 이는 주께서 내 영혼을 스올에 버리지 아니하시며 주의 거룩한 자를 멸망시키지 않으
실 것임이니이다
11 주께서 생명의 길을 내게 보이시리니 주의 앞에는 충만한 기쁨이 있고 주의 오른쪽에
는 영원한 즐거움이 있나이다

16 A Miktam of David.

1 Preserve me, O God, for in you I take refuge.
2 I say to the Lord, "You are my Lord; I have no good apart from you."
3 As for the saints in the land, they are the excellent ones, in whom is all my delight.
4 The sorrows of those who run after another god shall multiply; their drink offerings
of blood I will not pour out or take their names on my lips.

5 The Lord is my chosen portion and my cup; you hold my lot.

6 The lines have fallen for me in pleasant places; indeed, I have a beautiful inheritance.

7 I bless the Lord who gives me counsel; in the night also my heart instructs me.

8 I have set the Lord always before me; because he is at my right hand, I shall not be shaken.

9 Therefore my heart is glad, and my whole being rejoices; my flesh also dwells secure.

10 For you will not abandon my soul to Sheol, or let your holy one see corruption.

11 You make known to me the path of life; in your presence there is fullness of joy; at your right hand are pleasures forevermore.

A. 문맥분석

본 시편의 장르는 다윗의 '**믹담**'이다. 믹담이 무엇인지에 대해서는 신학자들의 견해가 그리 많지 않다. 단지 고대의 헬라어나 라틴어 및 '**탈굼**' 역본에서 '기록'이라는 의미의 '**막티브**'의 다른 표현이거나 실수로 여긴다는 것이다. 유형은 비록 애가로 시작하지만 확신으로 끝나는 형식의 시다.

'하나님'이 저자의 내면의 중심이 되는 본 시편의 주제는 저자가 하나님께 연합되려는 열정을 제공하고 있다. 2014년 **찰스 웨슬레**의 'Forth in Thy name'이라는 노래 속에 인용되고 있는 2,4,8절은 천국까지 밀착 동행을 노래하고 있는 가운데 본 시편의 10절에서는 심지어 죽음에서조차 하나님이 자신을 구원할 것이라고 확신한다.

본 시편은 1-6과 7-11의 두 개의 연으로 구성되었다.

- 내가 네게 이른 모든 일을 삼가 지키고 다른 신들의 이름은 부르지도 말며 네 입에서 들리게도 하지 말지니라 – 출23:13
- 생명으로 인도하는 문은 좁고 길이 협착하여 찾는 자가 적음이라 – 마7:14

■ 다윗이 그를 가리켜 이르되 내가 항상 내 앞에 계신 주를 뵈었음이여 나로 요동하지 않게 하기 위하여 그가 내 우편에 계시도다 – 행2:25-27

B. 주석

1. 충실한 종(1-6)

이 시의 절반에 해당하는 대부분의 구절에서 단 하나의 정신의 영향에 대하여 말하려고 한다. 안전(1), 지복(2), 동반자(3), 예배(4), 대의-산업, 소득, 분깃(5f) 등에서 하나님께 자신을 던진다.

하나님이여 나를 지켜 주소서 내가 주께 피하나이다(1)

피난처란 주제는 시편 전반에 걸쳐 나타난다.

주 밖에는 나의 복이 없다 하였나이다.(2)

2절은 번역에 따라 다양한 의미의 은휘된 뜻을 가질 수 있지만 시73:25에 표현된 내용으로 명료하게 설명할 수 있다.

하늘에서는 주 외에 누가 내게 있으리요 땅에서는 주 밖에 내가 사모할 이 없나이다.

땅에 있는 성도들은 존귀한 자들이니 나의 모든 즐거움이 그들에게 있도다(3)

여기서 다시 히브리 텍스트는 어렵지만, RV와 RSV는 어색한 그들과 귀족 사이의 '그리고'를 생략한 특정 MSS(사본 manuscripts)를 따라 그것을 이해한다. 다른 해결책에는 더 큰 변화가 수반되는데, 이교도적인 시에서 분명히 할 수 있듯이 성인이나 존귀한 자들의 대부분은 이 문맥에서는 설명이 없으면 거의 이교도 신들을 의미한다고 가정한다. NEB는 설명 조항을 제공하지만 다른 텍스트 추측과 연관되어 있다.

이러한 말들의 이교도적인 과장된 표현이 조금이라도 존재한다면, 주장되고 있는 것과 암묵적인 대조를 통해서만 감지될 가능성이 높다. 즉, 다윗은 단순한 이름이 아니라(신들과 같이) 인격적으로 거룩하고 고귀한 사람에게 끌린다.(사32:5, 8)

성도는 문자적으로 '거룩한 자'이고, 신약성경에서 '성스러운 것들'이다. 이 단어는 구약성경에서 지상 보다는 천상의 존재에 더 자주 쓰인다. 그러므로 이 구절에서 그것은 '약속의 땅' 또는 '지상에 있는' 을 의미하는 것이 명확하다. 이 용어는 보통 10절에서와 같이 시편에서 '충성스러운 자' '하시딤'(חָסִיד)으로 번역하였다.

히브리어 본문은 3절을 해석하는 데 어려움이 있다. '땅에 있는 성도'와 '존귀한 자들'에 대하여 다양한 해석들이 제시되지만 본 시편의 3절은 난해한 구절 중의 하나다. 그 이유는 히브리어 성경 원문에 있는 헴(그들)과 앗다르(אדיר-존귀한 자) 사이에 있는 웨(그리고)를 어떻게 해석해야 하는가 하는 문제다.

RV나 RSV는 'they' and 'noble' 사이에서 어색한 '그리고'(웨)를 아예 제거시키고 문장을 만들었다. 또 다른 해결은 성도와 존귀한 자를 '영원한 詩'에 빗대어 '영원한 신(神)'으로 추정하는 것이다. 그러나 이러한 주석들은 설명이 거의 불가능하다.

NSB는 이유를 밝히는 조항을 제공하지만 다른 원문을 추측하는 것과 긴밀한 관련되어 있다. 이 용어들은 이교도 사상이 함축된 의미가 더 강하다. 결국 묵시적으로 주장되는 것과는 대조적으로 탐구되어야 한다. 그러나 다윗이 그려내고 있는 '거룩하고 존귀한 자'는 그저 단순한 이름이 아니다.(우상,神) 사32:5,8에서와 같은 특정한 인물이다.

> 어리석은 자를 다시 존귀하다 부르지 아니하겠고 우둔한 자를 다시 존귀한 자라 말하지 아니하리니 - 사32:5
>
> 존귀한 자는 존귀한 일을 계획하나니 그는 항상 존귀한 일에 서리라 - 사32:8

한글 성경에서 성도로 번역된 히브리어 '**카도쉬**'는 신약성경에서 문자적으로 '거룩한 자'다. 이 단어는 구약에서 땅에 있는 존재보다는 하늘에 있는 존재로 더 자주 사용되었다. 그러므로 본 구절에서 그것은 'in the land' 또는 'in the earth'의 개념을 명확하게 해준다. 시편에서 '**하시딤**'은 10절과 같이 '카도쉬'로 종종 번역되었고 왕족이나 선민으로 번역되었다.

한글 개역성경은 RV와 RSV처럼 '그리고'를 생략하여 '**헴**'과 '**앗다르**'를 동일관계로 묶어 모두 '성도'를 지칭하는 것으로 번역되어 있다. 반면 새 번역 성경은 '그리고'를 번역하였지만 오히려 이상하게 되었다.

> 나더러 주님에 대해 말하라면 '하나님은 나의 주님, 주님을 떠나서는 내게 행복이 없다' 하겠습니다. 그리고 땅에 사는 성도들에 관해 말하라면 '성도들은 존귀한 사람들이요 나의 기쁨이다' 하겠습니다. (새번역)

원문을 보면 이렇다.

레 카도쉬 아세르 베 하 에레츠 **'헴'** 웨 **'앗다르'** 베 헴 콜 니 헤페츠

다윗이 **'헴'**(카도쉬)과 **'앗다르'** 즉 Saints 와 nobles(who are the excellent ones)을 **'웨'**(와우 접속사)로 별도로 구분한 이유가 있다. **'앗디르'**는 시93:7과 시76:4에서 여호와이다. (아삽은 다윗의 시를 노래하도록 임무를 받았다.)

시16:3의 주제는 2절과 4절을 연결시키는 고리로써 '거룩함'이다.

그러므로 이 땅에서 사모할 자가 주 밖에 없다는 다윗의 내세관적 고백이 자연스럽게 3절로 이어져 하늘에 속한 자와 4절의 땅에 속한 자를 대조 시킨다. 그는 이 같은 자신의 고백을 하늘에 속한 권속들의 고백 속에 겸손히 배치시킨다. 다윗은 '주 밖에 사모할 자 없다'는 이 영광된 고백은, 땅에 있어 언약을 지키는 성도들과(Saints) 하늘에 있는(heavenly being) **'앗디르'**의 공통된 고백이며 찬양이라고 본다. 현대의 번역은 **'앗디르'**를 'the holy one' 대신에 'noble'로 번역한 까닭에 이방의 지도자나 왕들 또는 신들로 오역되는 것을 회피하기 위해 saint와 noble을 등치시킴으로써 오히려 전후 문맥이 이완되어 더 난해하게 느껴지는 것이다.

따라서 **'헴'**이 이스라엘 중의 거룩한 자를 지칭하는 것이라면 **'앗디르'**는 성자로서의 메시아 및 그와의 연합에 의해 거룩함을 입어 하늘에 있게 될 영원한 도성 예루살렘을 상징하고 있는 셈이다.

우리는 본 시편의 결론부분인 10-11절에서 본 절에 대한 다윗의 영감이 어디까지 확장되어 인도를 받고 있는지 발견할 수 있다.

다윗의 이해를 따라 이 구절을 재번역하면, "땅에 있는 성도들과 그리고 하늘에 있는 권속들은 내가 누리는 즐거움을 함께 누리고 있다"가 된다.

> 이는 주께서 내 영혼을 스올에 버리지 아니하시며 주의 거룩한 자를 멸망시키지 않으실 것임이니이다. 주께서 생명의 길을 내게 보이시리니 주의 앞에는 충만한 기쁨이 있고 주의 오른쪽에는 영원한 즐거움이 있나이다.

다른 신에게 예물을 드리는 자는 괴로움이 더할 것이라....
내 입술로 그 이름도 부르지 아니하리로다.(4)

본 구절에서 들리는 타락의 명백한 메아리는 독자들로 하여금 창3:16의 현장으로 이끌고 가서 그 현장의 '괴로움이 더할 것이라'는 슬픔을 되새기게 한다. 다윗에게서 배교란 상상할 수조차 없는 것이다.
다윗은 자신의 생명을 해하려고 쫓아온 사울의 목숨을 살려주며 그에게 자신더러 나라 밖으로 몰아내는 행위가 이방신을 숭배하도록 강요하는 것과 같으니 제발 그러지 말아달라고 호소했다.[74] 이는 다윗으로 하여금 첫 계명을 어기게 되는 것이었다. 히브리인의 땅의 신학에 의하면 신실한 자가 타국에서 죽으면 죽은 후에라도 이장되어야 했다.

> 이는 거역하는 것은 점치는 죄와 같고 완고한 것은 사신 우상에게 절하는 죄와 같음이라
> –삼상15:23

다윗의 이러한 신앙은 하나님께 버림받고 말년에 점쟁이를 찾아가는 사울의 초라한 모습과 대조된다.

여호와는 나의 산업과 나의 잔의 소득이시니(5-6)

하나님이 자기의 기업이라고 생각하는 다윗에게 "가서 다른 신을 섬겨라"는 말은 삼상26:19에서와 같이 '나를 쫓아내어 하나님의 기업에 참여하지 못하도록 하겠다는 말이었다. 시편 기자는 하나님을 자신의 '산업'이라 하였다.
명사 '**헬레크**'는 동사 '나누다'의 '**할라크**'에서 유래되었는데, 전리품[75]과 음식[76]을 나누는 용례로 사용되었다. 그러나 가장 빈번한 용례는 땅의 분배였다.
다만 레위인으로 부름을 받은 사람은 땅을 기업으로 받지 못하는 대신 하나님을 기업으로 받았다.[77] 이것은 후일 하나님과 백성의 관계를 다음과 같은 영적 개념으로 정착되었다.

---

74) 삼상26:19
75) 창14:24
76) 레6:10
77) 민18:20

여호와는 그들의 피난처요 하나님은 자기 백성의 분깃이 되신다 – 시142:5

나는 그와 더불어 먹고 그는 나와 더불어 먹으리라 – 계3:2

결국 이 말씀은 하나님 나라를 상속 받는 것, 하나님을 분깃으로 받는다는 의미였다. 그렇다면 레위지파가 받은 분깃과 나머지 지파들이 받은 분깃은 어떤 의미가 있는가?
전자는 그 분깃이 하나님이고 후자는 땅이었다. 이것은 타락 이전에 하늘과 땅이 분리되지 않고 통합된 하나님의 통치 안에 공존 했지만 죄의 유입으로 분리되었다. 분깃이 주는 영적 교훈은 그리스도에 의해 분리된 하늘과 땅이 재통합을 상징하는 것이다.

여호와께서 또 아론에게 이르시되 너는 이스라엘 자손의 땅에 기업도 없겠고 그들 중에 아무 분깃도 없을 것이나 내가 이스라엘 자손 중에 네 분깃이요 네 기업이니라 – 민18:20

그래서 다윗과 시편의 모든 노래하는 자들은 이것이 제사장만의 특권이 아니라 제사장 왕국의 모든 개인에게서 발견되고 나타나는 것으로 말한다. 내가 선택한 분깃 또는 NEB의 '할당된 내 몫'의 상징은 하나님 중심 사상을 의미하며, 이것은 반복적인 연습을 통하여 쌓는 소모적인 경건이 아니라 그저 복종하기만 하면 되는 단순한 순종의 것이다. 이 분깃의 영적 특징은 눈에 보이는 가치가 아니어서 불안정하게 느껴질 수 있고 게다가 만질 수 있는 것이 아니어서 비현실적이기도 하다. 그러나 땅을 기업으로 분배 받은 이스라엘은 그 땅에서 이 영적 분깃으로 충만함으로써 오실 메시아의 영광을 열방 가운데 비추어야 했다. 땅으로서 가나안은 이스라엘에게 영적인 일생을 의미한다. 그러므로 개인의 소유가 되지 못하였다. 그것은 하나님의 것이다.
신약 백성들에게 할당된 분깃을 바울은 이렇게 찬양했다.

또한 모든 것을 해로 여김은 내 주 그리스도 예수를 아는 지식이 가장 고상하기 때문이라 내가 그를 위하여 모든 것을 잃어버리고 배설물로 여김은 그리스도를 얻고 그 안에서 발견되려 함이니 내가 가진 의는 율법에서 난 것이 아니요 오직 그리스도를 믿음으로 말미암은 것이니 곧 믿음으로 하나님께로부터 난 의라 – 빌3:8

'잔'은 하나님이 제공하는 모든 유익을 상징한다.[78] 뿐만 아니라 하나님은 그 분깃 '고랄' 1486을 지키시는 분이시다.

> **그들의 기업을 제비뽑아** - 수14:2

제비로(우림과 둠밈) 할당된 몫을 지키시는 이유는 그 행위가 하나님의 통제 안에 있다는 분명한 선언이다. (자족하고 만족하는 삶의 태도는 하나님의 분깃을 인정하는 자세다.)

> 제비는 사람이 뽑으나 모든 일을 작정하기는 여호와께 있느니라 - 잠16:33

시편 기자에게 있어서 땅은 하나님께서 기자의 삶을 결정하고 그 분이 가진 것을 나누어 주신다는 의미에서 그것은 시편 기자의 생애를 은유하고 있는 것일 수도 있다.

아름다운 구역(6)

하나님의 은혜로 택정함을 입은 사람들은 실로 아름다운 구역을 할당 받은 사람들이다.

> 내게 줄로 재어 준 구역은 아름다운 곳에 있음이여 나의 기업이 실로 아름답도다(6)

이 복을 받은 사람이 그 은혜에 대한 당연한 반응을 성경은 이렇게 말한다.

> 내가 이미 얻었다 함도 아니요 온전히 이루었다 함도 아니라 오직 내가 그리스도 예수께 잡힌 바 된 그것을 잡으려고 달려가노라 - 빌3:12

2. 신실하신 주님(7-11)

이제부터는 저자가 하나님의 선하신 유업이라는 주제로 초점을 전개시킨다.
그 선하신 유업은 인도하심(7절), 요동치 않고 안정됨(8절), 부활(9-10), 끝없는 행복(11)이다.

78) 시23:5, 116:13, 고전10:16

나를 훈계하신 여호와(7)

7절에서 하나님의 훈계는 구체적으로 묘사되지 않는다. 그러나 하나님의 교훈은 하나님의 편에서는 강압적인 지시라기보다는 부드러운 권면이지만 사람의 입장에서는 잠을 설치게 되는 마음이다. 여호와께서 그의 사랑하시는 자에게 잠을 주신다는 시127:2의 말씀은 단순한 걱정일 때의 상황이고, 여기서 밤마다 내 양심이 교훈을 받는다는 7절의 상태는 저자가 매우 힘든 상황에 직면한 처지를 나타내는 경직된 표현으로 보인다.[79)]
'하나님이여 나를 지켜주소서' 1절의 간구에 하나님의 말씀이 역사하는 모습이다.

내가 흔들리지 아니하리로다(8)

다소 허세를 부리 듯 한 이 담대한 고백은(평온할 때는 누구나 할 수 있는 고백처럼 시30:6) 좌절의 절정에 이른 현 상황에서 부르는 노래는 진실일 수밖에 없다. (참조: 시15:5에서 저자는 자신이 흔들리지 않는 이유를 제시하였다.)
나는 여호와를 항상 내 앞에 모시고 산다. 그러나 이 고백은 시30:6에서 증명하듯 형통할 때의 고백임을 주목하라.

나의 오른쪽에 계시므로

'나의 우편' '또는 나의 오른 손' 으로 표현되는 이 도움은 법정이나 전투의 현장에서도 사용된다.[80)] 오른쪽에 대한 또 다른 의미는 11절과 시110:1을 참조하라.
오순절에 베드로는 70인 역을 사용하여 이 시편의 본 구절에서 마지막 절 까지를 메시아에 대한 예언으로 인용했다.

이러므로 나의 마음이 기쁘고(9-10)

시편에서는 몇 차례 하나님의 얼굴을 대면하는 표현이 등장하는데 이는 시11:7에서와 같이 정직한 자를 사랑하시는 하나님과의 친밀감이 자라나는 것을 상징한다.

주께서 내 영혼을 스올에 버리지 아니하시며(10)

---

79) 시6:1. 17:3, 94:12
80) 시109:31, 110:5

일부 주석가들은 본 절의 의미를 질병으로부터의 구출되는[81] 그 이상의 것으로 보았지만 시49편과 73편에서 사악한 자와 정직한 자에 대한 종말적 대조는 상당히 과감하게 나타난다. 사도행전에서[82] 베드로와 바울이 주장했듯이 다윗이 자신의 부활에 대한 확신을 가진 것으로 보기엔 너무 과하고 단지 그는 하나님께서 일으키신 자는 부패하지 않을 것으로 확신하다로 읽는다.

주 앞의 충만한 기쁨과 우편의 영원한 즐거움(11)

이 구절은 장래에 전개될 상상을 초월하는 아름다움에 대하여 간결하게 서술하고 있다. 소위 인생길이란 그 목적뿐만이 아니라 이미 주어진 말씀의 참된 의미를(의인의 길은 돋는 햇살 같아서, 여호와의 모든 길은 언약과 증거를 지키는 자에게 인자와 진리가 되심) 따라 걸으며 사는 것이다. 그것은 신의 존재와 영원으로 끊임없이 이어진다. 기쁨(빛. 기쁨)과 쾌락은 완전히 만족한 것으로서 제시된다(시17:15의 '만족'과 같은 뿌리에서부터 충만함의 힘이다).[83] 얼굴(존재의 의미)과 오른손에서 모두 발견되기 때문이다. 1절의 난민은 자신이 상속자임을 알게 되고, 그의 유산은 모든 상상과 탐험을 초월한다. 그는 하나님의 얼굴과 그의 오른손에서 주어지는 두 가지의 즐거움과 기쁨을 발견한다.

시편 기자는 이 세상에서 안전하기 위해 하나님이 필요하다는 것을 인식한다. 마지막에 그는 하나님이 죽음에서조차 자신을 안전하게 할 수 있다고 고백한다. 우리는 여기서 시편 기자가 육체의 부활에 대한 가르침과 더불어 신약에서 온전히 드러날 내세 신앙에 대한 구약적 배경을 제공하고 있음을 보게 된다.

베드로는 오순절 설교에서 LXX의 본 시편을 인용하면서 그리스도께 적용한다.[84]

그는 다윗이 죽어 장사되었고 그의 묘가 있기에 본 시편의 예언은 그의 후손이며 메시아인 예수 그리스도를 염두에 두고 한 것이라 말했다. 더불어 바울은 안디옥에서 설교할 때 본 시편10절을 인용하여 그리스도께 적용하였다.(행13:35)

두 사도가 본 시편을 그리스도에 대한 예언적 의미로 해석하게 된 배경은 막12:35-37이다.

---

81) 사38:9-22

82) 행2:29 이하, 13:34-37

83) 나는 의로운 중에 주의 얼굴을 뵈오리니 깰 때에 주의 형상으로 만족하리이다. 시17:15

84) 행2:25-28

> 예수께서 성전에서 가르치실새 대답하여 이르시되
> 어찌하여 서기관들이 그리스도를 다윗의 자손이라 하느냐 – 막12:35–37
>
> 다윗이 성령에 감동되어 친히 말하되 주께서 내 주께 이르시되 내가 네 원수를 네 발 아래에 둘 때까지 내 우편에 앉았으라 하셨도다 하였느니라 –시110:1(행2:35)

주님께서 인용하신 시110:1의 말씀은 행2:34에서 이 시편과 더불어 증거 구절로 사용하고 있다.

> 다윗은 하늘에 올라가지 못하였으나 친히 말하여 이르되 주께서 내 주에게 말씀하시기를 – 행2:34

여호와여 의의 호소를 들으소서(17:1-15)

제17편 다윗의 기도

1 여호와여 의의 호소를 들으소서 나의 울부짖음에 주의하소서 거짓되지 아니한 입술
에서 나오는 나의 기도에 귀를 기울이소서
2 주께서 나를 판단하시며 주의 눈으로 공평함을 살피소서
3 주께서 내 마음을 시험하시고 밤에 내게 오시어서 나를 감찰하셨으나 흠을 찾지 못하
셨사오니 내가 결심하고 입으로 범죄하지 아니하리이다
4 사람의 행사로 논하면 나는 주의 입술의 말씀을 따라 스스로 삼가서 포악한 자의 길을
가지 아니하였사오며
5 나의 걸음이 주의 길을 굳게 지키고 실족하지 아니하였나이다
6 하나님이여 내게 응답하시겠으므로 내가 불렀사오니 내게 귀를 기울여 내 말을 들으소서
7 주께 피하는 자들을 그 일어나 치는 자들에게서 오른손으로 구원하시는 주여 주의 기
이한 사랑을 나타내소서
8 나를 눈동자 같이 지키시고 주의 날개 그늘 아래에 감추사
9 내 앞에서 나를 압제하는 악인들과 나의 목숨을 노리는 원수들에게서 벗어나게 하소서
10 그들의 마음은 기름에 잠겼으며 그들의 입은 교만하게 말하나이다
11 이제 우리가 걸어가는 것을 그들이 에워싸서 노려보고 땅에 넘어뜨리려 하나이다
12 그는 그 움킨 것을 찢으려 하는 사자 같으며 은밀한 곳에 엎드린 젊은 사자 같으니이다
13 여호와여 일어나 그를 대항하여 넘어뜨리시고 주의 칼로 악인에게서 나의 영혼을 구
원하소서
14 여호와여 이 세상에 살아 있는 동안 그들의 분깃을 받은 사람들에게서 주의 손으로 나
를 구하소서 그들은 주의 재물로 배를 채우고 자녀로 만족하고 그들의 남은 산업을
그들의 어린 아이들에게 물려 주는 자니이다
15 나는 의로운 중에 주의 얼굴을 뵈오리니 깰 때에 주의 형상으로 만족하리이다

In the Shadow of Your Wings

17 A Prayer of David.

1 Hear a just cause, O Lord; attend to my cry! Give ear to my prayer from lips free of
deceit!
2 From your presence let my vindication come! Let your eyes behold the right!
3 You have tried my heart, you have visited me by night, you have tested me, and you
will find nothing; I have purposed that my mouth will not transgress.
4 With regard to the works of man, by the word of your lips I have avoided the ways of
the violent.
5 My steps have held fast to your paths; my feet have not slipped.
6 I call upon you, for you will answer me, O God; incline your ear to me; hear my
words.
7 Wondrously show your steadfast love, O Savior of those who seek refuge from their
adversaries at your right hand.
8 Keep me as the apple of your eye; hide me in the shadow of your wings,
9 from the wicked who do me violence, my deadly enemies who surround me.
10 They close their hearts to pity; with their mouths they speak arrogantly.
11 They have now surrounded our steps; they set their eyes to cast us to the ground.
12 He is like a lion eager to tear, as a young lion lurking in ambush.
13 Arise, O Lord! Confront him, subdue him! Deliver my soul from the wicked by your
sword,
14 from men by your hand, O Lord, from men of the world whose portion is in this life.
You fill their womb with treasure; they are satisfied with children, and they leave
their abundance to their infants.
15 As for me, I shall behold your face in righteousness; when I awake, I shall be
satisfied with your likeness.

A. 문맥분석

본 탄원시의 장르는 기도다.
다윗의 첫 번째 관심은 하나님의 조사에 자신의 결백을 주장하면서 하나님의 정밀조사를 받는 것이다. 이것은 본 시편 후반부를 지배하고 있는 보호 요청에 대한 서곡이다. 그가 처한 위험에 대한 첫 언급은 7절에 있으며, 이것은 포위하고 있는 적들을 생생하게 묘사하는 가운데 그들을 전복시켜 달라는 간구가 이어지고 있다. 마지막 구절은 세속적 가치에 몰입된 대적들의 실상을 배경으로 한다. 다윗은 내일 아침이면 밤은 물러가고 구름 한 점 없는 아침을 보게 될 것이라고 구원을 확신하며 기도하고 있다.

- 그러나 내가 가는 길을 그가 아시나니 그가 나를 단련하신 후에는 내가 순금 같이 되어 나오리라. 내 발이 그의 걸음을 바로 따랐으며 내가 그의 길을 지켜 치우치지 아니하였고 – 욥23:10-11
- 나의 환난 날에 내가 주께 부르짖으리니 주께서 내게 응답하시리이다 – 시86:7
- 주께서 생명의 길을 내게 보이시리니 주의 앞에는 충만한 기쁨이 있고 주의 오른쪽에는 영원한 즐거움이 있나이다 – 시16:11
- 교만하고 완악한 말로 무례히 의인을 치는 거짓 입술이 말 못하는 자 되게 하소서 – 시31:18

B. 주석적 접근

1. 진실에 대한 호소(1-5)

'거짓되지 아니한 입술에서 나오는 나의 기도'(1)
이것이 과장된 것이라면 하나님은 시편 기자의 무죄를 입증할 필요도 없이 그저 욥에게 하신 것(욥1:8)처럼 하셨을 것이다.
시편5:4에서의 고백과 같이 그는 죄를 미워하시는 하나님을 기억하여 자신의 상태에 만족하지 않고 하나님의 것이요 인간의 의무인 진실함(거짓되지 아니함)을 위해 항상 염려하는 사람이었다.

주께서 나를 판단하시며(2)

그는 자신의 마음을 살피고 자신의 경건이 가식이 아님을 확신한다.(요일3:18-21)

> 자녀들아 우리가 말과 혀로만 사랑하지 말고 행함과 진실함으로 하자
> 이로써 우리가 진리에 속한 줄을 알고 또 우리 마음을 주 앞에서 굳세게 하리니
> 이는 우리 마음이 혹 우리를 책망할 일이 있어도
> 하나님은 우리 마음보다 크시고 모든 것을 아시기 때문이라
> 사랑하는 자들아 만일 우리 마음이 우리를 책망할 것이 없으면
> 하나님 앞에서 담대함을 얻고 – 요일3:18-21

하나님은 의로운 분이시라 저자를 판단하실 것이라는 소망에서 볼 때 비록, 시편 기자가 겪는 고통의 성격을 알 수 없지만 그에게 일어난 일은 마땅히 당할 것이 아님을 시사한다. 심판 주로써 하나님은 틀림없이 그렇게 하실 수 있으며, 심판자 하나님께는 숨길게 없기 때문이다.

주께서 내 마음을 시험하시고 밤에 오시어서 나를 감찰하셨으니(3)

잠을 못 자게 되는 시16:7의 암시를 주목하라. 저자는 자신의 무죄를 자신의 행동을 넘어서 생각과 동기까지 확대한다. 악의 활동이 절정인 밤에도 하나님은 자신의 잘못을 발견치 못할 것이라고 한다.(욥38:12-15) 하나님의 방문은 일종의 말씀에 근거한 자기 성찰을 상징한다.

> 나의 환난 날에 내가 주를 찾았으며 밤에는 내 손을 들고 거두지 아니하였나니 내 영혼이 위로 받기를 거절하였도다. – 시77:2 (즐거운 성찰, 시119:62)

나는 주의 입술의 말씀을 따라 스스로 삼가서(4)

삼가다(제하다)는 의미의 단어 **'샤마르'**는 지키다 보존하다 주의하다는 의미를 지닌다.

기본적으로 '큰 주의를 하여 행하다'는 의미로 언약, 의무, 율법, 법규 등을 면밀하게 주의하다는 뜻으로 사용되었다. 하반절의 의미는 시56:6 같이 적대감을 지니는 의미로도 사용되므로 동사를 통해 들려주는 음성에는 주의를 기울여야 한다. 다윗은 삼상25:32 이후의 사건에서 아비가일을 통한 하나님의 음성을 알아차리고 폭력으로부터 자신을 제지(삼가다)하였다.

나의 걸음이 주의 길을 굳게 지키고(5)

흔들리지 아니하리이다 – 시15:5c

2. 사랑에 대한 호소(6-9)

다윗은 이 구절에서부터 심판자이신 하나님이 자신의 친구요 보호자로 삼아 그의 호소를 이어간다. 그는 하나님의 오른 손(전능하심)에 의하여 베풀어지는 기이한 사랑 곧 '**헤세드**'에 의지한다.(6-7)

7절의 '기이한 사랑'으로 번역된 고차원적인 히브리 단어는 하나님의 기적적인 개입이나 간섭(시9:1)을 의미하며, 이는 창18:14에서 사라를 책망하시며 "여호와께 능하지 못한 일이 있겠느냐"는 말씀을 염두에 두고 있다. 우리는 시16편에서 '**헤세드**'를 다루었지만, 이 '**헤세드**'는 언약적인 사랑, 영원한 사랑, 신실한 사랑이란 의미로써 언약적인 개념이 도입되기 전에는 '사랑스러움'을 번역한 단어였다.

눈동자 같이 지키시고(8)

눈의 사과는 눈동자다. '주의 날개'라는 그림언어는 신32:10의 '모세의 노래' 안에서 보호날개를 연상케 하는 것처럼 여기서 나타나는데 그 두 번째의 은유가 이 구절의 모든 부분에 까지 확장되고 있다. 이 그림 언어는 여러 곳에서 표준적인 표현처럼 나타난다.[85]

여호와께서 그를 황무지에서, 짐승이 부르짖는 광야에서 만나시고 호위하시며 보호하시며

85) 룻2:12 시36:7 57:1, 63:7, 91:4

자기의 눈동자 같이 지키셨도다. – 시32:10

내 법을 네 눈동자처럼 지켜라 – 잠7:2

예수께서 이르시되 내가 심판하러 이 세상에 왔으니 보지 못하는 자들은 보게 하고 보는 자들은 맹인이 되게 하려 함이라 하시니(선천적 소경의 고침) – 요9:39

나의 목숨을 노리는(9)

이것은 사람과 짐승 양쪽의 약탈자의 관점에서 묘사된 잔혹함의 묘사다. 시22:12-18에서 대적으로부터 포위당함을 인한 잔혹한 장면은 지리적으로 갈보리에서 재현되어 끝날 장면이다.

많은 황소가 나를 에워싸며 바산의 힘센 소들이 나를 둘러쌌으며
내게 그 입을 벌림이 찢으며 부르짖는 사자 같으니이다
나는 물 같이 쏟아졌으며 내 모든 뼈는 어그러졌으며
내 마음은 밀랍 같아서 내 속에서 녹았으며,
내 힘이 말라 질그릇 조각 같고 내 혀가 입천장에 붙었나이다
주께서 또 나를 죽음의 진토 속에 두셨나이다.
개들이 나를 에워쌌으며 악한 무리가 나를 둘러 내 수족을 찔렀나이다
내가 내 모든 뼈를 셀 수 있나이다 그들이 나를 주목하여 보고
내 겉옷을 나누며 속옷을 제비 뽑나이다 – 시22:12-18

3. 죽이려는 욕망(10-12)

기름에 잠긴 그들은 교만하게 말한다.(10)

히브리어 원문 첫 줄에는 '어리석다'는 것을 은유하는 '그들의 기름에 (푹) 잠겼다'는 두 단어로 구성되어 있다. '그들의 뚱뚱한'(또는 부사적으로 '그들의 비만함')은 자기애에 빠져있는 내면의 모습을 상징한다.(시73:7) 이것은 내면의 무질서함의 점진적인 성장일 수도 있고 의식적인 선택일 수도 있다.

그들의 마음은 살쪄서 기름덩이 같으나 – 시119:70

영어 성경은 '**기름에 잠긴 것**'을 '마음의 문을 닫다'로 번역하였다.

누가 이 세상의 재물을 가지고 형제의 궁핍함을 보고도 도와 줄 마음을 닫으면 하나님의 사랑이 어찌 그 속에 거하겠느냐 – 요일3:17

교만('게우트' גאות)은 솟아오름, 연기 기둥(사9:18), 바다의 파도(시89:9)
위세가 커 보이나 이내 흔적 없이 사라지는 것들이다.

우리가 걸어가는 것을(11)
시편에서 '나'(니)로 쓰이던 일인칭이(9절) 여기서 갑자기 '우리'(our,누)라는 삼인칭으로 바뀐 것은 저자인 다윗의 신하들을 일컫는다.(영광을 위하여 고난도 함께 받으려 함)

그는 그 움킨 것을 찢으려 하는 사자 같으며(12)
사자는 무자비한 잔악함을 드러내는 은유다.

4. 정욕의 대가(13-14)

악인들을 위한 놀랍도록 효과적인 두 가지의 통찰력이 여기 나란히 제시된다.
첫 번째는 하나님을 대면하는 것으로 그들의 삶의 자취를 따라 심판이라는(주의 칼) 친숙한 패턴이고, 또 하나는 명백한 반대로 그들이 사랑하여 높이 쌓은(분깃) 것이다.

일어나 그를 대항하여
대항으로 번역된 '**카담**'은 앞서 가다는 뜻이다. 주께서 앞서 가셔서 대적들을 멸하여 달라는 표현이다. 전사로 나타낸 여호와에게 두 가지의 병기가 제시된다.
'주의 칼'은 사10:5 이하에서와 같이 악인을 도구로 사용하는 문학적 표현이다
'주의 손'은 하나님의 능력을 의미한다.

5. 사랑에 대한 보상(15)

나는 의로운 중에 주의 얼굴을 뵈오리니(15)

이 훌륭한 구절은 땅이라는 14절의 낮은 곳에서의 번성으로부터 직선으로 쏟아 오르고 있다. 사랑을 의지하는 '나'와 대조를 이루고 있으며(수24:15b, 시13:5) 그의 만족은 시16:11에 표현되어 있다. 이들에 대하여 사도 바울은 이렇게 정의했다.

> 그들의 마침은 멸망이요 그들의 신은 배요 그 영광은 그들의 부끄러움에 있고 땅의 일을 생각하는 자라. 그러나 우리의 시민권은 하늘에 있는지라 거기로부터 구원하는 자 곧 주 예수 그리스도를 기다리노니 그는 만물을 자기에게 복종하게 하실 수 있는 자의 역사로 우리의 낮은 몸을 자기 영광의 몸의 형체와 같이 변하게 하시리라 – 빌3:19–21

'우리가 그분을 보게 될 것'이라는 약속은 '우리가 그와 같이 될 것'을(요일3:2,고후3 18) 보장 할뿐만 아니라 이미 확정된 사실을 전제로 한다. 하나님을 직접 대면하는 것은 모세의 최고 특권이었으며 (신34:10, 민12:8), 꿈에서가 아니라 깨어서 보았으므로 (민12:6f) '깰 때에'라는 표현은 시16:9이나 11:7에서와 같이 부활에 사용되는 표현이다. 의심할 여지없이 사26:19, 단12:2.7절에서도 동일한 용례로 사용되고 있다. 이것은 7절의 '놀랍도록 견고한 그 언약적 사랑을 보여 주십시오'라고 간구한 기도응답의 절정이다.

풍족한 재물과 가득한 자손들로 이 땅에서 대를 이어가며 누리는 대적들의 분깃은 잠시잠간에 불과하지만, 하나님과의 연합된 자가 이후에 누릴 영원한 복락을 인하여 저자는 기뻐하며 만족하게 여긴다.

전사되신 왕의 돌보심(18:1-50)

제18편 여호와의 종 다윗의 시, 인도자를 따라 부르는 노래, 여호와께서 다윗을 그 모든 원수들의 손과 사울의 손에서 건져 주신 날에 다윗이 이 노래의 말로 아뢰어 이르되

1 나의 힘이신 여호와여 내가 주를 사랑하나이다
2 여호와는 나의 반석이시요 나의 요새시요 나를 건지시는 이시요 나의 하나님이시요
내가 그 안에 피할 나의 바위시요 나의 방패시요 나의 구원의 뿔이시요 나의 산성이
시로다
3 내가 찬송 받으실 여호와께 아뢰리니 내 원수들에게서 구원을 얻으리로다
4 사망의 줄이 나를 얽고 불의의 창수가 나를 두렵게 하였으며
5 스올의 줄이 나를 두르고 사망의 올무가 내게 이르렀도다
6 내가 환난 중에서 여호와께 아뢰며 나의 하나님께 부르짖었더니 그가 그의 성전에서
내 소리를 들으심이여 그의 앞에서 나의 부르짖음이 그의 귀에 들렸도다
7 이에 땅이 진동하고 산들의 터도 요동하였으니 그의 진노로 말미암음이로다
8 그의 코에서 연기가 오르고 입에서 불이 나와 사름이여 그 불에 숯이 피었도다
9 그가 또 하늘을 드리우시고 강림하시니 그의 발 아래는 어두캄캄하도다
10 그룹을 타고 다니심이여 바람 날개를 타고 높이 솟아오르셨도다
11 그가 흑암을 그의 숨는 곳으로 삼으사 장막 같이 자기를 두르게 하심이여 곧 물의 흑
암과 공중의 빽빽한 구름으로 그리하시도다
12 그 앞에 광채로 말미암아 빽빽한 구름이 지나며 우박과 숯불이 내리도다
13 여호와께서 하늘에서 우렛소리를 내시고 지존하신 이가 음성을 내시며 우박과 숯불
을 내리시도다
14 그의 화살을 날려 그들을 흩으심이여 많은 번개로 그들을 깨뜨리셨도다
15 이럴 때에 여호와의 꾸지람과 콧김으로 말미암아 물 밑이 드러나고 세상의 터가 나타

났도다
16 그가 높은 곳에서 손을 펴사 나를 붙잡아 주심이여 많은 물에서 나를 건져내셨도다
17 나를 강한 원수와 미워하는 자에게서 건지셨음이여 그들은 나보다 힘이 세기 때문이로다
18 그들이 나의 재앙의 날에 내게 이르렀으나 여호와께서 나의 의지가 되셨도다
19 나를 넓은 곳으로 인도하시고 나를 기뻐하시므로 나를 구원하셨도다
20 여호와께서 내 의를 따라 상 주시며 내 손의 깨끗함을 따라 내게 갚으셨으니
21 이는 내가 여호와의 도를 지키고 악하게 내 하나님을 떠나지 아니하였으며
22 그의 모든 규례가 내 앞에 있고 내게서 그의 율례를 버리지 아니하였음이로다
23 또한 나는 그의 앞에 완전하여 나의 죄악에서 스스로 자신을 지켰나니
24 그러므로 여호와께서 내 의를 따라 갚으시되 그의 목전에서 내 손이 깨끗한 만큼 내게
갚으셨도다
25 자비로운 자에게는 주의 자비로우심을 나타내시며 완전한 자에게는 주의 완전하심
을 보이시며
26 깨끗한 자에게는 주의 깨끗하심을 보이시며 사악한 자에게는 주의 거스르심을 보이
시리니
27 주께서 곤고한 백성은 구원하시고 교만한 눈은 낮추시리이다
28 주께서 나의 등불을 켜심이여 여호와 내 하나님이 내 흑암을 밝히시리이다
29 내가 주를 의뢰하고 적군을 향해 달리며 내 하나님을 의지하고 담을 뛰어넘나이다
30 하나님의 도는 완전하고 여호와의 말씀은 순수하니 그는 자기에게 피하는 모든 자의
방패시로다
31 여호와 외에 누가 하나님이며 우리 하나님 외에 누가 반석이냐
32 이 하나님이 힘으로 내게 띠 띠우시며 내 길을 완전하게 하시며
33 나의 발을 암사슴 발 같게 하시며 나를 나의 높은 곳에 세우시며
34 내 손을 가르쳐 싸우게 하시니 내 팔이 놋 활을 당기도다
35 또 주께서 주의 구원하는 방패를 내게 주시며 주의 오른손이 나를 붙들고 주의 온유함
이 나를 크게 하셨나이다
36 내 걸음을 넓게 하셨고 나를 실족하지 않게 하셨나이다
37 내가 내 원수를 뒤쫓아가리니 그들이 망하기 전에는 돌아서지 아니하리이다

38 내가 그들을 쳐서 능히 일어나지 못하게 하리니 그들이 내 발 아래에 엎드러지리이다
39 주께서 나를 전쟁하게 하려고 능력으로 내게 띠 띠우사 일어나 나를 치는 자들이 내게 굴복하게 하셨나이다
40 또 주께서 내 원수들에게 등을 내게로 향하게 하시고 나를 미워하는 자들을
내가 끊어 버리게 하셨나이다
41 그들이 부르짖으나 구원할 자가 없었고 여호와께 부르짖어도 그들에게 대답하지 아니하셨나이다
42 내가 그들을 바람 앞에 티끌 같이 부숴뜨리고 거리의 진흙 같이 쏟아 버렸나이다
43 주께서 나를 백성의 다툼에서 건지시고 여러 민족의 으뜸으로 삼으셨으니 내가 알지 못하는 백성이 나를 섬기리이다
44 그들이 내 소문을 들은 즉시로 내게 청종함이여 이방인들이 내게 복종하리로다
45 이방 자손들이 쇠잔하여 그 견고한 곳에서 떨며 나오리로다
46 여호와는 살아 계시니 나의 반석을 찬송하며 내 구원의 하나님을 높일지로다
47 이 하나님이 나를 위하여 보복해 주시고 민족들이 내게 복종하게 해 주시도다
48 주께서 나를 내 원수들에게서 구조하시니 주께서 나를 대적하는 자들의 위에 나를 높이 드시고 나를 포악한 자에게서 건지시나이다
49 여호와여 이러므로 내가 이방 나라들 중에서 주께 감사하며 주의 이름을 찬송하리이다
50 여호와께서 그 왕에게 큰 구원을 주시며 기름 부음 받은 자에게 인자를 베푸심이여 영원토록 다윗과 그 후손에게로다

The Lord Is My Rock and My Fortress

18 To the choirmaster. A Psalm of David, the servant of the Lord, who addressed the words of this song to the Lord on the day when the Lord delivered him from the hand of all his enemies, and from the hand of Saul. He said:

1 I love you, O Lord, my strength.
2 The Lord is my rock and my fortress and my deliverer, my God, my rock, in whom I take refuge, my shield, and the horn of my salvation, my stronghold.

3 I call upon the Lord, who is worthy to be praised, and I am saved from my enemies.

4 The cords of death encompassed me; the torrents of destruction assailed me;

5 the cords of Sheol entangled me; the snares of death confronted me.

6 In my distress I called upon the Lord; to my God I cried for help. From his temple he
heard my voice, and my cry to him reached his ears.

7 Then the earth reeled and rocked; the foundations also of the mountains trembled
and quaked, because he was angry.

8 Smoke went up from his nostrils, and devouring fire from his mouth; glowing coals
flamed forth from him.

9 He bowed the heavens and came down; thick darkness was under his feet.

10 He rode on a cherub and flew; he came swiftly on the wings of the wind.

11 He made darkness his covering, his canopy around him, thick clouds dark with
water.

12 Out of the brightness before him hailstones and coals of fire broke through his
clouds.

13 The Lord also thundered in the heavens, and the Most High uttered his voice,
hailstones and coals of fire.

14 And he sent out his arrows and scattered them; he flashed forth lightnings and
routed them.

15 Then the channels of the sea were seen, and the foundations of the world were laid
bare at your rebuke, O Lord, at the blast of the breath of your nostrils.

16 He sent from on high, he took me; he drew me out of many waters.

17 He rescued me from my strong enemy and from those who hated me, for they were
too mighty for me.

18 They confronted me in the day of my calamity, but the Lord was my support.

19 He brought me out into a broad place; he rescued me, because he delighted in me

20 The Lord dealt with me according to my righteousness; according to the cleanness
of my hands he rewarded me.

21 For I have kept the ways of the Lord, and have not wickedly departed from my God.

22 For all his rules were before me, and his statutes I did not put away from me.

23 I was blameless before him, and I kept myself from my guilt.

24 So the Lord has rewarded me according to my righteousness, according to the cleanness of my hands in his sight.

25 With the merciful you show yourself merciful; with the blameless man you show yourself blameless;

26 with the purified you show yourself pure; and with the crooked you make yourself seem tortuous.

27 For you save a humble people, but the haughty eyes you bring down.

28 For it is you who light my lamp; the Lord my God lightens my darkness.

29 For by you I can run against a troop, and by my God I can leap over a wall.

30 This God-his way is perfect; the word of the Lord proves true; he is a shield for all those who take refuge in him

31 For who is God, but the Lord? And who is a rock, except our God?-

32 the God who equipped me with strength and made my way blameless.

33 He made my feet like the feet of a deer and set me secure on the heights.

34 He trains my hands for war, so that my arms can bend a bow of bronze.

35 You have given me the shield of your salvation, and your right hand supported me, and your gentleness made me great.

36 You gave a wide place for my steps under me, and my feet did not slip.

37 I pursued my enemies and overtook them, and did not turn back till they were consumed.

38 I thrust them through, so that they were not able to rise; they fell under my feet.

39 For you equipped me with strength for the battle; you made those who rise against me sink under me.

40 You made my enemies turn their backs to me, and those who hated me I destroyed.

41 They cried for help, but there was none to save; they cried to the Lord, but he did

not answer them.

42 I beat them fine as dust before the wind; I cast them out like the mire of the streets.

43 You delivered me from strife with the people; you made me the head of the nations; people whom I had not known served me.

44 As soon as they heard of me they obeyed me; foreigners came cringing to me.

45 Foreigners lost heart and came trembling out of their fortresses.

46 The Lord lives, and blessed be my rock, and exalted be the God of my salvation-

47 the God who gave me vengeance and subdued peoples under me,

48 who rescued me from my enemies; yes, you exalted me above those who rose against me; you delivered me from the man of violence.

49 For this I will praise you, O Lord, among the nations, and sing to your name.

50 Great salvation he brings to his king, and shows steadfast love to his anointed, to David and his offspring forever

A. 문맥분석

이와 같은 풍성한 감사는 사무엘하 22장에서 일부분이 변경되어지긴 했지만 거의 유사한 역사적 기록으로 소개되고 있다. 내용의 길이와 구조는 일관되고 명료하며 메시지의 전달력도 처지지 않는다. 비록 마지막 절에서 그 왕이 다윗이 아닌 그 후손 중의 한 사람으로 가정하였지만, 본 구절에서 저자의 의도는 다윗의 험악한 산과 광야에서 수많은 전투를 행하였기에 직접적이고 생생한 경험을 근거로 명료하고 선명하게 묘사하고 있다. 이를테면 그가 지목한 사람이 맨발로 직접 전투 현장에 나서는 장면과(29절과 33절) 같은 것이다. 이후부터는 왕들이 병거를 사용했고(왕상22:34, 왕하9:21) 솔로몬에 와서는 더 큰 규모의 전차가 소개되어진다.

그러나 캘빈이 말했듯이 본 시편의 많은 부분이 다윗 보다는 그리스도에 맞춰져 있다. 바울이 롬15:9절에서 인용한 본 시편의 48절은 메시아 예언의 일부라는 사실에 대하여 의심할 여지가 없다.

- 여호와께서 만민을 우리에게, 나라들을 우리 발아래에 복종하게 하시며 – 시47:3
- 나를 원수의 수중에 가두지 아니하셨고 내 발을 넓은 곳에 세우셨음이니이다 – 시31:8
- 여호와는 나의 사랑이시요 나의 요새이시요 나의 산성이시요 나를 건지시는 이시요 나의 방패이시니 내가 그에게 피하였고 그가 내 백성을 내게 복종하게 하셨나이다 – 시144:2
- 나는 여호와라 나 외에 다른 이가 없나니 나 밖에 신이 없느니라. 너는 나를 알지 못하였을지라도 나는 네 띠를 동일 것이요 – 사45:5
- 그 앞에 있는 광채로 말미암아 숯불이 피었도다 – 삼하22:13

표제

본 시편의 표제에 소개되는 내용은 삼상22:1과 유사하고, 시36편에서처럼 '여호와의 종'이라고 덧붙이고 있다. 그리고 이 부분과 일치시키는듯 이 시편의 마지막 절의 '그의 기름부음을 받은 자'는 구약에서의 예언이 신약에서 성취됨에 따라 그 의미가 확대된 또 다른 용어였다. 그래서 본 시편은 사무엘서의 관점에서 해석되는 것이 옳은데, 사무엘서는 왕정제도의 도입과 완성과정을 통해 다윗 왕국의 구속사적 위치를 말하고 있고 나아가 진정한 왕의 출현과 그에 의해 다스림 받을 영원한 나라를 바라보게 한다. 그러므로 본 시편에서 여호와께서 세운 왕을 대적하는 자들은 곧 하나님을 대적하는 자들이며 이들은 산산히 깨어지고 우레로 칠 것이라고 말한다.(삼상2:10)

시편은 다윗의 통치 초기에 그가 큰 죄를 범하기 이전에는(20-24절) 굉장히 큰 권세를 가졌음을 시사하고 있는데 사무엘서는 이렇게 증언한다.

> 다윗이 어디로 가든지 여호와께서 이기게 하셨더라 – 삼하8:14b

B. 주석

1. 피난처(1-3절)

사랑이란 언어는 평범하지 않고 열정적인 감정을 뜻한다. 그것은 약한 것을 강하게 하는 자비로운 모습으로 어디서든 강조되어 나타난다. 시편 제목에서와 같이 다윗의 탈출과 승리에 대한 은유('메타포')는 그 의미를 탐구하게 한다.
'바위나 절벽' 은 사울로부터 뜻하지 않게 구출된 승리(삼상23:25-28)를 강하게 연상시킨다. **'야생염소의 바위'** 는 그의 피난처가 되셨던 그 분에 대한 상징과 같다.

2. 구조(4-19)

저자에게 가장 큰 위협이 되었던 죽음과 파멸에 직면한 한 사람을 구조하는 하나님의 이 장엄한 장면은, 이 시편을 노래하는 자의 연약함과 대조를 이루고 있다. 본 시편이 말하는 가치는 각인에 대하여 하나님에 대한 개인적인 죄를 강조하려는 것이다. 비록 다윗이 왕이지만 본 시편 전체는 다윗의 생생한 개인적인 체험을 다룬다.
다윗이 하나님께 복을 받은 것은 하나님이 그를 기뻐하셨기 때문이지 그가 자기 백성을 대표한 까닭이 아니다. 그들은(이스라엘 백성) 다윗을 위하여 복을 받을 것이다. (그리스도를 위하여 교회가 복을 받는 것 같이)

> 여호와께서 그의 종 다윗을 위하여 유다 멸하기를 즐겨하지 아니하셨으니 이는 그와 그의 자손에게 항상 등불을 주겠다고 말씀하셨음이더라 – 왕하8:9
> 너희는 귀를 기울이고 내게로 나아와 들으라 그리하면 너희의 영혼이 살리라 내가 너희를 위하여 영원한 언약을 맺으리니 곧 다윗에게 허락한 확실한 은혜이니라 – 사55:3

사망의 줄이 나를 두르고 사망의 올무가 내게 이르렀도다(4)

사울의 무자비한 공격에 대응할 수도 없고 그저 아무런 대책 없이 고통을 겪어야 하는 장면은 애굽 군대의 추격을 받으며 홍해 앞에 절체절명의 위기 앞에 서있는 이스라엘과 같았다.

> 욕을 당하시되 맞대어 욕하지 아니하시고 고난을 당하시되 위협하지 아니하시고 오직 공의로 심판하시는 이에게 부탁하시며 – 벧전2:23

나의 부르짖음에 그가 들으셨도다(6)

6절의 하반부에 나타나는 '나의 부르짖음에 그가 들으셨도다' 라는 구절은 환난 날에 부르짖은 다윗의 기도에 대한 응답이 다음 절에 명시되고 있다.

이에 땅이 진동하고 산들의 터도 요동하였으니 '키'(כִּי 왜냐하면)
하나님의 진노로 말미암음이로다.(7)

하나님은 시인이 죽음의 위기에 처한 것이 잘못된 불의한 것임을 아시고 분노하셨다.

여호와의 불과 연기로 둘러 싸였던 시내 산의 정황(출19:18)을 회상케 되는 본 절의 장면에서 우리는 하나님의 형상을 보는 대신 욥이 말한 '주의 길'에 대한 겉모습만 슬쩍 보게 되는데, 그의 큰 능력의 우렛소리를 누가 능히 헤아리겠느냐는(욥26:14) 말씀으로 인도된다.

> 예수께서 크게 소리 질러 이르시되 엘리 엘리 라마 사박다니 하시니
> 이에 성소 휘장이 위로부터 아래까지 찢어져 둘이 되고 땅이 진동하며 바위가 터지고
> 무덤들이 열리며 – 마27:45, 51

그의 코에서 연기가 오르고 입에서 불이 나와 사름이여 그 불에 숯이 피었도다(8)

하나님의 코에서 분노의 연기가 오르고 입에서 나온 불은 모든 것을 삼켰고 숯이 되어 버렸다는 완전한 파멸을 떠올리게 된다.

> 이같이 화답하는 자의 소리로 말미암아 문지방의 터가 요동하며 성전에 연기가 충만한지라 – 사6:4
>
> 네 하나님 여호와는 소멸하는 불이시요 질투하시는 하나님이시니라 – 신4:24
>
> 하나님이 가는 베 옷을 입은 사람에게 말씀하여 이르시되 너는 그룹 밑에 있는 바퀴 사이로 들어가 그 속에서 숯불을 두 손에 가득히 움켜 가지고 성읍 위에 흩으라 하시매 그가 내 목전에서 들어가더라 – 겔10:2

하늘을 드리우시고 강림하시니(9)

하나님이 하늘에서 내려오시는 모습을 NEB는 '하늘을 휩쓸었다'는 표현을 사용하지만 하늘을 가르고 강림하신다는 의미다. 그 때에 하나님의 발아래가 어둡게 된 것은 강림하실 때에 사람들이 하나님을 보고 죽임 당하는 것을 피하게 하시려는 배려의 표현이다.

바람 날개를 타고 높이 솟아 오르셨도다.(10)

천사('케루브'), 흑암, 구름, 광채 등 뇌성과 초자연적인 현상에 대한 표현들은 하나님의 범접할 수 없는 거룩을 표현하기 위해 에스겔 1:4처럼 혼재되어 나타난 방식이다. 생명나무 수호자(창3:24), 속죄소의 시은좌, 장막에 새겨 넣은 그룹, 심판하시는 병거 등은 거룩함을 강조하는 맥락에서 표현되었다.

> 내가 보니 북쪽에서부터 폭풍과 큰 구름이 오는데 그 속에서 불이 번쩍번쩍하여 빛이 그 사방에 비치며 그 불 가운데 단 쇠 같은 것이 나타나 보이고 그 속에서 네 생물의 형상이 나타나는데 그들의 모양이 이러하니 그들에게 사람의 형상이 있더라 그들에게 각각 네 얼굴과 네 날개가 있고 겔1:4-6
>
> 이같이 하나님이 그 사람을 쫓아내시고 에덴 동산 동쪽에 그룹들과 두루 도는 불 칼을 두어 생명 나무의 길을 지키게 하시니라(창3:24)

그가 높은 곳에서 손을 펴사 나를 붙잡아 주심이여 많은 물에서 나를 건져내셨도다(16-19)

전투에 개입하신 거대한 규모의(11-15절) 하나님의 현현은 '번개' 화살로 대적을 파하심으로 개인의 염려는 끝나고 구원의 절정으로 치닫는다. 하나님의 역사는 파죽지세로 임하실 뿐만 아니라 개인의 필요에는 세밀하게도 임하신다. 그의 도착하심은 시144:7에서도 나타낸 표현과 유사한 맥락에서 '하나님의 손'은 사자를 보내시는 대신 직접 임하셨다는 것을 암시한다. 16절의 '많은 물'에서 건지심은 4절의 '사망의 줄과 불의의 창수'로 부터의 건지심에 대한 은유적 표현이고, 19절의 넓은 곳은 6절의 '환난 중의 간구'에 대한 응답이다. 급류 같던 저자의 위기가 넓고 잔잔한 해협의 평온으로 변하게 된 은유를 '하나님의 손'의 절대적인 힘에 의한 완벽한 구원으로 노래하고 있는 것이다.

3. 그의 길은 완벽하다(20-30)

20-24절에 등장하는 저자의 '자기 의'는 시5:4-6 및 17:1-5절을 참조하라.
그러나 그 구절들이 말하는 것처럼 다윗은 이 용어를 제한적으로 사용해야 했지만 메시아는 그것을 절대적으로 사용하실 수 있었다. 시편은 궁극적으로 메시아닉이다. 시편 안에 있는 모든 주제는 그리스도와 관련하여 새로운 깊이를 얻는 것이다.

실로 이 구절의 주된 관심사는 신실한 창조주께 자신의 영혼을 위탁하는 사람들의 보호자가 되심을 찬양하는 것이다.[86] 저자는 하나님과 사람들과의 관계에서 성실한 의인으로서(도덕적 인간이 아닌 언약에 근거한 행위) 하나님의 율법을 지켰다. 신명기에서 약속은(4-26장) 율법은 축복과 저주가 따르며(신27-28장), 시편 기자는 그 언약의 축복을 경험하고 있다.

> 여호와께서 너를 대적하기 위해 일어난 적군들을 네 앞에서 패하게 하시리라 그들이 한 길로 너를 치러 들어왔으나 네 앞에서 일곱 길로 도망하리라 – 신28:7

'여호와의 종 다윗'(표제)에 대한 의미는 사50:7과 딤후4:6-8에서 대조되고 있다.

> 주 여호와께서 나의 귀를 여셨으므로 내가 거역하지도 아니하며 뒤로 물러가지도 아니하며 나를 때리는 자들에게 내 등을 맡기며 나의 수염을 뽑는 자들에게 나의 빰을 맡기며 모욕과 침 뱉음을 당하여도 내 얼굴을 가리지 아니하였느니라
> 주 여호와께서 나를 도우시므로 내가 부끄러워하지 아니하고 내 얼굴을 부싯돌 같이 굳게 하였으므로 내가 수치를 당하지 아니할 줄 아노라 – 사50:5-7

> 전제와 같이 내가 벌써 부어지고 나의 떠날 시각이 가까웠도다
> 나는 선한 싸움을 싸우고 나의 달려갈 길을 마치고 믿음을 지켰으니
> 이제 후로는 나를 위하여 의의 면류관이 예비되었으므로 주 곧 의로우신 재판장이 그 날에 내게 주실 것이며 내게만 아니라 주의 나타나심을 사모하는 모든 자에게도니라 – 딤후4:6-8

그의 모든 규례가 내 앞에 있고 ...그의 율례를 버리지 아니하였음이로다(22)

신명기에서 짝을 이루어 자주 발견되는 규례와 율례는 사람과 사람의 관계와 하나님과 사람의 관계에 대하여 하나님의 율법을 잘 요약한 것이다.(출21:1이후, 레3:15이후) 다소 전문적인 언어 같지만 시19:7-14에 근거하면 다윗은 이 율례에 매우 친숙했다는 것을 알 수 있다.

그러므로 저자는 이 규례와 율례에 근거한 합법적인 호소라기보다는 그 이면에 있는 하나

86) 벧전4:19 그 영혼을 미쁘신 창조주께 의탁할지어다.

님의 언약적 신실함에 호소하고 있는 것이다.

여호와께서 내 의를 따라 상주시고 내 손의 깨끗함을 따라 갚아 주셨다는 20절의 이유가 접속사 '키'(왜냐하면)에 의해 21절과 22절에 나열되고 있는데 **'여호와의 도(道)'** 곧 규례와 율례를 지킨 것이다. (규례와 율례는 하나님과의 언약을 지키기 위해 순종하는 법이나 법규)

23절과 24절의 구조는 20절의 반복으로, 언약에 충성하여 하나님과 사람 앞에서 범과하지 않은 저자의 행위를 하나님께서 보시고 기뻐하여 대적들로부터 구원해 주셨다는 고백이다.

자비한 자에게는 주의 자비하심을... 주의 완전하심을 보이시며(25)

자비한 자로 번역된 **'하시드'**는 충실한 자, 경건한 자를 의미한다. 이는 하나님의 보시기에 옳은 것을 행하며 한마음으로 하나님께 충성을 다하는 신실한 사람을 일컫는다. 그것은 시편에서 '하나님의 종'에 대한 표준어다. 시16:10에서 이 단어는 장차 오실 거룩한 분을 가리켰다.(주의 거룩한 자로 썩지 않게 하실 것임)

이 단어는 언약의 동역 자들 사이에 약속된 굳건한 사랑(헤세드)과 관련이 있다.

> 주께 피하는 자들을 그 일어나 치는 자들에게서 오른손으로 구원하시는 주여
> 주의 기이한 사랑을 나타내소서 –시17:7

'하시드'는 RSV에서 '거룩한'(시16:10), '성도'(시30:4), '충실한'(시50:5) 등으로 번역하였다. 특히 시50:5의 '충실한'은 한글 개역개정과 KJV에서 성도로, NIV는 성별된, NASB는 '충실한'으로 각개 번역되었다.

'하시드'는 시145:17과 렘3:12에서 하나님 자신에게 사용되었는데 여기서와 같이 '신실한', '충실한'으로 번역되어질 수 있다.(충성된 자: 하시딤)

> 여호와께서는 그 모든 행위에 의로우시며 그 모든 일에 <u>은혜로우시도다</u> – 시145:17
> 나는 <u>긍휼이 있는 자</u>라 노를 한없이 품지 아니하느니라 여호와의 말씀이니라 – 렘3:12c

깨끗한 자에게는 주의 깨끗하심을, 사특한 자에게는 주의 거스리심을(26)

'임 바라르'(ברר)... '웨임 이케쉬'(עקש)(행한대로 갚으심 시62:12, 삿1:7 롬2:6)

깨끗한 자('바라르')는 재귀분사로 '스스로 깨끗하게 하는 자', 하나님의 말씀에 자신을 비

추어 늘 시험하는 자를 의미한다. 반면 '사특한 자'('이케쉬')는 문자적으로 비틀어진 사람, 구부러진 사람을 의미하고 잠언에서는 악한 사람(잠22:5), 말(잠8:8), 생각(잠11:20), 생활(잠2:15, 28:6)에 사용되었다.
사특한 자는 '자신을 비틀어라'(NEB:tortuous-구불구불한)는 동사로 비뚤어진 또는 부정직한 사람을 뜻한다. 그것은 뒤틀리거나 씨름하는 상태로서 창30:8의 납달리란 이름을 떠올리게 한다.

> 라헬이 이르되 내가 언니와 크게 경쟁하여 이겼다 하고 그의 이름을 납달리라 하였더라 – 창30:8

이 원리는 하나님께서 라반을 이용하여 야곱을 가르치신 장면과 그리고 확정되지 않고 흔들리는 발람의 마음에서 발견된다.

주께서 곤고한 백성은 구원하시고(27)

전 시편이 하나님을 찬양함과 같이 27-30절은 모두 하나님을 강조하면서 시작되고 있다. '**곤고한 백성**'은 NEB에서 '겸손한 사람' 으로 번역된 적이 있는데, 여기서 히브리어 '**아니**'는 '가난한 백성'을 지칭하는 것이 옳아 보인다. 다윗은 미덕보다 환경을 주로 말하고 있기 때문이다. 이들은 시편에서 자주 만나는 'Underdog'(약자(弱者))으로 겸손한 자가 아니라 가난한(시10:2), 괴로워하는(시22:24), 약한(35:10), 채움이 필요한(68:10) 자들을 의미한다.

> 심지어 개들이 와서 헌데를 핥더라 – 눅16:21

'**가난한 자**'는 지복 곧 팔복의 첫 번째에 해당하며 어려움에 처한 자를 말한다. '**아니**'와 동의어로 사용되는 '**안와**'도 대부분의 경우 '가난한 자'로 번역되는데, 서로의 차이점은 '**안와**'는 온유한 자로(시25:9, 37:11 참조) 자기의 주장을 거부하는 자로 구별하여 사용되며 민12:3에서 모세에게 사용되었다. 교만한 눈은 스스로 하나님인 것처럼 행동하는 사람이다.

등불을 켜고 흑암을 밝히심(28)

등불은 생명을 상징한다. 등불이 켜지는 것은 생명을 얻는 것이고, 저자는 하나님이 자신의 어두움 곧 죽음과 재앙에 빛을 비추신다고 고백한다.

내가 주를 의뢰하고 적군에 달리며 내 하나님을 의지하고 담을 뛰어 넘나이다.(29)

이러한 공적은 삼하23:8의 용사들과 비교가 되는데 본 구절은 원문으로 "주를 의뢰하고~ 내 하나님을 의뢰하고" 즉 문자적으로 '당신과 함께~ 그리고 나의 하나님과 함께' 라는 뜻이다. 저자는 구원의 등불을 켜 주신 하나님이 어떻게 대적들의 포위망을 타개해 나가는지를 두 가지로 보여준다.

적군은 장애물이나 방책 울타리를 상징하며 저자는 하나님을 믿고 주님과 함께 그것을 뚫고 달린다. 담 또한 그를 조여 오는 대적들의 세력을 뜻하며 그것 또한 하나님과 함께 뛰어 넘는다고 고백한다. (다윗은 처소에 은둔한 채 기도만 하고 있는 것이 아니다)

하나님의 도는 완전하고(30)

눈에 확 띄게 시작되는 **'이 하나님'** 은 32절에서 다시 울려나는데, 이 구절에서 '그의 길은 완전하다'(하나님의 도는 완전하고)는 '그는 나의 길을 완전하게 하셨다는 응답에 의해 둘러 싸여 있다. 두 말 할 것도 없이 온전함('타밈')이란, 사람보다 하나님의 행하심에 대한 설명으로서 훨씬 더 더 풍성한 내용을 가진다. 그러나 그의 나무랄 데 없는 지혜와 사랑과 능력은 그가 종으로서 빚어내는 건전한 생각과 동기와 성취(여기서는 성취도)에 따라 반사적인 것이다.

'하나님의 도와 여호와의 말씀' 그리고 **'완전하고~ 정미하니'** 는 서로 평행을 이룬다.

하반절의 하나님께 피하는 모든 자의 방패가 되심은 곧 자신에게 피하는 모든 자에게 외면하지 않으시며 적의 손 안에서 보호하시는 방패와 같은 분이라는 의미다.

다윗에게 있어서 일찍부터 이것을 터득하여 안전함에 정착하려 했기에 빌3:12의 추진력을 상실한 것일까?

> 내가 이미 얻었다 함도 아니요 온전히 이루었다 함도 아니라 오직 내가 그리스도 예수께 잡힌바 된 그것을 잡으려고 달려가노라.

4. 승리와 패주(31-45)

본 시편의 전개 속도와 부력은 독자로 하여금 공격과 추적을 자극시키며 몰입시킨다. 여기서는 모든 것이 경쾌하고 신속하게 전개되는데 4-19절의 구출과정의 격랑이 있었기 때문이다. 그러나 이 모든 것은 하나님으로부터 주어진 것이다. 37절에서 보여 지는 것은 삼하8장에서 다윗이 어디로 가든지 이기는 모습을 회상하게 한다.

여호와 외에 누가 하나님이며 우리 하나님 외에 누가 반석이뇨(31)

확신에 찬 유일신 사상과 바위('추르')의 반복적인 사용은 이 시편에 대한 다윗의 영감으로서 모세의 노래를 가리킨다. 신명기 32장의 4절과 30절에서는 "그는 반석이시니 그가 하신 일이 완전하고"한 반면 31절은 "그들의 반석이 우리의 반석과 같지 않다"함으로써 서로 비교된다. 즉 여호와만 참 반석이라는 의미다. 47절 이하를 보라.

나의 발로 암사슴 발 같게 하시며... 놋 활을 당기도다(32,34)

하나님이 저자를 전사로 무장시키고 있다. 하나님의 힘으로 띠를 띠우시고, 전투의 길을 완전케 하사 신체의 각 부분을 단련시키시되 암사슴 발처럼 그리고 놋 활을 당길 수 있을 만큼의 (과장법) 능력을 구비한 전사로 거듭나게 하신다.(영적전투를 위한 하나님의 전신갑주 상징)

주의 오른 손이 나를 붙들고 주의 온유함이 나를 크게 하셨나이다(35)

히브리 성경에서 "**주의 온유함이 나를 크게 하셨나이다.**"라는 주목할 만한 표현은 영어 성경에서 대부분 '아느와'를 '당신의 온유함' 으로 번역하고 있다. 이는 문자적으로 '당신의 겸손함' 이다. NRSV는 '당신의 도움' 으로 NIV는 '당신은 구부리신다' 로 번역하였는데 이것은 하나님께서 도움을 주시기 위해 겸손히 몸을 구부리셨다는 것을 시사한다.

다윗의 이 고백은 그로 하여금 하나님의 온유를 진정 볼 수 있었나 하는 질문이다.

다윗의 성공은 하나님의 온유함을 인함이었지만 하나님이 가르쳐준 온유는 진정한 그의 능력이었다. (너희는 이 마음을 품어라 곧 그리스도 예수의 마음이니)

열방이 돌아오다(37-45)

37절에서 45절에 사용된 대부분의 시제는 미완료시제로 미래 또는 지속적인 행동을 뜻하는 불완전한 것이다. RSV는 과거형으로 번역하였지만 이미 승리한 것은 이후의 더 큰 승리의 약속들을 보장하는 것으로 간주하여 앞으로 나아갈 수 있다. 시2:7-9의 판결문은 주의 기름부음을 받은 자에게 땅 끝을 제공하고 있는데 이 구절들은 같은 맥락을 지니며 본 시편의 43절과 더불어 사55:5, 시22:27은 이방이 돌아오는데 까지 나아가고 있다.

> 보라 네가 알지 못하는 나라를 네가 부를 것이며 너를 알지 못하는 나라가 네게로 달려올 것은 여호와 네 하나님 곧 이스라엘의 거룩하신 이로 말미암음이니라 이는 그가 너를 영화롭게 하였느니라 – 사55:5
>
> 땅의 모든 끝이 여호와를 기억하고 돌아오며 모든 나라의 모든 족속이 주의 앞에 예배하리니 – 시22:27

신약에서는 이 두 관점이 모두 강조되어 나타나는 것을 볼 수 있다.

> 이기는 자와 끝까지 내 일을 지키는 그에게 만국을 다스리는 권세를 주리니 – 계2:26~
>
> 이 일 후에 내가 보니 각 나라와 족속과 백성과 방언에서 아무도 능히 셀 수 없는 큰 무리가 나와 흰 옷을 입고 손에 종려 가지를 들고 보좌 앞과 어린 양 앞에 서서 – 계7:9~

5. 송영(46-50)

여호와는 생존하시니 나의 반석을 찬송하며(46)

'살아계시니'는 경의의 표현이 아니라 사실적 확언적 표현이다. 이 진리는 기뻐하시는 일이면 무엇이든 하시는 여호와와 입을 가지고 있지만 말도 못하는 우상과[87] 대조하여 빈번히 사용되었다. 또한 야훼의 끝없는 삶과 주기적으로 바뀌고 변화되는 바알과의 대조에도 사용되었다. 바알이 살았다는 부르짖음은 바알이 죽었다는 부르짖음이 교차적으로 나타

---

87) 시115:3,5

났다. 그러나 살아계신 주님의 끊임없는 능력의 에너지 공급의 원천은 영원토록 안정한 내 바위였다.

민족들로 내게 복종케 하시도다(47)

서두에 '이 하나님'은 30절과 31절에서와 같이 강조되며 시작하고 있다.

만약 모세의 노래가 31절과 같이 복수나 보응을 염두에 둔 것이라면 하나님은 자신의 종으로 하여금 실행케 하여 '복수는 나의 것'(원수 갚는 것이 내게 있다)을 확인할 수 있을 것이다.

> 그들이 실족할 그 때에 내가 보복하리라 그들의 환난날이 가까우니 그들에게 닥칠 그 일이 속히 오리로다 – 신32:35
>
> 내 사랑하는 자들아 너희가 친히 원수를 갚지 말고 하나님의 진노하심에 맡기라 기록되었으되 원수 갚는 것이 내게 있으니 내가 갚으리라고 주께서 말씀하시니라 – 롬12:19

이러므로 내가 열방 중에 감사하고(49-50)

바울은 그리스도께서 유대인과 이방인을 위해 오셨다는 것을 입증하기 위해 일련의 네 가지 예언 중에서 첫 번째로 49절을 인용했다.[88]

다윗은 야훼의 명성이 열방으로 번져 나갔을 거라고 생각하는 동안 그의 말씀은 기름부음 받은(50절) 것에 모든 가치를 집중시키고 있는데 그는 이방 중에서 찬양을 받으실 메시아를 그려내고 있다. 다윗을 비롯한 그 후대의 왕들은 '기름 부음 받은 자'들로써 이 시편을 자기의 것으로 만들지만 '다윗언약'을 통한 하나님의 헤세드에 근거한 다윗의 증언은 갈3:16의 아브라함의 자손 한 사람 그 메시아를 가리키고 있다.

> 이 약속들은 아브라함과 그 자손에게 말씀하신 것인데 여럿을 가리켜 그 자손들이라 하지 아니하시고 오직 한 사람을 가리켜 네 자손이라 하셨으니 곧 그리스도라 – 갈3:16

---

88) 롬15:8-12

하늘과 계시(19:1-14)

제19편 다윗의 시, 인도자를 따라 부르는 노래

1 하늘이 하나님의 영광을 선포하고 궁창이 그의 손으로 하신 일을 나타내는도다
2 날은 날에게 말하고 밤은 밤에게 지식을 전하니
3 언어도 없고 말씀도 없으며 들리는 소리도 없으나
4 그의 소리가 온 땅에 통하고 그의 말씀이 세상 끝까지 이르도다 하나님이 해를 위하여
하늘에 장막을 베푸셨도다
5 해는 그의 신방에서 나오는 신랑과 같고 그의 길을 달리기 기뻐하는 장사 같아서
6 하늘 이 끝에서 나와서 하늘 저 끝까지 운행함이여 그의 열기에서 피할 자가 없도다
7 여호와의 율법은 완전하여 영혼을 소성시키며 여호와의 증거는 확실하여 우둔한 자
를 지혜롭게 하며
8 여호와의 교훈은 정직하여 마음을 기쁘게 하고 여호와의 계명은 순결하여 눈을 밝게
하도다
9 여호와를 경외하는 도는 정결하여 영원까지 이르고 여호와의 법도 진실하여 다 의로
우니
10 금 곧 많은 순금보다 더 사모할 것이며 꿀과 송이꿀보다 더 달도다
11 또 주의 종이 이것으로 경고를 받고 이것을 지킴으로 상이 크니이다
12 자기 허물을 능히 깨달을 자 누구리요 나를 숨은 허물에서 벗어나게 하소서
13 또 주의 종에게 고의로 죄를 짓지 말게 하사 그 죄가 나를 주장하지 못하게 하소서 그
리하면 내가 정직하여 큰 죄과에서 벗어나겠나이다
14 나의 반석이시요 나의 구속자이신 여호와여 내 입의 말과 마음의 묵상이 주님 앞에 열
납되기를 원하나이다

The Law of the Lord Is Perfect

19 To the choirmaster. A Psalm of David.

1 The heavens declare the glory of God, and the sky above proclaims his handiwork.
2 Day to day pours out speech, and night to night reveals knowledge.
3 There is no speech, nor are there words, whose voice is not heard.
4 Their voice goes out through all the earth, and their words to the end of the world.
In them he has set a tent for the sun,
5 which comes out like a bridegroom leaving his chamber, and, like a strong man,
runs its course with joy.
6 Its rising is from the end of the heavens, and its circuit to the end of them, and there
is nothing hidden from its heat.
7 The law of the Lord is perfect, reviving the soul; the testimony of the Lord is sure,
making wise the simple;
8 the precepts of the Lord are right, rejoicing the heart; the commandment of the
Lord is pure, enlightening the eyes;
9 the fear of the Lord is clean, enduring forever; the rules of the Lord are true, and
righteous altogether.
10 More to be desired are they than gold, even much fine gold; sweeter also than honey
and drippings of the honeycomb.
11 Moreover, by them is your servant warned; in keeping them there is great reward.
12 Who can discern his errors? Declare me innocent from hidden faults.
13 Keep back your servant also from presumptuous sins; let them not have dominion
over me! Then I shall be blameless, and innocent of great transgression.
14 Let the words of my mouth and the meditation of my heart be acceptable in your
sight, O Lord, my rock and my redeemer.

A. 문맥분석

본 시편에서 두 갈래의 흐름에서 비롯된 극적인 소리는 두 가지의 관심을 갖게 한다. 묵시(말씀이 배제된) 상태의 우주에서 들려오는 넓게 소용돌이치는 하나님의 계시는 1-6절의 풍성한 선율로, 그리고 7-12절에서는 명확하고 간결한 말씀으로 경외심을 자아내게 하고, 11-14절은 심금을 울리게 한다.

두 시편이 하나로 편집되었는지 아니면 처음부터 두 주제로 구성된 詩인지 여부를 결정하는 것은 그다지 중요치 않다. 우리에게 남겨진 것은 하나의 시편이며 두 부분은 서로를 밝게 비춰주고 있다. 다윗이 태양에 대한 묘사에 있어서 기존의 시를 인용한 것인지는 상관없이 그의 찬사는 전체적으로 창조주를 찬양하고 있다. 이러한 단어를 창조주를 높이기 위해 의도적으로 채택했다면 하나님을 찬사하기 위한 그의 의도가 더욱 잘 드러나는 것이다.

본 시편의 4절은 로마서10:4에 인용되었고, 시편에서 그의 영원하신 능력과 신성이 그의 만드신 만물 가운데 보여 분명히 알 수 있다는 롬1:18의 논증의 기초가 될 수도 있다. 그것에 대한 신학은 시편만큼이나 강력하다.

- 그의 손이 하는 일은 진실과 정의이며 그의 법도는 다 확실하니 – 시111:7
- 여호와여 주의 원수들은 다 이와 같이 망하게 하시고 주를 사랑하는 자들은 해가 힘 있게 돋음 같게 하시옵소서 하니라 그 땅이 사십 년 동안 평온하였더라 – 삿5:31
- 주의 입의 법이 내게는 천천 금은보다 좋으니이다 – 시119:72
- 해는 뜨고 해는 지되 그 떴던 곳으로 빨리 돌아가고 – 전1:5
- 이는 하나님을 알 만한 것이 그들 속에 보임이라 하나님께서 이를 그들에게 보이셨느니라 – 롬1:19

B. 주석적 접근

1. 자연의 웅변(1-6)

하늘이 하나님의 영광을 선포하고(1)

다른 세대들은 다른 방식으로 이 사실을 상기시켜 줄 필요가 있다.(롬1:19) 고대인들은 해와 달과 천국의 주인에게 '손에 키스'하고 싶은 유혹을 느꼈다.(욥31:26f. 왕하23:15) 현대인들은 그것을 우연한 것으로 설명하거나, 일종의 기분으로 설명하거나, 또 다른 분위기의 점성술로 되돌리려고 한다. 오직 기독교인만이 그들의 창조주를 생각하며 자녀의 위치에서 경이로움과 기쁨으로 감동한다.

> 창세로부터 그의 보이지 아니하는 것들 곧 그의 영원하신 능력과 신성이 그가 만드신 만물에 분명히 보여 알려졌나니 그러므로 그들이 핑계하지 못할지니라 – 롬1:20

날은 날에게 말하고 밤은 밤에게 지식을 전하니(2)

쏟아져 나오는 이 표현은, 샘물이 솟아오르듯 억제할 수 없이 용솟음치는 것을 암시한다. 따라서 아마도 그 날들이 창조주의 마음을 반영하고 있을 것이다. 욥기는 특히 37장과 38장의 하늘 풍경에서 이것에 대해 더 크게 다룬다. 밤하늘이 없었다면 인간은 최근까지도 빈 우주밖에 몰랐을 것이기 때문에 지식은 밤과 잘 맞아떨어진다.

날('욤')은 밤과 대조되어 '낮'으로 번역할 수도 있다. 시인은 마치 봄날에 약동하는 들판을 보면서 서로에게 말을 쏟아 내는 모습을, 낮에는 텅 비어 있던 하늘이 밤이 되자 형용할 수 없는 별들로 우주에 까지 창조주에 대한 지식의 외연이 확장됨을 노래한다. 고대인들에게 밤하늘은 현대인이 상상할 수 없는 하나님에 대한 교과서였다.(욥37-39장)

언어도 말씀도 들리는 소리도 없으나 그의 소리가 온 땅에(3-4)

말이 없는 언어의 역설은 AV에 대항하는 현대판에 의해 제기된다. 그러나 RSV의 추측성의 반복적인 목소리는 어설프고 실제로는 4절에서 목소리의 동의어('cry, sound')를 사용하는 70인 역(롬10:18에서 인용)에 의해 지지되지 않는다. 그러므로 '그들의 소리가 울려 퍼질 때까지…'라고 번역하라. 그러한 동의어는 기존의 히브리어를 방어할 수 있는 렌더링으로, 일반적 의미는 '라인'(AV, RV, RSV mg)이다. 4b의 병렬명사 단어들은 이 '선'(줄)에 대하여 '외침, 소리' 등을 지지한다. 후자가 이러한 증인을 제한하는 경계가 없다면 합당한 말이 된다.(범위와 한계를 따라 하노니 고후10:13) 그러나 그것이 '그들의 다림줄', 즉 '그들의 법칙'을 의미한다는 **웨이저**(Weiser)의 제안은 이러한 자연현상에 너무 전문화된 역할을 주게 될 것이다. -J.애디슨의 찬송가(저 높고 푸른 하늘과)는 이 구절을 아주 정교하게 요약하고 있다.

말없는 웅변의 역설은 하나님의 영광을 끊임없이 찬미하는 자연의 합창(자연계시)을 듣지 못하는 사람의 귀를 은유하지만 그러나 그 소리는 끈처럼 쭉 뻗어 나감을 상징한다. 시편 기자는 낮과 밤의 반복되는 향연을 태양이 하나님께서 예비하신 처소에 들어가 머물고 나오는 것에 비유한다.

> 그러나 그들이 다 복음을 순종하지 아니하였도다 이사야가 이르되 주여 우리가 전한 것을 누가 믿었나이까 하였으니~그러나 내가 말하노니 그들이 듣지 아니하였느냐 그렇지 아니하니 그 소리가 온 땅에 퍼졌고 그 말씀이 땅 끝까지 이르렀도다~ -롬1:16,18

해는 그의 신방에서 나오는 신랑과 같고(5-6)

어떤 주석가(예: Weiser)는 매일 밤마다 바다와 그의 신부에게 돌아오고, 아침에 다시 출발하는 태양의 신에 대한 이야기를 시적으로 암시하는 것을 본다. 더 그럴듯한 암시는 인간의 결혼식에 대한 것인데, 신랑은 화려하게 치장하여 신부의 집으로 가서 청혼한다. 빛과 여행의 축제 분위기가 그렇다. 시편이 신화를 힐끗 쳐다보면 그것을 거부한다는 것에 모두가 동의할 것이다. 태양은 신랑이나 달리기 선수와 같을지도 모른다. 사실 그것은 신의 그 손으로 하신 일'(1)의 영광스러운 일부분에 지나지 않는다. 그러나 이와 같이 그의 통치의 범위(6a)와 침투(6b)를 선언한다. (자연계시를 통한 창조주의 권능과 위엄을 인지하지 못할 자가 없다는 의미)

2. 성경의 명료함(7-14)

칸트의 '두 가지 기쁨'에 의하면 '그 어느 때보다도 새롭고 점점 커지는 감탄과 경외감으로 마음을 채워라… 하늘위의 별들과 그 안에 도덕을'이라고 말한다. 이 시편은 드러난 신의 법칙을 통해 두 번째 주제들을 초월한다. '영감과 경외심' 뿐만 아니라 11-14절의 인물과 인물간의 반응을 불러일으킨다. 이 절에서 드러난 신의 이름 야훼(주님)는 일곱 번 들리고, 일찍이 일반 계시의 주제에 충실하여 신('엘' 1절)에 대한 구체적인 용어는 최소로 억제되었으며, 단 한 번만 사용하였다.

7-10 특히 본 7절에서 9절까지 여호와의 말씀에 대한 여섯 가지 표현(율법, 증거, 교훈, 계명, 도, 법)이 사용되었다. 시편 119편에서와 같이 유사 동의어로 사용된 묵시의 여섯 가지 국면은 서로 확실히 구분되지는 않지만 각각의 특징을 가지고 있는데 여기서 명사, 형용사, 동사로 구상된 각 절을 분석해 보기로 한다.

1) 명사

① **율법**은 하나님의 계시를(하나님의 가르침) 나타내는 포괄적인 용어다.

② **증거**는 하나님 자신이 입증한 진리의 측면이다.

> 만일 우리가 사람들의 증언을 받을진대 하나님의 증거는 더욱 크도다 하나님의 증거는 이것이니 그의 아들에 대하여 증언하신 것이니라 – 요일5:9
>
> 또한 이것은 언약을 선언하는 것이기도 하다.
>
> 내가 네게 줄 증거판을 궤 속에 둘지며 – 출25:16
>
> 그 때에 내가 돌판들 곧 여호와께서 너희와 세우신 언약의 돌판들을 받으려고 산에 올라가서 사십 주 사십 야를 산에 머물며 떡도 먹지 아니하고 물도 마시지 아니하였더니 – 신9:9

③ **교훈**과 ④**계명**은 하나님께서 우리에게 말씀하시는 정확성과 권위를 나타내는 하나님의 뜻을 의미하는 반면,

⑤ **여호와를 경외하는 도**는 그의 말로 인하여 나타나는 인간의 반응을 강조한다. 문자적으

로 '여호와를 두려워함' 이라는 뜻으로 인간의 모든 삶을 주관하는 원리다. 여호와를 경외함이 모든 지혜의 근본이기 때문이다.(잠1:7,9 시111:10)

⑥ **여호와의 법**('미쉬파트')은 다양한 인간 상황에 대해 주께서 응답한 사법적 결정이다. 여호와의 말씀은 심판과 판결의 기준이 되는 법령이기 때문이다.

> 그의 모든 규례가 내 앞에 있고 내게서 그의 율례를 버리지 아니하였음이로다 – 시18:22

이 용어들은 함께 계시의 실제적인 목적을 나타내는데, 하나님의 뜻을 듣고 인내하여 지키며, 경외와 신뢰와 철저한 순종을 나타낸다.

2) 형용사

① **완전하여** *perfect*

> 하나님의 도는 완전하고 여호와의 말씀은 순수하니 그는 자기에게 피하는 모든 자의 방패시로다 – 시18:30
>
> 너희는 이 세대를 본받지 말고 오직 마음을 새롭게 함으로 변화를 받아 하나님의 선하시고 기뻐하시고 온전하신 뜻이 무엇인지 분별하도록 하라 – 롬12:2

② **확실하여** *Sure* / 하나님의 뜻에 대한 묘사로 확고한 것뿐만 아니라 확증 된 것을 의미 할 수 있다.

③ **정직하여** *Right* / 도덕적으로 올바르고 곧은 것을 의미한다.

④ **순결하여**와 ⑤ **정결하여** *pure and clean* / 순수하고 깨끗함. 도가니에서 일곱 번 단련한 은과 같다(시12:6) 시12:1-4 내용과는 대조된다.

⑥ **진실하여** *True* / 문자적으로 "믿을 수 있는'의 의미로 결국. 타협과 불성실과 반신반의하는 형용으로부터 다른 세계로의 이동이다.

3) 동사

① **소성케 하며** *reviving* / 여호와의 가르침은 영혼이 되돌아와 기력이나 생명을 회복시킨다.

② **지혜롭게 하며** *making wise* / 단순하고 무방비한 사람을 통찰력 있는 지혜를 준다.

③ **기쁘게 하고** *giving joy* / 하나님의 뜻이 무엇인지 알아가는 기쁨

④ **눈을 밝게 하며** *giving light* / 언약을 올바르게 이해함으로 위로와 용기를 얻는 것. 7-8절

의 동사들은 성경이 사람들을 위해 하는 일을 묘사한다. 9절의 나머지 두 동사는(동사화) 귀결을 나타낸다.

⑤ **영원에 이르게 하도다** *enduring forever* / 여호와를 경외하는 사람의 상급(성도의 견인)

⑥ **다 의로우니** *altogether righteous*

곧 이때에 자기의 의로우심을 나타내사 자기도 의로우시며 또한 예수 믿는 자를 의롭다하려 하심이라 – 롬3:26 (칭의)

내 영혼을 소생시키시고 자기 이름을 위하여 의의 길로 인도하시는도다 – 시23:3

금 곧 정금보다 더 사모할 것이며(10)

본 절에서 금과 정금, 꿀과 송이꿀, '더 사모함'과 '더 달다'는 비교에 비교를 더한 점증법의 평행구조로 기자의 고조된 감동과 감격을 나타내고 있다. 여기서 '사모하다'로 번역된 히브리어 '하시드'는 몹시 바라고 갈망하는 상태를 표현한 것으로 이 단어는 창2:9에서 하와가 선악과를 보고 '아름답고' 또 창3:6에서 '탐스럽게' 느꼈던 바로 그 단어와 동일하다. 금기된 것을 탐하여 하나님과 분리된 사람이 하나님께로 돌아가기 위해서는 여호와의 율법을 세상의 어떤 것보다 더 사모하여야 한다.

주의 종이 이것으로 경고를 받고(11-14)

이 부분은 6절 하반절의 경고에 대한 것으로 사람이 율법을 어길 때 하나님의 눈을 피할 수 없다는 뜻이다. 결국 다윗에게 율법은 양 날의 검과 같이 경고와(11a) 축복을(10,11b) 동시에 받게 하였다는 것이다. 그러므로 저자는 율법이 주는 상과 벌을 잘 알면서도 죄를 범하는 고범 죄(故犯罪) 곧 교만한 자가 되지 않도록 도움을 요청한다. 이 교만은 하나님보다 더 사랑하는 것 곧 우상을 섬기려는 마음이다. 그러므로 자신의 말 뿐만 아니라 자기 마음속의 생각에 이르기까지 정결케 하여 여호와 앞에서 범과치 않겠노라고 고백한다.

하나님의 말씀은 살아 있고 활력이 있어 <u>좌우에 날선 어떤 검</u>보다도 예리하여 혼과 영과 및 관절과 골수를 찔러 쪼개기까지 하며 또 마음의 생각과 뜻을 판단하나니 – 히4:12

환난의 날(20:1-9)

제20편 다윗의 시, 인도자를 따라 부르는 노래

1 환난 날에 여호와께서 네게 응답하시고 야곱의 하나님의 이름이 너를 높이 드시며
2 성소에서 너를 도와주시고 시온에서 너를 붙드시며
3 네 모든 소제를 기억하시며 네 번제를 받아 주시기를 원하노라(셀라)
4 네 마음의 소원대로 허락하시고 네 모든 계획을 이루어 주시기를 원하노라
5 우리가 너의 승리로 말미암아 개가를 부르며 우리 하나님의 이름으로 우리의 깃발을
세우리니 여호와께서 네 모든 기도를 이루어 주시기를 원하노라
6 여호와께서 자기에게 기름 부음 받은 자를 구원하시는 줄 이제 내가 아노니 그의 오른
손의 구원하는 힘으로 그의 거룩한 하늘에서 그에게 응답하시리로다
7 어떤 사람은 병거, 어떤 사람은 말을 의지하나 우리는 여호와 우리 하나님의 이름을
자랑하리로다
8 그들은 비틀거리며 엎드러지고 우리는 일어나 바로 서도다
9 여호와여 왕을 구원하소서 우리가 부를 때에 우리에게 응답하소서

Trust in the Name of the Lord Our God

20 To the choirmaster. A Psalm of David.

1 May the Lord answer you in the day of trouble! May the name of the God of Jacob
protect you!
2 May he send you help from the sanctuary and give you support from Zion!
3 May he remember all your offerings and regard with favor your burnt sacrifices!
Selah
4 May he grant you your heart's desire and fulfill all your plans!
5 May we shout for joy over your salvation, and in the name of our God set up our

banners! May the Lord fulfill all your petitions!

6 Now I know that the Lord saves his anointed; he will answer him from his holy heaven with the saving might of his right hand.

7 Some trust in chariots and some in horses, but we trust in the name of the Lord our God.

8 They collapse and fall, but we rise and stand upright.

9 O Lord, save the king! May he answer us when we call.

A. 문맥분석

7절의 병거들이 분명히 말하듯이, 이 '환난의 날'은 임박한 전투의 하나이다.

시편 20편과 21편은 한 쌍의 제왕 시다. 두 시편은 왕을 위한 기도이며 전투를 배경으로 한다. 20편은 여호와께서 왕에게 그 마음의 소원과 입술의 요구를 들어 주시기를 기도하지만 21편에서는 본서의 긴장이 해소되고 기쁨과 생기에 넘치는 감사의 노래로 드려진다.

대하 20장을 배경으로 하는 본 시편은(모압, 암몬, 마온-에돔 연합군의 이스라엘 침공에 맞서 여호사밧 왕이 금식을 선포하고 백성들은 기도했던) 그의 기도와 번제, 준비된 계획과 동역 자들의 표준적인 자세에서(레위인들) 우리는 승리를 위한 왕의 행진을 바라본다. 무엇보다 거기에는 신의 가호를 위한 기도 곧 공동체의 집단적인 축복기도가 선행되었고(1-5절) 그 응답으로 왕의 마음에 한 음성이 들려졌다.(이제 내가 아노니)(6-8절)

그런 다음 사람들은 여호와께 왕을 위해 마지막으로 간결하고 절박한 기도를 더한다.(9)

본 시편은 시편 전체에서 가장 감동적인 사건 중 하나인데, 중보기도에 의한 시급한 문제가 해결 되고 있음을 이 시편의 짝인 다음 시편을 통해 알 수 있다. 모든 기도가 응답되어 기쁨으로 평화가 동반되고 있기 때문이다. 따라서 본 시편은 예배의식 중에 회중과 왕이 교차 또는 함께 부르는 형식의 시로, 전쟁이나 유사 상황에서 이스라엘 및 왕의 승리를 위해 항상 사용되어졌을 것으로 짐작할 수 있다.

■ 그의 마음의 소원을 들어 주셨으며 그의 입술의 요구를 거절하지 아니하셨나이다 - 시21:2

- 구원하는 데에 군마는 헛되며 군대가 많다 하여도 능히 구하지 못하는도다 – 시33:17
- 도움을 구하러 애굽으로 내려가는 자들은 화 있을진저 그들은 말을 의지하며 병거의 많음과 마병의 심히 강함을 의지하고 이스라엘의 거룩하신 이를 앙모하지 아니하며 여호와를 구하지 아니하나니 – 사31:1
- 주를 경외하는 자에게 깃발을 주시고 진리를 위하여 달게 하셨나이다 – 시60:4

  달게 하셨나이다.('누스' נסס: 도망하다. 달아나다, 하나님이 싸우실 때 인간과 자연은 도망한다. – 출14:25–27)

B. 주석적 접근

1. 주께서 당신에게 대답하실 것이다.(1-5)

환난 날에 여호와께서 네게 응답하시고(1)

환난과 기도의 관계 속에 있는 '너'는 첫째 연에서 미확인된 사람으로 등장하지만 둘째 연인 6절에서 주님의 기름 부음을 받은 자인 왕으로 드러난다. 이 한 사람은 모든 사람과 국가적인 삶의 대표로써 그는 **'우리 콧구멍'**(애4:20), **'이스라엘의 등불'**(삼하21:17)이다. 왕은 일차적으로 다윗을 지칭하지만 실제로 그러한 역할은 예언된 메시야 외에는 입증될 수가 없다.

하나님의 이름은 이스라엘에게 이방인들처럼 마술적으로 사용되지는 않았지만, 여기서 야곱의 하나님의 이름은 야곱과의 언약을 그 후손의 헌신과 결부시키고 있다. 언약에 신실하신 하나님의 자기계시와 상징으로써 그 이름을 부르고 있다.(7)

민수기 6:24절의 제사장의 축복에서 하나님께서는 이스라엘 사람들에게 자신의 이름을 마치 이스라엘의 소유물 마냥 **"복을 내려 주소서"**라는 권리로 사용케 하셨다.

그리고 5절에서 **'하나님의 이름'**은 아사 왕이 "우리가 주의 이름을 의탁하옵고 이 많은 무리를 치러 왔나이다."(대하14:11)하고 행한 것을 의미한다. 이러한 모든 측면은 신약으로 이어진다.

> 내 이름으로 무엇이든지 내게 구하면 내가 행하리라 –요4:14
>
> 베드로가 이르되 은과 금은 내게 없거니와 내게 있는 이것을 네게 주노니 나사렛 예수 그리스도의 이름으로 일어나 걸으라 하고 – 행3:6
>
> 이기는 자는 내 하나님 성전에 기둥이 되게 하리니 그가 결코 다시 나가지 아니하리라 내가 하나님의 이름과 하나님의 성 곧 하늘에서 내 하나님께로부터 내려오는 새 예루살렘의 이름과 나의 새 이름을 그이 위에 기록하리라 – 계3:12
>
> (중요한 것은 주의 이름이다.)

성소에서 너를 도와주시고 시온에서 너를 붙드시며(2,3)

성소는 여기서 다윗이 시온 산에 세운 성막을 가리키며 단순히 시온에 대한 동의어로 '거룩'을 의미한다. 아직 성전이 있기 전에 이미 법궤가 있던 곳은 하나님의 현존을 상징했다.[89] 이 기도의 정신은 하나님의 도움 곧 **'여호와의 손'**을 쟁취하는 수단의 관점에서 볼 때 엘리의 시대에 궤 자체에 의존하거나 선지자 시대의 희생 제물과는 매우 다르다. 각각의 방식에 따라 가치를 부여하시는 분은 하나님이시다.

'붙드시며'의 원형 '사아드'(סעד)는 여기서 '강하게 하다'는 의미다.

그리고 '네 모든 소제와 번제'는 다윗이 사울처럼 직접 제사를 드린 것이 아니라 레위인들에 의해 바르게 시행된 것이다.

(전쟁의 승리는 여호와의 손을 방해하지 않는 거룩과 청결함에 있음을 상징한다.)

네 마음의 소원과 ~네 모든 계획을 이루어 주시기를(4)

히브리어 상에서 시21:2과 표현에 약간의 차이가 있지만 두 시편의 기도는 위기의 양측면에서 감사의 표현을 서로 아름답게 연결한다. 계획은 때로는 권고나 전략으로 해석되는 단어다.

> 그의 위에 여호와의 영 곧 지혜와 총명의 영이요 모략과 재능의 영이요 지식과 여호와를 경외하는 영이 강림하시리니 – 사11:2

---

89) 삼하6:17

> 내가 말하노니 네가 족히 싸울 계략과 용맹이 있노라 함은 입술에 붙은 말 뿐이니라 네가 이제 누구를 믿고 나를 반역하느냐 – 사36:5

시편에서 인정되는 인간 계획의 한계가 잘 드러나고 있다. 기도하는 자의 마음의 소원과 도모가 자신을 기쁘게 하려는 것이 아니라 무엇보다 하나님을 기쁘시게 하는 것이어야 한다. 이것이 다윗의 기도가 응답 받는 비결이었다.

우리가 너의 승리로 말미암아 개가를 부르며 우리 하나님의 이름으로... 깃발을 세우리니(5)

5절과 6절 및 9절의 승리는 구원을 전제하여 관련된 단어로 번역되었다(그 이름은 예수).
그러한 의미는 전투에서 맨손으로의 구출한 이상으로 '구원'에 긍정적인 요소를 더한다.
그 이름에 관해서는 1절을 참조하라.
깃발은 정해진 순서에 따라 각 지파별로 배열되었다. 아가서 6:4,10의 솔로몬의 노래에서는 깃발을 세운 군대로 묘사되고, 시60:4에서는 주를 경외하는 자에게 깃발을 주신다고 표현되었다.

> "이스라엘 자손은 각각 자기의 진영의 군기와 자기의 조상의 가문의 기호 곁에 진을 치되 회막을 향하여 사방으로 치라" 민2:2

결국 이 구절에서는 4절의 계획 및 청원과 관련하여 광범위한 성취가 함의된다.

> 우리 가운데서 역사하시는 능력대로 우리가 구하거나 생각하는 모든 것에 더 넘치도록 능히 하실 이에게 – 엡3:20
>
> 이러므로 우리도 항상 너희를 위하여 기도함은 우리 하나님이 너희를 그 부르심에 합당한 자로 여기시고 모든 선을 기뻐함과 믿음의 역사를 능력으로 이루게 하시고 – 살후1:11

2. 주께서 응답하실 것이다(6-8)

기름 부음 받은 자를 구원하시는 줄 이제 내가 아노니(6)

> 여호와께서 그 왕에게 큰 구원을 주시며 기름 부음 받은 자에게 인자를 베푸심이여 영원토

> 록 다윗과 그 후손에게로다 – 시18:50

본 구절의 메시아닉 관점은 만왕의 왕 예수 그리스도께서 사단의 권세를 깨뜨리게 될 것임을 곧 부활을 예표하고 있는 것이다.

갑작스런 확신에 관해서는 시6편의 결론에서 다루었다.(그가 들으셨다) 여기서는 그 확신의 차원이 시온으로부터 주어진 응답이 곧 하늘로부터 주어진 것으로 확대되고 있음을 볼 수 있다.

> 내가 진실로 너희에게 이르노니 누구든지 이 산더러 들리어 바다에 던져지라 하며 그 말하는 것이 이루어질 줄 믿고 마음에 의심하지 아니하면 그대로 되리라 그러므로 내가 너희에게 말하노니 무엇이든지 기도하고 구하는 것은 받은 줄로 믿으라 그리하면 너희에게 그대로 되리라 – 막11:24

어떤 사람은 병거…말을 의지하나 우리는 여호와…하나님의 이름을 자랑하리로다(7)

'**자랑스러운**' 이란 단어는 번역자가 그럴만한 이유가 있다는 것을 추론한 것이지만 합리적인 표현이다. 문장에서 유일한 동사는 '우리는 말할 것이다' 인데 이 동사는 그리스도인이 보호 또는 승리를 위해 그리스도의 이름을 부르는 것처럼 예배에서 하나님의 이름을 선포하고 그 힘을 가운데로 가져 오는 그러한 특별한 의미다.(1절 참조). 그러나 이 구절의 전치사 '베' 는(in) 구약에서 충성이나 존중에 대한 표현에 더 적절히 사용되었다.(사48:1, 이스라엘의 이름으로, 여호와의 이름으로 '일컬음'). 또한 여호수아 23:7에서 그것은 '맹세' 와 결합되어 있다.

전차와 말은 고대 시대의 가장 무서운 힘이었지만 그들은 홍해와 기혼 강에서의 이스라엘의 기적적인 승리를 기억하고 있다.(출14장, 삿4장)

> 도움을 구하러 애굽으로 내려가는 자들은 화 있을진저 그들은 말을 의지하며 병거의 많음과 마병의 심히 강함을 의지하고 이스라엘의 거룩하신 이를 앙모하지 아니하며 여호와를 구하지 아니하나 – 사31:1
>
> 많은 군대로 구원 얻은 왕이 없으며 용사가 힘이 세어도 스스로 구원하지 못하는도다 구원하는 데에 군마는 헛되며 군대가 많다 하여도 능히 구하지 못하는도다 – 시33:16-17

누구든지 주의 이름을 부르는 자는 구원을 받으리라 – 롬10:13

그들은 비틀거리며 엎드러지고(8)

그 날에 눈이 높은 자가 낮아지며 교만한 자가 굴복되고 여호와께서 홀로 높임을 받으시리라 – 사2:11

악인들이 내 살을 먹으려고 내게로 왔으나 나의 대적들 나의 원수들인 그들은 실족하여 넘어졌도다 – 시27:2

3. 우리에게 응답하소서(9)

여호와여 왕을 구원하소서...우리에게 응답하소서(9)

구원하다의 동사 원형은 '야사' 다. 히필형과 니팔형으로 사용되며 본 구절은 히필형의 '호쉬아' 다. 여기에 청원형의(please) 접미사 '나' 가 더하여져 '호쉬안나' 가 되었는데 이 말은 왕이 전쟁터로 출정할 때 백성들이 왕의 승리를 기원하며 외쳤던 말이라고 한다.

'호산나' - 제발 우리를 구원해 주세요. – 마21:9

본 절을 직역하면 "오 주여 왕을 구원하소서 우리가 외칠 때에 그가 우리에게 대답하게 하소서"다. 그러므로 여기서 구원은 '왕에게 승리를 주소서' 라는 간청이다.
본 구절에 대한 다양한 번역이 있지만 '구원' 후에 반드시 찬양으로 이어지는 히브리의 문학적 특성을 고려할 때 시21편과 짝을 이루기 위해서는 주 여호와를 왕과 동격으로 번역한 것은 옳지 않다. 시21:1, 7에서 왕은 다윗이기 때문이다.
응답하다의 동사 원형 '아나'(ענה)의 가장 일반적인 의미는 '대답하다' 이며 '증언하다' '말하다' '노래하다' 등으로도 사용된다. 본 구절의 응답은 1절의 환난 날에 대한 응답을 의미한다. 하나님의 모든 응답은 하나님의 의와 자비 진실하심에 있다.(시69:13) 하나님께서 사람에게 말씀으로 임재하실 때 그는 응답과 적절한 순종의 반응을 기대하신다. 이를 거부하는 것은 죄를 범하는 것이다.(렘7:13, 사65:12)

기쁨의 날(21:1-13)

제21편 인도자를 따라 부르는 노래

1 여호와여 왕이 주의 힘으로 말미암아 기뻐하며 주의 구원으로 말미암아 크게 즐거워
하리다
2 그의 마음의 소원을 들어주셨으며 그의 입술의 요구를 거절하지 아니하셨나이다(셀라)
3 주의 아름다운 복으로 그를 영접하시고 순금 관을 그의 머리에 씌우셨나이다
4 그가 생명을 구하매 주께서 그에게 주셨으니 곧 영원한 장수로소이다
5 주의 구원이 그의 영광을 크게 하시고 존귀와 위엄을 그에게 입히시나이다
6 그가 영원토록 지극한 복을 받게 하시며 주 앞에서 기쁘고 즐겁게 하시나이다
7 왕이 여호와를 의지하오니 지존하신 이의 인자함으로 흔들리지 아니하리이다
8 왕의 손이 왕의 모든 원수들을 찾아냄이여 왕의 오른손이 왕을 미워하는 자들을 찾아
내리다
9 왕이 노하실 때에 그들을 풀무불 같게 할 것이라 여호와께서 진노하사 그들을 삼키시
리니 불이 그들을 소멸하리로다
10 왕이 그들의 후손을 땅에서 멸함이여 그들의 자손을 사람 중에서 끊으리로다
11 비록 그들이 왕을 해하려 하여 음모를 꾸몄으나 이루지 못하도다
12 왕이 그들로 돌아서게 함이여 그들의 얼굴을 향하여 활시위를 당기리로다
13 여호와여 주의 능력으로 높임을 받으소서 우리가 주의 권능을 노래하고 찬송하게 하
소서

The King Rejoices in the Lord's Strength

21 To the choirmaster. A Psalm of David.

1 O Lord, in your strength the king rejoices, and in your salvation how greatly he
exults!

2 You have given him his heart's desire and have not withheld the request of his lips. Selah

3 For you meet him with rich blessings; you set a crown of fine gold upon his head.

4 He asked life of you; you gave it to him, length of days forever and ever.

5 His glory is great through your salvation; splendor and majesty you bestow on him.

6 For you make him most blessed forever; you make him glad with the joy of your presence.

7 For the king trusts in the Lord, and through the steadfast love of the Most High he shall not be moved.

8 Your hand will find out all your enemies; your right hand will find out those who hate you.

9 You will make them as a blazing oven when you appear. The Lord will swallow them up in his wrath, and fire will consume them.

10 You will destroy their descendants from the earth, and their offspring from among the children of man.

11 Though they plan evil against you, though they devise mischief, they will not succeed.

12 For you will put them to flight; you will aim at their faces with your bows.

13 Be exalted, O Lord, in your strength! We will sing and praise your power.

A. 문맥분석

이 환희에 찬 시편에는 대관식 노래, 즉 왕실의 기념일을 위한 찬송가 소리가 있다. 그러나 본 시편의 2절을 시20편의 4절과 대조할 때, 두 시편이 청원과 응답으로 결합되어 있음을 암시하고 있어 승리에 대한 축하가 잘 드러나고 있다.(이 두 구절의 히브리어는 영어와 거의 일치하지 않지만) 각 시편의 구조도 두 개의 연이 반복되는 구성으로 유사하다. 그러나 본 시편에서는 왕의 믿음에 대해서 먼저 언급되고(1-7), 회중에 대해서는 두 번째로(8-12) 언급된다. 두 시에서 마지막 구절은 하나님을 직접 부르면서 기도와 찬양을 맺는다.

본 시편의 기자가 언급하고 있는 왕의 실체는 일차적으로 역사 속의 현존하는 왕을 지칭하지만 내용적으로는 언약에 근거한 이상적인 왕의 실체적 출현과 최후 승리를 함의하고 있다.

■ 그를 하나님보다 조금 못하게 하시고 영화와 존귀로 관을 씌우셨나이다 – 시8:5

■ 악한 자가 교만하여 가련한 자를 심히 압박하오니 그들이 자기가 베푼 꾀에 빠지게 하소서 – 시10:2

■ 그 왕의 머리에서 보석 박힌 왕관을 가져오니 그 중량이 금 한 달란트라 다윗이 자기의 머리에 쓰니라 다윗이 또 그 성읍에서 노략한 물건을 무수히 내오고 – 삼하12:30

■ 어찌하여 이방 나라들이 분노하며 민족들이 헛된 일을 꾸미는가 – 시2:1

B. 주석

1. 왕과 주님(1-7)

왕은 자신을 제 삼자나 타인의 위치에서 말하고 있으며 어느 경우에나 하나님과 왕이 이 구절의 그림 속에 있다. 8절에서 국면이 전환되면서 왕의 통치적 약속들이 언급되기 시작한다.

마음의 소원을 들어 주셨으며 ... 입술의 요구를 거절하지 아니하셨나이다(1-2)
'당신의 도움'은 시20:5에서 '승리'와 같은 단어다. 2절과 시20:4 절을 대조하라.
즉 왕의 기도가 응답되는 것은 왕이 하나님을 사랑하여 그분의 명령에 순종함으로서 여호와의 마음을 가졌다는데 있다. 성경은 그런 자에게 구하는 것을 주실 것이라 약속하신다.(응답 받는 기도의 비결)
특히 첫 번째 연의 1-7절까지 서로 종속된 문장 내에서 2,4절의 동사는('들어 주셨다'와 '거절치 않으셨다') 완료 시제를 사용한 반면 3,5절의 동사('영접하시고'와 '씌우셨나이다')는 미완료 시제를 사용하고 있다. 이것은 저자가 과거의 사실을 토대로 현재의 확신을 가져오는 방식을 설명함에 있어서, 하나님께서 왕을 구원하시기 전에 먼저 왕의 마음을 간섭하시고 간절한 소망을 주셔서 그것을 먼저 입술로 고백케 하신다는 의미다.

주의 아름다운 복으로 그를 영접하시고.....순금 관을 그의 머리에(3)

이 구절은 시18:5에서의 '스올' 또는 죽음과의 만남과 대조를 이루고 시17:13의 사악한 자와의 만남을 대조한다. 그의 머리에 씌운 황금 관은 시79:8; 이사야 21:14에서 볼 때 그 가치는 순금 자체 보다는 오히려 주는 사람에게서 비롯된다.

(그리스도인의 구원 자체보다는 구원을 주시는 그리스도가 참 가치가 되신다는 의미다. 다윗이 비록 왕의 직분을 받았으나 주신 이에게 순종치 않을 때 그 왕관이 무슨 의미가 있는가? 그러므로 여기서 그냥 금 면류관이 아닌 정금('파즈') 면류관이라 기록한 것이다.)

> 우리 조상들의 죄악을 기억하지 마시고 주의 긍휼로 우리를 속히 영접하소서 우리가 매우 가련하게 되었나이다 – 시79:8
>
> 데마 땅의 주민들아 물을 가져다가 목마른 자에게 주고 떡을 가지고 도피하는 자를 영접하라 – 사21:19

다윗이 삼하12:30에서 받은 왕관을 잊어버린 사실을 기억하라. 겔21:25-27에서는 이에 대하여 재차 강조하고 있다.

> 그 왕의 머리에서 보석 박힌 왕관을 가져오니 그 중량이 금 한 달란트라 다윗이 자기의 머리에 쓰니라 다윗이 또 그 성읍에서 노략한 물건을 무수히 내오고 – 삼하12:30
>
> 너 극악하여 중상을 당할 이스라엘 왕아 네 날이 이르렀나니 곧 죄악의 마지막 때이니라. 주 여호와께서 이같이 말씀하셨느니라 관을 제거하며 왕관을 벗길지라 그대로 두지 못하리니 낮은 자를 높이고 높은 자를 낮출 것이니라 내가 엎드러뜨리고 엎드러뜨리고 엎드러뜨리려니와 이것도 다시 있지 못하리라 마땅히 얻을 자가 이르면 그에게 주리라 – 겔21:25-27

저가 생명을 구하는 자에게 주셨으니 곧 영원한 장수로소이다(4)

'영원한 삶의 선물' 은 구약 성경 독자에게 단2:4절의 과장된 내용으로나 삼하7:16에서 볼 때 다윗에게 약속 한 영속적인 왕조에 대한 암시로 이해하였을 것이다.

신약 성서는 그것을 과장되지도 않고 실체적이며 궁극적인 왕인 메시아(Messiah)의 그림으로 확고하게 묘사되어 있다.

> 갈대아 술사들이 아람 말로 왕에게 말하되 왕이여 만수무강 하옵소서 – 단2:4
>
> 네 집과 네 나라가 내 앞에서 영원히 보전되고 네 왕위가 영원히 견고하리라 하셨다 하라 – 삼하7:16

주의 구원이 그의 영광을 크게 하시고 존귀와 위엄으로 저에게 입히시나이다(5-7)

5절의 영광과 존귀와 위엄은 주님의 임재가 주는 6절 하반절의 기쁘고 즐거움에 대한 깊이(요13:31)와 높이 (계5:12)의 모든 범위를 보이시고 9절에서는 그 엄위하심을 보이신다.

> 그가 나간 후에 예수께서 이르시되 지금 인자가 영광을 받았고 하나님도 인자로 말미암아 영광을 받으셨도다 – 요13:31
>
> 큰 음성으로 이르되 죽임을 당하신 어린 양은 능력과 부와 지혜와 힘과 존귀와 영광과 찬송을 받으시기에 합당하도다 하더라 – 계5:12

한편 '**입히시나이다**'로 번역된 '**샤와**'는 '일치하다' '부합하다' '같게 되다' '비슷하다'는 뜻을 갖는 미완료시제의 동사다. 왕권이 지속되기를 바랐던 왕의 기도가 현재 이루어지고 있을 뿐만 아니라 지속됨을 나타낸다. 즉 주의 구원이 왕의 존귀와 위엄이다. 왜냐하면 주께서 왕으로 영원토록 지극한 복을 받게 하심 때문이요 주 앞에서 기쁨과 즐거움을 주셨기 때문이요 나아가 왕의 손으로 모든 원수들을 멸하도록 권세를 주신 까닭이다.

왕이 여호와를 신뢰하고(믿고, 의지하고, 안심하고: 왕하18,19장 **히스기야**의 믿음의 가치에 도전한 **랍사게**에게 이 믿음의 가치를 입증시킨 사건) 그 신뢰를 기뻐하사 신실히 응답하시는 지극히 높으신 이의 인자하심을 인해 왕은 요동치 않는다.

2. 왕과 그의 원수(8-12)

만약 시편이 원래 특별한 구출을 축하한 것이라면(개요 주석 참조), 그것은 이 약속 안에서 최후 승리를 보여준다. 그것은 모든 대적을 섬멸하는데 헌신하는 십자군 정신을 가지고 있고, 그들에게 주도권을 허락하지 않는다.(**찾아냄이여~, 찾아내리로다.** 8), 그리고 그의 동류인 세상을 멸하기 위해 헌신적이다.(10) 이것은 9b가 인정하는 바와 같이 어떤 왕의 힘보다도 앞서고 사건의 규모가 메시아를 다시 한 번 불러온다. 살후1:7b-9는 그리스도의 출현과 이에 수반되는 불의와 심판이라는 주제와 함께 이 구절을 차용하고 있다. '나타나실 때'는 문자적으로 '얼굴을 볼 때에' 또는 '존전에서'(이의 얼굴에서와 계6:16)다. **'노하실 때'** (AV, RV 9절)는 약간 의역적인 번역이다.

자손을 인생 중에서 끊음(10)

이 구절은 9절의 여호와의 진노를 '소멸하는 불'에 비유한 것이라면 '자손을 끊음'은 구체적인 서술이다. 구약시대의 무자한 것은 여자의 후손에 대한 소망이 단절된 곧 하나님께 저주받음을 상징했다. 믿음의 전승이 끊어지는 것은 현대에서도 분명 비극이라 할 것이다. 그러나 본 시편에서 말하는 이 단절은 육신에 죄를 정하여 죽이심으로 신자 안에서 다시는 죄가 왕 노릇하지 못하게 하는 그리스도의 승리로 보아야 한다.

저희는 너를 해하려 하나, 네가 저희로 돌아서게 함...활시위를 당김(11-12)

왕의 대적들이 악한 생각을 계획할지라도 성공하지 못하는 이유는 왕이 그들의 등을 돌리게 할 것이기 때문이다. 이는 적들이 도망치는 모습을 회화적으로 묘사한 것이다. 여호와께서 대적들의 얼굴을 향하여 활을 당기는 모습에 기겁하여 도망치게 된다는 것이다.

> 너희로 환난을 받게 하는 자들에게는 환난으로 갚으시고 환난을 받는 너희에게는 우리와 함께 안식으로 갚으시는 것이 하나님의 공의시니~ – 살후1:6-7a

3. 홀로 계시는 주님(13)

> 여호와여 주의 능력으로 높임을 받으소서~

시20편을 마무리하는 이 구절에서 사람은 보이지 않지만 소리가 들려지지 않는 것은 아니다. 그의 역할은 옆으로 비켜서서 감탄하고 감사하는 것이다.

하나님 어찌하여 나를 버리시나이까(22:1-31)

제22편 다윗의 시

1 내 하나님이여 내 하나님이여 어찌 나를 버리셨나이까 어찌 나를 멀리 하여 돕지 아니
하시오며 내 신음 소리를 듣지 아니하시나이까
2 내 하나님이여 내가 낮에도 부르짖고 밤에도 잠잠하지 아니하오나 응답하지 아니하
시나이다
3 이스라엘의 찬송 중에 계시는 주여 주는 거룩하시니이다
4 우리 조상들이 주께 의뢰하고 의뢰하였으므로 그들을 건지셨나이다
5 그들이 주께 부르짖어 구원을 얻고 주께 의뢰하여 수치를 당하지 아니하였나이다
6 나는 벌레요 사람이 아니라 사람의 비방 거리요 백성의 조롱 거리니이다
7 나를 보는 자는 다 나를 비웃으며 입술을 비쭉거리고 머리를 흔들며 말하되
8 그가 여호와께 의탁하니 구원하실 걸, 그를 기뻐하시니 건지실 걸 하나이다
9 오직 주께서 나를 모태에서 나오게 하시고 내 어머니의 젖을 먹을 때에 의지하게 하셨
나이다
10 내가 날 때부터 주께 맡긴 바 되었고 모태에서 나올 때부터 주는 나의 하나님이 되셨
나이다
11 나를 멀리 하지 마옵소서 환난이 가까우나 도울 자 없나이다
12 많은 황소가 나를 에워싸며 바산의 힘센 소들이 나를 둘러쌌으며
13 내게 그 입을 벌림이 찢으며 부르짖는 사자 같으니이다
14 나는 물 같이 쏟아졌으며 내 모든 뼈는 어그러졌으며 내 마음은 밀랍 같아서 내 속에
서 녹았으며
15 내 힘이 말라 질그릇 조각 같고 내 혀가 입천장에 붙었나이다 주께서 또 나를 죽음의
진토 속에 두셨나이다
16 개들이 나를 에워쌌으며 악한 무리가 나를 둘러 내 수족을 찔렀나이다

17 내가 내 모든 뼈를 셀 수 있나이다 그들이 나를 주목하여 보고
18 내 겉옷을 나누며 속옷을 제비 뽑나이다
19 여호와여 멀리 하지 마옵소서 나의 힘이시여 속히 나를 도우소서
20 내 생명을 칼에서 건지시며 내 유일한 것을 개의 세력에서 구하소서
21 나를 사자의 입에서 구하소서 주께서 내게 응답하시고 들소의 뿔에서 구원하셨나이다
22 내가 주의 이름을 형제에게 선포하고 회중 가운데에서 주를 찬송하리이다
23 여호와를 두려워하는 너희여 그를 찬송할지어다 야곱의 모든 자손이여 그에게 영광
을 돌릴지어다 너희 이스라엘 모든 자손이여 그를 경외할지어다
24 그는 곤고한 자의 곤고를 멸시하거나 싫어하지 아니하시며 그의 얼굴을 그에게서 숨
기지 아니하시고 그가 울부짖을 때에 들으셨도다
25 큰 회중 가운데에서 나의 찬송은 주께로부터 온 것이니 주를 경외하는 자 앞에서 나의
서원을 갚으리이다
26 겸손한 자는 먹고 배부를 것이며 여호와를 찾는 자는 그를 찬송할 것이라 너희 마음은
영원히 살지어다
27 땅의 모든 끝이 여호와를 기억하고 돌아오며 모든 나라의 모든 족속이 주의 앞에 예배
하리니
28 나라는 여호와의 것이요 여호와는 모든 나라의 주재심이로다
29 세상의 모든 풍성한 자가 먹고 경배할 것이요 진토 속으로 내려가는 자 곧 자기 영혼
을 살리지 못할 자도 다 그 앞에 절하리로다
30 후손이 그를 섬길 것이요 대대에 주를 전할 것이며
31 와서 그의 공의를 태어날 백성에게 전함이여 주께서 이를 행하셨다 할 것이로다

Why Have You Forsaken Me?

22 To the choirmaster: according to The Doe of the Dawn. A Psalm of David.

1 My God, my God, why have you forsaken me? Why are you so far from saving me,
from the words of my groaning?
2 O my God, I cry by day, but you do not answer, and by night, but I find no rest.

3 Yet you are holy, enthroned on the praises of Israel.

4 In you our fathers trusted; they trusted, and you delivered them.

5 To you they cried and were rescued; in you they trusted and were not put to shame.

6 But I am a worm and not a man, scorned by mankind and despised by the people.

7 All who see me mock me; they make mouths at me; they wag their heads;

8 "He trusts in the Lord; let him deliver him; let him rescue him, for he delights in
him!"

9 Yet you are he who took me from the womb; you made me trust you at my mother's
breasts.

10 On you was I cast from my birth, and from my mother's womb you have been my God.

11 Be not far from me, for trouble is near, and there is none to help.

12 Many bulls encompass me; strong bulls of Bashan surround me;

13 they open wide their mouths at me, like a ravening and roaring lion

14 I am poured out like water, and all my bones are out of joint; my heart is like wax; it
is melted within my breast;

15 my strength is dried up like a potsherd, and my tongue sticks to my jaws; you lay
me in the dust of death.

16 For dogs encompass me; a company of evildoers encircles me; they have pierced my
hands and feet-

17 I can count all my bones- they stare and gloat over me;

18 they divide my garments among them, and for my clothing they cast lots.

19 But you, O Lord, do not be far off! O you my help, come quickly to my aid!

20 Deliver my soul from the sword, my precious life from the power of the dog!

21 Save me from the mouth of the lion! You have rescued me from the horns of the wild oxen!

22 I will tell of your name to my brothers; in the midst of the congregation I will praise you:

23 You who fear the Lord, praise him! All you offspring of Jacob, glorify him, and stand
in awe of him, all you offspring of Israel!

24 For he has not despised or abhorred the affliction of the afflicted, and he has not

hidden his face from him, but has heard, when he cried to him.
25 From you comes my praise in the great congregation; my vows I will perform before
those who fear him.
26 The afflicted shall eat and be satisfied; those who seek him shall praise the Lord!
May your hearts live forever!
27 All the ends of the earth shall remember and turn to the Lord, and all the families
of the nations shall worship before you.
28 For kingship belongs to the Lord, and he rules over the nations.
29 All the prosperous of the earth eat and worship; before him shall bow all who go
down to the dust, even the one who could not keep himself alive.
30 Posterity shall serve him; it shall be told of the Lord to the coming generation;
31 they shall come and proclaim his righteousness to a people yet unborn, that he has
done it.

A. 문맥분석

본 시편은 그리스도인이 아닌 사람은 생생한 십자가와 직면하여 읽을 수 없다. 본 시편은 예언을 온전히 충족시킬 뿐만 아니라 고통당하는 자의 겸손과(복수를 위한 탄원이 없다) 전 세계를 품는 소망이 담겨 있다. 또한 아픔에 대한 설명이 아니라 죽음에 대한 설명이다.
다윗의 사건에서 이와 견주어 설명할 것이 없다. 다만 삼상30:6에서 다윗이 자기 부하들에게 돌에 맞아 죽을 위기가 있지만 이것과 견줄 수 있는 장면은 아니다. 혹자는 바벨론 포로기간에 이스라엘의 연례의식 중에 왕이 당한 수모를 본 시편과 빗대어 말하지만 추론일 뿐이고 직접적인 증거는 되지 못한다.
가장 좋은 사례가 있다면 행2:30 하반 절에서 베드로가 인용한 말씀일 것이다.

> 그는 선지자라 하나님이 이미 맹세하사 그 자손 중에서 한 사람을 그 위에 앉게 하리라 하심을 알고 미리 본 고로 그리스도의 부활을 말하되 그가 음부에 버림이 되지 않고 그의 육신이 썩음을 당하지 아니하시리라 하더니 이 예수를 하나님이 살리신지라 우리가 다 이 일에 증

인이로다 하나님이 오른손으로 예수를 높이시매 그가 약속하신 성령을 아버지께 받아서 너희가 보고 듣는 이것을 부어 주셨느니라.

다윗은 하늘에 올라가지 못하였으나 친히 말하여 이르되 주께서 내 주에게 말씀하시기를 내가 네 원수로 네 발등상이 되게 하기까지 너는 내 우편에 앉아 있으라 하셨도다 하였으니 그런즉 이스라엘 온 집은 확실히 알지니 너희가 십자가에 못 박은 이 예수를 하나님이 주와 그리스도가 되게 하셨느니라 하니라 – 행2:30-36

■ 그들이 예수를 십자가에 못 박은 후에 그 옷을 제비 뽑아 나누고 – 마27:35

■ 백성은 서서 구경하는데 관리들은 비웃어 이르되 저가 남을 구원하였으니 만일 하나님이 택하신 자 그리스도이면 자신도 구원할지어다 하고 – 눅23:35

■ 내가 많은 회중 가운데에서 의의 기쁜 소식을 전하였나이다 여호와여 내가 내 입술을 닫지 아니할 줄을 주께서 아시나이다 – 시40:9

■ 내가 주의 공의를 내 심중에 숨기지 아니하고 주의 성실과 구원을 선포하였으며 내가 주의 인자와 진리를 많은 회중 가운데에서 감추지 아니하였나이다 – 시40:10

■ 나는 또 그들의 비방 거리라 그들이 나를 보면 머리를 흔드나이다 – 시109:25

B. 주석

본 시편의 첫째 연에서 '내'(I)와 '나'(me)를 번갈아 표시하고 절의 길이를 늘이면서(1-2, 6-8, 12-18) 당신(주)의 긴급하고도 직접적인 개입에 대한 요청도 늘어가고 있다. 그러다가 이러한 교차적 표현은 22절에 이르러 찬사와 소망에 대한 분위기로 급속히 확장된다.

1. 어둠의 힘(1-21)

어찌 나를 멀리 하여(왜) (1)

우리 주의 버려짐을 당하심에 대한 부르짖음 **"엘리 엘리 라마 아자브(타) 니"**는 (아람어로 된 부분을 MT번역) **"그리스도께서 우리를 위하여 저주를 받은바 되사 율법의 저주에서 우리를 속량**

하셨으니 기록된바 나무에 달린 자마다 저주 아래에 있는 자라 하였음이라"는 갈3:13의 말씀을 떠올리게 한다.

엘 (아)니, 이것은 하나님의 '엘'에 1인칭 공성 단수 접미사 '(아)니'가 붙어서 '엘리'가 되었는데, 이는 '나의 하나님!'으로 번역되어 하나님을 나의 소유격으로 오해하기 쉽지만 '하나님! 나를'(히브리적 사고는 내가 하나님을 앞설 수 없다.) 이처럼 번역하는 것이 더 옳아 보인다. 이것은 소유격이 아니라 언약관계를 의미하기 때문이다.

한편 다윗은 둘째 줄에서 '나를 돕는 것에서 멀리 떨어져 있습니까?'라고 말하는데 이것은 '기억하다' '듣다' '깨우다'는 의미로 한글 개역개정은 "어찌 나를 멀리하여 돕지 아니하옵시며"로 번역되어 있다. 그러므로 기자는 '하나님은 나를 버리지 않으셨다'고 믿고 있으며, 그럼에도 자신의 부르짖음에 응답이 없자(마치 욥이 느꼈던 마음처럼 친밀함과 보호의 단절을) 탄식하고 있는 것이다.

2. 그러나 주여(3-5)

그러나 주는 거룩하십니다. 이스라엘의 찬양 중에 거하십니다(3)

다윗은 자신의 슬픔이 더 깊어지는 것을 멈추고 자신보다 더 든든한 '그 바위'에 안착하려고 힘쓴다. 무엇보다도 그는 가장 든든한 기반을 하나님은 거룩하시다는 것과, 교회의 기도와 그 기도에 항상 응답하셨던 경험을 반석 삼는다. 그것은 하나님 안에서 하나님께로 그리하여 더욱 하나님 안으로 향하는 것이었다.(4)

> 우리 조상들이 주께 의뢰하고 의뢰하였으므로 그들을 건지셨나이다 – 시22:4

3. 하지만 나는 벌레요 사람이 아니라 사람의 훼방거리요 백성의 조롱거리니이다.(6-8)

그의 심령은 상했고 근심에 빠졌다. 나는 흙으로 만든 비천한 존재에 불과하다.

하나님의 심판을 거절할 만한 것이 자기 속에는 아무 것도 없다.

> 아버지께서 주신 잔을 내가 마시지 아니하겠느냐 – 요1:11

연민은 신속한 애정과 승리를 함께 준다. 긍휼히 여기는 마음이 다윗과 그의 위대한 자손의 표지이듯이 그러나 예수님은 연민을 자신으로부터 다른 사람들에게 돌렸다.

> 나를 위하여 울지 말고 너희와 너희 자녀를 위하여 울라 – 눅23:28

나를 보는 자는 다 비웃으며 입술을 비쭉이고 머리를 흔들며(7)
그가 여호와께 의탁하니 구원하실 걸, 그를 기뻐하시니 건지실 걸 하나이다(8)

불신자들이 8절에서 논하는 거짓 전제에 주목하라.

언제나 그렇듯이 하나님은 우리의 평화를 위해 거기에(십자가) 계신다. '십자가에서 내려오라'는 말은 돌을 명하여 자신의 머리위에 내리라고 명령하는 것과 같다. 7, 8절의 몸짓과 말은 갈보리에서 그대로 재현되었다.

> 지나가는 자들은 자기 머리를 흔들며 예수를 모욕하여 – 마27:39
>
> 그가 하나님을 신뢰하니 하나님이 원하시면 이제 그를 구원하실지라 그의 말이 나는 하나님의 아들이라 하였도다 하며 – 마27:43

4. 오직 주께서(9-11)

하나님의 영광과 이름에(3-5절) 자신의 마음을 고정시킨 다윗은 그것에 자신과 일생을 의탁했다. 하나님은 평범한 도움을 제공하는 일반적인 지인이 아니시다.(시139:13-16 및 욥기10:8-12 참조)

> 주께서 내 내장을 지으시며 나의 모태에서 나를 만드셨나이다 내가 주께 감사하옴은 나를 지으심이 심히 기묘하심이라 주께서 하시는 일이 기이함을 내 영혼이 잘 아나이다. 내가 은밀한 데서 지음을 받고 땅의 깊은 곳에서 기이하게 지음을 받은 때에 나의 형체가 주의 앞에 숨겨지지 못하였나이다. 내 형질이 이루어지기 전에 주의 눈이 보셨으며 나를 위하여 정한 날이 하루도 되기 전에 주의 책에 다 기록이 되었나이다 -시139:14-16-

다윗은 나를 안전하게 지키고 또는 자신을 신뢰하게 만든 하나님을, 자신을 모태에서 꺼낸 후 "나를 어머니의 가슴에 맡기셨다"고 묘사한다. 이는 하나님이 자신의 생명의 주관자가 되신다는 고백이다.

내 하나님이 되셨사오니(10)

그러므로 대적 자들이 자신을 조롱할지라도, 하나님이 자신을 버렸다는 느낌을 받을지라도, (또한) 자신의 기도가 응답되지 않아도, 하나님은 자신이 태어날 때부터 하나님이셨던 것처럼 대적들의 손과 조롱에서 능히 건지실 전능하신 하나님 되심을 고백한다.

나를 멀리하지 마옵소서(11)

"고난이 가깝기 때문입니다. 돕는 자가 없기 때문입니다."
이것은 하나님 외에는 자신의 도움으로 삼지 않는 기자의 신앙고백이다.(시20:7)

5. 약탈과 위협(12-18)

이것은 약자에 대하여 강한 자가 종종 행하는 장면의 하나다
많은 수로 북적대는 그림은 짐승(황소, 사자, 개, 야생 황소)으로 묘사되지만, 그것은 모두 많은 사람을 상징한다. 갈보리에서 행하여진 잔혹함이나 교활한 인간의 행위를 말한다. 문맥은 사람들이 크게 조롱하고(8) 군중심리를 자극하며(12,16a)[90], 사소한 이익을 위해 탐욕하고(18), 마음 아픈 광경을 즐기는 악한 취향(17)등이 서로에게 분노하도록 동기를 이끌어낸다. 단순히 죄가 살인하지만 죄인들은 자기 마음에 이미 증오를 품은 것이다.

> 너희는 너희 아비 마귀에게서 났으니 너희 아비의 욕심대로 너희도 행하고자 하느니라 그는 처음부터 살인한 자요 진리가 그 속에 없으므로 진리에 서지 못하고 거짓을 말할 때마다 제 것으로 말하나니 이는 그가 거짓말쟁이요 거짓의 아비가 되었음이라 – 요 8:44

14,15절은 절망적인 질병처럼 보이나 그 맥락은 집단적인 적의로 그리스도의 채찍질 당

---

90) 출23:2

하심과 십자가에 못 박히는 상태를 말한다. 실제로 16-18절은 그 사건이 어떤 명확성으로 그 의미를 펼칠 때까지 기다려야 만했다.

'찔렀나이다'(16)로 번역된 히브리어는 적절한 말이 없어 '아리' 즉, 사자로 되어 있는데 '찔렀다'는 표현은 가장 가능성 있는 번역이다. 히브리어 어순대로 옮기면 '사자처럼, 내 손들, 그리고 내 발들'이다.

저자는 피골이 상접된 상태에 놓였고 원수들은 흡족한 듯이 즐기며 바라본다. 그리고 저자가 곧 죽을 것으로 여겨 그의 옷을 빼앗아 제비로 소유를 결정하려 한다.('찔렀다'는 문맥적인 맥락에서 '못 박다'는 의미가 되어야 하지만, '카 하 아리'로 읽으면 '사자처럼'이 되고, '쿠루 아리'로 읽으면 '사자처럼 물어뜯다'가 된다.)

6. 그러나 여호와여(19-21)

이것은 'Thou' 문장의 정점이며 시편의 전환점이다. 첫 번째 '그러나 그대'는 의도적인 목적으로 사용되었다.(3-5) 두 번째는 적의 외침에서(9-11) 살인과 추하고, 탐욕스럽고, 저항할 수 없는 일련의 대적들의 움직임을 인하여, 세 번째의 다급한 울부짖음으로 연결된다.(19) 특히. '나의 힘이시여'라는 문구는 '멀리하지 마옵소서'에 대해 평형을 이루는 매우 웅변적인 표현이다.

내 생명을 칼에서 건지시며(20)

"건지소서, 칼에서, 내 영혼을, 개의 세력에서, 내 유일한 것을"

내 생명은 문자적으로 '내게 남겨진 단 하나뿐인' '가장 소중한 내 소유' '나의 소중한 삶'을 의미한다. 그런 의미에서 모든 것을 빼앗기고 죽어가는 생명만 남아있는 저자의 상태에서 무엇이든지 먹어치우려는 '개'의 힘이란 냉혹함을 웅변적으로 말하고 있는 셈이다.

21절에서는 갑작스럽고 드라마틱한 반전이 일어났음을 마지막 단어에서 만나게 되는데, 나의 괴로운 영혼 대신에 '주께서 나의 기도를 들어주셨다'로 바뀐다. 저자는 하나님께서 자신의 기도에 응답하사 **"들소 뿔에서 구원하셨나이다!"** 하고 외친다.

7. 기쁨의 확산(22-31)

22-26

***봉헌제물** - 25절에서 드려지는 희생제사는 기도자의 서원을 따라 행하는 것인데, 기자의 회중 가운데서 행하는 '나의 찬송'은 찬양 받으시기에 합당하신 하나님의 행위를 높이는 것이다.(레7:16 참조)

***봉헌잔치** - 25절은 이 구절의 배경을 제시해주는데, 이는 율법이 하나님께 어떤 봉사를 맹세하는 자들에게 그들의 기도가 가납되기 위해서는, 그 서약을 감사 제물로서 이행하도록 장려해야 하고, 그 뒤에 이틀이나 계속될지도 모르는 잔치(26)를 하도록 권하였다.(레7:16절). 그것은 자기와 자식들에게만 행복을 주지 않고, 종들과 다른 궁핍한 백성들, 특히 레위인을 초대하여 주 앞에서 함께 먹도록 요구되었다.(신12:17-19)

> 너는 곡식과 포도주와 기름의 십일조와 네 소와 양의 처음 난 것과 네 서원을 갚는 예물과 네 낙헌 예물과 네 손의 거제물은 네 각 성에서 먹지 말고 오직 네 하나님 여호와께서 택하실 곳에서 네 하나님 여호와 앞에서 너는 네 자녀와 노비와 성중에 거주하는 레위인과 함께 그것을 먹고 – 신12:17–19

그들은 회중 앞에서 하나님께서 행하신 일들을 서로 말해야만 했다.[91] 그러면서 그들을 이 같은 시의 목적을 위해 시편으로 초대하고 있다.

> 나와 함께 여호와를 광대하시다 하며 함께 그의 이름을 높이세 – 시34:3

그리하여 그들을 시편에서와 같이 증거에 동참하는 일에 함께 하기 위해 초청한다. 그러나 히2:11-12과 22절은 '(우리의) 형제'라고 부르는 것을 부끄럽게 여기지 않은 사람으로서 메시아와 관련이 있고, 그러므로 화목제에서 높은 자(22)나 가난(겸손)한 자가 함께 먹고 만족하고(26) 그리고 (단어의 형태가 아니라 현실에서) 영원히 사는 것을 반긴다.(26)

---

91) 시22:22, 40:9f, 116:14

8. 끝없는 왕국(27-31)

땅의 모든 끝이 여호와를 기억하고 돌아오며(27)

이제 다윗의 말은 모든 자연 제방을 넘실대는, 심지어 왕에게도 적절한 추수감사절이다. (그자신의 운명은 다른 많은 사람들의 운명에 영향을 미친다.) 그의 구출의 결실은 초월적이며, 희미하나 여호와를 찾는 자는 이미 '영원히 살도록'(26) 부름 받은 축복 속에서 이미 엿보인다. 여호와를 찾는 자들은 주께서 모든 열방의 예배(27f.)와 거만한 자들의 경배(29)를 받으실 때까지 시공간으로 퍼져 나간다.

세상의 모든 풍성한 자가 먹고 경배할 것이요 진토 속으로 내려가는 자 곧 자기 영혼을 살리지 못할 자도 다 그 앞에 절하리로다(29)

29절은 26절을 의미심장하게 엿본다. 만약 히브리어의 본문이 RV에서처럼 '세상의 모든 풍비한자가 먹고 경배할 것이요.'라고 말하는 것을 허용할 수 있다면 즉, 현재 스스로의 힘으로 먹고 산다고 생각하는 자들이 자신이 호령할 수 없는 생명을 얻으려면, 축제(26)에서 겸손한 자들과 동참하기 위해 오만함은 제쳐두어야 할 것이다.

후손이 그를 봉사할 것이요, 주를 전할 것이요, 장차 날 백성에게 공의를 전함이여(30, 31)

마침내 그 비전은 태어나지 않은 후 세대(30f.)까지 확장되는데, 이는 십자가의 설교를 예상하는 용어로, 그가 행한 행동에서 드러난 하나님의 의(또는 말씀의 이차적 의미)를 재조명하는 것이다.

유기의 외침으로 시작된 시편은 그가 성취하신 말씀으로 끝나는데, 그것은 우리 주님의 위대한 외침인 '다 이루었다'와 멀지 않은 예고다.

목자와 친구(23:1-6)

제23편 다윗의 시

1 여호와는 나의 목자시니 내게 부족함이 없으리로다
2 그가 나를 푸른 풀밭에 누이시며 쉴 만한 물 가로 인도하시는도다
3 내 영혼을 소생시키시고 자기 이름을 위하여 의의 길로 인도하시는도다
4 내가 사망의 음침한 골짜기로 다닐지라도 해를 두려워하지 않을 것은 주께서 나와 함
께 하심이라 주의 지팡이와 막대기가 나를 안위하시나이다
5 주께서 내 원수의 목전에서 내게 상을 차려 주시고 기름을 내 머리에 부으셨으니 내 잔
이 넘치나이다
6 내 평생에 선하심과 인자하심이 반드시 나를 따르리니 내가 여호와의 집에 영원히 살
리로다

The Lord Is My Shepherd

23 A Psalm of David.

1 The Lord is my shepherd; I shall not want.
2 He makes me lie down in green pastures. He leads me beside still waters.
3 He restores my soul. He leads me in paths of righteousness for his name's sake.
4 Even though I walk through the valley of the shadow of death, I will fear no evil, for
you are with me; your rod and your staff, they comfort me.
5 You prepare a table before me in the presence of my enemies; you anoint my head
with oil; my cup overflows.
6 Surely goodness and mercy shall follow me all the days of my life, and I shall dwell
in the house of the Lord forever.

A. 문맥분석

심오함과 강인함이 이 시편의 바탕에 자리하고 있다. 그 평화는 도피하는 것이 아니고 만족하는 것도 아니다. 깊은 어둠과 임박한 공격에 맞설 준비가 되어 있고, 절정은 주님 자신 외에는 어떤 물질적인 목표도 지향하지 않는 사랑임을 보여준다.

1) 부족함이 없는 길로 인도하시고, 2) 쉴만한 물가의 길로 인도하시며, 3) 의의 길로 인도하심

- 나는 선한 목자라 선한 목자는 양들을 위하여 목숨을 버리거니와 – 요10:11
- 나의 하나님이 그리스도 예수 안에서 영광 가운데 그 풍성한 대로 너희 모든 쓸 것을 채우시리라 – 빌4:19
- 너희 성도들아 여호와를 경외하라 그를 경외하는 자에게는 부족함이 없도다 젊은 사자는 궁핍하여 주릴지라도 여호와를 찾는 자는 모든 좋은 것에 부족함이 없으리로다 – 시34:9-10
- 양들의 큰 목자이신 우리 주 예수를 영원한 언약의 피로 죽은 자 가운데서 이끌어 내신 평강의 하나님이 – 히13:20
- 네가 물 가운데로 지날 때에 내가 너와 함께 할 것이라 강을 건널 때에 물이 너를 침몰하지 못할 것이며 네가 불 가운데로 지날 때에 타지도 아니할 것이요 불꽃이 너를 사르지도 못하리니 – 사43:2

B. 주석적 접근

1.목자(1-4)

여호와는 나의 목자시니(1)

주님은 시편에서 종종 그렇듯이 여기서 가장 중요하게 강조되고 있다. '주님'은 나의 구원과 관련하여 이 시편에서 내가 할 수 있는 그 모든 것과는 조화되지 않는 관계다. '목자'라

는 단어 속에서 다윗은 여태껏 시편에서 없었던 가장 포괄적이고 친밀한 은유를 사용한다. '왕' 이나 '공급자' 처럼 거리감이 없고, '바위' 나 '방패' 처럼 교감이 없는 것과 달리 목자는 그의 양들과 항상 함께하면서 인도하고 돌보고 보호하기 때문이다.

푸른 초장에 누이시며(2)

푸른 목장이나 초원 그리고 쉴만한 물가는 양떼들을 먼저 배려하는 목자의 관점이지 자신의 쉼을 우선하는 삯꾼의 생각이나 관점이 아니다.

> 그들이 여호와의 산에서 떠나 삼 일 길을 갈 때에 여호와의 언약궤가 그 삼 일 길에 앞서 가며 그들의 쉴 곳을 찾았고 – 민10:33

욥기에서 만약 아버지가 가족을 생각하고 돌보는 방법을 배우지 못한 부적절한 아버지였다면 그는 불쌍한 처지가 되었을 것이다. 하나님이 양이나 가족을 취하지 않으셨다면 그들 또한 다른 이의 처지와 같이 여전히 유기 상태에 있을 것이다.

내 영혼을 소생시키시고(3)

이 구절에서는 2절의 친절한 배려 후에 하나님의 언약과 믿음을 다루고 있는데 이 의미는 다음의 진리의 빛 안에서 계시된다. 그가 내 영혼을 '**소생시키는**' 것으로 번역된 동사 '슈브' 의 의미가 활짝 열리도록 잘 표현한 번역이다. 만약 이 그림이 사49:5처럼 (무리에서) 이탈한 양을 돌아오게 하는 것이거나 시60:1처럼 방황하는 것을 의미한다면 '회개하다' '전향되어지다' (호14:1, 욜2:12)라는 자동사와 동일한 의미의 동사로 사용된다.

시19:7(여호와의 율법은~ 소성케 하며)에서 율법에 의해 '소성케 하다' 는 관점에서 '**슈브**' 는 단순히 새롭게 되는 것 이상의 영적으로 새롭게 된다는 것을 의미한다. 한편, 내 영혼은 보통 '나의 삶' 또는 '나 자신' 을 뜻하고, '소생케 하다' 는 종종 사58:12처럼 육체적 또는 정신적 감정을 뜻하거나 잠25:13이나 애가1:11,16,19과 같이 부분적으로 다르게 사용되었다.

본 주석은 하나님의 사람이 더욱 깊이 새롭게 되는 양의 그림을 나타내는 '**슈브**' 를 그들의 현실일 수 있는 영적 뒤틀림이나 영적인 질병으로부터 회복 또는 소생시키기 위한 두 가지 감정의 분명한 상호작용으로 이해한다. 그것은 양의 입장에서 올바른 길과 비교 될 수 없는 의의 길이고, 더욱 도덕적인 행실을 요구 받는 길인데, 이는 목자의 이름을 부끄럽게 하지 않고 영광이 되도록(증거)하는 것이다.(잠11:15)

에스겔 36:22-32에서 그의 이름을 욕되게 하는 것에 대하여 묘사하고 그 이름을 높이는 것을 더하고 있다. 하나님은 자신의 길(의의 길)을 위하여 우리를 새 사람으로 만들 계획이다.

"그러므로 너는 이스라엘 족속에게 이르기를 주 여호와께서 이같이 말씀하시기를 이스라엘 족속아 내가 이렇게 행함은 너희를 위함이 아니요 너희가 들어간 그 여러 나라에서 더럽힌 나의 거룩한 이름을 위함이라. 여러 나라 가운데에서 더럽혀진 이름 곧 너희가 그들 가운데에서 더럽힌 나의 큰 이름을 내가 거룩하게 할지라 ~또 새 영을 너희 속에 두고 새 마음을 너희에게 주되 너희 육신에서 굳은 마음을 제거하고 부드러운 마음을 줄 것이며"

내가 사망의 음침한 골짜기로 다닐지라도(4)

어두운 골짜기나 계곡은 대부분의 고통을 앗아 가는 푸른 목초지 같은 올바른 길이다. 그리고 목자의 존재는 나머지의 고통인 두려움조차 극복케 한다. 죽음의 그림자로 번역된 히브리어 '**찰마웨트**'(צַלְמָוֶת)는 '**첼**'(그늘, 그림자)과 '**마웨트**'(죽음, 사망)의 합성어로 짙은 그늘, 흑암을 의미한다. 구약에서 20회 정도가 사용되었고 어둠의 최상의 상태를 나타낼 때 사용되었다. 욥38:17에서는 죽음의 문으로, 렘2:6 죽음의 장소(광야의 위험), 마4:16은 흑암에 앉은 백성, 눅1:79 어둠과 죽음의 그늘로 묘사된다. 여기서 '흑암'이나 '죽음의 어둠'이 상징하는 바는 죽음 외에도 많은 위험을 내포한다. 골짜기에 있는 목초지가 많은 위험을 내포하는 까닭은 그 장소는 양들에게만 좋은 곳이 아니라 양들을 노리는 야생 짐승들이 쉬기에도 좋은 곳이기 때문이다. 그럼에도 불구하고 양들은 풀과 물을 먹기 위해 그곳을 지나야만 한다.

주께서 나와 함께 하심이라

저자는 여기서 양 떼를 앞서서 인도하시던 목자와의 먼 거리를 사람과 사람 사이의 간격인 '함께'로 위치시키고 있다. 목자는 더 이상 앞서가지 않고 호위하기 위해 함께 하는 동반자가 되는 것이다. 그는 지팡이와 막대기로 무장하고 있다. 전자는 보호용이고(삼상17:35) 후자는 통제와 안전을 위한 인도용이다. 이 은유는 오직 주님만이 죽음을 통하여 사람을 인도할 수 있다는 것이다. 모든 보호자는 되돌아가고 순례자는 혼자 가야 한다. 그러나 그 길은 해를 두려워 할 필요가 전혀 없다는 것이다.

2. 친구(5,6)

주께서 내 원수의 목전에서 내게 상을 베푸시고

본 시편의 첫째 연에서 주님과 저자는 목자와 양의 관계에서 목자의 이미지의 목적을 달성했고, 둘째 연에서는 주인(왕)과 손님의 더 친밀한 관계로 묘사된다. 첫 번째 은유에서는 전체적인 집단의 묘사인 반면, 여기서는 양을 테이블과 잔이 잘 정돈된 집에서의 한 사람으로 바뀌어 나타난다.

4절에서 살아남는 것이 목적이었다면 이제 그것은 그치고 또 다른 승리로 전환되어진다. 승리는 잘 정돈된 테이블과(시5:3) 축제기름(시104:15, 눅7:46)과 넘치는 잔에 이르기까지 그것들이 승리의 비결의 열쇠처럼 잘 묘사되어 있다.

그 그림은 핍박으로부터의 놓임에 대한 구약의 확신으로서 롬8:31-39 또는 고후12:9에 해당하는 최악의 상황 가운데서의 회복에 대한 하나의 증거일 수 있다.

그러나 성경은 벤하닷이나 벨사살을 제외하고 대적들을 가볍게 다루지 않았기에 대적을 포로로 사로잡거나 까다로운 라이벌을 물리친 귀빈의 즉위식과 같은 승리의 축하연을 더욱 기대하는 것이다. '목전에서'로 번역된 '네게드'는 문자적으로 '맞은편에' '...의 앞에'라는 의미를 지니므로 주인은(왕) 잔칫상을 '나'와 '원수' 사이에 차린 것이며 '나'의 머리에만 기름을 부으심으로 영예로운 손님으로 환대를 표하고 있는 반면 원수는 능멸을 당한다.

그러나 기대하는 바는 잔치보다 더 낫다. 구약에서, 누군가의 식탁에서 먹고 마시는 것은 상호 충성의 결속을 낳았으며, 언약을 가장 잘 상징한다. 출24:8-12절에 이스라엘의 장로들이 하나님의 존전에서 먹고 마셨던 것과 같다. 그것은 최후의 만찬에서 예수님께서 '이 잔은 내 피로 세운 새 언약'이라고 선언하신 때도 반복되었다.(고전 11:25).

내가 여호와의 집에 영원히 거하리로다(6)

그래서 하나님의 손님이 되는 것은 하루 동안에 초대 받은 친지 이상의 것이다. 그와 함께 살기 때문이다. 이것은 주님의 집에서 끝나는 순례자의 길을 상징한다. 또한 순례자의 본향이기도하다. 왜냐하면 주님의 법정을 그들의 진정한 고향으로 여긴 레위 인뿐만 아니라

(42,84 장) 마음과 생각으로 하나님을 경외하는 다윗가문의 사람에게도 하나님은 그들의 본향이다.

> 내가 여호와께 바라는 한 가지 일 그것을 구하리니 곧 내가 내 평생에 여호와의 집에 살면서 여호와의 아름다움을 바라보며 그의 성전에서 사모하는 그것이라 – 시27:4
>
> 주께서 택하시고 가까이 오게 하사 주의 뜰에 살게 하신 사람은 복이 있나이다 우리가 주의 집 곧 주의 성전의 아름다움으로 만족하리이다 – 시65:4

자비(인자하심)는 어디에서에서 '변함없는 사랑'으로 상징되는 언약이다.(시17:7) 선하심과 함께 인자하심은 가족이나 친한 친구 사이에서만 계산할 수 있는 꾸준한 친절과 지지를 시사한다. 하나님과 함께 하는 것이란 이러한 자질들은 단지 견고하고 신뢰할 만한 것일 뿐만 아니라, 그가(선하심과 인자하심) 따른다는(추적하는) 것은 악함을 거기까지 가져가지 않도록 하는 것이며 악함을 따르는 것을 분명히 심판한다는 것이다.

> 주의 광풍으로 그들을 쫓으시며 주의 폭풍으로 그들을 두렵게 하소서 – 시83:15

본 구절에서 문자적으로 **'영원히'** 라는 말은 '날 수의 길이'고 그 자체가 영생을 의미하는 것은 아니다. 그러나 하나님의 언약의 논리가 사람에 대한 끝이 없음을 허용하셨기에 이 말씀에 대한 그리스도인들의 이해는 그들에게 충돌되지 않는다.

영광의 왕(24:1-10)

제24편 다윗의 시

1 땅과 거기에 충만한 것과 세계와 그 가운데에 사는 자들은 다 여호와의 것이로다
2 여호와께서 그 터를 바다 위에 세우심이여 강들 위에 건설하셨도다
3 여호와의 산에 오를 자가 누구며 그의 거룩한 곳에 설 자가 누구인가
4 곧 손이 깨끗하며 마음이 청결하며 뜻을 허탄한 데에 두지 아니하며 거짓 맹세하지 아
니하는 자로다
5 그는 여호와께 복을 받고 구원의 하나님께 의를 얻으리니
6 이는 여호와를 찾는 족속이요 야곱의 하나님의 얼굴을 구하는 자로다 (셀라)
7 문들아 너희 머리를 들지어다 영원한 문들아 들릴지어다 영광의 왕이 들어가시리로다
8 영광의 왕이 누구시냐 강하고 능한 여호와시요 전쟁에 능한 여호와시로다
9 문들아 너희 머리를 들지어다 영원한 문들아 들릴지어다 영광의 왕이 들어가시리로다
10 영광의 왕이 누구시냐 만군의 여호와께서 곧 영광의 왕이시로다(셀라)

The King of Glory

24 A Psalm of David.

1 The earth is the Lord's and the fullness thereof, the world and those who dwell
therein,
2 for he has founded it upon the seas and established it upon the rivers.
3 Who shall ascend the hill of the Lord? And who shall stand in his holy place?
4 He who has clean hands and a pure heart, who does not lift up his soul to what is
false and does not swear deceitfully.
5 He will receive blessing from the Lord and righteousness from the God of his salvation.
6 Such is the generation of those who seek him, who seek the face of the God of Jacob.

Selah

7 Lift up your heads, O gates! And be lifted up, O ancient doors, that the King of glory
may come in.
8 Who is this King of glory? The Lord, strong and mighty, the Lord, mighty in battle!
9 Lift up your heads, O gates! And lift them up, O ancient doors, that the King of glory
may come in.
10 Who is this King of glory? The Lord of hosts, he is the King of glory! Selah

A. 문맥분석

이 위엄의 시편은 마치 우리가 승전가를 부르며 행진하는 그 행렬에 있는 것처럼 우리를 왕의 통치영역인 지방으로부터 왕국의 중앙('the central height' 도시의 정상 – 여호와의 산, 시온성)으로 영광의 왕과 함께 행진하도록 한다.

독자는 이 장면에서, 본 시편이 이어서 예식 행사가 진행될 것과 그것이 왕의 즉위식임을 상상할 수 있게 된다. 그러나 본 시편은 시132편과 68편에서 분명히 기념되고 있는 기랏여아림으로부터 시온 산까지 칠현금과 하프로 찬양이 드려지는 가운데 다윗이 법궤를 옮겨오던 그 때(대상13:8)보다 더 이후의 시간으로 바라본다.

전통적으로 이것은 주님의 승천하신 날(Ascension Day)을 기념하여 그 날에 받았던 놀라운 영감을 찬양한 것으로 보기 때문이다. 그러나 「델리취」는 본 시편을 주의 강림을 주제로 보는 것이 더 좋다고 지적한다. 마치 다윗이 힘으로 도시의 성채를 점령하고 승리자로 온 것이 법궤가 여부스 제국의 성채를 점령하고 주님의 도시와 성소로 변형시킨 강림처럼 본다는 것이다. 본 시편의 배경은 대상16장이고(시96,105,106편의 부분) 하나님의 마지막 재림을 은유한다.(대상16:36 참조)

- 여호와여 주의 장막에 머무를 자 누구오며 주의 성산에 사는 자 누구오니이까 – 시15:1
- 내가 여호와께 바라는 한 가지 일 그것을 구하리니 곧 내가 내 평생에 여호와의 집에 살면서 여호와의 아름다움을 바라보며 그의 성전에서 사모하는 그것이라 여호와께서 환

난 날에 나를 그의 초막 속에 비밀히 지키시고 그의 장막 은밀한 곳에 나를 숨기시며 높은 바위 위에 두시리로다 이제 내 머리가 나를 둘러싼 내 원수 위에 들리리니 내가 그의 장막에서 즐거운 제사를 드리겠고 노래하며 여호와를 찬송하리로다 – 시27:4-6

- 그들이 견고한 성읍들과 기름진 땅을 점령하고 모든 아름다운 물건이 가득한 집과 판 우물과 포도원과 감람원과 허다한 과목을 차지하여 배불리 먹어 살찌고 주의 큰 복을 즐겼사오나 – 느9:25
- 하나님이 참으로 이스라엘 중 마음이 정결한 자에게 선을 행하시나 – 시73:1

B. 주석

1. 만유의 창조(1-2)

땅과 거기에 충만한 것과 세계와 그 가운데에 사는 자들은 다 여호와의 것이로다(1)

특정하게 본 시편에서 우선적으로 강조되고 있는 히브리어는 1,2절의 '주님의 것'이다. 저자에게 있어서 창조자요 그 창조물을 붙들고 계시는 이는 도시의 창시자요 설립자로 그려지고 있다. 땅과 거기에 충만한 것과 (1a), 땅을 채운 사람들과(1b) 땅은 다 그에게 속하여 있다.

충만함은(시98:7에서 '모든 것을 채우는 것' 으로 번역) 풍요와 번식을 뜻하지만 인간의 사욕을 위한 것이 아니라 그 이전에 하나님의 만족과 영광을 위한(사6:3) 것이었다. 이 관점은 가난케 하려는 것이 아니라 부요케 하려는 것이다.

> 그런즉 누구든지 사람을 자랑하지 말라 만물이 다 너희 것임이라...... 너희는 그리스도의 것이요 그리스도는 하나님의 것이니라 – 고전3:21,23
>
> 이는 땅과 거기 충만한 것이 주의 것임이라 – 고전10:26
>
> 그런즉 너희가 먹든지 마시든지 무엇을 하든지 다 하나님의 영광을 위하여 하라 – 고전10:31

시편은 하나님을 땅과 거기 충만한 사람들의 창조주(2), 왕과 재판관(시9:7)이라고(1b) 주장한다. 신약 성경은 여기서 더 나아간다.(요3:16).

그 터를 바다위에 세우심이여 강들 위에 건설하셨도다(2)

시8:1에서와 같이 주의 이름이 온 땅('위')에와 같이 번역 될 수 있었으나 시적 이미지는 땅이 물에서 솟아 나오는 모습으로 묘사되었는데 이는 창1:9의 상징적 표현이다.('이는 하늘이 옛적부터 있는 것과 땅이 물에서 나와 물로 성립된 것도 하나님의 말씀으로 된 것을 그들이 일부러 잊으려 함이로다.' 벧후3:5)

구약에서 '위험한 바다의 거품' 은 창1:2의 공허하고 깊음 위에 있는 그러한 장면은 위협적이고(시46:5) 쉬지 못함을(사 57:20) 연상케 한다. 그러나 (이교도의 생각과 달리) '바다는 그의 것' 이며 '마른 땅' 도 그의 것이다.

> 그러므로 땅이 변하든지 산이 흔들려 바다 가운데에 빠지든지 바닷물이 솟아나고 뛰놀든지 그것이 넘침으로 산이 흔들릴지라도 우리는 두려워하지 아니하리로다 – 시46:2-4(참조 시74:13, 시96:11)

2. 모든 것의 거룩함(3-6)

여호와의 산에 오를 자 누구며 그 거룩한 곳에 설 자가 누군고(3)

이 연을 시15편의 해설과 비교해보라. 누가 성산에 오르며 그 곳에 설 수 있는지 예배의 세밀한 그림은 '몸을 땅에 굽혀'(창18:2)와 같이 다른 주요 표현과 균형을 이룬다. 그것은 변화 산에서부터(막9:2) 산에 오른 관점과(창13:14, 창19:27f) 그리고 다른 관찰자의(사2:2) 것을 종합하여 마지막으로 왕의 보좌 앞에 서기까지(계7:9) 깊은 묵상을 요한다.

> 엿새 후에 예수께서 베드로와 야고보와 요한을 데리시고 따로 높은 산에 올라가셨더니 그들 앞에서 변형되사 – 막9:2
>
> 롯이 아브람을 떠난 후에 여호와께서 아브람에게 이르시되 너는 눈을 들어 너 있는 곳에서 북쪽과 남쪽 그리고 동쪽과 서쪽을 바라보라 – 창13:14 (언약을 재확인하심 –롯은 하나님의 약속보다 눈에 보암직한 곳을 택했다– 여호와의 동산 같고(10) –그곳은 심판의 자리였다.)

아브라함이 그 아침에 일찍이 일어나 여호와 앞에 서 있던 곳에 이르러 소돔과 고모라와 그 온 지역을 (all the land of the valley)향하여 눈을 들어 – 창19:27

말일에 여호와의 전의 산이 모든 산(이방신) 꼭대기에 굳게 설 것이요 모든 작은 산 위에 뛰어 나리니 만방이 그리로 모여들 것이라 – 사2:2

이 일 후에 내가 보니 각 나라와 족속과 백성과 방언에서 아무도 능히 셀 수 없는 큰 무리가 나와 흰 옷을 입고 손에 종려 가지를 들고 보좌 앞과 어린 양 앞에 서서 – 계7:9

곧 손이 깨끗하며 마음이 청결하며(4)

'**손이 깨끗하며**'는 사1:15, 33:15과 딤전2:8을 참조하라. 시17:15에서는 공의를 행하는 순결한 마음을 본다. 여기서 손은 외적 행위다. 그의 영혼을 들어 올리는 의미는 시25:1로 밝혀지는데, 그것은 '신뢰'와 평행을 이룬다. 이 허탄한 (공허한) 신뢰의 대상은 부적절한 도우미('우상 또는 사람의 도움' 시60:11) 또는 시12:2의 거짓말과 같은 무가치한 전략일 수 있다. 이 단어는 거짓 맹세(시15:4c)로도 사용된다.

저는 여호와께 복을 받고...구원의 의를 얻으리니(5)

인정받는 것은 문자적으로 '의로움'이고 어떤 사람이 호의를 가진 재판관으로부터 의롭다고 선고를 받는다는 의미다. 무엇에든지 옳게 행동하는 사람이란 오른편에 있는 사람, 성품이 정직한 사람, 하나님을 경외하며 달려가는 사람이다. 결국 이 세 가지를 소유한 사람은 하나님의 기쁨을 자기도 누리는 자요, 그가 하나님께 받아들여지고, 경외하며 달려가는 삶을 축복하심으로 그는 응당 번성하고 누리는 삶으로 이어지게 마련이다.
그가 복을 받은 사람이다.(시23:3, 65:5, 민6:23-26)

이는 여호와를 찾는 족속.... 야곱의 하나님의 얼굴을 구하는 자(6)

족속으로 번역된 세대(generation)의 뜻은 시12:7과 하나님의 얼굴을 본다는 의미로서 시11:7과 시17:5을 참조하라. 70인 역에서는 생략되어 있으나 히브리 성경에는 '야곱과 같이'(하나님의 얼굴을 대면하여 보는 장면〈창32:29〉을 상상해 보라)가 더하여져 하나님의 얼굴을 보는 것으로 표현되고 있다.

3. 모든 승리자(7-10)

문들아 너희 머리를 들지어다(7)

이 감동적인 도전과 대응(다윗의 행렬이 성문에 도착했을 때 실제로 제정되었을지도 모르는)은 눈에 보이지 않는 왕의 우뚝 솟은 위상, 그가 직접 만들기 위해 들어가고 있는 오래된 요새, 그리고 이 클라이맥스와 이전 구속의 역사의 연결고리를 가장 적은 말로 우리 앞에 가져온다. 이 극적인 절정과 이전의 구속사는 서로 연결되어 있다. '전쟁에 능하신' 이라는 문구는 '전사' 이신 하나님이란 주제에서 더욱 강하게 드러난다. 그러나 이 승전가는 홍해에서 처음으로 시작되었다.(출15:3) 개선 행진은 애굽에서 시작된 것이다.

결국 이 시편은 대상16장에서 아브라함의 때를 회상하게 하고, 심판주의 재림을 바라보게 한다. 만약 땅이 그의 것이고(1,2), 그가 거룩하실진대(3,6) 굳이 '영원한 문' 을 인격화하여 그에게 명하여 도전하는 것은 일종의 형식적 표현이 아니다. 그것은 고후10:3-5과 같이 교회를 위하여 전쟁을 선포하는 것이다.

> 우리가 육신으로 행하나 육신에 따라 싸우지 아니하노니 우리의 싸우는 무기는 육신에 속한 것이 아니요 오직 어떤 견고한 진도 무너뜨리는 하나님의 능력이라 모든 이론을 무너뜨리며 하나님 아는 것을 대적하여 높아진 것을 다 무너뜨리고 모든 생각을 사로잡아 그리스도에게 복종하게 하니 – 고후10:3~5

마지막 연에서는 완전히 다른 분위기가 연출되고 있는데 '거룩한 곳에 설 자가 누구인가' 3절의 질문 속에 합당한 권리를 수여 받은 왕의 사람들이 한 때 대적을 상징했던 문 앞에 이르러 왕의 승리를 선포하고 있다. 7-10절까지의 네 절은 7,9절과 8,10절이 서로 교차 평행을 이루고 있는데 여기서, '들다' 라는 의미의 동사 '나사'(נשׂא)는 전 후 문맥에서 서로 다른 의미를 지닌다. 즉 전자는 칼형이고('힌나세우') 후자는 니팔형('세우')으로 사용되었다.

이는 옛 문들(영원한 문)의 동작이 처음에는 수동적이었다가 나중에는 스스로 자부심에 의한 능동적 반응으로의 전환을 상징하고 있다.(수동적 순종에서 능동적 순종으로 즉 성령의 감화와 더불어 성도의 자발적 경건에의 참여)

그러므로 이 시편은 언약궤를 예루살렘 성으로 옮기면서 한 노래가 분명 아닌 듯 보인다.

간청의 알파벳, 주의 길을 내게 가르치소서(25:1-22)

제25편 다윗의 시

1 여호와여 나의 영혼이 주를 우러러 보나이다 (알렙: 엘레카)
2 나의 하나님이여 내가 주께 의지하였사오니 나를 부끄럽지 않게 하시고 나의 원수들
이 나를 이겨 개가를 부르지 못하게 하소서 (베트: 바타흐티)
3 주를 바라는 자들은 수치를 당하지 아니하려니와 까닭 없이 속이는 자들은 수치를 당
하리이다 (기멜: 코웨카)

1 To you, O Lord, I lift up my soul.
2 O my God, in you I trust; let me not be put to shame; let not my enemies exult over me.
3 Indeed, none who wait for you shall be put to shame; they shall be ashamed who are
wantonly treacherous.

4 여호와여 주의 도를 내게 보이시고 주의 길을 내게 가르치소서 (달렙: 데라케가)
5 주의 진리로 나를 지도하시고 교훈하소서 주는 내 구원의 하나님이시니 내가 종일 주
를 기다리나이다 (헤: 하드리케)

4 Make me to know your ways, O Lord; teach me your paths.
5 Lead me in your truth and teach me, for you are the God of my salvation; for you I
wait all the day long.

6 여호와여 주의 긍휼하심과 인자하심이 영원부터 있었사오니 주여 이것들을 기억하
옵소서 (자인: 제코르, 자카르의 Qal) *여섯 번째 알파벳 '와우'는 생략.
7 여호와여 내 젊은 시절의 죄와 허물을 기억하지 마시고 주의 인자하심을 따라 주께서
나를 기억하시되 주의 선하심으로 하옵소서 (헤드: 핫타우드 네우라이-젊은 시절의 죄)

6 Remember your mercy, O Lord, and your steadfast love, for they have been from of old.

7 Remember not the sins of my youth or my transgressions; according to your steadfast
love remember me, for the sake of your goodness, O Lord!

8 여호와는 선하시고 정직하시니 그러므로 그의 도로 죄인들을 교훈하시리로다 (테드:
토브)

9 온유한 자를 정의로 지도하심이여 온유한 자에게 그의 도를 가르치시리로다 (요드: 야
드레크)

10 여호와의 모든 길은 그의 언약과 증거를 지키는 자에게 인자와 진리로다 (카프: 칼)

8 Good and upright is the Lord; therefore he instructs sinners in the way.

9 He leads the humble in what is right, and teaches the humble his way.

10 All the paths of the Lord are steadfast love and faithfulness, for those who keep his
covenant and his testimonies.

11 여호와여 나의 죄악이 크오니 주의 이름으로 말미암아 사하소서 (라메드: 레마안)

12 여호와를 경외하는 자 누구냐 그가 택할 길을 그에게 가르치시리로다 (멤: 미)

13 그의 영혼은 평안히 살고 그의 자손은 땅을 상속하리로다 (눈: 네페쉬)

14 여호와의 친밀하심이 그를 경외하는 자들에게 있음이여 그의 언약을 그들에게 보이
시리로다 (사메코: 소드)

15 내 눈이 항상 여호와를 바라봄은 내 발을 그물에서 벗어나게 하실 것임이로다 (아인: 아인)

11 For your name's sake, O Lord, pardon my guilt, for it is great.

12 Who is the man who fears the Lord? Him will he instruct in the way that he should
choose.

13 His soul shall abide in well-being, and his offspring shall inherit the land.

14 The friendship of the Lord is for those who fear him, and he makes known to them
his covenant.

15 My eyes are ever toward the Lord, for he will pluck my feet out of the net.

16 주여 나는 외롭고 괴로우니 내게 돌이키사 나에게 은혜를 베푸소서 (페: 페네)
17 내 마음의 근심이 많사오니 나를 고난에서 끌어내소서 (차데: 차로트)
18 나의 곤고와 환난을 보시고 내 모든 죄를 사하소서 (코프□ : ?)

16 Turn to me and be gracious to me, for I am lonely and afflicted.
17 The troubles of my heart are enlarged; bring me out of my distresses.
18 Consider my affliction and my trouble, and forgive all my sins.

19 내 원수를 보소서 그들의 수가 많고 나를 심히 미워하나이다(레쉬: 레에)
20 내 영혼을 지켜 나를 구원하소서 내가 주께 피하오니 수치를 당하지 않게 하소서 (쉬: 샤마르. 스물두 번째 알파벳, 씨(21)의 누락으로 보기보다 동일시)
21 내가 주를 바라오니 성실과 정직으로 나를 보호하소서 (타우: 톰)

19 Consider how many are my foes, and with what violent hatred they hate me.
20 Oh, guard my soul, and deliver me! Let me not be put to shame, for I take refuge in you.
21 May integrity and uprightness preserve me, for I wait for you.

22 하나님이여 이스라엘을 그 모든 환난에서 속량하소서 (페: 파다)

22 Redeem Israel, O God, out of all his troubles.

A. 문맥적 접근

히브리 문자는 가끔 불규칙하게 되어, 적의 압력, 지도의 필요성, 죄의 부담 등이 번갈아 가며 지배적인 관심사가 되는 시편의 틀을 제공한다. 노래하는 자의 어조는 낮고 잔잔하며 저자의 믿음은 詩의 절정에서 기쁨의 탄성이 표출되는 것과 달리, 고통 중에 '주의 도와 길을' 기다리는 형태로 나타난다. 마지막 구절은 다윗의 개인적 청원을 통해 회중 전체를 위한 찬송으로 만들었다. 이 부분은 후대에 추가된 것으로 입증되는데, 알파벳 시가 '알레프'에서 시작하여 21절에서 '타브'로 ('톰' 성실함) 마쳤음에도 22절에서 '속량하다'는 의미의 동사 '파다'로 끝나고 있기 때문이다. (시34편도 동일) (1절, 11절, 22절의 시작 글자인 알, 라, 프-는 배우다('알라프')의 의도적인 배치로 보는 견해도 있다.)

- 아침에 나로 하여금 주의 인자한 말씀을 듣게 하소서 내가 주를 의뢰함이니이다 내가 다닐 길을 알게 하소서 내가 내 영혼을 주께 드림이니이다 - 시143:8
- 여호와여 주의 도를 내게 가르치시고 내 원수를 생각하셔서 평탄한 길로 나를 인도하소서 - 시27:11
- 하나님이여 주의 인자를 따라 내게 은혜를 베푸시며 주의 많은 긍휼을 따라 내 죄악을 지워 주소서 - 시51:1
- 여호와여 주의 도를 내게 가르치소서 내가 주의 진리에 행하오리니 일심으로 주의 이름을 경외하게 하소서 - 시86:11
- 여호와의 인자하심은 자기를 경외하는 자에게 영원부터 영원까지 이르며 그의 의는 자손의 자손에게 이르리니 - 시103:17

B. 주석적 접근

1. 대적들

다윗의 시편에서 거의 빠지지 않고 등장하는 적들은 이념(이데올로기)적으로 뿐만 아니라 개인적으로도 다윗에게 대립되는 것이 암시된다. 그들의 승리는 그에게 수치가 될 뿐만 아니라(2) 사람이 자신의 지혜가(3) 아닌 하나님의 도움을 받아 살아야한다는 그의 이념에서도 수치스러운 것이다. 저자는 시편의 마지막 20절과 21절에서 그의 방어적인 성실함과 정직함을(그의 원수는 순전함을 경멸할 것이나) 분명하게 바라보며 이것을 재차 탄원하고 있는데, 하나님을 위해 배반(15절19절, 그물과 증오)을 무기로 삼는 세상과는 동류가 되지 않을 것이라고 고백한다.

그러므로 대적들은 전투에서 다윗을 충동질하는 것에서 실패한다. 시편을 노래하는 자는 누구나 그와 동일한 태도로 고백하게 한다.

2. 인도하심

이것은 중요한 주제다. 첫 번째 간청은 하나님의 일반의지에 대한 가르침을 청하는 것인데, '주의 길'과 '주의 도'(4)를 알기 위해 반복되는 것에 주목하라. 이것은 특별한 지도의 요청에 동기를 부여할 수 있도록 사리사욕으로부터 자유로워지며, 올바른 결정을 위한 기초임과 동시에 '선과 악을 구별하는 역량을 다지기 위해 훈련'을 쌓는 것이다.(히5:14) 여기서 '주의 도'와 '길'은 모두 태도나 습관, 인생행로를 뜻하지만 인생의 길, 인생 여정, 인생을 살아가는데 필요한 삶의 방식이나 자세로 모세오경에서 '주의 가르침'이다.

아브라함이 이삭을 바치는 문제는 도덕적인 질문을 떠나 하나님의 요구와 인간의 이성이 충돌할 때 하나님의 뜻을 따르도록 그 길을 가르치고 교훈하시는 것이다.

> 단단한 음식은 장성한 자의 것이니 그들은 지각을 사용함으로 연단을 받아 선악을 분별하는 자들이니라 – 히5:14

이 기도의 다른 의미는 첫째, 끈기(집요함)로 5c절과 15절(시123:2절 참조)에서 '그의 손'의 첫 신호에 대한 인내심이다. 개인적인 생애를 하나님의 뜻에 따라 인도함을 받는 것이다. 신자에게 주어진 환경은 거기에 종속되라는 것이 아니라 올바른 관점과 해석과 결정을 기도 안에서 하나님의 뜻을 따라 인도 받도록 주어진 경건의 훈련소다. 그것이 '주의 진리로 나를 지도하시고'의 의미다.

둘째는 참회-죄인의 편견과 죄의식을 가진 제자가 아니라 죄인임을 인식하는 것이다.(8) 여호와의 모든 길은(8,9절) '의의 길'로 인도하시는 하나님의 모든 말씀(교훈하심, 지도하심, 가르치심)을 의미한다. 그 언약과 증거를 지키는 자에게 인자와 진리로다. 언약은 일방적이 아닌 쌍방적인 것이다. 즉 언약은 그 언약의 주체이신 하나님과 그 언약에 순종으로 반응하는 인간 사이의 체결이다. 따라서 그 약속은 인간의 순종이 없다면 무효가 된다. '인자와 진리'(헤세드 웨 에메트)는 모든 사람에게 주어지는 것이 결코 아니다. 그 언약과 증거를 지키는 자에게만 해당된다.(10) 인간이 구원을 받고 하나님의 말씀을 따라 살면서 영생에 이르는 길을 걷는 것은 하나님께서 그의 인자와 진리로 이끄시는 자기의 약속에 신실하신 확고한 사랑에서 비롯된다.

셋째, 순종이다. 겸손 또는 온유라는 단어('아나' 9절, 시18:27에서 논의 된 두 번째 단어)에서 암시된 것처럼 가난한 자만 가능한 태도다.

(지도하심 : '야드레크', 가르침: '월람메드' - 미완료형 동사, 그러므로 순종도 겸손도 미완료형, 한 때에 머물고 마는 것이 아니다.) 주의 인도하심이 아버지의 집에 이를 때까지 정녕 나를 따르든다고 한 고백은 성도가 말씀을 향해 쉬지 않고 나아가야 하며 쉬지 않고 순종해야하는 끝나지 않는 영원한 예배를 의미한다.

네 번째, 경외심이다.(12,14절, 두려움)

간단히 말하면 하나님의 영광이 친밀함에서 드러나는 것이다(14). '친밀함'은 히브리 단어 '소드'(סוֹד)로, 마음을 '망설임 없이 토로하고 문제를 해결 받음'에 있어 공동체적인 것(council)과 개인적인 것(counsel)을 포함한다. 둘 모두 어떤 문제를 가까운 동료나 공동체에서 논의함에 있어서(여호와의 회의-렘23:18,22, 자기의 비밀-암3:7) 그것은 개인에게 국한되거나 공동체와 함께 논의될 수도 있다. (친밀함이 NASB에서는 비밀로 번역. 다른 주석에서는 언약을 근거로 비밀일 수 없으므로 의논, 협의로 해석한다.)

성경은 하나님을 경외하는 그것을 지혜의 근본이라 말한다. 그리고 하나님이 언약을 맺으시며 제시한 옳은 길 즉 언약에 순종하고 헌신하는 길을 선택하도록 가르치신다는 것이다. 이처럼 신의 인도하심에 대한 총괄적인 접근은 비이성적인 점괘나 전조(조짐)를 구하는 이교도들과는 달리 친밀하고 성숙한 것이다.

> 네가 많은 계략으로 말미암아 피곤하게 되었도다 하늘을 살피는 자와 별을 보는 자와 초하룻날에 예고하는 자들에게 일어나 네게 임할 그 일에서 너를 구원하게 하여 보라 – 사47:13

3. 죄

이것에 대한 언급은 간단하지만 진지하고 반복적이다. 그것의 해결은 시간이 아니라 하나

님의 언약에 의해 약속된('선하심과 자비' 시23:6참조) 신적인 은혜다.(7)
하나님의 '기억하심'이란, 7절의 '죄와 허물은 기억치 마시고 영원하신 사랑(헤세드)으로 기억해 달라'는 방식의 활동적이고 확실한 보증을 의미한다.(시8:4).
그러나 기자의 이 간구는 처벌이나 면하려는 빈말이 아니라 언약적인 사랑에 호소하는 것이다.

> 여호와라 여호와라 자비롭고 은혜롭고 노하기를 더디하고 인자와 진실이 많은 하나님이라 인자를 천대까지 베풀며 악과 과실과 죄를 용서하리라 그러나 벌을 면제하지는 아니하고 아버지의 악행을 자손 삼사 대까지 보응하리라 – 출34:6-7

하나님은 죄인을 향하여 선하심과 자비를 베풀어 주실 뿐만 아니라 선하고 정직한 사람이 되어 그것을 타인에게 나타내라 지시하신다.
저자는 영원부터 있어 온 하나님의 긍휼하심과 인자하심을 기억해 달라고 청원하는데, 반면 기자는 찰나에 불과한 자신의 짧은 인생의 범과를 기억하지 마시기를 구한다(7).
여기서 '죄'는 계명과 율법을 어긴 것으로, '허물'은 삶에서 반역적인 행동이나 위반된 사회적 범죄를 일컫는다. 이는 **'내 소시의 죄와 허물'**에서와 같이 청년의 때가 아닌 성년의 때에 범한 고의적 요소가 다분한 범죄를 의미한다. 그러므로 저자가 성년의 때에는 범죄치 않았다는 것이 아니라(삼하24:1) 청년의 때까지 거슬러 올라가 참회하려는 죄에 대한 민감성과 통회를 의미한다. 그러나 언약적인 사랑에 대한 호소는 마치 처벌을 거부하려고 하는 말이 아니다. 하나님께서 선하심과 인자하심을 베푸는 것은(7절) 스스로 선하시고 정직하시기 때문이다(8)
다윗은 자신의 죄에 대해 슬퍼하며(11절) 16-18절에서 깊은 근심과 같은 소외에 민감하다. (16절-내게 돌이키사, 18절-사하여 주소서).

4.신뢰

이 단어는 본 시편의 서두에서 단 한차례 사용되지만(2), 하나님에 관한 진술(5b, 8-10, 14f 등)과 그를 기다리는 것에 대한 강조(3,5,21절, 간접적으로 15절)를 통해서도 드러난다.

내가 종일 주를 바라나이다(5)

내가 주를 바라오니(21)

현재의 고난 중에서 응답을 기다리는 것은 그의 때와 지혜를 받아들이는 것이다. 따라서 그것은 하나님에 대한 다윗과 사울(삼상13:8-14,26:10), 이사야와 이스라엘의 태도(사30:15-18)의 차이에서 발견되는 지혜다. 시편에서 그 말씀은 어떤 긴장감을 시사하고 있는데 믿음은 체념하고 운명으로 받아들이기 보다는 소망 중에서 기다림이란 의미다. 이 희망은 즉시 충족되지 않지만 계속 기다리는 것이다. 아마도 시편은 이에 대하여 모든 면에서 보다 확실히 증거 하는데 예를 들어 시6:8, 20:6의 하반부에서 그리고 사64:4에서 담담한 용기가 그 사실을 받아들이지 못하는 사람의 생각을 깨고 훤히 비추어 주고 있다.

순수한 헌신(26:1-12)

제26편 다윗의 시

1 내가 나의 완전함에 행하였사오며 흔들리지 아니하고 여호와를 의지하였사오니 여
호와여 나를 판단하소서
2 여호와여 나를 살피시고 시험하사 내 뜻과 내 양심을 단련하소서
3 주의 인자하심이 내 목전에 있나이다 내가 주의 진리 중에 행하여
4 허망한 사람과 같이 앉지 아니하였사오니 간사한 자와 동행하지도 아니하리이다
5 내가 행악자의 집회를 미워하오니 악한 자와 같이 앉지 아니하리이다
6 여호와여 내가 무죄하므로 손을 씻고 주의 제단에 두루 다니며
7 감사의 소리를 들려주고 주의 기이한 모든 일을 말하리이다
8 여호와여 내가 주께서 계신 집과 주의 영광이 머무는 곳을 사랑하오니
9 내 영혼을 죄인과 함께, 내 생명을 살인자와 함께 거두지 마소서
10 그들의 손에 사악함이 있고 그들의 오른손에 뇌물이 가득하오나
11 나는 나의 완전함에 행하오리니 나를 속량하시고 내게 은혜를 베푸소서
12 내 발이 평탄한 데에 섰사오니 무리 가운데에서 여호와를 송축하리이다

I Will Bless the Lord

26 Of David.

1 Vindicate me, O Lord, for I have walked in my integrity, and I have trusted in the
Lord without wavering.
2 Prove me, O Lord, and try me; test my heart and my mind.
3 For your steadfast love is before my eyes, and I walk in your faithfulness.
4 I do not sit with men of falsehood, nor do I consort with hypocrites.
5 I hate the assembly of evildoers, and I will not sit with the wicked.

6 I wash my hands in innocence and go around your altar, O Lord,

7 proclaiming thanksgiving aloud, and telling all your wondrous deeds.

8 O Lord, I love the habitation of your house and the place where your glory dwells.

9 Do not sweep my soul away with sinners, nor my life with bloodthirsty men,

10 in whose hands are evil devices, and whose right hands are full of bribes.

11 But as for me, I shall walk in my integrity; redeem me, and be gracious to me.

12 My foot stands on level ground; in the great assembly I will bless the Lord.

A. 문맥분석

하나님이 계시는 집과 영광을 사모한다는 이 시편의 개인적인 신앙고백(6-8절)이 우리의 은휘된 욕망을 부끄럽게 한다. 이 구절이 지적하는 기쁨의 근원은 저자인 다윗의 기질이기보다는 선택의 영역이라는 것이다. 자신을 하나님의 보호 아래로 돌려보내는 것과 그의 마음과 보물이 어디에 있는지와 및 본향에서 최고의 행복이 무엇인지를 깨닫는 것은 다윗이 선택한 고귀한 충성의 결과였다.

시26-28편의 각각에서 주님의 집이 시야 안으로 다가 온다.('주께서 계신 집' 시26:17, '내 평생에 여호와의 집에 살면서' 시27:4, '내가 주의 지성소를 향하여' 시28:2)

시26편에서 하나님은 예배자의 정직(진리)을 요구하시는 것(15장, 24장)이 발견되었으며, 본 시편의 마지막 절에서 기자는 거기에 근접('평탄한 데에 섰사오니')했다고 기뻐한다.(율법 준수 뒤에 오는 공의나 축복으로써 안전과 번영)

시27편에서 이 집은 원수들로부터 피난처(안식처)로, 하나님을 대면하는 소망의 장소로 바라본다. 시28편에서 그는 자신의 고통을(지성소로) 가져와 지극히 거룩하신 이를 향하여 그의 손에 탄원하고 응답을 받는다.

- 여호와여 구하오니 내가 진실과 전심으로 주 앞에 행하며 주께서 보시기에 선하게 행한 것을 기억하옵소서 하고 히스기야가 심히 통곡하더라 – 왕하20:3
- 악인의 악을 끊고 의인을 세우소서 의로우신 하나님이 사람의 마음과 양심을 감찰하시

나이다 – 시7:9

- 복 있는 사람은 악인들의 꾀를 따르지 아니하며 죄인들의 길에 서지 아니하며 오만한 자들의 자리에 앉지 아니하고 – 시1:1
- 여호와께서 만민에게 심판을 행하시오니 여호와여 나의 의와 나의 성실함을 따라 나를 심판하소서 – 시7:8
- 악인과 악을 행하는 자들과 함께 나를 끌어내지 마옵소서 그들은 그 이웃에게 화평을 말하나 그들의 마음에는 악독이 있나이다 – 시28:3

B. 주석

1. 숨길 게 없다(1-3)

서막의 장면에서 다윗의 주변의 인물들은 시인의 변호 속에서 그들이 언급되고 있지만 아직 등장하지는 않는다. '여호와는 나의 재판관이 되어 주십시오'라고 부르짖어 그는 친구와 원수를 주관해 주시기를 현명하게 호소한다. 그것은 참으로 자유를 얻는 비결이다. 마치 바울이 비판과 음모의 횡류에서 발견한 것처럼 하나님께 맡기는 것이다.

> 너희에게나 다른 사람에게나 판단 받는 것이 내게는 매우 작은 일이라. 나도 나를 판단하지 아니하노니 내가 자책할 아무 것도 깨닫지 못하나 이로 말미암아 의롭다 함을 얻지 못하노라 다만 나를 심판하실 이는 주시니라 – 고전4:3-4

내가 나의 완전함에 행하였사오며(1)

자신의 옳음과 판단에 대한 주장의 근거는 시5:4-6과 왕상9:4을 근거로 한다.

> 주는 죄악을 기뻐하는 신이 아니시니 악이 주와 함께 머물지 못하며 오만한 자들이 주의 목전에 서지 못하리이다 주는 모든 행악자를 미워하시며 거짓말하는 자들을 멸망시키시리이다 여호와께서는 피 흘리기를 즐기는 자와 속이는 자를 싫어하시나이다 – 시5:4-6

> 네가 만일 네 아버지 다윗이 행함 같이 마음을 온전히 하고 바르게 하여 내 앞에서 행하며 내가 네게 명령한 대로 온갖 일에 순종하여 내 법도와 율례를 지키면 – 왕상9:4

하나님께서 다윗에게 온전하다는 단어 **'톰'**을 사용했음을 주목하라. 그 기본적인 의미는 총괄적인 것이고 무결점의 뜻이 아니라 **'미쉬파트'**에 대한 전심이나 성실함을 의미한다.

여호와여 나를 살피시고 시험하사(2)
하나님의 길에 대한 자세한 묘사에서 다윗의 충성도에 대한 생각을 읽어보면 자신에 대한 주장이 아니라 항복의 성격이 짙다.

> 하나님이여 나를 살피사 내 마음을 아시며 나를 시험하사 내 뜻을 아옵소서 내게 무슨 악한 행위가 있나 보시고 나를 영원한 길로 인도하소서 – 시139:23-24

'흔들리지 아니하고'(1)는 문자적으로 **'내가 미끄러지지 않겠다'**는(킹제임스버젼-AV) 의미로 자신의 믿음을 표출하거나 그 이상의 질적인 의미일 수도 있다. 그러나 두 가지의 가능한 다른 표현이 3절에 등장하는데 곧 주의 인자와 진리다. 구약에서 믿음은 아주 큰 충성을 뜻한다. 즉 문법적으로 다윗이 신뢰하는 것은 자신이 아니라 하나님의 영원(확고)한 사랑이라는 것이다. 그러므로 우리는 1절에서 **'나의 완전함'**이 강조하려는 바는 '그 충성스러움' 이란 의미심장한 의미로 전환되고 있음을 추적하게 된다.

2. 나는 저들과 같지 않음(4-5)

허망한 사람과 같이 앉지 아니하였사오니.... 같이 앉지 아니하리이다(4, 5)
만약 이 구절들이 거만하게 들리면, 우리는 그것을 잘못 생각한 것이다. 이 사람들은 잠재적인 동료들이자 적들이고 다윗이 자신의 선택에 의해 만들어진 관계다. 그 무리들을 싫어하는 것은 사회적 선호도 보다는 영적 질서의 문제다. 여기에서 '동료'는 회중이나 단체로서 하나님을 대적하는 그룹을 의미한다.
허망한 사람은 우상 숭배자를 뜻하고, 간사한 자는 자신의 생각을 마음속 그룹과 연합에 쐐기를 박는다. 이 두 구절에는 단호한 태도와 그것을 유지하려는 결심으로써 결정적인 시제가 있고, 그것을 체화시켜 유지하려는 열린 시제가 있다. “나는 ~도 없고, ~도 없다. 나는 ~을 싫어하고 ~하지 않을 것이다.”(11절도 참조하라)

3. 그의 법정 안으로(6-8)

내가 손을 씻고 주의 단에 두루 다니며(6)

두루 다니며(go around)로 번역된 히브리어 ‘사바브’(sabab)는 어떠한 환경이나 역경 그리고 가장 절망적인 상황에서도 주권자이신 하나님의 인도하심이 통치하는 상태를 표현하는 데 사용되었다. 마음이 청결한 자는 그가 비록 대적 자들에 의해 포위되거나 시련과 슬픔에 의해 둘러 쌓여도(삼하22:6) 하나님께서 위로하시고 그의 인자하심이 구원의 노래로 자신을 에우실 것을 확신하는 것이다. 이러한 장면은 메시아 사역에서 절정을 이룬다.(시22:12,16)

> 우리가 사방으로 우겨쌈을 당하여도 싸이지 아니하며 답답한 일을 당하여도 낙심하지 아니하며 – 고후4:8
>
> 그의 노염은 잠깐이요 그의 은총은 평생이로다 저녁에는 울음이 깃들일지라도 아침에는 기쁨이 오리로다 – 시30:5

열린 궁정의 제단 둘레를 읊조리며 노래하는 행렬은 건조한 율법 책에서 꽃이 피는 장면을 엿보게 한다. 이 장면은 예로 시27:6, 42:4, 68:24에서 생생하다. 제사장은 그들에게 나아가기 전에 제단과 장막 사이에서 손과 발을 씻고(출40:30-32) 시24:4의 정신을 마음에 간직한다. 피가 가득한 손은 죄를 상징하는 것이고, 손을 씻는 것은 무죄나 결백을 상징했다.(사1:15) (손을 씻은 자만이 임재의 상징인 제단의 주위를 돌 수 있었다)

> 피살된 곳에서(무고한 자에게서 흘린 피) 제일 가까운 성읍의 모든 장로들은 그 골짜기에서 목을 꺾은 암송아지 위에 손을 씻으며 – 신21:6
>
> 빌라도가 아무 성과도 없이 도리어 민란이 나려는 것을 보고 물을 가져다가 무리 앞에서 손을 씻으며 이르되 이 사람의 피에 대하여 나는 무죄하니 너희가 당하라 – 마27:24

감사의 소리를 들려주고 주의 기이한 모든 일을 이르리이다(7)

감사를 뜻하는 히브리어 '토다'(תּוֹדָה)는 '야다'에서 파생된 단어로 죄나 하나님의 사역 및 하나님의 속성에 대한 '고백'이란 의미를 지닌다. 항상 희생 제사와 관련하여 사용되었다. (레7:12-15,22-29) 다만 바벨론의 포로에서 귀환했을 때나 성벽을 재건했을 때는 (감사의) 이 희생제의가 없었다.

예를 들자면 '개인의 감사의 노래'는 레7:12 하반절의 희생제사와 짝을 이룬다.(시40편,116편 참조) 하나님의 구원의 기적(경이로운 행위)에 대한 기념은 시78,105편을 보라. 이 두 가지 방법 모두에서 과거의 삶은 현재를 풍부하게 하고 찬미에 대한 정당성을 부여한다. 결국 주의 단을 두루 다니는 행위는 감사의 찬송을 부르며 주의 기이한 일을 증언한다는 의미다.

여호와여 내가 주의 계신 집과 주의 영광이 머무는 곳을 사랑하오니(8)

사랑은 5절의 미워하는 것처럼 일종의 선택의 표현이다. 주의 계신 집과 주의 영광이 머무는 곳은 그의 마음이지 땅의 장소적 표현이 아니니다.(9절의 '내 영혼' 참조- 새 언약 은휘)

단어 '거처'(habitation '마온')는 '아름다움'(beauty, NEB)으로 바꿀 필요가 없다. 이것은 70인 역에서 히브리어 자음을 역순으로 읽는 것이다.(현재 NEB도 ESV와 동일하게 habitation으로 수정됨). '거처'(habitation '마온')는 우리 중에 계시는 하나님의 경이로움을 고취시키는 것을 놓치지 않도록 주님의 영광이 머무는 곳을 강조하는 관용어다.

주의 거처 '마온'은 하나님의 거룩한 처소로 사용되었고, 여호와께서 그의 백성들이 거할 피난처가 되심을 묘사하는 단어다. 광야를 지나는 동안 그 영광은 성막에서 눈에 띄게 나타났으며 (출40:34f), 유대교에서는 '거처'라는 말로 여기에 머무르는 것과 비슷한 '셰키나'가 표준용어가 되었다.

그러나 요1:14은 구름과 불이 실제로 성취된 현실을 알려준다. '말씀이 육신이 되어 우리 가운데 거하시매'에서 '우리 가운데'를 주목하라. 우리는 그의 영광, 아버지의 유일한 아들의 영광을 보았다.

4. 장래가 없는 사람들(9-10)

내 영혼을....함께 거두지 마소서(9)

저자는 자신을 죄인들로부터 분리시켜 주실 것을 간청한다.

죄인은 하나님의 길에서 벗어난 자들, 주의 법에서 벗어난 자, 무고히 사람의 피를 흘린 자를 의미한다. ~로부터 청소하는 것에 대한 용어의 배경적 그림은 함께 모아 버리는 마 13:30의 가라지 비유와 같다. 다윗은 자신도 죄인이라는 자의식을 갖고 있지만 그러나 사악한 자의 길을 강력하게 거부한다는 의미다.(4, 5) 그것은 그에 대한 하나님의 평결이며, 그는 탄원자로서 하나님 앞에 나아와야만 했다. 저자는 자신이 악인과 동일한 운명에 처하는 일이 없기를 바라며 탄원하고 있는데, 이것은 저자의 심판에 대한 두려움이 아니라 죄악을 혐오하는 마음이다. 그것은 시의 마지막 연에서 요약되도록 남겨 진다.

저희 손에 사악함이 있고..오른 손에 뇌물이(10)

손은 사람의 의지적 기능의 수행을 상징하는 것으로 본 구절에서 '야드'와 '야민'이 병행된다. '야드'는 왼손과 오른손을 모두 의미하지만 굳이 '야민' 곧 오른 손을 강조한 까닭은 하나님의 공의를 상징하는 오른 손에 하나님의 공의를 훼손하는 '뇌물'을 대조하여 죄인의 악행을 강조하기 위한 표현으로 읽는다.

5. 두려움이 없는 사랑(11-12)

마지막 연의 두 구절은 '완전함'이란 1절의 주제로 다시 돌아가 경건한 사람의 고백을 전체적으로 보여준다. 그것의 **첫 번째 요소**는 완전성, 즉 전심(全心, wholeheartedness)이다.(1절 참조) 여기서 다윗은 **'나는 걸었다'**(1)에서 '나는 걸어 갈 것이다'(4,5절에 대한 주석 마지막 부분참조.)하고 시제의 변화로 이 길에 머물러 있는 그의 의지를 보여준다. '행하리니'를 뜻하는 미 완료태 동사 **'얄라크'**는 시인으로 하여금 앞으로도 지속적으로 하나님의 법도를 따라 완전한 길로 나아갈 것을 다짐하는 것이다.

두 번째 요소는 깊은 겸손(11b)이다. 도움 없이는 완전함에 이를 수 없다는 자백이며 오직 은혜로 의에 이를 수 있다는 탄원이다.

세 번째 요소는 확신이다. 아무도 탓할 수 없는 속량과 은혜(11b)와 흔들리지 않는 믿음(1절). 그러므로 시편은 교회를 대적하는 것에 변호를 시작하며(5절) 다수의 믿음의 청중들에게 기쁨을 주며 찬미로 끝난다.(회중은 여기에서 복수다).

나의 빛과 나의 구원(27:1-14)

제27편 다윗의 시

1 여호와는 나의 빛이요 나의 구원이시니 내가 누구를 두려워하리요 여호와는 내 생명
의 능력이시니 내가 누구를 무서워하리요
2 악인들이 내 살을 먹으려고 내게로 왔으나 나의 대적들, 나의 원수들인 그들은 실족하
여 넘어졌도다
3 군대가 나를 대적하여 진 칠지라도 내 마음이 두렵지 아니하며 전쟁이 일어나 나를 치
려 할지라도 나는 여전히 태연하리로다
4 내가 여호와께 바라는 한 가지 일 그것을 구하리니 곧 내가 내 평생에 여호와의 집에
살면서 여호와의 아름다움을 바라보며 그의 성전에서 사모하는 그것이라
5 여호와께서 환난 날에 나를 그의 초막 속에 비밀히 지키시고 그의 장막 은밀한 곳에 나
를 숨기시며 높은 바위 위에 두시리로다
6 이제 내 머리가 나를 둘러싼 내 원수 위에 들리리니 내가 그의 장막에서 즐거운 제사를
드리겠고 노래하며 여호와를 찬송하리로다
7 여호와여 내가 소리 내어 부르짖을 때에 들으시고 또한 나를 긍휼히 여기사 응답하소서
8 너희는 내 얼굴을 찾으라 하실 때에 내가 마음으로 주께 말하되 여호와여 내가 주의 얼
굴을 찾으리이다 하였나이다
9 주의 얼굴을 내게서 숨기지 마시고 주의 종을 노하여 버리지 마소서 주는 나의 도움이
되셨나이다 나의 구원의 하나님이시여 나를 버리지 마시고 떠나지 마소서
10 내 부모는 나를 버렸으나 여호와는 나를 영접하시리이다
11 여호와여 주의 도를 내게 가르치시고 내 원수를 생각하셔서 평탄한 길로 나를 인도하소서
12 내 생명을 내 대적에게 맡기지 마소서 위증자와 악을 토하는 자가 일어나 나를 치려
함이니이다
13 내가 산 자들의 땅에서 여호와의 선하심을 보게 될 줄 확실히 믿었도다

14 너는 여호와를 기다릴지어다 강하고 담대하며 여호와를 기다릴지어다

The Lord Is My Light and My Salvation

27 Of David.

1 The Lord is my light and my salvation; whom shall I fear? The Lord is the stronghold
of my life; of whom shall I be afraid?
2 When evildoers assail me to eat up my flesh, my adversaries and foes, it is they who
stumble and fall.
3 Though an army encamp against me, my heart shall not fear; though war arise
against me, yet I will be confident.
4 One thing have I asked of the Lord, that will I seek after: that I may dwell in the
house of the Lord all the days of my life, to gaze upon the beauty of the Lord and to
inquire in his temple.
5 For he will hide me in his shelter in the day of trouble; he will conceal me under the
cover of his tent; he will lift me high upon a rock.
6 And now my head shall be lifted up above my enemies all around me, and I will offer
in his tent sacrifices with shouts of joy; I will sing and make melody to the Lord.
7 Hear, O Lord, when I cry aloud; be gracious to me and answer me!
8 You have said, "Seek my face." My heart says to you, "Your face, Lord, do I seek."
9 Hide not your face from me. Turn not your servant away in anger, O you who have
been my help. Cast me not off; forsake me not, O God of my salvation!
10 For my father and my mother have forsaken me, but the Lord will take me in.
11 Teach me your way, O Lord, and lead me on a level path because of my enemies.
12 Give me not up to the will of my adversaries; for false witnesses have risen against
me, and they breathe out violence.
13 I believe that I shall look upon the goodness of the Lord in the land of the living!
14 Wait for the Lord; be strong, and let your heart take courage; wait for the Lord!

A. 문맥분석

이 열정 넘치고 호소력이 있는 시27편은 이웃하고 있는 보다 차분한 시26, 28편과 함께 주님의 보호와 그의 집에서의 즐거움, 그리고 노래하는 자의 절대적인(아무런 의심 없는) 충성과 신뢰에 대한 주제들을 공유하고 확대한다. 시26편 두 번째 단락의 소개를 참조하라.

- 미리암이 그들에게 화답하여 이르되 너희는 여호와를 찬송하라 그는 높고 영화로우심이요 말과 그 탄 자를 바다에 던지셨음이로다 하였더라 – 출15:21
- 여호와여 주는 나의 방패시요 나의 영광이시요 나의 머리를 드시는 자이시니이다 – 시3:3
- 여호와여 들으시고 내게 은혜를 베푸소서 여호와여 나를 돕는 자가 되소서 하였나이다 – 시30:10
- 주께서 그들을 주의 은밀한 곳에 숨기사 사람의 꾀에서 벗어나게 하시고 비밀히 장막에 감추사 말다툼에서 면하게 하시리이다 – 시31:20
- 주의 얼굴을 주의 종에게서 숨기지 마소서 내가 환난 중에 있사오니 속히 내게 응답하소서 – 시69:17

B. 주석

1. 내가 누구를 두려워하리오.(1-3)

빛은 진리와 기쁨의 선하심과 생명력(시43:3, 사5:20, 시97:11, 36:9)과 그 이름에 이르러 약간을 제외하곤 거의 모든 것이 긍정적이고 자연스러운 모습이다. 여기에서 그 약간의 부정적인 모습은 두려운 응답(1,3)과 악의 세력 정도다. 그러나 이 작은 부분은 과소평가되지 않는다. 요새, 또는 피난처의 언급은 자신의 생명을 위협 할 수 있음을 상기시켜준다. RSV는 2절에서 대적을 마치 사냥하는 동물 무리의 모습이 상상되도록 불필요하게 격하시키

지만 그들은 대단원에서 강조하는 것을 놓치고 있다. 그들은 '실족하여 넘어진 사람'들이다.(NEB)

3절에서 우리는 삼상23:26에서 다윗의 절망적인 상황을 또는 왕하6:15의 엘리사를 기억함으로써 이러한 위협에 대한 느낌을 얻을 수 있다. 반면 출14:19,24에서는 주님께서 추적자를 혼란케 하고 빛에 의한 무형의 장벽도 함께 나타내셨다.

2. 성전(4-6)

내가 여호와께 바라는 한 가지 일 그것을 구하리니....내 평생에 여호와 집에 살면서 여호와의 아름다움을 바라보며 그의 성전에서 사모하는 그것이라(4)

시23:6에서 잘 알려진 것과 같이 이 기도는 야망의 제사장이나 또는 레위 인이 되고자 하는 것이 아니라 그들의 부르심으로 상징되는 하나님의 끊임없는 임재를 누리는 것이다. 목적의 단일성(한 가지 일)에 주목하라 -마음을 두렵게 하는(1-3절) 것에 대한 최선의 대답은-그 목적 안에서의 우선순위가 하나님의 인격과 그의 뜻에 전심을 다하는 것인바 그것이 예배와 제자도의 본질이다. 그것은 7-12절에서 자세히 다룰 것이다.(여호와의 아름다움: 은총 - 슥11:7, 10)

이 구절은 '주님의 집'이라는 주제상의 변화와 연결되어 있는데, 집에 거할 수 있는 다양한 조건들을 나열한다. 여기서 성전(4)은 신성한 또는 왕실의 거주지에 대한 표준어이며(시45:15 '궁전') 솔로몬의 성전이 이미 지어졌다는 것으로 이해할 필요는 없다. 뿐만 아니라 이 단어나 장막은 경배의 장소(6)로서 그것은 물질적인 실체보다는 그것의 연상에 사용된다.(시편5:7 참조) 왜냐하면 둘 다 문자 그대로일 수 없기 때문이다. 5절에서 생생하게 묘사되는 피난처는 아마도 '굴'(시10:9에서 '사자의 굴' 또는 시76:2a, 암1:2,3:8 참조)을 의미하는 것 같다.

> 그의 장막은 살렘에 있음이여 그의 처소는 시온에 있도다 - 시76:2a
>
> 그가 이르되 여호와께서 시온에서부터 부르짖으시며 예루살렘에서부터 소리를 내시리니 목자의 초장이 마르고 갈멜 산꼭대기가 마르리로다 - 암1:2
>
> 주 여호와께서는 자기의 비밀을 그 종 선지자들에게 보이지 아니하시고는 결코 행하심이 없

으시리라 사자가 부르짖은즉 누가 두려워하지 아니하겠느냐 주 여호와께서 말씀하신즉 누가 예언하지 아니하겠느냐 – 암3:7-8

환난 날에 ...그의 초막 속에 비밀히 지키시고... 높은 바위 위에 두시리로다(5)

이 구절의 장막(5)은 손님이 그 주인에게서 받을 헌신적인 보호에 대해 말하고 있으며, 바위는 다윗의 산의 요새(나의 산성에)에 대한 기억을 되살려 준다.[92]

이 구절에서 초막, 장막, 높은 바위는 저자를 안전하게 보호하시는 하나님을 상징하고 있다. 비밀한 지킴의 히브리어 '차판'(צפן)은 숨기다. 저장하다 비축하다는 의미의 칼(Qal)형 미완료태 동사다.

이전의 한글 개역성경은 '바위에 높이 세우다'로 번역한 반면 개역개정과 새 번역은 '높은 바위 위에 두다'로 번역하였다. 하지만 미완료태 동사로 사용된 '룸'은 올리다, 높이다는 의미다. 하나님의 지속적인 도움과 보호를 나타내고 있는데, '룸'은 통상 세 가지의 개념을 지닌다.

1) 실제적인 높음(문자적)
2) 긍정적 의미의 높음–영광, 존귀
3) 부정적 의미의 높음–교만, 오만

내 머리가 ...내 원수 위에 들리리니...그 장막에서 즐거운 제사를 드리겠고(6)

6절의 그의 장막에서 넘치는 기쁨으로 드리는 예배는 삼하6:14-17, 시26:6-8을 참조하라. 5절의 '룸'과 연계되는 본 구절의 '머리를 드는' 것은 전쟁에서 승리를 상징한다. 이는 전사이신 하나님의 승리를 확신하는 저자의 믿음과 그리고 헌신의 의지가 찬미 속에 용해되어 있다.

3. 너의 얼굴 ~ 너의 길(7-17)

승리의 장면이 여전히 지속되는 가운데 있지만, 동시에 하나님의 은혜나 타인에 의한 구

---

92) 시18:1-3

체적인 승리의 표시는 아직 주어지지 않고 있다. 다윗은 자신이 정한 그 '한 가지'의 마음으로 돌아가서(4절), 맨 먼저 취한 행동은 그 사실을 붙드는 것이었고 결국 하나님으로부터 올 것을 확신하는 것이었다. 저자의 다급한 현실은 안타까운 '부르짖음'으로 연결된다. 그는 우리의 사랑을 요구하시는 하나님께 거역하지 않았으며(8a) 그 자신도 그 사랑에 붙들리기를 간구 했다(9a).

> 너희가 온 마음으로 나를 구하면 나를 찾을 것이요 나를 만나리라 – 렘29:13
>
> 내 이름으로 일컫는 내 백성이 그들의 악한 길에서 떠나 스스로 낮추고 기도하여 내 얼굴을 찾으면 내가 하늘에서 듣고 그들의 죄를 사하고 그들의 땅을 고칠지라 – 대하7:14

내 부모는 나를 버렸으나(10)

10절의 요점은 가상적인 것이고 다윗의 부모는 실제로 그를 버리지 않았으며, 하나님의 사랑은 인간이 행할 수 있는 사랑의 한계를 초월하여 지속된다는 의미다.(사49:15).

그러나 다윗은 하나님의 얼굴을 구하는 예배자일뿐만 아니라(8ff) 그는 주의 길(11)에 전념하는 순례자이며, 모든 걸음마다 투쟁이었다.

주의 도를 내게 가르치시고 내 원수를 생각하사 평탄한 길로 나를 인도하소서(11,12)

그가 세상에서 평탄한 길을 구했던 수많은 기도는 자신의 안락함을 위한 것이 아니라 단순한 미끄러짐조차도 바로잡는 확실한 진보(도덕적 용어로서 옳고 곧은 것을 암시)를 향한 기도였다.

원수들에 대한 단어(5:8)는 즉 평탄한 길로 인도해 달라는 기도는 눅11:54의 **'나의 조심스런 원수'**(NEB, 입에서 나오는 말을 책잡으려는)에서 비롯된 경계의 생각이 함의되어 있을 수 있다. 의인의 길 곧 주의 길을 걸어야 하는 그의 백성들이 악인의 길을 걸을 때 원수들의 입에 책잡히게 되고 하나님의 영광은 가림을 받게 된다. 12절의 대적의 '뜻'은 식욕을 상징하는바 그것은 2절의 "내 살을 먹으려고"라는 내용에 대한 약탈적인 묘사다.

악: 하마스-죄에서 비롯된 폭력, 하나님과 타인에 대한 극도의 사악한 태도.

개인과 집단에 대한 살인과 포악한 일, 민족이 민족을 파괴하는 행위(여호와의 손의 도구)

4. 믿고 기다려라.(13,14)

시편의 일부는 신탁의 응답(시12:5,6)이고 그러한 응답의 증거로서 찬미가 폭발적으로 내외적으로(시28:6) 나타나지만 다른 시편 기자는 우리가 해야 할 것처럼 벌거벗은 믿음을 붙들고 있음을 보여 준다.

내가 산 자들의 땅에서 여호와의 선하심을 보게 될 줄 확실히 알았도다(13)

여기서 선한 것으로 번역된 '**토브**'는 이 땅에서 누릴 '영적인 축복' 인 '은혜'를 의미한다. 표준 새 번역은 이 구절을 '이 세상에 머무는 내 한 생애에, 내가 주님의 은덕을 입을 것을 나는 확실히 믿는다'로 번역하였다.

내가 여호와를 바랄지어다(14)

마소라 본문에서 14절은 부정할 수 없는 조건절로 시작된다. '너는~바랄지어다'로 번역된 '**카와**'는 기다리거나 기대하는 것을 의미하는 피엘형의 동사다. 이 단어는 자기 백성을 구원하시는 하나님을 믿고 끝까지 기다릴 것을 요구한다. 만약 내가 믿는다면 그것의 결과에 이르지만 믿음을 저버리면 내가 볼 것은 -내가 어떻게 살아남을 수 있을까! 하는 것이다.

> 그러나 이제 그들의 죄를 사하시옵소서 그렇지 아니하시오면 원하건대 주께서 기록하신 책에서 내 이름을 지워 버려 주옵소서 – 출32:32

마지막 절에서 시편 기자는 예로 시42:5에서와 같이 재판을 받는 사람을 언급한 것일 수 있고, 자신의 결심을 굳히기 위해 자신에게 말한 것일 수도 있다. 또는 이것은 심지어 주님께서 응답하신 신탁의 결과일 수도 있다. 그것이 무엇이든 간에, 탄원자는 하나님을 기다리는 것은 가치가 있음을 확신하는 것 이상의 일이란 없다. 그러나 그것으로 충분하다.

탄원이 응답되다(28:1-9)

제28편 다윗의 시

1 여호와여 내가 주께 부르짖으오니 나의 반석이여 내게 귀를 막지 마소서 주께서 내게
잠잠하시면 내가 무덤에 내려가는 자와 같을까 하나이다
2 내가 주의 지성소를 향하여 나의 손을 들고 주께 부르짖을 때에 나의 간구하는 소리를
들으소서
3 악인과 악을 행하는 자들과 함께 나를 끌어내지 마옵소서 그들은 그 이웃에게 화평을
말하나 그들의 마음에는 악독이 있나이다
4 그들이 하는 일과 그들의 행위가 악한 대로 갚으시며 그들의 손이 지은 대로 그들에게
갚아 그 마땅히 받을 것으로 그들에게 갚으소서
5 그들은 여호와께서 행하신 일과 손으로 지으신 것을 생각하지 아니하므로 여호와께
서 그들을 파괴하고 건설하지 아니하시리로다
6 여호와를 찬송함이여 내 간구하는 소리를 들으심이로다
7 여호와는 나의 힘과 나의 방패이시니 내 마음이 그를 의지하여 도움을 얻었도다 그러
므로 내 마음이 크게 기뻐하며 내 노래로 그를 찬송하리로다
8 여호와는 그들의 힘이시요 그의 기름 부음 받은 자의 구원의 요새이시로다
9 주의 백성을 구원하시며 주의 산업에 복을 주시고 또 그들의 목자가 되시어 영원토록
그들을 인도하소서

The Lord Is My Strength and My Shield

28 Of David.

1 To you, O Lord, I call; my rock, be not deaf to me, lest, if you be silent to me, I become
like those who go down to the pit.
2 Hear the voice of my pleas for mercy, when I cry to you for help, when I lift up my

hands toward your most holy sanctuary.
3 Do not drag me off with the wicked, with the workers of evil, who speak peace with
their neighbors while evil is in their hearts.
4 Give to them according to their work and according to the evil of their deeds; give to
them according to the work of their hands; render them their due reward.
5 Because they do not regard the works of the Lord or the work of his hands, he will
tear them down and build them up no more.
6 Blessed be the Lord! For he has heard the voice of my pleas for mercy.
7 The Lord is my strength and my shield; in him my heart trusts, and I am helped;
my heart exults, and with my song I give thanks to him.
8 The Lord is the strength of his people; he is the saving refuge of his anointed.
9 Oh, save your people and bless your heritage! Be their shepherd and carry them
forever.

A. 문맥분석

본 시편은 시26-28편으로 형성된 소그룹의 마지막으로, 사악한 자들과 함께 영원한 죽음에 던져지는 것에 대한 두려움이 매우 강하게 나타난다. 그러나 그 대답은 명료하다. 그리고 노래하는 자는 용기를 내어 백성 전체에 대해 유사한 구원을 요청한다.

- 여호와는 나의 반석이시요 나의 요새시요 나를 건지시는 이시요 나의 하나님이시요 내가 그 안에 피할 나의 바위시요 나의 방패시요 나의 구원의 뿔이시요 나의 산성이시로다 – 시18:2
- 나는 무덤에 내려가는 자 같이 인정되고 힘없는 용사와 같으며 – 시88:4
- 여호와여 속히 내게 응답하소서 내 영이 피곤하니이다 주의 얼굴을 내게서 숨기지 마소서 내가 무덤에 내려가는 자 같을까 두려워하나이다 – 시143:7
- 그들이 연회에는 수금과 비파와 소고와 피리와 포도주를 갖추었어도 여호와께서 행하

시는 일에 관심을 두지 아니하며 그의 손으로 하신 일을 보지 아니하는도다 – 사5:12

■ 그들은 주의 큰 능력과 펴신 팔로 인도하여 내신 주의 백성 곧 주의 기업이로소이다 하였노라 – 신9:29

(이스라엘은 선민사상에 입각한 운명공동체 또는 생명공동체나 다름없다. 그들은 언약백성의 관점에서 한 사람의 위치가 곧 전체의 위치를 대표하는 형식을 취한다. 구약의 구속사 안에서 한 사람의 범죄를 공동체 전체에 그 책임을 전가시키고 있는 이 특이한 공동체 형식이 의미하는 바는 상호 유기적인 관계가 서로 나뉠 수 없음을 의미한다.(출27장, 수7장, 대상21장) 이러한 관계는 시26-28에서 개인의 탄원으로 시작하여 공동체 전체의 기도로 승화시키며 끝나는 구조 속에서 발견된다. 이것은 시인을 괴롭히는 대적들은 이스라엘 공동체의 대적이요 곧 여호와를 대적하는 적대 세력이 되는 까닭이다. 이것은 교회가 무엇을 위해 기도해야 하는지, 또한 하나가 되어 서로 돌아보고 격려해야 할 마땅한 이유를 말하는 것이다.)

B. 주석

1. 탄원자(1, 2)

저자가 처한 상황은 아마도 질병이나 깊은 절망에 의한 두려움 가운데 있지만 그것은 단지 죽음에 대한 두려움이 아니라 부당한 수치(굴욕)에 대한 두려움이다. 구덩이('보르')는 때로는 '스올'과 동의어로(시6:5), 최악의 범죄자를 위한 땅 속의 가장 깊은 지하의 감옥을 시사한다.(사14:15,19 겔32:27-29).

나의 손을 들고 주께 부르짖을 때에(2)

'**손을 들고**'는 다양한 심리 안에 있는 기도자의 상태를 표현할 수 있다. 여기서는 간절한 애원으로서 빈손을 들고 시63:4에서와 같이 하나님을 향해 나아가는 것과 같이 출17:9 이하에서 하늘의 권세나 여타의 힘들을 불러오기 위해 탄원하는 모습이다.

이러므로 나의 평생에 주를 송축하며 주의 이름으로 말미암아 내 손을 들리이다 – 시63:4

> 모세가 여호수아에게 이르되 우리를 위하여 사람들을 택하여 나가서 아말렉과 싸우라 내일 내가 하나님의 지팡이를 손에 잡고 산 꼭대기에 서리라 ~모세가 손을 들면 이스라엘이 이기고 손을 내리면 아말렉이 이기더니~ 내가 아말렉을 없이하여 천하에서 기억도 못 하게 하리라 모세가 제단을 쌓고 그 이름을 여호와 닛시라 하고 – 출17:9–16
>
> 그러므로 각처에서 남자들이 분노와 다툼이 없이 거룩한 손을 들어 기도하기를 원하노라 – 딤전2:8

'주의 성소'를 번역한 히브리어 '데비르'(דְּבִיר)는 한글 개역 개정이나 표준 새 번역에서 지성소로 번역하고 있는데, 예전에는 이것을 성소로 번역함으로서 마치 솔로몬의 성전으로 오인케 할 수 있는 '오라클'로 읽었다. (여기서 성소 '데비르'의 보다 정확한 의미는 지성소로서의 성소다.) 이것은 시편이 다윗 이후에 기록되었다는 의미가 아니며, 솔로몬의 시대에 이 단어가 법궤의 장소를 나타내는 표준 용어가 되었다는 것은 그 단어가 그 이전에도 잘 사용되었다는 것을 시사한다. 즉 다윗은 하나님의 임재를 상징하는 법궤가 안치된 곳을 향하여 두 손을 들고 부르짖는 모습을 표현하고 있는 것이다.

2. 정의(3-5)

악인과 악을 행하는 자들과 함께(3)

시27:12의 저자의 탄원에서 나타나는 두려움은 사악한 자의 의지에 사로잡혀 생명을 잃는 것보다 훨씬 더 나쁜 것으로 그 결과로 얻게 되는 수치나 능욕이다. (우리는 나의 구원에 대한 염려는 하지만 정작 그 가치에 대하여 저자와 같은 올바른 정의가 없다.)

이것은 시26:9의 하반 절에서 두려워하는 정의의 실패다. 그것은 쓰레기 같이 어리석은 생각을 치우는 것을 묘사한다면, 여기서는 죄인들을 징벌로 끌고 가는 것을 암시한다.

그들의 행위가 악한대로 갚으소서(4)

불의만큼 그렇게 날카롭게 찌르는 것은 없고, 그리고 더 없어야 한다. 그래서 이 구절들은 단지 원한을 품는 것이 아니라 현재의 잘못된 질서에 대한 건강한 양심의 항의와 '심판의 날'에 대한 자각이 도덕적으로 필요하다는 확신의 말씀 안으로 밀어놓은 것이다. 그것은 하나님께서 택하신 자들은 '주야로 그에게 부르짖어야' 하며, 그의 진노의 불이 이미 불붙은 것을 발견하는 것은 바로 이런 의미에서다.(눅18:7) (시10편, 시7:6-16참조)

> 하물며 하나님께서 그 밤낮 부르짖는 택하신 자들의 원한을 풀어 주지 아니하시겠느냐 그들에게 오래 참으시겠느냐 – 눅18:7

3. 탄원의 응답(6, 7)

하나님의 응답에 대한 확신은 시12:5-6을 참조하라. 그 구원의 능력에 대한 묘사는 능동적인 것과(강인한…목자) 방어적인 것(막음…피난처)이 함께 하는데 6-9절에서 (응답의) 풍성함이 찬양으로 더욱 높여지는 것이 잘 드러난다. 그러나 1절에서 '나의 반석'이란 독보적인 은유는 믿음으로 긴급히 부르짖는 모든 것들에 대하여 최상의 가치를 부여하는 것이다. 7절은 이 사실을 돌아보게 한다. **"내 마음이 그를 의지하여 도움을 얻었도다. 그러므로 내 마음이 크게 기뻐하며('알라즈') 내 노래로 그를 찬송하리로다."**(7)
시인의 신앙고백이 담긴 '내 노래'는 그를 찬송('야다' ידה – 감사하다)하는 미완료태 형식으로 이후로도 온 맘을 다하여 지속적으로 구원의 기쁨을 감사하며 노래하겠다는 의미다.

4. 축복의 공유(8, 9)

다윗은 이제 그가 한 개인으로서 시민 이상의 자리에 위치한다. 주님의 '기름부음 받은 자'(메시아라는 단어로 성장한 용어)로서 그는 백성을 위해 서 있었으며, 하나님의 은혜는 그들 모두를 위한 것이었다. (이 원리는 신약에서 완전히 성취되었다. 엡1:3 하반 절)

> 찬송하리로다 하나님 곧 우리 주 예수 그리스도의 아버지께서 그리스도 안에서 하늘에 속한 모든 신령한 복을 우리에게 주시되 곧 창세 전에 그리스도 안에서 우리를 택하사 우리로 사랑 안에서 그 앞에 거룩하고 흠이 없게 하시려고 그 기쁘신 뜻대로 우리를 예정하사 예수 그리스도로 말미암아 자기의 아들들이 되게 하셨으니 ..... 그리스도 안에서 .... 그의 영광의 찬송이 되게 하려 하심이라 – 엡;1:3–12

8절에는 약간의 문자적 어려움이 있다. "여호와는 그들의 힘이시오"에서 그들은 '그의 백성' 으로 9절에서 이 부분을 해소시키고 있다.

주의 백성을 구원하시며.... 영원토록 그들을 인도하소서(9)

이 마지막 기도는 친밀함이 오히려 하늘의 유업을 소홀히 여길 수 있는 역설로부터 '테 데움'(성부와 성자에 대한 라틴 찬송가) 속으로 이끈다. (그것은 하나님이 우리에게 가장 소중한 가치여야만 한다는 것을 의미한다.) 그리고 그들을 '지배한다, 다스리다' 로 번역된 말은 히브리어가 갖는 '그들의 목자' 로서 동행하며 보호와 인도하시는 풍성한 의미(들어 올려 품에 안는)를 놓친 것이지만, 한글 성경의 버전들은 대체로 모두 바르게 번역되었다.

> 그들의 모든 환난에 동참하사 자기 앞의 사자로 하여금 그들을 구원하시며 그의 사랑과 그의 자비로 그들을 구원하시고 옛적 모든 날에 그들을 드시며 안으셨으나 – 사63:9 (사40:11 참조)

폭풍우 위에 계신 왕(29:1-11)

제29편 다윗의 시

1 너희 권능 있는 자들아 영광과 능력을 여호와께 돌리고 돌릴지어다

2 여호와께 그의 이름에 합당한 영광을 돌리며 거룩한 옷을 입고 여호와께 예배할지어다

3 여호와의 소리가 물 위에 있도다 영광의 하나님이 우렛소리를 내시니 여호와는 많은
물 위에 계시도다

4 여호와의 소리가 힘 있음이여 여호와의 소리가 위엄차도다

5 여호와의 소리가 백향목을 꺾으심이여 여호와께서 레바논 백향목을 꺾어 부수시도다

6 그 나무를 송아지 같이 뛰게 하심이여 레바논과 시룐으로 들송아지 같이 뛰게 하시도다

7 여호와의 소리가 화염을 가르시도다

8 여호와의 소리가 광야를 진동하심이여 여호와께서 가데스 광야를 진동시키시도다

9 여호와의 소리가 암사슴을 낙태하게 하시고 삼림을 말갛게 벗기시니 그의 성전에서
그의 모든 것들이 말하기를 영광이라 하도다

10 여호와께서 홍수 때에 좌정하셨음이여 여호와께서 영원하도록 왕으로 좌정하시도다

11 여호와께서 자기 백성에게 힘을 주심이여 여호와께서 자기 백성에게 평강의 복을 주
시리로다

Ascribe to the Lord Glory

29 A Psalm of David.

1 Ascribe to the Lord, O heavenly beings, ascribe to the Lord glory and strength.

2 Ascribe to the Lord the glory due his name; worship the Lord in the splendor of
holiness.

3 The voice of the Lord is over the waters; the God of glory thunders, the Lord, over
many waters.

4 The voice of the Lord is powerful; the voice of the Lord is full of majesty.

5 The voice of the Lord breaks the cedars; the Lord breaks the cedars of Lebanon.

6 He makes Lebanon to skip like a calf, and Sirion like a young wild ox.

7 The voice of the Lord flashes forth flames of fire.

8 The voice of the Lord shakes the wilderness; the Lord shakes the wilderness of
Kadesh.

9 The voice of the Lord makes the deer give birth and strips the forests bare, and in
his temple all cry, "Glory!"

10 The Lord sits enthroned over the flood; the Lord sits enthroned as king forever.

11 May the Lord give strength to his people! May the Lord bless his people with peace!

A. 문맥분석

주님의 우뚝 솟은 위엄을 초자연적으로 경의를 표하는 가운데 하늘이 열리는 장면이 이 시를 지배한다. 바다에서 천둥뇌우가 몰아쳐 가나안 전역에 내리고 사막까지 들이닥친 천둥이 주님께서 세상을 심판하는 그의 자리에 앉자 우레는 그치고 평온은 절정에 이르며, 그의 백성들에게는 평강의 복이 내려진다.

반복적인 평행구의 사용은 '바다의 노래'(출15장), '발람의 예언'(민23장과 24장), '드보라의 노래'(삿5장)등과 같은 일부의 고대 히브리 詩에서 나타나는 특징이다. 초기 가나안 詩도 이런 면에서 유사했다. 다윗이 고대의 조각을 모아 시편을 쌓아 올렸든지 또는 하나님의 구원의 옛 찬송가[93]를 떠올리게 하는 스타일로 전환했든지, 여호와(주)의 이름을 열여덟 차례나 반복하며 이 시의 구조를 하늘에서 땅으로, 폭풍의 길과 그리고 소란한 자연에서 평화로운 하나님의 백성으로 최종적인 국면 전환을 통해 단조로움을 피하면서 각 구절의 원초적인 주제와 놀랍도록 조화시키고 있다.

(기자는 하나님을 폭풍의 배후에 있는 힘으로 묘사한다. 이 관계의 설정은 저자로 하여금 하나님을 왕으로 찬

93) 레23:36

양하는 모티브가 되었다. 신학자들은 시29편이 고대 우가릿(Ugarit) 詩에서 인용했거나 가나안 詩에서 바알 대신에 여호와라는 이름만 대체한 것으로 결론짓는다. 그 이유는 시에서 평행구가 반복되고, 이스라엘 경계 밖에 있는 지리적 언급과 '베네엘림' בְּנֵי אֵלִים(heavenly being: ESV, 현대인 성경/mighty ones 개역개정) 즉 천상의 존재에 대한 묘사는 고대 우가릿 문헌에서 신적인 총회를 의미한다는 점이다. 이것은 저자가 폭풍의 신은 바알이 아니라 여호와임을 진술하려는 의도가 있으며 다시 말하자면 이스라엘로 하여금 바알을 숭배하려는 유혹으로부터 차단시키기 위해 논쟁적이며 변증적인 방식으로 묘사되었다고 이해한다. -출처:트렘퍼 롱맨3세 TOTC)

- 여호와의 이름에 합당한 영광을 그에게 돌릴지어다 제물을 들고 그 앞에 들어갈지어다 아름답고 거룩한 것으로 여호와께 경배할지어다 - 대상16:29
- 여러 나라의 종족들아 영광과 권능을 여호와께 돌릴지어다 여호와께 돌릴지어다 - 대상16:28
- 하나님은 놀라운 음성을 내시며 우리가 헤아릴 수 없는 큰 일을 행하시느니라 - 욥37:5
- 만국의 족속들아 영광과 권능을 여호와께 돌릴지어다 여호와께 돌릴지어다 여호와의 이름에 합당한 영광을 그에게 돌릴지어다 예물을 들고 그의 궁정에 들어갈지어다 - 시96:7-8

B. 주석적 접근

1. 천상의 예배(1, 2)

너희 권능 있는 자들아...여호와께 돌릴지어다.(1)

하늘의 존재는 '엘림'의 아들들이다. 아마도 이것은 시97:7에서와 같이 조작된 거짓 신들에게 도전하는 것이 아니라(여기에서 사용된 용어는 시89:5-7에서는 심판을 위해 다시 나타난다) 천사들을 소환하는 것일 수 있다.

> 하나님은 거룩한 자의 모임 가운데에서 매우 무서워할 이시오며 둘러 있는 모든 자 위에 더욱 두려워할 이시니이다 - 시89:7

이 두 구절은 시96:7 하반 절에서 인용되고 있는데 크게는 인류 전체를 대상으로 언급되고 있다. 여기서 참(진리) 예배의 두 가지 주안점은 **'돌릴지어다'**(주는 것)와 **'예배할지어다'**(엎드려 절함)이다. 전자는 하나님의 위대함을 드러내는 마음과 손과 음성에 대한 것이고, 후자는 종의 겸손한 태도를 취하도록 하는 것이다.

영광과 거룩함이란 단어는 사6:3에서 스랍들의 찬송 주제임을 주목하라. 여기서 '거룩하다'는 하나님에 대한 결론이고 영광은 하나님으로부터 나오는 모든 것임을 말한다.

거룩한 옷을 입고 여호와께 예배할지어자(2)

창조주로서 그의 영광은 스랍들의 노래와 같이 온 땅에 가득하지만 그의 이름의 영광은 그가 누구신지 그의 종에게 말씀과 행동으로 주어진 명백한 계시다. 여호와의 이름은 곧 여호와 자신으로 그의 인격적 통치와 활동들의 표현이다. 그러므로 그의 이름을 알고 찬양하는 것은 하나님과 예배자의 인격적 관계를 전제로 한다.

진리(참)의 예배는 이 사랑과 경이로움 안에서 그에게 돌려지는 것이다.

하나님께 예배할 때 입어야하는 **'거룩한 옷'**은 문자적으로 '거룩하심의 광채'(NEB, AV, RV 참조)라는 표현으로 완벽하게 번역이 가능하다.(광채 곧 영광을 나타내는 히브리어 '하드라'는 시96:9에서는 '아름답고'로, 시110:3에서는 '옷'으로 번역되었다.) 이 어휘는 대상16:29(아름답고) 대하20:21(예복)에서도 발견된다. 그리고 이 단어는 모든 곳에서 어느 방향으로도 번역될 수는 있지만, 문자적인 균형에 근거할 때 이에 대한 최종적인 의미는 사람의 것이라기보다는 하나님의 거룩하심에 대해 말하는 것으로 이해되어야 한다. 그러므로 이 절의 의미는 '주의 거룩하심의 광채를 예배하라'는 의미로 이해되어야 한다.

> 여호와는 나의 반석이시요 나의 요새시요 나를 건지시는 이시요 나의 하나님이시요 내가 그 안에 피할 나의 바위시요 나의 방패시요 나의 구원의 뿔이시요 나의 산성이시로다 – 시18:2
>
> 그들이 연회에는 수금과 비파와 소고와 피리와 포도주를 갖추었어도 여호와께서 행하시는 일에 관심을 두지 아니하며 그의 손으로 하신 일을 보지 아니하는도다 – 사5:12
>
> 그들은 주의 큰 능력과 펴신 팔로 인도하여 내신 주의 백성 곧 주의 기업이로소이다 하였노라 – 신9:29

2. 폭풍의 길(3-9)

영광의 하나님이 우렛소리를 내시니(3)

'주님의 음성'은 곧 천둥(3)으로 해석되지만, 주님의 음성은 자연의 힘만이 아니라 창조주의 능력을 선포하는 것으로 강조된다. 바다를 뒤덮는 파도의 굉음과 천둥소리는 주님께서 주권자와 재판관이심을 기리는 것으로 10절에서 확인되는 것처럼, 가장 다루기 힘들었던 '여호와의 소리가 물 위에 있다'는 표현을[94] 지배한다.(세미한 음성: 왕상19:12)

여호와의 소리가 힘이 있음~ 백향목을 꺽으심~ 나무를 뛰게 하심~ 화염을 가르고~ 광야를 진동하고~ 벗기시니(4-9)

폭풍이 땅에 쏟아지는 위력의 영역인 북쪽의 레바논과 시룐(헤르몬 산, 신3:9)으로부터 멀리 떨어진 남쪽의 가데스(8)까지는, 이스라엘이 모세와 함께 머물렀던 광야다.

(이방인들은 자신들의 신들이 헤르몬 산에 거한다고 믿었지만 시인은 그것이 창조주 앞에서 실체가 벌거벗은 듯 드러나 수치를 당하는 무기력한 존재에 불과하다는 것을 묘사하고 있다. 이것은 교회가 광야를 지나는 동안 지녀야할 관점임을 시사하고 있다)

본문 5절과 6절은 최종적으로 백향목과 산들과 사람들이 떨며 고개를 숙일 그 **'주의 날'**을 예견하고 있는 사2:12 하반 절과 비교하라.

> 그 날에 전능하신 여호와께서 교만하고 거만하며 자만하는 자들을 모조리 낮추실 것이며
> – 사2:12

그 전에서 모든 것이 말하기를 영광이라 하도다.(9)

하나님의 모든 권능이 역사되는 장면은 최후심판을 떠올리게 된다. 이 시편의 지배적인 분위기는 9절의 끝부분에서 환호의 음성처럼 유쾌하다.

여기서 7절의 번역에 대한 열린 질문이 발생한다. '화염'은 문자적으로 '갈라 잘라내다'는

---

94) 시93:3

의미로 70인 역에서는 이와 유사한 동사로 '가르다'는 의미의 '하차브'를 사용했으며 모든 한글 성경은 '화염을 가르시도다'로 잘 번역하고 있다. 이것은 번개를 암시하는데 어딘가에 부딪혀 그것을 쪼개는 과정에서 발생되는 화염을 묘사한다. 화염과 강한 바람 및 주님의 음성(이것은 다르지만)은 성령의 강림(행2:1-4)과 결합되어 있으며 탈무드에서는 축제일(유대인의 명절)과 이 시편을 연계 시킨다.

둘째 연의 절정은 '영광을 돌려라'는 외침에 대한 응답으로서 하나님의 소리를 깨닫고 겸손하며 기뻐하는 것이다. 그러므로 폭풍은 적대적인 세력을 파괴하는 의미가 아니라 주님의 모든 작품에서 들려지는 주님의 음성이라는 사실이다. 나아가 '**모든 것**'은 문자적으로 '그것의 모든 것' 예를 들자면 '성전에서의 그 모든 것'을 의미한다. 일부 주석가는 이것을 하늘의 성소로 보지만 그러나 히브리서는 지상에서 하늘에 있는 것의 '모형과 그림자'[95]로서 하나님의 거룩하심과 영광을 표현하기 위한 목적으로 사용된다. 그리고 물질적인 성전기구에 대한 진정한 의미는 하나님이 그의 살아있는 성전인 기업으로서 개인에게 요구하시는 것이다. 그러한 성소의 모든 부분은 '영광을 돌려라'는 요구를 지향하고 있다. (각자의 그리스도인은 성전 기물의 상징이며 이것은 하나님의 영광을 위해 준비된 것이다.)

> 너희는 너희가 하나님의 성전인 것과 하나님의 성령이 너희 안에 계시는 것을 알지 못하느냐 - 고전3:16
>
> 너희 몸은 너희가 하나님께로부터 받은바 너희 가운데 계신 성령의 전인 줄을 알지 못하느냐 너희는 너희 자신의 것이 아니라 - 고전6:19

3. 땅에서의 구원(10, 11)

여호와께서 홍수 때에 좌정하셨음이여(10)

홍수에 대한 단어는 창세기 6-11장에서만 찾아 볼 수 있는 중요한 단어다. 그것은 노아의 홍수에서만 나타난다. 여기서는 의도적으로 통제하지 않은 자연력에 대한 으뜸가는 사례로 주어졌다. 여호와께서 홍수를 위해 좌정하셨다는 10절의 시제는 그것의 결정을 강조한다. 마지막 절은 RSV에서 기도로 받아들이지만 주께서 복을 주실 것이라는 단순한 소

95) 그들이 섬기는 것은 하늘에 있는 것의 모형과 그림자라 히8:5

망과 같은 것이다. "여호와께서 주시되~ 여호와께서 복을 주실 것이라"

자기 백성에게 평강의 복을 주시리로다(11)

그러므로 시편은 하나님의 능력이 이방신과 같은 적신(赤身 황폐, 무기력한 알 몸)의 힘이 아니라 자연을 심판(10절.홍수)과 구원의 도구와 같이 하나님의 능력을 보여줌으로써 끝을 내고 있다. 델리취(Delitzsch)는 이 주석에서 결론을 더하기를 '평강'이란 단어는 시편의 무지개 아치와 같다고 결론적으로 말했다. 하늘이 열리면서 시작된 본 시편은...하나님의 진노의 음성 가운데서 그의 승리가 백성들과 땅을 덮는 것으로 끝나고 있다. 이는 하늘에서 영광으로 시작하여 땅의 평강으로 끝날 것을 상징한다.

탄식을 춤으로(30:1-12)

제30편 다윗의 시, 곧 성전 낙성가

1 여호와여 내가 주를 높일 것은 주께서 나를 끌어내사 내 원수로 하여금 나로 말미암아
기뻐하지 못하게 하심이니이다
2 여호와 내 하나님이여 내가 주께 부르짖으매 나를 고치셨나이다
3 여호와여 주께서 내 영혼을 스올에서 끌어내어 나를 살리사 무덤으로 내려가지 아니
하게 하셨나이다
4 주의 성도들아 여호와를 찬송하며 그의 거룩함을 기억하며 감사하라
5 그의 노염은 잠깐이요 그의 은총은 평생이로다 저녁에는 울음이 깃들일지라도 아침
에는 기쁨이 오리로다
6 내가 형통할 때에 말하기를 영원히 흔들리지 아니하리라 하였도다
7 여호와여 주의 은혜로 나를 산 같이 굳게 세우셨더니 주의 얼굴을 가리시매 내가 근심
하였나이다
8 여호와여 내가 주께 부르짖고 여호와께 간구하기를
9 내가 무덤에 내려갈 때에 나의 피가 무슨 유익이 있으리요 진토가 어떻게 주를 찬송하
며 주의 진리를 선포하리이까
10 여호와여 들으시고 내게 은혜를 베푸소서 여호와여 나를 돕는 자가 되소서 하였나
이다
11 주께서 나의 슬픔이 변하여 내게 춤이 되게 하시며 나의 베옷을 벗기고 기쁨으로 띠
띠우셨나이다
12 이는 잠잠하지 아니하고 내 영광으로 주를 찬송하게 하심이니 여호와 나의 하나님이
여 내가 주께 영원히 감사하리이다

Joy Comes with the Morning

30 A Psalm of David. A song at the dedication of the temple.

1 I will extol you, O Lord, for you have drawn me up and have not let my foes rejoice over me.

2 O Lord my God, I cried to you for help, and you have healed me.

3 O Lord, you have brought up my soul from Sheol; you restored me to life from among those who go down to the pit.

4 Sing praises to the Lord, O you his saints, and give thanks to his holy name.

5 For his anger is but for a moment, and his favor is for a lifetime. Weeping may tarry for the night, but joy comes with the morning.

6 As for me, I said in my prosperity, "I shall never be moved."

7 By your favor, O Lord, you made my mountain stand strong; you hid your face; I was dismayed.

8 To you, O Lord, I cry, and to the Lord I plead for mercy:

9 "What profit is there in my death, if I go down to the pit? Will the dust praise you? Will it tell of your faithfulness?

10 Hear, O Lord, and be merciful to me! O Lord, be my helper!"

11 You have turned for me my mourning into dancing; you have loosed my sackcloth and clothed me with gladness,

12 that my glory may sing your praise and not be silent. O Lord my God, I will give thanks to you forever!

A. 문맥분석

이 시의 표제(다윗의 시, 성전을 낙성하는 노래)는 '집을 지은 후 헌당식에서의 노래'로 되어 있는데 RSV는 성전봉헌으로 취했다. 그러나 RV는 다윗 자신의 집으로 해석한다.(삼하

5:11) 이 둘 중 어느 것도 가능하다.(11절의 춤은 삼하6:9,14 참조) 어느 경우에나 다윗은 마침내 자신의 초기의 시련에서 벗어나 행복해졌다. 이 시편은 '성전 낙성가'라는 제목이 없으면 단순히 질병으로부터의 회복을 표현하는 것으로 읽혀질 수도 있다. 이것은 제목에 있는 특정 어구가 시편에 대한 추신으로 읽혀져야 한다는 이론을 지지한다.(시29:1-2, 9c 또는 3-9b를 보라)

이 시편의 구조는 간단하다. 자신감 넘치는 6-10절의 고백과 극단적 결과에 대한 찬양의 두 가지 분출이 있다. 다윗의 회복된 기쁨은 시간이 흐르지 않는 한 모든 단어를 통해 빛난다.

- 사망 중에서는 주를 기억하는 일이 없사오니 스올에서 주께 감사할 자 누구리이까 – 시6:5
- 여호와여 내가 주께 부르짖으오니 나의 반석이여 내게 귀를 막지 마소서 주께서 내게 잠잠하시면 내가 무덤에 내려가는 자와 같을까 하나이다 – 시28:1
- 여호와여 오직 내가 주께 부르짖었사오니 아침에 나의 기도가 주의 앞에 이르리이다 – 시88:13
- 자주 경책하지 아니하시며 노를 영원히 품지 아니하시리로다 – 시103:9
- 우리가 잠시 받는 환난의 경한 것이 지극히 크고 영원한 영광의 중한 것을 우리에게 이루게 함이니 – 고후4:17

B. 주석

1. 구출(1-5)

1절의 '**끌어내다**'는 표현은 아주 정확하다. 그것은 우물에서 양동이를 끌어 올리는 단어다. 그 우물은 죽음만큼 깊다.(시6:5 '스올' 참조) 그리고 기자에게 위협은 전쟁보다는 질병(2b)에서 나왔다. 그러나 다윗의 역경에서 그를 가장 염려케 하는 것은 그의 대적들로 최후에 웃게 하는 것이었다.(1b) 후대에 **히스기야**는 대적들의 희망이 헛된 것임과 도모가 여전히 사산되는 것을 보기 위해 매우 열중했다.[96] (행20:24에서 바울의 긍정적인 염려, 딤후4:7의 성취 참조)

노염은 잠깐 은총은 평생(5)

"저녁에는 울음이 깃들일지라도 아침에는 기쁨이 오리로다"

이 놀라운 대조는 신약에서 기쁨을 낳는 슬픔이라는 새로운 관점에서[97] 더욱 불가사의하게 표현되어 나타난다. 그것은 잠깐과 영원한 것(영생)의 차이와, 영광의 '경함'과 '중함'간의 차이의 대조 속에서 나타난다.

> 우리가 잠시 받는 환난의 경한 것이 지극히 크고 영원한 영광의 중한 것을 우리에게 이루게 함이니 – 고후4:17

(고난을 만난 신자가 구원과 승리에 대한 소망을 끝까지 붙들 수 있는 이유다)

이 구절에 있는 '지체하다'는 의미의 단어 'tarry'(ESV)는 그 자체로 '밤에 방문하는 사람'을 제안한다. 이것은 순수하게 '저녁에 시작된 울음이 밤까지 이어지는 것'을 의미한다. (시26:6)('사바브' 해설 참조)

2. 바보 같은 자랑(6-10)

내가 형통할 때에 말하기를 영영히 요동치 아니하리라(6)

히브리어 '셸레우'의 어근이 '번영'의 의미로 사용될 때는 모든 상황이 어려움 없고 염려가 없는 상황에서는 좀처럼 분리되지 않는다. 그러나 성경은 치명적인 경솔함과 자만함에(내가 요동치 않겠다는) 대하여 이렇게 기록한다.

> 네가 평안할 때에 내가 네게 말하였으나 네 말이 나는 듣지 아니하리라 하였나니 네가 어려서부터 내 목소리를 청종하지 아니함이 네 습관이라 – 렘22:21

---

96) 왕하19:3

97) 고후4:17, 요16:20-22 시26:6f

어리석은 자의 퇴보는 자기를 죽이며 미련한 자의 안일은 자기를 멸망시키려니와 – 잠1:32

그러나 잠언의 다음 구절은 경솔함과 진정으로 평온한 것의 차이점을 보여준다.

오직 내 말을 듣는 자는 평안히 살며 재앙의 두려움이 없이 안전하리라 – 잠1:33

여호와께서 주의 은혜로 내 산을 굳게 세우셨더니
주의 얼굴을 가리시매 내가 근심하였나이다(7)

6절은 시인을 강조하며 시작한 반면, 7절에서는 서두를 여호와로 시작한다. 시인은 자신의 형통함이 결국 여호와의 은혜로 비롯된 것임을 고백하고 있다. '주께서~ 내 산을 강하게 만들었다'로 번역한 RV에서 강한 산이 더 정확하게 표현되었다. 다윗의 왕국 또는 그의 개인 인생에 대한 놀라운 이 은유는 하나님이 그를 지지하는 동안에 유지되는 것과, 꽃처럼 허약한 자신의 실체(7b)와 대조한다. 시104:29는 모든 생물에 7b를 적용한다.

주께서 낯을 숨기신즉 그들이 떨고 주께서 그들의 호흡을 거두신즉 그들은 죽어 먼지로 돌아가나이다 – 시104:29

구약시대는 인간의 교만이나 반역에 대하여 하나님의 얼굴을 가리신다는 관용적 표현을 사용한다. ("너희 죄가 그 얼굴을 가리매" 사59:2)

무덤에 내려갈 때에 나의 피가 내게 무슨 유익이 있으리요~
어찌 진토가 주를 찬양하며~ 여호와여 나의 돕는 자가 되소서(9, 10)

'무슨 유익이 있으리요'(9)

유익은 여기서 분명한 상업적 단어다. 그리고 그 논점은 잠시 동안(실제로 완전히) 아무 것도 얻지 못하고 예배자의 지위를 상실하는 것을 의미한다. 이것은 제한된 평안을 허용 받는 대신 사망에 의해 요동치는 것(시6:5)으로 하나님으로부터 시작된 것이라 구하고 질문한다. 즉 죽으면 주를 찬송하고 주의 진리를 선포하는 것이 사라지는 까닭이다.[98] '이것으로 하나님이 얻게 될 영광이 무엇인가? 이것은 올바른 질문이다. 비록 대답이 우리를 위해 주어지는 것은 아니지만

> 지금 내 마음이 괴로우니 무슨 말을 하리요 아버지여 나를 구원하여 이때를 면하게 하여 주옵소서 그러나 내가 이를 위하여 이때에 왔나이다 – 요12:27

이제 10절에서 논점은 끊어지고-헛된 자랑- 다윗은 단지 은혜에 호소하는 것만이 필요한 한 사람으로 서있다.

'여호와여 들으소서'(10)

'쉐마 예호와 웨 한네 니' שמע יהוה ְ חנן אֲנִי

여호와여 당신께서 들으시고 내게 은혜를 베푸소서!

기도를 들으시고 '나를 긍휼히 여겨 달라'는 말은 히브리인들의 전형적인 기도다.

하나님은 병든 자의 도움이시고[99] 가난한 자와 고아를 도우시며[100] 개인적인 곤경으로부터 구하시는 분이시다.[101] 평안할 때에 영원히 요동치 않겠노라고 선언하였던 시인은 고난을 통해 자신의 교만을 깨닫고 겸손히 하나님의 도움을 구하고 있다.

3. 축하(11, 12)

나의 슬픔을 변하여 춤이 되게 하시며(11)

6-10절의 징벌을 묵상함으로 1-5절의 겸손한 마음으로 돌아온다. 다윗이 주님 앞에서 '전심으로 춤을 췄다'는 것은 그의 뜨거운 마음이 억제 할 수 없는 것이었다. 마찬가지로 다윗은 삼하6:14, 7:18절에서 정적인 즐거움도 더불어 강화되고 있음을 보여준다.

---

98) 사38:19, 시6:5, 시88:10–12

99) 시28:7

100) 시10:14, 시72:12

101) 시86:17

내 영광으로 주를 찬송케 하심이니...영영히 감사하리이다(12)

내 영혼은 문자적으로 히브리 성경에서는 '영광'으로, 70인 역에서는 시7:5,16:9,57:88, 108:1에서 '영혼이 머무는 장소' 또는 '정신' 중 적어도 하나를 분명히 가리키고 있다. 그래서 열정적인 춤을 동반하는 찬양은 깊이가 있고 지속적이다. 게다가 '찬송하다'와 '감사하다'는 동사는 미완료태가 사용되었는데, 시인은 평생토록 하나님을 찬양하고 감사하겠다는 이 영속성은 다윗 자신이 생각하고 있는 것 이상의 영원함을 내포하고 있다.

스트레스(31:1-24)

제31편 다윗의 시, 인도자를 따라 부르는 노래

1 여호와여 내가 주께 피하오니 나를 영원히 부끄럽게 하지 마시고 주의 공의로 나를 건
지소서
2 내게 귀를 기울여 속히 건지시고 내게 견고한 바위와 구원하는 산성이 되소서
3 주는 나의 반석과 산성이시니 그러므로 주의 이름을 생각하셔서 나를 인도하시고 지
도하소서
4 그들이 나를 위하여 비밀히 친 그물에서 빼내소서 주는 나의 산성이시니이다
5 내가 나의 영을 주의 손에 부탁하나이다 진리의 하나님 여호와여 나를 속량하셨나이다
6 내가 허탄한 거짓을 숭상하는 자들을 미워하고 여호와를 의지하나이다
7 내가 주의 인자하심을 기뻐하며 즐거워할 것은 주께서 나의 고난을 보시고 환난 중에
있는 내 영혼을 아셨으며
8 나를 원수의 수중에 가두지 아니하셨고 내 발을 넓은 곳에 세우셨음이니이다
9 여호와여 내가 고통 중에 있사오니 내게 은혜를 베푸소서 내가 근심 때문에 눈과 영혼
과 몸이 쇠하였나이다
10 내 일생을 슬픔으로 보내며 나의 연수를 탄식으로 보냄이여 내 기력이 나의 죄악 때문
에 약하여지며 나의 뼈가 쇠하도소이다
11 내가 모든 대적들 때문에 욕을 당하고 내 이웃에게서는 심히 당하니 내 친구가 놀라고
길에서 보는 자가 나를 피하였나이다
12 내가 잊어버린 바 됨이 죽은 자를 마음에 두지 아니함 같고 깨진 그릇과 같으니이다
13 내가 무리의 비방을 들었으므로 사방이 두려움으로 감싸였나이다 그들이 나를 치려
고 함께 의논할 때에 내 생명을 빼앗기로 꾀하였나이다
14 여호와여 그러하여도 나는 주께 의지하고 말하기를 주는 내 하나님이시라 하였나이다
15 나의 앞날이 주의 손에 있사오니 내 원수들과 나를 핍박하는 자들의 손에서 나를 건져

주소서
16 주의 얼굴을 주의 종에게 비추시고 주의 사랑하심으로 나를 구원하소서
17 여호와여 내가 주를 불렀사오니 나를 부끄럽게 하지 마시고 악인들을 부끄럽게 하사
스올에서 잠잠하게 하소서
18 교만하고 완악한 말로 무례히 의인을 치는 거짓 입술이 말 못하는 자 되게 하소서
19 주를 두려워하는 자를 위하여 쌓아 두신 은혜 곧 주께 피하는 자를 위하여 인생 앞에
베푸신 은혜가 어찌 그리 큰지요
20 주께서 그들을 주의 은밀한 곳에 숨기사 사람의 꾀에서 벗어나게 하시고 비밀히 장막
에 감추사 말 다툼에서 면하게 하시리이다
21 여호와를 찬송할지어다 견고한 성에서 그의 놀라운 사랑을 내게 보이셨음이로다
22 내가 놀라서 말하기를 주의 목전에서 끊어졌다 하였사오나 내가 주께 부르짖을 때에
주께서 나의 간구하는 소리를 들으셨나이다
23 너희 모든 성도들아 여호와를 사랑하라 여호와께서 진실한 자를 보호하시고 교만하
게 행하는 자에게 엄중히 갚으시느니라
24 여호와를 바라는 너희들아 강하고 담대하라

Into Your Hand I Commit My Spirit

31 To the choirmaster. A Psalm of David.

1 In you, O Lord, do I take refuge; let me never be put to shame; in your righteousness
deliver me!
2 Incline your ear to me; rescue me speedily! Be a rock of refuge for me, a strong
fortress to save me!
3 For you are my rock and my fortress; and for your name's sake you lead me and
guide me;
4 you take me out of the net they have hidden for me, for you are my refuge.
5 Into your hand I commit my spirit; you have redeemed me, O Lord, faithful God.
6 I hate those who pay regard to worthless idols, but I trust in the Lord.

7 I will rejoice and be glad in your steadfast love, because you have seen my affliction;
you have known the distress of my soul,

8 and you have not delivered me into the hand of the enemy; you have set my feet in a
broad place.

9 Be gracious to me, O Lord, for I am in distress; my eye is wasted from grief; my soul
and my body also.

10 For my life is spent with sorrow, and my years with sighing; my strength fails
because of my iniquity, and my bones waste away.

11 Because of all my adversaries I have become a reproach, especially to my neighbors, and
an object of dread to my acquaintances; those who see me in the street flee from me.

12 I have been forgotten like one who is dead; I have become like a broken vessel.

13 For I hear the whispering of many- terror on every side!- as they scheme together
against me, as they plot to take my life.

14 But I trust in you, O Lord; I say, "You are my God."

15 My times are in your hand; rescue me from the hand of my enemies and from my
persecutors!

16 Make your face shine on your servant; save me in your steadfast love!

17 O Lord, let me not be put to shame, for I call upon you; let the wicked be put to
shame; let them go silently to Sheol.

18 Let the lying lips be mute, which speak insolently against the righteous in pride
and contempt.

19 Oh, how abundant is your goodness, which you have stored up for those who fear
you and worked for those who take refuge in you, in the sight of the children of
mankind!

20 In the cover of your presence you hide them from the plots of men; you store them in
your shelter from the strife of tongues.

21 Blessed be the Lord, for he has wondrously shown his steadfast love to me when I
was in a besieged city.

22 I had said in my alarm, "I am cut off from your sight." But you heard the voice of my
pleas for mercy when I cried to you for help.
23 Love the Lord, all you his saints! The Lord preserves the faithful but abundantly
repays the one who acts in pride.
24 Be strong, and let your heart take courage, all you who wait for the Lord!

A. 문맥분석

이 詩는 최고 위기의 순간에 마음 깊이 떠오를 수 있는 한 명 이상의 성경적 인물을 몹시 생각나게 한다. 6절은 요나의 기도에서 사용되었고 13절은 예레미야에서, 5절은 십자가에서의 주님의 마지막 말씀에서 사용되었다.

그리고 시71편에서 노년의 저자가(다윗 자신이) 기도 속에서 본 시편의 1-3절의 내용을 사용했다. 그것은 공식적인 예배의 범위와 저자의 독창적인 경험을 넘어 사람이 다양한 환경에서 만나게 되는 인간의 필요에 의한 시편의 역할을 보여준다.

이 시편의 특이한 점은 고뇌에서부터 확신에 이르는 여행을 두 번이나 반복한다는 것이다. 첫째는 1-8절이고 그리고 9-24절에서 반복된다. 이것은 비를 내리고 돌아온 구름(공감하기에 충분한 영적 경험)을 강조하려는 것인지 또는 두 번째에서 더 깊게 탐험될 위기를 말하기 위해 구절을 재차 소환하고 있는지는 말하기 어렵다. 두 섹션을 위해 제시된 표제는 열린 질문을 남겨 둔다.

- 여호와는 나의 반석이시요 나의 요새시요 나를 건지시는 이시요 나의 하나님이시요 내가 그 안에 피할 나의 바위시요 나의 방패시요 나의 구원의 뿔이시요 나의 산성이시로다 – 시18:2
- 나의 하나님이여 내가 주께 의지하였사오니 나를 부끄럽지 않게 하시고 나의 원수들이 나를 이겨 개가를 부르지 못하게 하소서 – 시25:2
- 죽은 자 중에 던져진 바 되었으며 죽임을 당하여 무덤에 누운 자 같으니이다 주께서 그들을 다시 기억하지 아니하시니 그들은 주의 손에서 끊어진 자니이다 – 시88:5

- 너는 여호와를 기다릴지어다 강하고 담대하며 여호와를 기다릴지어다 – 시27:14
- 주의 의로 나를 건지시며 나를 풀어 주시며 주의 귀를 내게 기울이사 나를 구원하소서 – 시71:2

B. 주석적 접근

1. 사냥된 남자(1-8)

1) 그의 믿음의 기도(1-6)

시18편에서와 같이, 다윗은 초기의 (위기적) 체험과 구출 및 그 당시의 물리적 힘의 뒤에 있는 현실을 직시함으로서 힘을 얻는다. 그는 또한 방어력이 충분하지 않다는 것을 알고 있다. 적절한 계획은 올바른 피난처만큼이나 중요하다(3b, 4a). 그의 호소의 선한 배경을 주목하라. 그는 자신의 호소력이 아니라 하나님의 의(2) 즉, 공의를 행하는 하나님을 의지한다. (위기에 대한 그리스도인의 해석적 출발점)

> 두려워하지 말라 네가 수치를 당하지 아니하리라 놀라지 말라 네가 부끄러움을 보지 아니하리라 – 사54:4a
>
> 그를 믿는 자는 부끄러움을 당치 아니하리라 함과 같으니라 – 롬9:33

내게 귀를 기울여 속히 건지시고 구원하는 산성이 되소서(2)
주는 나의 반석과 산성이시니...주의 이름을 생각하셔서 나를 인도하시고 지도하소서(3)

> 나의 힘이 되신 여호와여 주는 나의 반석, 요새, 건지실 이, 나의 하나님, 피할 바위, 방패, 구원의 뿔, 산성이시라 – 시18:1-2

하나님은 자기 백성을 위하여 구원 사역을 행하시나 그의 백성은 하나님의 거룩하신 이름을 알리기 위해 존재한다. 저자에게서 자신의 명예는(부끄럽게 하지 마시고)(1) 하나님의 이름(3b, 시23:3참조)만큼 중요치 않다. 그는 무죄한 것이 아니라 구속 받았다.(5) 그의 신뢰는 오직 참 하나님 안에 있다.(6)

구속 주께서 십자가에서 임종 시(時)에 인용한 5절에서[102] 저자가 두 번째 줄을('진리의 하나님 여호와여 나를 구속하셨나이다') 멈춘 것은 특별한 의미가 있을 수 있다. 구약에서 구속('파다')이라는 단어는 속죄(보상)의 의미로는 좀처럼 사용되지 않는다. 그것은 대개 곤경에서 구출하거나 몸값을 얻는 것을 의미한다.(시25:22, 26:11, 44:26, 55:18, 69:18, 78:42), 구속은 오직 단 번에 명료하게 '죄 값을 지불하는 것'(시130:8)을 뜻한다. 그러나 시34:22, 49:7, 15도 참조하라. 여기에서의 주된 의미는 구출이 이미 일어난 것이 확실한(완료시제)것과, 또 과거의 구출이 다윗을 지금 자기 헌신적인 행위를 수반하는 동기일 수 있다는 것이다.(구원받은 성도가 고난당할 때 가져야 할 자세)

~미워하고 ~의지하나이다(6)

성도들이 악을 미워하는 것은 여호와를 경외하는 것과 병행한다. 시인이 우상숭배자들인 대적과 달리 하나님만 의지하고 소망을 두며 신뢰하는 것은 여호와의 인자하심을 입는 근거다.

2) 그의 칭찬(7, 8)

이 두 구절에서 하나님의 생각과 행위는 출3:7-8과 유사하며 함께 숙고할 필요가 있다. 하나님의 **'헤세드'**(인자)와 **'에메트'**(진리)는 하나님의 변함없는 성품을 노래하는 구약의 반복적인 진술이다.[103]

> 여호와께서 이르시되 내가 애굽에 있는 내 백성의 고통을 분명히 보고 그들이 그들의 감독자로 말미암아 부르짖음을 듣고 그 근심을 알고 내가 내려가서 그들을 애굽인의 손에서 건져내고 그들을 그 땅에서 인도하여 아름답고 광대한 땅, 젖과 꿀이 흐르는 땅 곧 가나안 족속, 헷 족속, 아모리 족속, 브리스 족속, 히위 족속, 여부스 족속의 지방에 데려가려 하노라
> –출3:7-8

---

102) 아버지 내 영혼을 아버지 손에 부탁하나이다 눅23:46b

103) 시40:11 신7:9 느8:10

(고난을) 보시고(7)

보시고로 번역된 히브리어 '라이타'(רָאִיתָ)는 '보다'는 의미 '라아'의 칼(Qal)완료 2인칭 남성 단수형 동사로 하나님이 주어가 될 때 '~에 관심을 가지고 허리를 숙여 굽어 살피시는' 의미를 지닌다.
주의를 기울이는 것은 문자적으로 '알려졌다'는 것으로 전달되었다는 의미를 갖는다. 이것이 8b에서 자유의 감각을 향상시키는 이유가 된다. 이것은 7절에서의 고난과 환란이 8절에서 넓은 곳(역설에 대한 근본적인 생각)과 대조적으로 나타난다.[104]

2. 거절당한 사람(9-24)

1) 그의 고립(9-13)

여기 9절과 특히 21절에서는 다시 처음 주제로 되돌아가는 것이 나타난다.
침울한 좌절감(12)과 두려움(13)에 사로잡힌 자의 깊은 침체는 특히 거절감이 더해질 때 얼마나 증오에 영향을 미치게 하는지를 보여준다. 9절에서는 시6편에서 버려짐을 당하는 의미의 단어와 동일한 무기력한 슬픔을 나타내는 '쇠하였다'는 단어가 사용되지만 침체의 근본 원인은 설명 없이 남겨진다. 10절의 한 부분에서 말하는 죄는 히브리어 성경 본문에 따르면, 고통은 '죄악'으로 읽어야한다. 즉 시인으로 하여금 좌절을 맛보게 하는 요인은 죄악이라고 말하는 것이다. 그러나 14절 이후의 후반 절에서와 같이 그것은 사람에게 원인이 있는 것이지 하나님께 책임이 있는 것이 아님을 분명히 해야 한다. 예레미야 선지자는 이 냉혹한 현실을 알고 모든 면에서 두려움이라는 주제를 표어로 삼았다.[105]

2) 그의 믿음의 기도(14-18)

14절에서 나와 주님(6b에서와 같이)이 강조되고 있는 이유는 다윗이 그의 원수들로부터 주도권을 빼앗고 의도적으로 방향을 전환하기 때문이다. 그의 기도는 14,15절에서 하나님을 신뢰하여 주권을 진정으로 내어드리고, 고통 속에서 자리하고 있을 때보다 더욱 효과적인 상황을 만들기 위한 것으로, 다윗의 기도는 하나님과의 친밀함과(나의 신) 의존적인(

---

104) 시18:19,119:32
105) 렘6:25, 20:3,10, 46:5, 49:2, 애2:22

당신의 손안에) 관계 속에서 안전을 나타낸다.

'나의 앞날이 주의 손에 있사오니'(15)

이 표현은 일시적이거나 변화가 필요한 현실에서, 자신과 그 주변이 직면하는 양쪽의 모든 환경에서의 역경을 보다 더 쉽게 받아들이게 만든다. 변화는 우연(당신의 손)이 아니라는 인식은 '그는(주님) 네 시대의 평안이 될 것'이라는 사실을 긍정적이고 개인적인 것으로 받아들일 수 있도록 한다.

> 네 시대에 평안함이 있으며 구원과 지혜와 지식이 풍성할 것이니 여호와를 경외함이 너희 보배니라 이로 말미암아 모든 경건한 자는 주를 만날 기회를 얻어서 주께 기도할지라 진실로 홍수가 범람할지라도 그에게 미치지 못하리이다 – 시32:6

그래서 5절에 있는 '주의 손에 부탁하나이다~'라는 약속의 기도는 이제 실제적인 관계를 암시한다. 19-24절에 대한 주석을 보라.

주의 얼굴을 주의 종에게 비취시고(16)

다윗은 민6:25의 익숙한 축복을 자신을 위한 모범으로(시4:6에서 그의 동료들과 같이했듯이) 추구하며, 이제는 그가 직면한 어두운 상황이나 모든 면에서 소외당한 것으로부터 벗어나기를 추구한다.[106)]

내가 주를 불렀사오니(17)

NEB의 '스올' 속으로 침몰되다'는 LXX를 따른다. 하지만 히브리어의 함축된 의미는 RSV나 JB처럼 번역될 수 있다.(문자적으로 'Sheol'에서 잠잠해짐.) 다음절에서 볼 수 있듯이 다윗이 원하는 것은 중상하는 자들이 입을 다물게 되는 것이다. '스올'에 관해서 시6:5을 보라.

106) 시84:9,11 시123:1-4

3. 찬양의 마지막 몸짓(19-24)

세 쌍의 구절은 각자의 주제가 있다.
첫 번째, 하나님께서 자기에게 피하는 자를 보살피심(19,20)
두 번째, 그것의 개인적인 경험(21,22)
마지막으로, 여호와를 사랑하고 믿음에 대한 일반적인 소명(23,24).
이 경계들을 넘어서서, 19절과 24절은 하나님께서 19절에서 베푸신 선하심을 바탕으로 하나님의 때를 기다리는 것을 강조하고 있으며(참을성에 대한 만족스러운 대답) 기다리는 자들에 대한 격려에 중점을 두고 있다.(15a, 사 40:31참조)

인생 앞에 베푸신 은혜가 어찌 그리 큰지요(19)

시인은 여호와를 두려워하는 자(경외하는 자)를 위해 하나님께서 예비하신 선하심을 찬양한다. 대적 자들로부터 하나님께 피할 수 있도록 은혜를 쌓아 두셨다는 고백이다. 본 절에서 시작되는 의문사 '마'(מָה)는 '주의 은혜가 어찌 그리 큰가!' 라는 수사적 의문문으로 '말로 다 표현할 수 없을 만큼 크다'는 뜻이다.

은밀한 곳에 감추사~ 벗어나게 하시고, 장막에 감추사~ 면하게 하시리이다(20)

도망자나 무법자에서 보호를 뜻하는 다양하고 자연스런 은유는 1-4절의 내용을 상기시킨다.(거기의 주석을 참조) 하나님은 자기를 의지하는 자를 지키신다. '숨기다' '비축하다'의 의미로 사용된 **'차판'**(צפן)은 동사 칼(Qal) 미완료태로 사용되었고, '당신은 그들을 숨기신다'는 뜻으로 의인에 대한 하나님의 지속적인 보호를 나타낸다.

내가 놀라서 말하기를(22)

'내가 놀라서'(겁에 질려)는 시116:11과 같이 다른 곳에서는 부르짖다(같은 구절에서도 나옴)로 사용되었는데 이곳의 의미와는 아주 다르게 인간관계에 대한 자포자기적인 의미로 사용되었다. 24절에서 기다림의 필요가 갖는 바탕은 19-24절의 섹션에서 지적하는 부분이지만 우리가 무엇을 느끼는 감성보다는 우리가 깨닫는 지식을 요구한다.

'내가 형통할 때 말하기를'(시30:6) 이 구절은 같은 맥락으로 볼 수 있다.
또 다른 활기찬 묘사는 시16:2, 32:5, 91:2에서 만날 수 있다.

너희 모든 성도들아(23)

여기서 그의 성도들은 하나님과 언약 안에 있는 자들이며 그것을 확실히 하는 자들이다.
그 어휘는 21절에서 영원한 사랑에 가깝다.(시18:25참조)

여호와를 바라는 너희들아 강하고 담대하라(24)

너희 마음을 굳세게 하라는 말은 AV에서 '그가 너희 마음을 굳세게 하리라'와 같이 번역되었다. 후자가 더 의미심장한 것처럼 보이는데, 이중적으로 강조하기보다는 마음을 강하게 하는 자에게 도움이 보장된다는 뜻이다. 그러나 두 가지 경우 모두 문제 해결에 대한 약속이 아니라 그 문제와 대면할 수 있는 강함을 주신다는 의미다.[107)]
주의 승리는 십자가를 피하는 것이 아니라 죽음으로 담대히 맞서는 것이었고 위대한 승리는 부활로 주어졌다.

107) 눅22:42-43

용서의 기쁨(32:1-11)

제32편 다윗의 마스길

1 허물의 사함을 받고 자신의 죄가 가려진 자는 복이 있도다
2 마음에 간사함이 없고 여호와께 정죄를 당하지 아니하는 자는 복이 있도다
3 내가 입을 열지 아니할 때에 종일 신음하므로 내 뼈가 쇠하였도다
4 주의 손이 주야로 나를 누르시오니 내 진액이 빠져서 여름 가뭄에 마름 같이 되었나이
다 (셀라)
5 내가 이르기를 내 허물을 여호와께 자복하리라 하고 주께 내 죄를 아뢰고 내 죄악을 숨
기지 아니하였더니 곧 주께서 내 죄악을 사하셨나이다 (셀라)
6 이로 말미암아 모든 경건한 자는 주를 만날 기회를 얻어서 주께 기도할지라 진실로 홍
수가 범람할지라도 그에게 미치지 못하리이다
7 주는 나의 은신처이오니 환난에서 나를 보호하시고 구원의 노래로 나를 두르시리이
다 (셀라)
8 내가 네 갈 길을 가르쳐 보이고 너를 주목하여 훈계하리로다
9 너희는 무지한 말이나 노새 같이 되지 말지어다 그것들은 재갈과 굴레로 단속하지 아
니하면 너희에게 가까이 가지 아니하리로다
10 악인에게는 많은 슬픔이 있으나 여호와를 신뢰하는 자에게는 인자하심이 두르리로다
11 너희 의인들아 여호와를 기뻐하며 즐거워할지어다 마음이 정직한 너희들아 다 즐거
이 외칠지어다

Blessed Are the Forgiven

32 A Maskil of David.

1 Blessed is the one whose transgression is forgiven, whose sin is covered.
2 Blessed is the man against whom the Lord counts no iniquity, and in whose spirit

there is no deceit.

3 For when I kept silent, my bones wasted away through my groaning all day long.

4 For day and night your hand was heavy upon me; my strength was dried up as by the heat of summer. Selah

5 I acknowledged my sin to you, and I did not cover my iniquity; I said, "I will confess my transgressions to the Lord," and you forgave the iniquity of my sin. Selah

6 Therefore let everyone who is godly offer prayer to you at a time when you may be found; surely in the rush of great waters, they shall not reach him.

7 You are a hiding place for me; you preserve me from trouble; you surround me with shouts of deliverance. Selah

8 I will instruct you and teach you in the way you should go; I will counsel you with my eye upon you.

9 Be not like a horse or a mule, without understanding, which must be curbed with bit and bridle, or it will not stay near you.

10 Many are the sorrows of the wicked, but steadfast love surrounds the one who trusts in the Lord.

11 Be glad in the Lord, and rejoice, O righteous, and shout for joy, all you upright in heart!

A. 문맥분석

하나님과 밀접한 조화를 이루는 것이 진정한 행복이다. 이것은 시편의 끊임없는 주제이며, 이 진정한 행복을 이루는 그 관계는 본 시편의 시작과 끝에서 긍정적으로 표현되나, 잃어버린 친목의 기억 속에서는 부정적으로 표현된다. 마치 고집스러운 당나귀를 빗대어 조소하듯 혼자 걷기를 선택하는 사람들에게 흔하게 나타나는 위험(6)과 고통(10)을 상기시켜 주고 있다. 이것은 시6편에서 열거된, 소위 말하는 '참회의 시편' 중 두 번째 시편이다

- 의인은 여호와로 말미암아 즐거워하며 그에게 피하리니 마음이 정직한 자는 다 자랑하리로다 – 시64:10
- 자기의 죄를 숨기는 자는 형통하지 못하나 죄를 자복하고 버리는 자는 불쌍히 여김을 받으리라 – 잠28:13
- 만일 우리가 우리 죄를 자백하면 그는 미쁘시고 의로우사 우리 죄를 사하시며 우리를 모든 불의에서 깨끗하게 하실 것이요 – 요일1:9
- 주의 화살이 나를 찌르고 주의 손이 나를 심히 누르시나이다 – 시38:2
- 내 죄악을 아뢰고 내 죄를 슬퍼함이니이다 – 시38:18

B. 주석

1. 죄가 용서 받았다.(1, 2)

허물의 사함을 받고 자신의 죄가 가려진 자는 복이 있도다(1)

'행복한'(happy)은 '축복'(blessed)보다 더 풍성한 단어로 둘 다 지복(산상수훈)을 열기에 적절한 것이다.(시1:1참조) 우리가 속죄를 위한 어떤 은유에 과하게 집착할 경우, 1절에서 두 개의 그림을 볼 수 있다. 그것은 들어 올리거나 제거하는 것(사함)과 그리고 시각적 노출로부터 가리는 것(은폐)이다. 여기서 '가려진'은 여전히 존재하고 미해결된 것을 (덮어)은휘하고 있는 상태를 의미한다.(동일한 동사가 5a에서 암시하는 개념은 '숨김'이다)

시32편 전체가 '복 있는 사람'에 대한 정의로 지복에 들어가기 위한 '지혜의 문'과 같다.

①자신의 허물이 사함을 받는 자, 1절

②자신의 죄가 가려진자, 2절

③여호와께 정죄를 당하지 아니하는 자(성화에 적극적으로 참여하는 자), 3절

④자기 죄를 토설하지 않을 때 주의 손에 주야로 누름을 당하는 자, 4절

⑤자신의 죄를 여호와께 자복하는 자, 5절

⑥모든 일에 경건한 자, 6절

⑦주님이 자신의 은신처가 되는 자, 7절

⑧자기의 걸음을 지도 받고 감찰되어 훈계 받는 자, 8절

⑨말(馬)이나 노새 같지 않아서 깨닫는 자, 9절

⑩여호와를 신뢰하여 영원한 사랑에 두루 갇힌 자, 10절

⑪주를 기뻐하고 즐거워하는 자. 즐겁게 외치는 자(삶의 노래, 전도), 11절

마음에 간사함이 없고 여호와께 정죄를 당하지 아니하는 자는(2)

우리는 시편이 말하고 있는 장면(1)에서 떠나서 의를 생각하는 것과 진리를 실천하는 법을 배운다. 롬4:6-8은 하나님께서 우리를 의롭게 취급하실 때, 그것은 받을 자격이 없는 우리에게 주신 선물이라는 것을 의미하는 중요한 단어로 전가(또는 '계산')한다는 것을 인용한다.(imputes~로 돌리다) 그 장의 나머지 부분은 창15:6에서 이 같은 말씀의 문맥을 사용하여 그 은혜가 믿음으로만 받음을 가르친다. 그러나 우리가 "죄 안에서 더욱 넘치는 은혜가 지속되는 것"에서 방임적 자유에 대한 생각은 구절의 마지막에서 강조되는 진실함에 의해 확고하게 배제 된다.(죄 안에서 계속 머물러도 된다는 생각은 '정죄를 당하지 아니하는 자'를 복되다고 하시는 말씀 바깥에 있다.)

2. 교착 상태가 깨어지다(3-5)

(본 연에서는 회개 이전의 괴로운 상태와 죄의 고백과 용서를 다룬다)

소원한 인간관계는 심신의 심한 불안감을 유발시키고 심각한 상태로까지 증가될 수도 있다. 만약 다윗의 증상을 예외로 보면, 그의 완강함은 평범함을 넘어섰다. 그럼에도 불구하고 여전히 지속되는 침체는 대가보다 더 큰 은혜를 만난다.(5) 이 구절들은 고전11:30에 언급 된 막연한 불안감에 대하여 부수적인 빛이 될 수 있다. 이것은 여기에서처럼 그리스도인 한 사람 안에서 불순종으로 인해 매우 크게 작동되는 심판의 모형일 수 있다.

내가 입을 열지 아니할 때에 종일 신음하므로 내 뼈가 쇠하였도다(3)

시인은 자신의 과거를 회상하며 죄를 회개하지 않았을 때의 곤고함에 대하여 말한다. 마음에 감추어둔 은밀한 죄가 끼치는 심적 고통은 뼈를 쇠약하게 하는 것과 같은 고통이다.

그러나 시인에게 그 고통은 잠시간 스쳐지나가는 아픔이 아니라 '종일' 지속되는 극심한 고통이었다고 고백한다.

주의 손이 주야로 나를 누르오니(4)

시인은 이 고통을 하나님의 진노로 연결시키고 있다. 그는 자신에게서 죄를 짜내는 듯 하나님의 진노를 마치 가뭄에 풀이 마름같이 진액을 짜는 것에 견주어 한탄한다. 이것은 원망이 아니라 하나님의 통치 주권에 순복하는 고백이다.

내 죄를 자복하고 내 죄악을 숨기지 아니하였더니(5)

인간은 죄를 자복하는 행위는 자신 안에 감추었던 죄를 하나님께 감추어 주시도록 의탁하는 것이다. 이는 그리스도께 죄를 전가시키시고 대신 그를 믿는 자에게 죄를 절대 용납하지 않으시는 하나님의 의를 전가 받게 하는 은혜의 통로가 된다.

3. 체험적 권면(6-9)

1) 유일한 피난처(6-7)

이로 말미암아 모든 경건한 자는 주를 만날 기회를 얻어서 주께 기도할지라
진실로 홍수가 범람할지라도 그에게 미치지 못하리이다(6)

지나간 일과의 연결은 현대 버전에서 6b 부분이 수정되면서 오히려 그 의미가 흐릿해졌다.("진실로 홍수가 범람할지라도 그에게 미치지 못하리이다")

히브리 역본은(LXX, Vulgate 등에서 보존되는) 사55:6에서와 같이 '**만날 만한 때**'(AV, RV)라고 기록되었다. 이는 '찾을 수 있을 때'를 의미하며 기회가 남아있는 동안 죄로부터 하나님께로 향하라는 거듭된 요구다.

> 너희는 여호와를 만날 만한 때에 찾으라 가까이 계실 때에 그를 부르라 – 사55:6

본 절에서 '**고난의 때**'는 '홍수'라는 이미지로 나타난다.

이 홍수는 지속적임을 상징하는 '도달하다'의 사역형 능동(히필)동사의 미완료태 '나가'(נגע)에 의해서 비록 홍수는 지속되지만 기도하는 성도에게는 결코 미치지 못한다는 것을 의미한다.
그것은 은혜의 날을 강조하지만 Charles Wesley(청교도 시인)는 홍수를 '위험의 날'로서 그의 시에서 영감 넘치게 묘사하였다.

> 더 가까이서 물이 요동치는 동안
> 폭풍우가 여전히 높은 동안
> 나의 구주여, 나를 숨겨 주소서

6b의 삭제된 부분의 주된 어려움은 물의 언급 이전에 나오는 '라크'(רק)인데, 이것은 대체로 '오직' 또는 '아직'을 의미하기 때문이다. 그러나 신4:6에 동일한 용례가 있다. ESV에서는 '과연'(surely)으로 번역하였다.

> 너희는 지켜 행하라 이것이 여러 민족 앞에서 너희의 지혜요 너희의 지식이라 그들이 이 모든 규례를 듣고 이르기를 이 큰 나라 사람은 과연 지혜와 지식이 있는 백성이로다 하리라

여기서 '진실로'(과연)는 적절한 의미가 있다. 이 구절은 '네가 찾을 수 있을 때 너를 위한기도'라고 할 수 있다. 진실로 홍수가 범람할지라도 그에게는 도달하지 못할 것이다.

주는 나의 은신처이오니(7)

다윗의 우선적인 충동은 그의 영적체험을 나누는 것이었다.(6) 이제 그는 자신의 얼굴을 다시 하나님께 돌리지만, 기쁨으로 승리에 들떠 환호하는 -공동체를 둘러싸고 있는 구원을 환호하는 외침(요란한 노래)- 동료들에 대하여 우려 섞인 시선을 갖고 있다. 시인은 그 동료들(공동체)의 노래가 하나님에 대한 신뢰에 근거하여 삼중적인 표현으로 다 함께 찬송하기를 원한다. 그것은 은신처가 되시는 하나님, 환난에서 보호하시는 하나님, 구원의 노래로 둘러싸시는 하나님이시다. (교회의 찬송 속에 마땅히 있어야 할 올바른 영적 태도, 거기엔 하나님이 배제된 체 얼마든지 나의 감사, 나의 기쁨, 나의 즐거움이란 감정만 머물 수 있다.)

2) 교훈이 되는 배움(8-9)

내가 네 갈 길을 가르쳐 보이고 너를 주목하여 훈계하리로다(8)

이것은 다윗에게(시12:5-6) 주는 하나님의 응답으로 9절에 있는 복수(중복)의 요구에('지각 없는 말이나 노새같이 되지 말라') 대하여 그를 통해 우리에게 쉼을 주시는 것이다.

어디로 가야할지 본 시편1-5절에서 나타나는 긍정적인 교훈은 본향으로 인도한다. '가르쳐 보이고'(샤칼שׂכל)는 통찰력을 주시겠다는 의미다. 하나님은 성도가 마땅히 행할 길을 가르쳐 보이시는 분이다.[108] 용서가 좋다면 순종은 더 낫다. 우리가 하나님의 무거운 손을 경험했다면 (4), 우리는 그분의 부드러운 손길을 반드시 구해야 한다.

> 상전의 손을 바라보는 종들의 눈 같이, 여주인의 손을 바라보는 여종의 눈 같이 우리의 눈이 여호와 우리 하나님을 바라보며 우리에게 은혜 베풀어 주시기를 기다리나이다 – 시123:2

가르치고('샤칼'שׂכל), 보이고('야라'ירה) 훈계하심('야아츠'יעץ)은 하나님께서 자기 백성을 인도하시는 방식으로 반복과 지속을 나타내기 위하여 미 완료태로 사용되었다.

여기에서 요점은 하나님의 각성과 친밀한 보살핌으로, ~내가 너를 주목하여 훈계하시겠다는 것이며, 이에 대한 우리가 취할 대답은 9절에 있다.

너희는 무지한 말이나 노새 같이 되지 말지어다(9)

이 선명한 그림은 8절에서 강조되고 있는 하나님의 교훈에 대한 지혜로운 반응을 대조적으로 나타낸다. 하나님의 마음에 세우신 뜻에 우리를 끌어당기시는 것이다.

> 이제부터는 너희를 종이라 하지 아니하리니 종은 주인이 하는 것을 알지 못함이라 너희를 친구라 하였노니 내가 내 아버지께 들은 것을 다 너희에게 알게 하였음이라 – 요15:15

가령 말이나 노새는 무엇이든지 할 수만 있다면 좀처럼 말을 듣지 않거나(8) 강압적으로 조정하지 않고는 잘 통제할 수 없기 때문이다. 렘8:5-6은 양(羊)보다 더 고집스러운 말(馬)을 더욱 강압적으로 다뤄야 하는 속담을 묘사하고 있다. '모든 사람이 마치 전쟁터로 깊숙이

---

108) 왕상8:36 잠22:6

곤두박질하는 말과 같이 자기의 길로 돌아가도다' (말,노새-고집 센 짐승의 대명사)
그러나 본 절(9c)의 보다 정확한 뜻은 **"그것들은 재갈과 굴레로 단속하지 아니하면 너희에게 가까이 가지 아니하리로다"** 문자적으로 '가까이 가지 않을 것'이라는 말은 '그들이 가까이 오지 않을 것'(RV) 또는 '다가오지 않다'는 의미다.
본 절에서 그동안 교훈의 대상이 2인칭 남성 단수에서 2인칭 남성 복수로 전환되고 있는데 개인에서 공동체로 그 대상이 바뀌었음을 알 수 있다. 이는 죄를 고백하고 또 하나님께 굴복하기를 거부하는 사람들의 완악함을 고통을 가해야만 말을 듣는 말과 노새 같이 무지한 짐승에 비유시키고 있다.

3. 유일한 행복(10-11)

악인에게는 많은 슬픔이 있으나 여호와를 신뢰하는 자에게는 인자하심이 두르리로다(10)
본 절은 구약에서 자주 인용되는 말씀이지만, 여기서는 3,4절과 관련된 어떤 내용이다. 그러나 10절에서는 7절의 '둘러싸다'라는 동일한 동사를 서라운드처럼 사용하고 있다.

여호와를 기뻐하며 즐거워할지어다...너희들아 다 즐거이 외칠지어다(11)
마침내 11 절은 시편 기자가 곤경에 처했을 때 시편 기자가 이미 예견한 '구원을 감사하여 기쁨으로 외치는 소리'(7절)를 예배로 표현했던 동일한 약속을 되풀이 하고 있다. 그러나 그 대상은 10절의 악인과 대조되는 의인이요 정직한 자들이다.
그 의인과 정직한 사람은 누구인가? 오직 여호와의 율법을 즐거워하여 주야로 묵상하며 그 가운데 길로 걷는 자이다. 오직 그들만이 하나님 앞에서 여호와를 기뻐하고 뛰놀며 즐거워한다.(시68:1,3)

본 시가 독자들에게 강조하는 것은 '인간은 죄를 자백해야만 행복해 질 수 있다'는 것이다. 인간은 모두가 죄인이다. 인간이 죄를 해결할 수 있는 유일한 길이 있다면 그것은 하나님 앞에서 자신의 죄를 자백하는 것뿐이다. 시인은 자신의 경험을 통해 '죄의 자백은 인간으로 하여금 참 행복에 이르게 하는 지혜의 근본이요 신령한 은혜의 통로'라고 말한다.

조물주와 군주(33:1-22)

제33편 이스라엘과 유다 회복에 대한 언약

1 너희 의인들아 여호와를 즐거워하라 찬송은 정직한 자들이 마땅히 할 바로다
2 수금으로 여호와께 감사하고 열 줄 비파로 찬송할지어다
3 새 노래로 그를 노래하며 즐거운 소리로 아름답게 연주할지어다
4 여호와의 말씀은 정직하며 그가 행하시는 일은 다 진실하시도다
5 그는 공의와 정의를 사랑하심이여 세상에는 여호와의 인자하심이 충만하도다
6 여호와의 말씀으로 하늘이 지음이 되었으며 그 만상을 그의 입 기운으로 이루었도다
7 그가 바닷물을 모아 무더기 같이 쌓으시며 깊은 물을 곳간에 두시도다
8 온 땅은 여호와를 두려워하며 세상의 모든 거민들은 그를 경외할지어다
9 그가 말씀하시매 이루어졌으며 명령하시매 견고히 섰도다
10 여호와께서 나라들의 계획을 폐하시며 민족들의 사상을 무효하게 하시도다
11 여호와의 계획은 영원히 서고 그의 생각은 대대에 이르리로다
12 여호와를 자기 하나님으로 삼은 나라 곧 하나님의 기업으로 선택된 백성은 복이 있도다
13 여호와께서 하늘에서 굽어보사 모든 인생을 살피심이여
14 곧 그가 거하시는 곳에서 세상의 모든 거민들을 굽어살피시는도다
15 그는 그들 모두의 마음을 지으시며 그들이 하는 일을 굽어살피시는 이로다
16 많은 군대로 구원 얻은 왕이 없으며 용사가 힘이 세어도 스스로 구원하지 못하는도다
17 구원하는 데에 군마는 헛되며 군대가 많다 하여도 능히 구하지 못하는도다
18 여호와는 그를 경외하는 자 곧 그의 인자하심을 바라는 자를 살피사
19 그들의 영혼을 사망에서 건지시며 그들이 굶주릴 때에 그들을 살리시는도다
20 우리 영혼이 여호와를 바람이여 그는 우리의 도움과 방패시로다
21 우리 마음이 그를 즐거워함이여 우리가 그의 성호를 의지하였기 때문이로다
22 여호와여 우리가 주께 바라는 대로 주의 인자하심을 우리에게 베푸소서

The Steadfast Love of the Lord

33

1 Shout for joy in the Lord, O you righteous! Praise befits the upright.

2 Give thanks to the Lord with the lyre; make melody to him with the harp of ten strings!

3 Sing to him a new song; play skillfully on the strings, with loud shouts.

4 For the word of the Lord is upright, and all his work is done in faithfulness.

5 He loves righteousness and justice; the earth is full of the steadfast love of the Lord.

6 By the word of the Lord the heavens were made, and by the breath of his mouth all their host.

7 He gathers the waters of the sea as a heap; he puts the deeps in storehouses.

8 Let all the earth fear the Lord; let all the inhabitants of the world stand in awe of him!

9 For he spoke, and it came to be; he commanded, and it stood firm.

10 The Lord brings the counsel of the nations to nothing; he frustrates the plans of the peoples.

11 The counsel of the Lord stands forever, the plans of his heart to all generations.

12 Blessed is the nation whose God is the Lord, the people whom he has chosen as his heritage!

13 The Lord looks down from heaven; he sees all the children of man;

14 from where he sits enthroned he looks out on all the inhabitants of the earth,

15 he who fashions the hearts of them all and observes all their deeds.

16 The king is not saved by his great army; a warrior is not delivered by his great strength.

17 The war horse is a false hope for salvation, and by its great might it cannot rescue.

18 Behold, the eye of the Lord is on those who fear him, on those who hope in his steadfast love,

19 that he may deliver their soul from death and keep them alive in famine.

20 Our soul waits for the Lord; he is our help and our shield.

21 For our heart is glad in him, because we trust in his holy name.

22 Let your steadfast love, O Lord, be upon us, even as we hope in you.

A. 문맥분석

가장 순수한 찬양의 형식이 자신과 자신의 삶에서 하나님을 찬양하는 것이라면 이것은 훌륭한 예다. 시편의 몸은 창조주, 주권자, 재판관 및 구주로서 주님과 함께 자리 잡고 있으며, 예배의 시작과 끝은 위대하신 왕의 명예를 찬양하는 것과 겸손한 기대에서 비롯된 신뢰의 선언인 제물 이 두 가지의 요소로 표현된다.

- 할렐루야 우리 하나님을 찬양하는 일이 선함이여 찬송하는 일이 아름답고 마땅하도다 – 시147:1
- 너희 의인들아 여호와를 기뻐하며 즐거워할지어다 마음이 정직한 너희들아 다 즐거이 외칠지어다 – 시32:11
- 주 안에서 항상 기뻐하라 내가 다시 말하노니 기뻐하라 – 빌4:4
- 끝으로 나의 형제들아 주 안에서 기뻐하라 너희에게 같은 말을 쓰는 것이 내게는 수고로움이 없고 너희에게는 안전하니라 – 빌3:1
- 그러나 주께 피하는 모든 사람은 다 기뻐하며 주의 보호로 말미암아 영원히 기뻐 외치고 주의 이름을 사랑하는 자들은 주를 즐거워하리이다 – 시5:11
- 나의 영혼이 잠잠히 하나님만 바람이여 나의 구원이 그에게서 나오는도다 – 시62:1

B. 주석

1. 주님 안에서 기뻐하라(1-3)

여호와를 즐거워하라 찬송은 정직한 자들이 마땅히 할 바로다(1)
새 노래로 그를 노래하며 즐거운 소리로 아름답게 연주할지어다(3)

찬양은 의인에게서 자연스레 나타나는 현상.(JB) / 찬양은 의인의 의무다.(NIV, NASB)

본 시편의 시작은 이전 시편이 끝난 노트를 사용한다. **'기뻐하라'**는 것은 '구원을 외쳐라' '기뻐하며 즐거워하라'(시32:7,11) 것과 같은 맥락이다. '크게 외쳐라'가 더 나은 표현일지 모르지만 3절에서는 경의(敬意)의 외침을 암시하고 있다.(왕을 부르는 소리 민23:21)
이 구절에서 새 노래를 부르는 것과 빼어난 스킬(음악 연주)과 열정에 주목하라. 이 세 가지의 특성은 종교 음악에서 거의 발견되지 않는다. 당연한 일처럼 시편이 조용하게 마무리되고 있는 것은 환호가 예배 분위기의 전부가 아니라는 것을 의미한다.

2. 그의 창조적인 말씀(4-9)

여호와의 말씀은 정직하여 그가 행하시는 일은 다 진실하시도다.(4)
여호와의 말씀으로 하늘이 지음이 되었고(6)...그가 말씀하시매 이루어졌으며(9)
그의 말씀은 결코 공허하지 않기 때문에 그의 말과 그의 작품(4)은 불가분의 관계에 있다. 이것이 위에서 찬양이 폭발하는 원인이다. 신의 명령(6,9)에 의해서만 존재하게 된 것을 아는 것은 신이 자유 속에서 행동했기 때문에 경직됨이 아니라 순수한 창조와 마주하게 되는 것이다. 그러나 우주와도 마주하게 되는 것은 하나의 자기 일관적인 마음의 작용이다. 이것은 해방(1-3)과 겸허함(8)이다. 또한 하나님을 기리기 위한 초대장이기도 하다.(시111:2)
그러나 무엇보다도 여기서(4) 도덕적인 용어의 부요함은 하나님이 조물주보다 우리에게 훨씬 더 큰 존재임을 분명히 한다. 이 주목할 만한 5b절은 하나님의 영광으로 가득 찬 세상을 바라보는 이사야의 비전보다 훨씬 더 멀리 나아간다.
여호와의 말씀으로 하늘이 지음이 되었으며 그 만상을 그의 입 기운으로 이루었도다(6)
출33:18,19에서와 같이 우리는 선하심에 있어서 그의 영광을 볼 수 있도록 준비 시킨다. 이 선(善)은 하나님의 일하심의[109] 모든 것에 녹아 있다. 그의 작품은(시145:9) 창조 세계에 대한 시편 저자의 열정의 비밀이다.

그가 말씀하시매 이루어졌으며 명령하시매 견고히 섰도다(9)
그 열정은 손쉽게 성취하시는 그의 일하심에 비교할 때 위축되기보다 오히려 증가된다.(7

109) 시145:9

절의 대담한 직유와 시104:1-9, 사40:12 참조)

3. 그의 승리의 의지(10-12)

여호와께서 나라들의 계획을 폐하시며 민족들의 사상을 무효하게 하시도다(10)

자연의 순종적인 영광에 대해 말하는 것은 사람의 노골적인 저항을 상기하게 된다. 여기에서 부인되거나 최소화되지는 않았지만 11절의 **'대대로'**에 대한 문맥에서 엿볼 수 있다. 이 구절의 견해는 이사야서 40장의 하나님의 자기 백성을 위한 평안에서 길게 인용되고 있다.

'대대에 이르리로다' ('레도르 와도르') 출생에서 죽음까지의 인간 생애의 순환을 상징. 아브라함의 자손이 4대만에 가나안으로

여호와의 계획은 영원히 서고(11)

여호와의 계획은 10절의 나라들의 계획과 뚜렷한 대조를 이룬다.
모든 역사는 하나님의 작정에 의해 운행된다.

> 헛된 말을 하는 자들의 징표를 폐하며 점치는 자들을 미치게 하며 지혜로운 자들을 물리쳐 그들의 지식을 어리석게 하며 그의 종의 말을 세워 주며 그의 사자들의 계획을 성취하게 하며 예루살렘에 대하여는 이르기를 거기에 사람이 살리라 하며 유다 성읍들에 대하여는 중건될 것이라 내가 그 황폐한 곳들을 복구시키리라 하며
> 깊음에 대하여는 이르기를 마르라 내가 네 강물들을 마르게 하리라 하며
> 고레스에 대하여는 이르기를 내 목자라 그가 나의 모든 기쁨을 성취하리라 하며 예루살렘에 대하여는 이르기를 중건되리라 하며 성전에 대하여는 네 기초가 놓여지리라 하는 자니라 – 사44:25-28

여호와를 자기 하나님으로 삼은 나라~ 복이 있도다(12)

> 그러나 나의 종 너 이스라엘아 내가 택한 야곱아 나의 벗 아브라함의 자손아 – 사41:8
>
> 내가 붙드는 나의 종, 내 마음에 기뻐하는 자 곧 내가 택한 사람을 보라 내가 나의 영을 그에

게 주었은즉 그가 이방에 정의를 베풀리라 – 사42:1

각 나라들의 계획들은 하나님께 적대적이다. 이것은 허망하게 허물어지고 일시적이나 그 나라들 가운데 한 예외가 있으니 하나님의 기업으로 선택된 나라 곧 이스라엘이다.

4. 감찰하시는 시선(13-19)

하나님의 심판과 구원에서 하나님의 모든 강력한 힘은 '정하신 방식'이지 '폭력'이 아니다. 그것은 완전한 지식(13-15)과, 완벽한 통제(16f.)와, 완벽한 사랑(18f)에 기초한다.

1) 하늘에서 굽어보사 모든 인생을 살피심이여(13-15)

이 구절들에서 집요하게 반복되는 '모든'은 지엽적인 편견으로(13,14절에 대하여) 가득한 인간 판단의 좁은 기초, 즉 인간 안에 있는 그들의 무지함(15a), 그리고 그들의 실제적인 불확실성(15b)과 묵시적인 대조를 위해 중요한 역할을 한다.

그는 그들 모두의 마음을 지으시며 그들이 하는 일을 굽어살피시는 이로다(15)

15a의 '모든'으로 번역된 단어는 '모두 함께'라는 의미의 히브리어 단어 **'야하드'**(יַחַד)다. 따라서 '비슷하게'(AV), '모두 ~비슷하게'(NEB)로 번역하고 있는데 그들의 통일성을 주장하는 것이 아니라 모든 것에 대한 하나님의 동등한 통찰력을 뜻한다.

2) 하나님은 구원하신다(16-19)

많은 군대로 구원 얻은 왕이 없으며~ 그 큰 힘으로 구하지 못하는도다(16-17)

13-15절에서 반복되는 '모든'처럼, 16-17절에서 연속되는 키워드는 강한 힘이다. 이 힘은 18과 19절의 진리를 대조하기 위해 준비되었다. 하나님의 능력에 대한 '인간의 힘'은 성경에서 익숙한 표현이지만, 프랑스의 작가 **볼테르**[110](Voltaire)의 '비웃음'에서 집약된 세속적 사고의 기본 공식처럼 회자된다. '하나님은 언제나 강한 자와 함께 한다' 이 문맥에서

110) 세상의 부조리와 불합리를 꼬집기 위해 풍자적인 조소를 사용해 정신적 충격을 주는 방식의 꽁트 문화를 완성한 프랑스의 계몽작가(1694-1778)

구절들의 위치는 하나님은 모든 것을 감찰하시고 모든 것에 탁월하심(13-15)을 강조하는 것이다. 지금도 부패한 세계에서 힘은 결론과 같다. 그러나 하나님은 자신의 주권적 의지대로 무엇이나 행하실 수 있지만 인간의 군주들과는 달리 무작정 권력을 남용하지 않으시고 완전한 사랑에 근거하여 역사하신다. 성공이 일어난 어디에서나 구약은 이것이 자신의 능력이 아니라 신성한 명령에 의한 것이라고 확신한다.(사10:15, 렘 27:5f).

> 도끼가 어찌 찍는 자에게 스스로 자랑하겠으며 톱이 어찌 켜는 자에게 스스로 큰 체하겠느냐 이는 막대기가 자기를 드는 자를 움직이려 하며 몽둥이가 나무 아닌 사람을 들려 함과 같음이로다. – 사10:15

여호와는 경외하는 자 곧 그 인자하심을 바라는 자를 살피사(18)
저희 영혼을 사망에서 건지시며(19)

사람을 구원하는 것은 많은 군대도 아니고 군마도 아니라 여호와의 감찰하시는 눈이다.
그 구원의 눈은 여호와를 경외하며 '**헤세드**' חֶסֶד를 바라는 자에게만 향한다.
13-15절에서는 끊임없이 면밀한 감찰하심에도 불법한 세상에 축복이 암시된다.
여기에서 그것은 명백히 '맹렬한 사랑'과 '위험에 대한 경고'(19a)와 '필요에 민감하심'(19b)이다. 동일한 관점에서 시32:8에서 면밀한 보살핌을 보았으며, 신11:12, 왕상 8:29, 대하16:9에서도 유사한 은유가 나타난다.

> 내가 네 갈 길을 가르쳐 보이고 너를 주목하여 훈계하리로다 – 시32:8
>
> 연초부터 연말까지 네 하나님 여호와의 눈이 항상 그 위에 있느니라 – 신11:12f
>
> 이 성전을 향하여 주의 눈이 주야로 보시오며 주의 종이 이 곳을 향하여 비는 기도를 들으시옵소서 – 왕상8:29f
>
> 여호와의 눈은 온 땅을 두루 감찰하사 전심으로 자기에게 향하는 자들을 위하여 능력을 베푸시나니 – 대하16:9a

5. 우리는 여호와를 갈망한다(20-22)

우리 영혼이 여호와를 바람이여..저를 즐거워함이..성호를 의지한 연고로다(20-21)

이것은 고통(20a), 자신감(20b), 즐거움(21a), 정보(21b)의 형태로 확신되는 희망이다.(하나님의 이름은 그의 계시된 속성을 의미함, 출34:5-7)

언약 공동체가 하나님을 즐거워하는 이유를 밝히는데 그것은 여호와의 이름, 거룩하신 이름이 우리의 도움과 방패가 되심을 신뢰하는 까닭이다. 그것은 무엇보다 선물에 초점을 맞추는 것이 아니라 주시는 이에게 맞춰진다.(롬8:18-25). 그러한 희망은 결코 우리를 실망시키지 않는다.(롬5:5)

하나님께 감사(34:1-22)

제34편 다윗이 아비멜렉 앞에서 미친 체하다가 쫓겨나서 지은 시

1 내가 여호와를 항상 송축함이여 내 입술로 항상 주를 찬양하리이다
2 내 영혼이 여호와를 자랑하리니 곤고한 자들이 이를 듣고 기뻐하리로다
3 나와 함께 여호와를 광대하시다 하며 함께 그의 이름을 높이세
4 내가 여호와께 간구하매 내게 응답하시고 내 모든 두려움에서 나를 건지셨도다
5 그들이 주를 앙망하고 광채를 내었으니 그들의 얼굴은 부끄럽지 아니하리로다
6 이 곤고한 자가 부르짖으매 여호와께서 들으시고 그의 모든 환난에서 구원하셨도다
7 여호와의 천사가 주를 경외하는 자를 둘러 진 치고 그들을 건지시는도다
8 너희는 여호와의 선하심을 맛보아 알지어다 그에게 피하는 자는 복이 있도다
9 너희 성도들아 여호와를 경외하라 그를 경외하는 자에게는 부족함이 없도다
10 젊은 사자는 궁핍하여 주릴지라도 여호와를 찾는 자는 모든 좋은 것에 부족함이 없으리로다
11 너희자녀들아와서 내말을들으라 내가여호와를경외하는 법을너희에게가르치리로다
12 생명을 사모하고 연수를 사랑하여 복 받기를 원하는 사람이 누구뇨
13 네 혀를 악에서 금하며 네 입술을 거짓말에서 금할지어다
14 악을 버리고 선을 행하며 화평을 찾아 따를지어다
15 여호와의 눈은 의인을 향하시고 그의 귀는 그들의 부르짖음에 기울이시는도다
16 여호와의 얼굴은 악을 행하는 자를 향하사 그들의 자취를 땅에서 끊으려 하시는도다
17 의인이 부르짖으매 여호와께서 들으시고 그들의 모든 환난에서 건지셨도다
18 여호와는 마음이 상한 자를 가까이 하시고 충심으로 통회하는 자를 구원하시는도다
19 의인은 고난이 많으나 여호와께서 그의 모든 고난에서 건지시는도다
20 그의 모든 뼈를 보호하심이여 그 중에서 하나도 꺾이지 아니하도다
21 악이 악인을 죽일 것이라 의인을 미워하는 자는 벌을 받으리로다

22 여호와께서 그의 종들의 영혼을 속량하시나니 그에게 피하는 자는 다 벌을 받지 아니
하리로다

Taste and See That the Lord Is Good

34 Of David, when he changed his behavior before Abimelech, so that he drove
him out, and he went away.

1 I will bless the Lord at all times; his praise shall continually be in my mouth.

2 My soul makes its boast in the Lord; let the humble hear and be glad.

3 Oh, magnify the Lord with me, and let us exalt his name together!

4 I sought the Lord, and he answered me and delivered me from all my fears.

5 Those who look to him are radiant, and their faces shall never be ashamed.

6 This poor man cried, and the Lord heard him and saved him out of all his troubles.

7 The angel of the Lord encamps around those who fear him, and delivers them.

8 Oh, taste and see that the Lord is good! Blessed is the man who takes refuge in him!

9 Oh, fear the Lord, you his saints, for those who fear him have no lack!

10 The young lions suffer want and hunger; but those who seek the Lord lack no good thing.

11 Come, O children, listen to me; I will teach you the fear of the Lord.

12 What man is there who desires life and loves many days, that he may see good?

13 Keep your tongue from evil and your lips from speaking deceit.

14 Turn away from evil and do good; seek peace and pursue it.

15 The eyes of the Lord are toward the righteous and his ears toward their cry.

16 The face of the Lord is against those who do evil, to cut off the memory of them from
the earth.

17 When the righteous cry for help, the Lord hears and delivers them out of all their troubles.

18 The Lord is near to the brokenhearted and saves the crushed in spirit.

19 Many are the afflictions of the righteous, but the Lord delivers him out of them all.

20 He keeps all his bones; not one of them is broken.

21 Affliction will slay the wicked, and those who hate the righteous will be condemned.

22 The Lord redeems the life of his servants; none of those who take refuge in him will be condemned.

A. 문맥분석

이 빛나는 시편(어두운 시의 단면과 서곡 시56편)은 기적적인 탈출에 대한 안도감과 감사의 표시를 모두 지니고 있다. 그 제목은 다윗의 목숨을 앗아갈 것이라고 위협했던 삼상 21:10ff의 기록이다. 그의 경력에 있어서 명명된 사건들과 연계된 다른 시편들은 시3편의 오프닝 코멘트에 수록되어 있다.

이 시는 아크로스틱 형식의 삼행시로서, '와우'(MT의 6b가 이것을 공급하지 않는 한)를 제외한 각 구절이 히브리 알파벳의 연속된 문자로 시작한다. 그러한 계획은 실행이 간단하며, 과도한 일관성의 손실 없이 주제에서 주제로 자유롭게 이동할 수 있다. 그 시편 자체가 노래하는 자의 기쁨을 나누고 그의 경험으로부터 배우라는 생동감 있고 설득력 있는 초대를 목격하고 있기 때문에 그것은 그 시인의 자발성에 대한 족쇄가 아니다.

벧전 2장과 3장(및 다른 서신서)의 시편에 대한 상당한 인용과 몇 가지의 분명한 메아리가 이 시편에서 모든 세대에 은혜를 보여준다. 가장 잘 알려진 유산 중 하나는 찬송가 '모든 변화하는 삶의 장면을 통해' 서다.

(본 詩의 표제에 아기스 대신에 아비멜렉이 등장하는 이유는 편집자의 실수가 아니라 아기스 왕의 두 번째 이름이었을 가능성이 높다.)

- 그의 아들에게 입맞추라 그렇지 아니하면 진노하심으로 너희가 길에서 망하리니 그의 진노가 급하심이라 여호와께 피하는 모든 사람은 다 복이 있도다 – 시2:12
- 대저 의인은 일곱 번 넘어질지라도 다시 일어나려니와 악인은 재앙으로 말미암아 엎드러지느니라 – 잠24:16
- 너희가 주의 인자하심을 맛보았으면 그리하라 – 벧전2:3
- 아기스가 그의 신하에게 이르되 너희도 보거니와 이 사람이 미치광이로다 어찌하여 그

를 내게로 데려왔느냐 – 삼상21:14

B. 주석

1. 나와 함께 기뻐하십시오!(1-10)

시편의 전반부는 개인적인 간증(1-2a, 4, 6)과 찬양에 동참하라는 요청이 교차적으로 반복되면서 신앙을 자극 시킨다. 이 詩의 축복은 22절의 마지막 부분에 있다.(그에게 피하는 자는 다 벌을 받지 아니하리로다)

1) 내가 여호와를 항상 송축함이여(1)

항상(all time)은 더 정확하게 '언제나'(every time)에서 다윗의 최근 시련과 그 결과에 대한 특별한 가산점을 얻게 한다.(제목과 시작 주석 참조) **"내 시간'이 하나님 손에 있다'**는 자기포기가 바로 시인이 **'여호와를 항상 송축한다'**는 새로운 증거다.(시31:15) 신약 성경은 더욱 노골적이다. '무슨 일에나(범사에) 감사하라'(살전5:18, 롬8:28,37)

2) 내 영혼이 여호와를 자랑하리니(2,3)

대부분의 번역에서 곤고한 자는 차라리 겸손한 자로 번역되어야 한다. 이 겸손의 긍정적인 측면은 사심(자기과시)이 없는 열정으로(자랑하라~ 크게~ 그의 이름을 높이라~) 다른 사람의 승리는 전심으로 기뻐하는 것이다. 바울은 자신의 여정을 자랑스러워하면서 이 말씀과 이 사건을 기억했을 것이다. 따라서 다른 이방 왕으로부터(고후11:30-33)의 자신의 불명예스러운 탈출과 그처럼 어려운 상황에서 배운 교훈을 상기 시켰다.

> 내가 부득불 자랑할진대 내가 약한 것을 자랑하리라
> 주 예수의 아버지 영원히 찬송할 하나님이 내가 거짓말 아니하는 것을 아시느니라
> 다메섹에서 아레다 왕의 고관이 나를 잡으려고 다메섹 성을 지켰으나
> 나는 광주리를 타고 들창문으로 성벽을 내려가 그 손에서 벗어났노라 – 고후11:30-33

3) 내가 여호와께 간구하매…모든 두려움에서 나를 건지셨도다(4-5)

만약 2절과 3절의 순서가 본질적으로 '나는 그를 칭찬할 이유가 있다. 나와 함께 하자' 라는 것이면, 여기에서는 '이것은 나의 경험이었다. 그것은 너의 것이 될 수 있다'가 된다.

여기서 두려움은, 7절과 9절에 대한 경건한 두려움이 아니라 시31:13의 '공포'와 비슷한 강한 말이다. 그것은 무서운 사건들 중 나를 의미할 수 있다.(잠10:24) 또는 두려움 그 자체. 아마도 여기서 전자는 6절의 '문제'에 은휘된 반면, 현 구절에서 흘러나와 5절에서 공유하는 축복은 단순한 상황의 변화가 아니라 태도 변화인 것 같다. 위험이 지속됨에도 불구하고 그러한 두려움에서 해방된 유명한 진술은 시23:4에 있다.

> 내가 사망의 음침한 골짜기로 다닐지라도 해를 두려워하지 않을 것은 주께서 나와 함께 하심이라 주의 지팡이와 막대기가 나를 안위하시나이다 – 시23:4

이것은 사60:5에서 다시 환하게 발견되는 단어로, 오랫동안 잃어버린 아이를 만난 어머니의 얼굴에서 발견되는 빛이다. 다른 관점에서 출34:29은 다른 용어를 사용하여 모세의 얼굴이 산에서 내려올 때 빛을 말해주고, 고후3:18은 주님의 형상으로 점점 더 닮아가는 그리스도인의 모습과 연관시킨다.

> 우리가 다 수건을 벗은 얼굴로 거울을 보는 것 같이 주의 영광을 보매 그와 같은 형상으로 변화하여 영광에서 영광에 이르니 곧 주의 영으로 말미암음이니라 – 고후3:18

형상은 인간과 짐승을 구분하는 벽과 같다. 예루살렘은 스스로 일어날 힘을 상실했다. 일어나라(능력을 주심), 빛을 발하라.(구원을 받은 시온이 비춰야할 빛)

다른 말로하면, 빛은 (구원의) 기쁨이기도 하지만 (언약을 따라 시온에 나타난 '쉐키나') 영광이기도 하다. 그것은 사람의 전인격적 변화다.

4) 구원하시는 하나님(6-10)

개인적인 간증 (6)은 곤고함에서 건짐을 받은 것이 분명하다. 그로부터 얻은 교훈이 7-10절에 펼쳐지고 있는데 그것은 '하나님이 나를 구원 하셨다. 당신도 그의 손 안에서 안전하다.'는 것이다.

이 곤고한 자가 부르짖으매(6)

NEB는 다음과 같은 형식과 정신을 포착한다. "여기 주님을 향해 부르짖는 가난하고 불쌍한 자가 있습니다." 다윗의 말에 힘을 얻기 위해서는 자신의 생명을 구하기 위해 위험을 무릅쓰고 미친척하며 광대 짓을 한 것을 기억해야 한다.(표제 참조) 단어 '환난'에 관해서는 4:1을 보라.

여호와의 천사가 주를 경외하는 자를 둘러 진 치고(7)

주님의 천사는 하나님 자신이 정기적으로 땅에 직접 내려오신 것을 의미하는 용어다.(창 16:7ff, 13) 커크 패트릭은 주께서 '여호와의 군대 장관'(수 5:14)이기 때문에 아마도 천사의 군대를 지휘하는 가운데 자신의 명령으로 그들을 둘러싼 장면을 제안한다. 엘리사가 "우리와 함께한 자가 그와 함께한 자보다 많다"라는 자기 확신은 그 종에게 있어서는 시각적 증거가 있어야 했다.(왕하6:15ff)

너희는 여호와의 선하심을 맛보아 알지어다 그에게 피하는 자는 복이 있도다(8)

엘리사의 종은 보고난 후 믿었다. 하나님을 먼저 믿고 확인이 뒤 따르는 것이 복이 있다.

> 예수께서 이르시되 너는 나를 본 고로 믿느냐 보지 못하고 믿는 자들은 복되도다 하시니라
> – 요20:29

히6:5절과 벧전2:3절 모두 이 구절을 사용하여 첫 번째 위험을 초월하는 것을 믿음으로 묘사하며, 이것을 일상 가운데서 맛보아야 한다고 강력히 권고한다.

너희 성도들아 여호와를 경외하라 ....모든 좋은 것에 부족함이 없으리로다(9, 10)

시편의 배경인 삼상 21장에 나오는 다윗의 긴급한 요구는 보호와 공급이었다.
그는 삼상23:1에서 보여주는 것과 같은 첫 번째의 믿음은 7절 이하의 믿음으로 바뀌고 있다. 9b, 10b에서 '필요'와 '주림'이라는 단어를 반복하여 10a와의 대조되는 점을(젊은 사자는 굶주릴지라도) 강조 할뿐만 아니라(소년이라도 피곤하며 곤비하며 장정이라도 넘어지며 쓰러지되 사40:30f) 여호와를 경외하는 것보다 더 좋은 것이 없음을 분명히 강조하고 있다.

> 주의 궁정에서의 한 날이 다른 곳에서의 천 날보다 나은즉 악인의 장막에 사는 것보다 내 하나님의 성전 문지기로 있는 것이 좋사오니 여호와 하나님은 해요 방패이시라
> 여호와께서 은혜와 영화를 주시며 정직하게 행하는 자에게 좋은 것을 아끼지 아니하실 것임이니이다 만군의 여호와여 주께 의지하는 자는 복이 있나이다 – 시84:10–11

그것은 공허한 약속이 아니라 책임지는 보살핌에 대한 확신이다.

> 너를 낮추시며 너를 주리게 하시며 또 너도 알지 못하며 네 조상들도 알지 못하던 만나를 네게 먹이신 것은 사람이 떡으로만 사는 것이 아니요 여호와의 입에서 나오는 모든 말씀으로 사는 줄을 네가 알게 하려 하심이니라 – 신8:3

자신의 주림을 '항상 복을 누리기 위함'(율법을 지키도록 하신 목적)(신6:24)이라고 말한다. 로마서 8:28, 37을 다시 보라.

> 우리가 알거니와 하나님을 사랑하는 자 곧 그의 뜻대로 부르심을 입은 자들에게는 모든 것이 합력하여 선을 이루느니라 – 롬8:28
> 그러나 이 모든 일에 우리를 사랑하시는 이로 말미암아 우리가 넉넉히 이기느니라 –롬8:37

이 주제는 이제 다음 절, 특히 12-14 절에서 추구된다.

2. 나에게 배워라(11-22)

시편에서 이 부분의 교훈은 주로 참된 선이 하나님과 조화를 이루는 것이다. 극심한 고난(19f.)에 대한 답이자 가장 궁극적인 질문(21f.)에 대한 대답이다.

내가 여호와를 경외하는 법을 너희에게 가르치리로다 ~생명을 사모하고 연수를 사랑하여~ 악을 버리고 선을 행하며 화평을 따를 지어다(11-14)
각 절에서 시작되는 단어는 잠1-9절과 같이 '주를 경외하는 것이 지혜의 근본이다' 하고 아버지의 음성과 권위로 지혜가 강사가 되어 가르친다. 이 지혜는 당신이 즐기는 선(12)이

당신이 행하는 선(14)과 함께 한다고 계속하여 가르친다. 그것은 하나님의 뜻이 아닌 하나님의 의지 밖에서의 풍요로운 삶을 누리라는 거짓(에덴동산에서 처음 시작된)에 대한 대답이다. 다윗은 그의 전반기에 이 구절의(14) 원리대로 살았으며 여기와 다른 곳(삼상24:7, 26:9,23)에서, 긍극적으로 사울에게까지 이 원리를 지키며 살도록 촉구했다.
벧전3:10-12절은 본 시편의 12-16절과 같이 이와 유사한 도발이나 박해의 상황에서 이 원리를 인용하고 있으며, 또한 벧전2:1,22절은 본 시편의 13절을 인용하고 있다.

여호와의 눈은~향하시고~들으시고~가까이 하시고~구원하시는도다(15-18)

성경은 항상 선의(goodness) 자체가 보상이라는 반쪽의 진리를 뛰어 넘는다.(선한 의도를 알고 지켜 행하는 것 자체가 목적지가 아니다) 12-14절은 하나님의 얼굴이 우리를 향하게 되는 개인적이고 은혜의 방법으로서 15절의 진정한 정상으로 인도한다. 그의 눈은 우리의 필요가 무엇인지 보시기에 우리가 부르기도 전에 그는 대답 하실 수 있다.

> 여호와여 주께서 이를 보셨사오니 잠잠하지 마옵소서 주여 나를 멀리하지 마옵소서 - 시 35:22

그분의 귀는 우리에게 열려 있다. 그는 우리의 기도를 진지하게 받아들이신다.

여호와의 얼굴은 악을 행하는 자를 향하여~땅에서 끊으려 하시는도다(16)

동시에 사악한 자의 곤경은 하나님의 불쾌한 얼굴에 비례하여 사적으로 보응된다.
'우리는 완전히 철저하고 절대적으로 외면 받으며, 추방되고, 소원해질 수 있으며, 마침내 말로 표현할 수 없을 만큼의 멸시를 당할 수 있다.'

의인은 고난이 많으나~그의 모든 뼈를 보호하심이여~하나도 꺾이지 아니하도다~그에게 피하는 자는 다 벌을 받지 아니하리로다(19-22)

이 구절은 시편의 주요 주제의 반복이다. 하나님의 받으심과 거절하심 사이의 큰 구분이 다시 강조된다. 의인을 모든 고난에서 건지시는(19b) 그러한 약속이 존중 받기를 원한다면 죽음을 초월하여 전진하는 마음을 촉구한다. 18-20절은 경건한 사람의 극단적인 고통을 허용한다. 그러나 하나님은 그것을 결코 가볍게 취하지 않으시며(18a) 눅21:16,18에서의 역설과 같이 결코 통치적 보호를 잃지도 않으신다.(20b)

> 심지어 부모와 형제와 친척과 벗이 너희를 넘겨주어 너희 중의 몇을 **죽이게 하겠고** 또 너희가 내 이름으로 말미암아 모든 사람에게 미움을 받을 것이나 **너희 머리털 하나도 상하지 아니하리라** – 눅21:16-18

제자들이 예수님의 이름 때문에 정치 지도자들과 집권자들 앞으로 끌려 갈 것이라는 예언은 제자들이 예수님과 동일시됨을 의미하고, 예수님이 재림하기 이전의 모든 시대의 제자들은 똑 같은 유형의 대우를 받을 것임을 암시한다.

이 때 제자들이 취해야 할 행동으로서 두려워하지 말 것은 하나님께서 어떻게 증거 해야 할지를 아시고 이끌어 주시며 보호하신다는 것이다. 이 구절은 요19:36과 출12:46에서 '성경이 응하였음을' 알려주고 있다. '의인에 대한 약속은 온전한 의인의 사랑 안에서 예기치 않게 문자적인 성취를 찾게 된다.'(커크 패트릭).

의인을 미워하는 자는 벌을 받으리로다(21)

벌을 받으리로다(21f.) '벌을 받다'는 시5:10에서 '정죄하다'와 같은 동사 '**아샴**'(**אשם**)이다. NEB에서 이 단어는 '파멸로 이어진'으로 번역되었다. 그러나 이 단어는 죄책감과 그 처벌 또는 속죄(호5:15,10:2)와 강하게 연결되어 있으며, 여기서는 '유죄선고(condemned)'의 의미가 가장 근접하다.

그에게 피하는 자는 다 벌을 받지 아니하리로다(22)

그러므로 이 시편의 끝에서 최종적으로 '정죄' 또는 바울의 말과 같이 '정죄함이 없다'는 (22) 말(롬8:33)에 주목하게 하며 끝난다. 다윗이 22a에서 주님이 생명을 구속한다는 확신에 찬 자신의 이해가 복음 안에서 생명이 잉태되고 낳음을 전체 구절에서 함의시키고 있다. 이것에 못 미치는 것은 어떤 형태로도 생존할 수 없다. 그리스도인은 22a의(영혼을 속량하는 것) 상상도 할 수없는 비용과 22b의 무한한 범위를(그에게 피하는 모든 자) 아는 것에 감사를 더하여 시편의 즐거운 환호를 되풀이 하게 한다.

주여 언제까지니이까?(35:1-28)

제35편 다윗의 시

1 여호와여 나와 다투는 자와 다투시고 나와 싸우는 자와 싸우소서
2 방패와 손 방패를 잡으시고 일어나 나를 도우소서
3 창을 빼사 나를 쫓는 자의 길을 막으시고 또 내 영혼에게 나는 네 구원이라 이르소서
4 내 생명을 찾는 자들이 부끄러워 수치를 당하게 하시며 나를 상해하려 하는 자들이 물
러가 낭패를 당하게 하소서
5 그들을 바람 앞에 겨와 같게 하시고 여호와의 천사가 그들을 몰아내게 하소서
6 그들의 길을 어둡고 미끄럽게 하시며 여호와의 천사가 그들을 뒤쫓게 하소서
7 그들이 까닭 없이 나를 잡으려고 그들의 그물을 웅덩이에 숨기며 까닭 없이 내 생명을
해하려고 함정을 팠사오니
8 멸망이 순식간에 그에게 닥치게 하시며 그가 숨긴 그물에 자기가 잡히게 하시며 멸망
중에 떨어지게 하소서
9 내 영혼이 여호와를 즐거워함이여 그의 구원을 기뻐하리로다
10 내 모든 뼈가 이르기를 여호와와 같은 이가 누구냐 그는 가난한 자를 그보다 강한 자
에게서 건지시고 가난하고 궁핍한 자를 노략하는 자에게서 건지시는 이라 하리로다
11 불의한 증인들이 일어나서 내가 알지 못하는 일로 내게 질문하며
12 내게 선을 악으로 갚아 나의 영혼을 외롭게 하나
13 나는 그들이 병 들었을 때에 굵은 베 옷을 입으며 금식하여 내 영혼을 괴롭게 하였더
니 내 기도가 내 품으로 돌아왔도다
14 내가 나의 친구와 형제에게 행함 같이 그들에게 행하였으며 내가 몸을 굽히고 슬퍼하
기를 어머니를 곡함 같이 하였도다
15 그러나 내가 넘어지매 그들이 기뻐하여 서로 모임이여 불량배가 내가 알지 못하는 중
에 모여서 나를 치며 찢기를 마지아니하도다

16 그들은 연회에서 망령되이 조롱하는 자 같이 나를 향하여 그들의 이를 갈도다
17 주여 어느 때까지 관망하시려 하나이까 내 영혼을 저 멸망자에게서 구원하시며 내 유
일한 것을 사자들에게서 건지소서
18 내가 대회 중에서 주께 감사하며 많은 백성 중에서 주를 찬송하리이다
19 부당하게 나의 원수된 자가 나로 말미암아 기뻐하지 못하게 하시며 까닭 없이 나를 미
워하는 자들이 서로 눈짓하지 못하게 하소서
20 무릇 그들은 화평을 말하지 아니하고 오히려 평안히 땅에 사는 자들을 거짓말로 모략
하며
21 또 그들이 나를 향하여 입을 크게 벌리고 하하 우리가 목격하였다 하나이다
22 여호와여 주께서 이를 보셨사오니 잠잠하지 마옵소서 주여 나를 멀리하지 마옵소서
23 나의 하나님, 나의 주여 떨치고 깨셔서 나를 공판하시며 나의 송사를 다스리소서
24 여호와 나의 하나님이여 주의 공의대로 나를 판단하사 그들이 나로 말미암아 기뻐하
지 못하게 하소서
25 그들이 마음속으로 이르기를 아하 소원을 성취하였다 하지 못하게 하시며 우리가 그
를 삼켰다 말하지 못하게 하소서
26 나의 재난을 기뻐하는 자들이 함께 부끄러워 낭패를 당하게 하시며 나를 향하여 스스
로 뽐내는 자들이 수치와 욕을 당하게 하소서
27 나의 의를 즐거워하는 자들이 기꺼이 노래 부르고 즐거워하게 하시며 그의 종의 평안
함을 기뻐하시는 여호와는 위대하시다 하는 말을 그들이 항상 말하게 하소서
28 나의 혀가 주의 의를 말하며 종일토록 주를 찬송하리이다

Great Is the Lord

35 Of David.

1 Contend, O Lord, with those who contend with me; fight against those who fight
against me!
2 Take hold of shield and buckler and rise for my help!
3 Draw the spear and javelin against my pursuers! Say to my soul, "I am your
salvation!"

4 Let them be put to shame and dishonor who seek after my life! Let them be turned
back and disappointed who devise evil against me!
5 Let them be like chaff before the wind, with the angel of the Lord driving them away!
6 Let their way be dark and slippery, with the angel of the Lord pursuing them!
7 For without cause they hid their net for me; without cause they dug a pit for my life.
8 Let destruction come upon him when he does not know it! And let the net that he
hid ensnare him; let him fall into it-to his destruction!
9 Then my soul will rejoice in the Lord, exulting in his salvation.
10 All my bones shall say, "O Lord, who is like you, delivering the poor from him who
is too strong for him, the poor and needy from him who robs him?"
11 Malicious witnesses rise up; they ask me of things that I do not know.
12 They repay me evil for good; my soul is bereft.
13 But I, when they were sick- I wore sackcloth; I afflicted myself with fasting; I prayed
with head bowed on my chest.
14 I went about as though I grieved for my friend or my brother; as one who laments
his mother, I bowed down in mourning.
15 But at my stumbling they rejoiced and gathered; they gathered together against
me; wretches whom I did not know tore at me without ceasing;
16 like profane mockers at a feast, they gnash at me with their teeth.
17 How long, O Lord, will you look on? Rescue me from their destruction, my precious
life from the lions!
18 I will thank you in the great congregation; in the mighty throng I will praise you.
19 Let not those rejoice over me who are wrongfully my foes, and let not those wink the
eye who hate me without cause.
20 For they do not speak peace, but against those who are quiet in the land they devise
words of deceit.
21 They open wide their mouths against me; they say, "Aha, Aha! Our eyes have seen it!"
22 You have seen, O Lord; be not silent! O Lord, be not far from me!

23 Awake and rouse yourself for my vindication, for my cause, my God and my Lord!
24 Vindicate me, O Lord, my God, according to your righteousness, and let them not rejoice over me!
25 Let them not say in their hearts, "Aha, our heart's desire!" Let them not say, "We have swallowed him up."
26 Let them be put to shame and disappointed altogether who rejoice at my calamity! Let them be clothed with shame and dishonor who magnify themselves against me!
27 Let those who delight in my righteousness shout for joy and be glad and say evermore, "Great is the Lord, who delights in the welfare of his servant!"
28 Then my tongue shall tell of your righteousness and of your praise all the day long.

A. 문맥분석

본 시편은 시34편과 짝지어진 것이든 아니든 간에, 서로 사용된 언어의 친밀함은(특히 '여호와의 천사'-시34:7, 35:5,6-는 다른 시편에서는 발견되지 않는다.) 이전 시편에서 막 떨쳐낸 어둠이라는 동일 주제를 다루는 유사점을 지니고 있다.

그 시편에서 축하된 구원은 언제나 신속하거나 고통이 없는 것으로 보이지만, 만일 하나님의 뜻이라면 지연에 시달리게 됨을 시사한다. 그러나 다윗은 그 날이 올 것이라는 것을 결코 의심하지 않는다. 각각의 간청은 도움을 구할 때마다 희망으로 끝나는 시편의 삼차원을 지향하게 한다.

- 내 생명을 찾아 멸하려 하는 자는 다 수치와 낭패를 당하게 하시며 나의 해를 기뻐하는 자는 다 물러가 욕을 당하게 하소서 – 시40:14
- 까닭 없이 나를 미워하는 자가 나의 머리털보다 많고 부당하게 나의 원수가 되어 나를 끊으려 하는 자가 강하였으니 내가 빼앗지 아니한 것도 물어 주게 되었나이다 – 시69:4
- 나의 영혼을 찾는 자들이 수치와 무안을 당하게 하시며 나의 상함을 기뻐하는 자들이 뒤로 물러가 수모를 당하게 하소서 – 시70:2

■ 나의 혀도 종일토록 주의 의를 작은 소리로 읊조리오리니 나를 모해하려 하던 자들이 수치와 무안을 당함이니이다 – 시71:24

■ 네 모든 원수들은 너를 향하여 그들의 입을 벌리며 비웃고 이를 갈며 말하기를 우리가 그를 삼켰도다 우리가 바라던 날이 과연 이 날이라 우리가 얻기도 하고 보기도 하였다 하도다 – 애2:18

B. 주석

1. 계획(1-10)

여호와여 나와 다투는 자와 다투시고 나와 싸우는 자와 싸우소서(1)

1-3절까지의 군사 용어는 비유적이며, 실제로 도입부의 은유는 법정에서 중죄로 잘못 고발된 다툼에서 나오는 것이다. 해서 이 시편은 악의나 음모의 어떤 정황과 일치하고 있다. 시인은 증인의 위증과 관련하여 자신과 다투는 자와 다투어 달라고 간구한다. (군사용어의 등장은 법정 다툼의 투쟁적 상황에 적절해 보인다)

창을 빼사 나를 쫓는 자의 길을 막으시고(3)

'웨 하레크 하니트 우 세고르(사가르)'(spear and javelin)

창(Javelin)이나 이런 종류의 무기는 일부의 이방 용어로 설명하면 금속을 지탱하는 부분을 뜻하는 단어로 쿰란의 전쟁 두루마리에서 발견되는 유사어는 '창'의 소켓을 의미한다. 하지만 이 히브리어 단어 '세고르'는 항상 '창'을 의미하지 않고 'AV, RV'에서는 무기가 아닌 동사로 사용되었다. NEB에서 그것은 'stop the way'(길을 막으시고)로 번역되었다.

참고로 '하니트'(spear)는 길이가 짧아 던지고 찌를 수 있는 무기를 말한다.(삼상20:33, 삼하2:23) 삼상17:45에서 단창('키돈')으로 번역된 이 무기는 사울이 자주 사용하였고, 골리앗도 이것을 지니고 있었다. 하니트: 키든(수8:18, 삼상17:45), 로마흐(삿5:8, 대하11:12), 쉘라흐(대하23:10, 32:5), 모두 창을 나타내거나 창을 구성하는 단위의 명칭일 수 있다.

세고르(javelin)는 여기서 '길을 막으시고'로 번역 되었다. 문을 닫는 의미의 동사 '사가르'에

연계 접속사 '와우' 의 결합형으로 전투적인 문맥에서 포위의 상황이나 결과를 나타낸다.(사24:10,렘13:19)

'나는 네 구원이라'이르소서(3).

출정식에서 전쟁에서 의인을 구원하실 여호와에 대한 믿음의 제사장의 선포.(너를 구원할 것이라고 말해주소서.)

내 생명을 찾는 자들이 부끄러워 수치를 당하게 하시며(4)..
바람 앞에 겨와 같게..여호와의 천사가 그들을 몰아내게(5)...
어둡고 미끄럽게...뒤쫓게 하소서(6)

이 구절과 시34:5,7의 대조는 내용적인 의도와 상관없이 수치와 혼란에 빠져드는 저주의 본질(단12:2)로서 중요해 보인다.(단12:2)(두 가지의 길: 하나는 곧고 하나님과 생명에 이르는 길이고 다른 하나는 어둡고 미끄러우며 파멸과 죽음에 이르는 길이다. 영생과 영벌)
반면 여호와의 천사(34:7)는 우리의 구원이거나 우리의 파멸이다.(출23:20-22 축복과 저주)
6절에 있는 어두운 그림은 뒤에 바짝 붙은 추적자를 인하여 미끄러져 물을 거의 쏟을 뻔한 잠4:19보다 더 절망적이다. 하나님의 도전은 악 자체의 생존 불가를 시사한다.

까닭 없이 내 생명을 해하려고 함정을 팠사오니...숨긴 그물에 자기가 잡히게 하시며(7, 8)

'까닭 없이' 는 7절에서 두 번, 19절에서도 다시 반복 되면서 매우 극심한 다윗의 고통을 만진다. 이는 중간 단락 (11-18)에서 더욱 완전하게 드러날 것이다. 시편은 우리를 불의에 의한 상처에 특별히 민감하게 만든다. 그것은 회개로 이끌어 그리스도께 나아가는 기회를 제공하는 복음이다.(벧전2:19ff). 시인의 생명을 앗으려고 대적 자들이 숨긴 그물에 오히려 자신들이 빠지도록 구하는 8절의 시적정의(詩的正義)에 관해서는 복음은 그것을 받아들인다. 그러나 기도하는 사람이 비극적 상황을 벗어나도록 호소할 수는 있지만(마5:44, 23:37ff) 원하는 대로 끝나는 것은 아니다. (웅덩이, 구덩이는 종종 무덤을 가리킨다. 욥33:18, 24, 28, 30)

내 영혼이 여호와를 즐거워함이여 그의 구원을 기뻐하리로다(9, 10)

다윗의 이 같은 선포에는 "누가 하나님과 같을까"라고 외친 모세의 노래가 울려 난다. 아마도 다윗 자신보다 더 큰 위기에 대한 의식적인 기억과 그 영광스러운 결과에 대한 외침이었을 것이다. 그래서 바울은 극심한 절망의 순간에 죽은 자의 부활을 기억하고(고후1:8-10) 희망을 되찾았다. 내 영혼(9)과 내 뼈(10)는 시6:2,3에서와 같이 '나'와 '나 자신'을 말하는 두 가지 중요한 방법이다. 시인은 자신의 승리를 확신하고 여호와께 감사의 찬송을 드리고 있다.

2. 폭도들(11-18)

다른 시편은 진심어린 친구의 배반(시41:9,시55:12-14)을 기록하고 있어 이 시편은 더 깊게 헤아려 질 것이다. 절친한 친구가 아닌 누군가의 배신은 별로 고통스럽지 않은 것이지만 여기 14절에서 그들은 '마치~ 같은' 것으로 취급 받는다. 다윗은 전심으로 롬12:15처럼 또는 선한 사마리아인과 같이 대했던 것이다. 그것은 이제 바뀌어 마치 사마리아인이 된 자신이 강도들 사이에 빠졌다. 예전의 자신을 괴롭혔던 제자를 찾는 것처럼 시편기자는 이들이 아플 때 자신의 가장 친한 친구나 형제처럼 여겨서 하나님께 고쳐 달라고 금식하고 굵은 베옷을 입었으며, 이들이 죽을 때는 자신의 어머니의 죽음같이 애도했다. 그러나 그들은 선을 악으로 갚는다.

내 기도가 내 품으로 돌아왔도다(13)

다윗은 자신의 동료를 위해 기도했지만 그 기도가 자신에게 돌아 왔다고 탄식한다. 기도가 되돌아온 것은 시인의 기도를 하나님께서 거절하셨기 보다는 악인이 너무 부패하여 하나님을 대적하기를 멈추지 않았다는 의미다. '슈브'가 미완료형의 동사로 기록된 이유는 기도가 되돌아오는 일이 반복적으로 일어났음을 나타낸다.(슈브 : 하나님께로, 하나님으로부터 밖으로)

히브리어가 머리를 숙이고 있음을 문자적으로 내 기도는 나의 마음에 돌아 올 것이다(또는 계속해서 돌아올 것이다) RSV는 기도의 자세에 대하여 말하지만 그러나 기도가 돌아온다는 의미는 그에게 응답되지 않거나 마태10:13과 같이 축복으로 돌아온다는 것이다.

> 그 집이 이에 합당하면 너희 빈 평안이 거기 임할 것이요 만일 합당하지 아니하면 그 평안이 너희에게 돌아올 것이니라 – 마10:13

그러나 내가 넘어지매 그들이 기뻐하여 서로 모임이여...불량배가...모여서 나를 치며 찢기를 마지아니하도다(15)

'내가 넘어지매'(비틀거리는 것)는 신약에서와 같이 시간이 지날수록 우리에게 죄가 가득 차는 것을 생각할 수 있다. 그러나 그 단어는 여기서는 시38:17, 욥18:12, 렘20:10 같이 재앙의 묘사다. 불구자의 상태는 삼하5:6-8에서 다윗을 조롱하는 것에 사용되었다.(이 단어는 다윗이 친구가 된 **므비보셋**에 사용 된 단어와 유사 함)

> 다리 저는 자라도 너를 물리치리라 하니 그들 생각에는 다윗이 이리로 들어오지 못하리라 함이나 – 삼하5:6

고통 받고 있는 상태의 어조 smitten(즉, 불구자나 절망적인 처지)은 동일한 자음이 발음될 수 있는 '고통을 가하는 자'(smiting:혀로 치는)를 의미할 수 있다. 그러므로 NEB에서는 **불량배**('네케' נֵכֶה)다.(언어폭력 행위는 비방과 중상모략과 모욕적인 언사로 비난하는 비류의 짓)
선한 사람을 급작스레 비난하여 부끄러움에 빠지게 하는 이 모범적 사례는 예수님의 재판에서 열심히 시행되었다. 그러나 이러한 경기에 참가할 사람은 (아무도) 없다.

연회에서 망령되이 조롱하는 자 같이(16)

Like the ungodly they maliciously mocked (그들은 경건치 않음으로 악의로 조롱하며)
(부자들의 식탁에 고용된 농담꾼이 연회에서 그 음모가 성공할 거라며 아첨하는 장면)
연회를 의미하는 **'마오그'**는 '굽다'는 동사 **'우그'**에서 유래된 명사로 케이크나 빵을 뜻한다. RSV는 '케익의 조롱자들'로 번역하여 히브리어에 어색한 면을 보여준다. RSV는 70인 역에서 **'마오그'**(케이크)를 절대적 부정사로 **'라오그'**(조롱의 의미로)로 읽었음이 분명하다. NEB에서는('등이 굽은 자를 조롱하다')는 아랍어 어근에서 '굽다' 때문에 이 의미를 추론한다. 이 구절의 두 번째 줄에서 '이를 갈다'는(gnashing 시37:12) 의미는 스데반이 그의 순교에서 경험되었던 것이다.(행7:54)

주여 어느 때까지 관망하시려 하나이까~ 사자들에게서 건지소서(17)

Rescue my life from their ravages...(NIV) 유린하는 자로부터 내 생명을

Rescue my soul from their ravages...(NASB) 유린하는 자로부터 내 영혼을

Rescue me from their destruction...(ESV) 멸망하는 자로부터 나를

하쉬바 네페쉬 미 헴 소에

내 영혼에 대한 단어('네페쉬')는 시22:20에서 '내 생명'이다.

멸망자를 여기서 '사자'로 그리고 시34:10에서도 우연히 '사자'로 직역되었는데 NEB에서는 '불신자'로 번역되었다. (슈브의 관점에서 : 주여 저들을 구원하시기를 언제까지 미루시겠나이까? 라는 의미다.)

내가 대회 중에서 주께 감사하며(18)

개인 감사에 대한 일반적 제사에 관해서는 시22:22ff을 보라.

3. 흡족함(19-28)

부당하게 나의 원수된 자가 나로 말미암아 기뻐하지 못하게 하시며(19)

까닭 없는 증오는 이미 7절에서 다룬바와 같이 선에 대한 악의 응답 방식으로서 예수님은 19절(그리고 시69:4)에서 이것은 다윗이 자초한 불행이 아니라 그 자신에게 예정된 하나님의 주권적인 결정으로 보았다. 그것은 '그들의 율법에 기록된 말씀을 응하게 하심'이며, 반드시 있어야 할 것에 대한 권위의 계시였다.

> 그러나 이는 그들의 율법에 기록된바 그들이 이유 없이 나를 미워하였다 한 말을 응하게 하려 함이라 - 요5:25

그의 경험에서 성결과 완전함에 대한 패턴은 비록 다윗에게서 미완성적으로 나타나지만 인식될 수 있었으며 요15:18-27의 구절에서 우리를 위해 잘 지시되었다.

여호와여 주께서 이를 보셨사오니 잠잠하지 마옵소서(22)

나를 향하여 입을 크게 벌리고 하하 우리가 목격하였다 하나이다.

주께서는 '하하 우리가 목격하였다' 하는 적의 조소에 대한 그 이면을 온전히 보셨다.

이것은 사악함에 대한 부정이 아니라 악인의 승리에 대한 현실적인 답이다.

"내가 분명히 보았고"(출3:7,왕하19:14ff,행4:29)

주의 공의대로 나를 판단하사(24)

판단하다, 옹호하다는 문자적으로 '나를 재판해주십시오'다.(시5:4-6)

그들이 마음속에 이르기를 아하 소원을 성취하였다 말하지 못하게 하소서(25)

'소원을 성취하다!' 라는 말은 히브리어에서 한 단어다.('네페쉬'-영혼이 지니는 욕구에서) 소원을 성취하다는 구절은 간결하고 활기차게 입에 착 달라붙는 말이다.

나의 혀가 주의 의를 말하며(27-28)

시의 전반부에서와 같이 찬양은 마치 시를 깨려고 기다리고 있는 듯하다.(9,18절)

게다가 다윗은 '주의 기쁨'(선하심과 같은 단어)을 구하는 시35:18의 '큰 군중'(18)은 그의 대적들로서의 친구들을 가졌던 (그리하여)유사한 위기에 처했던 엘리야를 떠올리게 한다.

마13:1(보아도 보지 못하고 들어도 듣지 못하는 그 우매한 백성들 가운데로 묵묵히 걸었던) 엘리야의 길, 다윗의 길, 주님의 길

그 종의 평안함 '샬롬' 곧 형통함은 하나님께서 인간에게 주시는 최고의 선물이다. 악인이 이 땅에서 번성하는 것을 부러워하지 말라. 승리는 의인의 것이며 그의 길은 영원토록 기억될 것이다.

종일토록 찬송하리이다(28)

시인은 마지막으로 찬양으로 서원을 하고 있다.

여기서 찬송은 **'테필라'**(תְּהִלָּה-하나님을 찬양하거나 높이는 노래)다.

죄가 가득한 곳에(36:1-12)

제36편 여호와의 종 다윗의 시, 인도자를 따라 부르는 노래

1 악인의 죄가 그의 마음속으로 이르기를 그의 눈에는 하나님을 두려워하는 빛이 없다 하니
2 그가 스스로 자랑하기를 자기의 죄악은 드러나지 아니하고 미워함을 받지도 아니하
리라 함이로다
3 그의 입에서 나오는 말은 죄악과 속임이라 그는 지혜와 선행을 그쳤도다
4 그는 그의 침상에서 죄악을 꾀하며 스스로 악한 길에 서고 악을 거절하지 아니하는도다
5 여호와여 주의 인자하심이 하늘에 있고 주의 진실하심이 공중에 사무쳤으며
6 주의 의는 하나님의 산들과 같고 주의 심판은 큰 바다와 같으니이다 여호와여 주는 사
람과 짐승을 구하여 주시나이다
7 하나님이여 주의 인자하심이 어찌 그리 보배로우신지요 사람들이(벤 아담) 주의 날개
그늘 아래에 피하나이다
8 그들이 주의 집에 있는 살진 것으로 풍족할 것이라 주께서 주의 복락의 강물을 마시게
하시리이다
9 진실로 생명의 원천이 주께 있사오니 주의 빛 안에서 우리가 빛을 보리이다
10 주를 아는 자들에게 주의 인자하심을 계속 베푸시며 마음이 정직한 자에게 주의 공의
를 베푸소서
11 교만한 자의 발이 내게 이르지 못하게 하시며 악인들의 손이 나를 쫓아내지 못하게 하소서
12 악을 행하는 자들이 거기서 넘어졌으니 엎드러지고 다시 일어날 수 없으리이다

How Precious Is Your Steadfast Love

36 To the choirmaster. Of David, the servant of the Lord.

1 Transgression speaks to the wicked deep in his heart; there is no fear of God before
his eyes.

2 For he flatters himself in his own eyes that his iniquity cannot be found out and hated.

3 The words of his mouth are trouble and deceit; he has ceased to act wisely and do good.

4 He plots trouble while on his bed; he sets himself in a way that is not good; he does not reject evil.

5 Your steadfast love, O Lord, extends to the heavens, your faithfulness to the clouds.

6 Your righteousness is like the mountains of God; your judgments are like the great deep; man and beast you save, O Lord.

7 How precious is your steadfast love, O God! The children of mankind take refuge in the shadow of your wings.

8 They feast on the abundance of your house, and you give them drink from the river of your delights.

9 For with you is the fountain of life; in your light do we see light.

10 Oh, continue your steadfast love to those who know you, and your righteousness to the upright of heart!

11 Let not the foot of arrogance come upon me, nor the hand of the wicked drive me away.

12 There the evildoers lie fallen; they are thrust down, unable to rise.

A. 문맥분석

시36편은 악의적인 인간의 사악함과 다방면에 가득한 신의 선하심을 강력하게 대조하는 詩다. 동시에 시인은 한사람에게는 위협을 받고 다른 한사람에 의해서는 승리를 확신한다. 짧게 구성된 시로서 거대한 범주를 품고 있는 흔치 않는 시다.

표제에서 '여호와의 종'으로 다윗을 묘사하는 곳은 이곳과 시18편이 있다.

- 그들이 침상에서 죄를 꾀하며 악을 꾸미고 날이 밝으면 그 손에 힘이 있으므로 그것을 행하는 자는 화 있을진저 – 미2:1(4절)

- 주께서 택하시고 가까이 오게 하사 주의 뜰에 살게 하신 사람은 복이 있나이다 우리가 주의 집 곧 주의 성전의 아름다움으로 만족하리이다 – 시65:4(4절)
- 내가 종일 손을 펴서 자기 생각을 따라 옳지 않은 길을 걸어가는 패역한 백성들을 불렀나니 – 사65:2(4절)
- 여호와께서 네가 행한 일에 보답하시기를 원하며 이스라엘의 하나님 여호와께서 그의 날개 아래에 보호를 받으러 온 네게 온전한 상주시기를 원하노라 하는지라 – 룻2:12(7절)
- 그들은 악을 행하지 못하면 자지 못하며 사람을 넘어뜨리지 못하면 잠이 오지 아니하며 – 잠4:16(4절)

B. 주석

1. 버려진 사악함(악인의 패역한 태도)(1-4)

악인의 죄가 그의 마음속으로 이르기를(1)

문자적으로 '죄의 선언' 으로 전개되는 본 시편은 죄에 사로잡힌 사람의 모습을 묘사하는 충격적인 표제로 시작된다. 마치 범법 자체가 그에게 신이나 선지자인 것처럼 이것은 '하나님의 신탁' 이나 '다윗의 선언'(창22:16.삼하23:1)과는 대조적이다.

'**그의 마음속**' 은 '내 마음속'(AV,RV) 보다 쉬운 느낌을 주는데, 고대 버전을 잘 지탱해 주고 있다. 그러나 이것은 난해한 주석을 교정한 것일 수 있다. 만약 '내 마음' 이 정확하다면, 그것은 다윗이 듣고 그 의미를 간파하고 그러한 사람을 다스릴 아이디어를 찾았다는 것을 의미하게 된다. 여기서 두려워하지 않는다는 강한 표현은 "**내가 항상 여호와를 내 앞에 모심이여**"라는 시16:8의 태도와 대조할 수 있다.

신자가 하나님을 향해 자신의 길을 설정하는 동안 하나님을 두려워하는 것조차 하지 않는 것은 롬3:18에 있는 **죄의 정점에 위치한 증상이다**. 우리는 이 모습을 비정상적인 사악함의 유형으로 이해하기 보다는 오히려 인간 본연의 모습으로서 하나님의 은혜를 지향하도록 교훈하는 것으로 읽어야 한다. 모든 사람은 이러한 연약함의 특성을 잠재하고 있거나 경험하고 있는 중에 있다.

그가 스스로 자랑하기를(2)

'그가 스스로 자랑하다'(1절에서 그가 듣는 선언 즉, 스스로 자랑하는)는 것은 그 자신의 눈 안이다.(하나님을 멸시하는 것과 진리의 기준점을 잃어버린 눈) 그렇다면 다음 구절은 기본적으로 자신의 죄를 찾아내고 미워하기 위해 '고민하고' '향하는 것'으로 표현될 수 있을 것이다. 그러나 이어지는 것은 "그의 입에서 나오는 말은 죄악과 속임이라"(3)다.

그것은 자신이 죄를 잘 감지하고 있을 뿐만 아니라 혐오한다고 지나치게 착각하는 것(JB, NEB 참조), 지나치게 미혹되거나 또는 다른 사람들도 그럴 것이라고 생각하는 것(RSV), 그의 낙관적인 태도가 그를 무모하게 만들고 모든 면에서 자신을 죄에 더 확실히 노출시키는 것(AV) 등으로 해석한다.

각각의 일반적 의미는 크게 다르지 않지만 그러나 너무 지나치게 상징적인 문장은 모호하고 손상된 주석이 되기 쉽다.

그는 지혜와 선행을 그쳤도다~ 스스로 악한 길에 서고 악을 거절하지 아니하는도다.(3, 4)

시의 1,2절에서 자신과 하나님을 향한 죄에 대한 죄인의 태도는 4a와 미2:1에서처럼 주도면밀하게 분열된 사회활동으로 나타난다.

그는 결코 기회가 없었던 사람이 아닌, 더 나은 것을 버린 사람이다(3b).

> 또한 그들이 마음에 하나님 두기를 싫어하매 하나님께서 그들을 그 상실한 마음대로 내버려 두사 합당하지 못한 일을 하게 하셨으니....자기들만 행할 뿐 아니라 또한 그런 일을 행하는 자들을 옳다 하느니라. - 롬1:28-32

마음과 행위로 드러난 그의 죄는(3a, b) 생각과(4a) 의지와(4b) , 감정(4c) 전체를 통해 흘러넘친다. 이 묘사에서 주목할 점은 적극적인 요소들 이를테면 '꾀하고, 서고(행하고), 거절치 않음'들 중에서 부정적인 죄가 들추어지는 것이다.

의인에게 침상은 눈물로 적시며 찬미의 장소였지만(시6:6, 63:6, 149:5), 악인에게 침상은 죄악을 설계하는 자리다.

2. 풍성한 선하심(5-9)

주의 인자하심이 하늘에 있고 주의 진실하심이 공중에 사무쳤으며(5)

여기에 탐구할 온 세상이 있다. 헤아릴 수 없고(하늘, 구름), 흔들리지 않으며(산), 다함이 없는(무한한 깊이) 여전히 환영과 호의적인(6C-9) 그런 넓은 곳으로(시18:19) 인도된다.
인간의 변덕스러운 마음은 이 우뚝 솟은 언약(인자와 성실하심)에 대비하여 고개를 숙이게 되는 것과 대조를 이룬다.(5) 상호관계적인 모든 인간은 하나님의 정의(미쉬파트)를 더욱 사모하게 하는 우람한 산들 옆에 있는 습지대다(6). 하나님의 공의 앞에서 율법에 근거하여 조사해서 기록된 인간의 평가는 천박하다. 따라서 성경은 하나님의 심판과 구원(성경의 두 가지 의미 모두에서)의 수반을 말하고 있는 것이다.(시19:7-10)
5,6절의 광대함이 선포된 후에, 6c에서 이미 예고된 7-9절에서 사람과 짐승이란 주제에 친밀함과 돌보심의 풍성함이 전개된다. 이것은 시104편 전체에 걸쳐 더욱 정교하게 나타나는데 복음서에서도 재차 강조되고 있다.(마6:25ff-)

주의 인자하심이 어찌 그리 보배로우신지요(7)

말씀은 친밀하고도 개인적으로 무한한 규모의 변화를 즉시 성취한다. 확고한 사랑(시17:7)은 5절에서 매우 크다고 강조하고, 7절에서는 매우 피하기가 좋다고 강조한다. 하나님의 날개의 그늘 안에서 피난처를 얻는 그림은 룻과 보아스에 의해 사용되었고(룻2:12) 예수님에 의해 예루살렘에도 사용되었다.

> 예루살렘아 예루살렘아 선지자들을 죽이고 네게 파송된 자들을 돌로 치는 자여 암탉이 그 새끼를 날개 아래에 모음 같이 내가 네 자녀를 모으려 한 일이 몇 번이더냐 그러나 너희가 원하지 아니하였도다 – 마 23:37

그것은 안심할 정도로 겸손한 구원의 모습을 보여준다.

주의 복락의 강물을 마시게 하시리이다. ...생명의 원천이 주께 있사오니(8, 9)

도망자로서의 다윗의 통렬한 경험의 두 가지는 주의 집의 부요를 나눠주는 이 그림을 비춰준다. 하나는 **나발**(삼상25장)의 애타게 하는 잔치이고 다른 하나는 **바르실래**와 그의 친구들에 의한 기쁜 선물(삼하17:27ff.)이다.

본 구절에서 복락의 강은 에덴을 모방하고 있을 수 있는데 '즐거움'에서 그 이름을 인지할 수 있다. 그러나 생명을 주는 물의 주제는 무엇보다도 에스겔 47장에서 나타나고 있다.(계22:1f) 주의 빛 안에서 빛을 본다는 것은 여기에서 빛은 순결과 정결함 및 진리의 함축적인 의미들과 서로 분리 될 수는 없지만 주로 기쁨을 나타낸다.(시4:6f, 에8:16, 시38:10)

3. 적절한 기도(10-12)

하나님의 공정한 심판에 대한 간구

시편 기자는 자신이 인간의 사악함(1-4)과 신성한 은혜(5-9) 사이에서 다투고 있음을 발견한다. 그래서 그는 긴급히 기도로 돌아간다. 그는 하나님의 영원한 사랑을 두 번이나 찬양했다.(5, 7) 이제 주를 찾는 자에게 주의 손을 내밀어주십시오!(10)

비록 히브리어나 고대 버전에서 '이르다'('보'בוא) 대신에 '몽개다'(11a, NEB)라는 강한 단어를 지지하지는 않지만(적대적인 표현, 욥15:21, 20:22) 그 간구 속에는 대적을 가볍게 여기지 않음이 나타난다. 그러나 마지막 절은 이미 제기된 승리를 보여준다. **'악을 행하는 자들이 거기서 넘어졌으니'** 라는 표현은 그것을 마치 명확하게 보이는 현실의 장면처럼 말한다. 이것은 히브리서 11:1에서 우리가 바라는 것들과 보이지 않는 것들에 대하여 확신에 거하게 하도록 정의된 믿음이다.

참을성 있게 그를 기다려라(37:1-40)

제37편 다윗의 시

1 악을 행하는 자들 때문에 불평하지 말며 불의를 행하는 자들을 시기하지 말지어다

2 그들은 풀과 같이 속히 베임을 당할 것이며 푸른 채소 같이 쇠잔할 것임이로다

3 여호와를 의뢰하고 선을 행하라 땅에 머무는 동안 그의 성실을 먹을 거리로 삼을지어
다

4 또 여호와를 기뻐하라 그가 네 마음의 소원을 네게 이루어 주시리로다

5 네 길을 여호와께 맡기라 그를 의지하면 그가 이루시고

6 네 의를 빛 같이 나타내시며 네 공의를 정오의 빛 같이 하시리로다

7 여호와 앞에 잠잠하고 참고 기다리라 자기 길이 형통하며 악한 꾀를 이루는 자 때문에
불평하지 말지어다

8 분을 그치고 노를 버리며 불평하지 말라 오히려 악을 만들 뿐이라

9 진실로 악을 행하는 자들은 끊어질 것이나 여호와를 소망하는 자들은 땅을 차지하리
로다

10 잠시 후에는 악인이 없어지리니 네가 그 곳을 자세히 살필지라도 없으리로다

11 그러나 온유한 자들은 땅을 차지하며 풍성한 화평으로 즐거워하리로다

12 악인이 의인 치기를 꾀하고 그를 향하여 그의 이를 가는도다

13 그러나 주께서 그를 비웃으시리니 그의 날이 다가옴을 보심이로다

14 악인이 칼을 빼고 활을 당겨 가난하고 궁핍한 자를 엎드러뜨리며 행위가 정직한 자를
죽이고자 하나

15 그들의 칼은 오히려 그들의 양심을 찌르고 그들의 활은 부러지리로다

16 의인의 적은 소유가 악인의 풍부함보다 낫도다

17 악인의 팔은 부러지나 의인은 여호와께서 붙드시는도다

18 여호와께서 온전한 자의 날을 아시나니 그들의 기업은 영원하리로다

19 그들은 환난 때에 부끄러움을 당하지 아니하며 기근의 날에도 풍족할 것이나
20 악인들은 멸망하고 여호와의 원수들은 어린 양의 기름 같이 타서 연기가 되어 없어지
리로다
21 악인은 꾸고 갚지 아니하나 의인은 은혜를 베풀고 주는도다
22 주의 복을 받은 자들은 땅을 차지하고 주의 저주를 받은 자들은 끊어지리로다
23 여호와께서 사람의 걸음을 정하시고 그의 길을 기뻐하시나니
24 그는 넘어지나 아주 엎드러지지 아니함은 여호와께서 그의 손으로 붙드심이로다
25 내가 어려서부터 늙기까지 의인이 버림을 당하거나 그의 자손이 걸식함을 보지 못하
였도다
26 그는 종일토록 은혜를 베풀고 꾸어 주니 그의 자손이 복을 받는도다
27 악에서 떠나 선을 행하라 그리하면 영원히 살리니
28 여호와께서 정의를 사랑하시고 그의 성도를 버리지 아니하심이로다 그들은 영원히
보호를 받으나 악인의 자손은 끊어지리로다
29 의인이 땅을 차지함이여 거기서 영원히 살리로다
30 의인의 입은 지혜로우며 그의 혀는 정의를 말하며
31 그의 마음에는 하나님의 법이 있으니 그의 걸음은 실족함이 없으리로다
32 악인이 의인을 엿보아 살해할 기회를 찾으나
33 여호와는 그를 악인의 손에 버려 두지 아니하시고 재판 때에도 정죄하지 아니하시리
로다
34 여호와를 바라고 그의 도를 지키라 그리하면 네가 땅을 차지하게 하실 것이라 악인이
끊어질 때에 네가 똑똑히 보리로다
35 내가 악인의 큰 세력을 본즉 그 본래의 땅에 서 있는 나무 잎이 무성함과 같으나
36 내가 지나갈 때에 그는 없어졌나니 내가 찾아도 발견하지 못하였도다
37 온전한 사람을 살피고 정직한 자를 볼지어다 모든 화평한 자의 미래는 평안이로다
38 범죄자들은 함께 멸망하리니 악인의 미래는 끊어질 것이나
39 의인들의 구원은 여호와로부터 오나니 그는 환난 때에 그들의 요새이시로다
40 여호와께서 그들을 도와 건지시되 악인들에게서 건져 구원하심은 그를 의지한 까닭
이로다

He Will Not Forsake His Saints

37 Of David.

1 Fret not yourself because of evildoers; be not envious of wrongdoers!

2 For they will soon fade like the grass and wither like the green herb.

3 Trust in the Lord, and do good; dwell in the land and befriend faithfulness.

4 Delight yourself in the Lord, and he will give you the desires of your heart.

5 Commit your way to the Lord; trust in him, and he will act.

6 He will bring forth your righteousness as the light, and your justice as the noonday.

7 Be still before the Lord and wait patiently for him; fret not yourself over the one who
prospers in his way, over the man who carries out evil devices!

8 Refrain from anger, and forsake wrath! Fret not yourself; it tends only to evil.

9 For the evildoers shall be cut off, but those who wait for the Lord shall inherit the land.

10 In just a little while, the wicked will be no more; though you look carefully at his place,
he will not be there.

11 But the meek shall inherit the land and delight themselves in abundant peace.

12 The wicked plots against the righteous and gnashes his teeth at him,

13 but the Lord laughs at the wicked, for he sees that his day is coming.

14 The wicked draw the sword and bend their bows to bring down the poor and needy,
to slay those whose way is upright;

15 their sword shall enter their own heart, and their bows shall be broken.

16 Better is the little that the righteous has than the abundance of many wicked.

17 For the arms of the wicked shall be broken, but the Lord upholds the righteous.

18 The Lord knows the days of the blameless, and their heritage will remain forever;

19 they are not put to shame in evil times; in the days of famine they have abundance.

20 But the wicked will perish; the enemies of the Lord are like the glory of the pastures;
they vanish-like smoke they vanish away.

21 The wicked borrows but does not pay back, but the righteous is generous and gives;

22 for those blessed by the Lord shall inherit the land, but those cursed by him shall be cut off.

23 The steps of a man are established by the Lord, when he delights in his way;

24 though he fall, he shall not be cast headlong, for the Lord upholds his hand.

25 I have been young, and now am old, yet I have not seen the righteous forsaken or his children begging for bread.

26 He is ever lending generously, and his children become a blessing.

27 Turn away from evil and do good; so shall you dwell forever.

28 For the Lord loves justice; he will not forsake his saints. They are preserved forever, but the children of the wicked shall be cut off.

29 The righteous shall inherit the land and dwell upon it forever. 30 The mouth of the
righteous utters wisdom, and his tongue speaks justice.

31 The law of his God is in his heart; his steps do not slip.

32 The wicked watches for the righteous and seeks to put him to death.

33 The Lord will not abandon him to his power or let him be condemned when he is brought to trial.

34 Wait for the Lord and keep his way, and he will exalt you to inherit the land; you will look on when the wicked are cut off.

35 I have seen a wicked, ruthless man, spreading himself like a green laurel tree.

36 But he passed away, and behold, he was no more; though I sought him, he could not be found.

37 Mark the blameless and behold the upright, for there is a future for the man of peace.

38 But transgressors shall be altogether destroyed; the future of the wicked shall be cut off.

39 The salvation of the righteous is from the Lord; he is their stronghold in the time of trouble.

40 The Lord helps them and delivers them; he delivers them from the wicked and saves them, because they take refuge in him.

A. 문맥분석

이 시의 11절에 등장하는 세 번째 팔복(마5:5)에 대하여 이 시편보다 더 세밀하게 설명한 것은 없다. 그것은 이 시편이 지혜의 시편임을 암시하며, 기자는 하나님이 아닌 사람에게 말하고 있으며, 의인의 안전에 관한 메시지가 중심주제인 이 시의 음색은(목소리의 어조와 방식) 어떤 면에서 잠언과 유사하다. 시의 구성은 히브리 알파벳을 바꾸는 방식으로 이중 구절로(1,2-3,4~ 비록 우리 주석에서 그러한 연의 구조를 벗어나지만) 소개되는 선명한 아크로스틱 형식의 시(詩)이다. 다른 아크로스틱 시편들 즉, 시25편이나 119편처럼, 시인이 모든 형식과 전개의 감각을 잃지 않으면서 자유자재로 몇 가지 주제들을 넘나드는 형식을 취한다. 우리는 요한 웨슬레가 다른 종류의 아크로스틱 시를 번역한 덕분에 '하나님을 신뢰하라'는 찬송가를 가지게 되었다. 바울 게르하르트(Paul Gerhardt)의 12구절의 찬송가 '당신의 길을 맡기세요('Befiehl du deine Wege' – 루터교회의 찬양)는 이 시의 5절 '네 길을 여호와께 맡기라'는 연속적인 말로 시작한다.

- 네 귀를 지혜에 기울이며 네 마음을 명철에 두며 – 잠2:2
- 너는 행악자들로 말미암아 분을 품지 말며 악인의 형통함을 부러워하지 말라 – 잠24:19
- 이는 내가 악인의 형통함을 보고 오만한 자를 질투하였음이로다 – 시73:3
- 은혜를 베풀며 꾸어 주는 자는 잘 되나니 그 일을 정의로 행하리로다 – 시112:5
- 온유한 자는 복이 있나니 그들이 땅을 기업으로 받을 것임이요 – 마5:5

B. 주석

1. 조용한 정신(1-11)

'불평하지 말라' 또는 히브리어 동사 '가가'(חרה)의 'do not get heated'(화내지 마세요)라는 충고는 사실상 이 시를 관통하는 통로다.(1,7,8) 유사어를 제외한 1절 전체가 잠언24:19에서 다시 발견된다. (잠언23:17f, 24:1f **부러워(시기)하지 말고**) 이것은 거저 쓸모없는 공허한 명령으로 끝나지 않고 다음과 같이 요약할 수 있는 합리적인 격려로 강화되고 있다.

1) 앞을 보아라!

2절과 10절은 영원이 아닌 시간에 뿌리를 두고 있는 모든 것들에 대하여 이의를 제기할 수 없을 만큼 진실하다는 것이다.(사0:8, 요일2:17) 그리고 만약 긴 안목이 인간의 계획에 대한 해답이라면, 우리는 하나님의 때를 기다리는 여유를 가질 수 있다.(7,9).

> 주님의 영원한 통치는 멈추지 않을 것이다.
> 주님의 세월은 확실하고 기쁘고 느리다.

2) 위를 보아라!

특히 3-7절을 보라. 적과 경쟁자에 대한 집착은 쉽사리 꺼질 수는 없지만 새로운 초점에 집중함으로써 축출되어질 수 있다. 여기에서 그분의 이름을 함의하는 네 구절에서 표현된 주님께 몰입하는 방법을 주목하라. 그것은 감정을 의도적으로 전환시키는 기쁨(4a, 감옥에서 바울과 실라가 기도로 알려진 노래로서 기뻐함. 참조)과 자신의 경력(5, 네 길)과 평판(6, 네 복수)을 그에게 맡기는 것을 포함한다. 이것이 자유다-그를 의지하면 그가 이루시기 때문이다.

3) 체계적으로 행하라!

이것은 3절에서 '선을 행하라'는 긍정적인 면과, 8절에서 분노와 그것의 쓴 열매에 의한 경고에서 부정적인 면을 보여준다. 그것은 신학적이고 심리학적인 지혜다. 왜냐하면 학대를 당한 사람은 더 이상 자기 자신을 돌보지 않았을 뿐만 아니라, 선을 가지고 악을 극복하는 것이 하나님의 길이기 때문이다.

> 사람의 화내는 것이 하나님의 의를 이루지 못 하느니라 – 약 1:20(롬12:21참조)

복음과 구약은 "너희의 원수를 사랑하며 너를 미워하는 자를 선대하라" – 눅6:27(잠25:21 참조)는 이 충고를 여실히 드러낼 것이다.

2. 1-11절의 추가노트

땅에 머무는 동안 그의 성실을 먹을 거리로 삼을지어다(3)

(영어 성경은 '돌보심을 즐거워하라' 로 번역하였다.)

'돌보심을 누리는' 것은 두 개의 히브리어 단어('에무나'와 '라아')가 여러 가지로 번역 가능한 것들 중에서 하나인데, 둘 다 한 가지 이상의 뜻을 가지고 있다.

'삼을지어다'(라아) 즉 누리다는 것은 보살핌(목자로써), 공급(양으로써), 친구가 되어 주기, 붙들려고 애씀(전1:14의 명사에서 추측)을 의미할 수 있다. 성실(에무나)은 대개 '신실함' 뿐만 아니라 '믿음'(합2:4)을 의미하며, 부차적으로 '확실하게'를 의미한다. Weiser의 '정직하게 행하라'(문자적으로 '약속을 지키자')는 본 절의 앞 구절에서 '선을 행하라'와 평행을 이룬다. NEB의 '안전한 목초지 찾기'(문자적으로 보호받는 방목)는 후 구절과의 평행을 발견한다.

이 두 번째 줄은 '여호와를 의뢰하고 선('토브')을 행하라'는 첫 줄의 명령을 따름으로서 풀을 뜯고, 먹이시고, 사귀며, 친구가 되어 주시는 평화를 누리게 됨을 체득케 된다는 뜻이다.

네 길을 여호와께 맡기라 그를 의지하면 그가 이루시고(5)

맡기라는 히브리어 '갈랄'(גלל)은 (정신적으로) 무거운 짐을 치우는 것처럼 '굴리다'는 의미다.

> 오늘 애굽의 수치를 너희에게서 떠나가게 하셨다 하셨으므로 그 곳 이름을 오늘까지 길갈이라 하느니라 – 수5:9

그러나 그것은 '위탁'(잠16:3) 또는 '의탁'(시22:8)과 동의어로 사용되어지고 있다.

여호와 앞에 잠잠하고 참고 기다리라 ... 악한 꾀를 이루는 자 때문에 불평하지 말지어다(7)

'기다리라'는 시62:5에서와 같이 기본적으로 '잠잠하라'는 의미다. 그것은 때를 기다리타는 의미로 (AV, RV 에서처럼) 쉬라는 것이 아니다.

끈기 있게 기다리라는 히브리어 근원은 아마도 브릭스가 그의 주석에서 말한 것처럼 '온몸을 비트는 것'이 아니라 (BDB, 히-영 어휘사전 '기다릴 수 있는 한 기다려라') 시31:24과 같이 '

강하고 담대하게' 기다리라는 뜻이다.

온유한 자들은 땅을 차지하며 풍성한 화평으로 즐거워하리로다(11)

본 문맥은 온유에 대한 최선의 정의를 제시한다. 그들은 자기주장을 하는 대신에 앞의 구절들에서 완전하게 설명된 인내하는 믿음의 길을 선택하는 사람들이다. 땅은('지구'라기보다는) 3절의 '땅에 머무는 동안 성실을 먹을거리로 삼을지어다' 하는 명령의 관점에서 약속의 땅으로-하나님께서 주시기로 한 땅- 두 번째 명사의 올바른 번역이다. 11절의 요점은 자신에게 할당된 분깃보다 더 많은 것을 얻은 악인의 종국은 멸망하는 것이며, 온유한 자의 소유만 남겨지고 결국 파괴될 것이다. 그것은 거의 후렴구로 3, 9, 11, 22, 29, 34절에서 절제되어 나타난다. 그러나 우리 주님께서는 이 약속을 더 큰 틀에 놓으셨다. 이와 유사한 판결로 온유한 사람들은 약속의 땅(Land) 뿐만 아니라 이 땅(earth)도 상속할 것이다.

3. 은휘된 도움(12-26)

지금까지 전쟁터는 악인의 (놋과 같은) 뻔뻔함에 분노하는 신자의 마음이었다.
이제 두 부류의 사람들이 제 삼자의 관점에서 그들의 운명과 길이 비교된다. 이들은 시편이 끝날 때까지 거의 대부분의 구절에서 사악한 자나 의로운 자라고 부르거나 비슷한 용어를 사용한다.

악인이 의인 치기를 꾀하고... 그러나 주께서 그를 비웃으시리니...
그들의 칼은 오히려 그들의 양심을 찌르고 그들의 활은 부러지리로다(12-15)

'의인이 박해를 받음'은 버림받은 것은 아니다. 교활한 마음(12a), 광신적인 증오(예전의 영어 버전에서 '잡아 비트는 괴롭힘'보다는 NEB나 행7:54에서 '이를 갈면서'로 더 잘 표현됨)와 압도적인 힘(14)을 합하여 하나님의 뜻에 반복적으로 대적하지만 의인을 죽이기보다는 악인들이 스스로를 죽이는 심판으로 귀결된다. 악인은 조만간 또는 장래에 자신을 더욱 파멸시키게 될 뿐이다.
13-15절의 장면은 주님께서 악인을 간섭하기 위해 개입하기 보다는 악인의 패배를 보는 것이다. 교회사는 스데반과 사울에서부터 오늘날까지 그와 같은 반전으로 가득하다.

아무것도 없으나, 모든 것을 소유하고 있는 것처럼(16-20, 25)

16절은 잠28:6과 같은 순수한 도덕적 심판위에 서있다. 의로운 사람은 가난하지만 하나님이 없는 사람들보다 더 나은 양심만큼이나 더 나은 장래를 가진다.

> 가난하여도 성실하게 행하는 자는 부유하면서 굽게 행하는 자보다 나으니라 – 잠28:6

복음은 17-19과 같이 세상적인 필요를 충분히 고려한다.(마6:31ff, 19:29)

> 그러므로 염려하여 이르기를 무엇을 먹을까…마실까…입을까 하지 말라 이는 다 이방인들이 구하는 것이라 너희 하늘 아버지께서 이 모든 것이 너희에게 있어야 할 줄을 아시느니라 – 마6:31-32
>
> 또 내 이름을 위하여 집이나 형제나 자매나 부모나 자식이나 전토를 버린 자마다 여러 배를 받고 또 영생을 상속하리라 – 마19:29

그리고 신약에서와 같이 시편에서 진정한 안전과 부는 '불확실한 재물'이 아니라 살아 계신 하나님이시다.(딤전6:17, AV) 주님께서 지지하시는 보편적인 보장(17)은 충분한 격려가 된다. 게다가 주님은 그 날을 꿰뚫어 알고 계시며(18, 시31:15) 모든 기근의 날들에(19) 대해서도 알고 계신다. 25절은 한 사람의 경험에 의해 이 규정된 보장을 문자 그대로의 의미로 증언한다. 내가 어려서부터 늙기까지 의인이 버림을 당하거나 그의 자손이 걸식함을 보지 못하였도다. 욥의 친구들도 그 의미에서 예외를 허락하지 않는다.
그러나 바울과 그의 이전에 알았던 다른 사람들도 하나님께서 보셨던 물질적이거나 영적인 풍요로움을 알고 있었다.

> 육체와 마음은 쇠약하나 하나님은 내 마음의 반석이시요 영원한 분깃이시라 – 시73:26
>
> 비록 무화과나무가 무성하지 못하며 포도나무에 열매가 없으며 감람나무에 소출이 없으며 밭에 먹을 것이 없으며 우리에 양이 없으며 외양간에 소가 없을지라도 – 합3:17
>
> (나는 여호와로 말미암아 즐거워하며 나의 구원의 하나님으로 말미암아 기뻐하리로다 – 합3:13)
>
> 예수께서 대답하여 이르시되 기록되었으되 사람이 떡으로만 살 것이 아니요 하나님의 입으로부터 나오는 모든 말씀으로 살 것이라 하였느니라 하시니 – 마4:4

근심하는 자 같으나 항상 기뻐하고 가난한 자 같으나 많은 사람을 부요하게 하고 아무 것도 없는 자 같으나 모든 것을 가진 자로다 –고후6:10

나는 비천에 처할 줄도 알고 풍부에 처할 줄도 알아 모든 일 곧 배부름과 배고픔과 풍부와 궁핍에도 처할 줄 아는 일체의 비결을 배웠노라 – 빌4:12

그들은 환난 때에 부끄러움을 당하지 아니하며 기근의 날에도 풍족할 것이나
악인들은 멸망하고…연기가 되어 없어지리로다(19-20)

19절과 20절의 주제는 시편1:3과 (악인은~ 오직 바람에 나는 겨와 같도다)비슷하지만, '목초지의 영광'과 같이 이례적인 구절에 대한 다양한 번역이 있었다.

glory of the pastures(NASB, ESV), beauty of the fields(NIV) – **'야칼 카림'**

'야칼'(יָקָר–귀중한 빛나는 중요한) : ~의 기름 같이, '카림'(כַּר–목초지, 어린양) : 어린양

목초지는 '어린 양'(AV)을 의미하기도 한다, 그러나 RSV (RV,JB)는 잠시 피었다 사라지는 꽃으로서 **'게이'**(gay)로 번역하는 좋은 감각을 발휘했다.(한글개역 성경은 '들의 꽃과 같이'로 번역했다.)

'연기'라는 직유(20)는 이를 덮어서 가린다는 의미가 아니라 히브리어의 혼합된 은유의 풍부함으로 간주된다.

많은 부를 만들기(21, 22, 26)

악인은 꾸고 갚지 아니하나 의인은 은혜를 베풀고 주는도다(21)
주의 복을 받은 자들은 땅을 차지하고 주의 저주를 받은 자들은 끊어지리로다(22)
그는 종일토록 은혜를 베풀고 꾸어 주니 그의 자손이 복을 받는도다(26)

이것은 '의로운 사람이 그의 성장을 멈추고 이기심이 성장할 때 그는 더 이상 의인이 아니다'라는 중요한 균형을 제공한다. 그는 **"세상의 분깃을 취한 사람들과 연합했다."**[111]

의(義)에서 관대함이 나타내는 요소는 시112편과 고전8,9장에서 더욱 완전하게 다루어진다. 나아가 이 사람의 끊임없는 (은혜를)주고 (복을) 받음(26a)은 사회와 가족 안에서 영원한

111) 시17:14, 49:13-20

축복으로 귀결된다. 명백하게 26절의 의미는 슥8:13절에서와 같이 그의 가족이 새로운 축복을 받음('너희가 복이 되게 하리니')을 일으킨다. 여기서 '축복'은 '저주'의 반대로 이것조차도 결실이 될 수 있다.(슥8:13과 24절 결실) 이 약속이 의미할 수 있는 더 나은 모델은 창12:2에서 설명되어 있고 신약에서도 진술되어 있다.(마1:1, 눅1:68-75)

실족하나 아주 넘어지지 않음(23, 24)

여호와께서 사람의 걸음을 정하시고 그의 길을 기뻐하시나니(23)
그는 넘어지나 아주 엎드러지지 아니함은 여호와께서 그의 손으로 붙드심이로다(24)

첫 번째 줄이 두 번째 줄을 이끌면서 강조되는 주님의 표현은 **'사람의 걸음을 정하시고 그의 길을 기뻐하신다'**는 것이다. 24절에서 예상되는 한 가지는 도덕적인 침몰이 아니라, 성경에 의해 심판되어지는 육체적 참화다. 비록 거기에 기복이 나타나지만 그에게 주님의 손은 안정적이다. 기(氣)가 죽은 것은 파멸이 아니다.(넘어짐은 버려짐이 아니다)

'의인은 여호와께서 붙드시는도다'(17절)

25, 26절. 이 구절들은 각각 16-20과 21-22에 주석 처리되어있다.

4. 긴 전망(37:27-40)

이 관점은 시편의 새로운 시각은 아니지만, 27,28절(강조), 29절(동의어로)에서 반복하여 제시되고 있다. 그리고 나서 35f에서 밑그림을 그려내고 그리고 마지막으로 37f에서 후손들에게 강조되어진다.

'악에서 떠나 선을 행하라 ...의인이 땅을 차지함이여 거기서 영원히 살리로다'

그의 혀는 정의를 말하며 그의 마음에는 하나님의 법이 있으니
그의 걸음은 실족함이 없으리로다~여호와를 바라고 그의 도를 지키라
그리하면 네가 땅을 차지하게 하실 것이라 악인이 끊어질 때에 네가 보리로다(27-34)

'선을 행하라'는 명령은(시37:27, 3절) 들리는 만큼 불필요하지 않다.(긴 말이 필요 없다.) 우선, 첫 장면에서 악과의 갈등은 너무 빈번하게 자신의 무기로 대적과 싸우도록 유혹한다. 둘째, 주님과 삶의 구조는 모두 정의(28, 30f.)의 편이다. 왜냐하면 그의 지지(33)에 대해 변덕스러운 것도 없고, 우리의 안정(31)에 대한 안일함도 없기 때문이다. '성도'(28)는 시18:25을 참조하고, '땅을 차지하는' 것(29,34)은 11절을 참조하라.

내가 악인의 큰 세력을 본즉 그 본래의 땅에 서 있는 나무 잎이 무성함과 같으나 내가 지나갈 때에 그는 없어졌나니 ~찾아도 발견하지 못하였도다(35, 36)

이 생생한 작은 목격자의 보고는 지혜서의 구절들과 많은 공통점이 있고, 그 특징적인 경험도 공유하고 있다. (예, 욥5:3 잠7:6ff ,24, 30ff, 전2:1이하)

레바논의 백향목처럼 우뚝 솟은 표현은 LXX, Vulg (첫36절에서 **'내가 지나갈 때에'** 그 첫 번째 사람)의 읽기로, 현존하는 MT와 다르지 않는 자음을 나타낸다. NEB는 번역본을 '그 지역의 토양에서 자생하는 나무의 기둥' 으로 본다. 그러나 이것은 히브리어가 번역하는 암시보다 더 어색하다. RSV가 더 옳을 수도 있다. 시인은 자신을 나그네로, 악인을 본토에 뿌리를 내리고 있는 무성한 나무로 비유하고 있다.[112)]

온전한 사람을 살피고 정직한 자를 볼지어다 모든 화평한 자의 미래는 평안이로다. 범죄자들은 함께 멸망하리니 악인의 미래는 끊어질 것이나(37, 38)

후세에 대한 강조는 사안의 '종말' 또는 '이후'를 미리 생각하는 관점에서 지혜서 저작물과의 또 다른 접점이다. 예로 잠5:4과 거기에 있는 주석에 열거된 구절 참조.

그리스도인과 어쩌면 여기서 시편 작가(Dahood)[113)] 조차도 이것은 죽음을 넘어서는 것이다.

의인들의 구원은 여호와로부터 오나니 ...여호와께서 그들을 도와 건지시되 악인들에게서 건져 구원하심은 그를 의지한 까닭이로다(39, 40)

시편은 시작에서 마주친 조급함에 대하여 차분한 객관성의 대답으로 끝을 맺고 있다. 그분으로부터(39)와 그분 안에(40)를 주목하라. 그의 먼저 보내심의 은혜를 우리가 피난처로 삼아야 한다. 그가 구원을 베푸시며, 그가 곧 피난처시다.

---

112) 막13:28, 마24:32, 눅21:29

113) M. J. Dahood 앵커바이블 시편(1966-1970) 저자.

버림받은 사람(38:1-22)

제38편 다윗의 기념하는 시

1 여호와여 주의 노하심으로 나를 책망하지 마시고 주의 분노하심으로 나를 징계하지
마소서

2 주의 화살이 나를 찌르고 주의 손이 나를 심히 누르시나이다

3 주의 진노로 말미암아 내 살에 성한 곳이 없사오며 나의 죄로 말미암아 내 뼈에 평안함
이 없나이다

4 내 죄악이 내 머리에 넘쳐서 무거운 짐 같으니 내가 감당할 수 없나이다

5 내 상처가 썩어 악취가 나오니 내가 우매한 까닭이로소이다

6 내가 아프고 심히 구부러졌으며 종일토록 슬픔 중에 다니나이다

7 내 허리에 열기가 가득하고 내 살에 성한 곳이 없나이다

8 내가 피곤하고 심히 상하였으매 마음이 불안하여 신음하나이다

9 주여 나의 모든 소원이 주 앞에 있사오며 나의 탄식이 주 앞에 감추이지 아니하나이다

10 내 심장이 뛰고 내 기력이 쇠하여 내 눈의 빛도 나를 떠났나이다

11 내가 사랑하는 자와 내 친구들이 내 상처를 멀리하고 내 친척들도 멀리 섰나이다

12 내 생명을 찾는 자가 올무를 놓고 나를 해하려는 자가 괴악한 일을 말하여 종일토록
음모를 꾸미오나

13 나는 못 듣는 자 같이 듣지 아니하고 말 못하는 자 같이 입을 열지 아니하오니

14 나는 듣지 못하는 자 같아서 내 입에는 반박할 말이 없나이다

15 여호와여 내가 주를 바랐사오니 내 주 하나님이 내게 응답하시리이다

16 내가 말하기를 두렵건대 그들이 나 때문에 기뻐하며 내가 실족할 때에 나를 향하여 스
스로 교만할까 하였나이다

17 내가 넘어지게 되었고 나의 근심이 항상 내 앞에 있사오니

18 내 죄악을 아뢰고 내 죄를 슬퍼함이니이다

19 내 원수가 활발하며 강하고 부당하게 나를 미워하는 자가 많으며

20 또 악으로 선을 대신하는 자들이 내가 선을 따른다는 것 때문에 나를 대적하나이다

21 여호와여 나를 버리지 마소서 나의 하나님이여 나를 멀리하지 마소서

22 속히 나를 도우소서 주 나의 구원이시여

Do Not Forsake Me, O Lord

38 A Psalm of David, for the memorial offering.

1 O Lord, rebuke me not in your anger, nor discipline me in your wrath!

2 For your arrows have sunk into me, and your hand has come down on me.

3 There is no soundness in my flesh because of your indignation; there is no health in my bones because of my sin.

4 For my iniquities have gone over my head; like a heavy burden, they are too heavy for me.

5 My wounds stink and fester because of my foolishness,

6 I am utterly bowed down and prostrate; all the day I go about mourning.

7 For my sides are filled with burning, and there is no soundness in my flesh.

8 I am feeble and crushed; I groan because of the tumult of my heart.

9 O Lord, all my longing is before you; my sighing is not hidden from you.

10 My heart throbs; my strength fails me, and the light of my eyes-it also has gone from me.

11 My friends and companions stand aloof from my plague, and my nearest kin stand far off.

12 Those who seek my life lay their snares; those who seek my hurt speak of ruin and meditate treachery all day long.

13 But I am like a deaf man; I do not hear, like a mute man who does not open his mouth.

14 I have become like a man who does not hear, and in whose mouth are no rebukes.

15 But for you, O Lord, do I wait; it is you, O Lord my God, who will answer.
16 For I said, "Only let them not rejoice over me, who boast against me when my foot slips!"
17 For I am ready to fall, and my pain is ever before me.
18 I confess my iniquity; I am sorry for my sin.
19 But my foes are vigorous, they are mighty, and many are those who hate me wrongfully.
20 Those who render me evil for good accuse me because I follow after good.
21 Do not forsake me, O Lord! O my God, be not far from me!
22 Make haste to help me, O Lord, my salvation!

A. 문맥분석

이 고통스러운 외침은 시6편에 열거된 (총 7편의) '회개의 시편' 중 세 번째 詩로, 시70편의 제목인 '기념하는 시'에서 공유된다. 하나님과 기억을 함께 한다는 것은, 그의 도움을 구하며 부르짖는 상황을 하나님 앞에 놓는다는 것을 의미한다. 제물 중 일부는 하나님께 강조하기 위해 기억나게 하는 소제물(素祭物)로서, 증거, 선물 또는 속죄 수단, 어떤 면에서 자신에게 짐 지워진 고발이(민5:26 – 의심의 소재) 포함된다.

이 시편은 그러한 제물이 잘 동반되지만, RSV는 '기억 제물을 위하여'(for the memorial offering)라는 제목의 번역에서 무엇이 우선인지를 혼돈하고 있다.

죄의식에 대한 무거운 짐과, 부정한 질병에 의해 더욱 압도되고, 친구들로부터 소외를 당하는 것과, 그의 원수에게 그의 파멸을 계획할 기회가 주어지는 것에 의해 시인의 고통은 배가된다. 그러므로 하나님께 대한 자백은 죄책감이 섞여 있으며, 참회는 공의를 간절히 요구하게 된다.

■ 여호와여 주의 분노로 나를 책망하지 마시오며 주의 진노로 나를 징계하지 마옵소서 – 시6:1

- 내가 탄식함으로 피곤하여 밤마다 눈물로 내 침상을 띄우며 내 요를 적시나이다 – 시6:6
- 발바닥에서 머리까지 성한 곳이 없이 상한 것과 터진 것과 새로 맞은 흔적뿐이거늘 그것을 짜며 싸매며 기름으로 부드럽게 함을 받지 못하였도다 – 사1:6
- 내가 지금 기뻐함은 너희로 근심하게 한 까닭이 아니요 도리어 너희가 근심함으로 회개함에 이른 까닭이라 너희가 하나님의 뜻대로 근심하게 된 것은 우리에게서 아무 해도 받지 않게 하려 함이라 – 고후7:9

B. 주석적 접근

1. 혐오스러운 짐(1-8)

짐이란 하나님의 징계로 받아들여지는 마음과 육체의 내외적인 모든 고통이다.
주의 분노하심으로 나를 징계하지 마소서 주의 화살이 나를 찌르고 주의 손이 나를 심히 누르시나이다.(1, 2)
강조는 주의 노하심('케체프'חֵמָה)과 분노('헤마흐'קֶצֶף)에 있다. 그것은 하나님의 징계로부터 면제되어지는 탄원이 아니다. 그것은 오직 자비로 완화될 수 있다.(시6:1).
만약 거기서 하나님의 화살과 손 사이로 구별하고, 고통을 당하는 자의 괴로움과 공포의 충격(욥6:44,16:13)으로 구별하며, 이러한 하나님의 불안한 엄습은 직접적인 경고다.(시32:4, 욥13:21).

주의 진노로 말미암아 내 살에 성한 곳이 없사오며 나의 죄로 말미암아
내 뼈에 평안함이 없나이다 ~내 상처가 썩어 악취가 나오니 내가 우매한 까닭이로소이다
~내가 피곤하고 심히 상하였으매 마음이 불안하여 신음하나이다.(3-8)
반복되는 단어들은(3a,b,5) 이 질병이 벌칙이었다는 의심을 남기지 않는다.(욥5:14, 9:3과 같이 그것은 언제나 결코 일어나지 않을 것으로 생각하거나 항상 그렇다고 생각하는 것은 잘못 되었다.) 자연 발생적으로 죄가 드러난 것인지 과도한 욕망 때문인지 정확히 말하기 어렵다. 분명한 것은 질병으로 인해 열려진 다윗의 눈이 그의 영적인 곤고함에 빠져 있다는 것이다. 이것은 사1:6과 같이 몸이 성할 곳이 없을 만큼 상하고 터지게 하여 겸손하게 하려는 것이다. 죄는 강하고 성공적인 사람의 어깨조차 움츠려 들게 하는 너무 무거운 짐이다.
단순한 물방울처럼 보일지도 모르는 죄가 이제는 물에 빠져 홍수로 드러난다.

고난당하기 전에는 내가 그릇 행하였더니 이제는 주의 말씀을 지키나이다 -시119:67

2. 외로운 희생자(9-14)

거기에는 주여(이 경우에는 야훼라는 이름의 의미보다 22절의 '나의 주인'의 의미가 강하다)로부터 친구들의 외면과 대적들의 악의에 반박할 말이 없다는 마지막에 이르기까지(14),가슴 아픈 겸손이 있다.

주여 나의 모든 소원이 주 앞에 있사오며(9)

'주 앞에 있사오며'는 문자적으로 (히스기야가 그 편지를) '여호와 앞에 펴 놓고'[114] 라는 의미다. 이 시편의 주제와 관련된 주석을 참조하라.
어떤 말쟁이들은 하나님의 전지성을 고려할 때 굳이 기도가 불필요하다고 주장 할 수 있다. 그러나 우리 주님은 신실하지 못한 중언부언만이 불필요하다고 지적하실 뿐이다.(마6:7f.)
본 절에서는 '주의 앞에 있사오며'와 '주의 앞에 감추이지 아니하나이다'가 병행을 이룬다. 즉 하나님 앞에서 모든 것이 드러나는데, 이는 '하나님께서 사람의 생각과 행위와 말을 다 아신다'는 뜻이다.(시139:1-4)

내 심장이 뛰고 내 기력이 쇠하여 내 눈의 빛도 나를 떠났나이다(10)

My heart throbs: my strength fails me, and the light of my eyes-it also has gone from me.
니 레브 사하르 아니 코아흐 아자브 니 웨 오르 아니 아인-헴 감 아인 에트 니
나의 심장이 뛴다. 나의 힘이 나를 떠난다. 내 눈들의 빛 그것마저도 나를 떠난다.
시인에게 인간의 미약한 힘조차 쇠하여 버렸고 불안한 마음에 심장만 뛰고 있다.

---

114) 왕하19:14

내가 사랑하는 자와 내 친구들이 내 상처를 멀리하고 나의 친척들도(11)

시인이 더욱 고통스런 이유는 가까운 사람들이 그를 외면하는 까닭이다.(가족, 친구, 친척) 여기서 개역 개정에서 '내 상처'로 번역된 히브리어 '네가'(נֶגַע)는 ESV에서 'my plague'로 번역되어 있다. 이것은 역병을 의미하며 나병과 관련시키기 위해 선택되었을 것이다.(레 13:3)

이것은 자신의 사랑하는 자들이 다윗을 대하는 모습 때문에 또는 사53:4에서와 같이 '그는 징벌을 받아 하나님께 맞으며'라는 단어가 심판의 매를 맞는 치욕과 유사한 의미를 가질 수도 있다. 사람은 더 많은 사람들의 지지를 필요로 하지만 그분은 선천적으로 그러한 것에 거의 관심을 갖지 않는 것은 역설적이다. 이렇게 바꾸기 위해 가장 많이 한 것이 복음이다.

내 생명을 찾는 자가...종일토록 음모를 꾸미오나...
나는 듣지 못하는 자 같아서 내 입에는 반박할 말이 없나이다(12-14)

그것은 12절의 바쁜 혀와 13절의 마음에 말하고 침묵하는 최고의 장면 사이의 현저한 대비를 이룬다. 다윗의 침묵은 믿음의 한 부분(15절, 시37:7)에서 태어난 것이고, 일부 유죄를 받은 죄책감(3-5절, 삼하16:11)에서 생겨났다. 그러나 주님의 침묵과 그것이 우리에게 주는 적절성은 벧전2:18-25를 참조하라.

> 사환들아 범사에 두려워함으로 주인들에게 순종하되 선하고 관용하는 자들에게만 아니라 또한 까다로운 자들에게도 그리하라
> 부당하게 고난을 받아도 하나님을 생각함으로 슬픔을 참으면 이는 아름다우나
> 죄가 있어 매를 맞고 참으면 무슨 칭찬이 있으리요 그러나 선을 행함으로 고난을 받고 참으면 이는 하나님 앞에 아름다우니라
> 이를 위하여 너희가 부르심을 받았으니 그리스도도 너희를 위하여 고난을 받으사 너희에게 본을 끼쳐 그 자취를 따라오게 하려 하셨느니라
> 그는 죄를 범하지 아니하시고 그 입에 거짓도 없으시며 욕을 당하시되 맞대어 욕하지 아니하시고 고난을 당하시되 위협하지 아니하시고 오직 공의로 심판하시는 이에게 부탁하시며
> 친히 나무에 달려 그 몸으로 우리 죄를 담당하셨으니 이는 우리로 죄에 대하여 죽고 의에 대하여 살게 하려 하심이라 그가 채찍에 맞음으로 너희는 나음을 얻었나니

너희가 전에는 양과 같이 길을 잃었더니 이제는 너희 영혼의 목자와 감독 되신 이에게 돌아왔느니라 – 벧전2:18-25

3. 유일한 희망(15-22)

다윗은 어떤 집단에서나 하나님을 기다리는 능력이 뛰어나다.(15) 그가 도망자로 헤브론에 입성하기까지 보낸 연수와,(15세에 기름부음을 받고, 20-30세의 10년 동안 16번이나 도망다녔다. 삼상19-31장) 압살롬의 반란에 대한 그의 태도는, 15절 하반절의 그의 기도에서 진실함이 증명되었고 시37의 그의 조언에서 증명되었다.

나의 근심이 항상 내 앞에 있사오니 내 죄악을 아뢰고 내 죄를 슬퍼함이니이다 ~ 부당하게 나를 미워하는 자가 많으며 ~악으로 선을 대신하는 자들이 ~ 나를 대적하나이다(17-20)

고착(죄)과 병약함이 마치 실패를 위해 준비(정해진)나 된 듯 하는 표현이 야릇하게 혼재되어 있다. 그것은 현재의 위기에 지나지 않음을 암시 할 수 있다. 그러나 그것은 죄인의 만성적인 불안정에 대한 자백일 수 있으며, 그가 보여주는 일관된 행위일 수도 있다.(NEB, '흔들리기 쉬운' 참조).

18절의 참회 후에('염려'와 '슬퍼함이니이다'에서 암시되는 불안' NEB) 19절 후반의 불의의 공격에 대해 불평하는 것은 놀랍게 보일 수 있다. 그러나 다윗의 죄의 심각성에도 불구하고 인간의 그 근본은 선을 경험한 후에도 죄를 선택하는 것이었다. 이러한 선택은 항상 불신자의 마음을 불편하게 만드는 것이다.

세상이 너희를 미워하면 너희보다 먼저 나를 미워한 줄을 알라 너희가 세상에 속하였으면 세상이 자기의 것을 사랑할 것이나 너희는 세상에 속한 자가 아니요 도리어 내가 너희를 세상에서 택하였기 때문에 세상이 너희를 미워하느니라 – 요15:18-19

여호와여 나를 버리지 마소서 나의 하나님이여 나를 멀리하지 마소서(21)

속히 나를 도우소서 주 나의 구원이시여(22)

이 절박하고 애처로운 마지막 간청은 '하나님의 때'를 기다릴 수 있는 다윗의 능력을 보여준다. 이 절의 시작 부분에서 언급했듯이 처해진 상황은 온화한 처분과 잘 맞지 않음을 보여준다. 그러나 범사에 그는 하나님의 이름을 알고 불렀으며(21) 언약의 하나님(나의 하나님)으로, 그리고 자신의 주인과 구세주(22b)로 의탁하였다.

'버리지 마소서'로 번역된 히브리어 '아자브'(עזב)는 언약을 파기하는 행위에 사용.

삼하14장과 15장 사이에서 다윗이 압살롬의 입성을 허락하고도 그를 2년간 만나지 않았던 기간과 이후 압살롬이 이스라엘 사람의 마음을 다윗으로부터 뺏는 4년간(삼하15:7)의 기간이 본 시편에서 언급하는 육체적 질병(또는 영적 우울증)으로 징계를 받았던 시기일 수 있다.

('허리에 열기가 가득하고 내 살에 성한 곳이 없나이다' 7절)

고정 거주지가 없다(39:1-13)

제39편 인도자를 따라 여두둔 형식으로 부르는 노래

1 내가 말하기를 나의 행위를 조심하여 내 혀로 범죄하지 아니하리니 악인이 내 앞에 있
을 때에 내가 내 입에 재갈을 먹이리라 하였도다
2 내가 잠잠하여 선한 말도 하지 아니하니 나의 근심이 더 심하도다
3 내 마음이 내 속에서 뜨거워서 작은 소리로 읊조릴 때에 불이 붙으니 나의 혀로 말하기를

4 여호와여 나의 종말과 연한이 언제까지인지 알게 하사 내가 나의 연약함을 알게 하소서
5 주께서 나의 날을 한 뼘 길이만큼 되게 하시매 나의 일생이 주 앞에는 없는 것 같사오
니 사람은 그가 든든히 서 있는 때에도 진실로 모두가 허사뿐이니이다(셀라)
6 진실로 각 사람은 그림자 같이 다니고 헛된 일로 소란하며 재물을 쌓으나 누가 거둘는
지 알지 못하나이다

7 주여 이제 내가 무엇을 바라리요 나의 소망은 주께 있나이다
8 나를 모든 죄에서 건지시며 우매한 자에게서 욕을 당하지 아니하게 하소서
9 내가 잠잠하고 입을 열지 아니함은 주께서 이를 행하신 까닭이니이다

10 주의 징벌을 나에게서 옮기소서 주의 손이 치심으로 내가 쇠망하였나이다
11 주께서 죄악을 책망하사 사람을 징계하실 때에 그 영화를 좀먹음 같이 소멸하게 하시
니 참으로 인생이란 모두 헛될 뿐이니이다(셀라)

12 여호와여 나의 기도를 들으시며 나의 부르짖음에 귀를 기울이소서 내가 눈물 흘릴 때에
잠잠하지 마옵소서 나는 주와 함께 있는 나그네이며 나의 모든 조상들처럼 떠도나이다
13 주는 나를 용서하사 내가 떠나 없어지기 전에 나의 건강을 회복시키소서

What Is the Measure of My Days?

39 To the choirmaster: to Jeduthun. A Psalm of David.

악인 앞에서 내 말을 조심할 것이다

1 I said, "I will guard my ways, that I may not sin with my tongue; I will guard my mouth with a muzzle, so long as the wicked are in my presence."

2 I was mute and silent; I held my peace to no avail, and my distress grew worse.

3 My heart became hot within me. As I mused, the fire burned; then I spoke with my tongue:

내 생명은 유한하다

4 "O Lord, make me know my end and what is the measure of my days; let me know how fleeting I am!

5 Behold, you have made my days a few handbreadths, and my lifetime is as nothing before you. Surely all mankind stands as a mere breath! Selah

6 Surely a man goes about as a shadow! Surely for nothing they are in turmoil; man heaps up wealth and does not know who will gather!

죄에서 구출

7 "And now, O Lord, for what do I wait? My hope is in you.

8 Deliver me from all my transgressions. Do not make me the scorn of the fool!

9 I am mute; I do not open my mouth, for it is you who have done it.

자비를 위한 기도

10 Remove your stroke from me; I am spent by the hostility of your hand.

11 When you discipline a man with rebukes for sin, you consume like a moth what is dear to him; surely all mankind is a mere breath! Selah

여호와께서 내 기도를 들으시고 동의하시다

12 "Hear my prayer, O Lord, and give ear to my cry; hold not your peace at my tears!

For I am a sojourner with you, a guest, like all my fathers.
13 Look away from me, that I may smile again, before I depart and am no more!"

A. 문맥분석

이 시편의 불타는 질문은 왜 하나님께서 연약하고 일시적인 사람과 같은 피조물을 그렇게나 훈련시켜야만 하는가이다. 기자는 욥7장과 같이 폭발적으로 울부짖는다.

> 나를 놓으소서 내 날은 헛 것이니이다 사람이 무엇이기에 주께서 그를 크게 만드사 그에게 마음을 두시고 아침마다 권징하시며 순간마다 단련하시나이까? – 욥7:16b,17a

그러나 질문은 욥과 같이 오만하지 않으며 감동적인 충성(1)과 순종하는 믿음(7) 안에 있다. 그러한 '밤중의 노래'는 마침내 말씀이 육신이 되어 복음이 생명과 불멸을 불러 일으켰을 때 비로소 인간의 당황한 면이 일소되어지는 것을 드러낸다.

표제

시의 표제 **'인도자를 따라 여두둔 형식으로 부르는 노래'**에서 성가지휘자는 다윗이 공적 예배를 인도하기 위해 세운 주요 음악가였다.(대상16:41, 25:1-3)

- 그가 이르되 그대의 말이 한 어리석은 여자의 말 같도다 우리가 하나님께 복을 받았은즉 화도 받지 아니하겠느냐 하고 이 모든 일에 욥이 입술로 범죄하지 아니하니라 – 욥2:10
- 야곱이 바로에게 아뢰되 내 나그네 길의 세월이 백삼십 년이니이다 내 나이가 얼마 못 되니 우리 조상의 나그네 길의 연조에 미치지 못하나 험악한 세월을 보내었나이다 하고 – 창47:9
- 토지를 영구히 팔지 말 것은 토지는 다 내 것임이니라 너희는 거류민이요 동거하는 자로서 나와 함께 있느니라 – 레25:23
- 우리는 우리 조상들과 같이 주님 앞에서 이방 나그네와 거류민들이라 세상에 있는 날이

그림자 같아서 희망이 없나이다 – 대상29:15

- 내 날은 적지 아니하니이까 그런즉 그치시고 나를 버려두사 잠시나마 평안하게 하시되 – 욥10:20

B. 주석

1. 답답한 항의(1-3)

나의 행위를 조심하여 내 혀로 범죄하지 아니하리니
악인이 내 앞에 있을 때에 내가 내 입에 재갈을 먹이리라(1)

만약 '항의'가 반항을 함축한다면 너무 과도한 의미를 부여한 것이다. 그러나 다윗의 감정은 그가 잘못된 단체에 그들을 쫓아냈다면 불충한 것으로 받아들여질 만큼 충분히 높았다(1). 그는 하나님의 명성(시73:15)에 대한 책임 있는 보살핌을 보여주는데, 처음에는 자제력으로, 다음에는 더 이상 자신을 억제할 수 없을 때, 자신의 문제를 공식화하는 방법, 즉 학습자와(4) 탄원자로서(7) 하나님 앞에 세운다.

내가 잠잠하여[1] 선한[2] 말도 하지 아니하니[3] 나의 근심이[4] 더 심하도다(2)

알람[1] 두미야[1] 하샤[3] 민 토브[2] 웨 니 케에브[4] 아카르

no avail[2] 은 문자적으로 'good from' 즉 'without success'를 뜻한다. 그것은 드물게 '선한 것조차도'(AV, RV)로 해석되어지기도 한다. 해서 히브리어에서 '할 수 있을 만큼 충분하다'는 뜻으로 사용되는 경향이 있다. '알람'(잠잠하다, 벙어리가 되다, 침묵하다)은 칼형으로 사용되지 않는 동사 어근으로 여기서는 니팔형으로 사용되었다. 저자의 침묵은 자발적인 것이 아니라 어떤 요구에 순종되고 있음을 나타낸다.

2. 한순간의 삶(4-6)

여기에는 여러 가지 감정이 섞여 있다. 시의 시작과 끝에서 다윗은 삶의 짧음에 대하여 무

심코 드러낸다. 그러나 그의 첫 번째 기도는 그가 고난을 통해 고향으로 인도된다는(10f) 교훈을 잘 배울 수 있다는 것이다(4). 이것은 하나님의 용인된 그러나 저자가 원치 않고 반갑지 않은 시험에 직면하자 신중히 행동하는 것으로 보인다.(5)

사람은 그가 든든히 서 있는 때에도[1] 진실로[2] 모두가[3] 허사뿐이니이다.[4] (5f)
아담 나차브[1] 아크[2] 콜[3] 헤벨[4] (Surely all mankind stands as a mere breath!)
'나차브'(서다. 세우다. 두다)는 여기서 니팔형 어간이다. 이 수동적 의미는 임명 또는 직무 수행상의 배치에서 더욱 명백히 드러난다.

이 고통스런 피사체로부터 얼마나 많은 것을 배울 것인가는 히브리어 **'헤벨'**(הֶבֶל)이라는 단어에서 알 수 있다. 단순한 호흡-없는 것 같사오니(5), 무가치-헛된 일(6), 단순한 호흡(11) 해서 **'헤벨'**은 전도서의 핵심 단어로서(거기서 '헛됨'으로 번역) 지구의 모든 치명적인 부족을 드러낸다.(6) (전2:18f, 눅12:20, 약4:14f) 이는 신약의 강조점이기도 하다.
'헤벨'(הֶבֶל)은 증기, 숨, 비유적으로 헛됨을 의미한다.

① 이스라엘이 숭배하던 거짓된 신(신32:21, 왕상16:13,26 왕하17:15 렘8:19)

② 개인적 감정, 치밀어 오르는 감정(사49:4, 시39:5,6,11 시62:9, 시78:33)

죄, 심판, 의가 구원과 직접적이거나 명백한 관련성의 없음(전2:15, 6:7-9, 8:10-14)

③ 성취적 한계에 대한 자신의 무능함, 수명이 짧음(전3:19,6:12,11:8)

3. 이 극단적 훈련(7-11)

여기서 특정한 몇 가지 주제는 이 시편을 시38편과 짝으로 만든다. **'내 소망'**이라는 7절의 단어와 시38:15의 **'기다림'**, 9절의 **'나는 벙어리'**와 시38:13의 '못 듣는 자', 10절의 '주의 손이 치심'과 시38:11의 '상처'는 서로 가족처럼 짝을 이룬다. 그러나 시38편의 짐은 친구와 적의 잔인한 행동이었지만, 여기서의 그 짐은 하나님에 의한 가혹한 압제다. 이를 방관하며 바라보는 우매한 자(8)는 비난하기를 좋아하는 **'나발'**과 같은 자들이다.(시14:1)
다윗의 문제는 하나님의 무거운 손의 압제가 인간으로서 하루도 감당키 어렵다는 것이다.(10f) 다윗은 그가 처한 특수한 경우 너머를 바라보고 있다. 이것은 욥에게 문제가 되었

던 역설이다.(본 시편의 첫머리 논평 참조)

그리고 대부분의 역설과 마찬가지로 그것은 탐험되지 않은 유익을 은휘하고 있다. 모든 어려움은 우리의 이론적인 삶보다 더 큰 것을 포용하고 있음을 나타낸다. 사실 이 경우에서 사람이 아들 관계와 영생이 조성되어지는 것이다.

이 사실에 대한 하나님의 아버지의 징계에 대한 정확한 견해가 히12:5-11절에서 설명되고 있다. 영화(榮華)를 좀먹는 것에 이르는 주제(11)는 실제적인 것과 은유적인 것이 마6:19 이하와 벧전1:4이하에서 발견되어 진다. 문제는 씨름해야 할 가치가 분명한 것이란 사실이다.

4. 쇠잔해지는 청원(12, 13)

내가 눈물 흘릴 때에 잠잠하지 마옵소서 나는 주와 함께 있는 나그네이며
나의 모든 조상들처럼 떠도나이다(12)

지나가는 길손(또는 '이방인')과 거류인은 이스라엘에 길게 또는 짧게 체류하는 외국인들이다. 그들은 환영 받지만 어떤 땅도(Land) 소유할 수 없었다. 이 정착지 없는 다윗은 이제 자신과 모든 사람의 상태라고 본다. 율법도 개인이 땅을 소유할 수는 없다고 말한다. 그러나 율법은 상속을 부인하지 말고 그것을 보호하라고 말했다.(레 25:23). 그의 삶 자체는 지금까지도 동일한 교훈으로 다윗에게 가르쳐주었다.(시16:9-11, 17:13-15).

그는 또한 자신을 나그네로서 열조와 등치시키고 있다. 그 조상들은 약속의 땅을 바라보며 방랑의 삶을 살았으며 이 땅의 삶이 잠시 머물다 가는 나그네 삶임을 표본으로 보여주었다.

그러므로 그는 영원한 삶의 주인이신 하나님의 은총을 구할 수밖에 없었다. 욥이나 예레미야와 같이 그는 단지 죽음을 바라 볼 수밖에 없었고 집행유예를 요청할 뿐이었다.

주는 나를 용서하사 내가 떠나 없어지기 전에 나의 건강을 회복시키소서(13)

[1]Look away [2]from me, that I may smile again, before I depart

and am no more! שׁעה מִן אֲנִי אַבְלִיגָה בְּ טֶרֶם אֵלֵךְ וְ אֲנִי אֵינֶנִּי

샤아[1] 민[2] 아니[3] 웨 발라그[4] 베-테렘[5] 할라크[6] 웨 아니[3] 아인[7]

1응시해 주세요 3가난한 자2인 저를, 그리고 4미소 짓게 해 주세요

6(떠나)가기 5전에 그리고 3가난한 자가 7없어지기 전에

* **할라크(הלך)또는 얄라크는** (St3212) '가다', '오다'의 동작을 나타내는데 특히 신의 현현에서(창18:33), '신인동형론'적으로 하나님의 떠나심과 찾아오심의 묘사에 사용되었거나(시104:3, 욥22:14), 심판과 축복을 위해 그의 백성에게 오심(삼하7:23, 시80:2, 출33:14,13:21)을 나타낼 때 사용되었다.

* **아인(אַיִן)**– 존재가 사라지기 전에–여기서 '나' '아니'는 철저히 상한 심령의 시인이다.

한글 성경에 '건강'이란 단어의 추가 번역은 시38장에서 추론되었거나 정황 증거에서 비롯된 것이다. 시38편은 시인의 고통이 이웃 간의 설정인 반면, 39편은 하나님과 시인 간의 설정으로 읽는다.

13a의 기도는 베드로의 **'나를 떠나소서'** 보다 더 재치가 있다.

그러나 하나님께서 눅5:8과 마8:34에서와 같이 그 호소를 언제 다룰지 알고 계신다. 성경에서 그러한 현실적인 기도는 그의 깨달음의 지혜다. 그는 절망적일 때 사람들이 어떻게 말하는지를 안다.

구원의 기쁜소식(40:1-17)

제40편 다윗의 시, 인도자를 따라 부르는 노래

1 내가 여호와를 기다리고 기다렸더니 귀를 기울이사 나의 부르짖음을 들으셨도다
2 나를 기가 막힐 웅덩이와 수렁에서 끌어올리시고 내 발을 반석 위에 두사 내 걸음을 견
고하게 하셨도다
3 새 노래 곧 우리 하나님께 올릴 찬송을 내 입에 두셨으니 많은 사람이 보고 두려워하여
여호와를 의지하리로다
4 여호와를 의지하고 교만한 자와 거짓에 치우치는 자를 돌아보지 아니하는 자는 복이
있도다
5 여호와 나의 하나님이여 주께서 행하신 기적이 많고 우리를 향하신 주의 생각도 많아
누구도 주와 견줄 수가 없나이다 내가 널리 알려 말하고자 하나 너무 많아 그 수를 셀
수도 없나이다
6 주께서 내 귀를 통하여 내게 들려 주시기를 제사와 예물을 기뻐하지 아니하시며 번제
와 속죄제를 요구하지 아니하신다 하신지라
7 그 때에 내가 말하기를 내가 왔나이다 나를 가리켜 기록한 것이 두루마리 책에 있나이다
8 나의 하나님이여 내가 주의 뜻 행하기를 즐기오니 주의 법이 나의 심중에 있나이다 하
였나이다
9 내가 많은 회중 가운데에서 의의 기쁜 소식을 전하였나이다 여호와여 내가 내 입술을
닫지 아니할 줄을 주께서 아시나이다
10 내가 주의 공의를 내 심중에 숨기지 아니하고 주의 성실과 구원을 선포하였으며 내가
주의 인자와 진리를 많은 회중 가운데에서 감추지 아니하였나이다
11 여호와여 주의 긍휼을 내게서 거두지 마시고 주의 인자와 진리로 나를 항상 보호하소서
12 수많은 재앙이 나를 둘러싸고 나의 죄악이 나를 덮치므로 우러러볼 수도 없으며 죄가
나의 머리털보다 많으므로 내가 낙심하였음이니이다

13 여호와여 은총을 베푸사 나를 구원하소서 여호와여 속히 나를 도우소서
14 내 생명을 찾아 멸하려 하는 자는 다 수치와 낭패를 당하게 하시며 나의 해를 기뻐하
는 자는 다 물러가 욕을 당하게 하소서
15 나를 향하여 하하 하하 하며 조소하는 자들이 자기 수치로 말미암아 놀라게 하소서
16 주를 찾는 자는 다 주 안에서 즐거워하고 기뻐하게 하시며 주의 구원을 사랑하는 자는
항상 말하기를 여호와는 위대하시다 하게 하소서
17 나는 가난하고 궁핍하오나 주께서는 나를 생각하시오니 주는 나의 도움이시요 나를
건지시는 이시라 나의 하나님이여 지체하지 마소서

My Help and My Deliverer

40 To the choirmaster. A Psalm of David.

1 I waited patiently for the Lord; he inclined to me and heard my cry.
2 He drew me up from the pit of destruction, out of the miry bog, and set my feet upon
a rock, making my steps secure.
3 He put a new song in my mouth, a song of praise to our God. Many will see and fear,
and put their trust in the Lord. 4 Blessed is the man who makes the Lord his trust,
who does not turn to the proud, to those who go astray after a lie!
5 You have multiplied, O Lord my God, your wondrous deeds and your thoughts
toward us; none can compare with you! I will proclaim and tell of them, yet they are
more than can be told.
6 In sacrifice and offering you have not delighted, but you have given me an open ear.
Burnt offering and sin offering you have not required.
7 Then I said, "Behold, I have come; in the scroll of the book it is written of me:
8 I delight to do your will, O my God; your law is within my heart."
9 I have told the glad news of deliverance in the great congregation; behold, I have
not restrained my lips, as you know, O Lord.
10 I have not hidden your deliverance within my heart; I have spoken of your faithfulness

and your salvation; I have not concealed your steadfast love and your faithfulness from the great congregation.

11 As for you, O Lord, you will not restrain your mercy from me; your steadfast love and your faithfulness will ever preserve me!

12 For evils have encompassed me beyond number; my iniquities have overtaken me, and I cannot see; they are more than the hairs of my head; my heart fails me.

13 Be pleased, O Lord, to deliver me! O Lord, make haste to help me!

14 Let those be put to shame and disappointed altogether who seek to snatch away my life; let those be turned back and brought to dishonor who delight in my hurt!

15 Let those be appalled because of their shame who say to me, "Aha, Aha!"

16 But may all who seek you rejoice and be glad in you; may those who love your salvation say continually, "Great is the Lord!"

17 As for me, I am poor and needy, but the Lord takes thought for me. You are my help and my deliverer; do not delay, O my God!

A. 문맥분석

시37편에 설명된 '기다림'이란 주제는 시38편과 39편에서 고통스런 적용을 가졌고, 이제는 승리의 결과다. 시작 절에서 기억할만한 구원에 상응한 축하가 요구된다. 다윗은 그 축하가 관례적인 의식으로는 충분하지 않다는 것을 알고 순수하고 자발적인 참여를 요구한다. 이것은 신약 성경이 분명하게 제시하는 바와 같이 실제로 메시아만이 충족시킬 수 있도록 준비된 것이다. 그분의 **'내가 왔나이다'**는 시편의 최고봉(high point)이다.

그러나 문제는 다시 돌아오고, 기다리는 것은 다윗에게 빈번하게 반복되는 일이었다.

시편은 '고난의 기도'로 끝나며 그 대부분은 나중에 기자의 별도 시편에서 다시 나타난다. (시70편) 그 고난의 기도는 절박함을 가지며 동시에 즐거움의 근원이다. 또한 보다 더 넓은 다윗의 기억에서 그의 가장 절박한 그 어떤 요구보다 더 큰 요소다.

무엇보다 본시는 믿음으로 승리를 확신하는 것이지 이미 성취된 승리를 말하지는 않는다.

B. 주석

1. 대기 중인 보상(1-10)

다윗의 '새 노래'는 질병, 죄 또는 거의 모든 위험으로부터 비롯된 구원에서 파생되어 더욱 광범위하게 울려 퍼지는 것이었다. 우리는 바울의 육체의 가시보다 그의 황폐한 웅덩이에 대해 매우 자세히 알 수 있다는 것에 감사할 수 있어야 한다.

1) 구출(1-3)

우리는 본 시편이 시작되면서 '참고 기다리는' 의미가 매우 침착하게 강조되고 있음을 만나는데 이것은 NEB에서 "내가 주를 기다리고 기다렸다"로 더 잘 묘사된다.
'그는 내게 기울이사'는 과한 친밀을 의미하기보다는 오히려 '그는 내게 구부렸다.'(NEB), 또는 '그가 돌아 서서 내 외침을 들었다'(Moffatt) -누군가의 관심을 이끈 것과 같은 것이다.

기가 막힐 웅덩이와 수렁에서 끌어 올리시고…내 걸음을 견고하게 하셨도다(2)
'황폐한 웅덩이'는 RSV에서는 여백처리를 하였음에도 불구하고 적당한 번역이다.('도시가 황폐할 때까지' 동사 참조. 사6:11) 더 적절한 은유로서 웅덩이와 수렁(진창의 습지)은 공포와 무력감을 드러내는 두 단어에서 느낄 수 있듯이 도움을 받지 못했던 자신의 곤궁한 상태를 제시한다. (문자적으로 예레미야의 처지와 구출 참조. 렘38:6ff) 그리고 다윗의 구출은 예레미야의 경우처럼 맨몸으로 구출되는 것이 아니라 자유의 발걸음으로 시작한다.

새 노래 곧 우리 하나님께 올릴 찬송을 내 입에 두셨으니(3)
다윗의 생각은 가혹한 시련에 더 이상 자학하지 않는다. 그 요소들이 하나님께 감사가 되어 자신의 백성을 향해 흘러나간다. 거기에는 훨씬 후에나 있을 구출을 바라보고 두려워하는 것과 유사한 말이 작동된다.(새 노래는 군사적 문맥에서 사용, 이것은 이미 승리한 영적전투에 대한 감사의 노래를 상징한다. 시98:1) 다윗의 관심은 단순한 주의를 끌기보다는 하나님을 경외하고 신뢰하는 것에 열매를 맺는 것이다. 신뢰는 다음 구절에서 확인하게 될 것이다.

시편 51:13은 동일한 기다림의 정신을 보여준다.

> 주의 구원의 즐거움을 내게 회복시켜 주시고 자원하는 심령을 주사 나를 붙드소서 그리하면 내가 범죄자에게 주의 도를 가르치리니 죄인들이 주께 돌아오리이다 –시51:13

새 노래(חָדָשׁ שִׁיר – 하디쉬 쉬르)

새 노래는 헬라어로 '카이노스'와 '오데'의 합성어로 '이전에 없었던 노래'라는 뜻이다. 새 노래는 구원에 대한 감사로 '모세의 노래'(출15:1)에서 출발하여 '어린 양의 노래'(계15:3)에서 종결되고 있다. 이것은 문맥의 구조상 애가가 선행되고 이어서 구원에 대한 감사를 노래하는 순서를 지니는 듯하다.

2) 반향(4, 5)

여호와를 의지하고 교만한 자와 거짓에 치우치는 자를
돌아보지 아니하는 자는 복이 있도다(4)
... 주께서 행하신 기적이 많고 우리를 향하신 주의 생각도 많아
누구도 주와 견줄 수가 없나이다 ... 너무 많아 그 수를 셀 수도 없나이다(5)

신뢰는 우리에게 안식을 주기 위해 묘사된 3절에서 다윗의 표현을 통해 취해진 것으로 우리의 믿음을 거부하는 자들에게 다윗은 그의 경험에서 이 교훈을 이끌어 낸다.(무엇과도 견줄 수 없는 하나님의 선포를 이집트(세상의 공허한 허풍)에 대한 잠언으로 당당히 사용한다.)

> 애굽의 도움은 헛되고 무익하니라 그러므로 내가 애굽을 가만히 앉은 라합이라 일컬었느니라 – 사30:7

과거는 그의 기적으로 가득하며 (놀라운 행적), 장래는 그의 계획으로 가득 찬- 이것은 작정된 말씀의 능력이다. 이 두 주제는 시139:13-18에 나와 있다.

거짓에 치우치는 자(4): '카자브'는 거짓말, 허위, 사기를 뜻하는데 NIV에서는 '거짓 신(우상)'으로 번역되었다. 구약에서 31회 사용, 이스라엘의 하나님은 거짓말을 하시지 않는다. 거짓 증언이 왜 그렇게 심각한 범죄가 되는지는 바로 이런 까닭이다.

하나님 외에 물질이나 사람을 믿는 것은 헛된 것 즉 거짓이 된다. '카자브'는 사28:15, 17 암2:4. 시40:4에서 '우상'에 대한 경멸적인 대용(代用)어(語)로 사용되었다.

3) 봉헌(6-8)

그러한 구원이 일어난 후에는 마음과 의지 외에 어떤 제물을 가져 올 수 있을까. 이러한 상황의 논리가 그러하다. 즉 다윗은 마치 자신의 자비가 모든 희생을 끝내기 위한 희생이 될 것처럼 말하면서 그것을 능가하고 있다.(내가 왔나이다.) 이것이 그의 말이 함축된 것이라면, 그는 자기 자신을 위하여가 아니라 메시아를 위하여 말하고 있는 것이다. 이것은 히 10:5-10에 의하여 확인되었다.

> 그러므로 주께서 세상에 임하실 때에 이르시되 하나님이 제사와 예물을 원하지 아니하시고 오직 나를 위하여 한 몸을 예비하셨도다 번제와 속죄제는 기뻐하지 아니하시나니 이에 내가 말하기를 하나님이여 보시옵소서 두루마리 책에 나를 가리켜 기록된 것과 같이 하나님의 뜻을 행하러 왔나이다 하셨느니라... 이 뜻을 따라 예수 그리스도의 몸을 단번에 드리심으로 말미암아 우리가 거룩함을 얻었노라 – 히10:5-10

주께서 내 귀를 통하여 내게 들려주시기를 제사와 예물을 기뻐하지 아니하시며 번제와 속죄제를 요구하지 아니하신다 하신지라(6)

왕으로서 다윗의 전임자는 이와 달리 성실하지 못하여 꾸짖음을 당했다.[115)] 그러나 이 구절은 다음 구절과 함께 바로 그 체제에(희생제의) 의문을 제기하고 종의 예언과 새 언약을 예언한다. 두 번째 줄은 어렵다.

[but you have given me an open ear]

[라 아니 카라 오젠] 이는 문자적으로 '귀를 기울여서 나를 위해 파냈다'는 의미다.

'파헤치기'는 '피어싱'(시22:16 내 수족을 찔렀나이다. 참조)을 의미하기 때문에 영원히 노예로 만드는 의식을 암시할 수 있다.(출21:6, 다른 단어 사용 '라차' : 뚫다, 꿰찌르다)

그러나 복수형인 '귀'는 난해하며, 이 견해는 좀처럼 받아들이기 어렵다. 오히려 이 보다 더 가능한 비교는 사50:4f에서 사용된 **'그는 나의 귀를 깨우치사'**(학자들 같이 알아듣게 하시도다)라는 표현이다.

'주 하나님은 내 귀를 열었다'는 것은 70인 역 히10:5에서 '너는 나를 위해 준비된 몸이다'(오직 나를 위하여 한 몸을 예비하셨도다)와 같이 '종의 지각력과 순종훈련'에 관한 구전(속담)

115) 삼상15:22

의 인용이다.(70인 역과 히브리어 본문의 차이) 이 읽기의 기원이 무엇이든, 그것은 히브리어 본문에서 암시되는 헌신의 의미를 지향하며, 그것이 사50:5에서 나타내는 주목할 가치는 즉 '귀' 의 순종은(거역하지도 아니하며 뒤로 물러가지도 아니하며) 자신을 죽이도록 뒤를 내어주는 '**나의 수염을 뽑는 자들에게 나의 뺨을 맡기며**' 라는 즉각적인 희생을 함의한다.

그 때에 내가 말하기를 내가 왔나이다 나를 가리켜 기록한 것이 두루마리 책에 있나이다(7)

(렘13:23 참조) 위엄이 있는 보증을 위해 'Lo, I come'(내가 왔나이다)라는 발표는 사6:8의 'Here am I ! Send me'(내가 여기 있나이다. 나를 보내소서)와 암묵적으로 비교된다.

이 종은 왕자다. 이 책의 목록은 대관식에서 천명되는 법령의(시2:7, 시110:1) 교본으로, 또는 대부분의 번역자들이 율법으로 지지하는, 그를 구속자로 받아들일 것을 명령하는 법에 대한 지침서가 될 수 있다.(왕하22:13, 율법의 요구를 성취하실 이)

그러나 자신의 편지는 자연스럽게 'Lo, I come(내가 왔나이다)' 이다. 그러므로 그것은 그의 오심이 성취라는 확신에 찬 것으로 보인다. 이것은 우리의 주께서 '**모세 ... 그가 내게 대하여 기록하였음이라**' (요5:46 눅24:27)라는 주님의 주장과 그리고 이 구절의 중요성에 대한 신약의 긍극적인 관점이 서로 밀접하게 일치하고 있다.

나의 하나님이여 내가 주의 뜻 행하기를 즐기오니
주의 법이 나의 심중에 있나이다 하였나이다(8)

주의 뜻(라촌-רָצוֹן) God's will, 델레마 투 데우

뜻을 나타내는 헬라어 델레마는 히브리어 '**하페츠**'(즐거워 하다, 기뻐하다), **라촌**(기쁨,호의)의 역어로 사용되었다. 즉 하나님의 뜻은 '하나님의 기뻐하심' 이다.(렘9:23, 말1:10)

4) 선포(9, 10)

내가 많은 회중 가운데에서 의의 기쁜 소식을 전하였나이다.

내가...주의 성실과 구원을 선포하였으며 내가 주의 인자와 진리를
많은 회중 가운데에서 감추지 아니하였나이다(9, 10)

시편에서 구원의 소식을 나누는 긍정적인 의무가 있음이 명백하며, 그 중 많은 것들은 그

러한 경우에 사용하기 위한 것이었다.(시116편, 시22:22-26참조) 전형적인 감사의 실례를 들자면 그것은 한나다. 그것은 그녀의 제사와(사무엘을 산채로 드린 희생), 그녀의 신앙고백과 및 그녀의 '새 노래'(삼상1:24-2:10)에서 발견되는 감사다.

2. 새롭게(갱신) 되기를 기다리며(11-17)

이것은 문제가 여전히 눈앞에 있다는 첫 번째 힌트다. 이것이 순전히 가상의 상황을 위해 구성된 시편이 아니라면(그러한 구성을 요구하는 동일한 상황이 얼마나 빈번히 일어날 수 있을 것인가?) 그것은 다윗이 의도적으로 과거의 구원을 재소환하고 상기 시키는 것을 의미한다. 그는 구원에 관한 모든 용어를 쌓아 올리고(10), 그는 '주님'을 강조하면서(11) 하나님께로 향한다. 그것을 재확인하는 11절은 기도가 아니라 진술이다. '주께서 지체하지 않으신다.'(Gelineau, NEB, '거의 주관적'이나 의문의 여지없이 옳다). 그는 주어진 상황에서 자신의 곤고한 처지를 말한다. 그는 그것을 자백이나 하는 것처럼 그의 믿음의 고백은 솔직하다.

1) 나의 죄악(11-12)

주의[1] 긍휼을 내게서[2] 거두지 마시고 주의 인자와 진리로 나를[3] 항상[4] 보호하소서(11)

아타 예호와 로 칼라[2] 아타 라-함[1] 민 아니 - 여호와여 거두지 아니하시며 당신의 긍휼을 내게서

아타 헤세드 웨 아타 에메트 타미드[3] 나차르[4] 니 - 당신의 인자(확고한 사랑) 그리고 당신의 신실하심으로 항상 보호하시나이다 나를

'나의 죄악' 에(12) 대해서는 위의 11절에서 확인하라. 2절의 **'기막힌 웅덩이와 수렁'** 이 무엇이든 현재의 고난은 다윗이 이를 극복하기 위해서 자신의 노력에 크게 의존적이다.(앞지르려는 표현에 주목)

나의 죄악이 나를 덮치므로...나의 머리털보다 많으므로 내가 낙심하였음이니이다(12)

하늘을 우러러 보다가 시인의 머리카락이 얼굴을 덮자 그 머리카락 한 올마다 자신의 범과를 접목시키며 머리카락보다 더 많은 죄가 하늘을 볼 수 없게 만든다고 자백한다.

2) 내 원수(13-15)

여호와여~나를 구원하소서~속히 나를 도우소서 내 생명을 찾아 멸하려 하는 자는 다 수치와 낭패를~나의 해를 기뻐하는 자는 다 물러가 욕을 당하게 하소서 ~조소하는 자들이 자기 수치로 말미암아 놀라게 하소서(13-15)

만약 그의 죄가 다윗을 낙담 시키면 그의 대적들은 그를 격동 시킨다. 잘못된 핍박에 대한 영적인 반응은 그의 탄력적인 회복의 비밀의 일부다. 하나님께서 그를 낮추시려는 것이지, 악의 조종자를 위한 것이 아니다.(미7:8f)

3) 주는 나의 도움(16-17)

적들의 기쁨(15)과는 대조적으로 다윗은 쓰라린 샘이 없는 즐거움(주 안에 있는 기쁨)에 마음을 두고 있다. 그것은 자기 자신을 잊고 긍정적인 것(나의 상처-14절-가 아니라 당신의 구원-16절)에 의해 자극되는 기쁨으로, 그의 최우선 관심사는 '여호와는 위대하시다'(16절, RV는 RSV보다 더 정확하다)는 외침에서 나타나는데, 이는 '주께서는 나를 생각하시오니'(17절)라는 개인적인 간청보다, 그리고 고뇌의 마지막 외침보다 상당히 우선한다.(NEB mg)

내가 할 수 있는 것과 하나님의 작품은 한결같은 일이지만, 하나님의 영광을 위해 기도하는 것은 해방이며 승리의 길이며, 요12:27f가 보여주듯이 그리스도 그 자체의 길이다.

인간이 쇠락할 때(41:1-13)

제41편 인도자를 따라 부르는 노래

1 가난한 자를 보살피는 자에게 복이 있음이여 재앙의 날에 여호와께서 그를 건지시리
로다
2 여호와께서 그를 지키사 살게 하시리니 그가 이 세상에서 복을 받을 것이라 주여 그를
그 원수들의 뜻에 맡기지 마소서
3 여호와께서 그를 병상에서 붙드시고 그가 누워 있을 때마다 그의 병을 고쳐 주시나
이다
4 내가 말하기를 여호와여 내게 은혜를 베푸소서 내가 주께 범죄하였사오니 나를 고치
소서 하였나이다
5 나의 원수가 내게 대하여 악담하기를 그가 어느 때에나 죽고 그의 이름이 언제나 없어
질까 하며
6 나를 보러 와서는 거짓을 말하고 그의 중심에 악을 쌓았다가 나가서는 이를 널리 선포
하오며
7 나를 미워하는 자가 다 하나같이 내게 대하여 수군거리고 나를 해하려고 꾀하며
8 이르기를 악한 병이 그에게 들었으니 이제 그가 눕고 다시 일어나지 못하리라 하오며
9 내가 신뢰하여 내 떡을 나눠 먹던 나의 가까운 친구도 나를 대적하여 그의 발꿈치를 들
었나이다
10 그러하오나 주 여호와여 내게 은혜를 베푸시고 나를 일으키사 내가 그들에게 보응하
게 하소서 이로써
11 내 원수가 나를 이기지 못하오니 주께서 나를 기뻐하시는 줄을 내가 알았나이다
12 주께서 나를 온전한 중에 붙드시고 영원히 주 앞에 세우시나이다
13 이스라엘의 하나님 여호와를 영원부터 영원까지 송축할지로다 아멘 아멘

O Lord, Be Gracious to Me

41 To the choirmaster. A Psalm of David.

1 Blessed is the one who considers the poor! In the day of trouble the Lord delivers
him;
2 the Lord protects him and keeps him alive; he is called blessed in the land; you do
not give him up to the will of his enemies.
3 The Lord sustains him on his sickbed; in his illness you restore him to full health.
4 As for me, I said, "O Lord, be gracious to me; heal me, for I have sinned against
you!"
5 My enemies say of me in malice, "When will he die, and his name perish?"
6 And when one comes to see me, he utters empty words, while his heart gathers
iniquity; when he goes out, he tells it abroad.
7 All who hate me whisper together about me; they imagine the worst for me.
8 They say, "A deadly thing is poured out on him; he will not rise again from where he
lies."
9 Even my close friend in whom I trusted, who ate my bread, has lifted his heel
against me.
10 But you, O Lord, be gracious to me, and raise me up, that I may repay them!
11 By this I know that you delight in me: my enemy will not shout in triumph over me.
12 But you have upheld me because of my integrity, and set me in your presence
forever.
13 Blessed be the Lord, the God of Israel, from everlasting to everlasting! Amen and
Amen.

A. 문맥분석

만약 이 시편의 대부분이 애가라면, 시의 끝에서 감사로 끝나는 것을 볼 때 시인의 혹독한 시련은 이미 종결된 것임을 시사한다. 중간 구절은 모두 진지하게 그것을 회상하면서 시의 서막에서 긍휼을 진실한 가치로 여기고 찬양하는 것에서도 재확인 된다. 피해자의 관점은 은인의 관점과 결코 같지 않다. 단지 시편의 중심이 얼마나 진심어린지 드러낼 수 있는지 그것을 여는 것이 지복이다.

- 여호와여 내가 수척하였사오니 내게 은혜를 베푸소서 여호와여 나의 뼈가 떨리오니 나를 고치소서 – 시6:2
- 내가 너희 모두를 가리켜 말하는 것이 아니니라 나는 내가 택한 자들이 누구인지 앎이라 그러나 내 떡을 먹는 자가 내게 발꿈치를 들었다 한 성경을 응하게 하려는 것이니라 – 요13:18
- 나의 가까운 친구들이 나를 미워하며 내가 사랑하는 사람들이 돌이켜 나의 원수가 되었구나 – 욥19:19
- 그들이 이웃에게 각기 거짓을 말함이여 아첨하는 입술과 두 마음으로 말하는도다 – 시12:2
- 그 영화로운 이름을 영원히 찬송할지어다 온 땅에 그의 영광이 충만할지어다 아멘 아멘 – 시72;19

B. 주석

1. 도움을 받을 기회(1-3)

'가난한 자'란 그의 삶이 잃을 것이 적은(바닥에 처해있는) '약한 자' 또는 '도움 받지 못하는 자'(NEB)라는 기본의미가 있음이 분명하다. **'보살피다'**는 단어는 대개 사건 당사자의 실질적인 지혜를 묘사한다는 점에서 매우 인상적이다. 따라서 겉치레의 기능적인 도움보다는 이 사람의 상황을 사려 깊게 배려하는 것을 의미한다. 이 산상수훈을 따르는 것은 대부분의 번역에서와 같이 일련의 약속 중 하나다. 또는 시20:1-6의 고난 이후에(RSV처럼 현재 시제라기보다는) 더하여지는, '주께서 그를 구원하시고~그를 보호하시리라'는 일련의 기도들이다.

두 번째 관점과 일치하는 것은 2c의 직접적인 기도인 **'그 원수들의 뜻에 맡기지 마소서'** 즉 '그를 버리지 마소서'(JB)이다. 그러나 다음 구절이 제시하는 것은 약속과 상황으로써 '붙들고' '고치는' 것이다. 그것이 지니는 어려움은 Perowner이 약속에 대해 지적한 바와 같이 균형이 최상이다. 왜냐하면 그 지복은 일반적으로 이들에 의해 뒤따라오기 때문이다.

주제는 마5:7과 밀접하다. **'복 있는 자는 긍휼이 있나니 그들이 긍휼을 얻으리라'**(긍휼히 여기는 자는 복이 있나니 그들이 긍휼히 여김을 받을 것임이요.)

RSV가 3b를 **'생생함'** 으로 단순하게 번역한 것은 유감이다. '너는 병을 모든 침대에게 돌려준다.'(자리를 떨쳐 일어나게 되리라) JB은 그것을 부연 설명하며 '그의 질병이 침대에서 그를 가장 사려 깊은 사람으로 만들 것'이라고 말한다.

2. 상함의 계기(4-10)

다윗은 자신의 나쁜 양심 때문에 모든 악한 자들의 위치에 있다.(4절 및 시38:3) 그러나 그는 자신이 도와줬던(9) 친구들 보다 자신이 잘못한 하나님으로부터 더 큰 자비를 얻게 될 것이다.(4,10절)

5-8절에서 방문객들에 대해서는 별도의 코멘트가 거의 필요하지 않다. '그의 이름'에 대한 것은 NEB의 '언제 죽을 것인가, 언제나 멸망 할 것인가'라는 번역에 의해서 명확해졌다. 시인이 멸망되기를 기다리는 원수들의 희망이 강조되고 있는데, '이름'은 사람 자체의 멸망을 의미하기도 하지만 후손이라는 의미에서 대가 끊어짐을 뜻한다.(시109:13, 신7:24, 삼하18:18) 후손을 보지 못하고 이 땅에서 영원히 사라지는 것은 최악의 불행으로 간주되었다.[116] 7절에서 '꾀하다'로 번역된 히브리어 **'하샤브'**는 시40:17에서 '생각하다'로, 시32:2에서는 '전가하다(imputes)'로 같은 동사가 사용되었다. 이 동사는 RSV에서 그들의 악한

116) 삼상24:21, 사14:20

희망과 계획으로, NEB의 역설은 '모든 면에서 최악의 극단적 상태로 만들어 버리는 것' 으로 바꿔 쓰는 것을 허용한다.

내가 신뢰하여 내 떡을 나눠 먹던 나의 가까운 친구도 나를 대적하여 그의 발꿈치를 들었나이다(9)

이 점에서, 독자는 그러한 사람들이 '그들' 인지 또는 '우리' 로 분류되어야 하는지 스스로에게 물어야한다. 적어도, 예수님은 새로운 차원에서 성취를 위한 의무처럼 그것을 인용하셨을 때 9절에 대한 제자의 반응이 있었다.

> 나는 내가 택한 자들이 누구인지 앎이라 그러나 내 떡을 먹는 자가 내게 발꿈치를 들었다 한 성경을 응하게 하려는 것이니라" – 요13:18f,22, 마26:21ff

주 여호와여 내게 은혜를 베푸시고 나를 일으키사 내가 그들에게 보응하게 하소서(10)

이 구절은 다윗이 4절에서 시작하여 하나님께 도움을 호소한 탄원으로 읽어야 하는 이야기에 속한다. 그러므로 4절의 인용문은 10절이 끝날 때까지 닫아서는 안 된다. 그의 대적들의 말은(5,8절) 하나님에 대한 그의 보고의 일부였다. 내가 그들을 징벌할 수 있도록 탄원하는 것은 시편의 거의 대부분의 기도에서 이례적이다. 이것은 하나님 자신에게만 가능한 기도다. 그렇지만 다윗은 왕으로서 재판관으로 행동할 수 있는 권한을 가졌다. 그러나 그는 이 권한을 대단히 억제시키는 가운데 사용했다. 그러나 적개심과 배신에 대한 다윗과 우리 주님의 개인적 반응에 대한 비교는 '징벌적인 정의' 와 '속죄의 은혜' 사이의 대조에서 매우 두드러진다.

3. 마지막 말씀(11,12)

내 원수가 나를 이기지 못하오니 주께서 나를 기뻐하시는 줄 내가 알았나이다. 주께서 온전한 중에 붙드시고 영원히 주 앞에 세우시나이다.(12)

다윗은 자신의 결점을 충분히 잘 알고 있었다.(4) 시므이를 향한 그의 온유는 의에 대한 상상이 아니라 실천적인 바탕에서 행한 것임이 명백하다.(삼하16:11) 따라서 그를 용서한 구출은 진심에서 우러나온 것으로 새로운 관계형성을 위해 하나님께서 기뻐하시는 정당한 행위였음을 입증한다. 그의 공평함이 그것으로 입증되었고 그가 스스로 중심이 되지 않고 영원하신 하나님의 임재 안에 머무는 것을 드러내었다. '영원히'는 항상 우리에게 들리는 것처럼 절대적인 표현이 아니다. 그러나 다윗이 이러한 삶의 너머를 바라보고 있든지(시 16:11) 또는 아니든지 응답은 그를 실망시키지 않을 것이다.

4. 시편의 첫 번째 책에 대한 송영(41:13)

각 시편 5권의 책들의 마지막은 두 번 아멘(여기와 72:19; 89:52), 아멘 할렐루야(106:48), 또는 두 개의 할렐루야의 찬사로 끝나는데(시150:6) 참으로 완전한 송영의 시편이다. 결국 시편의 곡조의 분위기는 즉, 시에서 끊임없이 반복되는 히브리어의 으뜸주제인 '**하나님을 찬양하라**'로 되돌아온다.

시편 제2권

[BOOK II]

42편 ~ 72편

머나먼 고향 1(42:1-11)

제42편 고라 자손의 마스길, 인도자를 따라 부르는 노래

1 내 영혼아 어찌하여 낙심하는가? 하나님이여 사슴이 시냇물을 찾기에 갈급함 같이 내
영혼이 주를 찾기에 갈급하나이다
2 내 영혼이 하나님 곧 살아 계시는 하나님을 갈망하나니 내가 어느 때에 나아가서 하나
님의 얼굴을 뵈올까
3 사람들이 종일 내게 하는 말이 네 하나님이 어디 있느뇨 하오니 내 눈물이 주야로 내
음식이 되었도다
4 내가 전에 성일을 지키는 무리와 동행하여 기쁨과 감사의 소리를 내며 그들을 하나님
의 집으로 인도하였더니 이제 이 일을 기억하고 내 마음이 상하는도다
5 내 영혼아 네가 어찌하여 낙심하며 어찌하여 내 속에서 불안해 하는가 너는 하나님께
소망을 두라 그가 나타나 도우심으로 말미암아 내가 여전히 찬송하리로다
6 내 하나님이여 내 영혼이 내 속에서 낙심이 되므로 내가 요단 땅과 헤르몬과 미살 산에
서 주를 기억하나이다
7 주의 폭포 소리에 깊은 바다가 서로 부르며 주의 모든 파도와 물결이 나를 휩쓸었나이다
8 낮에는 여호와께서 그의 인자하심을 베푸시고 밤에는 그의 찬송이 내게 있어 생명의
하나님께 기도하리로다
9 내 반석이신 하나님께 말하기를 어찌하여 나를 잊으셨나이까 내가 어찌하여 원수의
압제로 말미암아 슬프게 다니나이까 하리로다
10 내 뼈를 찌르는 칼 같이 내 대적이 나를 비방하여 늘 내게 말하기를 네 하나님이 어디
있느냐 하도다
11 내 영혼아 네가 어찌하여 낙심하며 어찌하여 내 속에서 불안해 하는가 너는 하나님께 소
망을 두라 나는 그가 나타나 도우심으로 말미암아 내 하나님을 여전히 찬송하리로다

Why Are You Cast Down, O My Soul?

42 To the choirmaster. A Maskil of the Sons of Korah.

1 As a deer pants for flowing streams, so pants my soul for you, O God.

2 My soul thirsts for God, for the living God. When shall I come and appear before God?

3 My tears have been my food day and night, while they say to me all the day long,
"Where is your God?"

4 These things I remember, as I pour out my soul: how I would go with the throng and
lead them in procession to the house of God with glad shouts and songs of praise, a
multitude keeping festival.

5 Why are you cast down, O my soul, and why are you in turmoil within me? Hope in
God; for I shall again praise him, my salvation 6 and my God.

6 My soul is cast down within me; therefore I remember you from the land of Jordan
and of Hermon, from Mount Mizar.

7 Deep calls to deep at the roar of your waterfalls; all your breakers and your waves
have gone over me.

8 By day the Lord commands his steadfast love, and at night his song is with me, a
prayer to the God of my life.

9 I say to God, my rock: "Why have you forgotten me? Why do I go mourning because
of the oppression of the enemy?"

10 As with a deadly wound in my bones, my adversaries taunt me, while they say to
me all the day long, "Where is your God?"

11 Why are you cast down, O my soul,

제 2권의 시편들은 고라의 아들들, 성전 음악가들(42-49편); 다른 성전 그룹의 창시자인 아삽(50편); 다윗 (51-65편; 68-70편); 솔로몬 (72편)등 여러 출처에서 가져왔다. 또한 익명의 세 개의 시편도 포함되어 있다.(66, 67, 71편) ('레 다비드'는 전체 시편에서 총 73편이다.)

주석은 시43편에서 함께 제시된다.

머나먼 고향 2(43:1-5)

제43편 주의 빛과 주의 진리를 보내어주소서

1 하나님이여 나를 판단하시되 경건하지 아니한 나라에 대하여 내 송사를 변호하시며
간사하고 불의한 자에게서 나를 건지소서
2 주는 나의 힘이 되신 하나님이시거늘 어찌하여 나를 버리셨나이까 내가 어찌하여 원
수의 억압으로 말미암아 슬프게 다니나이까
3 주의 빛과 주의 진리를 보내시어 나를 인도하시고 주의 거룩한 산과 주께서 계시는 곳
에 이르게 하소서
4 그런즉 내가 하나님의 제단에 나아가 나의 큰 기쁨의 하나님께 이르리이다 하나님이
여 나의 하나님이여 내가 수금으로 주를 찬양하리이다
5 내 영혼아 네가 어찌하여 낙심하며 어찌하여 내 속에서 불안해 하는가 너는 하나님께
소망을 두라 그가 나타나 도우심으로 말미암아 내 하나님을 여전히 찬송하리로다

43 Send Out Your Light and Your Truth

1 Vindicate me, O God, and defend my cause against an ungodly people, from the
deceitful and unjust man deliver me!
2 For you are the God in whom I take refuge; why have you rejected me? Why do I go
about mourning because of the oppression of the enemy?
3 Send out your light and your truth; let them lead me; let them bring me to your holy
hill and to your dwelling!
4 Then I will go to the altar of God, to God my exceeding joy, and I will praise you with
the lyre, O God, my God.
5 Why are you cast down, O my soul, and why are you in turmoil within me? Hope in

God; for I shall again praise him, my salvation and my God.

A. 문맥분석

시42편과 43편은 한 쌍의 시(詩)지만 서로 떨어져있다.
이 한 쌍의 시편은 각자 독립적으로 불릴 수 있지만 실제는 하나로 조성된 시를 두 편의 각 부분으로 나눈 것으로, 시편에서 가장 슬프고도 아름답다. 두 시편이 한 쌍임을 보이는 증거로 두 시편은 하나의 제목이 제공될 뿐 아니라 '내가 어찌하여… 슬프게 다니나이까?' 라는 독백이 함께 나타나고(42:9과 43:2), 그리고 시42편 5절과 11절에서 밀접하게 반복되는 두 번의 외침이 시43:5에서 세 번째로 나온다는 점이다.(한글 성경은 세 구절을 모두 똑 같게 번역하였다.) 그것은 요단강 북쪽에서 가까이 들려오는 추방당한 '성전에서 노래하는 자'(레위지파 고라 자손)의 탄원으로 하나님의 집으로 돌아가기를 간절히 바라고 있으며, 그의 갈망은 자신을 하나님 안에서 믿음과 소망으로 전환시키고 있다.

B. 주석적 접근

1. 가뭄(42:1-5)

사슴이 시냇물을 찾기에 갈급함 같이(1)

이 운율의 시는 '시냇물에 헐떡거리는 심장을 식히는 사슴'에서 '추격으로 인하여 뜨거워진'(상태)감각을 더하고 있다. 시편 기자는 이 갈급함을 욜1:20의 가뭄으로 깊어져가는 고뇌와 유사한 상황과 렘14:1-6의 시들어버린 풍경과 말라 죽어가는 생물의 절망적인 상태를 묘사하는 듯하다.

> 들짐승도 주를 향하여 헐떡거리오니 시내가 다 말랐고… –욜1:20
>
> 가뭄에 대하여 예레미야에게 임한 여호와의 말씀이라 유다가 슬퍼하며 성문의 무리가 피곤하여 땅 위에서 애통하니 예루살렘의 부르짖음이 위로 오르도다. 귀인들은 자기 사환들을 보내어 물을 얻으려 하였으나 그들이 우물에 갔어도 물을 얻지 못하여 빈 그릇으로 돌아

오니 부끄럽고 근심하여 그들의 머리를 가리며 땅에 비가 없어 지면이 갈라지니 밭 가는 자가 부끄러워서 그의 머리를 가리는도다 들의 암사슴은 새끼를 낳아도 풀이 없으므로 내버리며 들 나귀들은 벗은 산 위에 서서 승냥이 같이 헐떡이며 풀이 없으므로 눈이 흐려지는도다 – 렘14:1–6

(사슴은 열이 많아 자주 물을 마셔야 하는 동물이다. 이는 신자의 영적 갈급함과 조화된다.)

어느 때에 나아가서 하나님의 얼굴을 뵈올까(2)

그의 긴 영적 시련은 2절의 애수에 찬 모습에서 보여주는데 "너희 하나님이 어디 있느뇨"라는 구경꾼의 조롱에 의해 그의 처지의 공허함이 드러난다.(3)

그는 사람들 앞에서 신앙을 선언했기 때문에 하나님의 길을 헤아릴 수 없을 때 그는 조롱받을 수 있는 취약함에 놓인다. 그의 내면의 상처는 하나님을 향하여 멈출 수 없는 갈증 때문이다. 구절 1b와 2절에서 반복을 참조하라.(구약에서 하나님의 얼굴을 찾는 것은 기도로 하나님께 나아가는 것을 의미하며, '하나님의 얼굴을 뵙다'는 표현은 예배를 위해 성소를 찾아 간다는 전문용어로 5회 사용되었다–출23:15,34:20,신31:11,시42:2, 사1:12)

이 '매 맞음을 당한 사슴'은 낙타가 아니면서 사막에 살고 또한 그것을 받아들인다. 그분은 모든 것을 풍족히 채워주겠다는 유혹 대신에 의에 주리고 목마른 사람들의 축복을 선택하셨다.

내가 전에 성일을 지키는 무리와 동행하여... 하나님의 집으로 인도하였더니... 이제 이 일을 기억하고 내 마음이 상하는도다(4)

시편 기자들에게 공적 예배에서의 문제의 핵심은 의심할 여지없이 하나님의 임재 자체였지만(1,2) 함께 드리는 예배에서 동료애와 더불어 감동적인 의식은 이것에 더하여지는 기쁨이었다.(시48, 68, 84편 및 '성전에 올라가는 노래'(120-134) 참조)

이 노래하는 자가 행렬에서 예배 자들을 이끈 것인지 아니면, 그들 가운데서 자리를 차지했는지는 고대 버전인 마소라 텍스트의 읽기 차이에 달려 있다.(NEB, JB의 변형 참조)

내 영혼아 네가 어찌하여 낙심하며 어찌하여 내 속에서 불안해하는가(5)

이 독백은 두 시편의 주요 후렴이다.(11,43절 43:5참조) 그것은 신자의 확신과 변화를 수반하는 한 인격체의 두 국면에 대한 중요한 대화다. 그의 마음은 하나님께 머물면서 영원히 살도록 부름 받았을 뿐만 아니라 동시에 마음과 몸이 핍박을 받을 때 회피할 수 없으며 또한, 그렇게 해서는 안 될 때가 있다.

> 지금 내 마음이 괴로우니 무슨 말을 하리요 아버지여 나를 구원하여 이 때를 면하게 하여 주옵소서 그러나 내가 이를 위하여 이 때에 왔나이다 - 요12:27

시편 기자의 반복적인 탄식은 우리 존재의 두 측면을 진지하게 받아들일 것을 우리에게 가르친다. 그의 고뇌가 하나님의 손에서 피할 수 있다는 암시가 없었던 것은 그의 사랑 안에서 일어났기 때문이거나 또는 견딜 수 없을 만큼 그의 신앙이 흔들리지 않았기 때문이다.

2. 깊음(42:6-11)

이것은 완전히 다른 모습이다. 헐몬 산의 기슭의 바위와 폭포를 달려 요단강의 발원지에서서 시인의 생각은 낯선 광경에 의해 혼란에 빠져든다.
그를 사로잡는 경관과 마찰음의 어떤 부분이 7절에서 히브리어로 반복적으로 나타난다.

주의[6] 폭포[7] 소리[5]에[4] 깊은 바다[i]가 서로[3] 부르며[2] (7)

테홈[1] 코레[2] 엘[3] 테홈[i] 레[4]-콜[5] 카[6] 친누르[7]

(tĕhôm qôrē el-tĕhôm qôl lĕqôl ka ṣinnôrè)

Deep[i] calls[2] to[3] deep[i] at[4] the roar[5] of your[6] waterfalls[7]

주의 모든 파도와 물결이 나를 휩쓸었나이다 (7b)

이 첫 단어 '테홈'[117] (깊음)은 창1:2에서 경이로운 배경을 가지고 있다.
여기서의 그림은 모두 압도적이다. 그의 발붙일 곳은 사라졌고 파도는 그를 물에 잠기도록 물결을 친다. 이것은 요나가 깊은 곳(심해)에서 취하는 바로 그 언어다[118](7b절)(욘2:3 참조)
자기를 삼켜버릴 것만 같은 두려움은 시인으로 하여금 하나님과 분리되었다는 생각에서

---

117) 태고의 바다(시104:6, 창1:2), 홍수(창7:11), 심연(시77:17, 욥38:30, 욘2:5)
118) 요2:3

비롯되었다. 그럼에도 그의 믿음은 계속 드러나고 있다.
6a에서(내 영혼이 내 속에서 낙심이 되므로) '**주를 기억하고**'는 '이제 이 일을 기억하고 내 마음이 상하다'는 4절의 향수를 드러낸다.(시인은 하나님으로부터의 단절이란 생각을 피하기 위해 의지적으로 지난날의 회상에 매달린다) 그 일들은 하나님과는 달리 자신이 더 이상 다다를 수없는 것이다. 다시 말하면, 깊은 물들은 주의 폭포, 주의 파도, 주의 물결로 보였다.
결국 8절은 9절 하반부처럼 하나님의 임재를 깊이 확신하고 있음에도 그의 부재로 인해 상처를 받고 있는 것이다.(참조, 5절에 대한 언급).
거기에는 여전히 스트레스가 완화되는 것은 없지만 감정의 배경에는 강한 확신을 가지고 있다. 그래서 8절과 3절에서는 낮과 밤사이에 뚜렷한 대조가 언급된다.
여기서 세 개의 후렴의 만남은 거슬리지 않으면서도 전체 구성을 함께 묶는다.
9b절은 43:2b 절과, 42b절은 3b와, 10b는 42:3b절과, 11절은 42:5과 43:5과 서로 묶인다.

3. 해방(43:1-5)

시42편에서는 비록 고통의 폭풍이 약화될 기미가 보이지 않지만 시인은 그러한 일들로 인하여 흔들리지 않는 믿음이 더욱 성장하는 것이 나타났다. 이 과정은 여기서도 계속된다.
어두운 분위기(2b,5)는 기도 가운데 확신의 성장으로 교차된다.
나의 무죄를 입증해 달라(1)는 것은 42:1f, 6f에서 말했던(갈급하다, 휩쓸었다.) 건조한 자백보다는 탄력적인 시작이다. 그리고 어둡고 불안함의 혹독한 시련은 주의 빛과 진리(하나님을 신뢰)를 탄원하는 긍정적인 요청을 통해 일소되고 있음을 지금 우리에게 나타내고 있다.(3)
3절의 이 기도는 문자적으로 본향을 필연적으로 바라보는지 아닌지에 대한 질문을 제기하는 방식으로 말하는 것이다.
하나님의 빛과 진리에 의해 집으로 인도되는 것은 이러한 자질을 나타내는 자에 한하여 망명에서 돌아오는 것을 의미할 수 있다. 그러나 그 말은 오히려 간접적인 방식이다.
그것은 이 빛과 진리를 감안할 때 시인이 하나님의 거룩한 언덕과 제단의 축복을 망명 속에서도 즐길 수 있다는 최소한의 가능성을 의미한다. 시편은 종종 예배의 외적 수단이 지

니는 동일한 영적 가치(감사, 회개, 기도)를 말한다.[119)]

따라서 세 번째 등장하는 최종적인 후렴(5)은 42:5,11절의 용기를 가질 수 있도록 하는 말과 음색이 다르며, 이는 단호하고 도전적인 의미 대신에 자신감에 근거한 선포와 같다. 본향의 종속 여부를 떠나, 시인은 하나님을 그의 '넘쳐나는 즐거움'과 단지 그의 도움이라고 표현하기엔 너무 미약한 그의 (놀라운) '구원'을 찬양하는 것일 수 있다. 외향적으로 변한 것은 없지만 그는 승리했다.

119) 시50:13f, 51:17, 141:2

국가적 패배(44:1-26)

제44편 고라 자손의 마스길, 인도자를 따라 부르는 노래

1 하나님이여 주께서 우리 조상들의 날 곧 옛날에 행하신 일을 그들이 우리에게 일러 주
매 우리가 우리 귀로 들었나이다
2 주께서 주의 손으로 뭇 백성을 내쫓으시고 우리 조상들을 이 땅에 뿌리박게 하시며 주
께서 다른 민족들은 고달프게 하시고 우리 조상들은 번성하게 하셨나이다
3 그들이 자기 칼로 땅을 얻어 차지함이 아니요 그들의 팔이 그들을 구원함도 아니라 오
직 주의 오른손과 주의 팔과 주의 얼굴의 빛으로 하셨으니 주께서 그들을 기뻐하신
까닭이니이다
4 하나님이여 주는 나의 왕이시니 야곱에게 구원을 베푸소서
5 우리가 주를 의지하여 우리 대적을 누르고 우리를 치러 일어나는 자를 주의 이름으로
밟으리이다
6 나는 내 활을 의지하지 아니할 것이라 내 칼이 나를 구원하지 못하리이다
7 오직 주께서 우리를 우리 원수들에게서 구원하시고 우리를 미워하는 자로 수치를 당
하게 하셨나이다
8 우리가 종일 하나님을 자랑하였나이다 우리는 하나님의 이름에 영원히 감사하리이
다(셀라)
9 그러나 이제는 주께서 우리를 버려 욕을 당하게 하시고 우리 군대와 함께 나아가지 아
니하시나이다
10 주께서 우리를 대적들에게서 돌아서게 하시니 우리를 미워하는 자가 자기를 위하여
탈취하였나이다
11 주께서 우리를 잡아먹힐 양처럼 그들에게 넘겨 주시고 여러 민족 중에 우리를 흩으셨
나이다
12 주께서 주의 백성을 헐값으로 파심이여 그들을 판값으로 이익을 얻지 못하셨나이다

13 주께서 우리로 하여금 이웃에게 욕을 당하게 하시니 그들이 우리를 둘러싸고 조소하
고 조롱하나이다
14 주께서 우리를 뭇 백성 중에 이야기 거리가 되게 하시며 민족 중에서 머리 흔듦을 당
하게 하셨나이다
15 나의 능욕이 종일 내 앞에 있으며 수치가 내 얼굴을 덮었으니
16 나를 비방하고 욕하는 소리 때문이요 나의 원수와 나의 복수자 때문이니이다
17 이 모든 일이 우리에게 임하였으나 우리가 주를 잊지 아니하며 주의 언약을 어기지 아
니하였나이다
18 우리의 마음은 위축되지 아니하고 우리 걸음도 주의 길을 떠나지 아니하였으나
19 주께서 우리를 승냥이의 처소에 밀어 넣으시고 우리를 사망의 그늘로 덮으셨나이다
20 우리가 우리 하나님의 이름을 잊어버렸거나 우리 손을 이방 신에게 향하여 폈더면
21 하나님이 이를 알아내지 아니하셨으리이까 무릇 주는 마음의 비밀을 아시나이다
22 우리가 종일 주를 위하여 죽임을 당하게 되며 도살할 양 같이 여김을 받았나이다
23 주여 깨소서 어찌하여 주무시나이까 일어나시고 우리를 영원히 버리지 마소서
24 어찌하여 주의 얼굴을 가리시고 우리의 고난과 압제를 잊으시나이까
25 우리 영혼은 진토 속에 파묻히고 우리 몸은 땅에 붙었나이다
26 일어나 우리를 도우소서 주의 인자하심으로 말미암아 우리를 구원하소서

Come to Our Help

44 To the choirmaster. A Maskil of the Sons of Korah.

1 O God, we have heard with our ears, our fathers have told us, what deeds you
performed in their days, in the days of old:
2 you with your own hand drove out the nations, but them you planted; you afflicted
the peoples, but them you set free;
3 for not by their own sword did they win the land, nor did their own arm save them,
but your right hand and your arm, and the light of your face, for you delighted in
them.

4 You are my King, O God; ordain salvation for Jacob!

5 Through you we push down our foes; through your name we tread down those who rise up against us.

6 For not in my bow do I trust, nor can my sword save me.

7 But you have saved us from our foes and have put to shame those who hate us.

8 In God we have boasted continually, and we will give thanks to your name forever. Selah

9 But you have rejected us and disgraced us and have not gone out with our armies.

10 You have made us turn back from the foe, and those who hate us have gotten spoil.

11 You have made us like sheep for slaughter and have scattered us among the nations.

12 You have sold your people for a trifle, demanding no high price for them.

13 You have made us the taunt of our neighbors, the derision and scorn of those around us.

14 You have made us a byword among the nations, a laughingstock among the peoples.

15 All day long my disgrace is before me, and shame has covered my face

16 at the sound of the taunter and reviler, at the sight of the enemy and the avenger.

17 All this has come upon us, though we have not forgotten you, and we have not been false to your covenant.

18 Our heart has not turned back, nor have our steps departed from your way;

19 yet you have broken us in the place of jackals and covered us with the shadow of death.

20 If we had forgotten the name of our God or spread out our hands to a foreign god,

21 would not God discover this? For he knows the secrets of the heart.

22 Yet for your sake we are killed all the day long; we are regarded as sheep to be slaughtered.

23 Awake! Why are you sleeping, O Lord? Rouse yourself! Do not reject us forever!

24 Why do you hide your face? Why do you forget our affliction and oppression?

25 For our soul is bowed down to the dust; our belly clings to the ground.

26 Rise up; come to our help! Redeem us for the sake of your steadfast love!

A. 문맥분석

무고히 고통을 받는 자는 시편에서 수많은 자기성찰을 겪는다. 그러나 더 큰 단위인 국가의 순결은 보다 더 난해한 문제다. 국가의 죄는 그것이 주는 고통을 너무 쉽게 여길 수 있다. 이 시편은 국가 재난의 원인이 죄로 인한 징벌보다 다른 어떤 원인을 찾은 가장 명백한 예일 것이다. 그것은 가장 큰 혼란의 측면인 '우리가 종일 죽임을 당하게 되며'(22)라는 구절의 뜻에서 답의 한 단면이 드러난다.

일순간 하나님의 백성들은 국지전 이상의 전쟁에 휘말리게 된 것처럼 보인다. 즉 주님과 그의 기름부음 받은 자들'에게 대적하는(2:2)' 땅의 왕들과 관원들과의 싸움이다.

신약 성경은 그 자리에 있는 여러 정황들이 박해받을 교회로서 여기에 예시되었고, 패배하지 않고 승리한 이유를 알게 한다.(롬8:36ff)

민족들 사이의 흩어짐(11)과 우상 숭배에 대한 백성들의 양심을 정화시킴은(17ff.) 시편 구성에 있어서 바벨론의 유수를 드러내는 으뜸적인 장면처럼 보인다. 그러나 거기에는 유수 이전에도 추방당함이 있었지만 (암1:6,9 참조), 다윗의 시60편과 같이 충성스러운 왕의 치세 하에서는 패배가 알려지지 않았음을 상기시켜 준다.

시편의 두 번째 책에서 이 시편의 삽입은 곧 시편 제 2권이 바벨론 유수기에 대한 자료일 가능성을 높이고 있다.(포로기의 시편)

- 길로 지나가는 자들에게 다 탈취를 당하며 그의 이웃에게 욕을 당하나이다 – 시89:41
- 기록된바 우리가 종일 주를 위하여 죽임을 당하게 되며 도살당할 양 같이 여김을 받았나이다 함과 같으니라 – 롬8:36
- 내가 왕벌을 너희 앞에 보내어 그 아모리 족속의 두 왕을 너희 앞에서 쫓아내게 하였나니 너희의 칼이나 너희의 활로써 이같이 한 것이 아니며 – 수24:12
- 우리는 우리 이웃에게 비방 거리가 되며 우리를 에워싼 자에게 조소와 조롱거리가 되었

나이다 – 시79:4

■ 우리를 우리 이웃에게 다툼 거리가 되게 하시니 우리 원수들이 서로 비웃나이다 – 시89:6–

B. 주석

1. 영광스러운 과거(1-8)

Cranmer[120]가 선창기도(Litany)에서 이 시편의 첫 구절과 마지막 구절(26)을 선언과 탄원으로 함께 취했을 때 그것은 기도를 이스라엘의 단순한 유물이 아닌 기독교의 유산으로 취급하고 있었다. 롬8:36(시44:11)도 똑같은 일을 하는데,(위 참조) 시편 자체는 하나님 백성이 모든 세대를 따라 내려올 것으로 기대되는 연속성에 근거를 두고 있다.

주께서... 행하신 일을... 우리 귀로 들었나이다... 주의 손으로... 번성하게 하셨나이다 ... 주의 오른손과 팔과 얼굴의 빛으로 하셨으니(1-3)

과거와 연결할 때 그들의 모든 강함은 아버지의 공로일 뿐 자신의 것이 아니라는데 이의가 없고, 믿음의 영웅들이 달려온 과거를 돌아볼 때 그 이후 퇴행한 것에 대해 질문이란 없다.

주를 의지하여 우리 대적을 누르고 주의 이름으로 밟으리이다(5)

그들은 성공의 비밀도 잃지 않았다. 만일 왕이 4절에서 연사라면 그는 이제까지 그랬던 것처럼 이스라엘이 여전히 신정주의라고 선언하고 있다. "오 하나님 주는 나의 왕이십니다. "(RSV)라는 그 부르짖음은 신하로서 충성된 경의를 표하는 행위임과 동시에 기도로('승리를 주시기로 작정되었다') 표현되는 것이다.

나는 내 활을 의지하지 아니할 것이라(6)

6절의 강한 강조점은 내 활도 아니고 내 검도 아니라는 것이다.

---

120) Thomas Cranmer(149–1556): 예배의식을 위한 기도서(성직자의 선포와 회중의 응창)

3절의 분명한 메아리는 구원을 이룬 것은 '자신들의 검도 아니고~ 자신의 팔도 아니라' 그들이 전투에서 변화시킨 것은 재난이라는 결과 외에는 아무것도 없다. 이것은 다음 단락의 주제다.

2. 최악의 선물(9-16)

9b절은 현재 시제에 의해 더 잘 번역되어질 수 있다. 그리고 '우리 군대와 함께 나아가지 아니하시나이다'는 시60:10절과 똑같다. 이것이 사실이라면 나머지는 놀랄 일이 아니다. 그러나 많은 부분이 사실이라는 것에 의존할 때 그것은 17절 하반에서 탐구될 것이다.(능욕과 수치 앞에서도 우리가 주를 잊지 아니하며 언약을 어기지도 않았고, 주의 길을 떠나지도 아니하였다.) 그 사이에 하나님의 백성의 고난은 10-12절의 모든 행간에서 패주, 전리품, 학살, 흩어짐 및 노예라는 단어와 함께 깊어진다.

그러나 이보다 더 나쁜 것은 15f절에 묘사된 내면의 적과 싸워야 하는 것이었다. 그것은 13f에서 그들에 대한 세상의 평가를 받아들임으로 인한 완전한 자신감의 상실이었다. 그들은 파괴되었고 사기는 꺾였다. 그러나 그들은 발생된 일에 대해 포기할 정도로 사기가 저하되지 않았다. 이것이 다음 단락에서 그들을 인도할 것이고 그리고 우리를 신약의 답변으로 이어줄 것이다.

3. 오! 주님 어찌하여?(17-26)

17-22절의 자기성찰에서, 드러나기 시작한 중요한 사실은 재난은 하나의 일이며 치욕은 또 다른 것이다. 하나님의 진노를 입증하는 것처럼 보이는 패배는 이제는 진노의 철회로 보이는 23절 후반에서 거절을 늦추시지 않도록 모든 사람이 기대했던 것을 행할 것을 요청하고 있다. 시편은 인간의 충성심이나 방식의 명백한 변화와 일치하지 않을 수도 있는 축복과 메마름, 진보와 퇴보에 있어서 기독교 역사에 상응하는 어리둥절한 변동을 탐구하는 것이다.

비록 주무시는 여호와의 그림이 우리에게 순진해 보일지라도, 그것은 신약에서 여전히 우리를 교훈하기 위하여 역사하신 것이었다.(23) (막4:38. 참조)

그러나 요점은 주님을 깨우는 22절에 있다. 이 詩는 그것을 드러내지는 않지만, 고통은 처벌(거절)이 아닌 하나님과 전쟁 중에 있는 세상에서의 충성의 대가로서의 전흔(전쟁의 상처)이 될 수 있다는 획기적인 생각을 암시한다. 그렇다면, 승리뿐 아니라 (실패라는) 반전도 소외가 아니라 그분과의 교제의 표시일 수 있다.

그래서 바울은 22절을 '패배 이상의 것'(9-16절 해석 참조) 즉 절망으로가 아니라 **'이 모든 일에서 우리를 사랑하시는 이로 말미암아 정복자보다 더 강하다'**는 확신을 가지고 있다.

> 기록된바 우리가 종일 주를 위하여 죽임을 당하게 되며 도살당할 양 같이 여김을 받았나이다 함과 같으니라. 그러나 이 모든 일에 우리를 사랑하시는 이로 말미암아 우리가 넉넉히 이기느니라 – 롬8:36-37

23절에서 주님의 신성한 수면은 초연하심과 무심하신 모습이다.

'주여 깨소서 어찌하여 주무시나이까' 그러나 이 시의 마지막에서 그들에게 주어지는 현실의 뒤편은 변함없는 영원한 사랑이다.('헤세드')

왕실 결혼[왕의 결혼](45:1-17)

제45편 고라 자손의 마스길, 사랑의 노래, 인도자를 따라 소산님에 맞춘 것

1 내 마음이 좋은 말로 왕을 위하여 지은 것을 말하리니 내 혀는 글 솜씨가 뛰어난 서기관의 붓끝과 같도다

2 왕은 사람들보다 아름다워 은혜를 입술에 머금으니 그러므로 하나님이 왕에게 영원히 복을 주시도다

3 용사여 칼을 허리에 차고 왕의 영화와 위엄을 입으소서

4 왕은 진리와 온유와 공의를 위하여 왕의 위엄을 세우시고 병거에 오르소서 왕의 오른손이 왕에게 놀라운 일을 가르치리이다

5 왕의 화살은 날카로워 왕의 원수의 염통을 뚫으니 만민이 왕의 앞에 엎드러지는도다

6 하나님이여 주의 보좌는 영원하며 주의 나라의 규는 공평한 규이니이다

7 왕은 정의를 사랑하고 악을 미워하시니 그러므로 하나님 곧 왕의 하나님이 즐거움의 기름을 왕에게 부어 왕의 동료보다 뛰어나게 하셨나이다

8 왕의 모든 옷은 몰약과 침향과 육계의 향기가 있으며 상아궁에서 나오는 현악은 왕을 즐겁게 하도다

9 왕이 가까이 하는 여인들 중에는 왕들의 딸이 있으며 왕후는 오빌의 금으로 꾸미고 왕의 오른쪽에 서도다

10 딸이여 듣고 보고 귀를 기울일지어다 네 백성과 네 아버지의 집을 잊어버릴지어다

11 그리하면 왕이 네 아름다움을 사모하실지라 그는 네 주인이시니 너는 그를 경배할지어다

12 두로의 딸은 예물을 드리고 백성 중 부한 자도 네 얼굴 보기를 원하리로다

13 왕의 딸은 궁중에서 모든 영화를 누리니 그의 옷은 금으로 수 놓았도다

14 수 놓은 옷을 입은 그는 왕께로 인도함을 받으며 시종하는 친구 처녀들도 왕께로 이끌려 갈 것이라

15 그들은 기쁨과 즐거움으로 인도함을 받고 왕궁에 들어가리로다
16 왕의 아들들은 왕의 조상들을 계승할 것이라 왕이 그들로 온 세계의 군왕을 삼으리로다
17 내가 왕의 이름을 만세에 기억하게 하리니 그러므로 만민이 왕을 영원히 찬송하리로다

Your Throne, O God, Is Forever

45 To the choirmaster: according to Lilies. A Maskil of the Sons of Korah; a love song.

1 My heart overflows with a pleasing theme; I address my verses to the king; my tongue is like the pen of a ready scribe.
2 You are the most handsome of the sons of men; grace is poured upon your lips; therefore God has blessed you forever.
3 Gird your sword on your thigh, O mighty one, in your splendor and majesty!
4 In your majesty ride out victoriously for the cause of truth and meekness and righteousness; let your right hand teach you awesome deeds!
5 Your arrows are sharp in the heart of the king's enemies; the peoples fall under you.
6 Your throne, O God, is forever and ever. The scepter of your kingdom is a scepter of uprightness;
7 you have loved righteousness and hated wickedness. Therefore God, your God, has anointed you with the oil of gladness beyond your companions;
8 your robes are all fragrant with myrrh and aloes and cassia. From ivory palaces stringed instruments make you glad;
9 daughters of kings are among your ladies of honor; at your right hand stands the queen in gold of Ophir.
10 Hear, O daughter, and consider, and incline your ear: forget your people and your father's house,
11 and the king will desire your beauty. Since he is your lord, bow to him.
12 The people of Tyre will seek your favor with gifts, the richest of the people.

13 All glorious is the princess in her chamber, with robes interwoven with gold.

14 In many-colored robes she is led to the king, with her virgin companions following behind her.

15 With joy and gladness they are led along as they enter the palace of the king.

16 In place of your fathers shall be your sons; you will make them princes in all the earth.

17 I will cause your name to be remembered in all generations; therefore nations will praise you forever and ever.

A. 문맥분석

이 결혼 축제는 성대한 행사만큼이나 눈부시다. 이 혼인식의 외적인 화려함은 모든 줄에서 환기되며, 우리는 이 혼인식의 표면 아래에서 두 주역인 끝과 시작(10f, 16f)을 위한 중대한 사건을 감지할 수 있는데, 이들은 둘 다 자신들뿐만 아니라 왕국을 위해 장래에 태어날 그들의 자손들을 결속시키는 중추적인 역할을 한다. 이 시의 전 후편은 메시아닉이다. 왕실의 찬양은 갑자기 하나님의 영광(6f)으로 꽃피는데, 신약성경은 그것들을 최고의 가치로 받아들일 것이다. 이 마지막 지점은 결혼 시편의 또 다른 사례인 노래를 암시할 수 있는데, 그것은 '왕께만 드리는 노래'(the Song of Song)에 대한 함축적 의미를 가지고 있다. 그 노래와 마찬가지로 그 시와 그 제목에 의해 시편이 문자 그대로 드러나는 혼인식은 의심할 여지없이 그리스도에 관한 것이다.

- 아들에 관하여는 하나님이여 주의 보좌는 영영하며 주의 나라의 규는 공평한 규이니이다 – 히1:8
- 주께서 의를 사랑하시고 불법을 미워하셨으니 그러므로 하나님 곧 주의 하나님이 즐거움의 기름을 주께 부어 주를 동류들보다 뛰어나게 하셨도다 하였고 – 히1:9
- 그가 영원토록 지극한 복을 받게 하시며 주 앞에서 기쁘고 즐겁게 하시나이다 – 시21:6
- 그들이 다 그를 증언하고 그 입으로 나오는 바 은혜로운 말을 놀랍게 여겨 이르되 이 사

람이 요셉의 아들이 아니냐 – 눅4:22

- 일찍이 예수께 밤에 찾아왔던 니고데모도 몰약과 침향 섞은 것을 백 리트라쯤 가지고 온지라 – 요19:39

B. 주석적 접근

1. 프롤로그 : 왕을 위한 구절(1)

내 마음이 좋은 말로 왕을 위하여 지은 것을 말하리니(1)

이것은 시편 기자가 우리에게 작곡(作詩) 과정을 엿볼 수 있게 하는 드문 경우중 하나다.(삼상23:2, 시36:1,39:1-3, 49:3f,7 3:2ff, 78:2f)

이런 구절들은 거의가 듣도록 외치는 주제를 말하는 경우다.

시인의 마음은 열정적이고 말은 거침이 없다. 다른 구절들에서 영감의 다른 양상들이 나타나는데 율법과 선지자의 양상들이다. 본 구절에서 고라 자손이 왕에게 글을 올리며 즐거워하는 모습은 감사와 기쁨 속에서 평소 시인의 내면을 잘 드러내고 있다.

2. 왕다운 수준(2-5)

이 왕은 허울(피겨헤드)뿐만 아니라 왕의 존엄에 걸맞은 영광을 수반하는 모든 것의 체현이다. 그것은 옛적부터 지속적으로 겸비되도록 요구되었고(2c, 6a) 한 사람 안에서 나타나는 강력한 개인적인 영광(2ff)이었다. 이러한 인물의 묘사는 관습적인 겉치레 말에 의해 폄훼되어질 수 있는 왕이 아니라 그는 실제적으로 '만인의 지상'과 같이 말할 수 있다.(2a)

그는 '온유(겸손)와 공의'로 '이기고(정복하고) 또 이기시며'(3-5절),(계6:2)

그는 '충실하고 진실한 자라'(참조, 4a, b)고 말한다.

왕은... 은혜를 입술에 머금으니... 하나님이 왕에게 영원히 복을 주시도다(2)

하나님이 당신에게 영원히 복을 주신다는 구절은 롬9:5의 마지막 말씀을 일깨워 준다.

"그는 만물 위에 계셔서 세세에 찬양을 받으실 하나님이시니라 아멘"

그렇다면 시편이 나중에 하나님으로서 왕(6f)을 언급한다는 사실은 그것은 약속의 자녀에 관한 바울의 난해한 논제와 관련되어 있다.

왕은 진리와 온유와 공의를 위하여 왕의 위엄을 세우시고 병거에 오르소서(4)

'왕의 위엄을 세우시고 병거에 오르소서' 라는 세 번째 구절은 장엄한 찬송가에 영감을 주었다. 히브리어 성경이나 AV 등에서는 '온유한 자를 구원하시고 주의 길을 따르게 하소서' 에서 온유에 대한 생각을 이끌어 낸다. 그러나 히브리어 읽기에서 이전 version의 '진리와 온유-공의를 인하여'('for the cause of truth and meekness-righteousness')를 새 버전은 이전 버전에 '그리고'를 추가하여 문자적으로 가장 쉬운 읽기를 사용한다.

truth and meekness and righteousness
에메트 웨 아느와 체데크

(하지만) 전체적으로 볼 때 가장 간단한 해결책은 LXX, Vulg에서처럼 여전히 '온유는 공의' 인 것 같다.(진리는 명제고 그 진리는 온유 곧 공의에 의한 실천적 체현을 성취하라는 뜻이다. 칭의 - '미시파트'와 성화 - '체다크'의 관계처럼)

온유한 자를 정의로 지도하심이여 온유한 자에게 그의 도를 가르치시리로다 여호와의 모든 길은 그의 언약과 증거를 지키는 자에게 인자와 진리로다 -시25:9~10

도('데레크')와 길('오라흐')은 동의어로 서로 대구(對句)를 이룬다.

왕의 오른손이 왕에게 놀라운 일을 가르치리이다(4b)

오른손[121] '야민' 은 전능하신 능력을 상징한다.(시98:1)

그들을 그의 성소의 영역 곧 그의 오른손으로 만드신 산으로 인도하시고 - 시78:54

---

121) 복의 통로: 창48:13 ,능력(구원): 출15:6 시20:6, 98:1, 80:15, 110:1, 138:7 보호: 시16:8, 60:8

3. 왕의 상태(6-9)

주의 보좌는 영원하며(6)

주의보좌는 하나님의보좌라 영원하며 왕좌와 왕권은 왕의 빛나는 명예의 공식적인 화려함을 상징한다. 그의 명예를 수호함에 있어서는 어떠한 비용을 들인다 해도 결코 과하다고 말할 사람은 없다. 그러나 이것들은 6,7절에서 왕에게 전해지는 놀라운 단어들의 옆에 놓인 부수적인 것들에 불과하다.

RSV, NEB 및 RP는 "하나님 보좌"라는 단어로 줄여서 시작함으로서 6절의 명백한 의미에서(고대 버전과 신약으로 확인 된) 벗어나 있다.(다윗의 언약 삼하7:16)

그러나 히브리서는 여기에서 미화적인 묘사를 거부한다. 신약 성경은 하나님의 아들이 천사들보다 우월하다는 것을 증명할 때 심판의 자리로서 그것을 인용한다.

> 아들에 관하여는 하나님이여 주의 보좌는 영영하며 주의 나라의 규는 공평한 규이니이다
>
> – 히1:8f

이에 더하여 7절은 '**하나님**'과 '**당신의 하나님**'으로 구별하고 있으며 6절에서는 왕은 '하나님'의 자리에 위치한다. 이 역설은 성육신과 일치하지만 다른 주석에서는 신비화 되고 있다.

이것은 구약성서의 언어의 둑을 터뜨리는 한 예로 인간성취(human fulfilment) 이상의 것을 요구하는 것이다.(시110:1에서 그리하셨던 것처럼 – 여호와께서 내 주에게)

기원전(기독교 이전)이었던 70인 역에서 이 구절이 함의하는 본질을 유지하며 번역될 수 있었던 신실함은 그저 놀라울 뿐이다.(성경의 영감설)

왕의 모든 옷은 몰약과 침향과 육계의 향기가 있으며 상아궁에서 나오는 현악은 왕을 즐겁게 하도다(8)

상아궁(전)이란 이름은 상아로 벽면이나 장식으로 아로새긴 까닭에 그렇게 명명되었다. 여기서의 의미는 왕을 위해 만든 이 모든 것들이 지니는 보배로운 가치가 왕의 격조와 상

응된다는 것이다. 아합의 궁전도 다른 위대한 집들처럼(암3:15, 6:4) 그렇게 상아궁전으로 장식되었다.(왕상 22:39).

몰약과 침향과 육계(계수나무 껍질)**의 향기**: 왕의 옷에 치장된 재료.

왕이 가까이 하는 여인들 중에는 왕들의 딸이 있으며
왕후는 오빌의 금으로 꾸미고 왕의 오른쪽에 서도다(9)

설정된 장면의 절정은 시의 다음 부분의 주제가 될 여왕이 자신을 위해 준비된 장소에서 도착한 것이다. 그녀의 위치는 결혼식뿐만 아니라 국사(나랏일)에서도 그의 곁에 있게 될 것이다.(여기서 '왕들의 딸'은 타국 왕의 딸들이다.)

> 그 때에 왕후도 왕 곁에 앉아 있었더라 왕이 내게 이르시되 네가 몇 날에 다녀올 길이며 어느 때에 돌아오겠느냐 하고 왕이 나를 보내기를 좋게 여기시기로 내가 기한을 정하고 – 느2:6
>
> 또 함께 일으키사 그리스도 예수 안에서 함께 하늘에 앉히시니 – 엡2:6

4. 신부의 충성(10-12)

왕실 결혼은 연합이 특별히 강조되는 가운데 모든 결혼생활과 동일하게 새롭게 시작한다. 듣고, 생각하고... 잊으라(10)–옛 것을 버리고 새 것을 취하라.(거듭남) 여기에서 핵심은 옛 충성은 새 것과 경쟁할 수 없는 왕의 딸(13)로서 신부에게 내려진다. 이 구절은 창세기 2:24의 중요한 대응 자로 서 있는데,(남자가 부모를 떠나 그의 아내와 합하여 둘이 한 몸을 이룰지로다.) 그것은 남편이 자신의 아내에게 자신을 돌리기 위해 이전의 가정에 연관된 것에서 자신의 분리를 강조한 것이다. 그 문제에 대한 그의 입장은 신부 (11a)에 대한 열망보다는 미래에 대한 새로운 길을 모색하고, 또 아들보다는 부모가 되는 것을 여기에서 보게 된다.

두로의 딸은 예물을 드리고 백성 중 부한 자도 네 얼굴 보기를 원하리로다(12)

신부의 순종은 남편과 왕(11b의 '그는 네 주인이시니'(Sarah의 주인장, 창18:12 참조)이라는 양면의 파트너에게 존중의 손을 잡는 것이며 그녀 또한 그에게서 도출한 존엄성과 조화를 이루는 것이다.

그의 친구들과 그에게 속한 모든 것들은 이제 그녀의 것이다. 그녀는 그녀의 존경심으로 패자가 아니라 이익을 얻는다. 두로는 결론적으로 부를 말한다.(겔27:1-6) 동시에 다윗과 솔로몬의 옛 교역상대로 언급된다. RSV는 유대인은 '두로의 딸'이라 했는데 이는 개인보다는 오히려 백성들을 의미하는 것 같다.(사47:1-6) (세속에 탐닉)

RSV와 대부분의 현대 주석들이 13절의 첫 번째 구절(온갖 종류의 영화를 누림)이 12절에 종속되어야하는지 독립 절인지의 여부에 대하여 논쟁중이나 그다지 중요하지 않다.

5. 신부의 행렬(13-15)

왕의 딸은 궁중에서 모든 영화를 누리니(13)

AV는 '왕의 딸은 모두 영광 안에 있다'라고 번역했다. 그러나 'within'이라는 단어는 대개 건물 내부를 의미하기 때문에 RSV는 그녀의 처소에서 왕궁으로 향하는 행렬을 바라보고 있다.(15) 시종하는 친구 처녀들을 JB는 단순히 '신부 들러리'라 칭한다.

신부의 호위는 왕이 모든 것을 준비하여 그녀를 기다리는 동안 그녀의 옷차림이 흐트러지지 않고 왕에게 인도되도록 하는 것으로 불필요한 허식이 아니다. 바울은 고후11:2에서 '너희를 정결한 처녀로 한 남편인 그리스도께 드리려고 중매함'이라고 했다.

이것은 하나님께서 남자에게 여자를 데려왔던 최초의 결혼식의 역설로서 마지막 때에 교회를 그녀의 남편을 위한 단장된 처녀처럼 준비하는 것이다.

결혼식에서 이러한 요소들을 없애는 것은 결혼 자체를 하찮게 여기는 것이며 신랑과 신부 사이의 명예를 실추시키는 것이다.

6. 왕권을 위한 아들들(16-17)

왕의아들들은왕의조상들을계승할것이라왕이그들로온세계의군왕을삼으리로다(16)

지금 여기서 당신과 당신들의 것은 남자로 부르는 왕이다. 그것은 새로운 영광의 약속이 과거라기보다는 미래 지향적인 관점으로의 전환을 뜻하는 것이다.(처녀 딸 시온-구약 교회는 하나님의 가족 개념에서 사랑스런 딸로, 신약교회는 맏아들에 의해 왕 같은 제사장으로써 아들로 묘사)

내가 왕의 이름을 만세에 기억하게 하리니 그러므로 만민이 왕을 영원히 찬송하리로다(17)
이 말은 간략히 하자면 '평생'에 감사를 드리겠다는 것으로 왕에게 합당한 공식적인 선한 소원일 수 있다. 그러나 6f의 메시아닉 예언은 땅에 거하는 자들을 심판하고 다스리시어(계6:10) 많은 아들들을 이끌어 영광에 들어가게 하시는(히2:10) 일에 우리를 준비시키는 것이다. 이 축복이 끝없는 찬미를 만들어 낼 것이다.

흔들리지 않는 도시(46:1-11)

제46편 고라 자손의 시, 인도자를 따라 알라못에 맞춘 노래

1 하나님은 우리의 피난처시요 힘이시니 환난 중에 만날 큰 도움이시라
2 그러므로 땅이 변하든지 산이 흔들려 바다 가운데에 빠지든지
3 바닷물이 솟아나고 뛰놀든지 그것이 넘침으로 산이 흔들릴지라도 우리는 두려워하
지 아니하리로다 (셀라)
4 한 시내가 있어 나뉘어 흘러 하나님의 성 곧 지존하신 이의 성소를 기쁘게 하도다
5 하나님이 그 성 중에 계시매 성이 흔들리지 아니할 것이라 새벽에 하나님이 도우시리
로다
6 뭇 나라가 떠들며 왕국이 흔들렸더니 그가 소리를 내시매 땅이 녹았도다
7 만군의 여호와께서 우리와 함께 하시니 야곱의 하나님은 우리의 피난처시로다 (셀라)
8 와서 여호와의 행적을 볼지어다 그가 땅을 황무지로 만드셨도다
9 그가 땅 끝까지 전쟁을 쉬게 하심이여 활을 꺾고 창을 끊으며 수레를 불사르시는도다
10 이르시기를 너희는 가만히 있어 내가 하나님 됨을 알지어다 내가 뭇 나라 중에서 높임
을 받으리라 내가 세계 중에서 높임을 받으리라 하시도다
11 만군의 여호와께서 우리와 함께 하시니 야곱의 하나님은 우리의 피난처시로다 (셀라)

God Is Our Fortress

46 To the choirmaster. Of the Sons of Korah. According to Alamoth. A Song.

1 God is our refuge and strength, a very present help in trouble.
2 Therefore we will not fear though the earth gives way, though the mountains be
moved into the heart of the sea,
3 though its waters roar and foam, though the mountains tremble at its swelling.
Selah

4 There is a river whose streams make glad the city of God, the holy habitation of the Most High.

5 God is in the midst of her; she shall not be moved; God will help her when morning dawns.

6 The nations rage, the kingdoms totter; he utters his voice, the earth melts.

7 The Lord of hosts is with us; the God of Jacob is our fortress. Selah

8 Come, behold the works of the Lord, how he has brought desolations on the earth.

9 He makes wars cease to the end of the earth; he breaks the bow and shatters the spear; he burns the chariots with fire.

10 "Be still, and know that I am God. I will be exalted among the nations, I will be exalted in the earth!"

11 The Lord of hosts is with us; the God of Jacob is our fortress. Selah

A. 문맥분석

루터의 전투 찬송가인 'Éin feste Burg'(견고한 성)은 이 시편에서 시작점을 잡았으며, 불굴의 정신을 취했지만 새로운 방향이 눈에 부각된다. 이 시편은 하나님의 주권을 다양하게 선포한다. 즉, 자연을 통치하는 권능(1-3), 자기 도시를 공격하는 자들을 다스리심(4-7) 및 전 세계의 전쟁을 통치하심(8-11)에 대한 것이다.

그러한 견고하고 반항적인 음색은 이 시의 배경이 위기의 때에 구성되었다는 것을 암시한다. 이것은 믿음의 고백을 더 배가시키는 인상을 준다. 그러나 위기는 미확인 상태로 남았고, 시편의 영역은 지역 상황을 초월하고 있으며, 역사적 고찰로 얻어지는 것은 거의 없다.(혹자는 이 시의 배경을 열왕기하 19장의 히스기야의 기도에 의한 하나님의 응답으로 읽지만(5) 본 주석에서는 출애굽 당시의 홍해의 새벽이다.)

- 여호와는 압제를 당하는 자의 요새이시요 환난 때의 요새이시로다 – 시9:9
- 그가 열방 사이에 판단하시며 많은 백성을 판결하시리니 무리가 그들의 칼을 쳐서 보습

을 만들고 그들의 창을 쳐서 낫을 만들 것이며 이 나라와 저 나라가 다시는 칼을 들고 서로 치지 아니하며 다시는 전쟁을 연습하지 아니하리라 – 사2:4

- 그 날에 눈이 높은 자가 낮아지며 교만한 자가 굴복되고 여호와께서 홀로 높임을 받으시리라 – 사2:11
- 시온의 주민아 소리 높여 부르라 이스라엘의 거룩하신 이가 너희 중에서 크심이니라 할 것이니라 – 사12:6
- 다만 여호와를 거역하지는 말라 또 그 땅 백성을 두려워하지 말라 그들은 우리의 먹이라 그들의 보호자는 그들에게서 떠났고 여호와는 우리와 함께 하시느니라 그들을 두려워하지 말라 하나 – 민14:9

B. 주석

1. 소동 중에 계시는 하나님(1-3)

최근까지도 인간은 세계적인 재앙의 가능성에 대한 여지를 거의 가지고 있지 않았다. 그러나 이 시편은 그것과 무의식적으로 마주 칠 수 있다. 우리의 진정한 안전은 하나님 안에 있고, 하나님 밖의 다른 무엇 안에도 있지 않다. 이 확신과 위협의 양면이 간결하게 서술되었다.

하나님은 우리의 피난처시요 힘이시니 환난 중에 만날 큰 도움이시라(1)

피난처는 방어나 구원의 외적인 측면을 제공한다. 하나님은 피난처를 찾는 자에게 변함이 없으시다. 힘은 아마도 역동적인 면을 의미한다. 즉, 하나님은 행동을 위해 약자들에게 힘을 주실 수 있다. '피난처와 힘' 모두는 '환난 중에 만날 큰 도움이시라'는 구절 안에 요약된다.

이 말씀은 하나님께서 마치 발견될 준비를 하고 계신다는 의미를 지니고 있다. 그리고 하나님의 임재는 어떤 상황에서도 '족함'을 나타낸다.[122)]

---

122) 수17:16, 슥10:10

너희는 여호와를 만날 만한 때에 찾으라 가까이 계실 때에 그를 부르라 – 사55:6

땅이 변하든지 산이 흔들려 바다 가운데에 빠지든지... 바닷물이 솟아나고 뛰놀든지 그것이 넘침으로 산이 흔들릴지라도 우리는 두려워하지 아니하리로다(2-3)

이것은 가장 사납게 요동치는 바다의 상징에 반하여, 땅과 산이라는 가장 불변하고 움직일 수 없는 두 가지 일에 대한 강력한 낱말카드와 같다.

그것은 시104:5-9에서 서술된 것처럼 땅과, 산들과 및 물들의 경계를 세우신 것에 의하여 만물이 계획대로 창조계획의 성취를 생각하기 시작한다. 여기에서 어렴풋이 보인 이 궁극적인 회복은 시102:25ff에 명시되어진 것과 같이 하나님의 구원의 최종적인 보증을 명료하게 만들어 낸다.

2. 그의 도성에 거하시는 하나님(4-7)

시편은 자연의 격변으로부터 격노한 사람에게 포위당한 도시로 전환된다.

한 시내가 있어 나뉘어 흘러 하나님의 성 곧 지존하신 이의 성소를 기쁘게 하도다(4)

하나님께서 함께하는 물은 더 이상 위협적인 바다가 아니라 생명을 주는 강이다. 시98:7f의 바다와 강은 그들의 창조주를 기뻐한다. 또한 사8:6절에서 둘러 싼 채 **'잔잔히 흐르는 물'** 은 하나님의 구원에 대한 묘사다.

(엄청난 수의 앗수르 군대가 예루살렘을 겹겹이 에워 쌓지만 그곳에 실로암의 생명수가 흐르고 있었다. 이 같은 관점은 본 사건의 배경을 왕하19장으로 이해한 읽기다.)

하나님의 도시는 구약 특히 시편과 본 시편의 주요한 주제 중 하나이며 다음의 기억할만한 두 그룹을 형성한다. 하나님께서 시온이나 예루살렘을 선택하신 것은 다윗을 선택하신 만큼이나 경이로운 것이다. 왜냐하면 그것은 '하나님의 함께하심' 그 자체가 강력한 힘인바(5) 마치 세상이 부러워하는 어떤 결과를 만들어내는 나라의 모성(母城-시87편)이 될 것이기 때문이다.[123] 결국 구약은 시온에 대하여 신약에서 지구상의 단순한 지역이 아닌 천국

123) 시68:15f 바산의 산(비옥함과 풍요를 상징: 사2:13)

공동체라는 관점을 이미 바라보았다.[124)]

하나님이 그 성 중에 계시매 성이 흔들리지 아니할 것이라 새벽에 하나님이 도우시리로다(5)

그녀가 흔들리지 않을 것이라는 약속은 작은 시온으로서 산과(2) 왕국이(6) 흔들린다고 반복되는 말과 비교함으로써 특별한 의미를 지니게 된다.(RSV)

또한 '새벽' 이란 말(문자적으로 '날의 시작' NEB)은 '날의 시작 때' 에 이집트의 군대를 삼켜버린 그 홍해의 현장으로 돌아가서[125)] 그 놀라운 구원의 메아리를 구축하고 있다.(앗수르 군대의 진멸은 밤에 진행되었고, 새벽에는 그 사실을 확인한 것이다. -왕하19:35)

뭇 나라가 떠들며 왕국이 흔들렸더니 그가 소리를 내시매 땅이 녹았도다(6)

다른 곳과 마찬가지로 심판은 여기서 양쪽 측면에서 보인다.

첫째, 악의 내재적인 불안정성이 표출되는 격동(난동)의 결과는 무너짐이다. (5절에서 비틀거림)

둘째, '**소리를 내시매**' 로 묘사된 하나님의 중재는 '말씀으로 세상을 창조하심' 과 같이 '세상을 해체시키심' 에도 결정적인 음성이시다.[126)]

만군의 여호와께서 우리와 함께 하시니 야곱의 하나님은 우리의 피난처시로다(7)

이 감동적인 첫 번째 행은 억제되어 말하는 듯하다.(그가 삼상17:45의 이스라엘 군대의 주인, 또는 왕상22:19에서의 하늘에 계신이든 간에) 그리고 두 번째 행에서는 야곱에 대한 선택의 은혜를 말한다. 여기와 11절에서 피난처라는 단어는 1절과 구분되며, 다다를 수 없는 높이를 의미하는데 따라서 NEB는 '우리의 높은 요새' 로 번역되었다.

3. 세상에서 높임을 받으시는 하나님(8-11)

이것은 현재의 승리가 그들이 미리 맛보는 것이기는 하지만 마침내 다가올 일의 비전이다.

---

124) 시48:2 터가 높고 아름다워 온 세계가 즐거워함이여 큰 왕의 성 ... 시온 산이 그러하도다

125) 출14:27

126) 시33:6,10

와서 여호와의 행적을 볼지어다 그가 땅을 황무지로 만드셨도다(8)

'보라' 이 말은 선견자나 선지자가 보는 것처럼 내면의 눈으로 보는 데 일반적으로 사용된다. 결과는 평화이지만 과정은 심판이다.

그 위안의 말은 전쟁을 중단시키는 것인데... 온화한 설득이 아닌 세계를 파괴하고 강압적으로 무장을 해제시키는 것이다.(8,9b)

이 순서는 심판으로부터 멀리 떨어져 있는 평온과 함께 구약의 예언과 종말과 일치하며 신약과도 일치한다.(사6:10-13, 9:5, 단12:1, 2, 벧후3:12f.)

너희는 가만히 있어 내가 하나님 됨을 알지어다 내가 뭇 나라 중에서 높임을 받으리라 내가 세계 중에서 높임을 받으리라(10)

여전히 공격을 당하고 있음에도 불구하고 첫 장면에서의 명령은 위로가 아니라 격동하는 세상을 책망한다. 그리고 세상을 향하여 조용하라고 명하는 것은 사실은 '떠나가라'는 명령과 유사하다. 그것은 성난 바다를 향한 또 다른 명령인 '평화여! 머물라. '(잠잠하라)와 유사점이 있다.(너희가 멈추지 않는다면 내가 세상 나라 속에서도 주(主)요 심판주임을 나타낼 것이라. 그리하여 나의 이름을 모든 곳에서 크고 영화롭게 할 것임이라.)

만군의 여호와께서 우리와 함께 하시니 야곱의 하나님은 우리의 피난처시로다(11)

그러나 결론은 인간의 소망이 아니라 하나님의 영광이 주된 관점이다. 그의 확고한 의도는 '내가 높임을 받으리라'(RS, RV보다 AV, RV가 더 정확함)는 것으로, 이 말씀은 교만한 자에게는 분노를 불러일으키기에 충분하지만 겸손한 자에겐 갈망과 결심을 불러일으키기에 충분한 것이다. **'주는 하늘 위에 높이 들리시며'** – 시57:11

또한 이 말씀은 그들의 자신감을 갱신한다. 하나님이 '우리와 함께하시면' 그리고 그토록 위대하신 분이 '우리의 높은 산성'(NEB)이라면, 후렴('하나님은 우리의 피난처')은 힘을 더하면서 돌아온다.

왕께 외쳐라(47:1-9)

제47편 고라 자손의 노래, 인도자를 따라 부르는 노래

1 너희 만민들아 손바닥을 치고 즐거운 소리로 하나님께 외칠지어다

2 지존하신 여호와는 두려우시고 온 땅에 큰 왕이 되심이로다

3 여호와께서 만민을 우리에게, 나라들을 우리 발 아래에 복종하게 하시며

4 우리를 위하여 기업을 택하시나니 곧 사랑하신 야곱의 영화로다 (셀라)

5 하나님께서 즐거운 함성 중에 올라가심이여 여호와께서 나팔 소리 중에 올라가시도다

6 찬송하라 하나님을 찬송하라 찬송하라 우리 왕을 찬송하라

7 하나님은 온 땅의 왕이심이라 지혜의 시로 찬송할지어다

8 하나님이 뭇 백성을 다스리시며 하나님이 그의 거룩한 보좌에 앉으셨도다

9 뭇 나라의 고관들이 모임이여 아브라함의 하나님의 백성이 되도다 세상의 모든 방패
는 하나님의 것임이여 그는 높임을 받으시리로다

God Is King over All the Earth

47 To the choirmaster. A Psalm of the Sons of Korah.

1 Clap your hands, all peoples! Shout to God with loud songs of joy!

2 For the Lord, the Most High, is to be feared, a great king over all the earth.

3 He subdued peoples under us, and nations under our feet.

4 He chose our heritage for us, the pride of Jacob whom he loves. Selah

5 God has gone up with a shout, the Lord with the sound of a trumpet.

6 Sing praises to God, sing praises! Sing praises to our King, sing praises!

7 For God is the King of all the earth; sing praises with a psalm!

8 God reigns over the nations; God sits on his holy throne.

9 The princes of the peoples gather as the people of the God of Abraham. For the shields
of the earth belong to God; he is highly exalted!

A. 문맥분석

이 시는 첫 번째 단어에서 마지막 단어에 이르기까지, 흥분과 열렬한 환호로 가득 찬 왕의 즉위식을 전하고 있는데, 왕은 하나님 자신이다.(6,7) 이 시와 다른 몇 편들, 특히 93,95-99편은 하나님의 원수들에 대한 권능과 창조적인 왕권을 각색한 연례(1년 주기) 축제에서 비롯되었다는 강력한 견해가 있다. 그러나 왕으로써 하나님이 주어지는 개념은 그것이 축제든 아니든 그것이 제안하는 암시는 시상을 창작해내는 첩경이다. 그리고 이것은 시를 넘어서 예언이고, 그 절정은 예외적으로 광범위하다. '하나님은 온 땅의 왕이시라'

- 너는 그들을 두려워하지 말라 너희의 하나님 여호와 곧 크고 두려운 하나님이 너희 중에 계심이니라 – 신7:21
- 하늘은 기뻐하고 땅은 즐거워하며 모든 나라 중에서는 이르기를 여호와께서 통치하신다 할지로다 – 대상16:31
- 이 하나님이 나를 위하여 보복해 주시고 민족들이 내게 복종하게 해 주시도다 – 시18:47
- 우리의 방패는 여호와께 속하였고 우리의 왕은 이스라엘의 거룩한 이에게 속하였기 때문이니이다 – 시89:18
- 여호와께서 천하의 왕이 되시리니 그 날에는 여호와께서 홀로 한 분이실 것이요 그의 이름이 홀로 하나이실 것이라 – 슥14:9

B. 주석

1. 우리 왕, 그들의 정복자(1-4)

1) 경배로의 부르심(1-4)

만민을 소환하는 장면으로 시작되는 설정은 실로 세계적인 비전이다. 만민들, 나라들, 온 땅은 이 시편을 지배하는 단어들이다. '즐거운 소리'(1)가 지배하는 것 역시 이 왕은 폭군이 아니라는 사실이다. 그러나 첫 번째 연은 그의 지존하심의 바탕위에서, 그의 선택의 의와 심판에 관하여 거침이 없고,(3f) 마지막 절의 대단원을 가져올 때까지 편파적으로 전개된다. 한편 야곱은 그의 '선택 받음'이란 전리품 안에서 하나님의 이름(주 또는 여호와)을 안다는[127] 그의 특권을 인하여 염치없는 기쁨을 누린다.(시147:9f -먹을 것을 주시도다. 참조).

우리를 위하여 기업을 택하시나니 곧 사랑하신 야곱의 영화로다(4)

야곱의 자랑은 '야곱의 영광스러운 땅'을 말하는 간단한 방식이다. 그가 '사랑하신 야곱'이라는 구절은 사랑의 대상이 '야곱'인지 '나'인지 또는 '교회'나 '세상'인지 여부에 대해서 똑같이 대답 할 수없는 '왜?'라는 질문을 일으킬 수 있다.[128] 그러나 성경의 관심은 오히려 우리의 그릇된 대답과[129] 의심과[130] 배신을[131] 다루는데 있다.

2. 영광의 행진과 그 영광을 환영(5-7)

하나님께서 즐거운 함성중에 올라가심이여 여호와께서 나팔 소리 중에 올라가시도다(5)

이 구절의 실마리는 삼하6:15에 대한 암시다. 법궤는 그 도시를 하나님의 거처가 되도록 다윗 성으로 옮겨왔다. '나팔 소리와 함께하는 환호성'은 사무엘하와 시편에서 히브리어로 동일하다.

> **환호하며 나팔을 불고 여호와의 궤를 메어오니라** –삼하6:15

그래서 하나님은 이 법궤와 함께 행진하는 것이 새롭게 각색된 것이든 아니든 여기서 그의 지상 왕좌로 올라가시는 것으로 묘사된다. 하나님이 올라가신다는 완벽한 동사 시제는 '다윗의 날'의 위대한 사건에 대한 암시를 의미 할 수 있다.

---

127) 시147:19f :그의 율례와 규례를 이스라엘에게 보이시도다.
128) 갈2:20, 엡5:25, 요3:16
129) 신7:7
130) 말1:2ff
131) 호11:1f

찬송하라 하나님을 찬송하라. 찬송하라 우리 왕을 찬송하라(6).
하나님은 온 땅의 왕이심이라 지혜의 시로 찬송할지어다(7)

6-7절의 찬송하라는 끈질긴 반복은(신속한, 활기 넘치게'와 하나의 단어) 그들의 환호를 외치는 군중의 소리에 무언가를 제안한다. 마지막 단어는 **마스길**(maśkil)인데, 가령 특정 시편의 제목으로(시32,42 소개 참조) 발견되고 RSV에 의해 여기서는 시로 번역되었다. 그러나 그것은 지혜와 재능에 대한 어원에서 비롯된 것으로, NEB는 'with all your art'로(재능) 'AV와 RV'는 'with understanding'(지혜)로 번역하였다. 이 문장에서 가장 많은 영향을 미치는 것은 고전14:15절에서 바울이 느꼈던 마음을 70인 역에서 주어진 "내가 영으로 기도하고 또 마음으로 기도하며 내가 영으로 찬송하고 또 마음으로 찬송하리라"는 것이다.

3. 하나의 보좌, 하나의 세계(8-9)

시편의 비전(vision)은 마지막 절에서 완전히 새로운 영역을 취한다.
지금까지 하나님과 세계의 관계는 '위대한 왕'(2)으로서 제시되었으며, 이를테면 그의 지배하에 있는 것과 자신의 백성을 뚜렷이 구별하는 황제(3f)로 제시되었다. 이제는 한 마디로 진정한 시야의 결론이 보인다. 무수한 왕자들과 백성들은 한 민족이 되어야 한다.
그들은 더 이상 이방인이 아니라 언약 안에 있을 것이다. 이것은 아브라함의 하나님의 백성이라고 칭해지는 사람들에게 함축된 것이다. 그것은 창12:3에 대한 약속의 성취로 가득하다. 바울은 창세기의 아브라함의 아들들에 대한 예언에서 이방인들을 포함시켰다고 밝혔다.[132)]
그러나 특징적으로 이 시편은 하나님의 왕적 영광이란 주제와 관련 짓는다, 그 의미는 '평화로운 나라'가 아니라 진실로 왕의 높아지심에 있다. 다른 말로하면, 시46:9의 전쟁을 파하시고 평화를 가져다주시는 왕을 넘어 46:10의 온 세계 위에 높임을 받으시는 왕에 대한 결론적인 절정이다. 그것은 모든 것의 복종에 대한 요점이다. 한편 복음은 예기치도 않았던 비밀로서 사람들을 '모으는' 방식으로 진행되는 감격적인 과정으로 진행될 것이다.

내가 땅에서 들리면 모든 사람을 내게로 이끌겠노라 하시니- 요12:32

---

132) 롬4:11, 갈3:7-9

하나님의 도성(48:1-14)

제48편 고라 자손의 시, 노래

1 여호와는 위대하시니 우리 하나님의 성, 거룩한 산에서 극진히 찬양 받으시리로다
2 터가 높고 아름다워 온 세계가 즐거워함이여 큰 왕의 성 곧 북방에 있는 시온 산이 그
러하도다
3 하나님이 그 여러 궁중에서 자기를 요새로 알리셨도다
4 왕들이 모여서 함께 지나갔음이여
5 그들이 보고 놀라고 두려워 빨리 지나갔도다
6 거기서 떨림이 그들을 사로잡으니 고통이 해산하는 여인의 고통 같도다
7 주께서 동풍으로 다시스의 배를 깨뜨리시도다
8 우리가 들은 대로 만군의 여호와의 성, 우리 하나님의 성에서 보았나니 하나님이 이를
영원히 견고하게 하시리로다 (셀라)
9 하나님이여 우리가 주의 전 가운데에서 주의 인자하심을 생각하였나이다
10 하나님이여 주의 이름과 같이 찬송도 땅 끝까지 미쳤으며 주의 오른손에는 정의가 충
만하였나이다
11 주의 심판으로 말미암아 시온 산은 기뻐하고 유다의 딸들은 즐거워할지어다
12 너희는 시온을 돌면서 그 곳을 둘러보고 그 망대들을 세어 보라
13 그의 성벽을 자세히 보고 그의 궁전을 살펴서 후대에 전하라
14 이 하나님은 영원히 우리 하나님이시니 그가 우리를 죽을 때까지 인도하시리로다

Zion, the City of Our God

48 A Song. A Psalm of the Sons of Korah.

1 Great is the Lord and greatly to be praised in the city of our God! His holy mountain,

2 beautiful in elevation, is the joy of all the earth, Mount Zion, in the far north, the city of the great King.

3 Within her citadels God has made himself known as a fortress.

4 For behold, the kings assembled; they came on together.

5 As soon as they saw it, they were astounded; they were in panic; they took to flight.

6 Trembling took hold of them there, anguish as of a woman in labor.

7 By the east wind you shattered the ships of Tarshish.

8 As we have heard, so have we seen in the city of the Lord of hosts, in the city of our God, which God will establish forever. Selah

9 We have thought on your steadfast love, O God, in the midst of your temple.

10 As your name, O God, so your praise reaches to the ends of the earth. Your right hand is filled with righteousness.

11 Let Mount Zion be glad! Let the daughters of Judah rejoice because of your judgments!

12 Walk about Zion, go around her, number her towers,

13 consider well her ramparts, go through her citadels, that you may tell the next generation

14 that this is God, our God forever and ever. He will guide us forever.

A. 문맥분석

본 시편은 시46편과 공통점이 많이 있으며, 적어도 큰 구원 이후의 분위기가 수반된다. 여기에서도 마찬가지로 시에 즉시 영감을 준 것이 무엇이든 우리는 유다 언덕보다 더 큰 환경(설정)을 의식하고 있다. 시온은 수도(首都) 이상이다. 투쟁은 온 땅과 시간 전체에 까지 확장된다. 위대한 성벽과 더불어 '예루살렘 위에'는 그것이 '영원'을 토대로 하는 윤곽이 이미 시야에 들어오고 있다.

- 여호와여 시온이 주의 심판을 듣고 기뻐하며 유다의 딸들이 즐거워하였나이다-시97:8
- 끝날에 이르러는 여호와의 전의 산이 산들의 꼭대기에 굳게 서며 작은 산들 위에 뛰

어나고 민족들이 그리로 몰려갈 것이라 – 미4:1

- 암몬 자손들이 자기들이 다윗에게 미움이 된 줄 알고 암몬 자손들이 사람을 보내 벧르홉 아람 사람과 소바 아람 사람의 보병 이만 명과 마아가 왕과 그의 사람 천 명과 돕 사람 만 이천 명을 고용한지라 – 삼하10:6
- 암몬 자손은 아람 사람이 도망함을 보고 그들도 아비새 앞에서 도망하여 성읍으로 들어간지라 요압이 암몬 자손을 떠나 예루살렘으로 돌아가니라 – 삼하10:14
- 내가 나의 왕을 내 거룩한 산 시온에 세웠다 하시리로다 – 시2:6

B. 주석적 접근

1. 거주 중인 왕(1-3)

이것이 '시온 시편'이라면, 그것은 우리 주님께서 2절(마5:35)을 인용하면서 지적하신 바와 같이, 거기에 위대한 왕이 계시는 단순한 이유 때문이다. 그것은 말세에 '모든 민족이 그곳으로 흘러갈 때'와 같은 도성이나(사2:2ff) 아직 모든 지구의 기쁨이 아니다.
어구를 효과적으로 바꾸자면 그것은 문자적으로 시온을 천상의 세계, 즉 모든 왕국의 먼 북쪽(2)과 동일시함으로써 하나님이 계신 공동체를 묘사한다.(지리학적으로 로마나 런던을 그런 식으로 곧 말할 수 있었다!) 이것은 이스라엘과 그녀의 이웃들 사이에서 하나님의 왕좌에 대한 전통적 표현이다. 사14:13에서 그것은 '천국'과 동등하다.

> 네가 네 마음에 이르기를 내가 하늘에 올라 하나님의 뭇 별 위에 내 자리를 높이리라 내가 북극 집회의 산 위에 앉으리라 – 사14:13

'터가 높고'(2)는 물리적인 높음이 아니라 인간에게 기쁨의 근원으로서 상징이다.

하나님이 그 여러 궁중에서 자기를 요새로 알리셨도다(3)

그러나 시온은 또한 지구상에 그리고 역사 안에 매우 많이 있다. 그것은 요새화가 요구되었는데(12f에서 성채는 장식용 궁전이라기보다는 요새 자체의 목적으로서 확인되어야 한다.) 비록 그것을 효과적으로 하시는 분은 하나님이시지만 그들에게 요구되었다. 그것은 특별한 재난 시에 하나님께서 자신의 능력을 나타내신 것을 회상하게 한다.('하나님이 그녀의 요새가 되심이 증명되었다.' JB). 거기에는 세속적인 것과 교회의 경험에서와 같은 기적적인 도움이 서로 혼합되지 않도록 주의해야 한다.

2. 패주하는 왕들(4-8)

복수(複數)의 왕들(4)과 다시스의 배들은(7) (예로, 대양을 항해하는) 구약에서 예루살렘에 대한 공격보다 더 광범위한 투쟁을 나타내는 것처럼 보인다. 그 장면은 시 2편의 전 세계적인 음모와 같지만, 커크패트릭[133]의 지적과 같이 '모든 왕'(사10:8)으로 칭해졌던 대규모의 앗수르 군대를 우선 떠올릴 수 있다. 다른 관점에서 하나님께서 '깨트리기'로 약속된 사람들을 지적하고 있는데, 여기에 산산이 부서지는 것과 같은 기본 동사를 사용했다.
('파하고 짓밟으며' 사14:25)
(이 구절들의) 언어는 '주님의 전쟁'에서 위대한 승리를 축하하고 끝나는 자체를 예상하기에 충분하다. 교회는 이 시편을 복음의 승리를 염두에 두고 노래할 수 있고 마지막 때를 눈으로 바라볼 것이다.
7절은 동풍이 두로의 보물선을 난파시키는 겔27:28에서 메아리쳐진다.('유다와 이스라엘 땅 사람이 네 상인이 되었음이여' - 겔27:17) 이것은 요한 계시록 18장에 있는 세상 끝의 상징이 된다.[134]

우리가 들은 대로 만군의 여호와의 성, 우리 하나님의 성에서 보았나니(8)
듣고 보았던 순서는 신앙이 증언에 달려있고(롬10:17) 증거에 만족하기 때문에 믿음에 중점을 두고 성경에서 많이 만들어 진다. 왜냐하면 믿음은 간증을 낳으며 따르는 것을 함의하기 때문이다.

> 그러므로 믿음은 들음에서 나며 들음은 그리스도의 말씀으로 말미암았느니라 - 롬10:17

---

133) Kirkpatrick 1891-1901(캠브리지 바이블 college)
134) 렘18:17ff, 겔27:29ff

오직 듣기만하는 어려움은 시44:1,9ff에 통렬히 나타나 있다. 그리고 이어서 명료해질 수 있는 '보기'는(듣기는 간접적이나 보기는 직접적인 것이다.) 예를 들자면 욥42:5f, 요20:28f에서와 같이 압도적인 인상을 줄 수 있다. 아마도 이 양쪽(보고, 듣는 것)은 어느 정도는 언제나 함께 한다.

> 내가 주께 대하여 귀로 듣기만 하였사오나 이제는 눈으로 주를 뵈옵나이다 - 욥42:5
>
> 도마가 대답하여 이르되 나의 주님이시요 나의 하나님이시니이다 예수께서 이르시되 너는 나를 본 고로 믿느냐 보지 못하고 믿는 자들은 복되도다 하시니라 - 요20:28-29

3. 연합찬양(9-11)

하나님이여 우리가 주의 전 가운데에서 주의 인자하심을 생각하였나이다(9)

'우리가~ 생각하였나이다' 로 번역된 우리가 생각해 온 동사의 기본적인 의미는 그림이나 도식화 하는 것이다. 고대나 현대의 대부분의 버전은 이것을 순전히 마음속에서 일어나는 것으로 받아 들인다.('반성하라' -JB, '숙고하다' - Gelineau). 그러나 NEB는 여기서 극적인 의식을 보고, 이것을 '우리는 ~의 이야기를 재연하다' 로 번역한다. 이것은 가능하지만 위태롭다. 이스라엘의 예배에서 어떤 것에 대한 증거도 행렬보다 더 극적인 것(12절 참조)은 간접적이고 모호하다.(개요. 3을 참조하라.) 신전에서 하나님의 사랑의 행위를 축하하는 예는 대하5:13, 느8:13-18에서 찾을 수 있는데, 여기서 시편과 낭독은 이 목적(예배)을 위한 주요 수단이었다.

주의 이름과 같이 찬송도 땅 끝까지 미쳤으며... 주의 심판으로 말미암아 시온 산은 기뻐하고 유다의 딸들은 즐거워할지어다(10, 11)

이 세계적인 전망(비전)은 2절과 일치하며, 하나님의 이름이 자신의 뜻을 나타내기 때문에 기자의 진술의도는 더욱 분명하다.(출34:5-7, 시편20:1 참조) 그리고 그의 찬미는 그의 (찬양 받으시기에) 합당하심과 응답된 것을 각성시켜 그 이름을 높이는 양면이다. 다르게 말하자면, 거기에서 온 땅에 대한 계시를 엿보게 된다. 이것을 번역의 관점에서 볼 때 마지막 줄에서 '주의 심판으로 말미암아'는 기본적으로 '정의'를 의미하기 때문에 지나치게 좁아 보인다. 그 심판은 단순히 하나님의 힘으로 인한 것이 아니라 하나님의 속성으로부터(거룩) 어떤 문제를 언급하기 때문이다. 심판(11)은 공정한 결정에 대해 말하고 있는데, 압제당하는 사람들에게는 은혜이나 악인에게는 공포(恐怖)가 되는 것이다.

> 공의로 가난한 자를 심판하며 정직으로 세상의 겸손한 자를 판단할 것이며 그의 입의 막대기로 세상을 치며 그의 입술의 기운으로 악인을 죽일 것이며 – 사11:4
>
> 그는 쇠하지 아니하며 낙담하지 아니하고 세상에 정의를 세우기에 이르리니 섬들이 그 교훈을 앙망하리라 – 사42:4

'유다의 딸들'은 그 도시와 마을이다.(삿1:27)

4. 성벽을 회고하다(12-14)

느헤미야는 예루살렘 성벽을 중건했을 때 봉헌을 위해 성벽 위로 두 행렬을 좌우로 둘러서 행진하게 했다.[135] 시편에서 노래하며 행진하는 것은 포위 공격이 물러난 후 방어를 위해 회진(回陣)을 하는 것과 같은 맥락에서 적절할 것이다. 그러나 다시 말하지만 그 행진은 시84:5에서와 같이 마음으로 묘사되는 것으로 보이지만 그것이라 말할 수 있는 확실한 근거는 없다. 시편의 그리스도인 가수에게 교회의 탑과 성벽을 검토하라는 그에 상응하는 격려가 있는데, 그것은 본질적으로 파괴할 수 없는 공동체요 요새이다.(엡2:20-22, 계21:10ff) 그러나 그것은 아직 연약하고 보호되지 않은 양의 무리다.(행20:29)

> 주께 힘을 얻고 그 마음에 시온의 대로가 있는 자는 복이 있나이다 – 시84:5
>
> 너희는 사도들과 선지자들의 터 위에 세우심을 입은 자라 그리스도 예수께서 친히 모퉁잇돌이 되셨느니라. 그의 안에서 건물마다 서로 연결하여 주 안에서 성전이 되어 가고 너희도 성령 안에서 하나님이 거하실 처소가 되기 위하여 그리스도 예수 안에서 함께 지어져 가느니라. – 엡2:20-22
>
> 성령으로 나를 데리고 크고 높은 산으로 올라가 하나님께로부터 하늘에서 내려오는 거룩

135) 느12:31ff,38ff

한 성 예루살렘을 보이니 하나님의 영광이 있어 그 성의 빛이 지극히 귀한 보석 같고 벽옥과 수정 같이 맑더라 크고 높은 성곽이 있고 열두 문이 있는데 문에 열두 천사가 있고 그 문들 위에 이름을 썼으니 이스라엘 자손 열두 지파의 이름들이라 – 계21:10ff

* '귀한 보석 같고 벽옥과 수정'은 하나님의 의(성화로 맺은 의의 열매)다.

5. 후대에 전하라 13b,14

이 하나님은 영원히 우리 하나님이시니 그가 우리를 죽을 때까지 인도하시리로다(14)

그러나 그 시편은 시온을 하나님의 거처로 제외하고는 찬양하지 않는다. 14절은 거의 불합리한 추론이다. 우리가 도시의 가장 큰 영광을 기대하고 있을 때, 우리는 그것에 대해 더 이상 듣지 못한다.(오직 하나님께만, NEB) 그러나 그것은 우리의 하나님으로서 하나님이다. 그리고 이 관계는 그것을 세운 언약이[136] 그가 주도하여 만드신 것이기 때문에 영구적이다.(창17:2,8) 세 개의 다른 단어들이 이 영속성을 표현한다. RSV는 세 번째 단어인 히브리어의 '알-못트'는 '죽지 않을 것'(죽음에 이르지 않을 것,AV, RV)에 대한 예언이다.

'죽음에 이르기까지'의 한 평생을 인도하신다는 의미다. 동시에 죽을 때까지 인도하시는 하나님은 자기 백성들의 사후에도 영원한 보호자가 되심을 확신한다는 뜻이다.

이스라엘은 하나님이 성읍을 보호하심에 대하여 자긍을 초월하여 자만하고 오만한 시온주의로 변질되어갔다. 예레미야는 영적 교만과 우상숭배를 질책했고 성전의 파괴를 경고하며 회개를 촉구했지만, 에스겔은 성전이 파괴되기 전 날에 성전을 떠나시는(성전을 버리는) 하나님을 묘사했다.(겔9-11장) 성전파괴 후 예레미야는 본 시편을 언급하며 성읍의 비탄한 상태를 노래했다.137)

딸 예루살렘을 향하여 비웃고 머리를 흔들며 말하기를 – 애2:15

유다의 딸들은 즐거워 할지어다.(11)

---

136) 창17:2-8

137) 애2:15

이 세상의 헛된 영광(49:1-20)

제49편 고라자손의 시, 인도자를 따라 부르는 노래

1 뭇 백성들아 이를 들으라 세상의 거민들아 모두 귀를 기울이라
2 귀천 빈부를 막론하고 다 들을지어다
3 내 입은 지혜를 말하겠고 내 마음은 명철을 작은 소리로 읊조리리로다
4 내가 비유에 내 귀를 기울이고 수금으로 나의 오묘한 말을 풀리로다
5 죄악이 나를 따라다니며 나를 에워싸는 환난의 날을 내가 어찌 두려워하랴
6 자기의 재물을 의지하고 부유함을 자랑하는 자는
7 아무도 자기의 형제를 구원하지 못하며 그를 위한 속전을 하나님께 바치지도 못할 것은
8 그들의 생명을 속량하는 값이 너무 엄청나서 영원히 마련하지 못할 것임이니라
9 그가 영원히 살아서 죽음을 보지 않을 것인가
10 그러나 그는 지혜 있는 자도 죽고 어리석고 무지한 자도 함께 망하며 그들의 재물은 남에게 남겨 두고 떠나는 것을 보게 되리로다
11 그러나 그들의 속 생각에 그들의 집은 영원히 있고 그들의 거처는 대대에 이르리라 하여 그들의 토지를 자기 이름으로 부르도다
12 사람은 존귀하나 장구하지 못함이여 멸망하는 짐승 같도다
13 이것이 바로 어리석은 자들의 길이며 그들의 말을 기뻐하는 자들의 종말이로다 (셀라)
14 그들은 양 같이 스올에 두기로 작정되었으니 사망이 그들의 목자일 것이라 정직한 자들이 아침에 그들을 다스리리니 그들의 아름다움은 소멸하고 스올이 그들의 거처가 되리라
15 그러나 하나님은 나를 영접하시리니 이러므로 내 영혼을 스올의 권세에서 건져내시리로다 (셀라)
16 사람이 치부하여 그의 집의 영광이 더할 때에 너는 두려워하지 말지어다
17 그가 죽으매 가져가는 것이 없고 그의 영광이 그를 따라 내려가지 못함이로다

18 그가 비록 생시에 자기를 축하하며 스스로 좋게 함으로 사람들에게 칭찬을 받을지라도
19 그들은 그들의 역대 조상들에게로 돌아가리니 영원히 빛을 보지 못하리로다
20 존귀하나 깨닫지 못하는 사람은 멸망하는 짐승 같도다

Why Should I Fear in Times of Trouble?

49 To the choirmaster. A Psalm of the Sons of Korah.

1 Hear this, all peoples! Give ear, all inhabitants of the world,

2 both low and high, rich and poor together!

3 My mouth shall speak wisdom; the meditation of my heart shall be understanding.

4 I will incline my ear to a proverb; I will solve my riddle to the music of the lyre.

5 Why should I fear in times of trouble, when the iniquity of those who cheat me surrounds me,

6 those who trust in their wealth and boast of the abundance of their riches?

7 Truly no man can ransom another, or give to God the price of his life,

8 for the ransom of their life is costly and can never suffice,

9 that he should live on forever and never see the pit.

10 For he sees that even the wise die; the fool and the stupid alike must perish and leave their wealth to others.

11 Their graves are their homes forever, their dwelling places to all generations, though they called lands by their own names.

12 Man in his pomp will not remain; he is like the beasts that perish.

13 This is the path of those who have foolish confidence; yet after them people approve of their boasts. Selah

14 Like sheep they are appointed for Sheol; death shall be their shepherd, and the upright shall rule over them in the morning. Their form shall be consumed in Sheol, with no place to dwell.

15 But God will ransom my soul from the power of Sheol, for he will receive me. Selah

16 Be not afraid when a man becomes rich, when the glory of his house increases.

17 For when he dies he will carry nothing away; his glory will not go down after him.

18 For though, while he lives, he counts himself blessed -and though you get praise when you do well for yourself-

19 his soul will go to the generation of his fathers, who will never again see light.

20 Man in his pomp yet without understanding is like the beasts that perish

A. 문맥분석

서곡의 언어인 인류의 부르심은 잠언서의 서두에 있는 많은 용어를 사용하여 지혜 시편을 선포함으로서 하나님께 예배드리는 것이 아니라 사람들에게 가르침을 전한다. 절제로 압축된 세속화의 무가치함에 대한 주제는 전도서(12, 20 절)에 가깝다.(부요한자는 부를 자랑하지 말라. 하나님의 법을 따르기보다 세속적 가치를 따르는 자는 헛된 영광을 따르는 '멸망하는 짐승'과 같다고 반복적으로 경고한다. 12,20)

그러나 본 시편은 전도서가 은닉한 죽음에 대한 승리의 확신이 열리고 있다.

"그러나 하나님은..." 15절은 구약의 산꼭대기 희망봉 중의 하나다.

- 주께서 내 생명을 사망에서 건지셨음이라 주께서 나로 하나님 앞, 생명의 빛에 다니게 하시려고 실족하지 아니하게 하지 아니하셨나이까 – 시56:13
- 어리석은 자도 알지 못하며 무지한 자도 이를 깨닫지 못하나이다 – 시92:6
- 백성 중의 어리석은 자들아 너희는 생각하라 무지한 자들아 너희가 언제나 지혜로울까 – 시94:8
- 지혜자도 우매자와 함께 영원하도록 기억함을 얻지 못하나니 후일에는 모두 다 잊어버린 지 오랠 것임이라 오호라 지혜자의 죽음이 우매자의 죽음과 일반이로다 – 전2:16
- 인생이 당하는 일을 짐승도 당하나니 그들이 당하는 일이 일반이라 다 동일한 호흡이 있어서 짐승이 죽음 같이 사람도 죽으니 사람이 짐승보다 뛰어남이 없음은 모든 것이 헛됨이로다 – 전3:19

B. 주석적 접근

1. 사방에 있는 모든 사람들에게(1-4)

대부분의 지혜서와 마찬가지로 이 시편은 하나님과 언약을 특별히 체결한 이스라엘뿐만 아니라 일반 자연인들에게도 말하고 있다.(수신의 대상이 자연인이 아니라 교훈의 범주로써 대상의 보편성.)
그것은 그에게 묵시를 가져오는데, 세속적 가치에 귀를 열고 붙들려는 염려가 무엇을 말하려고 하는지에 대하여 결정적으로 중요한 암시를 준다. 그래서 이 처음 구절들은 15절의 해석을 위한 자신의 역할을 지향하는데, 우리가 약하고 구습을 따르기보다는(epoch-making sense) 완전한 가치를 취할 수 있도록 준비하게 한다.

귀천 빈부를 막론하고 다 들을지어다(2)

'귀천'(높거나 낮거나)이란 묘사는 각각 '사람의 아들들'(일반적인 용어 'ādām'과 개별 단어 'is'를 사용함)이다. 그것은 NEB에서 '모든 인류와 모든 살아있는 인간'으로 더욱 설득력 있게 번역되었다.(가난한 자와 부자도 동일한 평행구조)

내가 비유에 내 귀를 기울이고 수금으로 나의 오묘한 말을 풀리로다(4)

'풀리로다'로 번역된 히브리어 **'파타흐'**(פתח)는 문자적으로 '열려라'(open)는 의미로, 문제에 대답하거나 폭로하는 것을 말할 수 있는데, 전자('귀울이고')는 듣도록 세계를 소환하는 관점에서 볼 때 더 가능성이 크다. NEB는 그것을 잘 부연하여 설명하고 있다.
'내가 어떻게 비유를 읽었는지 수금(하프)에게 말하리라.'
구약에서 이것은 '깨달음, 이해'(understanding)라는 의미로 사용된다.(욥28:28)

> 그와는 내가 대면하여 명백히 말하고 은밀한 말로 하지 아니하며 그는 또 여호와의 형상을 보거늘 너희가 어찌하여 내 종 모세 비방하기를 두려워하지 아니하느냐 – 민12:8
>
> 내가 입을 열어 비유로 말하며 예로부터 감추어졌던 것을 드러내려 하니 – 시78:2

이는 선지자를 통하여 말씀하신 바 내가 입을 열어 비유로 말하고 창세부터 감추인 것들을 드러내리라 함을 이루려 하심이라 – 마13:35

잠언과 비유와 지혜 있는 자의 말과 그 오묘한 말을 깨달으리라 – 잠1:6

그러므로 시인이 읊어 이르되 너희는 헤스본으로 올지어다 시혼의 성을 세워 견고히 할지어다 – 민21:27

2. 잠깐의 승리(5-9) (덧없는 승리)

가르치는 자의 생각을 자극하는 시편 저자의 왜? 라는 닫힌 질문은 즉 이렇게 열악한 상황에서도 어디에서나 적을 두고(5b), 오만함(6)과, 중생되기 이전의 야곱처럼 부도덕한('속이는 자'란 이름의 나쁜 의미는 RSV에서 '박해자' 또는 그것의 동류로서 RV는 '내 발뒤꿈치에 있는 사람' 이다. 창27:36참조) 태도로 결실을 맺는 방법이다.

(공의로 가난한 자를 심판하며 정직으로 세상의 겸손한 자를 판단할 것이며 그의 입의 막대기로 세상을 치며 그의 입술의 기운으로 악인을 죽일 것이며 – 사11:4)

우리는 악인의 잘됨에 대하여 의문을 갖지만 정작 부자들은 하나님의 관심 밖에 있다.(16)

그들의 생명을 속량하는 값이 너무 엄청나서 영원히 마련하지 못할 것임이니라 그가 영원히 살아서 죽음을 보지 않을 것인가(7-9)

답하기 전에도, 그 질문에 대해서는 부(富)를 신뢰하는 자가 누구인지 6절에서 이미 실마리를 제공했다.(재물(富)은 불안정한 것으로 악명이 높기 때문이다. 잠23:5). 그러나 지금, 자기 재물을 의지하고 부를 자랑하는 자는 항상 실패를 위해 사는 자처럼 모든 것을 원상태로 되돌려 버리는 철저한 어리석음으로 등장한다.

그들을 위한 몸값(대속의 묘사)은 갑절이 적당해 보이는데 그 이유는 속전이 매우 가난한 자의 필요인 까닭에 큰 부자에게 있어서는 더 큰 위험인 까닭이다. 이 단계에서 요점은 단순히 부자가 자신의 길을 구매하기란 불가능하다는 것이고 또, 다른 사람의 생명을 살 수도 없다는 것이다(7). 속죄로써 몸값의 문제(마20:28 참조)는 15절까지, 그리고 간접적으로 보게 될 것이다.

이 시편은 구약에서는 드물게 하나님의 백성들이 이 세상에서는 번성하지 못하더라도 내세의 희망에 대하여 어렴풋이 보여준다. 하지만 현대의 우리는 죽음이 어떻게 패배했는지를 잘 안다. 시편 기자의 증언처럼 어느 누구도 죽음에서 구원받기 위해 스스로나 다른 사람을 위해 속량의 대가를 지불할 수 없다. 죽음에서 우리를 구속하신 분은 오직 예수 그리스도시다. "인자가 온 것은~ 섬기려하고 자기 목숨을 많은 사람의 대속물로 주려 함이니라." (막10:25, 마20:8, 딤전2:6)

3. 총체적 손실(10-12)

그들의 재물은 남에게 남겨 두고 떠나는 것을 보게 되리로다... 그러나 그들의 속생각에 그들의 집은 영원히 있고 그들의 거처는 대대에 이르리라 하여 그들의 토지를 자기 이름으로 부르도다. 사람은 존귀하나 장구하지 못함이여 멸망하는 짐승 같도다.(10-11)

10절은 '얼마나 남기고 떠났는가?' 라는 질문에 대한 대답이 '모든 것' 이라는 사실에 냉혹하리만큼 명확성을 부여한다. 그것은 11절에 허용된 엄연한 예외에 의해 거의 누그러지지 않는데, 만약 바르게 읽었다면 사람들이 자신의 이름으로 소유할 수 있는 하나의 영구적인 '부동산' 의 권리가 있다면 그들이 이름 붙인 땅과는 대조적으로 그들의 무덤일 것이다.

사람은 존귀하나 장구하지 못함이여 멸망하는 짐승 같도다.(12)

이 후렴은 20절에서 두 번째의 반복이 들리면 말하는 것에 분명한 변화가 일어날 것이다. 히브리 본문에서 그것의 두 가지 형식은 시편 두 개의 반쪽을 서로 합친 것이다.

(장구치 못하다 – '발 얄린' בַּל־יָלִין 對 깨닫지 못하다 – '로 야빈' לֹא יָבִין)

여기서 그것은 종국에는 돈이나 지위로 살 수 있는 '숙소' (장구치 못하다 '발 얄린' 이 지니는 공통된 의미)가 없다는 점을 지적하며 끈질기게 몰고 간다.(존귀는 '가치가 있는' –잠20:15, '명예' –에6:3 모두와 연결되어 있다)

그러나 더 좋고 나쁜 것을 떠나 돌아갈 집이 없는 것은 이야기의 끝이 아니다. 이것은 곧 절정에 도달하기 위해 계속된다.

4. 큰 분열(13-15)

이것이 바로 어리석은 자들의 길이며 그들의 말을 기뻐하는 자들의 종말이로다.(13)
여태까지 오만한 자의 멸망에 대한 압박이 있었지만, 5절에서 문제가 시작된 이래로 죽음은 모든 사람들의 공통점으로 여겨져 왔다. 이제 이 세상 사람들(아마도 그들의 추종자들과 함께 있지만 이들은 세상의 가치를 따르는 자들로 재물과 부를 의지하는 자들이다.)과 다른 한편으로 하나님의 사람들 사이에서 구별이 시작된다.

그들은 양 같이 스올에 두기로 작정되었으니 사망이 그들의 목자일 것이라
정직한 자들이 아침에 그들을 다스리리니 그들의 아름다움은 소멸하고
스올이 그들의 거처가 되리라(14)
죽음을 의인화한 것은 구약에서 보기 드문 시적 (인물)묘사다. 이 구절은 렘9:21절과 함께 불길한 재난의 정도를 시사하며, 죽음이 창을 넘어와 멸절시킨다. 이제 그는 침입자가 아니다. 그는 그의 가정 목초지에 있다. 그러나 우리가 가지고 있는 텍스트(고대 버전)는 또 하나의 잘 알려진 전리품을 보여준다. '정직한 자는 아침에 그들을 통치하게 될 것이다.' 이것은 희생자들이 장기적으로는 합2:6ff의 방법으로 압제자의 식탁을 돌릴 것이라는(보복할 것에 대한) 간결한 약속일 수 있다. 그러나 그것은 단12:2의 부활의 아침을 바라보는 것일 수도 있다.(시17:15에서 **'내가 깰 때에'** 라는 말)
이 시점까지 이 구절에서 확실히 발견 할 수 있는 것은 마침내 속수무책인 자와 마침내 승리하는 자의 대비다. 그러나 14절의 나머지 부분은 15절에서 성취된 타락과 구원 사이의 궁극적인 대조를 의심할 여지가 없다. 타락은 비자발적 의지의 붕괴로 묘사되지만, 구원은 처음부터 끝까지 개인적인 것이다.

그러나 하나님은 나를 영접하시리니 이러므로
내 영혼을 스올의 권세에서 건져내시리로다(15)
하나님께서는 7절에서처럼 대속물을 요구하시는 대신에 그것을 스스로 지불하신다.(15)
우리는 이 사실에서 '스올'이 죄인을 가두고 있다는 문맥과 대조할 때 거기에는 적어도 속죄의 힌트가 있음을 발견한다. 그리고 그와 나 사이에 있는 이 구원은 팔의 길이조차도 아닌 얼굴을 대면하는 (만큼의 가까운) 거리임을 확인한다.

'영접' 이라는 말은 우리에게 들릴 수 있는 것보다 더 긍정적이다. 그것은 에녹의 말 - '하나님이 그를 데려 가셨다' (창5:24). 또는 시73:24에서와 같은 상황을 떠올리게 할 것이다.

"주의 교훈으로 나를 인도하시고 후에는 영광으로 나를 영접하시리니"

이 비전이 부활에까지 도달했는지의 여부와 관계없이, 그것은 죽음을 넘어서는 가장 중요한 일을 우리에게 말해주고 있는데, 그 무엇도 그를 위한 사랑으로 역사하시는 그의 주인에게서 종을 분리할 수 없다는 것이다.

5. 거대한 착각(16-20)

우리는 5절에서 제시된 질문으로 되돌아가는데, 이제 그 답에 대한 보다 강력한 근거가 있다. '두려워하지 말라' (16)는 말 대신에 우리는 '부러워하지 말라' 는 단어와 다소 비슷한 단어(NEB 참조)를 기대했을지도 모른다. 그러나 5절은 두려움을 설명한다. 그 마음이 부자인 사람들은 무자비하기 때문이다. 그가 위쪽의 손을 가지지 못할 것(하나님으로부터 온 도움)이라는 약속은 없다. 대신 그의 영광이 지속될 수 없다는 것을 상기시키고 있음에 주목하라. 그들에게 보상은 18절에서 충실히 요약된다. **"그가 비록 생시에 자기를 축하하며 스스로 좋게 함으로 사람들에게 칭찬을 받을지라도"**

'치부하여' 로(16) 번역된 단어 **'야아쉬르'**(**עשׁר**)는 부유하다, 풍부하다는 의미의 동사 **'아샤르'** 의 사역형 능동 미완료태 3인칭 남성단수로 '그가 풍부하게 될 것이다' 는 뜻이다.

구약은 재물이나 부에 관련하여 긍정적인 측면과 부정적인 측면을 동시에 말한다.

이것은 사람에게 재물이나 부요함은 하나님의 영광을 설명하는 수단이지 결코 목적이 될 수 없다는 교훈이다.

*긍정적인 측면

재물은 의인에게 주어진 복이다.(시112:3, 신8:13, 대상29:12),

지혜의 소득이다.(잠14:24)

겸손한 믿음에 대한 보답(잠22:4), 용기에 대한 보답(삼상17:15), 노동의 대가(잠10:4), 재물의 주인은 하

나님이시다.(학2:8, 시24:1)

* 부정적인 측면

하나님 대신 자신을 의뢰하게 함(시52:7,호12:8),

헛되게 사라지는 허망한 것(잠23:4-5)

속이고 배반하는 것(렘5:27), 일만 악의 뿌리(딤전6:10)

'두려움'('티레')은 두려움, 존경, 경외 등의 감정을 뜻하는 의미를 지닌다.

하나님과 재물을 겸하여 섬김을 경고(마6:24)

존귀하나 깨닫지 못하는 사람은 멸망하는 짐승 같도다(20)

그래서 부르심은 용기를 얻는 것이며 선명한 믿음이다. 그리고 본시의 마지막 후렴은 이전의 잘못된 형태로부터의 전환점에 의해 본향으로 인도 받도록 교훈한다. RSV와 NEB가 고대의 간증에도 불구하고 거부하는 히브리 본문은 AV, RV에서 보존되고 있다. '존귀에 처하고 깨닫는 사람은 짐승처럼 멸망하지 않는다.'

첫 번째 후렴과(12) 두 번째 후렴(20) 사이에서(사람이 존귀하나 장구하지 못하며-존귀하나 깨닫지 못하는 자는) 14b, 15절의 위대한 약속이 주어 졌지만(오직 깨닫는 자에게만 주시는 복), 인간의 운명 사이에는 큰 걸림돌이 존재하고 있다. 그것은 침침한 결말이지만, 그 목적은 '모든 사람들'이 듣고(1), '깨달음'으로(3) 하나님으로부터 떨어진 자신의 삶에서 부르심의 목적을 발견할 수 있음을 분명히 하고 있다.

멸망하는 짐승으로서

'발 얄린'-(not remain)과 '로 야빈'(without understanding) / 장구치 못함과 깨닫지 못함

'야빈'(יבין)은 '깨닫다'는 의미의 칼(Qal) 동사 '빈'의 미완료형 3인칭 남성 단수에 부정어 '로'(לא)가 함께하여 '그는 결단코 깨닫지 못한다'는 의미가 된다. 즉 동사 '빈'은 영적인 분별력을 소유하는 것으로 이것은 오로지 하나님으로부터 오는 선물이다.(엡2:8)

나로 하여금 깨닫게 하여 주소서 -시119:34

이 백성이 입으로는 나를 공경하나 그들의 마음은 내게서 멀도다... 사람의 계명으로 가르침을 받은

> 까닭… 기이하고 기이한 일을 행하리니… 지혜자의 지혜가 없어지고 총명한 자의 총명이 가려지리라
> – 사29:13-14

여호와의 계명을 지키는 자에게 탁월한 분별력이 주어진다.

> 여호와를 경외함이 지혜의 근본이라 그의 계명을 지키는 자는 다 훌륭한 지각을 가진 자이니 여호와를 찬양함이 영원히 계속되리로다 – 시111:10

결국 '깨닫지 못하는 자'란 하나님의 법을 무시하고 자율적으로 사는 것을 의미한다. 시편이 교훈하는 바는 재물이 거짓된 속임수요 우상에 불과하다. 그러나 하나님의 지혜는 그 얻은 자에게 생명나무다. 이 지혜를 가진 자가 복되며 하나님의 오른 손에 있는 장수와 왼손에 있는 부귀를 받으니 그 길은 즐거운 길이요 그의 허락하시는 지름길은 평강이다. (잠3:13-18)

재판관이 침묵을 깨트리다(50:1-23)

제50편 아삽의 시

1 전능하신 이 여호와 하나님께서 말씀하사 해 돋는 데서부터 지는 데까지 세상을 부르
셨도다
2 온전히 아름다운 시온에서 하나님이 빛을 비추셨도다
3 우리 하나님이 오사 잠잠하지 아니하시니 그 앞에는 삼키는 불이 있고 그 사방에는 광
풍이 불리로다
4 하나님이 자기의 백성을 판결하시려고 위 하늘과 아래 땅에 선포하여
5 이르시되 나의 성도들을 내 앞에 모으라 그들은 제사로 나와 언약한 이들이니라 하
시도다
6 하늘이 그의 공의를 선포하리니 하나님 그는 심판장이심이로다 (셀라)
7 내 백성아 들을지어다 내가 말하리라 이스라엘아 내가 네게 증언하리라 나는 하나님
곧 네 하나님이로다
8 나는 네 제물 때문에 너를 책망하지는 아니하리니 네 번제가 항상 내 앞에 있음이로다
9 내가 네 집에서 수소나 네 우리에서 숫염소를 가져가지 아니하리니
10 이는 삼림의 짐승들과 뭇 산의 가축이 다 내 것이며
11 산의 모든 새들도 내가 아는 것이며 들의 짐승도 내 것임이로다
12 내가 가령 주려도 네게 이르지 아니할 것은 세계와 거기에 충만한 것이 내 것임이로다
13 내가 수소의 고기를 먹으며 염소의 피를 마시겠느냐
14 감사로 하나님께 제사를 드리며 지존하신 이에게 네 서원을 갚으며
15 환난 날에 나를 부르라 내가 너를 건지리니 네가 나를 영화롭게 하리로다
16 악인에게는 하나님이 이르시되 네가 어찌하여 내 율례를 전하며 내 언약을 네 입에 두
느냐
17 네가 교훈을 미워하고 내 말을 네 뒤로 던지며

18 도둑을 본즉 그와 연합하고 간음하는 자들과 동료가 되며
19 네 입을 악에게 내어 주고 네 혀로 거짓을 꾸미며
20 앉아서 네 형제를 공박하며 네 어머니의 아들을 비방하는도다
21 네가 이 일을 행하여도 내가 잠잠하였더니 네가 나를 너와 같은 줄로 생각하였도다 그
러나 내가 너를 책망하여 네 죄를 네 눈 앞에 낱낱이 드러내리라 하시는도다
22 하나님을 잊어버린 너희여 이제 이를 생각하라 그렇지 아니하면 내가 너희를 찢으리
니 건질 자 없으리라
23 감사로 제사를 드리는 자가 나를 영화롭게 하나니 그의 행위를 옳게 하는 자에게 내가
하나님의 구원을 보이리라

God Himself Is Judge

50 A Psalm of Asaph.

1 The Mighty One, God the Lord, speaks and summons the earth from the rising of
the sun to its setting.
2 Out of Zion, the perfection of beauty, God shines forth.
3 Our God comes; he does not keep silence; before him is a devouring fire, around him
a mighty tempest.
4 He calls to the heavens above and to the earth, that he may judge his people:
5 "Gather to me my faithful ones, who made a covenant with me by sacrifice!"
6 The heavens declare his righteousness, for God himself is judge! Selah
7 "Hear, O my people, and I will speak; O Israel, I will testify against you. I am God,
your God.
8 Not for your sacrifices do I rebuke you; your burnt offerings are continually before
me.
9 I will not accept a bull from your house or goats from your folds.
10 For every beast of the forest is mine, the cattle on a thousand hills.
11 I know all the birds of the hills, and all that moves in the field is mine.

12 "If I were hungry, I would not tell you, for the world and its fullness are mine.

13 Do I eat the flesh of bulls or drink the blood of goats?

14 Offer to God a sacrifice of thanksgiving, and perform your vows to the Most High,

15 and call upon me in the day of trouble; I will deliver you, and you shall glorify me."

16 But to the wicked God says: "What right have you to recite my statutes or take my covenant on your lips?

17 For you hate discipline, and you cast my words behind you.

18 If you see a thief, you are pleased with him, and you keep company with adulterers.

19 "You give your mouth free rein for evil, and your tongue frames deceit.

20 You sit and speak against your brother; you slander your own mother's son.

21 These things you have done, and I have been silent; you thought that I was one like yourself.

But now I rebuke you and lay the charge before you.

22 "Mark this, then, you who forget God, lest I tear you apart, and there be none to deliver!

23 The one who offers thanksgiving as his sacrifice glorifies me; to one who orders his way rightly I will show the salvation of God!"

A. 문맥적 접근

아삽의 시(미즈몰). 이 강력한 시편에서 상상되는 장면은 신의 현현으로, 하나님은 온 세상을 그의 심판대로 불러 모으시고 시온 산에서 불과 폭풍 가운데 나타나신다. 그러나 모든 눈이 그 분을 향할 때 그의 시선은 이스라엘 위에 있다. 시편 전체가 언약 백성들에게 전달되며, 처음에는 그다지 종교적으로 말하지 않다가 점점 완악하고 위선적인 그들에게 날카로운 현실감을 가져다준다. 그것은 예언의 메시지로서 결론적으로 예수(그리스도)는 교회가 잊어버린 살아계신 그 하나님이셨다는 사실이다. 시내 산으로 부르심과 언약을 맺는 특징적인 내용은(1-5) 십계명에 대한 암시다.(7, 18-20)

그리고 이것을 낭송하고 언약에 충성하겠다고 고백하는 것에 관한 언급(16)은 시편의 설정으로서 언약의 갱신을 기념하는 예식이라는 인상을 준다.

- 언약서를 가져다가 백성에게 낭독하여 듣게 하니 그들이 이르되 여호와의 모든 말씀을 우리가 준행하리이다 – 출24:7
- 만일 스스로 부패하여… 그의 노를 일으키면 내가 오늘 천지를 불러 증거를 삼노니 너희가 요단을 건너가서 얻는 땅에서 속히 망할 것이라 너희가 거기서 너희의 날이 길지 못하고 전멸될 것이니라 – 신4:25-26
- 그가 일렀으되 여호와께서 시내 산에서 오시고 세일 산에서 일어나시고 바란 산에서 비추시고 일만 성도 가운데에 강림하셨고 그의 오른손에는 그들을 위해 번쩍이는 불이 있도다 – 신33:2
- 네 혀가 심한 악을 꾀하여 날카로운 삭도 같이 간사를 행하는도다 – 시52:2
- 그들이 이같은 일을 행하는 자는 사형에 해당한다고 하나님께서 정하심을 알고도 자기들만 행할 뿐 아니라 또한 그런 일을 행하는 자들을 옳다 하느니라 – 롬1:32

B. 주석적 접근

1. 심판관의 출현(1-6)

이스라엘에 알려진 특별한 이름인 **엘 엘로힘 야훼**('전능하신 이, 여호와, 하나님')라는 표제의 배열은 거대한 세계와 그의 택하신 작은 집단들을 하나로 묶는 통로로서 이 시편은 장엄하고도 적절하게 시작된다. 처음에는 시온으로 소환되는 이교도에 대한 비난을 지목한다.('**온전히 아름다운 시온**'(2a)은 심판에 의해 아직 손상되지 않은 상태로, 애가2:15의 향수와 대조를 이룬다.) 반면 시온으로 소환된 죄인들은 하나님의 빛나고 거역할 수 없는 신성에 충격적으로 대면해야 한다.(2, 3) 이것은 하나님이 자기 백성을 판결하실 때 증인이 된다는 의미인 것 같다. 아삽은 하나님의 백성에 대한 두 가지 고발을(형식주의:7-15, 위선:16-23) 행한다.

하나님이 자기의 백성을 판결하시려고 위 하늘과 아래 땅에 선포하여(4)

그런데 여기서 갑자기 -4절의 마지막 말에서 나타나는- 반전이 일어난다. 이스라엘은 하나님께 호소했지만 재판을 받는 사람이 그녀 자신인 것을 알게 되었다. 하나님께서 자신의 백성을 심판하시려고 땅의 남은 자들과 천지(1,4)가 증인의 의무를 위해 소집되는데,(신30:19) 이것은 하나님의 국문에 대답하기 위해 소집된 것이 아니다.

나의 성도들을 내 앞에 모으라 그들은 제사로 나와 언약한 이들이니라 하시도다(5)

심판은 '하나님의 집에서 시작해야만 한다.'(벧전4:17). 그녀의 특별한 부르심은 경시되지 않는다. 그것은 5절에서 세 번 이상 강조되고 있는데, 나의 성도들('하시드' חָסִיד)과 언약과 제사(희생)는 출24;3-8의 위대한 의식을 상기시킨다. 그렇기 때문에, 그녀는 엄격한 책임을 지게 될 것이다. 이것은 암3:2에 상응하는 것이며 눅12:48의 '많이 받은 자'에 설명되어 있는 것이다.

> 내가 땅의 모든 족속 가운데 너희만을 알았나니 그러므로 내가 너희 모든 죄악을 너희에게 보응하리라 하셨나니 – 암3:2
>
> 주인의 뜻을 알고도 준비하지 아니하고 그 뜻대로 행하지 아니한 종은 많이 맞을 것이요 알지 못하고 맞을 일을 행한 종은 적게 맞으리라 무릇 많이 받은 자에게는 많이 요구할 것이요 많이 맡은 자에게는 많이 달라 할 것이니라 – 눅12:47-48

그리스도인은 여전히 '더 나은 언약'(히7:22, 10:22ff.)을 누리는 것이 요구되는 의미에 대해 생각할 수 있다.(증인의 삶)

2. 종교 생활에 명백한 말씀(7-15)

내 백성아 들을지어다 내가 말하리라~ 나는 하나님 곧 네 하나님이로다(7)
나는 네 제물 때문에 너를 책망하지는 아니하리니 네 번제가 항상 내 앞에 있음이로다(8)

곧 판결 장면은 선고를 위한 것이 아니라 진실을 밝히고 죄인을 회개하기 위한 것임을 보여준다. 8절은, 어떤 비난보다도 더 어리석은 종교생활의 비판적인 그림을 제공한다. 이스라엘은 하나님을 어떤 모양으로 풍자하는가? 그는 욕심을 부리고, 매달리거나 명예롭지 못한 천상의 천덕꾸러기' 인가? 그리고 왜 그의 불만(7)의 첫 번째 표현에서, 그들의 생각이 관계를 떠나 허식적인 의식에 치중하게 된 이유는 무엇인가? 14절은 역경 속에서 이루어졌고 번영 속에서 잊혀진 기도와 약속의 함축으로 똑같이 드러나고 있다. 그러나 진실은 유죄를 선고하는 것만이 아니라 치유하기 위한 것이다. 그 웅변은 쉐마(들으라. 이스라엘, 신6:4f.)와 십계명(신5:6ff.)을 모두 떠올리는 말로 언약(내 백성과 네 하나님)을 기억나게 하면서 시작된다. 그리고 감사와 신뢰로 반응하는 이들에게 하나님은 위대한 공급자(11절,마6:26,10:29)와 위대한 전달자(15)다. 이것은 희생(히13:15)이고 영광이며, 거만함이 아니라 사랑으로 그가 가장 원하셨던 것이다.

감사로 하나님께 제사를 드리며 지존하신 이에게 네 서원을 갚으며(14)

14f절은 역경이나 번영으로 잊어버렸던 기도와 약속에 대한 암시에 의해 똑같이 드러낸다. 그러나 진리는 정죄할 뿐만 아니라 치유하기 위한 것이다. 앞서 언급된(7) 쉐마[138]와 십계명은 모두 언약을(내 백성과 너의 하나님, 6절) 떠올리게 한다.

하나님은 위대한 공급자[139]와 위대한 구원자(15)로서 계시며 감사와 신뢰하는 따뜻한 반응을 찾으신다. 이것들은 희생물이다.

> 그러므로 우리는 예수로 말미암아 항상 찬송의 제사를 하나님께 드리자 이는 그 이름을 증언하는 입술의 열매니라 – 히13:15

이것은 하나님께서 가장 원하시는 영광(허식이 아닌 사랑)이다.

3. 위선자에게 들려주는 평범한 말(16-21)

이 사람들은 이교도가 아니라 명목상 정통파 교회인데, '사악함과 경배'[140]를 결합한 자들

---

138) 이스라엘아 들으라 신6:4f

139) 마6:26, 10:29

140) G. A. Smith의 사1:13의 번역 인용

이다. 7-15절의 기계적으로 경건한 사람들은 하나님은 영이라는 사실을 기억할 필요가 있다. 16-21의 강화된 인격은 그가 도덕적이라는 사실에 직면해야 한다. 그것은 두 번째 중반의 십계명에서 시금석이 되었다.

악인에게는 하나님이 이르시되

네가 어찌하여 내 율례를 전하며 내 언약을 네 입에 두느냐(16)

이 구절은 신31:10ff에서 명한 공법(공의)을 읽도록 요구한 것과 관련이 있다. 그러한 경우의 가장 큰 것 중 하나는 요시아의 언약 갱신이었다.[141] 그러나 예레미야는 그것을 고백한 바로 그 나라에서 평생 동안 박해를 당하게 되었다. 그분은 단순히 입술에만 국한되는 것이 아니라 마음의 새로운 언약[142]을 적절히 지향했다.

네가 교훈을 미워하고 내 말을 네 뒤로 던지며(17)

징계를 싫어하는 것은 분명히 보이는 것만큼 현대적인 특성은 아니다. 징계를 받아들이는 것에 대한 중요성은 잠언의(보통 '훈계'로 번역, 잠1:7참조) 일관된 주제로 지혜는 성품의 질이고 성품은 길들이기 힘들기 때문이다. 신약 성서는 이를 온전히 지지한다. 이 구절에서 '내 말'과 관련하여 고난의 징벌 효과보다는 성경을 통한 마음과 양심의 훈련을 가리킨다는 것을 보여준다.

> 너희가 피곤하여 낙심하지 않기 위하여 죄인들이 이같이 자기에게 거역한 일을 참으신 이를 생각하라 너희가 죄와 싸우되 아직 피 흘리기까지는 대항하지 아니하고
> 또 아들들에게 권하는 것 같이 너희에게 권면하신 말씀도 잊었도다. 일렀으되 내 아들아 주의 징계하심을 경히 여기지 말며 그에게 꾸지람을 받을 때에 낙심하지 말라
> 주께서 그 사랑하시는 자를 징계하시고 그가 받아들이시는 아들마다 채찍질하심이라 하였으니 너희가 참음은 징계를 받기 위함이라 하나님이 아들과 같이 너희를 대우하시나니 어찌 아버지가 징계하지 않는 아들이 있으리요
> 징계는 다 받는 것이거늘 너희에게 없으면 사생자요 친아들이 아니니라

141) 왕하23:1-3

142) 렘31:31ff

또 우리 육신의 아버지가 우리를 징계하여도 공경하였거든 하물며 모든 영의 아버지께 더욱 복종하며 살려 하지 않겠느냐
그들은 잠시 자기의 뜻대로 우리를 징계하였거니와 오직 하나님은 우리의 유익을 위하여 그의 거룩하심에 참여하게 하시느니라
무릇 징계가 당시에는 즐거워 보이지 않고 슬퍼 보이나 후에 그로 말미암아 연단 받은 자들은 의와 평강의 열매를 맺느니라 - 히12:3-1

도둑을 본즉 그와 연합하고 간음하는 자들과 동료가 되며(18)

사람의 반역적인 애정과 행위를 폭로하기 위해 그들의 입으로만 떠벌리는(16) 십계명 중 3개가 부름을 받았다.(도적질, 간음, 동류-거짓증거) 18절에서 언급된 우정은 은혜 안에 있는 친구가 아니라 뜻이 맞는 짝패라는 것을 말할 필요조차 없다. 신약은 막2:15-17, 눅15:1,고전5:1-7에서 이러한 구별을 확장시킨다. 이 구절에는 자신은 문제의 밖에 있지만 간접적으로 죄를 누리는 위선에 대한 암시가 있을 수 있다.

네 입을 악에게 내어 주고 네 혀로 거짓을 꾸미며 앉아서 네 형제를 공박하며 네 어머니의 아들을 비방하는도다(19-20)

후자의 경우, '앉아서 말(공박)하는' 조항은 NEB에서 '너는 평생 말로만 한다'라고 합리적으로 번역하였다. 그러나 그것은 문자 그대로, 다른 환경에서 이 사람을 더 생생히 엿본다는 의미일 수 있다. 모호한 친구들과 어울리고(18), 마음이 끌리는 분야에 여가를 즐기는 것을 말한다.(20). 자리에 앉는 '야샤브'는 '오만한 자의 자리', '거짓된 자의 자리'를 상징한다.

네가 이 일을 행하여도 내가 잠잠하였더니(21)

하나님의 침묵의 가치 중 일부는 바로 우리 자신이 될 수 있고 또 자신을 드러내도록 허용한다는 것이다.(자백과 회개의 기회) 이 구절의 가운데 부분은 (신학자의 비문이나 무덤의 묘사, 그 안에 자유주의 신학자의 묘사가 될 수 있음) 3절의 경솔한 호소로 하나님께서 침묵을 깨야 한다는 사실을 확인하게 된다.

4. 이별의 댓가(22-23)

하나님을 잊어버린 너희여 이제 이를 생각하라 그렇지 아니하면
내가 너희를 찢으리니 건질 자 없으리라(22)
감사로 제사를 드리는 자가 나를 영화롭게 하나니 그의 행위를 옳게 하는 자에게
내가 하나님의 구원을 보이리라(23)

그 두 집단은 역순으로 취급된다. 22절은 신의 분노의 두 가지 특징을 보여준다. 그것은 마지못해 풀어주지만, 일단 그 지점에 도달하면 거부할 수 없다는 것이다. 23절에서 '길'이라는 단어는 단순히 '그의 길'이나 '나의 길'이 아닌 오직 '행실'이다.

델리취는 그 다음에 이어지는 '나를 영화롭게 하나니 그의 행위를 옳게 하는 자에게 하나님의 구원을 보이리라'는 RV mg의 번역에 대하여 할 말이 많다. 이 번역본에서나 좀 더 친숙한 버전이든지, 그것은 우리가 하나님께 호의를 베푸는 것에 대한 어떤 관념도 무시된다.(인간의 어떠한 행위도 하나님의 호의를 만들지 못한다.) 그 구절(감사로 제사를 드리는 자)은 문자 그대로 희생을 위한 여지를 남기지만, 호14:2와 히13:15처럼 순수한 찬양의 제물을 암시한다.

> 너는 말씀을 가지고 여호와께로 돌아와서 아뢰기를 모든 불의를 제거하시고 선한 바를 받으소서 우리가 수송아지를 대신하여 입술의 열매를 주께 드리리이다 – 호14:2
>
> 그러므로 우리는 예수로 말미암아 항상 찬송의 제사를 하나님께 드리자 이는 그 이름을 증언하는 입술의 열매니라 – 히13:15

베풀어 주시는, 즉 구원은 그 분의 편에 있다. 우리의 몫은 그것을 즐거워하면서 감사로 받는 것과 그것에 마땅히 순복하는 것이다.

눈보다 더욱 희게(51:1-19)

제51편 다윗의 시, 인도자를 따라 부르는 노래, 다윗이 밧세바와 동침한 후 선지자 나단이 그에게 왔을 때

1 하나님이여 주의 인자를 따라 내게 은혜를 베푸시며 주의 많은 긍휼을 따라 내 죄악을
지워 주소서
2 나의 죄악을 말갛게 씻으시며 나의 죄를 깨끗이 제하소서
3 무릇 나는 내 죄과를 아오니 내 죄가 항상 내 앞에 있나이다
4 내가 주께만 범죄하여 주의 목전에 악을 행하였사오니 주께서 말씀하실 때에 의로우
시다 하고 주께서 심판하실 때에 순전하시다 하리이다
5 내가 죄악 중에서 출생하였음이여 어머니가 죄 중에서 나를 잉태하였나이다
6 보소서 주께서는 중심이 진실함을 원하시오니 내게 지혜를 은밀히 가르치시리이다
7 우슬초로 나를 정결하게 하소서 내가 정하리이다 나의 죄를 씻어 주소서 내가 눈보다
희리이다
8 내게 즐겁고 기쁜 소리를 들려 주시사 주께서 꺾으신 뼈들도 즐거워하게 하소서
9 주의 얼굴을 내 죄에서 돌이키시고 내 모든 죄악을 지워 주소서
10 하나님이여 내 속에 정한 마음을 창조하시고 내 안에 정직한 영을 새롭게 하소서
11 나를 주 앞에서 쫓아내지 마시며 주의 성령을 내게서 거두지 마소서
12 주의 구원의 즐거움을 내게 회복시켜 주시고 자원하는 심령을 주사 나를 붙드소서
13 그리하면 내가 범죄자에게 주의 도를 가르치리니 죄인들이 주께 돌아오리이다
14 하나님이여 나의 구원의 하나님이여 피 흘린 죄에서 나를 건지소서 내 혀가 주의 의를
높이 노래하리이다
15 주여 내 입술을 열어 주소서 내 입이 주를 찬송하여 전파하리이다
16 주께서는 제사를 기뻐하지 아니하시나니 그렇지 아니하면 내가 드렸을 것이라 주는
번제를 기뻐하지 아니하시나이다

17 하나님께서 구하시는 제사는 상한 심령이라 하나님이여 상하고 통회하는 마음을 주
께서 멸시하지 아니하시리이다

18 주의 은택으로 시온에 선을 행하시고 예루살렘 성을 쌓으소서
19 그 때에 주께서 의로운 제사와 번제와 온전한 번제를 기뻐하시리니 그 때에 그들이 수
소를 주의 제단에 드리리이다

Create in Me a Clean Heart, O God

51 To the choirmaster. A Psalm of David, when Nathan the prophet went to him,
after he had gone in to Bathsheba.

1 Have mercy on me, O God, according to your steadfast love; according to your
abundant mercy blot out my transgressions.
2 Wash me thoroughly from my iniquity, and cleanse me from my sin!
3 For I know my transgressions, and my sin is ever before me.
4 Against you, you only, have I sinned and done what is evil in your sight, so that you
may be justified in your words and blameless in your judgment.
5 Behold, I was brought forth in iniquity, and in sin did my mother conceive me.
6 Behold, you delight in truth in the inward being, and you teach me wisdom in the
secret heart.
7 Purge me with hyssop, and I shall be clean; wash me, and I shall be whiter than
snow.
8 Let me hear joy and gladness; let the bones that you have broken rejoice.
9 Hide your face from my sins, and blot out all my iniquities.
10 Create in me a clean heart, O God, and renew a right spirit within me.
11 Cast me not away from your presence, and take not your Holy Spirit from me.
12 Restore to me the joy of your salvation,and uphold me with a willing spirit.
13 Then I will teach transgressors your ways, and sinners will return to you.

14 Deliver me from bloodguiltiness, O God, O God of my salvation, and my tongue will
sing aloud of your righteousness.
15 O Lord, open my lips, and my mouth will declare your praise.
16 For you will not delight in sacrifice, or I would give it; you will not be pleased with a
burnt offering.
17 The sacrifices of God are a broken spirit; a broken and contrite heart, O God, you
will not despise.
18 Do good to Zion in your good pleasure; build up the walls of Jerusalem;
19 then will you delight in right sacrifices, in burnt offerings and whole burnt offerings;
then bulls will be offered on your altar.

A. 문맥분석

이것은 일곱 개의 '참회 시' 중에서 네 번째 시로 그리고 가장 큰 참회의 시다.(시6편 참조). 이것은 다윗의 가장 검은 자아의 순간에서 비롯된 것이다, 그러나 그것은 죄의 깊이뿐만 아니라 구원의 가장 먼 부분을 탐구한다. 마지막 두 구절은 가장 어두운 시간에 국가가 자백과 희망의 재발견을 위해 여기에서 단어를 찾았음을 보여준다. 이에 대하여 두 가지의 견해가 존재한다.

시편은 탄원뿐만 아니라 확신에 이르는 과정에 이르기까지 각 주제들에 대하여 연구될 수 있다. 그 과정에서 하나님과 죄와 구원에 관해서 많은 것을 배울 것이다. 또한 다양한 종류의 언어를 연구하는 것도 보람이 있을 것인데, 직접적인 요청(2,18), 현재와 과거 시제의 자백(1,5,7. .), 미래(대부분의 번역에서 더 많이 나타남)의 구원의 은혜에 대한 감사를 취하는 것들이다. 여기에 다시 등장하는 다윗의 이름은 시편 책 2권의 네 개의 제목을 제외한 나머지 22개의 시편 모든 곳에서 발견될 것이다.(전체 31편 중 22개, 나머지는 무제)

표제 : 다윗이 밧세바와 동침한 후 선지자 나단이 그에게 왔을 때

다윗의 죄와 회개에 관한 이야기는 삼하11장과 12장에 나온다. 이 시편과 삼하11장 사이

의 다윗에게 선지자 나단이(인간의 편에) 서 있다. 하나님의 말씀의 능력은 여기서의 변화보다 더 분명하게 나타난 것을 어디에서도 찾아볼 수 없다.

- 여호와께서 말씀하시되 오라 우리가 서로 변론하자 너희의 죄가 주홍 같을지라도 눈과 같이 희어질 것이요 진홍 같이 붉을지라도 양털 같이 희게 되리라 – 사1:18
- 나 곧 나는 나를 위하여 네 허물을 도말하는 자니 네 죄를 기억하지 아니하리라 – 사43:25
- 그러므로 너희가 회개하고 돌이켜 너희 죄 없이 함을 받으라 이같이 하면 새롭게 되는 날이 주 앞으로부터 이를 것이요 – 행3:19
- 사무엘이 이르되 여호와께서 번제와 다른 제사를 그의 목소리를 청종하는 것을 좋아하심 같이 좋아하시겠나이까 순종이 제사보다 낫고 듣는 것이 숫양의 기름보다 나으니 – 삼상15:25
- 다윗이 나단에게 이르되 내가 여호와께 죄를 범하였노라 하매 나단이 다윗에게 말하되 여호와께서도 당신의 죄를 사하셨나니 당신이 죽지 아니하려니와 – 삼하12:13

B. 주석적 접근

1. 항소(1-2)

시작의 기원은 자비를 베풀어 주시기를 구하고 있으며, 그가 용서를 구하고 있다는 사실에 이의를 제기하지 않는다. 그러나 인자를 따라 은혜를 베풀어 달라는 **'헤세드'**의 사랑은 언약에 의지하는 저자의 호소다. 다윗은 자신이 합당하지 못한 상태에 여전히 속한다는 것을 자각한다. 이것은 '아버지... 나는 아들이라고 불릴 가치가 없습니다.'라는 고백에서 읽는 방탕함의 역설이다. 그는 거기서 더 가까이 나아가 그는 하나님의 자비를 위한 두 번째 단어인 긍휼에 호소한다. 그 호소는 창43:30에서 요셉이 베냐민을 그리워하며 가졌던 감정적인 용어와 동일하다. 그것은 신약 성경의 '불쌍히 여기사'라는 폐부를 찌르는 말씀에 가깝다.

주의 많은 긍휼을 따라 내 죄악을 지워 주소서

나의 죄악을 말갛게 씻으시며 나의 죄를 깨끗이 제하소서(1b, 2)

그러나 거기에는 긍휼함보다 용서가 더 지배적이다. 고질적인 죄와 오염에 대한 비탄함이 기록되고 있기 때문이다. 완전히 덮어 달라는 탄원은 그 책의 기록에서 **'지워주소서'**라는 뜻이다.[143] 복음만이 '우리를 묶은 쇠사슬'이 어떤 대가를 치르고 소멸시킬 수 있는지를 드러낸다.

> 우리를 거스르고 불리하게 하는 법조문으로 쓴 증서를 지우시고 제하여 버리사 십자가에 못 박으시고 – 골2:14

'나의 죄악을 말갛게 씻으시며'가 은유하는 것은 옷을 세탁하는 동사와 자연스럽게 연결되어 사용하는데 이를테면, 다윗이 불결해진 자신의 옷을 씻고 또 씻을 필요가 있는 자신의 상태를 비교하는 것이다. 이 생각은 여전히 자신이 하나님의 임재 앞에서와 하나님의 백성에게 적합하지 않게 만드는 죄책감이다.(레15장의 유출병 교훈, 참조). 그는 6-12절처럼 내면적인 정결함의 양상 안에 깊이 거하게 될 것이다

2. 자백(3-5)

새로운 이미지에서, 그의 죄는 고발당하는 형태로 드러난다. NEB '내 죄가 항상 나를 대면하고 있다.' 그러나 이것이 전부는 아니다.

내가 주께만 범죄하여 주의 목전에 악을 행하였사오니(4)

그의 죄는 반역죄였다. 그가 말하기를 '나는 오직 주께만 죄를 지었다'는 말은 간음과 살인을 사소한 일로 치부하려는 단서를 불러올 수 있다. 그러나 그것은 문제의 핵심으로 가는 전형적인 성서적 방법이다.(사실 죄는 자신과 타인에게 영향력을 주지만 범죄의 성립은 하나님을 멸시하는 것에서 시작되는 하나님께 대한 범죄다.) 죄는 자기 자신과 이웃을 해친다.(고전6:18). 그러나 요셉이 창39:9에서 보여준 길이와 같이 하나님의 기준을 어기는 것은 언제나 그것의 길이

---

143) 출32:32, 민5:23

와 폭이다. 우리 몸은 우리 자신의 것이 아니다. 우리 이웃들은 하나님의 형상대로 지음을 받는다. 여기서 다윗의 사무엘하 2장의 '자아도취'에 대한 엄청난 대조를 주목해보라.(그는 자신의 범죄 후 나단이 찾아오기까지 1년이 지나도록 자신을 합리화시키고 있었던 셈이다. 하지만 '오직 주께만' 범죄한 것으로 번역한 영어성경들과 달리 원어는 주님과 주의 지체('바드')에게 죄를 범하였다고 분명히 기록되어 있다.)

그 질문은 사실상 '어떻게 내가 나의 업적을 덮을 수 있을까?' 라는 것이었다. 그러나 이제 ' 어떻게 하나님을 그렇게 대할 수 있을까?' 다.

하나님의 평결(4b)을 그가 온전히 받아들이는 것은 신약 성경에서 참회한 강도(눅23:41)와 일치하며, 롬3:4절에서 70인 역의 '판단 받으실 때에' 라는 형태로 인용되었다. 그것은 최고의 능력이라는 요점을 만들지만(하나님의 온전하신 의) 히브리어에서도 마찬가지로 죄인에 대한 하나님의 심판 -비록 그것이 우리의 자리라 해도- 에서 누구도 흠을 찾을 수 없다는 것이다.

> 기록된 바 주께서 주의 말씀에 의롭다 함을 얻으시고 판단 받으실 때에 이기려 하심이라 함과 같으니라 – 롬3:4b

내가 죄악 중에서 출생하였음이여 어머니가 죄 중에서 나를 잉태하였나이다(5)

그의 죄에 대한 새로운 시각은 하나님에 대한 자기주장으로서의 새로운 자기인식을 열어준다. 다윗이 바라보는 이 범죄는 기이한 사건이 아니었다. 그에게 언제나 잠재해 있었던 불완전함이 튕겨져 나온 비뚤어진 피조물의 극단적인 표현이었다. 마찬가지로 이사야도 자기 백성의 부패를 보았을 때, 그의 자신의 모습(부패)을 보았다.[144]

다윗은 당연히 그의 어머니를 상대로, 또는 임신의 과정에 반대하지 않는다. 또한 그는 자신을 변명하지도 않는다. 그가 직면하고 있는 사실의 정점은 그의 죄가 그 자신의 죄(다섯 번이나 반복하는 1-3)이며, 변명의 여지가 없는 것(4)이고, 죄악의 상태로서 그 자신의 실체적 요소라는 것이다.(5)

144) 사6:5

3. 회복(6-9)

주께서는 중심이 진실함을 원하시오니 내게 지혜를 은밀히 가르치시리이다(6)
이 크레센토(점점 강하게)는, 하나님이 원하시는 것과(6a) 다윗이 고백 사이의 격차라는 불길한 지점에서 시작된다. 그러나 하나님의 소망은 의도적이시다. 진실로 지혜를 가르치길 원하셨던 것이지 지혜 없음을 비난하려 하신 것이 아니시다. 명령이 아닌 일련의 미래가 6b에서 시작하여(문자적으로, '주께서 가르치시리이다.') 8절에서 끝난다.

우슬초로 나를 정결하게 하소서 내가 정하리이다(7)
이것은 한 다발의 우슬초로 희생 제물의 피에 찍어 문둥병자에게 일곱 번 뿌린 후 정하다 하여 문둥병자를 깨끗하게 하심 같이 **'나를 정결하게 하소서'**(레14:6f) 또는 시체와 접촉한 사람들을 깨끗하게 하는 의식을 의미 할 수도 있다.(민19:16-19).
어느 경우에나 그것은 즉각 선언으로 종결되는데 '그리하면 그는 정하리라' 다윗이 일인칭에게서 취한 약속이다. 그는 또한 '죄를 없애다'는 의미와 가장 근접한 생활용어로서 '정하다'는 것을 알고 있었으며(레14:49, 민19:19) 그는 종교 의식의 결론과 같이 몸과 옷을 씻는 것으로 그려내고 있다. 그러나 눈보다 더욱 희게 되리라는 기술적인 묘사는 그 자신의 모든 것에 대하여 하나님의 미온적인 대책이란 없다는 것을 자각시키는 번쩍임이다.

> 여호와께서 말씀하시되 오라 우리가 서로 변론하자 너희의 죄가 주홍 같을지라도 눈과 같이 희어질 것이요 진홍 같이 붉을지라도 양털 같이 희게 되리라 – 사1:18

내게 즐겁고 기쁜 소리를 들려 주시사 주께서 꺾으신 뼈들도 즐거워하게 하소서(8)
'내게... 들려 주시사'의 히브리 본문을 '나를 채우소서'(RSV,JB)로 대체할 필요는 없다. 다윗은 추방된 자가 공동체로 돌아오고 있음을 떠올리는 환영과 축제의 소리에 의해 소개된다. 절정을 위해, NEB는 동사 '즐거워하다'의 의미를 올바로 취하고 있다. '주께서 꺾으신 뼈들도 춤추게 하라' 그는 미온적인(반신반의하는) 태도로 도움을 구하지 않는다.

주의 얼굴을 내 죄에서 돌이키시고 내 모든 죄악을 지워 주소서(9)
이 구절은 1절의 울림을 사용하여 시의 첫 부분을 완성하는데, 이 구절은 죄의식과 그것의 정결에 가장 역점을 두고 있다. 이제 무게 중심은 구원으로 옮겨 갈 것이다.

4. 내적 갱신(10-13)

3-5절에서 볼 수 있는 자아의식의 깊이는 절망으로 인도하기에 충분했다. 대신 다윗의 기도는 확장되었다.(롬7:18-25, 참조)

> 오호라 나는 곤고한 사람이로다 이 사망의 몸에서 누가 나를 건져내랴
> 우리 주 예수 그리스도로 말미암아 하나님께 감사하리로다 그런즉 내 자신이 마음으로는 하나님의 법을 육신으로는 죄의 법을 섬기노라 – 롬7:24-25

그는 창조라는 단어로 기적을 요구한다. 이것은 하나님만 하실 수 있는 일에 대한 용어다. 그러나 그것은 즉각적인 행동(창2:3)뿐만 아니라 여기의 의미처럼 지속되는 과정을 가리킬 수 있다. 양면 모두다 다윗이 경험한 사실로서 11b, 12a의 언어는 이것이 회개하지 않은 사람의 요구가 아니라 성결을 위한 기도임을 보여 준다.(11b) 주의 성령을 거두지 마소서. 그것은 말하자면, 단순히 첫 번째가 아닌 창조의 모든 7일을 가리킨다.

하나님이여 내 속에 정한 마음을 창조하시고 내 안에 정직한 영을 새롭게 하소서(10)
마음과 영이란 단어는 그가 '생명의 근원'(샘)(잠4:23)으로 나아가 자신의 영을 하나님의 영과 관련시킨다. 옛 버전에서는 10b의 기도가 '내 영을 새롭게 하소서'라는 의미에서 더 정확하게 주어졌다. 그것은 12절에서 회복시켜 달라는 청원과 평행되고 있는데 잘못을 발견하고(타락한 자가 회개하며) 돌이키는 자의 기도다.

나를 주 앞에서 쫓아내지 마시며 주의 성령을 내게서 거두지 마소서(11)
이 두려움에 대한 배경은 주님의 영이 떠난 사울의 사례의 모형이다.[145] 이 구절은 견인의

145) 삼하16:14

교리와 관련이 없지만 고전 9:27에서 바울과 요15:6에서 우리의 주님께서 그것을 연습하라고 하신다. 거룩한 말씀은 그러한 요청의 중요성을 기억나게 하거나 반드시 일깨운다.[146]

주의 구원의 즐거움을 내게 회복시켜 주시고 자원하는 심령을 주사 나를 붙드소서(12)

반면 굳건함을 위한 10절의 기도가 분명히 적절했음에도, 그렇게 큰 타락을 겪은 이후에, 도전 의식에서 비롯된 진지한 간청은 우리에게는 관련이 덜 하다는 인상을 줄 수 있다. 그의 말은 전폭적이고 너그러운 시야를 지닌 열성적 추종자나 자원봉사자를 암시한다. 그러나 곰곰이 생각해보면, 그러한 정신은 유혹에 대한 하나님 자신의 해독제다. 즉 다윗이 그의 번영 속에서 크게 잃어버렸던 그의 의지(주의 뜻 행하기를 즐기는)에 대한 긍정적인 기쁨(시40:8)이다.

그리하면 내가 범죄자에게 주의 도를 가르치리니 죄인들이 주께 돌아오리이다(13)

'내가 가르치리니'는 이미 그 구절의 기도가 부여되고 있는 것처럼 여기에도 12절과 비슷한 열의가 나타난다. 우리는 기쁨에 찬 믿음과 영향력을 주는 믿음 사이에 연관성, 그리고 회복을 경험한 후 다른 사람을 그 지식으로 인도하는 것 사이의 밀접한 관계를 주목할 수 있다.

> 너는 돌이킨 후에 네 형제들을 굳건하게 하라 – 눅22:32

회복과(12) 돌아섬(13)은 같은 동사의 일부다. 그러나 전후 문맥에서 시편 그 자체가 기도에 대한 가장 풍요로운 응답이다. 왜냐하면 그것은 여러 세대의 죄인들이 돌이킬 수 없을 만큼 자신을 생각해 온 지 오랜 후에도 여전히 집으로 가는 길을 보여주고 있었기 때문이다.

5. 겸손한 예배(14-17)

그의 죄의 무법함은 계속해서 다윗을 섬뜩하게 한다. 그에게는 기도하는 손에 묻은 피를 의식하지 않고(사1:15) 예배의 현실과 씨름해 본 적이 없던 이사야의 동시대의 사람들의

146) 삼6:20

말재간(사1:11)은 전혀 찾아 볼 수 없다.

> 너희가 손을 펼 때에 내가 내 눈을 너희에게서 가리고 너희가 많이 기도할지라도 내가 듣지 아니하리니 이는 너희의 손에 피가 가득함이라 – 사1:15
>
> 여호와께서 말씀하시되 너희의 무수한 제물이 내게 무엇이 유익하뇨 나는 숫양의 번제와 살진 짐승의 기름에 배불렀고 나는 수송아지나 어린 양이나 숫염소의 피를 기뻐하지 아니하노라 – 사1:11

나의 구원의 하나님이여 피 흘린 죄에서 나를 건지소서
내 혀가 주의 의를 높이 노래하리이다(14)

피를 흘린 죄에서 히브리어가 지니는 '피'(blood)의 의미는 '죽음'(RSV의 일부,JB) 또는 '유혈 낭자한'(NEB) 두 가지 모두 가능하다. 그러나 이러한 대안들은 다윗의 회개와 연관시키는 것은 지나친 자존감으로 보인다. 이 시편 어디에도 그의 죄에 대한 물질적 결과로부터 벗어나려는 시도를 발견할 수 없다. 그를 괴롭히는 것은 죄책감이다. 심지어 구원은 매우 좁은 단어다. 실제로 그는 주 하나님의 의 즉, 죄인을 의롭게 하여(6-13절) 관을 씌우는 일을 찬양하기를 소원했다.(14c)

주여 내 입술을 열어 주소서 내 입이 주를 찬송하여 전파하리이다(15)

14b절에 비추어 볼 때, 내 입술을 열어주는 기도는 단순한 형식이 아니며, 양심이 그를 찔러 침묵하도록 만든 사람의 외침이다. 그는 다시금 마음껏 예배하기를 간절히 원한다. 그는 하나님의 은혜로 그분이 허락하실 것이라고 믿는다. 진실된 환경에서 볼 때 이 진심어리고 겸손한 탄원은 자백에서 경배의 절정에 이르기까지 예배 자를 한 걸음 앞서 이끌어 간다.

주께서는 제사를 기뻐하지 아니하시나니....
하나님께서 구하시는 제사는 상한 심령이라(16,17)

구약은 '저것 말고 이것'이라고 하거나 '이것 보다는 저것'(호6:6) 또는 '이것이 없으면'이라고 말하는 방식이 있다.(제사법을 주신 이유는 죄에 대한 자각을 통해 선민에 대한 자긍보다는 회개하고 하나님의 사랑에 겸손한 심령을 구비토록 하는 것이었다.)

18f절에서 희생에 대한 찬양은 우리로 하여금 시편의 초기에 노래하는 자들이 이 구절을 그렇게 이해하고 있었음을 상기시켜 준다. 하나님께서는 자신이 제정하신 제물을 거절하지 않으시며, 우리가 여전히 그것을 통해 대속할 수 있음을 말씀하신다. 그가 강조하고 있는 것은 최고의 선물을 통회하는 마음이 없이 대하려는 자를 미워한다는 것이다. 그리고 규례는 단순한 속죄가 아니다.(다른 것의 피로 충족할 수 있는 속죄(레17:11, 히9:22) 그러나 예배의 전 영역에 이르기까지 그것은 형식적인 것이 아닌 개인의 현실적인 삶이다. 해서 통상적으로 화목제(제물 16절)로 표현되나 번제로 드려지는 것이다.

이 모든 면에서 하나님은 그것이 얼마나 가치가 있는지, 얼마나 빚진 자의 의식이 있는지 그 마음을 살피신다.

> 나는 나의 선물이다. 나의 헌신을 증명해보이도록
> 크게 용서받음은, 내가 어떠한 사랑으로 어떻게 사랑할지를.

6. 백성들의 기도(18,19)

생각건대 다윗은 시온의 영적 곤경의 그림을 육체적으로 묘사하면서 이 말을 자신에게 직접적으로 더 할 수 있었다. 그러나 사로잡힘과 재건축 사이의 세대들은 다윗의 회개를 그들 자신의 것으로 만들었고, 이 구절들을 추가하여 그들의 기도를 구체적으로 만들었을 가능성이 훨씬 더 높다. 위에서 지적한 바와 같이(16,17), 그들은 16f절에 대하여 반박하지 않고 오히려 이해하려 한다. 기도에 대한 영광스런 응답은 성벽 재건이 완전히 끝난 느 12:43을 참조하라.

> 그리고 그들은 그 날에 큰 희생을 드렸고 (부녀와 어린아이도 즐거워하였으므로) 예루살렘의 기쁨은 멀리까지 들렸다 – 느12:43

비류[트러블메이커](52:1-9)

제52편 다윗의 마스길, 인도자를 따라 부르는 노래, 에돔인 도엑이 사울에게 이르러 다윗이 아비멜렉의 집에 왔다고 그에게 말하던 때에

1 포악한 자여 네가 어찌하여 악한 계획을 스스로 자랑하는가 하나님의 인자하심은 항상 있도다
2 네 혀가 심한 악을 꾀하여 날카로운 삭도 같이 간사를 행하는도다
3 네가 선보다 악을 사랑하며 의를 말함보다 거짓을 사랑하는도다 (셀라)
4 간사한 혀여 너는 남을 해치는 모든 말을 좋아하는도다
5 그런즉 하나님이 영원히 너를 멸하심이여 너를 붙잡아 네 장막에서 뽑아내며 살아 있는 땅에서 네 뿌리를 빼시리로다 (셀라)
6 의인이 보고 두려워하며 또 그를 비웃어 말하기를
7 이 사람은 하나님을 자기 힘으로 삼지 아니하고 오직 자기 재물의 풍부함을 의지하며 자기의 악으로 스스로 든든하게 하던 자라 하리로다
8 그러나 나는 하나님의 집에 있는 푸른 감람나무 같음이여 하나님의 인자하심을 영원히 의지하리로다
9 주께서 이를 행하셨으므로 내가 영원히 주께 감사하고 주의 이름이 선하시므로 주의 성도 앞에서 내가 주의 이름을 사모하리이다

The Steadfast Love of God Endures

52 To the choirmaster. A Maskil of David, when Doeg, the Edomite, came and told Saul, "David has come to the house of Ahimelech."

1 Why do you boast of evil, O mighty man? The steadfast love of God endures all the day.
2 Your tongue plots destruction, like a sharp razor, you worker of deceit.

3 You love evil more than good, and lying more than speaking what is right. Selah

4 You love all words that devour, O deceitful tongue.

5 But God will break you down forever; he will snatch and tear you from your tent; he
will uproot you from the land of the living. Selah

6 The righteous shall see and fear, and shall laugh at him, saying,

7 "See the man who would not make God his refuge, but trusted in the abundance of
his riches and sought refuge in his own destruction!"

8 But I am like a green olive tree in the house of God. I trust in the steadfast love of
God forever and ever.

9 I will thank you forever, because you have done it. I will wait for your name, for it is
good, in the presence of the godly.

A. 문맥분석

이 제목은 다윗의 가장 혹독한 경험 중 하나를 시와 연결한다.(삼상21:7, 22:6-23) 제사장 **아비멜렉**이 그에게 얼마간의 음식물을 준 사실이 사울에게 들려지자 아비멜렉은 왕에게 비난을 받고 그와 그에게 속한 공동체 모두가 학살당한다. 그 사실을 알린 사람은 에돔인 **도엑**(Edomite Doeg)이었고 학살을 자행한 자도 바로 그였다. 우리는 이것에서 **다윗**의 두 가지 말을 갖게 된다. 하나는 아비멜렉의 아들 **아비아달**에게 가졌던 미안함이었고, "네 아버지 집의 모든 사람이 죽은 것이 내 탓이로다 나와 함께 있으면 안전하리라"-삼상22:22f- 또 다른 하나는 본 시편인데, 그는 **도엑**이 어떠한 사람인지에 대해 먼저 비난한다. 그는 비방과 음모로 그의 경력을 조각한 자다. 그러나 그렇게 성취한 성공은 너무나 짧다. 마침내 다윗이 아비아달을 세워주겠다고 약속한 것을 성실히 행한 것처럼 그 자신도 또한 하나님 안에서 신앙이 새롭게 된다.

- 그들의 입에 신실함이 없고 그들의 심중이 심히 악하며 그들의 목구멍은 열린 무덤 같고 그들의 혀로는 아첨하나이다 – 시5:9

- 새 노래 곧 우리 하나님께 올릴 찬송을 내 입에 두셨으니 많은 사람이 보고 두려워하여 여호와를 의지하리로다 – 시40:3
- 내가 낙헌제로 주께 제사하리이다 여호와여 주의 이름에 감사하오리니 주의 이름이 선하심이니이다. – 시54:6
- 자기의 재물을 의지하고 부유함을 자랑하는 자는 아무도 자기의 형제를 구원하지 못하며 – 시49:6–7a
- 여호와께서는 그의 이름을 일컬어 좋은 열매 맺는 아름다운 푸른 감람나무라 하였었으나 큰 소동 중에 그 위에 불을 피웠고 그 가지는 꺾였도다 – 렘11:16

B. 주석

1. 파괴적인 혀(1-4) 하나님의 인자하심이 항상 있음에도 어찌

단어 '자랑'은 반드시 외부에 보여주는 것을 의미하지는 않는다. 여기서 '자랑'의 진정한 요점은 사람의 자기만족이다. 그는 자신을 영리하다고 생각하고, 음모에 빠지며, 악에게 자신의 몸을 내맡겼다. '네가 사랑하는 것'이 반복되는(3,4절) 것은 사랑은 선택뿐만 아니라 미혹도 의미하는 까닭이다.

그들의 상황 안에서(제목과 문맥분석, 참조) **아비멜렉**에 대한 반감은 친구가 없는 도엑이 이제 왕에게 환심을 사기에 좋은 기회로 여겼음을 말한다. 아마도 다윗의 군사용어인 '오 용사여'(1절의 포악한 자)란 번역이 **도엑**의 학살을 공훈처럼 얻어 낸 것이라면 지나친 아이러니가 생긴다. 그는 목자장(삼상21:7)이 얼마나 용맹한지 자신을 드러낸 것이라 말하는 것이다. (같은 구절에서 경건한 자에 대한 **'엘-하시드'**(거룩한 하나님)는 Peshitta[147]가 지지하는 확률에 근거하여 필사 과정에서 두 히브리어 단어가 바뀌었음을 나타낸다. 히브리어 텍스트는 **'헤세드-엘'**로 **'하나님의 인자하심'**이다.(AV, RV) 이것도 의미가 있을 수 있지만 좀 느닷없고, 8절에서 대조되기를 기대한다.)

147) 시리아어 성경(시리아역본–페쉬타)

2. 의례적 참회(5-7) 사형집행 직전에 참회와 면죄를 건성으로 주는 짧은 시간

폭력적인 동사는 5절에서 서로 급진적인 효과를 만들어낸다. 가령 무참히 멸하시며(5a)는 다윗이 처절하게 경험하여 아는 것처럼(5b) 노숙자로 만들어 버리는 최악의 상태를 뜻하며 그리고 그것을 넘어 악인들이 아무런 대꾸도 하지 못하는[148] 최종적인 재앙이다.(5c)

의인이 보고 두려워하며 또 그를 비웃어 말하기를(6)

'보고 두려워하여'(두 유사한 동사– '라아'와 '야레')의 순서와 및 다른 말로 '위엄을 보라'는 하나님의 구출에 대한 반응으로서 시40:3에서 왔으며, 그것은 그의 심판만큼이나 두드러질 수 있다. 그러나 여기 최종 단계는 비웃는 것이며, 비웃음은 교만하고 힘센 자에 대한 완전히 파괴적인 벌칙이다.

이 사람은 하나님을 자기 힘으로 삼지 아니하고 오직 자기 재물의 풍부함을 의지하며 자기의 악으로 스스로 든든하게 하던 자라 하리로다(7)

피난처(refuge,'마오즈'-안전한 장소)라는 말은 아무리 강한 자라도 불안전함을 불러온다. 모든 면에서 호전적이고 저돌적인 사람조차 그의 모든 공격성에 대해 부분적으로 두려움에 자극을 받는다. 그러나 이 구절의 마지막 부분은 히브리어에서 '자신의 욕망을 통해 강해졌다'는 점을 되풀이하지 않는다. 왜냐하면 이것이 그의 동기부여에 지배적인 부분이기 때문이다.("환난 당한 모든 자와 빚진 모든 자와 마음이 원통한 자가 다 그에게로 모였고" – 삼상22:2. 아둘람 동굴은 북–남의 지리적 갈등 외에 '가진 자'와 '빈 자'의 갈등이기도 했다.)

> 자기의 재물을 의지하고 부유함을 자랑하는 자는(시49:6) 그의 마음에 이르기를 나는 흔들리지 아니하며 대대로 환난을 당하지 아니하리라 하나이다 – 시10:6
>
> 자기의 재물을 의지하는 자는 패망하려니와 의인은 푸른 잎사귀 같아서 번성하리라 – 잠11:28
>
> 내가 피할 나의 반석의 하나님이시요 나의 방패시요 나의 구원의 뿔이시요 나의 높은 망대시요 그에게

---

148) 시49:13-15

> 피할 나의 피난처시요 나의 구원자시라 나를 폭력(포악함, 하마스-홍수심판의 원인, 창6:11)에서 구원하셨도다 – 삼하22:3

3. 안전 유지(8-9)

나는 하나님의 집에 있는 푸른 감람나무 같음이여
하나님의 인자하심을 영원히 의지하리로다(8)

앞서 언급한 바와 같이, 다윗은 자신이 제안한 보호(삼상 22:23 – 할머니 룻의 고향 땅 모압)와 그가 발견한 보호(갓 선지자 – 여호와) 사이를 견주어 보았을지도 모른다.
감람나무(올리브)는 가장 오래 살아있는 나무 중 하나다.(수 백 년의 수명은 풍요와 안전에 대한 상징적이다.) 여기서 요점은 두 배로 강화되고 있다. 왜냐하면 그는 올리브를 '생명력 가득한'(Weiser)으로, 그리고 성스러운 안뜰에서 자라는 올리브를(놉에서의 은신처-아둘람 동굴에 대한 기억) 어느 누구도 간섭할 수 없는 여전히 '뿌리 깊은'(참조, 5c) 하나님의 보호를 상징하기 때문이다. 분명히 그의 신뢰의 대상(8b)과 도엑의 신뢰 대상(7b) 사이에는 뚜렷한 대조가 있다. 하나는 눈에 보이는 유형적인 것이지만 일시적이며, 다른 하나는 보이지 않지만 영원한 것이다.

주께서 이를 행하셨으므로 내가 영원히 주께 감사하고... 주의 이름을 사모하리이다(9)

히브리 성서는(고대 버전에 의해 확증된) '내가 선포 하리이다' 고 말하지 않았지만 '나는 기다릴 것이다. 또는 **주의 이름을 사모하리이다**'는 말 때문에 감사는 여전히 믿음의 영역으로 보인다. 이것은 실패에 대하여 사적이 아닌 공개적인 자세로, 하나님의 주권에 맡기는 태도다. 만약 하나님이 그를 실패하게 한다면, 실패는 명백할 것이기 때문이다.(예: 삼상26:8-11에서 하나님의 손의 힘을 빌리는 것을 공개적으로 거부) 본 시편에 나오는 그의 마지막 말은 JB에서 훌륭하게 표현된다.

> '~당신을 사랑하는 사람들 앞에서 인자하신 당신의 이름을 기리겠나이다'

뱀의 무리(53:1-6)

제53편 다윗의 마스길, 인도자를 따라 마할랏에 맞춘 노래

1 어리석은 자는 그의 마음에 이르기를 하나님이 없다 하도다 그들은 부패하며 가증한 악을 행함이여 선을 행하는 자가 없도다

2 하나님이 하늘에서 인생을 굽어살피사 지각이 있는 자와 하나님을 찾는 자가 있는가 보려 하신즉

3 각기 물러가 함께 더러운 자가 되고 선을 행하는 자 없으니 한 사람도 없도다

4 죄악을 행하는 자들은 무지하냐 그들이 떡 먹듯이 내 백성을 먹으면서 하나님을 부르지 아니하는도다

5 그들이 두려움이 없는 곳에서 크게 두려워하였으니 너를 대항하여 진 친 그들의 뼈를 하나님이 흩으심이라 하나님이 그들을 버리셨으므로 네가 그들에게 수치를 당하게 하였도다

6 시온에서 이스라엘을 구원하여 줄 자 누구인가 하나님이 자기 백성의 포로된 것을 돌이키실 때에 야곱이 즐거워하며 이스라엘이 기뻐하리로다

53 To the choirmaster: according to Mahalath. A Maskil of David.

1 The fool says in his heart, "There is no God." They are corrupt, doing abominable iniquity; there is none who does good.

2 God looks down from heaven on the children of man to see if there are any who understand, who seek after God.

3 They have all fallen away; together they have become corrupt; there is none who does good, not even one.

4 Have those who work evil no knowledge, who eat up my people as they eat bread, and do not call upon God?

5 There they are, in great terror, where there is no terror! For God scatters the bones of him who encamps against you; you put them to shame, for God has rejected them.

6 Oh, that salvation for Israel would come out of Zion! When God restores the fortunes of his people, let Jacob rejoice, let Israel be glad.

A. 문맥분석

본 시편은 몇 가지 세부 사항과(이 시편은 제2권의 특성에 따라 신의 거룩한 이름을 여호와 대신 '엘로힘'을 사용하는데, 그 이유는 역사적 무대가 land가 아닌 earth 즉, 세상(바벨론)이 배경임을 암시하는 것으로 본다.) 5절의 상당 부분을 제외하고 이것은 시14편과 동일하다. 제목은 마할랏에(이것은 곡의 이름이거나 악기일 수 있다. -Mowinckel) 맞춘 노래가 덧붙여진다.(개요 6c. 3 참조) 이것은 시88편에서 다시 나타난다. 이 시편 전체에서 신의 이름은 God('엘로힘')으로, 시편 책 2권에서 변함없는 것이다. 반면 시14편에서는 '야훼'라는 이름이 네 번 발생한다. 이 컬렉션에서 우연히, 거만한 바보 **나발**에 대하여 묵상케 되는데, **도엑**(Doeg)과[149] 십(Ziph) 사람[150]과의 사이에서 나발의 자신의 이야기처럼 대체되어진다.(삼상25장)

다음은 시14편을 변형한 것이다 :

1절 '**악**'(아웰 עָוֶל) - '악의 행실'(14:1) (아무도~않다. '알릴라').

3절 '**각기 물러가**' ('콜 수그' כל סוג) - '그들은 다 치우쳐'('하콜 수르')(14:3)

4절 '**죄악을 행하는 자들**' - 이것은 (14:4)에서 '다'(모두)로 시작된다.

5절 '**두려움이 없는 곳에서**' 두려움 같은 것은 존재하지 않는다.

이처럼 번역이 가능하지만, '공포가 없었던 곳'(cf, AV, RV, JB 참조)으로 생각하는 것이 더 간단하다. 이것은 '이전에 그들이 두려워하지 않은 곳' 또는 아마도 '두려움의 원인이 없는 곳'을 의미 할 수 있다. 이 구절은 시14편에서 빠졌으며 RSV에서 '사악한' 으로 읽는 대신

149) 시52, 삼상22:18-19

150) 시54, 삼상23:14-23,26:1-5

에 히브리어 본문에서 '너를 대하여 진을 치는 자' 또는 '너를 둘러싼 자' 처럼 구절 내용에 상당한 변화가 생겼다. 이것은 변화에 대한 단서를 제공 할 수 있다. 즉, 이 형식의 시편은 대적을 급격한 공포로 내리침으로써 기적의 구출을 기리는 것이다.(왕하 7:6f 참조). 이 구절의 변화에 대한 더 자세한 내용은 14:5b, 6을 참조하라.

B. 주석

시 14편을 참조하라.

나의 도우미(54:1-7)

제54편 다윗의 마스길, 인도자를 따라 현악에 맞춘 노래, 십 사람이 사울에게 이르러 말하기를 다윗이 우리가 있는 곳에 숨지 아니하였나이까 하던 때에

1 하나님이여 주의 이름으로 나를 구원하시고 주의 힘으로 나를 변호하소서

2 하나님이여 내 기도를 들으시며 내 입의 말에 귀를 기울이소서

3 낯선 자들이 일어나 나를 치고 포악한 자들이 나의 생명을 수색하며 하나님을 자기 앞에 두지 아니하였음이니이다 (셀라)

4 하나님은 나를 돕는 이시며 주께서는 내 생명을 붙들어 주시는 이시니이다

5 주께서는 내 원수에게 악으로 갚으시리니 주의 성실하심으로 그들을 멸하소서

6 내가 낙헌제로 주께 제사하리이다 여호와여 주의 이름에 감사하오리니 주의 이름이 선하심이니이다

7 참으로 주께서는 모든 환난에서 나를 건지시고 내 원수가 보응 받는 것을 내 눈이 똑똑히 보게 하셨나이다

The Lord Upholds My Life

54 To the choirmaster: with stringed instruments. A Maskil of David, when the Ziphites went and told Saul, "Is not David hiding among us?"

1 O God, save me by your name, and vindicate me by your might.

2 O God, hear my prayer; give ear to the words of my mouth.

3 For strangers have risen against me; ruthless men seek my life; they do not set God before themselves. Selah

4 Behold, God is my helper; the Lord is the upholder of my life.

5 He will return the evil to my enemies; in your faithfulness put an end to them.

6 With a freewill offering I will sacrifice to you; I will give thanks to your name, O

Lord, for it is good.

7 For he has delivered me from every trouble, and my eye has looked in triumph on my enemies

A. 문맥적 접근

이 시편은 시52편에 뒤따르는 시험적인 경험을 통한 결과물과 같다. 에돔사람 도엑에 의해 배반당했을 때는 거의 놀라지 않았지만,[151] (이미 짐작하고 있었다.) 그러나 이제 다윗은 자기의 부족들에 의해 거절을 당하고는 상심했다.[152] (블레셋 사람들로부터 그들의 국경 도시 중 하나를 구했음에도 불구하고). 이 위험하고도 환멸을 주는 상황에서 그는 다시 하나님께로 돌아간다.

- 여호와께서 내 편이 되사 나를 돕는 자들 중에 계시니 그러므로 나를 미워하는 자들에게 보응하시는 것을 내가 보리로다 – 시118:7
- 나의 하나님이 그의 인자하심으로 나를 영접하시며 하나님이 나의 원수가 보응 받는 것을 내가 보게 하시리이다 – 시59:10
- 하나님이여 교만한 자들이 일어나 나를 치고 포악한 자의 무리가 내 영혼을 찾았사오며 자기 앞에 주를 두지 아니하였나이다 – 시86:14
- 주께서 이를 행하셨으므로 내가 영원히 주께 감사하고 주의 이름이 선하시므로 주의 성도 앞에서 내가 주의 이름을 사모하리이다 – 시52:9
- 내 원수들이 보응 받는 것을 내 눈으로 보며 일어나 나를 치는 행악자들이 보응 받는 것을 내 귀로 들었도다 – 92:11

151) 삼상22:22

152) 삼상23:19ff, 26:1ff

B. 주석적 접근

1. 내기도(1-3)

배반의 상황에 대해 하나님의 이름에 의지하여 자신의 구원을 요청하며 자신을 변호해 주시기를 기도한다. 다윗을 배반한 자들은 기회주의자로 원칙도 없고 그들은 색과 모양이 어울리지 않는 옷을 입고 있는 것 같다. 이와는 대조적으로 하나님은 자신을 선포 하셨으며 그의 선한 이름(명성)을 고수하고 계신다.(시23:3 선한 길로 인도하심, 시48:9f 인자하심) 그리고 다윗은 자신의 입장에서 안전뿐만 아니라 정의를 염려한다. 여기서 **'변호하소서'**는 사법적인 용어이나, 그 평결은 말의 선고가 아닌 구원 행위다. 다윗이 받는 비방의 특징은 그가 배신자에 지나지 않는다는 것이다. 사울에게 한 그의 말은 그 상처를 드러내는 것이다.

> 나는 무엇을 하였으며 내 손에 무슨 악이 있나이까? – 삼상 26:18

낯선 자들이 일어나 나를 치고 포악한 자들이 나의 생명을 수색하며 하나님을 자기 앞에 두지 아니하였음이니이다(3)

무례한(또는 '오만한', JB) 자는 여러 히브리어 필사본과 탈굼(Targum)의 읽기 결과로 MT의 **'낯선 자들'**과 마찬가지로 바른 읽기인 것 같다.(시86:14와 유사)

동반되는 포악한 자는 특히 사25:3-5에서 공부할 수 있다. 본 구절의 마지막 줄에는 특별한 의미로서 '사람의 태도에 부족한 것에 무엇인지'에 대한 전형적인 성경의 초점을 드러낸다. 이것이 여기에서 말하고자 하는 것의 절정이다.

<표 5. 시36편과 시53편의 비교>

시36	시53
하나님을 두려워하는 기색이 없다(1)	선을 행하는 자 없다(1)
지혜와 선행을 그쳤다(3)	한 사람도 없다3)
악을 거절하지 아니하는도다(4)	하나님을 부르지 아니하는도다(4)

2. 나의 도우미(4-5)

하나님은 나를 돕는 이시며 주께서는 내 생명을 붙들어 주시는 이시니이다(4)

1-3절에서 다윗이 자신과 적을 하나님의 관심을 이끌게 했다면, 그는 이제 하나님을 자신의 관심 앞에 세운다. 4b에서 고대 버전들과 가장 현대적인 버전들이 지지하는 히브리 본문은 너무 놀랍다는 것을 발견 한다. 그것은 히브리어 텍스트가 나의 삶을 붙드는 것들 중에서 '가운데'라는 것이다. 그러나 이것은 그분을 낮추어보는 것이 아니라 -삼상23:13과 삼하23:8-13에서 '육백', '삼십', '삼'의 숫자를 충성된 인간의 도움 뒤에 있는 하나님의 손이 다윗을 지지하는 것으로 그것이 다윗의 기쁨이었다는 것이다.

(그의 사람 육백 명, 삼십 두목 중의 세 사람 – 다그몬 사람 요셉 밧세벳, 아호아 사람 도대의 아들 엘르아살, 하랄 사람 아게의 아들 삼마)

주께서는 내 원수에게 악으로 갚으시리니 주의 성실하심으로 그들을 멸하소서(5)

5절에서 보응의 주제는 이 문제를 하나님께 맡기는 롬12:19과과 완전히 일치하지만 로마서의 다음 두 구절은 '세컨드 마일'의 이정표를 지나가지 않는다.

> 네 원수가 주리거든 먹이고 목마르거든 마시게 하라 그리함으로 네가 숯불을 그 머리에 쌓아 놓으리라. 악에게 지지 말고 선으로 악을 이기라 – 롬12:20-21
>
> * Second mile 구제

3. 감사 제물(6-7)

내가 낙헌제로 주께 제사하리이다 여호와여 주의 이름에 감사하오리니
주의 이름이 선하심이니이다(6)

자원제(free-will offering)에 관한 요지는, 도움을 받은 기도자의 기도에 서원이 없다는 것이다. 실제로 '네가 이것을 하면, 나는 그것을 줄 것이다'라고 말하지 않음은 의심할 여지가 없다. 감사와 희생은 자발적이었다.(참조, 51:12). 시편 50편과 51편은 희생 제물은 그 자체로는 가치가 없다고 지적하면서도 속죄를 통해 하나님의 면전에 나아갈 수 있게 해주는 것 그 자체가 헌신(희생제의)의 올바른 의미라고 말하는 것이다, 낙헌제는 그 의미를 바로 깨닫는 자가 자기의 사랑을 가시적으로 드러내는 방편으로서 공동체와 함께 잔치를 나누고 이야기를 들려주는 것이다.(신12:6f).

그래서 다윗은 시작 기도의(1-3) 고뇌와 그가 이끄는 믿음(4f.)이 자신의 현재 위치에서 현실적이고 명확한 감사의 서곡과 같이 다시 살아난다. 그리고 우리에게 시편을 물려줌으로써 절망에서 해방에 이르기까지 이러한 상황을 만날 때 이와 유사한 전진을 위해 우리의 발걸음을 곧게 만든다.

배반[할랄:더럽히다](55:1-23)

제55편 다윗의 마스길, 인도자를 따라 현악에 맞춘 노래 <새번역>

1 하나님이시여, 내 기도를 들으시고 나의 간절한 부르짖음을 외면하지 마소서.
2 나에게 귀를 기울이시고 응답하소서. 내 마음이 근심으로 편치 못하여 탄식합니다.
3 내가 내 원수들의 위협에 두려움을 느끼며 악인들의 압력에 시달리고 있습니다. 그들
이 나에게 고통을 주며 원한을 품고 나를 미워하고 있습니다.
4 내가 마음으로 심히 괴로와하는 것은 죽음의 공포가 나를 엄습함이라.
5 두려움과 떨림이 나를 둘렀으니 내가 무서운 공포에 사로잡히는구나.
6 내가 비둘기처럼 날개가 있다면 날아가서 편히 쉴 수 있을 텐데.
7 내가 날개가 있다면 멀리 날아가 광야에서 안식할 것이며
8 빨리 피난처를 찾아서 폭풍과 광풍을 피할 수 있으리라.
9 여호와여, 악인들을 당황하게 하시고 그들의 말을 혼란하게 하소서. 내가 성 안에서
폭력과 투쟁이 있음을 보았습니다.
10 그들이 밤낮 성벽 위를 돌아다니므로 성 안에는 죄악과 악습이 도사리고 있습니다.
11 그 곳은 폭력이 판을 치고 거리에는 협박과 사기 행위가 떠날 날이 없습니다.
12 나를 조롱한 자가 내 원수였다면 내가 그것을 참을 수 있었으리라. 나에게 거드름을
피우는 자가 나의 대적이었다면 내가 그를 피하여 숨을 수 있었으리라.
13 그러나 그는 바로 너였다. 나의 동료요 나의 동무이며 나의 가까운 친구가 아닌가!
14 우리는 함께 다니며 재미있는 이야기도 나누고 성전에도 함께 드나들었다.
15 사망아, 내 원수들을 붙잡아 산채로 무덤 속에 처넣어라. 악이 그들의 집과 마음에 자
리를 잡았다.
16 그러나 나는 하나님을 소리쳐 부를 것이니 여호와께서 나를 구원하시리라.
17 내가 아침에도 정오와 저녁에도 안타깝게 부르짖을 것이니 여호와께서 내 소리를 들
으실 것이다.

18 비록 나를 대적하는 자가 많아도 그가 나를 전쟁에서 안전하게 구하시리라.
19 영원히 계신 하나님이 나의 부르짖음을 들으시고 그들을 벌하실 것이니 그들은 자기
들의 태도를 바꾸지 않고 하나님을 두려워하지 않는 자들이다.
20 나의 동무는 자기 친구인 나를 배반하고 자기가 한 약속을 어겼다.
21 그의 입은 버터보다 매끄러우나 그 마음속에는 전쟁이 일고 있으며 그의 말은 기름보
다 부드러우나 칼처럼 날카롭다.
22 네 짐을 여호와께 맡겨 버려라. 그가 너를 붙드시리라. 그는 의로운 자들이 넘어지는
것을 허락하지 않으실 것이다.
23 하나님이시여, 주께서 내 원수들을 파멸의 구덩이에 던져 넣으실 것이므로 살인자들
과 사기꾼들은 자기 수명의 절반도 살지 못할 것입니다. 그러나 나는 주를 의지합니다.

Cast Your Burden on the Lord

55 To the choirmaster: with stringed instruments. A Maskil of David.

1 Give ear to my prayer, O God, and hide not yourself from my plea for mercy!
2 Attend to me, and answer me; I am restless in my complaint and I moan,
3 because of the noise of the enemy, because of the oppression of the wicked. For they
drop trouble upon me, and in anger they bear a grudge against me.
4 My heart is in anguish within me; the terrors of death have fallen upon me.
5 Fear and trembling come upon me, and horror overwhelms me.
6 And I say, "Oh, that I had wings like a dove! I would fly away and be at rest;
7 yes, I would wander far away; I would lodge in the wilderness; Selah
8 I would hurry to find a shelter from the raging wind and tempest."
9 Destroy, O Lord, divide their tongues; for I see violence and strife in the city.
10 Day and night they go around it on its walls, and iniquity and trouble are within it;
11 ruin is in its midst; oppression and fraud do not depart from its marketplace.
12 For it is not an enemy who taunts me- then I could bear it; it is not an adversary
who deals insolently with me-

then I could hide from him.

13 But it is you, a man, my equal, my companion, my familiar friend. 14 We used to
take sweet counsel together; within God's house we walked in the throng.

15 Let death steal over them; let them go down to Sheol alive; for evil is in their
dwelling place and in their heart.

16 But I call to God, and the Lord will save me.

17 Evening and morning and at noon I utter my complaint and moan, and he hears
my voice.

18 He redeems my soul in safety from the battle that I wage, for many are arrayed
against me.

19 God will give ear and humble them, he who is enthroned from of old, Selah because
they do not change and do not fear God.

20 My companion stretched out his hand against his friends; he violated his covenant.

21 His speech was smooth as butter, yet war was in his heart; his words were softer
than oil, yet they were drawn swords.

22 Cast your burden on the Lord, and he will sustain you; he will never permit the
righteous to be moved.

23 But you, O God, will cast them down into the pit of destruction; men of blood and
treachery shall not live out half their days. But I will trust in you

A. 문맥분석

이와 같은 부르짖음은 시편을 극단적인 경험을 평범한 것을 위한 책으로 만드는 데 도움이 된다. 혼란에 내몰리게 된 사람은 여기서 동료를 찾는다. 나머지 사람들은 그들과 함께 '감옥에 있는 것처럼'(또는 다른 고통) 중보기도를 위한 가이드라인을 찾을 수 있다.

너희도 함께 갇힌 것 같이 갇힌 자를 생각하고 너희도 몸을 가졌은즉 학대 받는 자를 생각

하라 – 히13:3

나아가, 배반(12ff., 20f.)에 대하여 강조되고 있는 구절은, 가슴 찢기는 그리스도의 고난 속으로 우리를 이끌어 가도록 통찰력을 더하며, 동시에 다윗의 극기심과 구속적인 태도는 심판을 호소할 수 있는 모든 이유를 제공해 준다.

- 대저 음녀의 입술은 꿀을 떨어뜨리며 그의 입은 기름보다 미끄러우나 – 잠5:3
- 나중은 쑥 같이 쓰고 두 날 가진 칼 같이 날카로우며 – 잠5:4
- 그의 입에는 저주와 거짓과 포악이 충만하며 그의 혀 밑에는 잔해와 죄악이 있나이다 – 시10:7
- 내가 신뢰하여 내 떡을 나눠 먹던 나의 가까운 친구도 나를 대적하여 그의 발꿈치를 들었나이다 – 시41:9
- 샘이 그 물을 솟구쳐냄 같이 그가 그 악을 드러내니 폭력과 탈취가 거기에서 들리며 질병과 살상이 내 앞에 계속하느니라 – 렘6:7

B. 주석

1. 참을 수없는 긴장(1-3)

하나님이여 내 기도에 귀를 기울이시고 내가 간구할 때에 숨지 마소서(1)

다윗은 신22:1-4의 반복되는 '네 자신의 이웃의 곤경에 대하여 무시하지 말라'는 것을 비추며 '숨지 마소서'라는 표현 방식을 사용하여 자신의 불편한 속내를 숨기지 않고 탄원하고 있다. 그래서 간접적으로 다윗의 기도가 하나님의 자존심뿐만 아니라 그의 자비에 호소하도록 만든다.

내게 굽히사 응답하소서 내가 근심으로 편하지 못하여 탄식하오니(2)

'굽히사'('카샤브')는 듣다, 기울이다, 청종하다는 의미로 자신의 탄원을 들어 달라는 간청이다. 고대 버전은 '극복되었다'('우라드')로 읽는 RSV를 지지하지만, 표준 텍스트에는 '쉬지 못하여-편치 못하여-restless' (RV, NEB, JB)라는 의미의 보기 드문 단어(아리드 אָרִיד)를 사용하여 다음에 이어지는 표현과 조화되어 그의 곤경을 더 생생하게 묘사한다. **'탄식하오니'**는 혼란하여 패배하는 군대(신7:23)에 사용되었다.

이는 원수의 소리와 악인의 압제 때문이라 그들이 죄악을 내게 더하며
노하여 나를 핍박하나이다(3)

대적하는 그룹은 이제 이 혼란의 원인이 된다. 즉, 적대적인 집단은 매우 고무되어 나타나는데 RSV에서는 잘 드러나지 않는다. 압제로 번역된 희귀한 단어는 첫 번째 줄의 **'원수의 소리'**를 '응시' 또는 두 번째 줄의 **'노하여'** - 날카로운 소리'(NEB; JB, RP)와 더 조화된다. 다시 말하면, 자극적인 묘사보다 더 도식적인 말은 '그들은 불행을 내게 부추겼다'는 것이다.

2. 탈출을 추진하기(4-8)

내 마음이 내 속에서 심히 아파하며 사망의 위험이 내게 이르렀도다(4)
두려움과 떨림이 내게 이르고 공포가 나를 덮었도다(5)

그것은 우리에게 엘리야처럼 굴복했든지 예레미야처럼 견뎌 내었든지 영적 거장이 경험했던 것을 아는 것으로 위안을 제공한다.

> 그가 이 형편을 보고 일어나 자기의 생명을 위해 도망하여 유다에 속한 브엘세바에 이르러 자기의 사환을 그 곳에 머물게 하고 – 왕상19:3ff
>
> 내가 광야에서 나그네가 머무를 곳을 얻는다면 내 백성을 떠나가리니 그들은 다 간음하는 자요 반역한 자의 무리가 됨이로다 – 렘9:2

나는 말하기를 만일 내게 비둘기 같이 날개가 있다면 날아가서 편히 쉬리로다(6)
내가 멀리 날아가서 광야에 머무르리로다(7)
내가 나의 피난처로 속히 가서 폭풍과 광풍을 피하리라 하였도다(8)

RSV는 대중적인 음악의 영향력을 올바로 견지하며, 비둘기의 날개가 아닌 '비둘기 같이'

로 번역하여 히브리어의 좋은 감각을 보존한다.

3. 무정부 세력(9-11)

내가 성내에서 강포와 분쟁을 보았사오니 그들의 혀를 잘라 버리소서(9)
그들이 주야로 성벽 위에 두루 다니니 성 중에는 죄악과 재난이 있으며(10)
악독이 그 중에 있고 압박과 속임수가 그 거리를 떠나지 아니하도다(11)
어떤 선량한 시민들이 사회적 몰락에 어려움을 겪는 동안, 왕으로서의 다윗은 직접적으로 도전을 받는다. 그의 기도는 지각력이 있으며 우리에게 교훈을 준다. 그는 거만한 도시를 바라보며 하나님이 또 다른 거만했던 바벨을 악의 본질인 분열을(혀를 잘라 버리소서- 언어를 혼잡케 하심) 이용하여 다루셨던 것을 회상한다.(9a)
그는 **아히도벨**이 **압살롬**의 모사가 되었을 때와 비슷한 기도를 했다.

> 다윗이 이르되 여호와여 원하옵건대 아히도벨의 모략을 어리석게 하옵소서 하니라 -삼하15:31

시편의 이 부분에서, 다윗의 개인적인 시련은 대중의 관심을 끄는 길을 만든다.
이것은 정복자나 테러리스트나 시장(11)도 아니며 그러한 것을 책망하여 그의 백성들의 안전한 성벽으로서의 하나님의 도시다. 기도는 세찬 역경 위에 있다.

4. 거짓 친구(12-15)

우리는 다윗의 공동체에 대한 제한된 지식으로 반역자 이름을 찾으려할 필요가 없다. 중요한 것은 설명이다. JB에서 '나의 동등한'은 '나와 동등하게 여기는 사람'을 의미한다. NEB에서는 '내 자신의 분신 같은 사람'이다.
그러나 다윗이 무심코 이 감동적인 구절에서 무심코 묘사한 것은 그의 가장 견고한 친구들 중 한 명인 **'우리야'**에게 행한 자신의 배반의 본질이었다.(삼하 23:39).

사망이 갑자기 그들에게 임하여 산 채로 스올에 내려갈지어다

이는 악독이 그들의 거처에 있고 그들 가운데에 있음이로다(15)

이 급격한 폭발에서 복수(그들)에 주목할 필요가 있다. 다소 특이하게도, 개인적 배신에 대한 다윗의 주된 반응은 슬픔이었지만(12-14) 그의 권위에 대한 집단적(주모자를 포함한 전체) 위협에 대해서는 분노가 불끈 달아오른다. 그들이 산 채로 '스올'에 내려가게 해달라는 구절은 민수기 16:30의 명확한 반향이다.(고라와 그 무리의 반역) 모세는 그들이 자신에게 저항할 때 그 날의 반역자들이 하나님께 저항하고 있다는 증거로서 이처럼 요구했다.

좀 더 자세히 살피면, 15a의 자음 사전은 '그들을 황폐화(예시모트 יַשִּׁימוֹת)시키십시오'로 가장 쉽게 번역된다. 그러나 전통적인 모음은 이것을 아무렇지도 않게 '속이는 자는 죽게 하소서' 라고 바뀐다. 그것은 문장의 나머지 부분과 함께 취해지는 작은 차이이다. 이 구절의 끝에 대한 RSV와 AV 사이의 차이는 첫 째, RSV가 '테러'로 읽는 반면 AV는 '거처'로 읽는 동일한 형태지만 다른 의미의 두 가지 뿌리의 존재 때문이다. 두 번째, RSV는 '그들 중에'의 자음이 앞으로 옮겨져서 무덤으로 읽혀야한다고 추측한다. 그러나 고증되지는 않는다.

5. 들으시는 하나님(16-19)

그러나 나는 하나님을 소리쳐 부를 것이니 여호와께서 나를 구원하시리라.(16)

하나님의 종을 기도하게 한 것은 적들이 이미 자신을 과민하게 만든 것이지만 그런 상황에서 기억할만한 가치가 있다는 사실이다. 그것은 시편의 전환점이다.

내가 아침, 정오, 저녁에도... 부르짖을 것이니 여호와께서 내 소리를 들으실 것이다.(17)

시119와 시164의 '하루 일곱 번'은 의심할 여지없이 반복되는 일상이란 의미의 숫자이지만, 이 세 시점은 다윗의 위기의 날 동안 지속한 규칙적인 행태다. 다니엘 이후의 다른 사람들(단6:10)은 세상의 핍박에 대항하여 이 같은 대응책을 규칙처럼 여겼다. NEB는 너무 패배주의적인 해석을 취하는데 '나는 내 슬픔을 위로한다.'라는 말은 근본적으로 '나는 묵상하다'는[153] 의미이며, 여기에 믿음의 기도가 포함된다는 의미가 덧칠되고 있다.

---

153) 시77:6, 12

비록 나를 대적하는 자가 많아도 그가 나를 전쟁에서 안전하게 구하시리라.(18)

전투는 평범한 단어가 아니지만, 21절에 다시 등장하기 때문에 NEB처럼 '나를 에워싼 사람들'로 교정하는 것은 불필요하다.

영원히 계신 하나님이 나의 부르짖음을 들으시고 그들을 벌하실 것이니 (19a)

하나 이상의 가능한 의미를 지닌 단어들이 NEB의 19a의 독창적인 재해석에 미혹을 주었다. 19a의 재해석은(명백한 의미의 번역이 있기 때문에) 불필요하고 부적절(멀리 있는 원수들을 들여 올 필요가 없기 때문에)하다. 텍스트는 목적을 위해 수정되어야 한다.

그들은 자기들의 태도를 바꾸지 않고 하나님을 두려워하지 않는 자들이다.(19b)

태도를 바꾸지 않는다는 것은 율법을 지키지 않기 때문에(예 : AV, RV, RSV mg.)'변화'를 '상호 의무의 존중'으로 해석함으로써 '변화가 없는 사람'은 의무를 지키지 않는 사람들이다. 문자적인 의미에서 이 사람들 자신들의 죄에 너무 빠지거나 물질적으로 너무 안전하여 하나님에 대해 걱정하지 않는다는 것을 의미한다.[154]

6. 매끄러운 화자(20-21)

이 배반의 깊이는 특정 서약을 위반했다는 것이다. 이것은 단순한 동료가 아니라 동맹을 뒤에서 찔렀다는 언약의 신성함은 어겼다'는 말로 드러나는데, 그것은 거룩한 무엇을 모독하는 것이다. 하나님은 그러한 결속(동맹)에 대한 증인으로 소환되었을 것이다.

7. 장기적 전망(22-23)

네 짐을 여호와께 맡겨 버려라. 그가 너를 붙드시리라.
그는 의로운 자들이 넘어지는 것을 허락하지 않으실 것이다.(22)

우리는 다윗이 아니더라도 그의 고통은 결국 세상에 22절을 후대에 남기기 위해 지불해야

154) 렘48:11

할 것이 거의 없다는 것임을 볼 수 있다. '짐'이란 단어는 몹시 제한적이다. 즉, 당신에게 주어진 것이 무엇이든, 당신이 지정받은 것을 의미한다.(NEB에서는 당신의 운명). 그리고 그 약속은 하나님이 지킬 것이라는 뜻이 아니라 그가 당신을 지지할 것이라는 의미다.(심지어 성도의 견인조차도 인간의 의지가 선행될 때의 하나님의 의지가 역사됨을 말한다.) 그것은 공급자로서 요셉과[155] 다양한 인간 후원자에게 사용되었던 동사이다. 무엇보다, 광야에서 이스라엘을 위한 하나님의 보살핌에 관한 것이다.[156]

하나님이시여, 주께서 내 원수들을 파멸의 구덩이에 던져 넣으실 것이므로
살인자들과 사기꾼들은 자기 수명의 절반도 살지 못할 것입니다.
그러나 나는 주를 의지합니다.(23)

자기 수명의 절반도 살지 못한다는 표현에서, 다윗은 비록 이것이 세상에 대한 하나님의 예정임을 잊지는 않지만 범죄자의 불안정한 인생여정을 명료하게 지적하는 것처럼 보인다. 다른 순간에 그는 더 멀리 본다.

> 주의 거룩한 자를 멸망시키지 않으실 것입니다 –시16:10f
>
> 여호와여 일어나 그를 대항하여 넘어뜨리시고 주의 칼로 악인에게서 나의 영혼을 구원하소서 여호와여 이 세상에 살아 있는 동안 그들의 분깃을 받은 사람들에게서 주의 손으로 나를 구하소서 그들은 주의 재물로 배를 채우고 자녀로 만족하고 그들의 남은 산업을 그들의 어린 아이들에게 물려 주는 자니이다
>
> 나는 의로운 중에 주의 얼굴을 뵈오리니 깰 때에 주의 형상으로 만족하리이다 –시17:13-15

그러나 중요한 것은 하나님께서 모든 일들'을 처리해 주셨고, 다만 다윗의 선택이 그것을 이루어 낸 것이다. 나는 대적의 편견을 고려할 가치조차 없는 것으로 여긴다는 것이 강조된다. 실제로 거기엔 3명이 아닌 2명의 당사자만 있다. '나는 개인적으로, 주님만을 의지한다.'

---

155) 창45:11
156) 느9:21

사람이 내게 어찌 하리요?(56:1-13)

제56편 다윗의 믹담 시, 인도자를 따라 요낫 엘렘 르호김에 맞춘 노래, 다윗이 가드에서 블레셋인에게 잡힌 때에

1 하나님이여 내게 은혜를 베푸소서 사람이 나를 삼키려고 종일 치며 압제하나이다
2 내 원수가 종일 나를 삼키려 하며 나를 교만하게 치는 자들이 많사오니
3 내가 두려워하는 날에는 내가 주를 의지하리이다
4 내가 하나님을 의지하고 그 말씀을 찬송하올지라 내가 하나님을 의지하였은즉 두려워하지 아니하리니 혈육을 가진 사람이 내게 어찌하리이까
5 그들이 종일 내 말을 곡해하며 나를 치는 그들의 모든 생각은 사악이라
6 그들이 내 생명을 엿보았던 것과 같이 또 모여 숨어 내 발자취를 지켜보나이다
7 그들이 악을 행하고야 안전하오리이까 하나님이여 분노하사 뭇 백성을 낮추소서
8 나의 유리함을 주께서 계수하셨사오니 나의 눈물을 주의 병에 담으소서 이것이 주의 책에 기록되지 아니하였나이까
9 내가 아뢰는 날에 내 원수들이 물러가리니 이것으로 하나님이 내 편이심을 내가 아나이다
10 내가 하나님을 의지하여 그의 말씀을 찬송하며 여호와를 의지하여 그의 말씀을 찬송하리이다
11 내가 하나님을 의지하였은즉 두려워하지 아니하리니 사람이 내게 어찌하리이까
12 하나님이여 내가 주께 서원함이 있사온즉 내가 감사제를 주께 드리리니
13 주께서 내 생명을 사망에서 건지셨음이라 주께서 나로 하나님 앞, 생명의 빛에 다니게 하시려고 실족하지 아니하게 하지 아니하셨나이까

In God I Trust

56 To the choirmaster: according to The Dove on Far-off Terebinths. A Miktam of David, when the Philistines seized him in Gath.

1 Be gracious to me, O God, for man tramples on me; all day long an attacker oppresses me;
2 my enemies trample on me all day long, for many attack me proudly.
3 When I am afraid, I put my trust in you.
4 In God, whose word I praise, in God I trust; I shall not be afraid. What can flesh do to me?
5 All day long they injure my cause; all their thoughts are against me for evil.
6 They stir up strife, they lurk; they watch my steps, as they have waited for my life.
7 For their crime will they escape? In wrath cast down the peoples, O God!
8 You have kept count of my tossings; put my tears in your bottle. Are they not in your book?
9 Then my enemies will turn back in the day when I call. This I know, that God is for me.
10 In God, whose word I praise, in the Lord, whose word I praise,
11 in God I trust; I shall not be afraid. What can man do to me?
12 I must perform my vows to you, O God; I will render thank offerings to you.
13 For you have delivered my soul from death, yes, my feet from falling, that I may walk before God in the light of life.

A. 문맥적 접근

이 시의 배경은 삼상21:10-15이다.
사울로부터 도망하여 골리앗의 고향인 가드의 모든 곳으로 다녔다는 것은 절망중의 용기다. 그것은 다윗이 자신의 백성들과 같은 지위에서 판단한 평가다. 그러나 지금 이것은 실패하고, 그는 이중으로 둘러싸여 있다.(블레셋과 사울) 그가 정탐꾼일지도 모른다고 생각한 블레셋의

지도자들이 그에게 씌운 위협들이 내포되어 있을 수 있다. 지금까지 그의 추종자는 거의 없었다. 삼상 22:10의 400명은 아직 모여지지 않았다. 시편은 위기에서 꽃 피운 절반의 시편 중 첫 번째 시다. 그것은 결국 시편 34편의 확연한 주제가 되는 감사절로 마무리 된다.

- 여호와는 내 편이시라 내가 두려워하지 아니하리니 사람이 내게 어찌할까 – 시118:6
- 그가 하늘에서 보내사 나를 삼키려는 자의 비방에서 나를 구원하실지라(셀라)하나님이 그의 인자와 진리를 보내시리로다 – 시57:3
- (그가 친히 말씀하시기를 내가 결코 너희를 버리지 아니하고 너희를 떠나지 아니하리라 하셨느니라) 그러므로 우리가 담대히 말하되 주는 나를 돕는 이시니 내가 무서워하지 아니하겠노라 사람이 내게 어찌하리요 하노라 – 히13:6
- 감사로 하나님께 제사를 드리며 지존하신 이에게 네 서원을 갚으며(환난 날에 나를 부르라) – 시50:14
- 그들이 나의 생명을 해하려고 엎드려 기다리고 강한 자들이 모여 나를 치려하오니 여호와여 이는 나의 잘못으로 말미암음이 아니요 나의 죄로 말미암음도 아니로소이다 – 시59:3

B. 주석적 접근

1. 핍박과 약속(1-4)

사람이 나를 삼키려고 종일 치며 압제하나이다 (1)

RSV가 그 번역에서 옳을지 모르지만, 1절과 2절에서, '**나를 삼키려는 자**'로 번역한 것은 맹렬한 추적(욥5:5 참조)을 뜻하며, 나를 삼키려고 '내 뒤에서 숨을 헐떡거리는' 표현이 상황에 더 잘 어울린다. 그들은 포위하고 있지만(위의 문맥분석 참조) 그러나 다윗은 아직 진압되지 않았다.

나를 교만하게 치는 자들이 많사오니 (2)

문자적으로 '**교만하게**'로 번역된 'proudly'는 AV가 하나님을 위한 용어로 사용하는 '높음'

은 '지존하심'이라는 의미다. NEB와 JB는 갑작스러운 변화를 통해 그것을 명령형('Appear on high', 'Raise me up')으로 바꾸어 다음 구절까지 가져간다. 결국 명사는 부사로 자주 사용되기에 '교만하게'는 가장 적은 질문을 만든다.

내가 두려워하는 날에는 내가 주를 의지하리이다(3)

여기서 '날(When)'에 대한 히브리어 표현은 9절에서와 같이 '(In) the day (when)'이다.
이전의 번역 'What time'은 'When'보다 문구에 어떤 생동감을 가져다준다. (두려워했던 순간보다 두려움의 내용에 대한 인식의 차이)
신앙은 여기서 자신의 감정적인 상태에 휘둘리지 않고 숙고하는 행위임을 보여준다.
첫 번째 줄의 **'내가 두려워하는 날에는'** 내가 평안할 때는 주를 의지하고 있다고 너무 안이하게 생각할 수 있음을 상기시킨다.

내가 하나님을 의지하고 그 말씀을 찬송하올지라 내가 하나님을 의지하였은즉 두려워하지 아니하리니 혈육을 가진 사람이 내게 어찌하리이까(4)

이 눈에 띄는 구절은 후렴구가 되어 10절과 11절에서 확대되고 반복되며, 시118:6과 히브리서13:6에서도 인용된다. 그것은 3절에서 이미 제시된 믿음의 묘사에서 신앙이 어디에 놓여 있는지 이를테면 하나님 안에, 그리고 그 내용은 어느 말씀에서 발견하는지(즉 10절에서 두 번 반복)를 보여줌으로써 첨언하고 있다.
'두려워하지 아니하리니'(RV)는 신뢰의 행동의 결과로서 3a절과 일치하는 대답이기 때문에 문자 그대로의 형태가 좀 더 낫다. 본 구절의 마지막 줄은 불굴의 논거로서 적들이 피해자 주위에 위협적으로 나타나고 있었던 1-2절 이후 장면에서 차지하는 비율이 얼마나 변했는지를 보여준다.
이제 하나님을 대적하는 그들은 깨어질 육체로 여겨진다.[157] 그들은 다음 구절들(특히 8절)이 확인하는 것처럼 하나님의 종에게 여전히 상처를 줄 수 있지만 그러나 그를 격파할 것은 아무것도 없다.(히브리서 13:6에서 이 말을 인용한 고난과 감사의 문맥 참조)

주는 나를 돕는 이시니 내가 무서워하지 아니하겠노라 사람이 내게 어찌하리요 – 히13:6

---

157) 사31:3

2. 압제자의 열정(5-7)

그들이 종일 내 말을 곡해하며 나를 치는 그들의 모든 생각은 사악이라(5)

끊임없는 압박은 시련의 가장 나쁜 부분이다. 그것은 다윗이 강조한 첫 번째 일이다. '종일~, 종일~' 1,2절에서 반복된 그 말이 여기서 또다시 반복된다.(5) 그 공격이 잘못된 표현('그들이 내 말을 비틀어'-중상(中傷) JB, AV, RV 참조)에 의한 것인지 또는 좀 더 일반적인 괴롭힘(RSV)에 의한 것인지 확실하지는 않다.

그들이 내 생명을 엿보았던 것과 같이 또 모여 숨어 내 발자취를 지켜보나이다(6)

그러나 6절의 기회를 엿봄은 다윗의 주님도 겪게 될 시험이었다.[158)]
덧붙이자면, '기다리는' 말에 대한 현재의 맥락은 항상 그것에 내포되어 있는 간절한 열망을 보여준다. 그것은 결코 조용한 단어가 아니다. 시40:1에 대한 주석을 참조하라.

그들이 악을 행하고야 안전하오리이까 하나님이여 분노하사 뭇 백성을 낮추소서(7)

히브리어는 '구출하다'는 의미를 갖지만, AV와 RV는 풍자적으로 그들이 도망('팔라트')할 수 있을까?로 번역한다, 이것은 구출하다는 의미의 '팔라트'를 '무게를 달다(그들에게)'라는 의미의 '팔레스'에 대한 초기의 필사오류에 가까워 보인다. RSV참조. '그들에게'라는 여격도 이것을 지지한다.('팔라트' Qal:도망하다, 피하다.(겔7:16), Hip: 안전하다, 보존하다(사5:29, 미6:14a), Piel은 안전하다, 보존하다, 탈출하다, 구원하다로 사용되었다.(미6:14, 욥21:10,23:7))
이 구절의 후반부는 기도의 주된 요지라는 것을 부인할 여지가 없으며, 우리는 그의 생애에서 이 기간 동안 블레셋 사람들을 정복하겠다는 다윗의 결심의 일부를 추적할 수 있다. 그는 자신의 기도가 응답된 것을 삼하5:17ff-8:1에서 보았다.

158) 눅11:53f "서기관과 바리새인들이 거세게 달려들어 여러 가지 일을 따져 묻고"

3. 보호자의 돌보심(8-11)

나의 유리함을 주께서 계수하셨사오니 나의 눈물을 주의 병에 담으소서
이것이 주의 책에 기록되지 아니하였나이까(8)

정당한 이유가 없이 RSV는 히브리어 본문의 유리함을('노드':방랑,방황) 'wandering' 대신에 'tossing'(던짐)으로 변경한다. 의심의 여지 없이 두 가지 모두 사실이었지만, 유리하여 떠도는 것은 다윗에게 특별한 운명이었고, 노드(nōd-창4:16, 가인이 도망하여 간 지역의 이름)는 분명히 그 사건을 생각나게 하는 명백한 단어다. **'주의 병'**(甁)은 그것을 하나님의 책과 연관된 단어로 '간직하다'는 표현을 생각하게 한다. (NIV는 "나의 눈물을 당신의 두루마리에 열거하소서"라고 번역하였다.)

그래서 이 신랄한 구절은 저자의 애정 넘치는 신뢰뿐만 아니라 불안함과 우울함이 생생하게 나타나고 있다. 우리 주님은 하나님의 세심한 보호하심에 대하여 동일하게 강조하셨다.[159)]

내가 아뢰는 날에 내 원수들이 물러가리니
이것으로 하나님이 내 편이심을 내가 아나이다(9)

'내가 아뢰는 날에'는 3절에서 '내가 두려워하는 날'과 비슷한 표현으로 좋은 짝을 이룬다. 바울은 이 구절(또는 시118:7a)의 마지막 부분의 승리를 되풀이하여 **'누가 우리를 대적하리요'**라고 썼다.[160)] (롬 8:31).

내가 하나님을 의지하여 그의 말씀을 찬송하며 여호와를 의지하여
그의 말씀을 찬송하리이다(10)
내가 하나님을 의지하였은즉 두려워하지 아니하리니 사람이 내게 어찌하리이까(11)

이것은 4절(주석 참조)을 반복에 의해 첫 줄을 강조하는 형식을 띠면서, 이 시편에서 가장 선호적인 장치로 삼는다. 여기서 야훼(主)라는 이름은 시편 책 2권(시42-72)에서는 희귀한 모습이다.

---

159) 마10:29f "하나님께서 허락하지 아니하시면 그 하나도 땅에 떨어지지 아니하리라"
160) 롬8:31 만일 하나님이 우릴 위하시면 누가 우리를 대적하리요"

4. 위험한 과거(12-13)

하나님이여 내가 주께 서원함이 있사온즉 내가 감사제를 주께 드리리니(12)

이제 시의 명백한 요점이 나온다. 그것은 응답된 기도를 축하하고 노래한 것이며 역경 가운데 맺은 약속을(서원한 것을) 지키는 것이다. 감사 제물은 문자적으로 희생제물[161]과 은혜에 감사의 노래[162]를 위한 용어일 수 있다. 여기서는 의심의 여지없이 둘 다를 의미하고 있으며, 시편은 그의 제물과 말씀이 함께 이후로 계속되는 수많은 예배자들을 섬기도록 할 것이다. 실제로 우리는 마지막 구절을 차용하여 강조되고 있는 시116:8f에서 완벽한 형태를 볼 수 있다.('**내 발을 넘어짐에서 건지셨나이다**') 여기서 고통당하는 자의 눈물은 8절에서 같이 단지 가슴에 새기는 것이 아니라 제거되는 것이다.

> 내가 생명이 있는 땅에서 여호와 앞에 행하리로다 – 시116:9
>
> 내가 산 자들의 땅에서 여호와의 선하심을 보게 될 줄 확실히 믿었도다 – 시27:13

---

161) 레7:12

162) 시26:7

비축된 찬양(57:1-11)

제57편 다윗의 믹담 시, 인도자를 따라 알다스렛에 맞춘 노래, 사울을 피하여 굴에 있던 때에

1 하나님이여 내게 은혜를 베푸소서 내게 은혜를 베푸소서 내 영혼이 주께로 피하되 주의 날개 그늘 아래에서 이 재앙들이 지나기까지 피하리이다

2 내가 지존하신 하나님께 부르짖음이여 곧 나를 위하여 모든 것을 이루시는 하나님께로다

3 그가 하늘에서 보내사 나를 삼키려는 자의 비방에서 나를 구원하실지라 (셀라)
하나님이 그의 인자와 진리를 보내시리로다

4 내 영혼이 사자들 가운데에서 살며 내가 불사르는 자들 중에 누웠으니 곧 사람의 아들들 중에라 그들의 이는 창과 화살이요 그들의 혀는 날카로운 칼 같도다

5 하나님이여 주는 하늘 위에 높이 들리시며 주의 영광이 온 세계 위에 높아지기를 원하나이다

6 그들이 내 걸음을 막으려고 그물을 준비하였으니 내 영혼이 억울하도다 그들이 내 앞에 웅덩이를 팠으나 자기들이 그 중에 빠졌도다 (셀라)

7 하나님이여 내 마음이 확정되었고 내 마음이 확정되었사오니 내가 노래하고 내가 찬송하리이다

8 내 영광아 깰지어다 비파야, 수금아, 깰지어다 내가 새벽을 깨우리로다

9 주여 내가 만민 중에서 주께 감사하오며 뭇 나라 중에서 주를 찬송하리이다

10 무릇 주의 인자는 커서 하늘에 미치고 주의 진리는 궁창에 이르나이다

11 하나님이여 주는 하늘 위에 높이 들리시며 주의 영광이 온 세계 위에 높아지기를 원하나이다

Let Your Glory Be over All the Earth

57 To the choirmaster: according to Do Not Destroy. A Miktam of David, when he fled from Saul, in the cave.

1 Be merciful to me, O God, be merciful to me, for in you my soul takes refuge; in the shadow of your wings I will take refuge, till the storms of destruction pass by.

2 I cry out to God Most High, to God who fulfills his purpose for me.

3 He will send from heaven and save me; he will put to shame him who tramples on me. Selah God will send out his steadfast love and his faithfulness!

4 My soul is in the midst of lions; I lie down amid fiery beasts- the children of man, whose teeth are spears and arrows, whose tongues are sharp swords.

5 Be exalted, O God, above the heavens! Let your glory be over all the earth!

6 They set a net for my steps; my soul was bowed down. They dug a pit in my way, but they have fallen into it themselves. Selah

7 My heart is steadfast, O God, my heart is steadfast! I will sing and make melody!

8 Awake, my glory! Awake, O harp and lyre! I will awake the dawn!

9 I will give thanks to you, O Lord, among the peoples; I will sing praises to you among the nations.

10 For your steadfast love is great to the heavens, your faithfulness to the clouds.

11 Be exalted, O God, above the heavens! Let your glory be over all the earth!

A. 문맥분석

시의 표제 끝에서 제시하는 이 노래의 설정은 '동굴에서'라고 말한다. 그리고 우리는 시편의 스토리와같이 위험에 겁내는 대신 그 상황을 현실적이면서 모험적인 정신으로 취할 수 있다. 이것은 "나와 죽음 사이는 한 걸음뿐이니라"[163]라고 말할 수 있는 다윗이 비록 자신

163) 삼상20:3f

을 추격하는 자로부터 주도권을 얻었지만 여전히 하나님께 대한 겸손한 신앙을 계속 지키는 것과 같다.[164] 5절과 11절의 마음을 흔드는 후렴은 시의 문장에 방점을 찍고 서로 묶어, 7-11절은 시 108편에서 서문으로 재등장하여 시60편(5-12절)과 더불어 전투찬양으로서 이 찬송의 행위를 가진다. 본 시편의 배경은 삼상22:1-2과 24장이다. 표제의 '알다스헷' 은(~에 맞춘 노래) 시57, 58,59,75 총 4편에만 사용된 용어다.

표제

시에서 자주 발견되는 표제의 용어는 개요 6. c. 2를 참조하라. **'알다스헷'** 은 'Do not destroy' 라는 의미로 번역되었다. 이것은 개요 6. c. 3에 설명되어 있다. 모세가 신9:26f에서 '멸하지 마소서' 하고 간청한 것처럼 이 표제는 사65:8을 출처로 본다. **'샤파트'** 는 구약에서 151회나 사용되었다. 유대인들은 '멸하지 아니하심' 의 사65:8 말씀에서 용기를 얻었을 것이고 위기에서 구출이란 주제에 대하여 깊은 묵상을 행할 목적으로 시57-59, 75편을 따로 선정한 것 같다.

'샤파트' 재판하다, 다스리다, 통치자(인간-관원 **'쇼페트'**, 왕, 메시아, 하나님)의 주권, NIV는 leader

'믹담' 은 침묵의 시로 '말하지 말라' 는 의미다. 너무나 숭고한 은혜가 입으로 발설하는 순간 그 가치를 상실하게 될 것만 같아서 내면의 절제를 갖도록 하는 시편으로 이해된다.

- 하나님이여 주는 하늘 위에 높이 들리시며 주의 영광이 온 땅에서 높임 받으시기를 원하나이다 -시108:5
- 여호와여 내가 만민 중에서 주께 감사하고 뭇 나라 중에서 주를 찬양하오리니 -시108:3
- 여호와여 주의 인자하심이 하늘에 있고 주의 진실하심이 공중에 사무쳤으며 -시36:5
- 주의 인자하심이 하늘보다 높으시며 주의 진실은 궁창에까지 이르나이다 -시108:4
- 여호와는 모든 나라보다 높으시며 그의 영광은 하늘보다 높으시도다 -시113:4

---

164) 삼상24:1-15

B. 주석적 접근

1. 피난처(1-3)

하나님이여 내게 은혜를 베푸소서 내게 은혜를 베푸소서 내 영혼이 주께로 피하되 주의 날개 그늘 아래에서 이 재앙들이 지나기까지 피하리이다(1)

자비를 구하는 반복적인 탄원은 시56편의 서문에서 '**은혜를 베푸소서**'라는 문구에 번역자가 단순한 변화를 준 것에 지나지 않는다. 다윗의 피난처에 대해서는 대부분의 사람들이 다윗이 동굴을 지칭하는 관점으로 보지만, 다윗은 그것을 넘어서고 있다. 단단한 바위는 그 자체를 요새처럼 (여기면) 쉽게 함정에 빠질 수 있다.[165] 그러나 날개에 의해 상징화된 살아있는 보호는 실패하지 않을 것이다.

> 내가 영원히 주의 장막에 머물며 내가 주의 날개 아래로 피하리이다 – 시61:4
>
> 여호와께서 네가 행한 일에 보답하시기를 원하며 이스라엘의 하나님 여호와께서 그의 날개 아래에 보호를 받으러 온 네게 온전한 상 주시기를 원하노라 하는지라 – 룻2:12
>
> 예루살렘아 예루살렘아 선지자들을 죽이고 네게 파송된 자들을 돌로 치는 자여 암탉이 그 새끼를 날개 아래에 모음 같이 내가 네 자녀를 모으려 한 일이 몇 번이더냐 그러나 너희가 원하지 아니하였도다 – 마23:37

내가 지존하신 하나님께 부르짖음이여 곧 나를 위하여 모든 것을 이루시는 하나님께로다(2)

이 절에서 하나님에 대한 두 개의 칭호는 그것이 하나님을 언급하는 방식으로 기도에 주어질 수 있는 풍요를 보여준다. 지존하신 이름은(시7:17참조) 유랑자인 아브람에게 베푸신 하나님의 선한 손길을 기억나게 할 수 있었다. 확실히 그것은 3a에서 들려지는 것과 같이 높은 곳으로부터 온 도움에 대한 생각을 미리 마련하고 있다. 두 번째 줄은 우리가 그 간결함에(히브리어로 세 단어) 필적할 수는 없지만, 몇 가지 음절로 낙심된 마음을 감사에 대한 기

165) 삼상23:25ff

대의 확신으로 바꾸기에 충분하다.

그가 하늘에서 보내사 나를 삼키려는 자의 비방에서 나를 구원하실지라 (셀라)
하나님이 그의 인자와 진리를 보내시리로다(3)

'지존하신 분'(2)으로 하나님을 높이 부르는 것은 그분을 멀리 있게 만드는 것이 아니라, 오직 제약받지 않는 도움을 주시는 -주님의 기도에서 시작된 것임을 염두에 두어야 한다. 우리는 **'나를 삼키려는 자'**들을 '나를 맹렬히 추격하는 사람들'이라고 번역할 수 있을 것이다.(시56:1) 시의 다음 부분은 이것에 대해 확대될 것이다.

2. 대적의 포위(4-6)

내 영혼이 사자들 가운데에서 살며 내가 불사르는 자들 중에 누웠으니
곧 사람의 아들들 중에라(4)

더 최근의 번역본들은 **'불사르는 자들 중에 누웠으니'**(4a, AV, RV)라는 표현을 '소모' 또는 '삼킴'의 의미라는 주장을 받아 들였다. 따라서 NEB는 이것을 간략하게 '사람을 먹는 짐승'(매니터: man-eaters)으로 요약했다.

주는 하늘위에 높이 들리시며 주의 영광이 온 세계 위에 높아지기를 원하나이다(5)

여기서 지존하신 하나님의 다른 주요 측면이 있다. 하나님은 지금 전능하신 분(3절)으로서가 아니라 지극히 중요한 분이시다. 다윗은 놀랍게도 그 자신의 긴급한 상황에서 하나님은 고귀하셔야 한다는 자신의 최우선 관심사를 찾는다. 그러한 위기에서 '주의 이름이 거룩히 여김을 받으신 것'은 그 자체로 승리였다.[166] 그리고 그 자체는 적에 대한 무기다.

그들이 내 걸음을 막으려고 그물을 준비하였으니 내 영혼이 억울하도다
그들이 내 앞에 웅덩이를 팠으나 자기들이 그 중에 빠졌도다(6)

아마 5절의 하나님 중심의 기도를 행하기 전까지 싸움은 다윗에게서 거의 벗어났다.(6a)

---

166) 요12:27f

이제 마지막 순간에 악은 스스로 심판을 초래하는 특징적 상황으로 반전된다.

3. 기쁨의 찬가(7-10)

내 마음이 확정되었고 내 마음이 확정되었사오니 내가 노래하고 내가 찬송하리이다(7)

내 마음이 확정되어 행복하다는 외침은 내 영혼이 억울하다는(6a) 것과 대조를 이룬다. 변함없이 확정된 상태('쿤')는 히브리어 명사 **'헤세드'**를 번역한 '인자'(10)와 같은 단어는 아니지만 꾸준하고 잘 준비되어있는 것들에 대한 아주 일반적인 형용사다. 찬송하는 자는 하나님을 찬양하는 것에 자신의 모든 것을 전적으로 드리려 하고 있다.

내 영광아 깰지어다 비파야, 수금아, 깰지어다 내가 새벽을 깨우리로다(8)

히브리 텍스트는 '내 영혼'을 **'내 영광'**이라고 표한다.(참조, AV, RV) 그러나 시30:12의 각주에서 말했듯이 시인이 '평생토록 하나님을 찬양하는 정신' 곧 영혼이 곧 자신의 영광이라는 문자적 이미지와 서로 다르지 않아 보인다.

'내가 새벽을 깨우리라'는 마지막 줄에서 RSV는 새벽을 각성시키는 활기찬 은유를 바로 유지한다. J. W. McKay는 새벽이 남성 명사이고 구약에서 자연 현상으로 여기지만 때로는 잠자는 사람처럼 시적 효과를 위해 의인화되기도 한다고 지적했다. 여기서 깨우는 자의 은유가 있듯이 솔로몬의 노래 (아6:10)에서는 새벽을 '당당히 나아가는 자'로 은유하고 있다.[167)]

주여 내가 만민 중에서 주께 감사하오며 뭇 나라 중에서 주를 찬송하리이다(9)

동굴 피난처와 대적들의 철수로 인하여 다윗의 어려운 상황에서 벗어난 것에 사람들이 안도하여 잊어버리면 이 비전의 폭은 간과되기 쉽다. 그러나 그의 생각은 이미 하늘 위에까지 높이 날아올랐고(5) 그의 주님은 (열방의 통치자요) 지역의 통치자가 아니셨다.

이러한 용어들은 시18:49에서 유사하게 표현되었고, 롬15:9절에서 이 예언이 온전히 충족된 것으로 취해진다.

---

167) 시110:3, 39:9c, 사14:12

무릇 주의 인자는 커서 하늘에 미치고 주의 진리는 궁창에 이르나이다(10)

이것은 시36:5와 매우 유사한 말씀이다. 여기서 NEB는 아마도 두 번째 줄에 높이의 개념을 떠나 '넓이'에 더 큰 의미를 두는 것으로 보인다.

4. 하나님이 결론이시다.(11)

하나님이여 주는 하늘 위에 높이 들리시며
주의 영광이 온 세계 위에 높아지기를 원하나이다(11)

시의 전체를 아우르는 여기서의 후렴은 5절과는 달리, 도전적인 믿음으로서가 아니라 사랑에 감격하여 부르는 결론적인 찬양이다.

재판정에 선 압제자들(58:1-11)

제58편 다윗의 믹담시, 인도자를 따라 알다스헷에 맞춘 노래

1 통치자들아 너희가 정의를 말해야 하거늘 어찌 잠잠하냐 인자들아 너희가 올바르게 판결해야 하거늘 어찌 잠잠하냐
2 아직도 너희가 중심에 악을 행하며 땅에서 너희 손으로 폭력을 달아 주는도다
3 악인은 모태에서부터 멀어졌음이여 나면서부터 곁길로 나아가 거짓을 말하는도다
4 그들의 독은 뱀의 독 같으며 그들은 귀를 막은 귀머거리 독사 같으니
5 술사의 홀리는 소리도 듣지 않고 능숙한 술객의 요술도 따르지 아니하는 독사로다
6 하나님이여 그들의 입에서 이를 꺾으소서 여호와여 젊은 사자의 어금니를 꺾어 내시며
7 그들이 급히 흐르는 물 같이 사라지게 하시며 겨누는 화살이 꺾임 같게 하시며
8 소멸하여 가는 달팽이 같게 하시며 만삭 되지 못하여 출생한 아이가 햇빛을 보지 못함 같게 하소서
9 가시나무 불이 가마를 뜨겁게 하기 전에 생나무든지 불붙는 나무든지 강한 바람으로 휩쓸려가게 하소서
10 의인이 악인의 보복 당함을 보고 기뻐함이여 그의 발을 악인의 피에 씻으리로다
11 그 때에 사람의 말이 진실로 의인에게 갚음이 있고 진실로 땅에서 심판하시는 하나님이 계시다 하리로다

God Who Judges the Earth

58 To the choirmaster: according to Do Not Destroy. A Miktam of David.

1 Do you indeed decree what is right, you gods? Do you judge the children of man uprightly?
2 No, in your hearts you devise wrongs; your hands deal out violence on earth.

3 The wicked are estranged from the womb; they go astray from birth, speaking lies.
4 They have venom like the venom of a serpent, like the deaf adder that stops its ear,
5 so that it does not hear the voice of charmers or of the cunning enchanter.
6 O God, break the teeth in their mouths; tear out the fangs of the young lions, O Lord!
7 Let them vanish like water that runs away; when he aims his arrows, let them be blunted.
8 Let them be like the snail that dissolves into slime, like the stillborn child who never sees the sun.
9 Sooner than your pots can feel the heat of thorns, whether green or ablaze, may he sweep them away!
10 The righteous will rejoice when he sees the vengeance; he will bathe his feet in the blood of the wicked.
11 Mankind will say, "Surely there is a reward for the righteous; surely there is a God who judges on earth."

A. 문맥분석

정의에 대한 열정으로 시편 기자는 우리가 높은 곳(정체성)에서 악의 추문으로 익숙해지는 것을 허용하지 않는다. 인간 폭군들에 대한 다윗의 책망은 시편 82편에서 아삽에 의한 외침과 부합되며 하나님 나라의 정사와 권세에 대항하고 있다. 두 영역은 사24:21에 결합되어 있으며 두 영역 모두 심판에 직면해있다.

> 그 날에 여호와께서 높은 데에서 높은 군대를 벌하시며 땅에서 땅의 왕들을 벌하시리니 – 사24:21

시의 각 연들에서 땅의 폭군들이 먼저 소개되고(1f.), 그들의 설명과(3-5), 대적하는 기도와

(6-9), 그리고 마침내 그들의 몰락과 그것을 기뻐하는 것에 대해(10f) 소개하고 있다.

- 또는 낙태되어 땅에 묻힌 아이처럼 나는 존재하지 않았겠고 빛을 보지 못한 아이들 같았을 것이라 – 욥3:16
- 사자의 우는 소리와 젊은 사자의 소리가 그치고 어린 사자의 이가 부러지며 – 욥4:10
- 네가 그들을 심히 치고 그들의 피에 네 발을 잠그게 하며 네 집의 개의 혀로 네 원수들에게서 제 분깃을 얻게 하리라 하시도다 – 시68:23
- 악인은 이를 보고 한탄하여 이를 갈면서 소멸되리니 악인들의 욕망은 사라지리로다 – 시112:10
- 우매한 자들의 웃음소리는 솥 밑에서 가시나무가 타는 소리 같으니 이것도 헛되니라 – 전7:6

B. 주석적 접근

1. 도전(1-2)

통치자들아 너희가 정의를 말해야 하거늘~ 인자들아 너희가 올바르게 판결해야 하거늘(1)
가장 간단한 윤리적 용어를 사용한 질의와 응답으로 시비(是非)를 결정하는 것은 정치적으로 순진해 보이지만 모든 곳에서 여전히 남아 있다. 예를 들어 다윗 자신은 밧세바와 우리야를 대하면서 이 윤리적인 측면을 간과한 점에 직면해야만 했다. 또한 진실한 결과로서 마음과 행위를 주목해 보라. 여기에는 계산된(의도된) 무자비함이 있으며, 효과를 우선시하는 사업가처럼 주저함 없이 저지르는 가혹한 행위가 있다.
미가는 2:1f에서 지배욕 때문에 잠도 자지 못하는 야욕을 묘사한다.
1절의 첫 줄에서 히브리어 자음 '람'(לֵם)의 여러 가지 의미를 반영한 다양한 번역이 있다. 통치자로 읽을 것인가 잠잠하다('엘렘')로 읽을 것인가? 아마 그것은 '엘림'(אֵלִם)이라고 발음되어져야 하고, 통치자(NEB)를 가리킨다. 그것은 지도자들에게 때때로 사용되는 숫양(출15:15, 겔17:13-아일352:숫양ram), 또는 같은 방식으로 '신들'-gods 또는 '전능자'('아일' mighty ones)을 위한 단어 중 하나로 사용된다. 그러나 이들은 인간 통치자들이다.

한글 성경은 '통치자'와 '잠잠하다'를 함께 병용하여 문자적으로 매끄럽게 하였지만, 원 의미는 이렇다. "통치자들아 진실로 정의를 말해야 하거늘... 너희가 공평하게 판결해야 하거늘"

2. 고발(기소)(3-5)

악인은 모태에서부터 멀어졌음이여 나면서부터 곁길로 나아가 거짓을 말하는도다(3)

악인은 이스라엘에서 하나님을 경외하지 않는 자다. 공동체의 행복을 위해 섬기는 자가 되지 않고 자신들의 지위를 악용하여(폭력과 거짓) 동료 백성들을 핍박하여 공동체를 위해하고 파멸시킨다. 폭군은 더 이상 소개되지 않고 사실적으로 그려진다. 그러나 시51:5에서 고백한 것처럼 그러한 사람들과 다윗 자신의 차이점은 '종류가 아닌 차원'이다. 그도 역시 자궁에서부터 죄인이었다. 그리고 3절 이하의 묘사는 롬3:10절의 제시된 내용처럼 "기록된바 의인은 없나니 하나도 없으며"에 대한 독자의 초상화를 그렸을 뿐만 아니라, 거울로 보여주는 것이라서 경고받기에 충분하다는 것이다. 만일 이들과 달리 지금까지 '생명 얻는 회개'(행11:18)를 받았으면[168] 그는 하나님께 감사할 따름일 것이다.

그들의 독은 뱀의 독 같으며 그들은 귀를 막은 귀머거리 독사 같으니(5)

사람을 향한 거짓말과 독(곤충의)은 하나님의 말씀이나 이치에 타당한 소리 또는 설득을 듣지 않는 것을 뜻한다. 이 사람은 쓴 말(교훈과 약)에 대하여 귀를 닫고 자기중심의 원칙(자존감)을 따르는 죄인이다. 그는 시편의 강조점이자 공격형 방어기재로 고립된 불행한 피조물이다. 독사의 직유에서 번역된 단어는 오히려 '코브라'가 되어야하며, 그 특징은 귀머거리 살무사('페텐' פֶּתֶן)라는 단어에서 파생된 것에 의해 표시된다. 예로 저술자인 K-B[169]와 GS Cansdale은 다음과 같이 썼다. '코브라'는– 참회자의 주된 주제이다. 모든 뱀들은 귀 먹은 것으로 합의되었는데(뱀은 귀가 없음) 코브라의 주의를 끄는 것은 술사의 피리 소리가 아니라 피리의 움직임에서 비롯된다는 것에 주목한다. 덧붙여 말하자면, 슬프게도 현대 번역본은 Coverdale[170]의 술사에 대한 해당 구절의 번역에서 '술사는 결코 지혜가 아니다'라

---

168) 행11:18

169) L. Koehler and W. Baumgaetner 1953

170) 커버데일(1488-1568), 성서번역자로 AV에 공헌했다.

는 것에 이르지 못한다는 점이다.(술객의 '요술'은 연합, 동무를 뜻하는 히브리어 '헤베르'와 '따르다'로 번역된 동사 '하바르'와 연계하여 술객과 연합되었다는 의미다.) 술사는 분명 직업상 뱀의 행동 패턴에 대해 잘 알고 있었을 것이다.

3. 저주(6-9)

이 기도는 '잔인한 사람들은 하나님의 세계에서 배회하고 유린당해야 한다.'는 분노에 의해 동기가 부여되고 있다. 폭력적인 의미에 대해서는 서론을 참조하라. 그것은 폭군에 대한 열렬한 저주가 어깨를 으쓱하게 하는 것(권위를 세우는 것)과 정치적으로 침묵하는 것에서 어떤 것이 더 좋고 나쁜지를 즉시 질문하게 한다.

신약(마23)은 선(善)으로 악(惡)을 이기기 위해 노력함으로써 사안을 신선한 지면으로 옮기는 동안에도 우리에게 의심할 여지없이 (그러한 것을) 책망하도록 한다.(서기관과 바리새인을 책망하시는 주님)

여호와여 젊은 사자의 어금니를 꺾어 내시며(6)

어린 사자의 공격성은 뱀이 숨어 있는 모습에서 빠진 요소를 제공해준다(4f.)

그들이 급히 흐르는 물 같이 사라지게 하시며 겨누는 화살이 꺾임 같게 하시며(7)

이 구절의 두 번째 줄은 필사할 때 고통을 겪었으며, AV에서 이탤릭체로 증인(목격자)으로 되어 있지만 그 자체로는 의미가 없다. 현대의 대부분의 판본은 RSV의 추측된 복원과 실질적으로 일치한다. 풀과 같이 밟히고 시들게 내어두라는 것이다. 반면 꺾임으로 번역된 동사 '물'(מלל)은 '할례를 행하다'는 의미보다는 LXX, Vulgate에서처럼 '시들다'에서 파생된 것으로 blunted 즉 '무딘 화살 같게 하시며'로 번역한 것이다.

소멸하여 가는 달팽이 같게 하시며
만삭 되지 못하여 출생한 아이가 햇빛을 보지 못함 같게 하소서(8)

GR Driver가 지적했듯이, 번역된 달팽이는 두 가지가 부적합하다. 첫째, 달팽이가 실제로 점액질을 분비하는 것에 의해 멸종되지 않기 때문이며 둘째로, 두 번째 줄에서 유산은

(miscarriage) 탈무드에서 나오는 말이다. '만삭 되지 못하여 출생한 아이'는 사산한 아이가 햇빛을 보지 못함을 의미하며, 낙태라고 불리는 너무 이른 단계의 유산(사산)을 분명하게 나타낸다. 그리스인도 비슷한 구별을 했다. 그러므로 그는 '유산을 마치 녹아내리는 것처럼' 번역한 것이다.(NEB)

가시나무 불이 가마를 뜨겁게 하기 전에
생나무든지 불붙는 나무든지 강한 바람으로 휩쓸려가게 하소서(9)

같은 기사에서 GR Driver는 '당신의 가마'를 '끌어 올리다'는 동사에 '~처럼'이라는 단어를 더한 필사 오류로 추정한다. 두 번째 줄에서 그가 말하는 '잡초'를 RSV는 '생나무'라고 번역했다. 그리고 일반적으로 '분노'라는 의미를 RSV는 '활활 타오르는 것'으로 주장한다. 한마디로 악인들은 '이것저것 가릴 것 없이 모두 주의 분노로 불살라버리소서'라는 의미다.

4. 제거(10-11)

의인이 악인의 보복 당함을 보고 기뻐함이여 그의 발을 악인의 피에 씻으리로다(10)

10절이 다혈질적인 것이라면, 이 맥락은 이미 정의를 염려하는 사람들의 맹렬한 태도라는 것을 이미 보여주었다. 요점은 '정의라는 이름으로 강화되는 복수'는 (또는 덜 감정적인 보복) 앞서 말한 기도문과 마지막 절이 확인하는 것처럼, 하나님으로부터 온다는 사실로 강조된다. **'그의 발을 악인의 피에 씻는'** 10b의 잔혹한 모습은 사63:1-6의 책망과는 다른 양상을 취한다. 하나님은 심판을 위해 그와 함께 행진하지 않으심이 오싹하게 한다.
의인은 전사이며 camp-followers가 아니다. 신약 성서는 결산 날에[171] 있을 일에 대하여 설명하는 이 언어들을 능가하는 것이 있다면 영적 전쟁을 위한 육신적인 무기를 거부하는[172] 것일 것이다.

> 천사가 낫을 땅에 휘둘러 땅의 포도를 거두어 하나님의 진노의 큰 포도주 틀에 던지매 -계 14:19f-

171) 계14:19f,19:11ff
172) 계12:11 죽기까지 순종(순교)

> 그가 공의로 심판하며 싸우더라(19:11)... 그 이름은 하나님의 말씀이라 칭하더라.(19:13)... 그의 입에서 예리한 검이 나오니 그것으로 만국을 치겠고 친히 그들을 철장으로 다스리며 또 친히 하나님 곧 전능하신 이의 맹렬한 진노의 포도주 틀을 밟겠고(19:15)
>
> 계19:11ff 하나님의 공의, 하나님의 말씀, 입의 예리한 검-사49:3(내 입의 날카로운 칼), 사11:4(내 입의 막대기)

그 때에 사람의 말이 진실로 의인에게 갚음이 있고
진실로 땅에서 심판하시는 하나님이 계시다 하리로다(11)

이제 장면이 넓어진다. 인류는 마침내 의인이 항상 믿음으로 말한 것을 목격하게 될 것이다. 히브리어에서 이들 화자가 이교도라는 것을 확인할 수 있는데 왜냐하면 그들의 말은 '하나님'('엘로힘')을 복수로 취급하기 때문이다. 반면에 이스라엘은 항상 참된 하나님에 관해서는 단수로 취급한다.

그러므로 이 구절은 시편의 질문에 대한 한 가지 대답에 실마리를 준다. 만일 폭정이 만만찮은 범위로 주어지면 믿음도 그에 상응하기는 마찬가지다. 의인은 그들의 추수를 보게 될 것이다. 그러나 그 영광은, 눈물을 흘리며 기다리는 불굴의 인내로 누리게 될 것이다.(약5:1-11에서 이와 같은 맥락에서 지적했듯이)

> 그러므로 형제들아 주께서 강림하시기까지 길이 참으라 너희도 길이 참고 마음을 굳건하게 하라 주의 강림이 가까우니라 – 약5:7-8
>
> 보라 인내하는 자를 우리가 복되다 하나니 – 약5:11a

우리의 대적을 흩어주십시오(59:1-17)

제59편 다윗의 믹담 시, 인도자를 따라 알다스헷에 맞춘 노래, 사울이 사람을 보
내어 다윗을 죽이려고 그 집을 지킨 때에

1 나의 하나님이여 나의 원수에게서 나를 건지시고 일어나 치려는 자에게서 나를 높이
드소서
2 악을 행하는 자에게서 나를 건지시고 피 흘리기를 즐기는 자에게서 나를 구원하소서
3 그들이 나의 생명을 해하려고 엎드려 기다리고 강한 자들이 모여 나를 치려하오니 여
호와여 이는 나의 잘못으로 말미암음이 아니요 나의 죄로 말미암음도 아니로소이다
4 내가 허물이 없으나 그들이 달려와서 스스로 준비하오니 주여 나를 도우시기 위하여
깨어 살펴 주소서
5 주님은 만군의 하나님 여호와, 이스라엘의 하나님이시오니 일어나 모든 나라들을 벌
하소서 악을 행하는 모든 자들에게 은혜를 베풀지 마소서 (셀라)
6 그들이 저물어 돌아와서 개처럼 울며 성으로 두루 다니고
7 그들의 입으로는 악을 토하며 그들의 입술에는 칼이 있어 이르기를 누가 들으리요 하
나이다
8 여호와여 주께서 그들을 비웃으시며 모든 나라들을 조롱하시리이다
9 하나님은 나의 요새이시니 그의 힘으로 말미암아 내가 주를 바라리이다
10 나의 하나님이 그의 인자하심으로 나를 영접하시며 하나님이 나의 원수가 보응 받는
것을 내가 보게 하시리이다
11 그들을 죽이지 마옵소서 나의 백성이 잊을까 하나이다 우리 방패 되신 주여 주의 능력
으로 그들을 흩으시고 낮추소서
12 그들의 입술의 말은 곧 그들의 입의 죄라 그들이 말하는 저주와 거짓말로 말미암아 그
들이 그 교만한 중에서 사로잡히게 하소서
13 진노하심으로 소멸하시되 없어지기까지 소멸하사 하나님이 야곱 중에서 다스리심

을 땅 끝까지 알게 하소서 (셀라)

14 그들에게 저물어 돌아와서 개처럼 울며 성으로 두루 다니게 하소서

15 그들은 먹을 것을 찾아 유리하다가 배부름을 얻지 못하면 밤을 새우려니와

16 나는 주의 힘을 노래하며 아침에 주의 인자하심을 높이 부르오리니 주는 나의 요새이
시며 나의 환난 날에 피난처심이니이다

17 나의 힘이시여 내가 주께 찬송하오리니 하나님은 나의 요새이시며 나를 긍휼히 여기
시는 하나님이심이니이다

Deliver Me from My Enemies

59 To the choirmaster: according to Do Not Destroy. A Miktam of David, when Saul sent men to watch his house in order to kill him.

1 Deliver me from my enemies, O my God; protect me from those who rise up against me;

2 deliver me from those who work evil, and save me from bloodthirsty men.

3 For behold, they lie in wait for my life; fierce men stir up strife against me. For no
transgression or sin of mine, O Lord,

4 for no fault of mine, they run and make ready. Awake, come to meet me, and see!

5 You, Lord God of hosts, are God of Israel. Rouse yourself to punish all the nations;
spare none of those who treacherously plot evil. Selah

6 Each evening they come back, howling like dogs and prowling about the city.

7 There they are, bellowing with their mouths with swords in their lips- for "Who,"
they think, "will hear us?"

8 But you, O Lord, laugh at them; you hold all the nations in derision.

9 O my Strength, I will watch for you, for you, O God, are my fortress.

10 My God in his steadfast love will meet me; God will let me look in triumph on my
enemies.

11 Kill them not, lest my people forget; make them totter by your power and bring them
down, O Lord, our shield!

12 For the sin of their mouths, the words of their lips, let them be trapped in their pride.
For the cursing and lies that they utter,
13 consume them in wrath; consume them till they are no more, that they may know
that God rules over Jacob to the ends of the earth. Selah
14 Each evening they come back, howling like dogs and prowling about the city.
15 They wander about for food and growl if they do not get their fill.
16 But I will sing of your strength; I will sing aloud of your steadfast love in the morning.
For you have been to me a fortress and a refuge in the day of my distress.
17 O my Strength, I will sing praises to you, for you, O God, are my fortress, the God
who shows me steadfast love.

A. 문맥분석

이 시의 배경은 삼상19:11ff이다. 다윗은 밤에 집의 창문을 통해 벗어났는데[173] 이 詩는 그 때의 긴박성을 나타내고 있다. 이 시편은 **"허물이 내게 전혀 없다"**(4)는 것과 밤중에 그를 기습적으로 잡으려는 것에 대한 경멸감에서 그것이 불법이라는 사실과 그러한 위험으로부터 구출하신 하나님을 기뻐하는 것에 맞춰져 있다.(6f,14f)

그러나 그 모험과 이 노래는 더 큰 무엇으로 꽃을 피워낸 결과로서 '모든 민족'(5,8)과 '땅의 끝'이 완성된 詩 안에서 보인다. 그것은 다윗이 즉위 이후에 그가 '내 백성'(11)이라고 말할 수 있을 때에 온 세계의 대적들을 쳐부수는(13) 사명을 떠안게 되는 것이었다.

시는 다윗을 대적하는 불법한 세력들에 대하여 그 왕인 다윗의 약속들을 보이신다는 점에서 내용상 시2편과 공통점이 있다.

- 개들이 나를 에워쌌으며 악한 무리가 나를 둘러 내 수족을 찔렀나이다 – 시22:16
- 그는 헤매며 음식을 구하여 이르기를 어디 있느냐 하며 흑암의 날이 가까운 줄을 스스로 아느니라 – 욥15:23

173) 삼상19:12

- 하늘에 계신 이가 웃으심이여 주께서 그들을 비웃으시리로다 – 시2:4
- 여호와라 이름하신 주만 온 세계의 지존자로 알게 하소서 – 시83:18
- 여호와여 나를 내 원수들에게서 건지소서 내가 주께 피하여 숨었나이다 –시143:9

B. 주석적 접근

1. 적의 포위(1-5)

나의 원수에게서 나를 건지시고 일어나 치려는 자에게서 나를 높이 드소서(1)

다윗이 직면한 위험과 더 큰 갈등을 미리 맛보기 위해 위에 언급된 문맥적 분석을 참조하라. '**높이 드소서**'로 번역된 '보호하다'와 유사한 단어는 '요새'(9, 16, 17)처럼 도달하기가 높은 곳이란 생각을 내포한다.

대조적으로 다윗의 집은 보호처가 아니라 그가 경험한바 죽음의 함정이었다.[174)]

> 이 여호와의 이름은 견고한 망대라 의인은 그리로 달려가서 안전함을 얻느니라. 부자의 재물은 그의 견고한 성이라 그가 높은 성벽 같이 여기느니라 –잠18:10-11

악을 행하는 자에게서 나를 건지시고 피 흘리기를 즐기는 자에게서 나를 구원하소서(2)

성경은 인간의 갈등을 단순한 이해관계의 충돌로 축소하는 것을 거부한다. 만약 1절이 이 정도까지 멀리 간 것이라면, 현재의 구절은 악과 폭력을 삶의 방식으로서 채택하는 태도에 대해 더욱 숙고하게 한다.(악한 자에 대해서는 시6:8의 각주를 참조하라.) 다윗 자신도 나중에 이 일로 비난 받아야 했다.[175)]

그들이 나의 생명을 해하려고 엎드려 기다리고 강한 자들이 모여 나를 치려하오니 여호와여 이는 나의 잘못으로 말미암음이 아니요 나의 죄로 말미암음도 아니로소이다(3)

---

174) 삼상19:12

175) 삼하16:7f

내가 허물이 없으나 그들이 달려와서 스스로 준비하오니 주여~ 살펴 주소서(4)

시편과 스토리 안에서 무죄에 대한 이 항의의 맥락은, 그것이 절대적인 것처럼 과장되게 들릴 수 있는 다른 구절들에 빛을 비춘다.(시5:4-6 참조). 그러나 복음은 벧전2:18ff에서 제시된 불공정한 처사에 대한 새로운 각도를 가져왔다.[176]

주님은 만군의 하나님 여호와, 이스라엘의 하나님이시오니
일어나 모든 나라들을 벌하소서 악을 행하는 모든 자들에게 은혜를 베풀지 마소서(5)

지금 다윗은 왕으로서 4b의 개인 기도를 더 큰 상황에 적용함으로서 그 기도의 폭은 확장되어 묘사된다. 그러나 그는 이미 어린 시절에도 그러한 종류의 기도를 할 수 있었고, 그의 확장된 언어는 삼상17:45f에서 골리앗에게 한 말에서 보여주었다.

2. 포위망을 배회하다(6-7)

그들이 저물어 돌아와서 개처럼 울며 성으로 두루 다니고(6)

이 경멸은 밤의 매복에 대한 다윗의 맹렬한 반응일 수 있다. 청소부에게나 적합한 시간! 욥24:13-17에서 살인자와 간음 자들이 밤을 기다리는 것에 대하여 동일한 주제로 경멸하는 것을 발견할 수 있다.

그들의 입으로는 악을 토하며 그들의 입술에는 칼이 있어~ 누가 들으리요 하나이다(7)

악을 토하는 것은 우렁찬 함성과는 거리가 멀다. 근본적인 생각은 입에 거품이 나도록 비난을 끌어올리거나 버럭 소리를 지르는 행동이다. 해서 JB에서는 개의 관점에서 입에 침을 흘리는 모습을, NEB에서는 인간의 관점에서 '그들의 입에서 말도 안되는 소리가 나온다'고 그것을 번역한다.

> 지혜 있는 자의 혀는 지식을 선히 베풀고 미련한 자의 입은 미련한 것을 쏟느니라
> 의인의 마음은 대답할 말을 깊이 생각하여도 악인의 입은 악을 쏟느니라 –잠15:2, 28

---

176) 벧전2:18ff

그러나 '난센스'는 너무 약하다. 두 번째 줄의 '입술의 칼'은 파괴적인 대화를 의미하며, 마지막 줄 **'누가 들으리요'**는 신성 모독이다.

NEB는 6절과 7절 사이에 15절을 아무런 근거 없이 삽입하고 14절을 폐지한다. 이것은 번역자가 시편을 그렇게 기록한 것에 지나지 않는다.

3. 승리의 확신(8-10)

여호와여 주께서 그들을 비웃으시며 모든 나라들을 조롱하시리이다(8)

하나님의 엄청난 비웃음은[177] 잠1:24ff에서 교훈을 멸시한 대가로서의 나오는 지혜의 웃음이다. 그러나 비록 그것 또한 심판의 도래에 대한 징표일지라도[178] 그 그림은 그의 슬픔에 의해 균형을 이루어야한다.(창6:6, 눅19:41ff)

하나님은 나의 요새이시니 그의 힘으로 말미암아 내가 주를 바라리이다(9)
나의 하나님이 그의 인자하심으로 나를 영접하시며
하나님이 나의 원수가 보응 받는 것을 내가 보게 하시리이다(10)

지금 도달한 전환점을 축하하는 이 구절들은 시를 잘 마무리하기 위해 17절에서 간략히 반복된다. 그러나 히브리 본문은 두 곳에서 희망과 성취의 차이점을 가지고 있다. 여기에 "오 나의 힘이시여(또는 요새) 나는 주님을 바랍니다"(9)에 대하여 "나는 주께 찬양하며"(17)라고 답하는 것으로 읽는다. 마찬가지로 10절의 미래는 16b의 과거와 대조하는 자리에 서 있다.

'영접하다'(10a)라는 단어는 생생하다. 그것은 누군가의 **'앞에'** 있다는 생각에 근거한다. 일반적으로 만나기 위해 가서 정면으로 부딪히는 상황으로서 시21:3에서 그 아름다운 구절을 볼 수 있다. "주의 아름다운 복으로 그를 영접하시고 순금 관을 그의 머리에 씌우셨나이다" 그러나 그것은 시68:25에서와 같이 앞설 수도 있고 뒤 따를 수도 있다. 해서 AV, RV는 지키심을 앞세우고 NEB는 '나의 챔피언'을 우선한다. 어떤 것을 취할 것인가? 중요한 것은 원수보다는 오히려 하나님이 다윗의 눈앞을 가득 메우는 것이다.

---

177) 시2:4-6, 잠1:24
178) 창6:6, 눅19:41ff

4. 서서히 기울다(11-13)

이 연에서 **'내 백성'**(11)과 **'땅 끝까지'**(13)는 다윗의 초기의 삶에 대한 교훈을 국가의 큰 틀에 적용하고, 그 이상으로는 전 세계를 하나님의 영광에 적용하는 것을 의미한다.(13b).

그들을 죽이지 마옵소서 나의 백성이 잊을까 하나이다
우리 방패 되신 주여 주의 능력으로 그들을 흩으시고 낮추소서(11)

'나의 백성이 잊어버릴까' 라는 문구는 성경의 전형적인 것이다. 그것은 신명기의 주요 관심사 중 하나이며[179] 시78-106편은 그 역사관을 지배적으로 재조명하는 것이다.

그의 백성의 어리석음과 부주의에 직면하여 하나님은 여러 가지 역할에서 적대적인 능력을 사용하신다. 즉 징계와(사10:5f), 충성의 시험과(삿2:22), 굳건함(삿3:2)의 교훈을 목적으로 시행하는 통과의례와 같다.

13절의 관점에서 볼 때 기도는 죽이는 것이 절대적이지 않다. 쓰라린 종국의 심판에 서두르지 않는 과정을 요구할 뿐이다. 그것을 NEB처럼 '그들을 멸하지 않을 것입니까?' 로 질문하거나 JB처럼 'not' 라는 단어를 삭제하여 경고 자체를 배제시켜 읽을 이유가 없다. 구약은 종종 다른 해석이 필요치 않는 단호한 발언을 한다.[180] 한글 개역개정 성경이 '흩으시고' 로 번역한 '유리(遊離)하게 하심' 은 ESV의 '비틀거리게 하시고'(totter) 보다 더 나은 표현이다.

그 뿌리는(유리하다) 15a에서 다시 나타나고 있는데, 다윗 자신이 이 굴욕을 경험하였다.[181]

그들의 입술의 말은 곧 그들의 입의 죄라 그들이 말하는 저주와 거짓말로 말미암아
그들이 그 교만한 중에서 사로잡히게 하소서(12)

교만으로 자멸하는 전체 공동체의 전형적인 예는 '거짓과 기만' 으로 점철된 삿9장의 세겜에서 일어난 **기드온**의 아들 **아비멜렉**의 이야기일 것이다. 이 죄들 중 하나는 지역 사회

---

179) 신8:11ff
180) 출20:4f, 민21:8, 왕하18:4b
181) 삼하15:20

에 치명적이고도 당연한 처벌을 불러왔다. 게다가 교만은 하나님께 직접적으로 도전하는 것이다.

진노하심으로 소멸하시되 없어지기까지 소멸하사
하나님이 야곱 중에서 다스리심을 땅 끝까지 알게 하소서(13)

삼상17:46b에 있는 다윗이 골리앗에게 한 위대한 말은 13b에 매우 가깝다.

"내가 너를 쳐서 네 목을 베고" 對 "없어지기까지 소멸하사"(메시아닉)

최종적인 어구는 다스림보다는(하나님을)아는 것에 있다. 하나님께서 인정하시는 것을 갈망하는 것은 참된 종의 표지다.[182]

> 주의 말씀대로 이 모든 일을 행하는 것을 오늘 알게 하옵소서 – 왕상18:36
>
> 그러나 내가 이를 위하여 이때에 왔나이다 – 요12:27

다윗은 시편을 처음 부르면서 '사울이 아니요 하나님이시니'라고 암시할 수도 있지만, 그 후 범위를 확대하면 '다윗이 아닌 하나님'이라는 의미가 부여된다. 왜냐하면 그는 하늘로부터의 명확한 개입을 기도하고 있기 때문이다.

5. 배고픈 무리(14-15)

그들에게 저물어 돌아와서 개처럼 울며 성으로 두루 다니게 하소서(14)
그들은 먹을 것을 찾아 유리하다가 배부름을 얻지 못하면 밤을 새우려니와(15)

두 번째 모습에서, 후렴은 다윗의 확실한 승리로 바뀌었다. prowler(범행 대상을 물색하는 자)가 다시 오지만, 지금 그들에게서 교만은 어디 있는가? (7절과 15절)

이스라엘 사람들의 '불평에 사용된 으르렁'이라고 표현된 단어는 약간 불확실한 면이 있지만, 난폭함에서 비롯된 거의 '우는 소리'로 말할 수도 있고, 재치가 뛰어나다는 말이 될 수도 있다. 그것은 고대 버전에서 그렇게 이해되었다. 그러나 전통적인 히브리어 모음은 대체로 '그들이 밤을 머물며'라는 다른 의미를 제시하며 일부 주석가들은 그것을 선호한

182) 왕상18:36, 요12:27

다. 그러나 '으르릉'이란 번역은 사막에서 굶주린 반역자들의 추억으로 자음을 읽는 올바른 방법인 것처럼 보인다. 이것에 대한 생각은 곧 이어지는 역설에 의해 결정된다.

6. 승리의 찬양(16-17)

나는 주의 힘을 노래하며 아침에 주의 인자하심을 높이 부르오리니
주는 나의 요새이시며 나의 환난 날에 피난처심이니이다(16)

첫 번째의 불길한 후렴(6f.)의 뒤에는 '**그러나 너는**(But you)~'(8)이란 강한 대구가 등장하는데 그것의 두 번째 모습에서는 '**그들은**'(15)과 '**그러나 나는**'(16)이 동일하게 연속적으로 강조된다. 그것은 불평, 불만, 좌절과 대조적인 풍성한 노래의 대비다. 이것을 위해 세 가지 다른 단어가 사용된다.

나는 노래하며~ 나는 높이 부르오리니(16) ~내가 주께 찬송하오리니(17)

나의 힘이시여 내가 주께 찬송하오리니
하나님은 나의 요새이시며 나를 긍휼히 여기시는 하나님이심이니이다(17)

어둠의 후렴이 다시 소환되어 바뀐 것처럼(6f. 14f.) 신뢰의 노래도 매우 확신에 차 있다. 9절에서 그 주제는 참을성 있게 기다리는 것이었다. 이제 다윗은 이미 응답하신 기도에(16b) 대한 감사함으로 되돌아보고, '내가 바랄 것이다'에서 '나는 찬양 할 것이다'로 바뀐다. 또는 NEB에서 '나는 주를 찬양하며 일어서리라'로 바뀐다. 그는 더 이상 '나를 사랑하는 하나님'(JB)이라는 구절로 시작한 10절을 더 이상 완성할 필요가 없다. 그 줄은(내 원수가 보응 받는 것을 보게 해달라는 탄원) 그곳에서 떨어져 나갈 수 있으며, 시편은 울음이 끝나면서(JB) 완벽한 결론을 내릴 수 있다.

사람의 도움은 헛된 것이다(60:1-12)

제60편 다윗이 교훈하기 위하여 지은 믹담, 인도자를 따라 수산에돗에 맞춘 노래, 다윗이 아람나하라임과 아람소바와 싸우는 중에 요압이 돌아와 에돔을 소금 골짜기에서 쳐서 만 이천 명을 죽인 때에

1 하나님이여 주께서 우리를 버려 흩으셨고 분노하셨사오나 지금은 우리를 회복시키소서

2 주께서 땅을 진동시키사 갈라지게 하셨사오니 그 틈을 기우소서 땅이 흔들림이니이다

3 주께서 주의 백성에게 어려움을 보이시고 비틀거리게 하는 포도주를 우리에게 마시게 하셨나이다

4 주를 경외하는 자에게 깃발을 주시고 진리를 위하여 달게 하셨나이다 (셀라)

5 주께서 사랑하시는 자를 건지시기 위하여 주의 오른손으로 구원하시고 응답하소서

6 하나님이 그의 거룩하심으로 말씀하시되 내가 뛰놀리라 내가 세겜을 나누며 숙곳 골짜기를 측량하리라

7 길르앗이 내 것이요 므낫세도 내 것이며 에브라임은 내 머리의 투구요 유다는 나의 규이며

8 모압은 나의 목욕통이라 에돔에는 나의 신발을 던지리라 블레셋아 나로 말미암아 외치라 하셨도다

9 누가 나를 이끌어 견고한 성에 들이며 누가 나를 에돔에 인도할까

10 하나님이여 주께서 우리를 버리지 아니하셨나이까 하나님이여 주께서 우리 군대와 함께 나아가지 아니하시나이다

11 우리를 도와 대적을 치게 하소서 사람의 구원은 헛됨이니이다

12 우리가 하나님을 의지하고 용감하게 행하리니 그는 우리의 대적을 밟으실 이심이로다

60 To the choirmaster: according to Shushan Eduth. A Miktam of David; for instruction; when he strove with Aram-naharaim and with Aram-zobah, and when Joab on his return struck down twelve thousand of Edom in the Valley of Salt.

1 O God, you have rejected us, broken our defenses; you have been angry; oh, restore us.

2 You have made the land to quake; you have torn it open; repair its breaches, for it totters.

3 You have made your people see hard things; you have given us wine to drink that made us stagger.

4 You have set up a banner for those who fear you, that they may flee to it from the bow. Selah

5 That your beloved ones may be delivered, give salvation by your right hand and answer us!

6 God has spoken in his holiness: "With exultation I will divide up Shechem and portion out the Vale of Succoth.

7 Gilead is mine; Manasseh is mine; Ephraim is my helmet; Judah is my scepter.

8 Moab is my washbasin; upon Edom I cast my shoe; over Philistia I shout in triumph."

9 Who will bring me to the fortified city? Who will lead me to Edom?

10 Have you not rejected us, O God? You do not go forth, O God, with our armies.

11 Oh, grant us help against the foe, for vain is the salvation of man!

12 With God we shall do valiantly; it is he who will tread down our foes.

A. 문맥적 접근

가나안 땅의 삶에서도 이스라엘에 대한 이웃 이방인들의 위협은 지속되었다. 이 시편이 공동체의 교훈을 목적으로 지어진 詩라고 한 표제는 결국 전투에서 기도하는 법을 백성들에게 가르치려는데 것에 있다고 볼 수 있다.

그러나 이 시편과 그 제목으로 인해 우리는 다윗의 권력의 절정기에[183] 대적하는 이웃 나라의 그 적대적 행위가 다시는 없을 것이라고 단정하지 말아야 했다.(왕상11:14-24: 솔로몬의 대적, 하나님께서 하닷과 르손을 준비)

그의 성공적인 업적은 그의 원수들과의 동맹의 위험[184]과 원정의 전투를 통해 가져온 것이다. 그런 순간마다 그의 주된 힘이 그와 함께 하고 있었으며[185] 특히 그가 유프라테스 근처에 있었을 때 에돔은 분명히 남쪽에서 유다로부터 떨어질 기회를 가졌다.

표제에서 다윗은 요압을 보내어 에돔을 징벌했다. 그러므로 시편의 설정은 유대 본토에서의 혼란과 쇠퇴의 소식이다.(1-3), 이것은 아마도 에돔의 침공에 대한 보복의 첫 번째 시도에서 명백히 패배를 은유하고 있다(10). 그러나 슬픈 이야기와 폐회기도는 놀라울 만큼 활력 넘치는 하나님과의 재결합에 의해 지배되고 있다.(6-8) 본 시편의 6-12절은 시108:7-13에 나와 있으며 10b절은 시44:9b의 표현을 사용한다. 세 사람, 다윗과 아비새와 요압(요한)은 소금 골짜기에서 대량 학살을 시도한 것으로 기록되어있다.[186] 이것은 명령체계를 반영하거나, 또는 왕상11:15f처럼 전투 이면의 다른 상황을 제시하고 있다.(대량학살 가운데 두 사람을 남기심. 솔로몬을 다스리는 하나님의 예지)

삼하8:13에서 에돔인의 사망자 수가 12,000인 반면 역대기는 18,000으로 차이가 있다.(대하18:12) 이것은 필사 과정의 실수로(기록 시점의 차이로 나중에 추가된 까닭으로 보는 학자도 있지만) 그 사소한 예는 삼하8:13의 히브리어 본문에서 발견된다.(한글 개역개정은 모두 18,000으로 통일되게 번역함.)

표제

'수산에듯'에 맞춘 노래.(시80편은 '수산님에듯'이란 복수형을 취한다)

Shushan은 '백합화'란 뜻이다. 음악의 장르나 아마도 곡의 이름 일 수 있다. 그것의 복수형shoshannim이고 RSV에서는 'lilies'로 일정하게 영어제목으로 번역하였다.(45, 69, 80

---

183) 삼하8:6 다윗이 어디로 가든지 여호와께서 이기게 하시니라

184) 삼하8:5

185) 삼하8:3

186) 삼하8:13,대상18:12

편) 이 용어와 '가르침을 위한' 이라는 구절을 통해 우리는 인간의 진심어린 탄원과 그것에서 반향된 하나님으로부터의 말씀이, 박물관의 유물이 아니라 모든 세대에게 강력한 메시지임을 상기시켜준다.

수산은 바사 제국의 수도로 고대 엘람의 수도였다. 앗수르가 사마리아 사람을 추방하고 거기에 수산 사람들을 집단으로 이주 시켰다.(스4:9-10) 헬라인들은 이곳을 수사로 불렀고 다리오는 이곳을 바사왕국의 수도로 정했다. 특히 이 지역은 아하수에로 집권 시 포로로 끌려온 유다 백성이 많이 살고 있었고 에스더가 거처한 궁궐도 여기다. 또한 이곳은 다니엘이 환상을 본 을래 강변(단8:16)이기도 하다.

- 그러나 이제는 주께서 우리를 버려 욕을 당하게 하시고 우리 군대와 함께 나아가지 아니하시나이다 – 시44:9
- 하나님이여 주께서 우리를 버리지 아니하셨나이까 하나님이여 주께서 우리의 군대들과 함께 나아가지 아니하시나이다 – 시108:11
- 그 후에 다윗이 블레셋 사람들을 쳐서 항복을 받고 블레셋 사람들의 손에서 메덱암마를 빼앗으니라 – 삼하8:1
- 다윗이 또 모압을 쳐서 그들로 땅에 엎드리게 하고 줄로 재어 그 두 줄 길이의 사람은 죽이고 한 줄 길이의 사람은 살리니 모압 사람들이 다윗의 종들이 되어 조공을 드리니라. 르홉의 아들 소바 왕 하닷에셀이 자기 권세를 회복하려고 유브라데 강으로 갈 때에 다윗이 그를 쳐서 – 삼하8:2-3
- 다윗이 에돔에 수비대를 두되 온 에돔에 수비대를 두니 에돔 사람이 다 다윗의 종이 되니라 다윗이 어디로 가든지 여호와께서 이기게 하셨더라 – 삼하8:14

B. 주석적 접근

1. 혼란의 흔적(1-4)

반복되는 대명사 thou(주께서) ~ thou ~ thou~ 는 강조되지 않지만, 두텁고 빠르게 오는 동사에 삽입되어 있고, 특성적으로 어려운 것들을 단지 인과사슬의 어떤 중간 지점에만 국한된 것이 아니라, 신에게 바로 거슬러 올라가는 것이다. 그래서 다윗은 그 혼란스러운 그림을 원칙적으로 이해할 수 있고 하나의 궁극적인 통제하에 있다고 본다.

하나님이여 주께서 우리를 버려 흩으셨고 분노하셨사오나 지금은 우리를 회복시키소서(1)

거절된 것은 5절에서 반대쪽의 극단으로서, 즉 주께서 사랑하시는 자와 짝을 이루어야 한다. 그래서 이것은 최종적인 거절이 아니다. 아무리해도 그것은 무서운 분노일 뿐이다. 그것이 나머지 모든 것보다 중요하기 때문에 가장 먼저 언급해야 할 사항이었다. 소원한(거절,외면)것보다 깊은 상처는 없다.

주께서 땅을 진동시키사 갈라지게 하셨사오니 그 틈을 기우소서 땅이 흔들림이니이다(2)

지진의 이미지는 '흔들리지 않고 남을 수 있다'고 생각하는 안전에 대한 우리의 생각이 하나님의 준엄한 손길과 직면하게 한다. 하나님께서 흔들어 갈라진 틈을 평안하다고 메우는 거짓 예언자들과 달리 (겔13:10-16) 하나님은 계속해서 적합하지 않은 것들을 흔들어 놓으실 것이고 '그 자체로 단합하지 않게' 분열시키실 것이다.[187] 그 과정은 신약성경과[188] 교회사에서 지속될 것이다.

주께서 주의 백성에게 어려움을 보이시고
비틀거리게 하는 포도주를 우리에게 마시게 하셨나이다(3)

NEB는 3절의 두 번째 줄을 술에 취한 상태로 보는 것이 더 좋을지 모르지만, 3a의 "주께서 주의 백성에게 어려움을 보이시고"라는 번역으로 충분한 것 같다. 3b와 더불어 곤경으로 인해 모두 내적 혼란과 충격에 자포자기(自暴自棄)한 절망감을 나타낸다.

주를 경외하는 자에게 깃발을 주시고 진리를 위하여 달게 하셨나이다.(4)

You have set up a banner for those who fear you, that they may flee to it from the bow. *Selah*

4절에 있는 일부의 단어는 하나 이상의 의미를 가지고 있다.

두 번째 줄에서 '달게 하셨나이다'의 히브리어동사 '누스'(nus)는 '깃발'을 (RSV,JB는 rally-

187) 왕상12장, 르호보암과 여로보암

188) 계2:3 내 이름을 위하여 견디고 게으르지 않도록

집회, AV, RV는 'displayed' -예전이나 예식) 나타내는 것처럼 보일 수 있지만, 원뜻은 '~으로부터 도망치다'는 의미와 같다.(NEB) 다시 말하면, from the bow에서 from은 '이유'[189]를 의미할 수 있고, 활은 아마도 '진리'(잠22:21) 또는 '정의' (NEB)로 번역되어져야 한다.(하나님의 공의의 심판이 시행될 때 자기 백성을 그 장소에서 떠나도록 하심)

따라서 이 의미는 격려하기 위한 첫 번째의 서광일 수 있다. '진리'(또는 활)를 인해서 그 일에서 '돌이켜라' 또는 거기에서 '물러가라'는 퇴각 명령과 같은 것이다. 후자의 경우가 약간 더 균형적일 가능성이 크다. 고대 버전은(예:70인역) 그렇게 이해했다.('활에서 도망치다')

4절 끝에 '셀라'는 재앙이 5절에서 희망이 시작될 때까지 지속되고 있음을 암시한다.

우리는 렘4:6에서 깃발이 공격을 위해 집합하라는 것이 아니라 도망을 재촉하는 관점으로서 깃발의 실례를 발견한다.

'시온을 향한 깃발을 세우라. 도피하라. 지체하지 말라'

2. 인간의 연약함(5-8)

주께서 사랑하시는 자를 건지시기 위하여 주의 오른손으로 구원하시고 응답하소서(5)

그러나 매우 절망적인 상황은 '**주께서 사랑하시는**' 단 하나의 표현에서 서광이 비치는 믿음의 기도다. 히브리어는 '사랑의 시'에 속하는 언어다.

그것은 가장 강한 결속 관계에 호소하는 것으로, 그것은 실망하는 일이 없고 즉각적이고 압도적인 응답을 받는다.

하나님의 응답은 일부 시편에 침투해 있는데 시12:5,6을 참조하라.

> 여호와의 말씀에 가련한 자들의 눌림과 궁핍한 자들의 탄식으로 말미암아 내가 이제 일어나 그를 그가 원하는 안전한 지대에 두리라 하시도다 여호와의 말씀은 순결함이여 흙 도가니에 일곱 번 단련한 은 같도다 – 시12:5-6

여기서 그의 '안전한 지대'는 최근의 현대 신학자들에게 신31;10ff의 예식과 같은 축제(면제년)와 이스라엘에게 약속된 땅에 대한 하나님의 선물이 실현된 것을 기념하는 것을 제언

189) 신28:20, 느5:15

한다. 다윗이 그러한 의식에서 인용했는지 아니면 새로운 위기에서 비롯된 말이든지 그러한 선언은 대단히 적절하다. 그것은 마치 아이들의 다툼의 절정에서 손찌검까지 벌일 때 아버지의 확고한 발걸음과 쾌활한 목소리를 듣게 되는 것과 같다.

6절과 7절은 이스라엘의 상속을 선포함에 있어서 8절은 그녀의 주변에 있는 이웃들에게까지 향한다. 거상처럼, 하나님의 통치는 더 이상 소유를 위해 싸우는 경쟁의 문제가 아니라, 그의 땅을 분배하고 관리할 적합한 영주를 고용하는 것과 같다.

하나님이 그의 거룩하심으로 말씀하시되 내가 뛰놀리라
내가 세겜을 나누며 숙곳 골짜기를 측량하리라(6)
길르앗이 내 것이요 므낫세도 내 것이며 에브라임은 내 머리의 투구요
유다는 나의 규이며 (7)

요단강 건너편에 있는 세겜과 숙곳은 야곱이 라반과 함께 살았던 곳으로 후에 약속된 땅으로서 처음 분배된 지역이었다. 길르앗은(좋은 목초지로 남쪽은 갓과 르우벤에게-민32:1, 북쪽은 므낫세의 아들 마길에게 각각 분배. 민32:39) 요르단 동편의 이스라엘 영토였으며 므낫세 지파와 강을 가로질러 서쪽에는 에브라임과 유다가 차지했다.

그래서 이스라엘의 초기 역사에 몇 가지 대담한 획을 긋고 이스라엘의 구획된 지역을 내 것이라 하고 국방과(투구) 통치의(규) 주요 요원을(helmet and sceptre) 지명했다. 그러나 반복되는 '내 것'과 모든 것이 그들의 것이 아니고, '나의 소유'라는 점에 주목하라. 그것들을 그가 주신다는 것은 그의 세입자와 청지기라는 의미다. 그러나 그들은 그러한 까닭에 더욱 안전하다.

모압은 나의 목욕통이라 에돔에는 나의 신발을 던지리라
블레셋아 나로 말미암아 외치라 하셨도다(8)

영예로운 지위 이후에 하찮은 지위로 전락하는 것. 그러나 그들에게도 여전히 그분의 배당이 있으며, 그들의 용도가 있다.[190]

여기서 대적인 에돔이 가장 하찮은 위치에 있다는 것만 제외하면 에돔 대신 모압을 목욕통

190) 딤전2:20

으로 만든 특별한 이유는 없다. 둘 다 교만으로 주목 받았다.

> 우리가 모압의 교만을 들었나니 심히 교만하도다 그가 거만하며 교만하며 분노함도 들었거니와 그의 자랑이 헛되도다 – 사16:6
>
> 너의 마음의 교만이 너를 속였도다 바위 틈에 거주하며 높은 곳에 사는 자여 네가 마음에 이르기를 누가 능히 나를 땅에 끌어내리겠느냐 하니 – 옵1:3

신발을 던지는 행위는 항의를 뜻한다는 **델리취**(Delitzsch)의 제안은 불필요한 것이다. 그 묘사는 집으로 돌아온 사람이 신발을 벗어 종에게나 구석으로 던지는 모습이다.
블레셋과 관련하여 '나로 말미암아 외치라'는 번역은 히브리 본문에는 '블레셋아 내가 위에서 외쳤다!'(AV, RV)로 되어 있는데 이것을 볼 때, 그들에 대한 비정상적인 조롱일 수도 있고 주종 관계에서 존경의 외침일 수도 있다.[191)]
그러나 시108:9에서는 RSV가 여기에 있는 것처럼 **'블레셋 위에서 내가 (대승을:in triumph) 외치리라'** 고 기록되었으며, 이것은 아마도 두 시편의(시60편과 108편) 진정한 본문일 것이라고 본다.

블레셋 루아 알 니

עַל 1) 명사(St5920)높음,지존(Most high),호11:7, 전치사와 더불어 : 위에서부터

2) 전치사(St5921) 위에 있는 상태,~으로, ~위에, ~앞에, ~곁에(가까이)

3. 싸움이 재개되다.(9-12)

누가 나를 이끌어 견고한 성에 들이며 누가 나를 에돔에 인도할까(9)

하나님의 능력이 하나의 영광이라면 다른 하나는 그 능력 안에서 발휘되는 힘이다.
그 일은 경시되지 않는다. 요새화된 도시는 하나님이 그와 함께 하시지 않으면 안되는, 다윗의 자력을 초월하는 힘에 근거하는 것으로 결국 다윗이 하나님께로 나아가기 전까지는

---

191) 민23:21 왕을 부르는 소리

(이끌어 주시고, 인도하시는) 불가능한 것이었다.[192]

하나님이여 주께서 우리를 버리지 아니하셨나이까(10)

그리고 이것은 당연한 것으로 받아들여지지 않는다.
하나님의 물러남에 대한 겸손한 교훈을 솔직하게 직면하게 된다.(이와 같은 또 다른 상황과 그것이 야기한 질문은 시44:9-16, 17-26을 참조하라)

> 그러나 이제는 주께서 우리를 버려 욕을 당하게 하시고 우리 군대와 함께 나아가지 아니하시나이다 주께서 우리를 대적들에게서 돌아서게 하시니 우리를 미워하는 자가 자기를 위하여 탈취하였나이다. 주께서 우리를 잡아먹힐 양처럼 그들에게 넘겨 주시고 여러 민족 중에 우리를 흩으셨나이다. - 시44:9-11

다윗의 자기불신에도 불구하고 새로운 공격 정신을 참조하라. 적들은 더 이상 침략자가 아니며, 1절에서와 같이 침략을 받을 자다. 마침내 기도는 긍정으로, 외로운 싸움은 동역자로 변한다.

우리를 도와 대적을 치게 하소서 사람의 구원은 헛됨이니이다(11)

우리에게는 용맹한 행위가 있을 것이다. 하나님의 손이 우리의 손(하나님과 함께, 11a)에 있을 뿐만 아니라, 그 분의 발은 적(11b)에게 있을 것이다.
다윗이 전성기에 약속의 땅 밖에서 영토를 확장하려는 시도를 하나님께서 막으신 것이다. 다윗의 인구조사는 이것을 경고 받기 때문이다. 생명의 속전은 약속한 나라 안에서 유효한 언약이다. 성전은 이스라엘의 결정이 아니라 하나님의 결정이다.

192) 고후10:4 어떠한 견고한 진도 무너뜨리는 하나님의 능력

나보다 더 높은 바위(61:1-8)

제61편 다윗의 시, 인도자를 따라 현악에 맞춘 노래

1 하나님이여 나의 부르짖음을 들으시며 내 기도에 유의하소서

2 내 마음이 약해 질 때에 땅 끝에서부터 주께 부르짖으오리니 나보다 높은 바위에 나를
인도하소서

3 주는 나의 피난처시요 원수를 피하는 견고한 망대이심이니이다

4 내가 영원히 주의 장막에 머물며 내가 주의 날개 아래로 피하리이다(셀라)

5 주 하나님이여 주께서 나의 서원을 들으시고 주의 이름을 경외하는 자가 얻을 기업을
내게 주셨나이다

6 주께서 왕에게 장수하게 하사 그의 나이가 여러 대에 미치게 하시리이다

7 그가 영원히 하나님 앞에서 거주하리니 인자와 진리를 예비하사 그를 보호하소서

8 그리하시면 내가 주의 이름을 영원히 찬양하며 매일 나의 서원을 이행하리이다

Lead Me to the Rock

61 To the choirmaster: with stringed instruments. Of David.

1 Hear my cry, O God, listen to my prayer;

2 from the end of the earth I call to you when my heart is faint. Lead me to the rock that
is higher than I,

3 for you have been my refuge, a strong tower against the enemy.

4 Let me dwell in your tent forever! Let me take refuge under the shelter of your wings!
Selah

5 For you, O God, have heard my vows; you have given me the heritage of those who
fear your name.

6 Prolong the life of the king; may his years endure to all generations!

7 May he be enthroned forever before God; appoint steadfast love and faithfulness to watch over him!
8 So will I ever sing praises to your name, as I perform my vows day after day.

A. 문맥분석

가장 넓은 관점에서, 이것은 처음에는 안전을 위한 기도이며, 4절의 셀라 후에는 확실한 응답에 대한 감사와 지속적인 은혜에 대한 건설적인 요구다. 그러나 6절과 7절은 후대에 경배하는 사람들의 사용에 영감을 받은 감탄사일 수 있어 다윗의 탄원을 현재 왕좌에 앉은 자를 위한 기도로 만든다. 그렇다면 그것은 우리 자신을 위한 기도와 같이 우리들의 동시대의 이웃을 위한 기도로서 이 시편을 사용하도록 생각나게 한다. 그러나 이것은 다윗이 원정을 떠났을 때나(시60편의 첫 번째 해설 참조) 또는 압살롬에 의해 피난할 때 도움을 구하는 탄원일 수도 있다. 마찬가지로, 그가 사울로부터 유랑하면서 수년 동안에 걸쳐 형성된 그의 초기의 고통에서부터 그가 왕위에 있는 동안 개작된 것일 수도 있다. 그가 좀처럼 예견 할 수 없었던 것은 그가 구하거나 생각한 것보다 그리스도 안에서 성취될 운명의 왕(6f.)을 위한 기도에 대한 풍성한 응답이었다.

- 그가 생명을 구하매 주께서 그에게 주셨으니 곧 영원한 장수로소이다 – 시21:4
- 여호와여 주의 긍휼을 내게서 거두지 마시고 주의 인자와 진리로 나를 항상 보호하소서 – 시40:11
- 여호와의 이름은 견고한 망대라 의인은 그리로 달려가서 안전함을 얻느니라 – 잠18:10
- 여호와여 주의 장막에 머무를 자 누구오며 주의 성산에 사는 자 누구오니이까 – 시15:1
- 나를 눈동자 같이 지키시고 주의 날개 그늘 아래에 감추사 – 시17:8

B. 주석적 접근

1. 안전함이란...(1-4)

구약은 집을 멀리 떠나서 하나님을 믿었던 사람들의 예로 풍성하다. 모두가 이방인이 되어 불안한 마음을 가졌을(아브라함, 야곱, 요셉 등) 것이다. 그리고 다른 신들을 붙들려고 흔들리는 것이 드러나기도 한다.[193)]

내 마음이 약해 질 때에 땅 끝에서부터 주께 부르짖으오리니(2)

여기서 우리는 다윗이 심한 우울증이나 피로감에 대하여 시험이 추가되는 것을 본다. 시102편의 제목과 비슷한 상황의 묘사가 같은 단어 안에서 희미하게 나타난다.

나보다 높은 바위에 나를 인도하소서(2b)

이 잊지 못할 탄원은 LXX에서 히브리 본문과는 약간 다르게 한 탓에 느낌이 훨씬 축소되었다. NEB는 변경된 본문을 채택하는 적절한 사례로, 본문의 교환은 우리가 예상하여 소유하고 있는 내용에 대하여 마치 전자가 진리인 것처럼 교환시켰다. 그러다보니 '나보다 높은 것'에 대한 언급을 잃어 버렸다. 다른 단어를 사용하여 높은 피난처를 주제로 하는 것은 시59:1을 보라.

주는 나의 피난처시요 원수를 피하는 견고한 망대이심이니이다(3)
내가 영원히 주의 장막에 머물며 내가 주의 날개 아래로 피하리이다(4)

하나님의 안전한 지키심은 여기서 점점 더 증가하는 개인적인 관점에서 관찰된다. 2절의 높은 바위 덩어리의 울퉁불퉁한 험준함이 3절의 목적을 갖고 건축된 탑(견고한 망대)에 자리를 잡아 주며, 이것은 친구 사이의 안전함을 함축하는 연약한 장막(상한 심령, 가난한 자)의 환대로 이어진다(4)

---

193) 삼상26;19

그리고 마지막으로 날개로 상징되는 사랑에 넘치는 부모와 같은 피난처가 제시된다. 이것은 모든 상황에서 최고의 안전함이다.(시 57:1 참조) 그것은 애틋한 소망 이상으로써 4b는 4a만큼 자신 있는 기도다.

2. 안전함보다 더 나은 것(5-8)

주 하나님이여 주께서 나의 서원을 들으시고

주의 이름을 경외하는 자가 얻을 기업을 내게 주셨나이다(5)

갑작스런 확신은 시편 전체가 서원의 대가로 지불하는 일종의 감사절이라는 것을 의미할 수 있는데, 시작 구절은 곤경에 처했을 때 행한 기도를 간단히 회상하며, 그것은 5절에서 다윗에게 하나님의 보증의 단초와 같은 강력한 청원으로 보는 것이 더 좋다. 그 내용은 막연한 것처럼 보일지 모르지만, 유산이나 할당된 소유를 총망라하여 하나님을 경외하는 자에게는 무제한적이고 빼앗을 수 없는 사실이다.[194] 한마디로 말하자면 모든 것이 다 네 것이라는 것과 같다.

주께서 왕에게 장수하게 하사 그의 나이가 여러 대에 미치게 하시리이다(6)

그가 영원히 하나님 앞에서 거주하리니 인자와 진리를 예비하사 그를 보호하소서(7)

다윗이 이 기도를 예를 들자면 삼하7:16의 약속을 주장하는 왕으로서 드렸는지, 아니면 공적 예배를 위해 추가되었는지(시작 단락 참조), 그것은 왕인 메시아 안에서 넘치도록 성취되어져야만 했다.

그를 통하여 그분의 백성들은 왕의 축복을 누리고[195] 이 위대한 청원을 그들 자신을 위해 기도할 수 있다.

그리하시면 내가 주의 이름을 영원히 찬양하며 매일 나의 서원을 이행하리이다(8)

이 시는 처음에 불안정한 표현과 달리 결국에는 지속되는 것에 대한 단어의 변화를 낳았다. 여기서 그 말은 영원을 향하여 나아가는 마음을 날마다 직접적으로 준다. 맹세는 보통

194) 시37:11, 29

195) 엡2:6, 계22:3-5

한 번의 의식으로 끝났지만 다윗은 결코 갚을 수 없는 빚에 대해 잘 인식하고 있다.

- 달콤하고 놀라운 그대의 확실한 사랑 - 조지 허버트(George Herbert)

나의 모든 날들을 측정하리라.
그날은 결코 사라지지 않을 것이므로,
나의 찬양도 사라지지 않으리라.

나의 모든 희망(62:1-12)

제62편 다윗의 시 인도자를 따라 여두둔의 법칙에 따라 부르는 노래

1 나의 영혼이 잠잠히 하나님만 바람이여 나의 구원이 그에게서 나오는도다
2 오직 그만이 나의 반석이시요 나의 구원이시요 나의 요새이시니 내가 크게 흔들리지
아니하리로다
3 넘어지는 담과 흔들리는 울타리 같이 사람을 죽이려고 너희가 일제히 공격하기를 언
제까지 하려느냐
4 그들이 그를 그의 높은 자리에서 떨어뜨리기만 꾀하고 거짓을 즐겨 하니 입으로는 축
복이요 속으로는 저주로다(셀라)
5 나의 영혼아 잠잠히 하나님만 바라라 무릇 나의 소망이 그로부터 나오는도다
6 오직 그만이 나의 반석이시요 나의 구원이시요 나의 요새이시니 내가 흔들리지 아니
하리로다
7 나의 구원과 영광이 하나님께 있음이여 내 힘의 반석과 피난처도 하나님께 있도다
8 백성들아 시시로 그를 의지하고 그의 앞에 마음을 토하라 하나님은 우리의 피난처시
로다 (셀라)
9 아, 슬프도다 사람은 입김이며 인생도 속임수이니 저울에 달면 그들은 입김보다 가벼
우리로다
10 포악을 의지하지 말며 탈취한 것으로 허망하여지지 말며 재물이 늘어도 거기에 마음
을 두지 말지어다
11 하나님이 한두 번 하신 말씀을 내가 들었나니 권능은 하나님께 속하였다 하셨도다
12 주여 인자함은 주께 속하오니 주께서 각 사람이 행한 대로 갚으심이니이다

My Soul Waits for God Alone

62 To the choirmaster: according to Jeduthun. A Psalm of David.

1 For God alone my soul waits in silence; from him comes my salvation.

2 He alone is my rock and my salvation, my fortress; I shall not be greatly shaken.

3 How long will all of you attack a man to batter him, like a leaning wall, a tottering fence?

4 They only plan to thrust him down from his high position. They take pleasure in falsehood. They bless with their mouths, but inwardly they curse. Selah

5 For God alone, O my soul, wait in silence, for my hope is from him.

6 He only is my rock and my salvation, my fortress; I shall not be shaken.

7 On God rests my salvation and my glory; my mighty rock, my refuge is God.

8 Trust in him at all times, O people; pour out your heart before him; God is a refuge for us. Selah

9 Those of low estate are but a breath; those of high estate are a delusion; in the balances they go up; they are together lighter than a breath.

10 Put no trust in extortion; set no vain hopes on robbery; if riches increase, set not your heart on them.

11 Once God has spoken; twice have I heard this: that power belongs to God,

12 and that to you, O Lord, belongs steadfast love. For you will render to a man according to his work.

A. 문맥분석

이 시는 시편의 역경이 맺게 만든 좋고 많은 열매들 중 높은 위치에 서있는데, 그것은 압박이 강력하게 지속되는 가운데서 구성된 것이 분명하기 때문이다(3) 그리고 그러한 과정이 진행되는 동안 자신감이 자라고 그 열매들이 더욱 선명해지는 흔적을 보여준다. 다윗이 홀로 체득한 비밀은(1) 그 자신에게 다시 깊은 인상을 주었고(5) 다른 사람들에게 촉구하며 (8) 마침내 우리의 유익과 하나님의 영예를 위한 경험과 계시의 교훈을 이끌어 내었다. 그것은 여전히 응답을 기다리고 있는 기도의 즉각성과 새로 확증되고 심화된 설득력을 가지고 있다. 여두둔은 시 39편의 해설을 참조하라.

- 우리 영혼이 여호와를 바람이여 그는 우리의 도움과 방패시로다 – 시33:20
- 의인들의 구원은 여호와로부터 오나니 그는 환난 때에 그들의 요새이시로다 – 시37:39
- 여호와여 아침에 주께서 나의 소리를 들으시리니 아침에 내가 주께 기도하고 바라리이다 – 시5:3
- 여호와 앞에 잠잠하고 참고 기다리라 자기 길이 형통하며 악한 꾀를 이루는 자 때문에 불평하지 말지어다 – 시37:7
- 나의 영혼아 잠잠히 하나님만 바라라 무릇 나의 소망이 그로부터 나오는도다 – 시62:2

B. 주석

1. 억압 아래의 침묵(1-4)

나의 영혼이 잠잠히 하나님만 바람이여 나의 구원이 그에게서 나오는도다(1)

첫 두 구절은 둘째 연(5f)에서 반복되지만 미묘한 음색의 변화가 있다. 여기서 시작 구절은 다음과 같이 문자적으로 간단히 말하자면 '진실로(오직) 하나님을 향한 내 영혼은 잠잠하다'는 뜻이며 NEB는 "진실로 내 마음은 잠잠히 하나님을 기다리고 있습니다."로 가장 잘 포착하였다. 이 말씀은 모든 것을 이미 말했으니 어쩌면 더 이상 다른 말이 필요치 않고 단지 그에게만 문제가 덩그러니 남았다는 의미다.

시39:2에서처럼 다윗은 자신의 괴로움에 대하여 거의 자기 생각을 신뢰하지 않는다. 그것은 시123:2에서 완전한 형태로 포착되고 있다.(다른 종류의 침묵의 절정을 얻으려면 시65:1을 참조하라.)

시의 이러한 오프닝 단어들뿐만 아니라 첫째와 둘째 연(1-8)의 대부분은 감탄사 '아크'(진실로 또는 오로지)에 의해 힘을 받고 있는데, 8개의 구절 중에서 5번이나 소개되고 있다. 그것은 진술에 밑줄을 치거나 대조를 나타내게 하는 강조자다. 그 꾸준한 반복은 시편에 특별한 진지함을 제공한다.

오직 그만이 나의 반석이시요 나의 구원이시요 나의 요새이시니
내가 크게 흔들리지 아니하리로다(2)

바위나 요새('요새'는 시18:2,144:2에서와 같이 높은 곳에 둔 것을 의미한다. 시59:1참조)로서의 하나님을 생각하는 것은, 시편에서 은휘된 적으로부터 거의 피할 수 없는 다윗이 당연히 좋아할 수밖에 없는 것이다. 그가 이 구절의 마지막에서 '크게 흔들리지 않을 것'이라고 말하는 것은 마치 품질을 보증이라도 하겠다는 듯이 확신하는 것이다. 그러나 6절에서 후렴으로 반복할 때 이것은 보증되지 않은 것으로 나타난다. - NEB와 JB는 명백히 짐으로 규정한다.(아, 슬프도다 사람은 입김이며 인생도 속임수이니 저울에 달면 그들은 입김보다 가벼우리로다. 9절)

넘어지는 담과 흔들리는 울타리 같이
사람을 죽이려고 너희가 일제히 공격하기를 언제까지 하려느냐(3)
그들이 그를 그의 높은 자리에서 떨어뜨리기만 꾀하고 거짓을 즐겨 하니
입으로는 축복이요 속으로는 저주로다(4)

무자비하게 경쟁하는 악은 인간의 연약함을 끌어당겨 몸을 기울게 하거나 비틀거리게 하는 것이라면 무엇이든 끝까지 밀어 붙인다. 그것은 또한 강함과 질시를 표적으로 삼으며 이중성을 지닌다.(높은 곳에서 그를 떨어뜨린다. NEB)
그것은 하나님의 선과는 총체적으로 대조적이다. 상처받은 갈대를 꺾어버리고 '우리가 약하고 네가 강함을' 자신의 기쁨으로 삼으며 그리고 '진리에 대한 열린 진술'을 통해 그 목적을 달성한다.(진리의 악용)
진리를 악용하여 자신의(악) 목적을 달성하는 것은 모든 면에서 선과 대조적이다.

2. 침묵의 지속과 공유(5-8)

5절과 6절은 시작구절 후렴의 반복이지만 세 가지 작은 뉘앙스로 음색을 변화시킨다. 첫째, 다윗은 이제 자신이 1절에서 단순하게 말한 침묵을 재촉한다.(3절과 4절의 동요 후에 이어진 자각일까?)
그래서 5a는 '하나님만 바라라, 내 영혼아, 침묵하며 기다려라' 로 읽어야만 한다.(문자적으로 '침묵을 지키는') 두 번째 변화는 단순한 스타일의 하나로, 5b에서 '구원' 을(1b 참조) '희망' 으로 대체함으로써 다음 구절에서의 반복을 피한다. 세 번째는 매우 긍정적인 것으로, 2b의 부분적 확신을('크게 흔들리지 않는다') 강화시켜 '내가 흔들리지 않겠다' 로 변화된다.

'모트' מוט

Qal: 비틀거리다. 미끄러지다. 실족하다 -시38:16,46:3,66:9,94:18, 레25:35, 사54:10

Nipal: 흔들리다. 요동치다. -시82:5, 대상16:30

Hitpahel: 크게 흔들리다. 산산히 부서지다. throughly shaken-사24:19b (19a는 Qal)

나의 구원과 영광이 하나님께 있음이여 내 힘의 반석과 피난처도 하나님께 있도다(7)

첫 번째 연에서 배신자들과 그들의 음모에 대해 솔직하게 이야기하는 것은 옳았다. 이제 다윗이 그들을 더 이상 되씹지 않는 것은 지혜다. 그는 자신의 생각을 하나님으로 가득 채운다. 그것들의 대부분은 이미 그가 비슷한 말로 표현한 성찰들이지만, 그러한 성찰들은 마음을 붙드는 일련의 과정에서 하나의 시작점이 있는데, 그것은 나의 영예가 하나님께 달려 있다는 사실이다.
그리고 그것은 피난처와 구원의 필요보다 더 앞서 우선적으로 떠오르는 것으로, 다른 어떤 분기점에서 생각할 수 있는 것이다. 이것은 오직 하나의 출처를 가지며, 그것을 제외하면 나머지는 가치가 없다.[196] 가치 없음에 대해서는 마지막 연에 기록되어 있다.

백성들아 시시로 그를 의지하고 그의 앞에 마음을 토하라
하나님은 우리의 피난처시로다(8)

동시에 그의 경험은 공유할만한 것이다. 그가 하나의 위기에서 발견한 것은 모든 때에 유용할 것이다. 하나님께서 그에게 가셨다면 그분은 다른 사람들을 위해서도 가실 수 있다. 우리가 여기서 주목할 것은 '당신의 마음을 토하라' 는 이 표현은 1,5절에서 침묵하며 기도

196) 렘9:23, 막8:35-38

하라는 것과 반대라는 점이다.
두 개의 표현은 자신의 짐을 덜어주는 하나의 문제에 대한 두 국면으로, 이 훈련(경건의)은 서로 다른 측면의 기다림이라 할 수 있다.

3. 그림자와 실체(9-12)

인간(9f.)과 하나님(11f.)의 관점에서 짝을 이루는 두 구절은 삶에 관해서 많은 교훈을 이끌어낸다.

아, 슬프도다 사람은 입김이며 인생도 속임수이니 저울에 달면...
입김보다 가벼우리로다(9)

신분의 낮고 높음은 단지 일종의 추론이다. 히브리어는 단순히 사람의 아들을 'man' 또는 '아담(adam)'으로 두 개의 유사한 단어를 일반적으로 사용하고, 특별한 경우에는 시49:2에서와 같이 '이쉬'(אִישׁ)를 사용한다. 이 두 장소에서 NEB는 그들을 '모든 사람'이라고 시적인 방식으로 표현한다. '입김'은 전도서에서 '헛됨'으로 번역된 단어다. 반면 NEB, JB는 여기에서 '부는 바람'으로 표현하였다. 신약 성서에서 이러한 표현은 약4:14에서 같은 용어로 말하고 있다.

> 내일 일을 너희가 알지 못하는도다 너희 생명이 무엇이냐 너희는 잠깐 보이다가 없어지는 안개니라 – 약4:14

망상을 의미하는 단어는 '속임수'다. 그 요점은, 우리가 사람에게서 두려워 할 것이 없다(시27:1)는 것이 아니라 사람한테서 기대할게 없다는 뜻이다. 이러한 두 가지의 생각은 모두 시118:6ff에 있다. 그의 반역행위는 3ff에서 보이고 있는데, 그리고 지금은 그의 덧없음이 -이 세상의 공허한 영광과 더불어서- 현재의 두 행에서 보인다.
따라서 영광을 위한 히브리 단어(7)는 무게감이 있거나 풍부한 것을 기반으로 하는 까닭에 저울의 묘사는 매우 적절하며, 특히 JB에서 저울에 가중되는 무게는 부는 바람보다 더 가벼운 것이었다.

포악을 의지하지 말며 탈취한 것으로 허망하여지지 말며
재물이 늘어도 거기에 마음을 두지 말지어다(10)

시편의 주제가 적절하다면 이 구절의 강조는 믿음의 옳고 그름의 대상을 확실히 하라는 것이며, 부의 흡수가 범죄 생활만큼이나 위험할 수도 있다는 것이다. 복음서는 이와 동일하게 지적하고, 딤전6:17에서는 부(富)에 종속되지 않도록 주의해서 다룰 것을 명령하고 있는데 이 구절을 암시한 것일 수 있다.

> 네가 이 세대에서 부한 자들을 명하여 마음을 높이지 말고 정함이 없는 재물에 소망을 두지 말고 오직 우리에게 모든 것을 후히 주사 누리게 하시는 하나님께 두며 – 딤전6:17

탈취한 것으로 **'허망하여지지 말라'**('하발' הבל)는 것은 9절에서 논의된 **'입김'**에 대한 경멸적인 용어로 형성된 하나의 단어다. 부자에 적용되는 단어 **'늘어도'**는 재화 축적에 대한 유혹의 결과를 나타낸다.

하나님이 한두 번 하신 말씀을 내가 들었나니 권능은 하나님께 속하였다 하셨도다(11)
주여 인자함은 주께 속하오니 주께서 각 사람이 행한 대로 갚으심이니이다(12)

애수에 찬 그림자를 넘어 우리는 견고한 현실로 돌아간다. 그리고 이것은 실용적이고 도덕적인 두 가지 단계로 NEB는 '나는 이 두 가지 교훈을 두 번씩이나 들었다'고 말한다.(두 가지 일을 나는 배웠다.) 그러나 그것은 '한 번, 두 번'이 전적인 의탁의 반복을 강조하는 것과 가장 유사한 방법이다. 그것은 감정에 의해 조작되는 것이 조금도 없다.

첫 번째로 권능은 하나님께 속한 것으로, 그 빛을 두 가지 방향 즉 이내 사라지고 말 인간의 가장된 권세와 그리고 신뢰하는 종을 향하여 드리우신다. 구원과 그의 세속적인 힘을 누구에게 위임할 것인지 둘 다 하나님의 권능을 생각나게 한다.

두 번째 속성은 인자함('헤세드')으로 번역되었지만 12절은 이 단어가 진실되고 신뢰할 수 있는 근거를 가지고 있음을 분명히 한다. 그것은 언약을 지키는 것과 밀접하게 연관되어 있으며, 따라서 현대 번역은 '변함없는 영원한 사랑' 또는 '참사랑'이다. 여기에서 변함없는 것은 압도적인 견고성이 있으며, 응보에 대한 시선은 감사다. 하나님의 정당한 대우와 마찬가지로, 최종 심판도 편파적이지 않고 '행한 대로'의 공정한 보응이며 시편이 비판한 이중성이나 도덕적 냉소주의가 전혀 없다. 그러한 하나님을 다윗은 침묵 속에서 기다릴 수 있는 여유를 가질 수 있고(1). 시편은 하나님께서 계시하신 그분의 속성을 통해 예배 안에서 하나님께 돌아가는 것으로 끝을 맺는다.

내 모든 갈급함(63:1-11)

제63편 다윗의 시, 유다 광야에 있을 때에

1 하나님이여 주는 나의 하나님이시라 내가 간절히 주를 찾되 물이 없어 마르고 황폐한 땅에서 내 영혼이 주를 갈망하며 내 육체가 주를 앙모하나이다
2 내가 주의 권능과 영광을 보기 위하여 이와 같이 성소에서 주를 바라보았나이다
3 주의 인자하심이 생명보다 나으므로 내 입술이 주를 찬양할 것이라
4 이러므로 나의 평생에 주를 송축하며 주의 이름으로 말미암아 나의 손을 들리이다
5 골수와 기름진 것을 먹음과 같이 나의 영혼이 만족할 것이라 나의 입이 기쁜 입술로 주를 찬송하되
6 내가 나의 침상에서 주를 기억하며 새벽에 주의 말씀을 작은 소리로 읊조릴 때에 하오리니
7 주는 나의 도움이 되셨음이라 내가 주의 날개 그늘에서 즐겁게 부르리이다
8 나의 영혼이 주를 가까이 따르니 주의 오른손이 나를 붙드시거니와
9 나의 영혼을 찾아 멸하려 하는 그들은 땅 깊은 곳에 들어가며
10 칼의 세력에 넘겨져 승냥이의 먹이가 되리이다
11 왕은 하나님을 즐거워하리니 주께 맹세한 자마다 자랑할 것이나 거짓말하는 자의 입은 막히리로다

My Soul Thirsts for You

63 A Psalm of David, when he was in the wilderness of Judah.

1 O God, you are my God; earnestly I seek you; my soul thirsts for you; my flesh faints for you, as in a dry and weary land where there is no water.
2 So I have looked upon you in the sanctuary, beholding your power and glory.
3 Because your steadfast love is better than life, my lips will praise you.
4 So I will bless you as long as I live; in your name I will lift up my hands.

5 My soul will be satisfied as with fat and rich food, and my mouth will praise you with
joyful lips,
6 when I remember you upon my bed, and meditate on you in the watches of the night;
7 for you have been my help, and in the shadow of your wings I will sing for joy.
8 My soul clings to you; your right hand upholds me.
9 But those who seek to destroy my life shall go down into the depths of the earth;
10 they shall be given over to the power of the sword; they shall be a portion for jackals.
11 But the king shall rejoice in God; all who swear by him shall exult, for the mouths of liars
will be stopped.

A. 문맥분석

다윗에게 또 한 번의 최악의 상황은 그가 입증한 말로 표현되었다. '유다 광야에 있을 때에'라는 본시의 제목은 정경(Canon)이 되는 과정에 결정된 것으로 보이며 그 배경은 다윗이 도망자로 있을 때, 그리고 11절에서 자신을 왕으로 칭하고 있는 점에서 사울보다는 압살롬에 의해 요단강 지역으로(삼하15:23) 피신하는 여정(旅程)을 유다의 광야로 언급한 것으로 보인다. 내러티브에서[197] 피난길의 피곤함이 강조되고 있을 뿐만 아니라 커크패트릭(Kirkpatrick)이 지적했듯이, 시편에서 분명히 드러난 강한 믿음은 그곳에도 잘 상통한다. 다윗이 법궤와 거리를 두는 것은[198] 하나님의 통치에 대한 신뢰와 그의 뜻에 대한(수용적) 헌신이다. 이 전적인 헌신(의탁)의 표출과 동등한 다른 시편이 있을 수 있지만 어떤 경우라도 이것을 능가하지 못한다.(기드론 골짜기는 거칠고 황폐한 땅 네게브를 일컫는다. 요단강 좌우와 사해의 서쪽 해안까지 뻗어있는 이 광야는 신약성경에서 광야(마4:1), 빈들(눅1:80)로 칭해진다. 세례요한이 경건생활과 회개를 외친 사역 무대의 중심이고 주께서 시험을 받으신 바로 그 장소다.)

■ 내가 여호와께 바라는 한 가지 일 그것을 구하리니 곧 내가 내 평생에 여호와의 집에 살

197) 삼하16:14
198) 삼하15:25

면서 여호와의 아름다움을 바라보며 그의 성전에서 사모하는 그것이라 – 시27:4

- 내 영혼이 하나님 곧 살아 계시는 하나님을 갈망하나니 내가 어느 때에 나아가서 하나님의 얼굴을 뵈올까 – 시42:2
- 주를 향하여 손을 펴고 내 영혼이 마른 땅 같이 주를 사모하나이다 – 시143:6
- 내가 주의 지성소를 향하여 나의 손을 들고 주께 부르짖을 때에 나의 간구하는 소리를 들으소서 – 시28:2

B. 주석적 접근

1. 하나님은 나의 소원

하나님이여 주는 나의 하나님이시라 내가 간절히 주를 찾되
물이 없어 마르고 황폐한 땅에서 내 영혼이 주를 갈망하며 내 육체가 주를 앙모하나이다(1)

이 구절의 갈급함은 낯선 사람을 물색하는 것이 아니라 하나님께 나아가는 길을 감지하는 것이다. 그러나 거의 애인과 같은 친구에 대한 열망(아6:13 '하자' חזה)은 그를 소중히 여기는 만남이 될 것이다. '**주는 나의 하나님이시라**'는 간결하고 담대한 고백은 이후의 종속된 모든 것의 비밀로서 족장시대에서 현재에 이르기까지[199] 언약의 핵심이다. 그리고 그것이 암시하는 바는 예수님께서 지적하신 바와 같이 문자 그대로 영원이다.

> 나는 아브라함의 하나님이요 이삭의 하나님이요 야곱의 하나님이로라 하신 것을 읽어 보지 못하였느냐 하나님은 죽은 자의 하나님이 아니요 산 자의 하나님이시니라 하시니라 – 마22:31

여기에서 그 갈급함은 실제적으로 영혼과 육체 안에서 각성된 사랑 안에서 드러난다, 예를 들자면 그것은 하나님 없이는 매우 불안하고 만족하지 못하는 다윗의 전 존재(whole being)와 같다.[200] 예수께서 사마리아 여인과의 대화에서(요4:13f) 불신자에게도 인식하지 못하는

199) 창17:8c, 히8:10c
200) 시35:9f

갈급함이 있음을 발견한다. 거기에서 익숙한 번역을 포기할 이유는 없다. '간절히 찾다'는 히브리어 단어 **'샤하르'(שׁחר)**는 '일찍부터 구하다'는 의미를 지니며 '새벽'이란 단어로부터 파생된 동사다. 시130:6의 생각과 시57:8의 언어를 간절한 바램으로 울려주고 있다.

> 파수꾼이 아침을 기다림보다 내 영혼이 주를 더 기다리나니 참으로 파수꾼이 아침을 기다림보다 더하도다 – 시130:6
>
> 내 영광아 깰지어다 비파야, 수금아, 깰지어다 내가 새벽을 깨우리로다 – 시57:8

시편143:6의 '마른 땅'은 그 자체가 다윗의 갈급한 영혼을 묘사한 그림이지만 여기서 직접적인 대조는 없다.(주를 향하여 손을 펴고 내 영혼이 마른 땅 같이 주를 사모하나이다.)
물론 대조는 함축적일 수 있지만 명시되지는 않았다. 그 단어는 본문 1절에 나와 있지 않다. 단지 다윗이 건조하고 암울한 환경(유다의 황무지로 정의됨)에서 기도하고 있다고 말한다. 이 황량한 장소가 갈망을 자극하는 것으로써 암시하는 바는 훨씬 더 깊은 욕망의 외면일 뿐이라는 것이다. 그러나 다음 절에서 **'이와 같이'**가 소개되는 그의 명백한 비교는 그 문제에 대해 새로운 방향을 제시한다.

내가 주의 권능과 영광을 보기 위하여 이와 같이 성소에서 주를 바라보았나이다.(2)

NEB는 'So'를 '몹시 갈망하다'('So longing')로 확장함으로써 So를 명확하게 했다. 달리 말하자면 그와 같은 강렬한 욕망으로 다윗은 시온에서 더 행복한 날에 하나님을 경배했으며 하나님은 자신을 계시하셨다. 사막이든 아니든 지금도 마찬가지로 하나님은 그의 성소에 갇혀 있지 않으신다. 다윗은 그가 법궤를 돌려보낼 때(삼하15:25) 행하였던 동일한 의미의 언어('라아' ראה)를 여기에서 사용한다.('하자') (첫머리 논평 참조). 그 같은 생각은 시139편에서 완전하게 표현 될 것이다. 하나님의 시각에서 시11:7을 보라.
"여호와는 의로우사 의로운 일을 좋아하시나니 정직한 자는 그의 얼굴을 뵈오리로다"

주의 인자하심이 생명보다 나으므로 내 입술이 주를 찬양할 것이라(3)

이제 그는 한 걸음 더 나아간다. 얼마나 더 멀리 나아갔는지는 그의 말을 읽는 독자 스스로가 이와 같은 형식으로 판단할 것이다. 그러나 그것은 순교자들에 의해 이미 확증되어 제시된 진정한 가치이며 행20:24에서 바울은 비슷한 말을 하고 있다.

내가 달려갈 길과 주 예수께 받은 사명 곧 하나님의 은혜의 복음을 증언하는 일을 마치려 함에는 나의 생명조차 조금도 귀한 것으로 여기지 아니하노라

나의 사명을 내가 기꺼이(즐거이) 마치기 위해서 나는 내 생명을 사랑하지 않을 것이다.(AV)

이러므로 나의 평생에 주를 송축하며 주의 이름으로 말미암아 나의 손을 들리이다(4)

다윗의 헌신의 내면은 2절에서 보았듯이 외면과 공조하여 강화됨으로서 완성되었다. 손이나 눈을 들어 올리는 것은[201] 몸을 하늘에 드리기 위하여 그것을 나누는 예배의 표현[202] 또는 애원이다.

> 내가 주의 지성소를 향하여 나의 손을 들고 주께 부르짖을 때에 나의 간구하는 소리를 들으소서 – 시28:2
>
> 솔로몬이 여호와의 제단 앞에서 이스라엘의 온 회중과 마주서서 하늘을 향하여 손을 펴고 ~ 다윗에게 하신 말씀을 지키사 주의 입으로 말씀하신 것을 손으로 이루심이 오늘과 같으니이다 – 왕상8:54

신약에서도 같은 언어를 사용한다.(딤전2:8).

"그러므로 각처에서 남자들이 분노와 다툼이 없이 거룩한 손을 들어 기도하기를 원하노라"

2. 하나님은 나의 기쁨(5-8)

이 '연'은 믿음과 1-4절의 끈질긴 갈급함에 대한 보상을 보여준다.

골수와 기름진 것을 먹음과 같이 나의 영혼이 만족할 것이라

나의 입이 기쁜 입술로 주를 찬송하되(5)

내가 나의 침상에서 주를 기억하며 새벽에 주의 말씀을 작은 소리로 읊조릴 때에 하오리니(6)

---

201) 요17:1

202) 시134;2

'나의 영혼이 주를 갈망하여'(1)는 예기치 못할 만큼 강한 내 영혼의 축제로, 마치 갈급함이 아주 충족될 만큼 '내 영혼이 몹시 약하게 되어 진' 것에 대한 은유다. 찬양은 이제 절정으로 가득하다. 즐거움으로 가득한(JOYFUL)을 의미하는 히브리어 **'레나나'**(רנן)는 기뻐 외치는 소리로서, 7절의 '즐겁게 부르리이다'의 **'라난'**(רנן)은 큰소리로 부르다는 뜻이다. NEB는 나는 ~산울림(메아리)을 깨운다고 번역하였다.

그러나 가장 큰 차이점은 분위기다. 두 연에서 다윗이 이끌려진 것은 다소 적은 목표가 아니라 하나님 자신이다. 두 연은 모두 그를 찬양하며, 양쪽 다 겸손하게 의존한다. 만일 1절의 광야가 하나님을 향한 그의 의욕을 날카롭게 했다면, 밤의 시계(나의 침상에서)를 통한 그의 각성은(시간이 늦게 가는 것을 강조하는 표현) 동일한 주님에 대하여 깨어 생각에 사로잡힌다. 두 종류의 고난은 '사막에서의 시내'와 '바위로부터의 꿀'을 얻게 하였다.

주는 나의 도움이 되셨음이라 내가 주의 날개 그늘에서 즐겁게 부르리이다(7)

나의 영혼이 주를 가까이 따르니 주의 오른손이 나를 붙드시거니와(8)

주의 날개는 시17:8,61:3-4에 대한 주석을 보라.

8절의 각 반절은 인내의 측면에서 가장 생생한 진술 중 하나다. '따르니'로 번역된 히브리어 **'다바크'**(דבק)는 '밀착'이라는 의미로 구약의 다른 곳에서 우리에게 친숙한 것이다.[203] 이 절에서 그것은 문자적으로 마치 뜨겁게 추격하는 것처럼 '주님의 뒤를 밀착하여' 따르는 것을 강조하고 있다. 그러나 이 번역을 가능하게 하는 것은 바로 하나님 자신이며, 그의 지지를 견지하는 견고함은 오른손에 대한 암시에서 나타난다.[204] (강한 손에 대한 사41:10과 빌3:8-14에서 하나님과 인간 사이의 상호 작용을 발견할 수 있다.

3. 하나님은 나의 방패(9-11)

나의 영혼을 찾아 멸하려 하는 그들은 땅 깊은 곳에 들어가며(9)

시편에 항상 등장하는 다윗의 원수는 그의 흡수력이 너무 강해서 이제 겨우 눈에 들어온다. 그러나 그 위협이 도망치는 것이나 그것에 대한 은유가 없지만 충분히 실제적이며, 어

203) 창2:24 결혼의 연합, 신10:20 왕께 충성, 룻1:14 붙좇음

204) 사41:10, 빌3:8-14

두운 그림자는 그에게 믿음의 견고함을 가져온다. 그는 3절에서 찬양했던 '주의 인자하심'은 하나님의 '헤세드'(확고한 사랑)가 공의로서 강하다는 것을 알고 있다.[205] 신약도 이의를 제기하지 않을 것이다.[206]

칼의 세력에 넘겨져 승냥이의 먹이가 되리이다(10)

이전의 일부 번역본에서는 '여우(foxes)'로 소개되지만 자칼(Jackals)이 여기에 적합하다. 그들은 더 큰 동물에 의해 남겨진 사체를 소비하는 최종 청소부다. 악인은 다시 말하면 사탄에 의해 죽임당한 인류의 찌꺼기를 취하는 자다.

왕은 하나님을 즐거워하리니 주께 맹세한 자마다 자랑할 것이나 거짓말하는 자의 입은 막히리로다(11)

우리는 이미 시편의 상황에 대한 단서로부터(문맥분석) 왕인 다윗의 임기를 알아챘다. 그러나 그것은 분명히 시편에서의 '나'와 동의어 이상의 의미를 지닌다. 이 시편이 압살롬의 손에서 그의 추방으로부터 기록된 것이라면, 왕의 칭호는 하나님의 부르심의 근거가 되며, 이것은 그의 왕위가 실패할 수 없다는 공언과도 같다. 많은 사람들 중의 한 그리스도인에 대한 평행적 위치에서 밧모의 감옥에서 조차 그의 장자 권과 우리의 특권인 자유와 왕권을 위해 하나님을 찬양한 요한의 송영에서 발견할 수 있다.

> 예수 그리스도로 말미암아 은혜와 평강이 너희에게 있기를 원하노라 우리를 사랑하사 그의 피로 우리 죄에서 우리를 해방하시고 – 계1:5f

만일 다윗의 믿음이 그의 왕적 소명 안에서 근거가 충분했다면, 그것은 여전히 우리 모든 그리스도인의 몫이다.

---

205) 시62:12

206) 롬2:4-6

측량을 위한 측량(64:1-10)

제64편 다윗의 시 인도자를 따라 부르는 노래

1 하나님이여 내가 근심하는 소리를 들으시고 원수의 두려움에서 나의 생명을 보존하
소서
2 주는 악을 꾀하는 자들의 음모에서 나를 숨겨 주시고 악을 행하는 자들의 소동에서 나
를 감추어 주소서
3 그들이 칼 같이 자기 혀를 연마하며 화살 같이 독한 말로 겨누고
4 숨은 곳에서 온전한 자를 쏘며 갑자기 쏘고 두려워하지 아니하는도다
5 그들은 악한 목적으로 서로 격려하며 남몰래 올무 놓기를 함께 의논하고 하는 말이 누
가 우리를 보리요 하며
6 그들은 죄악을 꾸미며 이르기를 우리가 묘책을 찾았다 하나니 각 사람의 속 뜻과 마음
이 깊도다
7 그러나 하나님이 그들을 쏘시리니 그들이 갑자기 화살에 상하리로다
8 이러므로 그들이 엎드러지리니 그들의 혀가 그들을 해함이라 그들을 보는 자가 다 머
리를 흔들리로다
9 모든 사람이 두려워하여 하나님의 일을 선포하며 그의 행하심을 깊이 생각하리로다
10 의인은 여호와로 말미암아 즐거워하며 그에게 피하리니 마음이 정직한 자는 다 자랑
하리로다

Hide Me from the Wicked

64 To the choirmaster. A Psalm of David.

1 Hear my voice, O God, in my complaint; preserve my life from dread of the enemy.

2 Hide me from the secret plots of the wicked, from the throng of evildoers,

3 who whet their tongues like swords, who aim bitter words like arrows,

4 shooting from ambush at the blameless, shooting at him suddenly and without fear.
5 They hold fast to their evil purpose; they talk of laying snares secretly, thinking, "Who can see them?"
6 They search out injustice, saying, "We have accomplished a diligent search." For the inward mind and heart of a man are deep.
7 But God shoots his arrow at them; they are wounded suddenly.
8 They are brought to ruin, with their own tongues turned against them; all who see them will wag their heads.
9 Then all mankind fears; they tell what God has brought about and ponder what he has done.
10 Let the righteous one rejoice in the Lord and take refuge in him! Let all the upright in heart exult!

A. 문맥분석

시 63편이 모서리 한 점에 있는 대적과 그리고 하나님께 온통 집중되어 있는 그림이라면, 이 시편은 결과는 같지만 구성은 뒤바뀌어 탄원 시의 형태가 되었다. 사실 사악한 자들을 의도적으로 면밀히 살피시는 치명적인 계략에 대하여, 하나님의 역탐(counter-measure)의 간결함은(본 시편에서는 저자가 모서리 한 점에 놓여 있다.) 그 자신의 결정적인 이야기라는 사실을 말해준다.

- 새 노래 곧 우리 하나님께 올릴 찬송을 내 입에 두셨으니 많은 사람이 보고 두려워하여 여호와를 의지하리로다 – 시40:3
- 너희 의인들아 여호와를 기뻐하며 즐거워할지어다 마음이 정직한 너희들아 다 즐거이 외칠지어다 – 시32:11
- 의인은 보고 기뻐하고 죄 없는 자는 그들을 비웃기를 – 욥22:19
- 악인이 활을 당기고 화살을 시위에 먹임이여 마음이 바른 자를 어두운 데서 쏘려 하는도

다 – 시11:2

■ 그들이 급히 흐르는 물 같이 사라지게 하시며 겨누는 화살이 꺾임 같게 하시며 – 시58:7

B. 주석

1. 교활한 공격(1-6)

이 구절의 모든 내용은 숨어서 싸우는 상대편의 교활하고 배신적인 행위가 강조되는데, 수적으로 우세한 군대는 아니지만 대의명분이 없는 치졸한 전술의 원인자로 선택되고 있다.

하나님이여 내가 근심하는 소리를 들으시고
원수의 두려움에서 나의 생명을 보존하소서(1)

'근심하는' 으로 번역된 '시아흐' (שִׂיחַ)는 어떤 면에서 우리 귀에 불평하는 투의 말이다. 그것은 기본적으로 좋은지[207] 또는 나쁜지[208] 자신의 심리적 상태를 나타낸다. 아마도 여기서는 '심기가 불편한 생각' 이 더 가까울 수 있다. 두 번째 줄에서 두려움은(dread) 마비를 일으키는 공포를 의미하는 반면 또 다른 종류의 두려움(fear)은 진지함이나 건강한 염려 차원의 두려움일 수 있다. Weiser는 마음의 상태로부터의 구출을 위한 첫 번째 요구의 선한 의도를 명료한 생각과 확고한 저항에 종지부를 찍기 위한 것으로 주목한다.

주는 악을 꾀하는 자들의 음모에서 나를 숨겨 주시고
악을 행하는 자들의 소동에서 나를 감추어 주소서(2)

이제 생각은 적의 진영으로 이동한다. 그것의 음모라기보다는 오히려 두 번째 줄에서 말하는 '악을 행하는 자들의 소동' 은 '음모' 로 번역된 악의 주동자의 설계를 수행하는 반란군

207) 시104:34
208) 욥10:1

의 배후세력(Out Circle)이다. 그것('소드' סוֹד)은 시25:14에서는 친구 사이의 '친밀함'을 뜻하는 좋은 의미로 사용된 단어다.

그들이 칼 같이 자기 혀를 연마하며 화살 같이 독한 말로 겨누고(3)

다음으로 그들의(악을 꾀하는 자들의) 무기는 의혹의 씨를 뿌리고 불화를 조장하며 그들 중에 등장하는 음모자들이다.(시6:8의 '행악하는 자여 내게서 떠나라' 각주 참조. 혀로 혼란을 조장함에 있어서는 굳이 마술은 필요 없다!)

불량한 자는 악을 꾀하나니 그 입술에는 맹렬한 불같은 것이 있느니라 – 잠16:27

숨은 곳에서 온전한 자를 쏘며 갑자기 쏘고 두려워하지 아니하는도다(4)

이제 그들의 방식은 정직한 반대자가 될 여유가 없다.('진리를 나타냄으로' -고후4:2. '나는 그를 대면하여 책망하였노라' -갈2:11) 이 거짓과 비난의 전쟁이란 맥락에서 매복은 무고한 사람을 준비된 '틀'에 넣은 상황이거나 거리낌 없이 소문이 시작될 수 있는 익명성의 도피처가 될 것이다.

그들은 죄악을 꾸미며 이르기를 우리가 묘책을 찾았다 하나니
각 사람의 속뜻과 마음이 깊도다(5)

최종적으로, 그들의 생각. 그것은 5절에서 시작되는 열린 질문으로서 '용기를 내라'고 그들이 '스스로 격려하는 것이든지'(AV, RV; JB 참조) 또는 '재빨리 붙잡았든지'(RSV) 그 여부에 대한 것이다.

그러나 후자는 약간 더 직접적인 표현으로 보인다. 그들의 기쁨은 무엇을 행하는지 트랙을 완벽하게 덮어버린 것에 있다. 그 동시에 시편의 움직임은 인간 본성에 대한 6b의 지적된 심연을 위해 일시 중지된다. 그것은 독자들에게 속임수(그리고 자기기만)에 대한 경고로서 그것이 상대방을 훨씬 더 유리하게 할 수 있다는 것을 경고하는 발언이다

2. 모범적인 처벌(7-10)

그러나 하나님이 그들을 쏘시리니 그들이 갑자기 화살에 상하리로다(7)

모든 것이 심판의 신속함과 적절함을 말한다. 그것은 절망적인 길고도 힘든 계획과는 달리 한 절과 반(7, 8a)에 걸쳐서 끝나고 있는데, 음모자들은 그들 자신의 무기인 화살(3,7)과 갑작스런 공격과(4, 7) 그들 자신의 날카로운 혀(3, 8)에 의해 처벌된다.

그들을 보는 자가 다 머리를 흔들리로다(8b)
모든 사람이 두려워하여 하나님의 일을 선포하며 그의 행하심을 깊이 생각하리로다(9)

이 구절의 주제는 사26:9절에 요약되어 있다.

> 밤에 내 영혼이 주를 사모하였사온즉 내 중심이 주를 간절히 구하오리니 이는 주께서 땅에서 심판하시는 때에 세계의 거민이 의를 배움이니이다 – 사26:9

구약에서 '머리를 흔들다'는 것은 비웃음을 의미하거나[209] 또는 탄식을 말한다.[210] 이것들 중 하나가 여기에 있을 수 있으며 일어난 일에 대한 징벌 받은 반응을 보이는 9절에 비추어 볼 때 아마 두 번째의 경우일 가능성이 크다.

의인은 여호와로 말미암아 즐거워하며 그에게 피하리니
마음이 정직한 자는 다 자랑하리로다(10)

그러므로 공포로부터 보호 받기 위한 1절의 기도는 응답된 것 이상이다. 심판은 여전히 미래이지만 기쁨은 이미 표출될 수 있다. 그것은 최악의 상황에 직면한 채 압도적인 기쁨을 선사하고 있다.

---

209) 렘48:27
210) 렘31:18

매우 인자하신 하나님(65:1-13)

제65편 다윗의 시 인도자를 따라 부르는 노래

1 하나님이여 찬송이 시온에서 주를 기다리오며 사람이 서원을 주께 이행하리이다

2 기도를 들으시는 주여 모든 육체가 주께 나아오리이다

3 죄악이 나를 이겼사오니 우리의 허물을 주께서 사하시리이다

4 주께서 택하시고 가까이 오게 하사 주의 뜰에 살게 하신 사람은 복이 있나이다 우리가
주의 집 곧 주의 성전의 아름다움으로 만족하리이다

5 우리 구원의 하나님이시여 땅의 모든 끝과 먼 바다에 있는 자가 의지할 주께서 의를 따
라 엄위하신 일로 우리에게 응답하시리이다

6 주는 주의 힘으로 산을 세우시며 권능으로 띠를 띠시며

7 바다의 설렘과 물결의 흔들림과 만민의 소요까지 진정하시나이다

8 땅 끝에 사는 자가 주의 징조를 두려워하나이다 주께서 아침 되는 것과 저녁 되는 것을
즐거워하게 하시며

9 땅을 돌보사 물을 대어 심히 윤택하게 하시며 하나님의 강에 물이 가득하게 하시고 이
같이 땅을 예비하신 후에 그들에게 곡식을 주시나이다

10 주께서 밭고랑에 물을 넉넉히 대사 그 이랑을 평평하게 하시며 또 단비로 부드럽게 하
시고 그 싹에 복을 주시나이다

11 주의 은택으로 한 해를 관 씌우시니 주의 길에는 기름 방울이 떨어지며

12 들의 초장에도 떨어지니 작은 산들이 기쁨으로 띠를 띠었나이다

13 초장은 양 떼로 옷 입었고 골짜기는 곡식으로 덮였으매 그들이 다 즐거이 외치고 또
노래하나이다

O God of Our Salvation

65 To the choirmaster. A Psalm of David. A Song.

1 Praise is due to you, O God, in Zion, and to you shall vows be performed.

2 O you who hear prayer, to you shall all flesh come.

3 When iniquities prevail against me, you atone for our transgressions.

4 Blessed is the one you choose and bring near, to dwell in your courts! We shall be satisfied
with the goodness of your house, the holiness of your temple!

5 By awesome deeds you answer us with righteousness, O God of our salvation, the hope
of all the ends of the earth and of the farthest seas;

6 the one who by his strength established the mountains, being girded with might;

7 who stills the roaring of the seas, the roaring of their waves, the tumult of the peoples,

8 so that those who dwell at the ends of the earth are in awe at your signs. You make
the going out of the morning and the evening to shout for joy.

9 You visit the earth and water it; you greatly enrich it; the river of God is full of water;
you provide their grain, for so you have prepared it.

10 You water its furrows abundantly, settling its ridges, softening it with showers, and
blessing its growth.

11 You crown the year with your bounty; your wagon tracks overflow with abundance.

12 The pastures of the wilderness overflow, the hills gird themselves with joy,

13 the meadows clothe themselves with flocks, the valleys deck themselves with grain,
they shout and sing together for joy.

A. 문맥분석

이 시편의 절정은 억제할 수 없을 만큼 신선하고 비옥하게 묘사되는 시의 연에서 모든 추수의 노래들을 부끄럽고 부자연스러운 것으로 만들어 버린다. 여기서 우리는 흩뿌려지는 소나기를 느끼며, 그리고 싹트고 자라는 봄을 감지한다. 그러나 이 노래 전체는 그의 성전 뜰 안에서 하나님의 말씀(1-4)이거나, 또는 그의 광대한 통치 영역(5-8)이거나 또는 그가 세상을 등지고 지나다니는 '산과 골짜기' 사이에서(9-13)와 같은 명료함을 가진다.(WBC에서는 비와 한 해의 풍요를 기원하는 것으로 읽고 있다. 즉 '비와 풍년'이 '축복과 용서'의 개념으로 은유된다.) 그것의 시기는 다양하게 정의될 수 있다. 이를테면 풍요로운 한 해를 내다보는 일종의 가을 축제나 그것의 축복을 구하는 예배의식 또는, 푸르른 목초지에 대한 관점에서 그것은 유월절에서 첫 열매로 드려지는 제사로서 축제이거나, 심한 기근 후에 국가적 재난에서 벗어났을 때(시작 기도에서 '허물의 용서를 구하는' 말이 암시하듯)의 감사일 수도 있다. 그것은 또한 첫 번째 축제 행사이든 정기적인 행사이든지 간에, 구속 주와 창조주 및 공급자로서의 하나님을 기쁘게 받아들이는 것에서 단지 추수감사 축제를 위한 것이 아니라 풍성하고 다양한 측면에 걸친 찬양의 행위가 되도록 한다.

- 열방이 충돌하기를 많은 물이 몰려옴과 같이 하나 주께서 그들을 꾸짖으시리니 그들이 멀리 도망함이 산에서 겨가 바람 앞에 흩어짐 같겠고 폭풍 앞에 떠도는 티끌 같을 것이라 – 사17:13
- 너희는 기쁨으로 나아가며 평안히 인도함을 받을 것이요 산들과 언덕들이 너희 앞에서 노래를 발하고 들의 모든 나무가 손뼉을 칠 것이며 – 사55:12
- 그것이 구름에서 내려 많은 사람에게 쏟아지느니라 – 욥36:28
- 우리 구원의 하나님이여 주의 이름의 영광스러운 행사를 위하여 우리를 도우시며 주의 이름을 증거하기 위하여 우리를 건지시며 우리 죄를 사하소서 – 시79:9
- 주여 주께서 지으신 모든 민족이 와서 주의 앞에 경배하며 주의 이름에 영광을 돌리리이다 – 시86:9

B. 주석적 접근

1. 은혜의 하나님(1-4)

이 시작은 하나님의 용서의 갱신과 그들의 기도에 대한 응답을 축하하기 위해 성전에 모인 예배 자들을 암시하고 있다. 아마도 이 시의 목적을 판단하건데 하나님의 불쾌하심은 가뭄과 결핍이라는 현실로 나타났을 것이다. 그러나 그들의 첫 번째 환희는 그들이 하나님과 화해되고 그분의 집에서 환영받는다는 것이다.

하나님이여 찬송이 시온에서 주를 기다리오며 사람이 서원을 주께 이행하리이다(1)

'찬양은 주로 말미암으니'(찬송이 주를 기다리오니) 라는 NEB, JB의 번역은 LXX, Vulg. 그리고 Syr(시리아 사본)을 따른 것으로 그것은 충분히 적절하다. 시147:1에서도 비슷한 생각이 있다. 그러나 그것은 모음 변경을 수반하며, 설령 그렇다고 해도 결국 동사는 쉽게 이 의미를 가지지 못한다. 그러므로 우리는 친숙한 버전인 '찬양이 당신을 기다린다'(AV, RV)와 같이 텍스트를 그대로 두어야 한다. 이것은 문자적으로 '찬양은 당신을 향한 침묵이다.' 또는 '침묵은 곧 찬양(델리취)'이라는 의미다. '쉬운 성경' 시62:1과 비교하라.(잠잠히 바라나이다.) 다시 말하면, 하나님 존전에서 침묵하는 것은 하나님의 임재에 대한 경외심과 하나님의 뜻에 복종하는 것으로 경배의 높이를 표현하기 위해 사용된다.

'조용히 기다림'을 나타내는 히브리 명사 '두미야(דֻּמִי)'는 시22:2와 39:2, 62:1에서는 신뢰에 대한 침묵의 의미로 '잠잠히'로 번역되었으며 여기서는 주께 찬양을 위해 조용히 기다리는 의미로 사용되고 있다.

기도를 들으시는 주여 모든 육체가 주께 나아오리이다(2)
죄악이 나를 이겼사오니 우리의 허물을 주께서 사하시리이다(3)

죄의 용서라는 이 문맥에서 맹세(1)와 응답된 기도에 대한 언급은 이것이 하나님의 호의적 은혜가 회복된 것을 축하하는 시편임을 암시한다. 그러나 히브리어 본문의 3a에서 갑작스런 것이 있다. '죄악이 나를 이겼사오니 우리의 허물을~' 에서 문자적으로 '죄악의 말(또는 일들)이 나를 이겼사오니'라고 읽는 부분이다. 죄악으로 번역된 이 단어는 히브리어 본문에서 דִּבְרֵעוֹה (다바르·아온)으로 복수연계형 명사 형태를 취하지만 번역에서 '다바르'(말, 사건, 일)는 생략되었다.

이것은 시작 문구를 부사적으로 해석하여 이전 구절의 일부가 되도록 끼워 넣음으로서 매끄럽게 할 수 있다. 이를테면, 호14:1처럼 2절의 동사 come(나아오다)의 작은 변화를 통해 불의를 가지고 (돌아)오는 사역동사로 만드는 것이다.

> 이스라엘아 네 하나님 여호와께로 돌아오라 네가 불의함으로 말미암아 엎드러졌느니라 -호14:1

NEB는 여기서 '모든 사람이 하나님 앞에서 그들의 죄가 드러난다'고 말한다. 어느 쪽이든 그것은 죄가 가득한 곳에서 은혜가 더욱 풍성함으로 더 많은 것을 채우는 놀라운 은혜의 선언으로 인도한다. 처리하기에 너무 큰 범죄에 대한 자백은 '도무지 지불할 방법이 없다.'(저마다 지은 죄 감당하기 어려울 때에-새 번역)와 같은 비유적인 어구를 관행처럼 만들어 내는 것이다.

주께서 택하시고 가까이 오게 하사 주의 뜰에 살게 하신 사람은 복이 있나이다
우리가 주의 집 곧 주의 성전의 아름다움으로 만족하리이다(4)

용서가 사람으로 성전의 문턱을 넘도록 해준다면, 하나님의 뜰과 그의 성찬은 그 문턱의 시점을 지나 탐험해야 할 부분이 얼마나 많은지를 분명하게 한다. 선택된 사람에게만 제한된 하나님의 집(4a)은 자신의 집으로 헤아릴 수 있도록 유산을 부여함으로써 하나님께서는 그러한 환영의 순수한 은혜를 강조하신다. 그것은 놀라운 영광으로서 존재하고 있으며 모든 믿는 자들은 그 영광 안으로 초청되어진다.

> 그러므로 형제들아 우리가 예수의 피를 힘입어 성소에 들어갈 담력을 얻었나니 그 길은 우리를 위하여 휘장 가운데로 열어 놓으신 새로운 살 길이요 휘장은 곧 그의 육체니라. 또 하나님의 집 다스리는 큰 제사장이 계시매 우리가 마음에 뿌림을 받아 악한 양심으로부터 벗어나고 몸은 맑은 물로 씻음을 받았으니 참 마음과 온전한 믿음으로 하나님께 나아가자. 또 약속하신 이는 미쁘시니 우리가 믿는 도리의 소망을 움직이지 말며 굳게 잡고 서로 돌아보아 사랑과 선행을 격려하며 모이기를 폐하는 어떤 사람들의 습관과 같이 하지 말고 오직 권하여 그 날이 가까움을 볼수록 더욱 그리하자" -히10:19-25

또한 희생 제물은 속죄와 예배를 만들고(거룩4b), 제사장을 부양하며 어떤 경우에는 제사를 드리는 자들과 함께 나누었다.[211] 그 십일조 중 일부는 제공한 자와 가난한 이웃을 위한 연회를 위해 분배하도록 지정되었다.[212] '교회 쥐처럼 가난하다'는 (멸시적) 표현은 결코 그 경내에서 발생하지 않았을 것이다. 3절은 롬5:1과, 4절은 롬5:2 및 고후9:8과 연관된다.

> 또한 그로 말미암아 우리가 믿음으로 서 있는 이 은혜에 들어감을 얻었으며 하나님의 영광을 바라고 즐거워하느니라 – 롬5:2
>
> 하나님이 능히 모든 은혜를 너희에게 넘치게 하시나니 이는 너희로 모든 일에 항상 모든 것이 넉넉하여 모든 착한 일을 넘치게 하게 하려 하심이라 –고후9:8

2. 권능의 하나님(5-8)

자연과 인간의 주재자로서의 강조되는 하나님은, 그들의 처소에서 불법을 바로잡으시는 권능자로서 굉장히 환영받는다.

우리 구원의 하나님이시여 땅의 모든 끝과 먼 바다에 있는 자가 의지할 주께서 의를 따라 엄위하신 일로 우리에게 응답하시리이다(5)

구원은 더욱 엄격히 말하자면 '정의'다. 명백하게도, 하나님의 의는 역동적이며, 잘못되거나 무질서한 것을 바르게 하여 구출을 가져온다. 그러나 그 동기는 도덕적이며, 그것의 결과(목적)와 수단은 정당하다. 이 용어의(구원) 다른 뉘앙스와 그 동질적인 표현에 대해서는 시24:5 참조하라.

엄위('야레' ירא) 시45:4, 47:2-3, 66:3, 76:3-9, 신4:34, 10:21, 사37:36

거기에는 이곳에서 전개되는 비전의 너비(풍부함)가 있다. 우리와 우리들이 가진 그러나 교만하지 않는(결코 교만할 수 없는) 개인적인 경험의 다양한 고리들이다.

---

211) 레7:7-16

212) 신14:22-29

나를 껴안는 사랑의 팔
모든 인류를 포괄하실까?
예수! 모든 것 위에 뛰어나신 이름
– 챨스 웨슬리

희망이란 단어는 보다 정확하게 '신뢰' 또는 '확신'이지만 모든 사람이 가지는 것은 아니며, 모두가 그것을 찾는 것도 아니다. 그러나 모든 사람은 그렇게 해야만 한다는 것을 암시한다. 거기에는 우리를 위한 다른 여지는 없다. 궁극적인 함의는 시47:8을 보라.

하나님이 뭇 백성을 다스리시며 하나님이 그의 거룩한 보좌에 앉으셨도다 – 시47:8

주는 주의 힘으로 산을 세우시며 권능으로 띠를 띠시며(6)
바다의 설렘과 물결의 흔들림과 만민의 소요까지 진정하시나이다(7)

산들은 모든 면에서 매우 안전한 은신처로 나타나지만, 바다는 거친 위협이다. 시인은 그것들이 창조주로부터 떨어져 있는 실제 생각보다 신뢰나 위협의 대상으로서 더 멀리 떨어져 있다고 인식한다.[213] 그래서 인류의 바다도 그 주인에게 종속되어 있다.(7b)

슬프다 많은 민족이 소동하였으되 바다 파도가 치는 소리 같이 그들이 소동하였고 열방이 충돌하였으되 큰 물이 몰려옴 같이 그들도 충돌하였도다.
열방이 충돌하기를 많은 물이 몰려옴과 같이 하나 주께서 그들을 꾸짖으시리니 그들이 멀리 도망함이 산에서 겨가 바람 앞에 흩어짐 같겠고 폭풍 앞에 떠도는 티끌 같을 것이라
보라 저녁에 두려움을 당하고 아침이 오기 전에 그들이 없어졌나니 이는 우리를 노략한 자들의 몫이요 우리를 강탈한 자들의 보응이니라 – 사17:12-14

이것은 막4:35ff의 기적이 만들어지는 하나의 유추임과 동시에 행하여진 것에 대한 비유다.

땅 끝에 사는 자가 주의 징조를 두려워하나이다.

213) 시46:2, 104:5-9, 121:1f

주께서 아침 되는 것과 저녁 되는 것을 즐거워하게 하시며(8)

'땅 끝'이라는 어구는 단순히 문자적으로 '가장 먼 범위'와 같다. 그러나 그 결과는 일종의 수수께끼 같은 표현이며, 동쪽과 서쪽에 대한 시적 표현을 빌려 사용한다.(아침 해가 '여행 나가서 일몰의 장소에 다다른' 것처럼 묘사) 그렇다면 묘사된 장면은 결국 낮과 밤의 영광일[214] 수도 있고, 동쪽에서 서쪽까지 확장된 지구 전체가 창조주를 찬양하는 것일 수도 있다.

3. 풍성하신 하나님(9-13)

비옥한 지구에 대한 설명으로 이것을 능가하는 묘사란 거의 어려울 것이다.
매 순간마다 내리시는 적절한 사랑과 환상적인 언덕과 최고의 것으로 옷 입은 초장이 함께 즐거워하는 것으로 시적 자유가 정점으로 치닫고 있다.

땅을 돌보사 물을 대어 심히 윤택하게 하시며 하나님의 강에 물이 가득하게 하시고
이같이 땅을 예비하신 후에 그들에게 곡식을 주시나이다(9)
주께서 밭고랑에 물을 넉넉히 대사 그 이랑을 평평하게 하시며
또 단비로 부드럽게 하시고 그 싹에 복을 주시나이다(10)

'**땅을 돌보사**'로 번역된 단어 '**파카드**'(פקד)는 하나님께서 언제나 현존하시고 활동하시는 하나님이시지만, 그럼에도 축복이나 심판의 임함에 있어서는 그의 정하신 때가 있음을 특징으로 하는 성서적 사고로 표현한다.[215]
'물을 넉넉히 대사'에 대한 단어 '**라와**'(רוה)는 dost give it abundance (주께서 풍족하게 주시다)로 더 잘 표현된다.(NEB)

> 마당에는 밀이 가득하고 독에는 새 포도주와 기름이 넘치리로다 – 욜2:24

9절의 끝은 '**예비하시고**' '**공급하시다**'는 동일한 단어를 반복하여 사용하심으로써 하나님의 사역의 안정감에 주안점을 두고 있다.(그리고 단어에서 같은 어근을 반복하는 경우에는 '확

---

214) 시19:1f 욥38:7, 19f
215) 창50:24f, 출32:34, 눅1:68

실하게'를 의미한다.) 마지막 단어 '그것'(it)은 처음의 두 줄, 즉 땅의 '그것'(it)이다.
10절은 더 정확하게, 그리고 명백하게 하나님께서 작물을 먹게 하시기까지 어떻게 만들고 준비하셨는지를 보여준다.

주의 은택으로 한 해를 관 씌우시니 주의 길에는 기름방울이 떨어지며(11)
엄밀히 말하면, 첫 번째 줄의 '하나님의 은택으로 풍성한 한 해'는 '포상금의 해'에 대해 말하고 있는데, 그 과정 전체가 하나님의 선물이며, 봄과 여름에는 더할 나위없는 손길이 더해진다. 전차(wagon)는 오히려 농장의 마차가 되어야 한다. 이 줄은 문자적으로 '하나님의 수레바퀴가 비만함'이며, 그 내용물을 그 길에 흘리는 '풍요한 짐으로 가득한 수레'를 묘사하고 있다. 하나님께서 지나가시면서 내려주시는 늦은 비의 시적 묘사는, 그들로 깨워 풍성함을 가져다준다.

들의 초장에도 떨어지니 작은 산들이 기쁨으로 띠를 띠었나이다(12)
초장은 양 떼로 옷 입었고 골짜기는 곡식으로 덮였으매
그들이 다 즐거이 외치고 또 노래하나이다(13)
황무지는 일반적으로 생기가 없고 풀이 부분적으로 덮인 장소로 언급된다.
아마 언덕(작은 산)도 이와 마찬가지다.(시72:16의 역설 참조) 그러나 이것들조차도 비가 내린 후에는 급속히 잔디와 꽃이 있는 양면성을 드러낸다. 초장과 계곡에는 더 부유한 옷(풀)이 있다. 그래서 전체 풍경은 노래와 축제가 있는 최상의 상태로 전환되어 진다. 이 즐거움은 계절적이며 지역적인 장면이다. 그러나 이것은 하나님의 마지막 재림에 대해 슬쩍 언급하는 다른 시편[216](시96,98)과 크게 다르지 않으며, 이 모든 피조물로부터의 환영을 받고 있다.

216) 시96, 98

모두, 많은, 한 사람의 하나님(66:1-20)

제66편 시, 인도자를 따라 부르는 노래

1 온 땅이여 하나님께 즐거운 소리를 낼지어다
2 그의 이름의 영광을 찬양하고 영화롭게 찬송할지어다
3 하나님께 아뢰기를 주의 일이 어찌 그리 엄위하신지요 주의 큰 권능으로 말미암아 주
의 원수가 주께 복종할 것이며
4 온 땅이 주께 경배하고 주를 노래하며 주의 이름을 노래하리이다 할지어다 (셀라)
5 와서 하나님께서 행하신 것을 보라 사람의 아들들에게 행하심이 엄위하시도다
6 하나님이 바다를 변하여 육지가 되게 하셨으므로 무리가 걸어서 강을 건너고 우리가
거기서 주로 말미암아 기뻐하였도다
7 그가 그의 능력으로 영원히 다스리시며 그의 눈으로 나라들을 살피시나니 거역하는
자들은 교만하지 말지어다 (셀라)
8 만민들아 우리 하나님을 송축하며 그의 찬양 소리를 들리게 할지어다
9 그는 우리 영혼을 살려 두시고 우리의 실족함을 허락하지 아니하시는 주시로다
10 하나님이여 주께서 우리를 시험하시되 우리를 단련하시기를 은을 단련함 같이 하셨
으며
11 우리를 끌어 그물에 걸리게 하시며 어려운 짐을 우리 허리에 매어 두셨으며
12 사람들이 우리 머리를 타고 가게 하셨나이다 우리가 불과 물을 통과하였더니 주께서
우리를 끌어내사 풍부한 곳에 들이셨나이다
13 내가 번제물을 가지고 주의 집에 들어가서 나의 서원을 주께 갚으리니
14 이는 내 입술이 낸 것이요 내 환난 때에 내 입이 말한 것이니이다
15 내가 숫양의 향기와 함께 살진 것으로 주께 번제를 드리며 수소와 염소를 드리리이다
(셀라)
16 하나님을 두려워하는 너희들아 다 와서 들으라 하나님이 나의 영혼을 위하여 행하신

일을 내가 선포하리로다
17 내가 나의 입으로 그에게 부르짖으며 나의 혀로 높이 찬송하였도다
18 내가 나의 마음에 죄악을 품었더라면 주께서 듣지 아니하시리라
19 그러나 하나님이 실로 들으셨음이여 내 기도 소리에 귀를 기울이셨도다
20 하나님을 찬송하리로다 그가 내 기도를 물리치지 아니하시고 그의 인자하심을 내게
서 거두지도 아니하셨도다

How Awesome Are Your Deeds

66 To the choirmaster. A Song. A Psalm.

1 Shout for joy to God, all the earth;
2 sing the glory of his name; give to him glorious praise!
3 Say to God, "How awesome are your deeds! So great is your power that your enemies
come cringing to you.
4 All the earth worships you and sings praises to you; they sing praises to your name."
Selah
5 Come and see what God has done: he is awesome in his deeds toward the children of
man.
6 He turned the sea into dry land; they passed through the river on foot. There did we
rejoice in him,
7 who rules by his might forever, whose eyes keep watch on the nations- let not the rebellious
exalt themselves. Selah
8 Bless our God, O peoples; let the sound of his praise be heard,
9 who has kept our soul among the living and has not let our feet slip.
10 For you, O God, have tested us; you have tried us as silver is tried.
11 You brought us into the net; you laid a crushing burden on our backs;
12 you let men ride over our heads; we went through fire and through water; yet you
have brought us out to a place of abundance.

13 I will come into your house with burnt offerings; I will perform my vows to you,
14 that which my lips uttered and my mouth promised when I was in trouble.
15 I will offer to you burnt offerings of fattened animals, with the smoke of the sacrifice
of rams; I will make an offering of bulls and goats. Selah
16 Come and hear, all you who fear God, and I will tell what he has done for my soul.
17 I cried to him with my mouth, and high praise was on my tongue.
18 If I had cherished iniquity in my heart, the Lord would not have listened.
19 But truly God has listened; he has attended to the voice of my prayer.
20 Blessed be God, because he has not rejected my prayer or removed his steadfast love
from me!

A. 문맥분석

이것은 공동 찬양에서 뚜렷하게 드러나는 감사 절기의 시편으로, 이스라엘이 구속을 기념하기 위해 한 개인의 감사와 각양의 제물을 가져다주는 온 땅이(1,4) 소환되고(와서 보라. 5) 그리고 하나님을 경외하는 자들은(와서 들으라. 16) 그들의 함축된 이야기를 듣도록 소환된다. 우리는 공예배의 장면을 묘사할 수 있는데 아마도 유월절이나 승리를 기념하는 이 예식에서 공동체의 찬양은 제단 앞에 선물을 들고 서 있는 단 하나의 숭배자의 목소리에 귀착되며, 세상과 민족뿐만 아니라 개인적인 것에 이르기까지 하나님의 보살핌을 받는 것에 대하여 말하고 있다. '나는 그가 나를 위해 행하신 일들을 말할 것이다'(16).

- 모세가 바다 위로 손을 내밀매 여호와께서 큰 동풍이 밤새도록 바닷물을 물러가게 하시니 물이 갈라져 바다가 마른 땅이 된지라 – 출14:21
- 내가 환난 중에서 여호와께 아뢰며 나의 하나님께 부르짖었더니 그가 그의 성전에서 내 소리를 들으심이여 그의 앞에서 나의 부르짖음이 그의 귀에 들렸도다 – 시18:6
- 온 땅이여 여호와께 즐거이 소리칠지어다 소리 내어 즐겁게 노래하며 찬송할지어다 – 시98:4
- 네가 물 가운데로 지날 때에 내가 너와 함께 할 것이라 강을 건널 때에 물이 너를 침몰하

지 못할 것이며 네가 불 가운데로 지날 때에 타지도 아니할 것이요 불꽃이 너를 사르지도 못하리니 – 사43:2

- 곧 위에서부터 흘러내리던 물이 그쳐서 사르단에 가까운 매우 멀리 있는 아담 성읍 변두리에 일어나 한 곳에 쌓이고 아라바의 바다 염해로 향하여 흘러가는 물은 온전히 끊어지매 백성이 여리고 앞으로 바로 건널새 – 수3:16

B. 주석적 접근

1. 세상의 경의(1-4)

하나님의 보편적인 지배는 인정되어야만 하고 인정될 것이라는 점에서 본 시편은 이것의 양면에 있는 시편들보다 시편 기자에게 있어서 예외적인 주제가 아니며, 우리도 더 이상 바라볼 필요는 없다.

온 땅이여 하나님께 즐거운 소리를 낼지어다(1)

이 구절은 하나님을 위한 용어와 별도로 **'유빌라테'**(기뻐하라, 환호하라 시100편)의 서곡과 동일하다. 그런 맥락에서 즐거운 소리는 삼상10:24처럼 경건한 외침이다. 모든 백성은 왕을 칭송하기 위해 소리쳤다.

그의 이름의 영광을 찬양하고 영화롭게 찬송할지어다(2)

이 구절은 거의 말하지 않는 것처럼 보일지도 모르나 예배에서 노래하는 첫 번째 원리가 깔려있는데, 그 주요 내용과(2a, 하나님의 이름의 영광) 관심사가 무엇인지를 말한다.(2b, 질적인 가치, AV,RV는 NEB와 유사하게 '그의 영광을 찬양하도록') **'그의 이름의 영광'**은 '영과 진리'일 것이다. 시편 자체는 이 성격을 가진 예배의 웅장함과 활력을 보여준다. 결코 사소하지 않고 결코 과장되지도 않는다.

하나님께 아뢰기를 주의 일이 어찌 그리 엄위하신지요

주의 큰 권능으로 말미암아 주의 원수가 주께 복종할 것이며(3)

성경은 전형적으로 구원의 가혹한 현실에 대하여 과도한 해석을 하지 않는다. 심판은 언제나 구원의 재료일 뿐 하나님의 흔들릴 수 없는 결정이다. 여기서 '**복종**'으로 번역된 히브리어 '카하쉬'(כחש)는 니팔형에서 '속이다' '굽실거리다'는 뜻으로 복종을 가장한 굴종을 의미한다.[217]

네 대적이 네게 복종하리니 – 신33:29

온 땅이 주께 경배하고 주를 노래하며 주의 이름을 노래하리이다 할지어다(4)

시제는 현재의 느낌을 가능하게 하지만 AV, RV에서와 같이 미래를 선호한다. 미래는 실제적으로 공의가 더욱 수행된다. 그것은 아직 구체화되지 않은 약속이다.

2. 나라의 이야기(5-7)

와서 하나님께서 행하신 것을 보라 사람의 아들들에게 행하심이 엄위하시도다(5)
하나님이 바다를 변하여 육지가 되게 하셨으므로 무리가 걸어서 강을 건너고
우리가 거기서 주로 말미암아 기뻐하였도다(6)
그가 그의 능력으로 영원히 다스리시며 그의 눈으로 나라들을 살피시나니
거역하는 자들은 교만하지 말지어다(7)

여기가 방금 말한 마지막 희망의 근거다. 홍해와 요단을 도하한 것은(6) 결정적으로 하나님의 능력을 입증했으며, 그의 능력은 자기 백성을 구원하고 반역하는 자를 심판할 것이다.(7) 동일한 징표로 하나님의 능력은 세상을 축복하기 위해 이스라엘을 부르셨고 여전히 선(善)을 붙들고 계심을 보여준다.(8)

그러므로 출애굽은 구약(또는 신약)에서 끝나버린 사문서(死文書)가 아니다. 그것은 영원토록 울림이 되는 과거의 사건으로(7) 십자가와 부활의 모형으로서 모든 하나님의 구원의 행위에서 재현된다.

217) 시18:44

3. 국가적 시련(8-12)

만민들아 우리 하나님을 송축하며 그의 찬양 소리를 들리게 할지어다(8)

위에서 지적한 바와 같이, 8절은 아브람에게 약속되어진 것을 그들이 해야만 했던 것처럼 이스라엘의 운명이 세상을 포용한다는 확신을 나타낸다. 이것은 다음 시편에서 좀 더 명백하게 표현될 것이다.

그는 우리 영혼을 살려 두시고 우리의 실족함을 허락하지 아니하시는 주시로다(9)

지금 언급된 시련은 아마도 출애굽의 것이 아니라 더 최근의 어떤 것이다.

모든 사건에서 '하나님의 손'을 직시하는 성경적 습관은(thou~ thou~ 9-12) 고난을 구원과 같은 의미심장한 것으로 만든다.

하나님이여주께서우리를시험하시되우리를단련하시기를은을단련함같이하셨으며(10)

왜냐하면 그것은 세밀하게 탐색하는(시험하시되. 10) 유익한 훈련(치러진, 또는 NEB의 '정화된')인 까닭이다. 이 경험의 한 가지 효과는 우리의 삶과 안전의 누림은 우리의 옳음이 아니라 선물에 의한 것이란 자백에서 이미 볼 수 있는 것이다.(9) -신약에서 약4:15을 반복해야 하는 하나님의 뜻에 대한 올바른 교훈. "너희가 도리어 말하기를 주의 뜻이면 우리가 살기도 하고 이것이나 저것을 하리라 할 것이거늘"(너희가 도리어 주의 뜻이면 우리가 살기도 하고 이것이나 저것을 하리라고 말해야 할 것이거늘 이제도 너희가 허탄한 자랑을 하니 그러한 자랑은 다 악한 것이라 그러므로 사람이 선을 행할 줄 알고도 행하지 아니하면 죄니라)

신자가 하나님의 뜻에 순종하기보다 자신의 뜻을 따라 사는 것은(약4:13) 옳은 믿음이 아니다.

우리를 끌어 그물에 걸리게 하시며 어려운 짐을 우리 허리에 매어 두셨으며(11)
사람들이 우리 머리를 타고 가게 하셨나이다. 우리가 불과 물을 통과하였더니
주께서 우리를 끌어 내사 풍부한 곳에 들이셨나이다(12)

시련을 상징하는 홍수는 고통으로 번역된 단어로 다른 곳에서는 알려지지 않으며 그 의미도 불확실하다. 그러나 그것은 '짓누르다'는 어근으로부터 파생되었을 것이며 '핍박'의 은유로서 친숙한 현대적 표현이다. 불과 물의 묘사를 사용함에 있어서 사43:2은 시련 가운데에서 하나님의 임재와 그로부터의 구출에 대한 약속으로서 시편보다 한 발 더 나아가고 있다.

> 네가 물 가운데로 지날 때에 내가 너와 함께 할 것이라 강을 건널 때에 물이 너를 침몰하지 못할 것이며 네가 불 가운데로 지날 때에 타지도 아니할 것이요 불꽃이 너를 사르지도 못하리니 – 사43:2

'풍부한 곳'('레와야' רְוָיָה)은(12) 문자적으로 '포화' 또는 '흘러넘침'이라는 의미로서 시23:5(AV)에서 '넘치나이다'로 번역된 단어다. 이것이 진정한 본문이라면 시23편이 말하는 것은 불분명한 것이 아니라 분명하게도 하나님의 구원이 풍성하다는 것을 말한다. 그러나 고대 버전은 고통의 일시적인 '유예'('레와하' רְוָחָה)로 읽혀지는데, 이는 올바른 읽기일 수 있다.

4. 한 사람의 빚(13-15)

내가 번제물을 가지고 주의 집에 들어가서 나의 서원을 주께 갚으리니(13)

이것은 한 사람의 예배 자가 국가적인 감사를(국가를 대표하여) 드리는 낯선 절정이다. 그것은 그의 위대한 교회 안에서 그에게 중요한 소수와 작은 자를 위하여 여지를 남겨둠으로써, 큰 회중 가운데서 자신을 찾는 하나님의 길의 역설과 서로 다르지 않는 이상함이다. 서원을 갚는 것(응답받은 기도에 대하여)은 그 차이점과 함께 시22:22-26을 참조하라. 그러나 현 시편에서 제물은 전적으로 하나님께 바쳐지는 것이지, 예배 자와 그의 친구들이 그 안에서 어떤 몫을 공유할 수 있도록 하는 것은 아니다.

이는 내 입술이 낸 것이요 내 환난 때에 내 입이 말한 것이니이다(14)
내가 숫양의 향기와 함께 살진 것으로 주께 번제를 드리며 수소와 염소를 드리리이다(15)

축제의 배경이 되는 일상의 감사는 연합의 기쁨을 더 강조하는데, 여기서 번제는 완전한 헌신에 대해 말하는 것이다. 이것은 현재 해제된 위협의 중압감과 비례하여 제물을 드리는 자의 채무의 깊이를 반영하는 것처럼 열광적인 감사보다는 오히려 재촉하는 분위기를 암시한다. 이들 구절 안에서 강조되는 선물의 요점은, 짐승의 재물로서 결단코 의를 일으키지 못할 것을 시적인 방식으로 말하는 것이다.

5. 한 사람의 이야기(16-20)

하나님을 두려워하는 너희들아 다 와서 들으라
하나님이 나의 영혼을 위하여 행하신 일을 내가 선포하리로다(16)

'**경건한 자들은 와서 들으라**'는 이 사람의 말은 이스라엘에게 '**와서 보라**'(5)는 것과 일치하며 모든 세상에게 말씀하시는 것이다. 교회는 하나님의 사역을 목격한 증인들로서, 사람들을 그의 왕국(5-7)으로 부른다. 반면 개인의 차원에서 계속적이고 친밀한 보살핌이 간증을 더하게 된다. 구원은 과거와 현재에 공동체적으로 그리고 개별적으로 진행되며 이러한 이중 증인들에 의해 적절하게 펼쳐진다.

내가 나의 입으로 그에게 부르짖으며 나의 혀로 높이 찬송하였도다(17)
내가 나의 마음에 죄악을 품었더라면 주께서 듣지 아니하시리라(18)

이 구절들은 기도의 실제에 있어서 두 가지의 부수적인 빛을 던진다.
첫째, 그것 안(17)에 있는 찬송의 장소다.(14절이 확인하는 것처럼) 그것은 대하20:12,21F에서 여호사밧이 다급하게 도움을 구하며 부르짖는 장소와 같다.
둘째, 18절에서의 전통적인 표현과 수7:12f의 전통적인 실제적인 사례에서처럼 진심으로 구하는 것이다.

> 그 온전히 바친 물건을 너희 중에서 멸하지 아니하면 내가 다시는 너희와 함께 있지 아니하리라 – 수7:12f

하나님을 찬송하리로다 그가 내 기도를 물리치지 아니하시고
그의 인자하심을 내게서 거두지도 아니하셨도다(20)

그러나 마지막 감사의 말은 요청에 대한 응답만을 위한 것이 아니라, 그것이 의미하는 바는 하나님과 끊어지지 않은 관계, 즉 하나님과 맺어진 개인적인 관계(시17:6 참조)를 의미한다. 따라서 그것이 제거되어야 마땅할 지도 모르기 때문에, 그것은 은혜의 선물인 것이다.

확장되는 영역(67:1-7)

제67편 시 곧 노래, 인도자를 따라 현악에 맞춘 것

1 하나님은 우리에게 은혜를 베푸사 복을 주시고 그의 얼굴빛을 우리에게 비추사(셀라)

2 주의 도를 땅 위에, 주의 구원을 모든 나라에게 알리소서

3 하나님이여 민족들이 주를 찬송하게 하시며 모든 민족들이 주를 찬송하게 하소서

4 온 백성은 기쁘고 즐겁게 노래할지니 주는 민족들을 공평히 심판하시며 땅 위의 나라들을 다스리실 것임이니이다(셀라)

5 하나님이여 민족들이 주를 찬송하게 하시며 모든 민족으로 주를 찬송하게 하소서

6 땅이 그의 소산을 내어 주었으니 하나님 곧 우리 하나님이 우리에게 복을 주시리로다

7 하나님이 우리에게 복을 주시리니 땅의 모든 끝이 하나님을 경외하리로다

Make Your Face Shine upon Us

67 To the choirmaster: with stringed instruments. A Psalm. A Song.

1 May God be gracious to us and bless us and make his face to shine upon us, Selah

2 that your way may be known on earth, your saving power among all nations.

3 Let the peoples praise you, O God; let all the peoples praise you!

4 Let the nations be glad and sing for joy, for you judge the peoples with equity and guide the nations upon earth. Selah

5 Let the peoples praise you, O God; let all the peoples praise you!

6 The earth has yielded its increase; God, our God, shall bless us.

7 God shall bless us; let all the ends of the earth fear him!

A. 문맥분석

만일 시편이 아브라함에게 주어졌던, 복을 받고 나누어 주는 약속을 중심으로 기록된 것이라면, 그것은 여기서처럼 잘될 수 있었을 것이다. 이 노래는 본향에서 시작되어 끝나기 직전에 잠시 멈추었다가 되돌아가지만, 그것의(노래) 생각은 항상 멀리 있는 민족에게까지 이르러 '우리'에게 주어진 축복이 그들에게도 도달하기를 구한다.

3절과 5절에서 반복되는 시인의 간구는 '모든 민족들이 주를 찬송하는 것'이다.

이 시의 전체에서 과거 시제는 오직 6a에만 있다. - '땅이 그의 소산을 내어 주었으니'

그러나 만약 시편이 고향(home)에서의 감사절 축제에 대한 설정으로 보인다면, 본성이 역사에 의해 어떻게 어두워졌는지, 그리고 시편 저자가 물질 또는 자존감이란 요소를 갖지 않고 어떻게 희망으로 자극되었는지 주목(Weiser가 지적한 것처럼)할 만하다. 시65편에서 우리의 가장 내밀하고 가장 분명한 형식의 주림(영적 굶주림과 육체적 굶주림)이 만나는 것과 같이, 하나님의 공급하심의 두 가지 측면은 엄격한 균형을 이루고 있다.[218] 여기서 인간의 필요는 하나님 자신이며 그 외는 아무것도 중요치 않다.

- 여호와는 그의 얼굴을 네게 비추사 은혜 베푸시기를 원하며 - 민6:25
- 모든 사람에게 구원을 주시는 하나님의 은혜가 나타나 - 딛2:11
- 내가 너희에게 철따라 비를 주리니 땅은 그 산물을 내고 밭의 나무는 열매를 맺으리라 - 레26:4
- 여호와께서 좋은 것을 주시리니 우리 땅이 그 산물을 내리로다 - 시85:12
- 그리한즉 밭에 나무가 열매를 맺으며 땅이 그 소산을 내리니 그들이 그 땅에서 평안할지라 내가 그들의 멍에의 나무를 꺾고 그들을 종으로 삼은 자의 손에서 그들을 건져낸 후에 내가 여호와인 줄을 그들이 알겠고 - 겔34:27

218) 시65:4,5b,9

B. 주석적 접근

하나님은 우리에게 은혜를 베푸사 복을 주시고 그의 얼굴빛을 우리에게 비추사(1)

시편의 정신이 이미 제시된 바와 같이 아브라함의 희망이라면, 그것의 본문은 아론의 축복이다. 이 구절은 민6:24f의 핵심 단어들 중 세 가지를 되풀이 한다. 사람의 대상 변화와 함께('네'게서 '우리'로) '셀라'가 더하여져서 그 결말로부터 약간 거리가 있게 설정되었다. 그것은 시인의 마음속에 머물러 떠나지 않는 축제에서 축복과 같은 것이지만 한 사람의 기도 안에서 싹트는 그 가능성에 대한 모색이다. 그것은 그가 서 있는 좁은 영역을 넘어 그들에게서 끝나야만 하는 것처럼 보인다.

(구약에서 하나님의 얼굴을 찾는다는 것은 기도로 하나님께 나아가는 것을 의미하며, '하나님의 얼굴을 뵙다'는 표현은 예배를 위해 성소를 찾아간다는 전문용어로 5회가 사용되었다. 출23:15,34:20, 신31:11, 시42:2, 사1:12)

주의 도를 땅 위에, 주의 구원을 모든 나라에게 알리소서 (2)

이스라엘의 축복에서 오는 첫 번째 '흘러넘침'은 생명을 주는 지식의 확산으로 성경의 기록에서 놀랍도록 성취된 하나의 소망이다. 그것은 진리와 구원을 주는 이중적인 역사로서 이곳과(2a,2b) 딤후3:15에서 요약되어지고 있다.

하나님이여 민족들이 주를 찬송하게 하시며 모든 민족들이 주를 찬송하게 하소서(3)

5절에서 반복되는 이 후렴의 요점은 AV, PBV[219]에서는 아쉽게도 모호해진다.

모든 민족들 대신에 그 민족들('the people')이란 생각은 진심어린 노래의 호소 이상은 아닌 것으로 읽기 때문이다. 그러나 사실 그것은 두 번째 줄에서 위대한 비전과 대담한 기도로써 '모든 혀가 자백해야만 하는 주님으로서의 하나님'을 강조하고 있다.

219) Prayer Book Version, 1662

온 백성은 기쁘고 즐겁게 노래할지니 주는 민족들을 공평히 심판하시며 땅 위의 나라들을 다스리실 것임이니이다(4)

그러나 주님의 통치는 이 구절을 둘러싼 반복적인 찬양이 암시하듯이 즐겁다. 그것은 근본적으로 완벽한 공정성, 즉 형평성에 대한 기쁨으로, 심판이라는 단어가 내포하는 공정성이 인도자의 목자적인 배려(시23:3, 78:72)에 의해 짝지어지는 것이다.

> 내 영혼을 소생시키시고 자기 이름을 위하여 의의 길로 인도하시는도다 – 시23:3
>
> 이에 그가 그들을 자기 마음의 완전함으로 기르고 그의 손의 능숙함으로 그들을 지도하였도다 – 시78:72

도덕적인 판단을 하지 않는 변덕스러운 친절은 사랑 없이 지배하는 폭정(暴政)처럼 성서적 사고와는 거리가 먼 것이다.[220] 그러나 출34:6, 사42:1-4에서는 같은 결혼(짝 지음)이지만 강하고 부드러운 사랑의 사례를 잘 보여준다.

> 자비롭고 은혜롭고 노하기를 더디하고 인자와 진실이 많은 하나님이라 – 출34:6f
>
> 내가 붙드는 나의 종, 내 마음에 기뻐하는 자 곧 내가 택한 사람을 보라 내가 나의 영을 그에게 주었은즉 그가 이방에 정의를 베풀리라. 그는 외치지 아니하며 목소리를 높이지 아니하며 그 소리를 거리에 들리게 하지 아니하며, 상한 갈대를 꺾지 아니하며 꺼져가는 등불을 끄지 아니하고 진실로 정의를 시행할 것이며 . 그는 쇠하지 아니하며 낙담하지 아니하고 세상에 정의를 세우기에 이르리니 섬들이 그 교훈을 앙망하리라 – 사42:1–4

땅이 그의 소산을 내어 주었으니 하나님 곧 우리 하나님이 우리에게 복을 주시리로다(6) 하나님이 우리에게 복을 주시리니 땅의 모든 끝이 하나님을 경외하리로다(7)

첫 번째 줄만 과거시제를 사용했다. 나머지는 '하나님이 우리에게 복을 주시리라'(AV, RV)' 또는 '하나님 우리에게 복을 주소서'(NEB, JB)를 반복하는 기대이거나 기도다. 그분이 우리의 하나님이신 까닭에 우리는 이처럼 뻔뻔하게 기도할 수 있다. 그러나 그의 모든 정당한 주제들이 그에게 절할 때 그는 우리의 독점의 대상이 아니시며, 우리 자신만의 하나님

---

220) 출34:6f, 사11:1–9, 42:1–4

(PBV)이 될 수도 없으시다. 더욱이, 그분은 일반은총(수확의 분야에서 인간의 세계보다)에 견주어 은혜에 부족함이 없으시다.(우리는 지금 그 은혜로 나아가야만 한다)
땅은 그 은혜의 증가와 더불어 앞으로 다가올 더 나은 것들에 대한 약속으로서 취할 수 있다. 사55:10f과 요4:35, 12:20-24은 그 같은 그림을 보이고 있다.

> 파종하는 자에게는 종자를 주며 먹는 자에게는 양식을 줌과 같이 – 사55:10f
>
> 너희는 넉 달이 지나야 추수할 때가 이르겠다 하지 아니하느냐 그러나 나는 너희에게 이르노니 너희 눈을 들어 밭을 보라 희어져 추수하게 되었도다 – 요4:35
>
> 내가 진실로 진실로 너희에게 이르노니 한 알의 밀이 땅에 떨어져 죽지 아니하면 한 알 그대로 있고 죽으면 많은 열매를 맺느니라 – 요12:24

작은 것을 취하여 많은 것으로 만들어 사랑 안에서 그것을 나누어 주시는 하나님이 그러한 복을 우리에게 주셔서, 우리로 하여금 온 세계가 복을 받도록 우리를 변화시키신다.(시편은 우리에게 기도하도록 격려한다) 본 시편에서 기자는 하나님께서 이스라엘에게 복을 주셔서 온 열방에게 하나님을 알릴 수 있도록 간구하고 있다.

높은 곳에 거하시는 폐하(68:1-35)

제68편 다윗의 시, 인도자를 따라 부르는 노래

1 하나님이 일어나시니 원수들은 흩어지며 주를 미워하는 자들은 주 앞에서 도망하리
이다
2 연기가 불려 가듯이 그들을 몰아내소서 불 앞에서 밀이 녹음 같이 악인이 하나님 앞에
서 망하게 하소서
3 의인은 기뻐하여 하나님 앞에서 뛰놀며 기뻐하고 즐거워할지어다
4 하나님께 노래하며 그의 이름을 찬양하라 하늘을 타고 광야에 행하시던 이를 위하여
대로를 수축하라 그의 이름은 여호와이시니 그의 앞에서 뛰놀지어다
5 그의 거룩한 처소에 계신 하나님은 고아의 아버지시며 과부의 재판장이시라
6 하나님이 고독한 자들은 가족과 함께 살게 하시며 갇힌 자들은 이끌어 내사 형통하게
하시느니라 오직 거역하는 자들의 거처는 메마른 땅이로다
7 하나님이여 주의 백성 앞에서 앞서 나가사 광야에서 행진하셨을 때에 (셀라)
8 땅이 진동하며 하늘이 하나님 앞에서 떨어지며 저 시내 산도 하나님 곧 이스라엘의 하
나님 앞에서 진동하였나이다
9 하나님이여 주께서 흡족한 비를 보내사 주의 기업이 곤핍할 때에 주께서 그것을 견고
하게 하셨고
10 주의 회중을 그 가운데에 살게 하셨나이다 하나님이여 주께서 가난한 자를 위하여 주
의 은택을 준비하셨나이다
11 주께서 말씀을 주시니 소식을 공포하는 여자들은 큰 무리라
12 여러 군대의 왕들이 도망하고 도망하니 집에 있던 여자들도 탈취물을 나누도다
13 너희가 양 우리에 누울 때에는 그 날개를 은으로 입히고 그 깃을 황금으로 입힌 비둘
기 같도다
14 전능하신 이가 왕들을 그 중에서 흩으실 때에는 살몬에 눈이 날림 같도다

15 바산의 산은 하나님의 산임이여 바산의 산은 높은 산이로다
16 너희 높은 산들아 어찌하여 하나님이 계시려 하는 산을 시기하여 보느냐 진실로 여호
와께서 이 산에 영원히 계시리로다
17 하나님의 병거는 천천이요 만만이라 주께서 그 중에 계심이 시내 산 성소에 계심 같
도다
18 주께서 높은 곳으로 오르시며 사로잡은 자들을 취하시고 선물들을 사람들에게서 받
으시며 반역자들로부터도 받으시니 여호와 하나님이 그들과 함께 계시기 때문이로다
19 날마다 우리 짐을 지시는 주 곧 우리의 구원이신 하나님을 찬송할지로다 (셀라)
20 하나님은 우리에게 구원의 하나님이시라 사망에서 벗어남은 주 여호와로 말미암거니와
21 그의 원수들의 머리 곧 죄를 짓고 다니는 자의 정수리는 하나님이 쳐서 깨뜨리시리로다
22 주께서 말씀하시기를 내가 그들을 바산에서 돌아오게 하며 바다 깊은 곳에서 도로 나
오게 하고
23 네가 그들을 심히 치고 그들의 피에 네 발을 잠그게 하며 네 집의 개의 혀로 네 원수들
에게서 제 분깃을 얻게 하리라 하시도다
24 하나님이여 그들이 주께서 행차하심을 보았으니 곧 나의 하나님, 나의 왕이 성소로
행차하시는 것이라
25 소고 치는 처녀들 중에서 노래 부르는 자들은 앞서고 악기를 연주하는 자들은 뒤따르
나이다
26 이스라엘의 근원에서 나온 너희여 대회 중에 하나님 곧 주를 송축할지어다
27 거기에는 그들을 주관하는 작은 베냐민과 유다의 고관과 그들의 무리와 스불론의 고
관과 납달리의 고관이 있도다
28 네 하나님이 너의 힘을 명령하셨도다 하나님이여 우리를 위하여 행하신 것을 견고하
게 하소서
29 예루살렘에 있는 주의 전을 위하여 왕들이 주께 예물을 드리리이다
30 갈밭의 들짐승과 수소의 무리와 만민의 송아지를 꾸짖으시고 은 조각을 발 아래에 밟
으소서 그가 전쟁을 즐기는 백성을 흩으셨도다
31 고관들은 애굽에서 나오고 구스인은 하나님을 향하여 그 손을 신속히 들리로다
32 땅의 왕국들아 하나님께 노래하고 주께 찬송할지어다 (셀라)

33 옛적 하늘들의 하늘을 타신 자에게 찬송하라 주께서 그 소리를 내시니 웅장한 소리
로다
34 너희는 하나님께 능력을 돌릴지어다 그의 위엄이 이스라엘 위에 있고 그의 능력이 구
름 속에 있도다
35 하나님이여 위엄을 성소에서 나타내시나이다 이스라엘의 하나님은 그의 백성에게
힘과 능력을 주시나니 하나님을 찬송할지어다

God Shall Scatter His Enemies

68 To the choirmaster. A Psalm of David. A Song.

1 God shall arise, his enemies shall be scattered; and those who hate him shall flee
before him!
2 As smoke is driven away, so you shall drive them away; as wax melts before fire, so
the wicked shall perish before God!
3 But the righteous shall be glad; they shall exult before God; they shall be jubilant
with joy!
4 Sing to God, sing praises to his name; lift up a song to him who rides through the
deserts; his name is the Lord; exult before him!
5 Father of the fatherless and protector of widows is God in his holy habitation.
6 God settles the solitary in a home; he leads out the prisoners to prosperity, but the
rebellious dwell in a parched land.
7 O God, when you went out before your people, when you marched through the wilderness,
Selah
8 the earth quaked, the heavens poured down rain, before God, the One of Sinai,
before God, the God of Israel.
9 Rain in abundance, O God, you shed abroad; you restored your inheritance as it
languished;
10 your flock found a dwelling in it; in your goodness, O God, you provided for the

needy.

11 The Lord gives the word; the women who announce the news are a great host:

12 "The kings of the armies-they flee, they flee!" The women at home divide the spoil-

13 though you men lie among the sheepfolds- the wings of a dove covered with silver,
its pinions with shimmering gold.

14 When the Almighty scatters kings there, let snow fall on Zalmon.

15 O mountain of God, mountain of Bashan; O many-peaked mountain, mountain of
Bashan!

16 Why do you look with hatred, O many-peaked mountain, at the mount that God
desired for his abode, yes, where the Lord will dwell forever?

17 The chariots of God are twice ten thousand, thousands upon thousands; the Lord is
among them; Sinai is now in the sanctuary.

18 You ascended on high, leading a host of captives in your train and receiving gifts
among men, even among the rebellious, that the Lord God may dwell there.

19 Blessed be the Lord, who daily bears us up; God is our salvation. Selah

20 Our God is a God of salvation, and to God, the Lord, belong deliverances from
death.

21 But God will strike the heads of his enemies, the hairy crown of him who walks in
his guilty ways.

22 The Lord said, "I will bring them back from Bashan, I will bring them back from the
depths of the sea,

23 that you may strike your feet in their blood, that the tongues of your dogs may have
their portion from the foe."

24 Your procession is seen, O God, the procession of my God, my King, into the sanctuary-

25 the singers in front, the musicians last, between them virgins playing tambourines:

26 "Bless God in the great congregation, the Lord, O you who are of Israel's fountain!"

27 There is Benjamin, the least of them, in the lead, the princes of Judah in their throng,
the princes of Zebulun, the princes of Naphtali.

28 Summon your power, O God, the power, O God, by which you have worked for us.

29 Because of your temple at Jerusalem kings shall bear gifts to you.

30 Rebuke the beasts that dwell among the reeds, the herd of bulls with the calves of the peoples. Trample underfoot those who lust after tribute; scatter the peoples who delight in war.

31 Nobles shall come from Egypt; Cush shall hasten to stretch out her hands to God.

32 O kingdoms of the earth, sing to God; sing praises to the Lord, Selah

33 to him who rides in the heavens, the ancient heavens; behold, he sends out his voice, his mighty voice.

34 Ascribe power to God, whose majesty is over Israel, and whose power is in the skies.

35 Awesome is God from his sanctuary; the God of Israel-he is the one who gives power and strength to his people. Blessed be God!

A. 문맥분석

이 시편의 요란한 흐름은 -시편에서 가장 활기차고 기분이 좋은 것 중 하나다- 다윗이 오벧에돔에서 기쁨으로 법궤를 메고 그의 도성에 이르는 행진을 위해 구성되었을 수 있다.[221] 그것은 법궤가 모든 행진을 시작할 때의 말씀이 메아리 되어 열리고, 그의 거처로 선택된 높은 산을 거슬러 오르시는 하나님 안에서 절정으로 치닫는 것을 보게 된다.(궤가 떠날 때에는 모세가 말하되 여호와여 일어나사 주의 대적들을 흩으시고 주를 미워하는 자가 주 앞에서 도망하게 하소서 하였고 - 민10:35-)

이 시의 열광적인 '프롤로그와 에필로그'에서 기리고 있는 두 부분은 첫째, 애굽에서 시작되어 예루살렘에서 절정을 이루는 여정에서의(7-18) 하나님의 승리이고 두 번째, 그의 백성을 인도하면서 나타내신 하나님의 주권적 능력과 위엄이다.(19-31)이 구원의 역사와 예언은 엡4:7-16에서 훨씬 더 큰 승리의 축소판으로 나타나는데, 그것은 그리스도께서 사

221) 삼하6:12

로잡은 자를 포로로 이끌어 승천하심으로서 이스라엘보다 더 나은 승리의 전리품으로 성령의 선물(각양의 은사들)을 나누어 주실 수 있는 것이다.(행2:33 참조)
결과적으로 기독교 역사에서 이것은 처음부터 오순절을 위한 시편이었다. 사실 그것은 유대인 회당에서 칠칠절이란 이름으로 시행되었던 수확 잔치의 축일이었다.

- 여수룬이여 (야곱이 아닌 이스라엘) 하나님 같은 이가 없도다 그가 너를 도우시려고 하늘을 타고 궁창에서 위엄을 나타내시는도다 – 신33:26
- 여호와여 주께서 세일에서부터 나오시고 에돔 들에서부터 진행하실 때에 땅이 진동하고 하늘이 물을 내리고 구름도 물을 내렸나이다 – 삿5:4
- 주께서 주의 백성을 구원하시려고, 기름 부음 받은 자를 구원하시려고 나오사 악인의 집의 머리를 치시며 그 기초를 바닥까지 드러내셨나이다 – 합3:13
- 궤가 떠날 때에는 모세가 말하되 여호와여 일어나사 주의 대적들을 흩으시고 주를 미워하는 자가 주 앞에서 도망하게 하소서 하였고 – 민10:35
- 그들이 돌이켜 바산 길로 올라가매 바산 왕 옥이 그의 백성을 다 거느리고 나와서 그들을 맞아 에드레이에서 싸우려 하는지라 – 민21:33

B. 주석적 접근

1. 찬양의 팡파르(1-6)

하나님이 일어나시니 원수들은 흩어지며 주를 미워하는 자들은 주 앞에서 도망하리이다(1)
연기가 불려 가듯이 그들을 몰아내소서
불 앞에서 밀이 녹음 같이 악인이 하나님 앞에서 망하게 하소서(2)

고대의 부르짖음인 '오 주여 일어나소서'는 법궤의 행진을 위해 지정된 말이다.(민10:25). 그래서 1절은 24-27절에서 그림영화 같은 장면의 진행이(글이 살아서 움직이는 듯한) 재연되는 것을 연상시킨다. 그러나 그것은 대부분의 번역이 그 사실을 은폐하지만 NEB에서 '하나님이여 일어나사 대적을 치사 흩으소서~'라고 대담하게 찬양 속으로 기도를 이끌어 낸

다.(신적 전사로서의 하나님)

왜냐하면 그것은 시편에서 문자 그대로 실행되기 때문이다. 여기에서 믿음은 히11:1의 정의에 따라 현재 붙들고 있는 것들과(보이는 것들) 보이지 않는 것들에 대한 확신으로 살아간다. 적(敵)은 별거 아니지만 견고하다.(2)

하나님은 보이지 않지만 존재하지 않으시는 것이 아닌 것처럼(하지만 대적들은 불 앞에 밀랍처럼 녹아내린다.) 하나님의 심판 앞에서는 산들조차도 녹아내린다. (시97:5, 미1:4)

하나님께 노래하며 그의 이름을 찬양하라 하늘을 타고 광야에 행하시던 이를 위하여 대로를 수축하라 그의 이름은 여호와이시니 그의 앞에서 뛰놀지어다(4)

이 장엄한 구절의 중간 줄-"하늘을 타고 광야에 행하시던"-은 RSV에서 하나 이상의 번역을 허용하는데, '들어 올리다'(노래를 들어 올리거나, 대부분 대로로 번역-사57:14)와 '구름'(사막:ESV)에 대한 모호함 때문이다.

본 구절의 원문은 다음과 같다.

שִׁיר לְ אֱלֹהִים זמר הוּא שֵׁם סלל לְ רכב בְּ עֲרָבָה הוּא שֵׁם בְּ יָהּ וְ עלז פָּנֶה הוּא

1) 쉬르 레 엘로힘 자마르 우 셈 – 엘로힘께 노래하라. 찬양하라 그의 이름을

2) 쌀랄 레 라카브 베 아라브 – 들어 올리시고, 올라타시고, 광야에서

3) 우 셈 베 야흐 웨 알라즈 파님 우 – 그의 이름은 여호와 크게 기뻐하라 그의 얼굴 앞에서

하나님께 노래하며 그의 이름을 찬양하라

광야에서 (구름을) 타시고 오르시던

그의 이름은 여호와 그의 얼굴 앞에서 크게 기뻐하라

ESV는 이렇게 번역한다.

하나님을 노래하라 그의 이름을 찬양하라

(구름 또는 병거를)타시고 광야를 지나신 그에게 찬양을 올려라

그의 이름은 여호와 그의 존전에서 크게 기뻐하라

즉 한글번역에서 '대로를 수축하라'와 '하늘을 타고 광야에서 행하시던 이를 위하여'는 의역된 것으로, 하나님의 병거를 위한 사람의 의지적 헌신을 묘사한 것으로 보이나 본 의미와 거리가 있다.

바알의 타이틀은 '구름을 타는 자'였다. 여기서는 주님만이 그러한 권리를 갖는다는 것이고, 33절은 이것에 대한 명백한 증거로서 제시된다.
소위 광야에서 대로를 만드는 그것은 어느 경우에나 좋은 의미가 있다.[222] 만약 3절이 땅에 국한 되면 33절의 하늘은 천둥소리가 아니다. 그러나 두 절 모두 하늘의 전차와 그것을 타는 라이더와 같은 비전을 가지고 있을 것이다.

> 그룹을 타고 다니심이여 바람 날개를 타고 높이 솟아오르셨도다 – 시18:10
>
> 물에 자기 누각의 들보를 얹으시며 구름으로 자기 수레를 삼으시고 바람 날개로 다니시며 – 시104:3

그의 거룩한 처소에 계신 하나님은 고아의 아버지시며 과부의 재판장이시라(5)
하나님이 고독한 자들은 가족과 함께 살게 하시며 갇힌 자들은 이끌어 내사
형통하게 하시느니라 오직 거역하는 자들의 거처는 메마른 땅이로다(6)

도움을 받지 못하는 취약한 자의 보호에서 무법함에 대한 심판은 하나님의 참된 왕좌의 표시다. 그래서 이 두 구절은 구원자로서의 왕을 찬양하는 것으로 적절히 마무리된다. 그러나 법궤는 이 같은 사실을 잘 떠올리게 하는 출애굽을 상기시킨다. 그 구원은 순례자를 위한 전통적인 방식이며, 갇힌 자를 위한 자유와 반역자에 대한 징벌이었다.
이 사건들에서, 그들이 복음의 행위 안에서 이미 드러난 것과 마찬가지로, 우리가 부분적으로만 관찰하는 그 나머지 방법들의 해석에 있어서 하나님의 역사하심은 각별히 명료하고 완벽하게 두드러진다.

2. 왕의 순행(7-18)

이 시편의 행렬이 실제로 법궤를 새로 차지한 후 예루살렘으로 호송하는 장면을 기록한 것이라면, 그것은 시내 산에서 수세기 전에 시작된 여행의 마지막 단계를 축하한 것이다. 그곳에서 법궤가 만들어졌고 거기에서 이스라엘이 하나님의 이름으로 약속하신 땅으로 인도되었고, 마침내 시온 산 정상까지 인도되었다. 그것은 성취의 순간이었다.

---

222) 사40:3

2-1) 하나님의 행진(7-10)

이제 하나님은 직접적으로 찬양을 받으셨다. 그는 한 장면이 다음 장면과 빠르게 겹쳐지는 연에서 그의 기적을 기쁜 마음으로 상기시킨다. 출애굽 행렬, 시나이에서 신의 현현, 시스라를 격파한 강력한 폭풍우.(8절은 삿5:4f의 '드보라의 노래'를 인용하여 시나이에 대하여 암시한다)

마침내 축복의 비가 내리고 해마다 그의 계속되는 선하심이 드러난다.[223]

2-2) 왕들의 패배(11-14)

드보라의 노래는 이 구절들에서도 여전히 울려 퍼지며, 이 구절들은 신속히 엎드러지는 이미지와 흥분하여 달려드는 것을 묘사한 이야기다. 11절의 명령은(또는 '말씀') 삼상18:19f의 장면의 그림일 수 있으며, 승리한 장군이 승전소식을 발표하고,[224] 삼상18:6f에서 여인들이 노래와 춤으로 그것을 맞이한 내용과 같다.(소식을 공표하는 사람들은 여성이다.) RSV는 히브리어의 즉시성을 포착하고 있다. '그들이 도망간다. 그들이 도망친다.' 여자들이 전리품을 나누는 장면은 삿5:30에 비춰지고, **시스라**의 어머니는 아들이 집으로 가져올 사치스런 옷을 미리 점하고 있다.(13a의 탄성은 전리품을 놓친 **르우벤** 지파에 대한 **드보라**(Deborah)의 조롱을 인용했다. 르우벤 시냇가에서 큰 결심('헤케르')이 있었도다. 삿5:16 ('헤케르'-이해득실을 따지다)

은과 금으로 번쩍이는 비둘기의 날개는 패주하는 대적들(Briggs), 전투에서 나타난 주님의 영광(Weiser) 또는 심지어 적으로부터 탈취된 특별한 전리품(NEB)에 이르기까지 이스라엘이 받은 은택을 가리키는데 사용되었다.(Delitzsch), 그러나 12b의 여성들이 아름다운 옷으로 치장한 상태를 상상하는 것에 대한 묘사는 아닐까?

살몬(14)의 눈은(snow) 우리가 거의 잡을 수 없는 또 다른 빠름에 대한 암시다. 살몬산은 세겜 근처에 있는 산(삿9:48)으로 그것이 '블랙 마운틴'(이름에서 뜻이 나타남)이 될 필요는 없다. -기적적인 눈보라를 암시. **올브라이트**가 제안한 바와 같이, 바산 국경에 있는 제벨 드루즈(Jebel Druze-현무암)를 위한 용어였을 수도 있다. 거기에 왕들의 패배가 눈보라로 인한 것이든, 전쟁터의 무기와 의복이 눈으로 뒤덮도록 눈이 내렸는지 또는 흩날리는 눈송이처럼

---

223) 시65:9ff

224) 마28:18ff

군대가 도망쳤는지 우리가 알 수는 없다. 살몬=바산=하우란(미래의 영광스런 이스라엘 땅의 경계, 겔47:16,18)

2-3) 영광의 산(15-18)

눈 덮인 살몬(Zalmon)은 흰 모자를 쓴 거인과 같이 바산(Bashan)너머에 있다. 장엄한 산 (문자적으로 '신의 산', 최상급을 표현하는 한 방법)은 바산의 제벨 드루즈(위의 14절에 있는 살몬?) 또는 북쪽의 저명한 헐몬이었을 것이다. 이것들과 비교할 때 시온 산은 흙 언덕에 불과했지만 시온은 그들의 시샘한 선망의 대상이었고, 그것은 하나님의 선택이었다.[225] 그것은 다윗 자신의 선택 받음이나 작은 마을 베들레헴의 선택처럼 참으로 가진 것 없는 것에 대한 하나님의 기뻐하심의 역설이다.

> 하나님께서 세상의 천한 것들과 멸시 받는 것들과 없는 것들을 택하사 강한 것들을 폐하려 하시나니 – 고전1:28

하나님의 병거는 천천이요 만만이라
주께서 그중에 계심이 시내 산 성소에 계심 같도다 (17)

RSV, NEB, JB는 히브리 본문과 실질적으로 동일한 그림을 제시하지만, 읽기에 따라 조금씩 달리 하는데 '주님은 그들 중(bām)에 계신다'고 하는 대신에 '주께서 그들로부터(bā' mi-) 오셨다'로 조정하는 것이다. Weiser는 첫 번째 줄과 세 번째 줄의 가장 진실한 번역을 제공해 준다. '여호와의 병거는 일만이요.... 주께서 그 중에 계심이라.'

시내산은 거룩한 장소다. 다른 詩들은 하나님이 그의 산에서 힘차게 떠나는 모습을[226] 그리고 있으며, 이것은 하나님께서 어디서나 계시며 거기가 시내 산이든지, 계시나 만남의 모든 장소를 추가할 수 있다고 선언한다. 시온의 새로운 성소는 벧엘, 시나이 또는 다른 곳과 경쟁하지 않았다. 그것은 여기서 하나님이 찾아 선택하실 곳이다. 그 생각은 히12:18-24에서 계속될 것이다.(시내산과 시온 산의 대조)(병거는 그룹들이다.)

---

225) 사66:1f

226) 신33:2, 삿5:4, 합3:3

주께서 높은 곳으로 오르시며 사로잡은 자들을 취하시고 선물들을 사람들에게서 받으시며 반역자들로부터도 받으시니 여호와 하나님이 그들과 함께 계시기 때문이로다(18)

보이지 않는 하나님의 보좌로서 법궤가 그 안식처까지 인도되는 행진은, 출애굽의 완벽한 승리의 행진곡이다. 다시 한 번 **드보라**(Deborah)의 '승리의 노래'가 그 사실에 대한 말로 제공된다.[227](율법에 순종하는 자와 복종케 되는 자)

이 포로들은 누구이며 선물은 누구의 것일까?

전투 이미지와 **드보라**의 '승리의 노래' 메아리는 적의 포로와 적의 배상을 나타낸다. 하나님은 그의 전쟁에서 승리하셨고, 그의 도성에 들어가서 공물 아래에 반역자를 두셨다. 그런 다음 19f에서 전리품을 백성들이 나누는 장면을 보여주고 있다. 마찬가지로 엡4:8에서 바울의 생각을 지배하는 것은 이 결과일 것이다. 시편에서 E. 엘리스)는 다음과 같이 지적한다. "하나님은 승리의 전리품을 그들과 나누신다. 바울은 죽음으로 '사로잡은 포로'에 대한 승리로서 그리스도께서 교회에 주신 선물에 이 시편을 적용한다.

3. 왕의 위엄(19-31)

시편은 '높은 산'이 다윗 성 언덕길을 거슬러 오르심으로 절정에 이르렀다.

이제 그 결과가 펼쳐진다.

3-1) 승리의 상속자(19-23)

이 연의 핵심은 현재와 미래와 함께 구속의 이야기를 확고하게 연결하는 '매일' 또는 '날마다'라는 단어가 강조된다.(19) 첫째, '날마다 우리 짐을 지시는' 온전한 돌보심이다.

누군가 매일 우리 짐을 대신 지는(유익함-AV) 것은 불가능하며, 문자적으로 우리를 위해 짐을 싣는 것을 의미한다.(느13:15) **'아마스' (עמס)는 칼형 동사로** 들어 올림, 짐을 싣다.(짐은 대신 져주는 것이 아니다. 자신이 지는 것이며 주님의 도움을 받는다는 의미다) 그러나 짐 운반자로서의 하나님은 아마도 더 많은 의미일 것이다. 그것은 인간의 한심스런 우상숭배나 변덕스러운 성품과 대조되는 하나님의 지칠 줄 모르는 사랑에 대하여 사46:1-4절과 63:9절에서 매우 효

227) 삿5:12

과적으로 사용된 은유를 만날 수 있다.

하나님은 우리에게 구원의 하나님이시라
사망에서 벗어남은 주 여호와로 말미암거니와(20)

'구원과 벗어남'이라는 두 단어는 원문에서 복수형이고, 반복되는 사건을 나타내는 하나의 방법이며, 아마도 그것들의 풍요와 범위를 나타낸다. 벗어남은 문자적으로 '출구' 또는 '나가는 (것)'을 의미한다. 모든 그리스도인은 다윗과 같이 죽음은 분명히 많은 입구를 가지고 있지만 출구가 없는 영역인 반면에, 하나님은 넓은 곳으로 나를 '데려다 주셨다'고 말할 수 있다.

"나를 넓은 곳으로 인도하시고 나를 기뻐하시므로 나를 구원하셨도다"

(넓은 곳의 의미는 거세게 흐르는 사망의 협곡으로부터의 옮김이다.)

그의 원수들의 머리 곧 죄를 짓고 다니는 자의 정수리는
하나님이 쳐서 깨뜨리시리로다(21)

원수들의 정복은 초기부터 시작되어 18절에서 절정에 이르렀음에도 적들은 여전히 남아 있다. 다윗의 시편은 결코 그들을 전적으로 멈추지 않는다. '정수리'로 번역된 히브리어 '코드코드'(קָדְקֹד)는 희망의 온전하고 강력한 보존을 기대하면서 채워두는 자물쇠를 암시할 수 있다.[228]

주께서 말씀하시기를 내가 그들을 바산에서 돌아오게 하며
바다 깊은 곳에서 도로 나오게 하고(22)

그것은 하나님께서 약속의 땅으로 그들을 회복시키기 위해 위험에 처했던 이스라엘을 회상시키는 것인지[229] 도망가는 적들이 숨을 곳이 없다는 것을 말하는 것인지[230] 말하기 어렵다. 그러나 전자가 더 가능성이 있어 보인다.

---

228) 신32:42, 삿6:2
229) 시136:13,20
230) 암9:2f

네가 그들을 심히 치고 그들의 피에 네 발을 잠그게 하며
네 집의 개의 혀로 네 원수들에게서 제 분깃을 얻게 하리라 하시도다 (23)

개가 시체의 피를 핥는다는 표현은 피의 냄새를 풍기지만, 그것은 피에 굶주린 것처럼 대적을 죽음으로 흔들어 놓으려는 욕구가 분명하다. 거기에는 승리에 대한 즐거움이 영광 외에는 아무것도 아닌 척 하지 않는다. 그러나 21b는 간과해서는 안 된다. 이것은 심판이며 영토 확장을 목적으로 하지 않는다.[231)]

3-2) 이스라엘의 행렬(24-27)

하나님이여 그들이 주께서 행차하심을 보았으니
곧 나의 하나님, 나의 왕이 성소로 행차하시는 것이라
소고 치는 처녀들 중에서 노래 부르는 자들은 앞서고
악기를 연주하는 자들은 뒤따르나이다(24-27)

법궤를 호송한 여러 그룹들은 대상13:8과 15:16-28의 내러티브에서 많은 사람들이 개인적인 이름으로 우리와 만난다. 그러나 여기서 효과적인 장면은 행진의 순서대로 '시야에 들어온다'는 NEB의 표현이다. 세부적인 측면에서 처녀는 노래하는 자들과 악기를 다루는[232)] 두 그룹 사이에 끼지 않고 둘러싸고 있다. 그들의 배역은 소고(템버린)와 함께 전통적인 것이었다.(미리암과 입다의 딸과 다윗과 사울을 맞이한 여인들. 참조)

27절의 부족의 이름은 전체에 대한 샘플로서 최남단과 최북단 각각 두 지파다. 스불론과 납달리는 드보라(Deborah)의 전투의 기억을 이끌어내기 위해서(삿5:14,18) 또는 예루살렘이 베냐민의 국경 내에 있었기 때문에 가져온 것일 수 있다.

3-3) 열국의 충성맹세(28-31)

이 연의 주제는 이사야 60장에서 놀라운 힘과(군사력이 아닌 재물) 풍성함의 개발이며, 그 초기 성취는 역사적인 상황으로 이방인들이 왕국으로의 유입과 같이 정치적 정복이 아닌 영적 현상이다.

---

231) 창15:16

232) minstrels-Weiser, RV참조

예루살렘에 있는 주의 전을 위하여 왕들이 주께 예물을 드리리이다(29)

'**주의 전을 위하여**'는 문자적으로 '**주의 성전에서**'라는 의미로 어느 것이든 가능하다. 예를 들면 전자는 사2:2f, 학2:7f의 용례와 일치하는 반면, 후자는 JB에서와 같이 이전 구절과 함께 취해진다면 의미가 있다. 예, 기도는 '성소에서 너희를 도우 주시고'라는 시20:2의 용례와 일치한다. 두 경우 모두 주변 구절에 있는 명령의 관점에서 두 번째 줄은 '왕들이 주께 선물을 드리리이다'라는 말로 번역해야 한다.

갈밭의 들짐승과 수소의 무리와 만민의 송아지를 꾸짖으시고
은 조각을 발 아래에 밟으소서 그가 전쟁을 즐기는 백성을 흩으셨도다(30)

이 구절의 번역은 아직 미완성 이상의 것일 수는 없으며, 특히 세 번째 줄의 가설보다는 더욱 그렇다. 시작 구절에서 '갈밭의 들짐승'(JB)은 '**하이야 카네**'를 번역한 것으로 '갈대에 살고 있는' 존재 즉 악어 또는 하마를 나타낸다. 이것은 이스라엘의 전통적인 압제자인 애굽의 별명이다.[233] 황소와 송아지(또는 수소)는 크고 작은 대적자들이거나 지도자와 인도자다. 세 번째 줄에서 RV는 거의 완전히 문자 그대로다. 그 나머지 몇 가지 주요 해석으로 이어지는 불확실성의 일부를 나타낸다. 하나님께서 탐심(RSV)을 짓밟고 계시거나, 적들이 공물과(은 조각-세겔 AV, JB) 함께 그 앞에 엎드려 있는 장면일 수 있다.(공물을 갈망하여 전쟁을 즐기는 대적-하마와 악어로 상징된-을 밟으심) 네 번째 줄에서 강압적인 흩으심은 MT에서 '그가 흩으셨다'로 읽는 고대 버전에서 더욱 강하게 뒷받침하고 있다. 그것은 자음의 변화를 수반하지 않는다.(불변의 의미)

고관들은 애굽에서 나오고 구스인은 하나님을 향하여 그 손을 신속히 들리로다(31)

에티오피아는 히브리어로 '구스', 즉 누비아 또는 북수단을 대표한다. 하나님을 찾는 멀리 떨어져 있는 사람들에 대한 사례를 보여준다.[234] 18장, 행 8:27.

---

233) 겔33:2

234) 사18장, 행8:27 빌립과 에디오피아 내시

4. 폐막의 합창

서막의 합창이 이스라엘의 단독이었다면(1-6), 폐막의 합창은 시각화된 공물이 드려지는 장면으로서 우주적이다. 그러나 그것은 하나님의 우주적인 힘(33f 및 4절 참조)을 거듭 주장하지만 그것은 여전히 이스라엘의 하나님으로서 얼굴 없이 널리 알려진 이름이었다.

하늘들의 하늘을 타신(33)-무소부재하시는 하나님(왕상8:27,렘23:24)

시편 자체가 거의 묻어둘 수 없는 열정으로 목격한 것을 증언하는 바는 "그의 위엄이 이스라엘 위에 있고 그의 능력이 구름 속에 있다"는 34절의 묘사에서 연합되어 나타나는 위엄과 강렬한 보살핌이다,

박해(69:1-36)

제69편 다윗의 시, 인도자를 따라 소산님에 맞춘 노래

1 하나님이여 나를 구원하소서[1] 물들이 내 영혼에까지 흘러 들어왔나이다
2 나는 설 곳이 없는 깊은 수렁에 빠지며 깊은 물에 들어가니 큰 물이 내게 넘치나이다[2]
3 내가 부르짖음으로 피곤하여 나의 목이 마르며 나의 하나님을 바라서 나의 눈이 쇠하
였나이다
4 까닭 없이 나를 미워하는 자가[3] 나의 머리털보다 많고 부당하게 나의 원수[4] 가 되어 나
를 끊으려 하는 자가 강하였으니 내가 빼앗지 아니한 것도 물어 주게 되었나이다
5 하나님이여 주는 나의 우매함을 아시오니[5] 나의 죄가 주 앞에서 숨김이 없나이다
6 주 만군의 여호와여 주를 바라는 자들이 나를 인하여 수치를 당하게 하지 마옵소서 이
스라엘의 하나님이여 주를 찾는 자가 나로 말미암아 욕을 당하게 하지 마옵소서
7 내가 주를 위하여 비방을[6] 받았사오니 수치가[6] 나의 얼굴에 덮였나이다
8 내가 나의 형제에게는 객이 되고 나의 어머니의 자녀에게는 낯선 사람이 되었나이다
9 주의 집을 위하는 열성이 나를 삼키고 주를 비방하는 비방이 내게 미쳤나이다
10 내가 곡하고 금식하였더니 그것이 도리어 나의 욕이[7] 되었으며
11 내가 굵은 베로 내 옷을 삼았더니 내가 그들의 말 거리가 되었나이다
12 성문에 앉은 자가 나를 비난하며 독주에 취한 무리가 나를 두고 노래하나이다
13 여호와여 나를 반기시는 때에 내가 주께 기도하오니 하나님이여 많은 인자와 구원의[1]
진리로 내게 응답하소서
14 나를 수렁에서 건지사 빠지지 말게 하시고 나를 미워하는 자에게서와[3] 깊은 물에서
건지소서[2]
15 큰 물이 나를 휩쓸거나 깊음이 나를 삼키지 못하게 하시며[3] 웅덩이가 내 위에 덮쳐 그
것의 입을 닫지 못하게 하소서
16 여호와여 주의 인자하심이 선하시오니 내게 응답하시며 주의 많은 긍휼에 따라 내게

로 돌이키소서
17 주의 얼굴을 주의 종에게서 숨기지 마소서 내가 환난 중에 있사오니 속히 내게 응답하
소서
18 내 영혼에게 가까이하사 구원하시며 내 원수로[4] 말미암아 나를 속량하소서
19 주께서 나의 비방과 수치와[6] 능욕을 아시나이다[5] 나의 대적자들이 다 주님 앞에 있나
이다
20 비방이[7] 나의 마음을 상하게 하여 근심이 충만하니 불쌍히 여길 자를 바라나 없고 긍
휼히 여길 자를 바라나 찾지 못하였나이다
21 그들이 쓸개를 나의 음식물로 주며 목마를 때에는 초를 마시게 하였사오니
22 그들의 밥상이 올무가 되게 하시며 그들의 평안이 덫이 되게 하소서
23 그들의 눈이 어두워 보지 못하게 하시며 그들의 허리가 항상 떨리게 하소서
24 주의 분노를 그들의 위에 부으시며 주의 맹렬하신 노가 그들에게 미치게 하소서
25 그들의 거처가 황폐하게 하시며 그들의 장막에 사는 자가 없게 하소서
26 무릇 그들이 주께서 치신 자를 핍박하며 주께서 상하게 하신 자의 슬픔을 말하였사오니
27 그들의 죄악에 죄악을 더하사 주의 공의에 들어오지 못하게 하소서
28 그들을 생명책에서 지우사 의인들과 함께 기록되지 말게 하소서
29 오직 나는 가난하고 슬프오니 하나님이여 주의 구원으로 나를 높이소서
30 내가 노래로 하나님의 이름을 찬송하며 감사함으로 하나님을 위대하시다 하리니
31 이것이 소 곧 뿔과 굽이 있는 황소를 드림보다 여호와를 더욱 기쁘시게 함이 될 것이라
32 곤고한 자가 이를 보고 기뻐하나니 하나님을 찾는 너희들아 너희 마음을 소생하게 할
지어다
33 여호와는 궁핍한 자의 소리를 들으시며 자기로 말미암아 갇힌 자를 멸시하지 아니하
시나니
34 천지가 그를 찬송할 것이요 바다와 그 중의 모든 생물도 그리할지로다
35 하나님이 시온을 구원하시고 유다 성읍들을 건설하시리니 무리가 거기에 살며 소유
를 삼으리로다
36 그의 종들의 후손이 또한 이를 상속하고 그의 이름을 사랑하는 자가 그 중에 살리로다

Save Me, O God

69 To the choirmaster: according to Lilies. Of David.

1 Save me, O God! For the waters have come up to my neck.
2 I sink in deep mire, where there is no foothold; I have come into deep waters, and
the flood sweeps over me.
3 I am weary with my crying out; my throat is parched. My eyes grow dim with waiting
for my God.
4 More in number than the hairs of my head are those who hate me without cause;
mighty are those who would destroy me, those who attack me with lies. What I did
not steal must I now restore?
5 O God, you know my folly; the wrongs I have done are not hidden from you.
6 Let not those who hope in you be put to shame through me, O Lord God of hosts; let
not those who seek you be brought to dishonor through me, O God of Israel.
7 For it is for your sake that I have borne reproach, that dishonor has covered my face.
8 I have become a stranger to my brothers, an alien to my mother's sons.
9 For zeal for your house has consumed me, and the reproaches of those who reproach
you have fallen on me.
10 When I wept and humbled my soul with fasting, it became my reproach.
11 When I made sackcloth my clothing, I became a byword to them.
12 I am the talk of those who sit in the gate, and the drunkards make songs about me.
13 But as for me, my prayer is to you, O Lord. At an acceptable time, O God, in the abundance
of your steadfast love answer me in your saving faithfulness.
14 Deliver me from sinking in the mire; let me be delivered from my enemies and from
the deep waters.
15 Let not the flood sweep over me, or the deep swallow me up, or the pit close its mouth
over me.
16 Answer me, O Lord, for your steadfast love is good; according to your abundant mercy,

turn to me.

17 Hide not your face from your servant, for I am in distress; make haste to answer me.

18 Draw near to my soul, redeem me; ransom me because of my enemies!

19 You know my reproach, and my shame and my dishonor; my foes are all known to you.

20 Reproaches have broken my heart, so that I am in despair. I looked for pity, but there
was none, and for comforters, but I found none.

21 They gave me poison for food, and for my thirst they gave me sour wine to drink.

22 Let their own table before them become a snare; and when they are at peace, let it
become a trap.

23 Let their eyes be darkened, so that they cannot see, and make their loins tremble
continually.

24 Pour out your indignation upon them, and let your burning anger overtake them.

25 May their camp be a desolation; let no one dwell in their tents.

26 For they persecute him whom you have struck down, and they recount the pain of
those you have wounded.

27 Add to them punishment upon punishment; may they have no acquittal from you.

28 Let them be blotted out of the book of the living; let them not be enrolled among the
righteous.

29 But I am afflicted and in pain; let your salvation, O God, set me on high!

30 I will praise the name of God with a song; I will magnify him with thanksgiving.

31 This will please the Lord more than an ox or a bull with horns and hoofs.

32 When the humble see it they will be glad; you who seek God, let your hearts revive.

33 For the Lord hears the needy and does not despise his own people who are prisoners.

34 Let heaven and earth praise him, the seas and everything that moves in them.

35 For God will save Zion and build up the cities of Judah, and people shall dwell there
and possess it;

36 the offspring of his servants shall inherit it, and those who love his name shall dwell
in it

A. 문맥적 접근

이 시에서 드러나는 기도하는 자는 취약한 사람으로, 즉 비방과 배신감 또는 자책감(5)을 피할 수 없는 사람, 강직하거나 자신에게만 몰두한 사람, 정의감이 둔해지지 않은 사람이다. 그의 기도와 저주는 이 개인적이고 도덕적인 민감성으로부터 비롯되며, 하나님의 집을 향한 열심과 고난을 찬양하는 가수를 통해 신약은 그리스도를 예표하는 것으로 읽는다.(9,21절). 그러나 다윗이 그에게 고통을 주는 자를 저주하는 것과 그들을 위해 기도하신 예수를 밀접하게 병치시키는 것은 예표와 실체(type, anti-type) 사이의 간격을 만들고, 실제로 구약과 신약의 성도들 사이에 받아들여지는 태도 차이를 이끌어 낸다. 그리스도는 하나님의 뜻을 행하는 열심 때문에 박해를 당하는 의인들의 모범이시다. 시의 패턴은 제시된 제목을 따라 주제별로 분류하여 서로 모을 수 있다. 알렌(L. Allen)은 시의 병행적 요소들을 기준하여 13절을 기점으로 29절까지 전후 단락으로 나눈다.(1-13ab/13cd-29)

마지막 연은 개인이 선언을 마친 후에 회중에게 자신의 역할을 부여하거나 인격화된 국가 전체를 위해 재해석할 수 있도록 추가 되었을 수 있다.

표제 '소산님을 따라 부르는 노래'는 시45, 60, 80편과 유사하다.

이 시편은 고난의 시로 그리스도의 수난과 그리스도를 박해한 자들을 보응할 것에 대한 예언이다. '주를 비방하는 비방이 내게 미쳤나이다'의 의미는 예수께서 하나님을 향한 충성과 순종의 결과로 비난과 모욕을 받아 죽임을 당하실 것이라는 것이다.

- 나는 그들이 병 들었을 때에 굵은 베 옷을 입으며 금식하여 내 영혼을 괴롭게 하였더니 내 기도가 내 품으로 돌아왔도다 – 시35:13
- 겸손한 자는 먹고 배부를 것이며 여호와를 찾는 자는 그를 찬송할 것이라 너희 마음은 영원히 살지어다 – 시22:26
- 내 영혼이 여호와를 자랑하리니 곤고한 자들이 이를 듣고 기뻐하리로다 – 시34:2
- 나를 기가 막힐 웅덩이와 수렁에서 끌어올리시고 내 발을 반석 위에 두사 내 걸음을 견고하게 하셨도다 – 시40:2
- 또 다윗이 이르되 그들의 밥상이 올무와 덫과 거치는 것과 보응이 되게 하시옵고 – 롬11:9

B. 주석

1. 문제의 바다(1-5)

이 흐트러진 시작은 하나님 앞에서 자기가 겪는 곤경을 하나님 존전에 두는 것에 대한 가치를 논증하기 시작한다. 왜냐하면 다윗의 위기에 대한 원인은 명료하고 기도하는 만큼 더욱 성찰하게 되기 때문이다. 내면의 혼란과 수렁에 빠진 필사적인 은유는(1,2) 그 자신의 상태와 상황에(3,4) 대하여 보다 객관적으로 묘사된다.(여전히 혼란하지만) 그리고 끝으로 자신의 내면을 살핀다.(5) 기도는 이미 그것을 실행하고 있다.

까닭 없이 나를 미워하는 자가 나의 머리털보다 많고 부당하게 나의 원수가 되어 나를 끊으려 하는 자가 강하였으니 내가 빼앗지 아니한 것도 물어 주게 되었나이다(4)
아무런 이유 없이 나를 미워하는 사람들에 대한 우리 주님의 암시는 이와 필적되는 시 35:19을 참조하라. 거짓으로 나를 공격하는 사람들도 발견되는데 조금 다르게 번역되었다. 히브리어로 내가 빼앗지 않은 것도 물어 주어야 합니까? 라는 질문은 고전적 번역과 같이 그러한 상황에 직면한다. 왜냐하면 그것은 질문을 나타내는 접두사가 없으며 그것이 의미하는 대로 이해하기 때문이다.

하나님이여 주는 나의 우매함을 아시오니 나의 죄가 주 앞에서 숨김이 없나이다(5)
우매함이란 단어를 사용함에 있어서, 잘못을 단순한 오판으로 지나치려는 시도는 없다. 그것은 진리에 대한 죄요, 시14:1에서 '나발' 과는 달리 신중하지 못함보다도 더 생각이 없는 '도덕적인 무례함' 의 일부다.(기자는 사람의 마음을 감찰하시는 하나님께 무엇을 숨긴다는 것은 헛된 일임을 잘 알고 있다.)

2. 모욕적인 빈정거림(6-12.)

염려는 지금 기도의 폭이 바깥쪽(6)과 위쪽(7)으로 확대됨에 따라 슬픔과 섞이고 있다. 하나님의 종이 불의한 상태에서 모욕을 받는다면 하나님의 백성과 그의 이름은 어떻게 될 것인가? 이 영향력을 느끼기 위해 우리는 선택받은 대사(9a)로서의 좌절감을 그려낼 수 있다. 하나님의 나라는 그가 볼 수 있듯이 자신의 권위에 대적하여 겨냥된 모욕적인 비난에서 그를 보호할 수 있는 것은 아무것도 없다. 9절의 두 반절이 그리스도 안에서 성취를 발견한다는 사실은[235] 그의 고통으로부터 거리가 있는 그리스도인 독자들이, 다윗의 당황스러운 환경 안으로 완전히 들어가기란 어렵다는 새로운 상황에 놓인다. 그의 고통에서 '하나님의 약함' 은(그리스도의 성육신) 이제 구원하는 능력이며 '그 이름을 위하여 능욕 받는 것'(행 5:41)은 대가를 지불함에도 불구하고 영광스러운 일이다.

3. 외침(13-18)

수렁과 심해의 은유(1f, 14f)가 돌아온 것은 여전히 무력감이 압도적이라는 것을 보여 주지만, 기도는 계속 새로운 지반을 깨트린다. 이제 일차적으로 주님의 선하심과 자비하심에 집중한다.(이미 '나의 하나님'(3) 만군의 야훼와 이스라엘의 하나님(6)으로 명명되는 것은 강한 격려의 근거가 된다.) 하나님의 성실하심은 13절과 16절에서 풍성히 묘사되어 있다.

여호와여 나를 반기시는 때에 내가 주께 기도하오니
하나님이여 많은 인자와 구원의 진리로 내게 응답하소서(13)
RSV에서는 이 구절을 '나의 기도에 응답하시는 적절한 때에' 라고 되어 있다. 그것은 '조급하게'(17절) 부르짖을 수도 있지만, 때(시간)가 하나님의 손에 있습니다(시31:15)라는 겸손이다. 그러나 이 구절의 자연스런 부분은 기도 자체가 속죄의 맥락에서(레1:4) 은혜의 날의 제물을 암시하거나, 또는 응답의 시간을 언급하지 않는 하나님의 부르심(시32:6, 사55:6)을 암시한다. 신실한 도움은 '확실한 구원' 보다 더 강력한 표현은 아니다.

내 영혼에게 가까이하사 구원하시며 내 원수로 말미암아 나를 속량하소서 (18)
구속은 고난당하는 사람을 위해 친권자의 의무와 관련된 동사다. 예로 살인자에 보복하고

235) 요2:17, 롬15:3

[236], 그의 땅을 되사거나, 판 땅을 무르는[237] 것이다.

'나를 자유롭게 하소서'는 번역은 **'나를 속량하소서'**(NEB)로 더 잘 잘 번역되었다. 이 번역은 다시 사들인다는 관점에서 더 낫다. 시31:5('파다' 참조) 두 동사가 사35:9,10절에서 다시 나란히 발견된다. 여기서 하나님의 백성은 '구속함을 받은 자'와 '속량함을 받은 자'로 불려진다. 그러나 이 말투에 대한 온전한 암시는 신약에서만 비춰진다.

4. 상처(19-21)

비난하는 것과 수치심, 불명예라는 단어에서 표현된 것과 같은 몇 가지 깊은 상처들이 있다. 그들은 6-12절에서 이미 반복적으로 표시를 남겼다. 구약의 밀접한 관계의 사회에서, 대중의 부끄러움은 우리 자신보다 훨씬 치명적이었다.[238] 히12:2절은 십자가의 대가를 언급할 때 이 요소를 배제한다.(부끄러움을 개의치 아니하시고) 헨델의 메시아(Handel's Messiah)에서 십자가에 못 박히는 내러티브는 조롱 후에 20절의 마음을 다스리는 말을 배치하고 있는데 적절한 선택이었다.

그들이 쓸개를 나의 음식물로 주며 목마를 때에는 초를 마시게 하였사오니 (21)

다윗이 은유로 제공하고 있는 이 구절은, 마27:34, 48절에 따르면 예수께 주어졌던 사실로서 여기서 담즙과 식초는 헬라어로 LXX에서 사용된 단어다. 그러나 요19:28은 그러한 용어로 예수님의 갈증에 대해 말하지만, 마태는 이것을 예언적 성취라고 주장하지 않는다.

5. 저주(22-28)

지금까지 그리스도와 그의 열정은 우리에게 **'아버지, 저들을 사하여 주옵소서'**에 대한 탄원이 거의 준비되어진 것을 분명히 예시(4,9,21절 참조)하고 있다.

(우리는 언제나 이웃을 용서할 준비가 되어 있는가?)

---

236) 민35:19

237) 레25:25. 48f

238) 민12:14 모세의 계시

대신 오는 저주는 우리 주님이 갈보리에서 행하신 새로운 일을 강력하게 상기시켜준다. 단순히 감정적인 차이가 아니다. 다윗의 분노는 구약성경이 우리 앞에 두고자 하는 정의에 대한 열정으로 부채질하였지만, 그리스도께서는 속죄로 정의를 세우셨다. 이 같은 열정은 이제 성취되어졌고, 우리로 하여금 다르게 자극할 것인데 감정을 폭발시키는 대신 분노를 냉각시키고, 동정심을 억누르기보다는 위탁하는 것이다. 개요 16p, 마. 복수를 위한 부르짖음을[239] 참조하라.

다윗이 이러한 박해자(26절,슥1:15)들을 소환하는 방식으로 나열하며 심판하는 것은 일상적으로 가치가 있는 삶을 만드는 어떤 하나의 수준 즉 먹는 것과 교제, 개인의 능력과 힘(건강), 공동체에 소속되는 것과는 대조적으로 보다 근본적인 하나님의 호의(24), 죄책으로부터 자유(27), 그리고 그에게 알려지고 받아들여지는 것으로부터의 단절이다.(28)[240] 이 마지막 요구 사항은 어느 것과 마찬가지로 (심판)기본적이다. 눅10:20에 따르면 기쁨의 가장 큰 원인은 '네 이름이 하늘에 기록되어 있다'는 것이다. 이것은 '나는 도무지 너를 알지 못한다'는 말씀의 결론이다.

6. 마음에서 찬양(29-33)

오직 나는 가난하고 슬프오니 하나님이여 주의 구원으로 나를 높이소서(29)

어떤 의미에서, 29절은 그 자체로 기도의 마지막 헐떡임처럼 서있다.(RSV에서와 같이) 그러나 두 번째 줄은 단순히 고통을 덜어주는 정도의 이상을 요구하는 것이므로 그 자체가 뒤따라 찬양이 쏟아져 나오는 것과 연결되어 있다.

30절의 후반 절에서 만들어지는 요점은 개인적이다. 명백한 찬양은 어떤 희생보다 더 하나님의 마음에 기뻐하시는 것(31)이며 곤고한 사람에게 유익(32f)이 된다.

거기에는 시50:12ff. 을 생각나게 하는 뿔과 굽이라는 -하나님께 어떤 쓸모가 있나- 건전한 즐거움이 있다.(감사가 번제물로 드리는 제사보다 하나님을 기쁘시게 한다. 제사-예배의 정신은 감사에 있다.) 유사점으로는 속히 집으로 돌아오는 것이다.

239) 시35:7-8,109:6ff

240) 출32:32f

여호와는 궁핍한 자의 소리를 들으시며

자기로 말미암아 갇힌 자를 멸시하지 아니하시나니(33)

인상적인 것은 하나님과 밀접하게 접촉하고 있다는 것을 알리기 위해 자신을 문자적으로 '그의 감옥'(RV)에 묶여 있다고 표현한 것이다.(시72:2 주석 참조),

그와 이교도의 신(神)들이 붙드는 것 사이의 비교 즉 그와 우리와의 관계, 그리고 우리의 필요와의 대조를 이끌어 낸다. 그것을 '섬김에 묶인' 것으로 번역한 NEB는 문맥에 맞지 않는 것 같다. 오히려 시68:5f 참조. -거룩한 처소

7. 주인(호스트)으로부터 찬양(34-36)

이 집단의 찬양과 개인의 기도와의 관계에 대해서는 시편 머리 부분의 두 번째 소개 단락을 참조하라. 이스라엘이 아니라 유다에 대하여 언급한 것은 이 시가 다윗의 시기보다 늦게 편집되었으며 35절은 시온이 위협을 받고 '모든 요새화된 유다 도시'가 함락된 것으로 보아 히스기야의 상황에 적합할 것이다.(왕하18:13).

이 때였든 아니든, 국가의 곤경은 오래전에 다윗의 것과 비교할만했다. 두드러지는 것은 탄원이 아니라 찬양이 더하여지는 것이다. 그것은 쇠퇴와 불안의 날을 넘어서 하나님의 통치(34)와 그의 백성의 기업을 완전함에 대한 찬양이다. 시편은 또 다른 것을 생각나게 하는데 가장 절망적인 기도가 송영으로 즉시 끝날 수 있다는 것이다.

속히, 주님[주님, 속히 저를 도우소서](70:1-5)

제70편 다윗의 시, 기념식에서 인도자를 따라 부르는 노래

1 하나님이여 나를 건지소서 여호와여 속히 나를 도우소서
2 나의 영혼을 찾는 자들이 수치와 무안을 당하게 하시며 나의 상함을 기뻐하는 자들이
뒤로 물러가 수모를 당하게 하소서
3 아하, 아하 하는 자들이 자기 수치로 말미암아 뒤로 물러가게 하소서
4 주를 찾는 모든 자들이 주로 말미암아 기뻐하고 즐거워하게 하시며 주의 구원을 사랑
하는 자들이 항상 말하기를 하나님은 위대하시다 하게 하소서
5 나는 가난하고 궁핍하오니 하나님이여 속히 내게 임하소서 주는 나의 도움이시요 나
를 건지시는 이시오니 여호와여 지체하지 마소서

O Lord, Do Not Delay

70 To the choirmaster. Of David, for the memorial offering.

1 Make haste, O God, to deliver me! O Lord, make haste to help me!
2 Let them be put to shame and confusion who seek my life! Let them be turned back
and brought to dishonor who delight in my hurt!
3 Let them turn back because of their shame who say, "Aha, Aha!"
4 May all who seek you rejoice and be glad in you! May those who love your salvation
say evermore, "God is great!"
5 But I am poor and needy; hasten to me, O God! You are my help and my deliverer; O
Lord, do not delay!

A. 문맥분석

이것은 시40:13-17과 실질적으로 동일하다. 이 간청을 단독으로 노래하든지 또는 더 긴 시편을 지배하는 과거의 도움과 관련지어 함께 하든지 탄원을 노래하는 것에 도움이 된다. 이러한중복은 별도의 시편 모음을 편집하여 나온 것 같다. 시31편의 세 개의 시작 구절과 거의 동일하게 시작하는 시71편도 참조하라.

따라서 본시의 주 내용은 시40:13-17을 참조하라. 여기서는 두 곳이 갈라지는 곳을 지적하는 것으로 충분하다. '기념'과 관련된 표제는 시38편의 해설을 참조하라.

B. 주석

1절과 시40:13ff와의 차이점.

이 기도의 간결함이 더욱 강해져서 더욱 긴박한 느낌을 준다. 그런 다음 3ff에서 몇 가지 말의 변형이 있다.

1. 시작 부분. '여호와여 은총을 베푸소서'라는 기쁨은 히브리어 본문에는 없다. 번역가들은 40:13로부터 그것을 빌려오는 대신에 문자 그대로 '하나님, 저를 구원하소서. 주여 속히 나를 도우소서!'로 시작한다. 더 이전의 번역가들은 급작스럽게 시작하면서 '서둘러 주세요'라고 하였다.

2. 여기에서도 마찬가지로 언어가 강화되어 40:14의 '낭패를 당하다'(무안을 당하다)는 뜻의 히브리어 '하페르' 뒤에 더해진 '함께'('야하드' יַחַד)와, 생명 뒤에 더해진 '멸하려 하는 자'가 생략되어 탄원을 가속화하고 있다.

3. 이전 번역에서 '놀라다'는 시40:15과 일치하는 본문의 RSV 번역에서 '교정'된 것이다. 표준 텍스트는 시6:10과 시56:9에서와 같이 '물러가다'(NEB'축소')로 표시된다.

4, 5. **하나님**과 **주**의 반복은 시40:16f의 나의 하나님과 일치된다.
'**속히**'는 40:17에서 나를 '생각하다'에서 발견된다.

다시 한 번 이런 시편 형식의 탄원은 그 문제의 시급성을 강조한다. 지체할 순간이 없다. 적어도 그것은 바탕에 깔려 드러난다. 다른 차원에서 그러한 상황은 단10:12f, 요11:5f . 사60:22b에서 발견된다.

> 결심하던 첫날부터 ~응답 받았으므로 내가 네 말로 말미암아 왔느니라 – 단10:12f
>
> 나사로를 사랑하시더니~ 유대로 다시 가자 하시니 – 요11:5f
>
> 때가 되면 나 여호와가 속히 이루리라 – 사60:22b

노년의 시편(71:1-24)

제71편

1 여호와여 내가 주께 피하오니 내가 영원히 수치를 당하게 하지 마소서
2 주의 의로 나를 건지시며 나를 풀어 주시며 주의 귀를 내게 기울이사 나를 구원하소서
3 주는 내가 항상 피하여 숨을 바위가 되소서 주께서 나를 구원하라 명령하셨으니 이는
주께서 나의 반석이시요 나의 요새이심이니이다
4 나의 하나님이여 나를 악인의 손 곧 불의한 자와 흉악한 자의 장중에서 피하게 하소서
5 주 여호와여 주는 나의 소망이시요 내가 어릴 때부터 신뢰한 이시라
6 내가 모태에서부터 주를 의지하였으며 나의 어머니의 배에서부터 주께서 나를 택하
셨사오니 나는 항상 주를 찬송하리이다
7 나는 무리에게 이상한 징조 같이 되었사오나 주는 나의 견고한 피난처시오니
8 주를 찬송함과 주께 영광 돌림이 종일토록 내 입에 가득하리이다
9 늙을 때에 나를 버리지 마시며 내 힘이 쇠약할 때에 나를 떠나지 마소서
10 내 원수들이 내게 대하여 말하며 내 영혼을 엿보는 자들이 서로 꾀하여
11 이르기를 하나님이 그를 버리셨은즉 따라 잡으라 건질 자가 없다 하오니
12 하나님이여 나를 멀리 하지 마소서 나의 하나님이여 속히 나를 도우소서
13 내 영혼을 대적하는 자들이 수치와 멸망을 당하게 하시며 나를 모해하려 하는 자들에
게는 욕과 수욕이 덮이게 하소서
14 나는 항상 소망을 품고 주를 더욱더욱 찬송하리이다
15 내가 측량할 수 없는 주의 공의와 구원을 내 입으로 종일 전하리이다
16 내가 주 여호와의 능하신 행적을 가지고 오겠사오며 주의 공의만 전하겠나이다
17 하나님이여 나를 어려서부터 교훈하셨으므로 내가 지금까지 주의 기이한 일들을 전
하였나이다
18 하나님이여 내가 늙어 백발이 될 때에도 나를 버리지 마시며 내가 주의 힘을 후대에

전하고 주의 능력을 장래의 모든 사람에게 전하기까지 나를 버리지 마소서
19 하나님이여 주의 의가 또한 지극히 높으시니이다 하나님이여 주께서 큰 일을 행하셨
사오니 누가 주와 같으리이까
20 우리에게 여러 가지 심한 고난을 보이신 주께서 우리를 다시 살리시며 땅 깊은 곳에서
다시 이끌어 올리시리이다
21 나를 더욱 창대하게 하시고 돌이키사 나를 위로하소서
22 나의 하나님이여 내가 또 비파로 주를 찬양하며 주의 성실을 찬양하리이다 이스라엘
의 거룩하신 주여 내가 수금으로 주를 찬양하리이다
23 내가 주를 찬양할 때에 나의 입술이 기뻐 외치며 주께서 속량하신 내 영혼이 즐거워하
리이다
24 나의 혀도 종일토록 주의 의를 작은 소리로 읊조리오리니 나를 모해하려 하던 자들이
수치와 무안을 당함이니이다

Forsake Me Not When My Strength Is Spent
71

1 In you, O Lord, do I take refuge; let me never be put to shame!
2 In your righteousness deliver me and rescue me; incline your ear to me, and save
me!
3 Be to me a rock of refuge, to which I may continually come; you have given the command
to save me, for you are my rock and my fortress.
4 Rescue me, O my God, from the hand of the wicked, from the grasp of the unjust
and cruel man.
5 For you, O Lord, are my hope, my trust, O Lord, from my youth.
6 Upon you I have leaned from before my birth; you are he who took me from my mother's
womb. My praise is continually of you.
7 I have been as a portent to many, but you are my strong refuge.
8 My mouth is filled with your praise, and with your glory all the day.

9 Do not cast me off in the time of old age; forsake me not when my strength is spent.

10 For my enemies speak concerning me; those who watch for my life consult together

11 and say, "God has forsaken him; pursue and seize him, for there is none to deliver him."

12 O God, be not far from me; O my God, make haste to help me!

13 May my accusers be put to shame and consumed; with scorn and disgrace may they be covered who seek my hurt.

14 But I will hope continually and will praise you yet more and more.

15 My mouth will tell of your righteous acts, of your deeds of salvation all the day, for their number is past my knowledge.

16 With the mighty deeds of the Lord God I will come; I will remind them of your righteousness, yours alone.

17 O God, from my youth you have taught me, and I still proclaim your wondrous deeds.

18 So even to old age and gray hairs, O God, do not forsake me, until I proclaim your might to another generation, your power to all those to come.

19 Your righteousness, O God, reaches the high heavens. You who have done great things, O God, who is like you?

20 You who have made me see many troubles and calamities will revive me again; from the depths of the earth you will bring me up again.

21 You will increase my greatness and comfort me again.

22 I will also praise you with the harp for your faithfulness, O my God; I will sing praises to you with the lyre, O Holy One of Israel.

23 My lips will shout for joy, when I sing praises to you; my soul also, which you have redeemed.

24 And my tongue will talk of your righteous help all the day long, for they have been put to shame and disappointed who sought to do me hurt.

A. 문맥분석

이 시편은 저자의 이름이 없다. 다윗의 표현들(나의 바위와 나의 요새, 나의 적, 서둘러라!)이 있지만, 본시의 저자는 이 시편에서 다윗의 초기의 시편을 자유롭게 그려내고(시22,31,35,40,60편)있다. 하지만 저자에 대해서는 거의 알려지지 않는다. 우리가 알고 있거나 알아야 할 것은 그가 나이가 많거나 늙었으며, 줄어들 기미가 보이지 않는 이례적인 문제가 있다는 것이다.(7) 쇠약해진 힘에 대항하여 그는 이제 하나님의 신실함에 대한 오랜 기억과 그의 삶을 새롭게 하는 힘에 대해 커져가는 희망을 설정한다.

- 나의 혀가 주의 의를 말하며 종일토록 주를 찬송하리이다 – 시35:28
- 오직 주께서 나를 모태에서 나오게 하시고 내 어머니의 젖을 먹을 때에 의지하게 하셨나이다 – 시22:9
- 내가 날 때부터 주께 맡긴 바 되었고 모태에서 나올 때부터 주는 나의 하나님이 되셨나이다 – 시22:10
- 여호와여 내가 주께 피하오니 나를 영원히 부끄럽게 하지 마시고 주의 공의로 나를 건지소서 – 시31:1
- 내게 귀를 기울여 속히 건지시고 내게 견고한 바위와 구원하는 산성이 되소서 – 시31:2

B. 주석

1. 바위와 요새(1-3)

이 구절들은 시31:1-3a에 대한 거의 정확한 인용이며, 여기서 더 많은 주석을 찾을 수 있다. 주된 차이점은 RSV가 여기에서 잘못 복사한 것으로 간주되는 3절의 히브리어에 있다. 그러나 그것은 "주께서 나를 구원하라 명령하셨으니 계속적으로 거할 바위가 되어 주십시오."라고 읽는 것이다. 이것은 시31편의 구절을 의도적으로 변경한 것처럼 보이며, 특히 노인에게 친숙한 주제에 대한 주제를 강조하기 위해 여기에서 **'항상'**이라는 단어를 6,14절에서 반복한다.

2. 어릴 때부터 친구(4-6)

이러한 생각은 시22:9ff의 생각과 평행하지만 다르게 표현된다. 여기서 시편 필자는 자신의 기억의 한계(5)와 그 너머(6)를 되돌아보며, 그것은 자신의 생각에서 나온 것이 아니었다는 삼중 줄로 안심할 수 있었다. 그의 한편에는 부모들이 있었지만 하나님은 이미 그를 위해 일하고 계셨다.

나의 유아의 심장이 형성되기도 전에
이 위로가 누군가로부터 흘러나왔다

내가 모태에서부터 주를 의지하였으며 나의 어머니의 배에서부터
주께서 나를 택하셨사오니 나는 항상 주를 찬송하리이다(6)

6절에서 NEB는 LXX Vulg의 제안에 따라 '나의 보호자로서 나를 데려간 그분'으로 읽는다. 그러나 다른 말씀들에서 이 구절의 배경이 도는 시22:9은, 여기서 주어진 RSV의 감각을 지지한다.

3. 쇠약해지는 힘(7-11)

여기서(7절) 징조('모페트', 'מוֹפֵת')는 어떤 면에서 불순종하는 자가 겪는 고통으로서 신28:46에서와 같은 '엄숙한 경고'(NEB)라는 나쁜 의미로 이해하는 것이 가장 좋다. 사람들이 최악의 상황을 연출하고, 그의 고통으로부터 가장 만족스런 결론을 이끌어 내는 가운데, 이 시편 저자는 5f절에서 시작한 주제를 단호히 추구하며, 그가 오래 전에 시작한 일의 마무리를 짓기 위해 하나님을 바라본다. 따라서 노쇠하고 나약하다(9)는 그 사실이 강력한 호소의 토대가 된다. 또한 자신과 주변의 적으로부터(8) 주의를 다시 돌리는 구절(7b)의 중추적인 효과에 주목하라.(현실보다는 현실로부터의 탈출) 5절에서 비슷하게 강조된 '주 여호와여' 도 같은 효과를 가지고 있다.

4. 솟아오르는 희망(12-16)

이 크레센토(최고조)는 단순한 속삭임에서 시작하며, 시작 기도는 다윗의 비슷한 시련의 말에 전적으로 기울어져 있다.(12a 절은 시22:11, 12b는 시70:1b를, 13절은 시35:26 및 시109:29에 가깝다.) 그러한 기도는 그 메아리에 의해 더욱 풍성해진다. 우리는 다른 순례자들이 이 골짜기를 통과했음을 상기한다. 우리 주님의 십자가에서 세 번의 기도 중 두 기도는 마찬가지로 시편에서 나왔다.

> 아버지 저들을 사하여 주옵소서 자기들이 하는 것을 알지 못함이니이다 – 눅23:34(시31:5)
>
> 나의 하나님 나의 하나님 어찌하여 나를 버리셨나이까 – 마27:46(시71:12,시22:19)
>
> 아버지 내 영혼을 아버지 손에 부탁하나니이다 – 눅23:46

내가 측량할 수 없는 주의 공의와 구원을 내 입으로 종일 전하리이다(15)

찬양이 더욱 크게 성장하는 것은 현실의 풍성함에(삶의 현장에서 만나는 다양한 경험들) 의해 자양되는 까닭이다. 이 구절들에서 하나님께서 행하신 일에 대하여 집중하는 것에 주목하라. 말로 전하는 것과 횟수로 표현된 개념은 다양한 다른 언어에서와 같이 히브리어로 서로 관련되어 있으므로 ('전체 이야기' 의 두 가지 의미) 적어도 여기서는 **'당신이 받은 복을 세어 보아라 네가 받은 복을 알리라'** 는 반복되는 운율을 통해 한 눈에 볼 수 있다.

축복이 무수히 많다는 사실은 엡3:19의 역설과 비교해보라.(사랑의 너비, 길이, 높이와 깊이)

내가 주 여호와의 능하신 행적을 가지고 오겠사오며 주의 공의만 전하겠나이다(16)

일부 필사본은 AV의 기념할만한 문구인 '주 하나님의 뜻 안에서 나아갈 것이다' 에서와 같이 **'능하신 행적'** 의 단수를 가지고 있는데, 복수로도 가능하다. 그러나 동사는 일반적으로 '가다' 가 아니라 '오다' 라는 의미이므로 RSV는 이 문장(다음과 같은)이 하나님의 행적을 찾아가기 보다는 하나님께 오겠다는 결심을 찬양한 것이 옳아 보인다.

5. 늦은 수확(17-21)

하나님께서 그를 평생 돌보신다는 주제가 계속되는 가운데 시편 기자는 5-9절에서와 같이 자신감과 병세가 뒤섞인 소리를 내고 있지만, 지금은 미래에 더 활발한 관심을 가진다. 거기에는 해야 할 일이 많이 있다. 그는 그것을 행하기를 열망한다.

다시 한 번 시22편은 그의 기도를 재촉하는 것 같다. 이제 그것은 자신이 만든 떠오르는 희망의 결말이 되어, 그의 이야기를 후세에 전하고자 하는 동일한 열망을 붙들고 기도한다.[241]

하나님이여 주의 의가 또한 지극히 높으시니이다
하나님이여 주께서 큰 일을 행하셨사오니 누가 주와 같으리이까(19)
우리에게 여러 가지 심한 고난을 보이신 주께서 우리를 다시 살리시며
땅 깊은 곳에서 다시 이끌어 올리시리이다(20)
나를 더욱 창대하게 하시고 돌이키사 나를 위로하소서(21)

19f. 에는 바다의 노래(출15:11)에서 '**주와 같은 자 누구리이까**'라는 문구와 함께 '깊은 물'[242]에서의 구원에 대한 묘사와 함께 출애굽 기적에 대한 그 이상의 힌트가 있다. 그러므로 현재의 어려움은 신앙에 의해 이 위대한 맥락 속에 바울이 우리의 상황을 '예수를 죽음에서 일으킨 이'와 여전히 죽은 사람을 일으키는 이를[243] 연관시키는 방식으로 우리를 가르치는 것과 거의 같은 방식으로 놓여 있다. 그것은 20절을 부활에 대한 상황으로 읽는 것은 구미가 당기는 일이지만, 히브리 문자에서 처음 두 줄은 '내'가 아니라 '우리'를 말한다. 시편 저자와 마찬가지로 이스라엘도 재난을 겪었으나 회복도 있었기에 그는 같은 확신을 가질 수 있었다. 그 같은 결론에 도달했을 때 이 희망이 부활에 미치지 못한다면 더 이상 의미를 만들지 못한다. 그러나 시편의 기자는 삶을 새롭게 빌리는 것 외에 그 이상을 바라보는 조짐은 보이지 않는다. 여기서는 시16편, 17편, 49편, 73편에서 발견되는 것처럼 하나님의 존전에 머물기를 바라는 희망에 비견될 것은 그 무엇도 없다.

---

241) 시22:22,30f, 18b

242) 출15:5 '테호못' תְּהֹמֹת

243) 롬8:11,고후1:9

7. 끊임없는 찬양(22-24)

20절에서 드러난 바와 같이 자신의 경험과 동시에 이스라엘의 구원에 대한 공유의식은 찬양하는 자의 개인적인 부르짖음인 - '**오 나의 하나님이여**', 이스라엘의 외침인 - '**오 이스라엘의 거룩하신 주여**'(22)라는 부르짖음에서 다시 나타난다.

또한 후자의 이름은 (이사야 밖의 휘귀한 이름)은 '접근 할 수없는 빛'과 언약적인 사랑이 함께 만나는 이름이다. 그러므로 적절하게 그의 찬양의 주제는 그의 구원과 원수의 침묵에서 공의와(의로운 도움, 24) 충성됨(22)의 동반자적 협력이다. 이것은 정당함이지 복수심이 아니다. 그것은 하늘의 기쁨의 일부가 될 것이다.[244] 따라서 자신의 이름은 지워지고 믿음이 확인된 이 노병(老兵)은 그의 마음에 쉼을 얻고 그의 손가락, 입술과 마음은 하나님을 찬양하며 그의 이야기를 들려줄 수 있다.

---

244) 계15:3,18:20

완벽한 왕(72:1-20)

제72편 솔로몬의 시

1 하나님이여 주의 판단력을 왕에게 주시고 주의 공의를 왕의 아들에게 주소서
2 그가 주의 백성을 공의로 재판하며 주의 가난한 자를 정의로 재판하리니
3 의로 말미암아 산들이 백성에게 평강을 주며 작은 산들도 그리하리로다
4 그가 가난한 백성의 억울함을 풀어 주며 궁핍한 자의 자손을 구원하며 압박하는 자를 꺾으리로다
5 그들이 해가 있을 동안에도 주를 두려워하며 달이 있을 동안에도 대대로 그리하리로다
6 그는 벤 풀 위에 내리는 비 같이, 땅을 적시는 소낙비 같이 내리리니
7 그의 날에 의인이 흥왕하여 평강의 풍성함이 달이 다할 때까지 이르리로다
8 그가 바다에서부터 바다까지와 강에서부터 땅 끝까지 다스리리니
9 광야에 사는 자는 그 앞에 굽히며 그의 원수들은 티끌을 핥을 것이며
10 다시스와 섬의 왕들이 조공을 바치며 스바와 시바 왕들이 예물을 드리리로다
11 모든 왕이 그의 앞에 부복하며 모든 민족이 다 그를 섬기리로다
12 그는 궁핍한 자가 부르짖을 때에 건지며 도움이 없는 가난한 자도 건지며
13 그는 가난한 자와 궁핍한 자를 불쌍히 여기며 궁핍한 자의 생명을 구원하며
14 그들의 생명을 압박과 강포에서 구원하리니 그들의 피가 그의 눈 앞에서 존귀히 여김을 받으리로다
15 그들이 생존하여 스바의 금을 그에게 드리며 사람들이 그를 위하여 항상 기도하고 종일 찬송하리로다
16 산 꼭대기의 땅에도 곡식이 풍성하고 그것의 열매가 레바논 같이 흔들리며 성에 있는 자가 땅의 풀 같이 왕성하리로다
17 그의 이름이 영구함이여 그의 이름이 해와 같이 장구하리로다 사람들이 그로 말미암아 복을 받으리니 모든 민족이 다 그를 복되다 하리로다

18 홀로 기이한 일들을 행하시는 여호와 하나님 곧 이스라엘의 하나님을 찬송하며
19 그 영화로운 이름을 영원히 찬송할지어다 온 땅에 그의 영광이 충만할지어다 아멘 아멘
20 이새의 아들 다윗의 기도가 끝나니라

72 Give the King Your Justice Of Solomon.

1 Give the king your justice, O God, and your righteousness to the royal son!
2 May he judge your people with righteousness, and your poor with justice!
3 Let the mountains bear prosperity for the people, and the hills, in righteousness!
4 May he defend the cause of the poor of the people, give deliverance to the children of
the needy, and crush the oppressor!
5 May they fear you while the sun endures, and as long as the moon, throughout all
generations!
6 May he be like rain that falls on the mown grass, like showers that water the earth!
7 In his days may the righteous flourish, and peace abound, till the moon be no more!
8 May he have dominion from sea to sea, and from the River to the ends of the earth!
9 May desert tribes bow down before him, and his enemies lick the dust!
10 May the kings of Tarshish and of the coastlands render him tribute; may the kings
of Sheba and Seba bring gifts!
11 May all kings fall down before him, all nations serve him!
12 For he delivers the needy when he calls, the poor and him who has no helper.
13 He has pity on the weak and the needy, and saves the lives of the needy.
14 From oppression and violence he redeems their life, and precious is their blood in his
sight.
15 Long may he live; may gold of Sheba be given to him! May prayer be made for him
continually, and blessings invoked for him all the day!
16 May there be abundance of grain in the land; on the tops of the mountains may it
wave; may its fruit be like Lebanon; and may people blossom in the cities like the

grass of the field!

17 May his name endure forever, his fame continue as long as the sun! May people be blessed in him, all nations call him blessed!

18 Blessed be the Lord, the God of Israel, who alone does wondrous things.

19 Blessed be his glorious name forever; may the whole earth be filled with his glory! Amen and Amen!

20 The prayers of David, the son of Jesse, are ended.

A. 문맥분석

이 빛나는 시는 James Montgomery의 '주의 기름 부음 받으신 이에게 영광'과 Isaac Watts의 '예수님이 다스리시네'라는 두 가지 찬송가를 통해 영어를 사용하는 그리스도인들 사이에서 특별한 자리를 차지했다. 둘 다 그리스도의 통치를 지상 이스라엘 제국의 관점으로 번역한다. 신약성경 어디에서도 이 시편을 메시아적으로 인용하지 않지만, 왕과 그의 영역에 관한 이 그림은 사11:1-5 및 사60-62장의 예언과 너무나 밀접하기 때문에 그러한 구절이 메시아닉이 맞으면 이것도 마찬가지다. 그렇지 않으면 언어는 이 문헌의 차분한 의미를 법정의 사치스러운 말로 만들고 만다. 이것은 순전히 환상적인 구성이었다고 말하려는 것이 아니다. 왕의 시편은 통치하는 왕을 위해 기도했으며 그의 높은 부름을 강력하게 상기시켜 주었다. 그러나 그것은 그리스도인의 생각뿐만 아니라 유대인에게 메시아보다 더 큰 사람의 성취를 제안하기 위해 인간이 성취할 수 있는 것 이상으로(예를 들어, 그의 통치를 끝없는 것으로 말할 때까지) 이를 높였다. '탈굼'에서는 1절의 '왕'에 '메시아'라는 단어를 추가하고, 시편에는 이 같은 의견을 나타내는 랍비적인 암시가 있다.(17절의 각주를 참조)

표제

표제의 제목은 시편의 저자가 솔로몬임을 알려준다. AV는 LXX를 따라 솔로몬을 위한(For Solomon) 시편으로 만들었고 히브리어가 그것을 지지한다고 한다. 그러나 그것은 '다윗의 시'처럼 규칙적인 번역 구조이며, 그러한 제목이 '그렇고 그런 것을 위한 시편'으로 번역되지 않는 한, 이 예는 소유격으로 남겨두어야 한다. 솔로몬의 저작에 반대할만한 강력한 이유는 없다. 마지막 구절은 책을 종결하는 것이거나 저자의 책을 종결한다는 뜻이다. 이 책에서 다윗은 유일한 저자는 아니지만 최고의 저자다. 시편은 각각이 그 자체의 스타일(양식)을 가지고 있으며, 처음에는 솔로몬의 초기 통치를 위한 기도이든(아마도 그의 즉위를 기념하는 날에), 그의 아들을 위한 기도이든, 이스라엘이 일시적으로 제국이었을 때인 그의 시대가 적절해 보인다. 그리고 이상적인 왕권에 대한 기브온에서의 기도가 표현된 것일[245] 수도 있다.

- 공의로 가난한 자를 심판하며 정직으로 세상의 겸손한 자를 판단할 것이며 그의 입의 막대기로 세상을 치며 그의 입술의 기운으로 악인을 죽일 것이며 – 사11:4
- 왕들은 네 양부가 되며 왕비들은 네 유모가 될 것이며 그들이 얼굴을 땅에 대고 네게 절하고 네 발의 티끌을 핥을 것이니 네가 나를 여호와인 줄을 알리라 나를 바라는 자는 수치를 당하지 아니하리라 – 사49:23
- 그의 후손이 장구하고 그의 왕위는 해 같이 내 앞에 항상 있으며 – 시89:36
- 너는 그들과 그들의 신들과 언약하지 말라 – 출23:31
- 이는 부르짖는 빈민과 도와 줄 자 없는 고아를 내가 건졌음이라– 욥29:12

B. 주석적 접근

1. 왕의 의(1-4)

하나님이여 주의 판단력을 왕에게 주시고 주의 공의를 왕의 아들에게 주소서(1)
그가 주의 백성을 공의로 재판하며 주의 가난한 자를 정의로 재판하리니(2)

공의와 가난한 자의 수호자로서의 왕의 역할은 비록 자주 실패 했지만[246] 메시아 예언[247]

---

245) 왕상3:6-9
246) 렘22:15-17
247) 사11:4, 렘23:5-6

안에서 역사적으로 강조되어 진다.

1절과 2절에서 네 가지를 문제의 핵심으로 가져간다. 처음으로 다뤄지는 것은 하나님께서 주신 것으로(주의 판단력을 왕에게 주시고 – 왕상3장의 지혜를 구한 솔로몬의 기도와 사11장에서 강조되는 성령 충만한 메시아에 대한 예언) 공의를 집행할 능력이다. 둘째로, 가난한 자는 마 25:35ff에서 전통적인 표현으로 주어질 수 있는 것과는 다소 거리가 있는 '하나님의 가난한 사람들'로 여겨진다.

성경에서는 그것이 동정심(12-14절의 주제가 될 것임) 이전에, 정부의 으뜸가는 미덕인 까닭에 의(義)가('체데크' 1, 2, 3) 이 시의 서막을 지배하고 있다. 이 점은 모세 율법에 명시되어 있는데, 이는 율법이 가난한 자든 부자든지 차별하여[248] 판단하는 것을 금하는 까닭이다.

의로 말미암아 산들이 백성에게 평강을 주며 작은 산들도 그리하리로다(3)

평강('샬롬')은 평화를 함의하는 포괄적이고 조화로운 단어로(AV, RV와 여기서 '샬롬'을 번역하는데 빈번히 사용되는 단어다) 또한 부차적으로 공의로서 토양이나 기후가 평화롭게 번성하는 것을 말한다.(7절과 사32:17의 우선순위는 같다.)

> 그의 날에 의인이 흥왕하여 평강의 풍성함이 달이 다할 때까지 이르리로다 – 시72:7
>
> 공의의 열매는 화평(샬롬)이요 공의의 결과는 영원한 평안과 안전이라 – 사32:17

평안('샤카트') : 태평하다. 조용하다. 안전('베타흐') : 아무 염려 없는

이 구절(3)에서 의는 더 넓지만 관련성 있는 '적절한 기능'의 의미를 가지고 있다.(시24:5노트 참고)

2. 끝없는 통치(5-7)

그들이 해가 있을 동안에도 주를 두려워하며 달이 있을 동안에도 대대로 그리하리로다(5)

'그는 살아서(해가 있을 동안)'라는 기도는 LXX에 근거한 읽기일 뿐이지만, 히브리어 본문은 '그들은 주를 두려워 할 것이다'고 말하고 있다. 그러나 두 연의 경우 모두 7절에 비추어 지

---

248) 출23:3,6

속적인 통치에 대하여 말하고 있으며, 태양과 달의 수명에 대한 암시는 거의 반복되는 후렴에 가깝다.(5, 7, 17)
다니엘서의 '**오 왕이여, 만수무강하옵소서**'(영원히 살라)[249]라는 것과 비교할 때 이것이 의미는 너무나 작다. 그러나 메시아의 예언과 신약 시대에[250] 그것들이 이해된 방식으로부터 볼 수 있는 것은 얼마나 큰지 모른다.

그는 벤 풀 위에 내리는 비 같이, 땅을 적시는 소낙비 같이 내리리니(6)
그의 날에 의인이 흥왕하여 평강의 풍성함이 달이 다할 때까지 이르리로다(7)
이 아름다운 직유는 '다윗의 마지막 말'[251]에 의해 촉발되었을 것이다. 이곳에서 의로운 왕은 그의 지배를 받는 해와 비같이 천지창조 시기의 상태처럼 모든 것을 신선하게, 선(善)이 번영될 수 있다. 시2:9의 '철장'에서 왕권은 그것과 반대의 측면이다. 그러나 하나는 이미 4절이 보여준 것처럼 또 다른 진리의 한 면이다.
더 나아가서 7절의 히브리 본문에서 '공의' 대신에 '의인'이 나오는데 이것은 의로운 왕에 대한 겸손한 상대적 묘사다.[252]

3. 무한한 영역(8-11)

그가 바다에서부터 바다까지와 강에서부터 땅 끝까지 다스리리니(8)
'**바다에서 바다까지**'는 출23:31의 배경에서 약속된 것으로, '홍해에서 블레셋 바다까지'(즉, 지중해의 팔레스타인 해안) 그리고 '광야에서 강까지'(유프라테스, RSV)를 언급하는 것일 수 있다. 그러나 만약 그렇다면 10절과 11절은 전 세계를 아우르는 한 제국을 핵심으로 만든다.

광야에 사는 자는 그 앞에 굽히며 그의 원수들은 티끌을 핥을 것이며(9)
RSV는 텍스트의 '**광야에 사는 자**'('치이' צִיִּים)를 '그의 대적'(foes)으로 읽을 수 있도록 히브리

---

249) 단2:4,3:9,5:10
250) 요12:34, 히7:24f
251) 삼하23:1-7
252) 사60:21

어를 불필요하게 수정한다.

May his foes bow down (RSV)

May desert tribes bow down (MT)

'광야에 사는 자' 라는 단어는 대개 인간이 아닌 생물체를 나타낸다. 그럼에도 불구하고 시74:14에서는 문자적으로 **'광야에 사는 자(사람)에게'** 로 묘사되었다.

다시스와 섬의 왕들이 조공을 바치며 스바와 시바 왕들이 예물을 드리리로다(10)

다시스는 스페인의 타르테수스(Tartessus)일 수 있다. 어쨌든 그것은 긴 항해와 관련된 이름이었다. 마찬가지로 섬이나 '해안' 은 지구의 끝과 동의어다.[253)]

'스바' 와 '시바' 는 남 아라비아의 관련 민족이거나 동음이의 철자인 것처럼 보이며, 이 경우 'and' 는(Sheba and Seba) '짝수' 라는 의미를 갖는다.[254)] 시바 여왕은 '선물' (왕상10:1ff,23ff.)을가지고 방문한 많은 사람들 중 한 사람이었지만, 시편은 이러한 완전한 경의와 정중한 예의 및 문화의 징표 너머로 '솔로몬보다 더 큰 무엇' 을 바라본다. 이 관점에서 볼 때, 이 이방인 지도자의 행동의 우선적인 감동은 솔로몬은 자원하지 않았지만 자신을 제물로 드린 그리스도에 의해[255)] 부각되는 것이 더욱 인상적이다.

(시바 여왕은 자기의 기대를 훨씬 능가하는 솔로몬의 지혜를 시험하고 인정하여 존경의 표시로 예물을 바쳤다. 이 예물은 솔로몬보다 그의 여호와 하나님의 영광 앞에 놓여 진 것이다. 역설적으로 솔로몬은 그가 구하여 받은 것(왕상3:1-9)에 대하여 기꺼이 자신을 드릴 수 있어야 했지만 그와 열왕들은 하나님의 언약통치를 무시했다. 그러나 그리스도께서 자신을 기꺼이 드려서 이스라엘의 참 왕이 누구인지를 입증하셨다. 결국 시바여왕이 솔로몬의 여호와를 경외하여 드린 예물은 그리스도의 영광과 연계되어 큰 감동을 주는 것이다.)

4. 자비로운 왕(12-14)

솔로몬은 자신이 행동하는 것 이상으로 현명하게 말하는 것을 계속한다. 그의 기도와 그

---

253) 사42:10

254) 다윗의 아들: 솔로몬, 메시아/시72:11-12

255) 요12:20ff

의 즉위와 그의 성전 봉헌에서[256] 그는 여기에 묘사된 것처럼 존경받는 왕의 감성을 보여준다. 그러나 그의 사람들의 평결은 "그가 우리의 멍에를 무겁게 만들었다"는 것이었다. 그것은 그의 장자에게서 알려질 것과는 정반대였다.

> 수고하고 무거운 짐 진 자들아 다 내게로 오라 내가 너희를 쉬게 하리라 나는 마음이 온유하고 겸손하니 나의 멍에를 메고 내게 배우라 그리하면 너희 마음이 쉼을 얻으리니 이는 내 멍에는 쉽고 내 짐은 가벼움이라 하시니라 – 마11:28-30

5. 끝없는 축복(15-17)

그들이 생존하여 스바의 금을 그에게 드리며 사람들이 그를 위하여 항상 기도하고 종일 찬송하리로다(15)

여기에서 많은 종류의 부와 접촉하게 된다.(왕을 위한 축복) 인간의 술수와 기술로 얻은 금,[257] 사랑으로 기도하는 축복, 부의 축적과 성장(산의 꼭대기는 가장 유망한 토양으로 언급 됨)과 비옥한 도시들(전후 문맥상 우리의 도시 정글이 아니라 사용을 기다리는 땅, 유인 - 사람에 의해 작동 - 될 수 있는 방어 수단이다), 중요한 것은 하나님의 손으로부터 알아볼 수 있게 나오는 명예스러운 부와 행복이다.

그의 이름이 영구함이여 그의 이름이 해와 같이 장구하리로다
사람들이 그로 말미암아 복을 받으리니 모든 민족이 다 그를 복되다 하리로다(17)

17절의 용어는 사실상 창12:2f에서 아브람에 대한 약속의 용어다.

그것은 왕과 그의 나라를 위한 즉 지도자와 그의 기업, 왕과 그의 왕국의 완성을 위해 '만국이 그 빛 가운데로 다니고 땅의 왕들이 자기 영광을 가지고 그리로 들어가리라'(계21:24)는 장엄한 기도다.

---

256) 왕상3:6ff,8:38ff

257) 욥28:1ff

6. 송영 및 결론(18-20)

송영은 이 시편 자체보다는 시편 제2권(42-72) 전체를 아우른다.(보다 엄밀히는 시51-72편까지의 다윗의 시, 또는 69-72편) 그러나 방금 펼친 전 세계 비전은 특히 19b에서 그 색을 찬양에 내어준다. 시72편은 메시아닉 시편으로 70인 역과 탈굼 및 신약의 인용에서도 입증된다. 시편의 시작에서 암시된 왕을 위한 기도는 시의 끝에서 다시 강조되는데, 이것은 시편 전체의 궁극적인 의미를 제공한다. 왕의 통치와 축복은 하나님의 주권적 통치와 그 구원에 대한 반영이며, 왕의 명예는 자기의 기쁘신 뜻을 따라 홀로 기이한 일을 행하시는 하나님의 영광에 은휘되어 있다.

아멘의 반복적 엔딩은 법의 공식적 합의나 위원회의 결정에 대하여 인정하고 지킬 의무의 수락에 대하여 동의하는 것이다. 이후에 이것은 의무로부터 성취에 대한 욕구로 변화되었다.

이새의 아들 다윗의 기도가 끝나니라(20)

이 구절에서 기도('테필라')의 단어는 시편의 가장 초기의 집단 용어인 것으로 보인다. 해서 그들은 이제 히브리어 성경에서 '기도 집'이라는 제목을 갖는다. WBC는 72편이 후대의 전통에서 솔로몬을 위한 다윗의 기도로 여겨졌다고 말한다.

KIDNER Classic Commantary

시편 주석 [상권]

[BOOK Ⅰ-Ⅱ] 1-72편

초판 1쇄 발행 2020년 9월 1일

지은이 데렉 키드너
옮긴이 김경태
펴낸이 방성열
펴낸곳 다산글방

출판등록 제313-2003-00328호
주소 서울특별시 마포구 동교로 36
전화 02) 338-3630 **팩스** 02) 338-3690
이메일 94youl@hanmail.net
홈페이지 www.iebook.co.kr

ISBN 979-11-6078-173-1 13230

이 도서의 국립중앙도서관 출판예정도서목록(CIP)은 서지정보유통지원시스템 홈페이지(http://seoji.nl.go.kr)와 국가자료종합목록 구축시스템(http://kolis-net.nl.go.kr)에서 이용하실 수 있습니다.
(CIP제어번호 : CIP2020032858)